新版“律师业务必备”丛书

权·威·的·中·国·律·师·业·务·指·南

中国税务律师实务

PRACTICE OF CHINA’S TAX LAWYER

（第五版）

刘天永 主编

法律出版社
LAW PRESS·CHINA
北京

图书在版编目(CIP)数据

中国税务律师实务 / 刘天永主编. -- 5 版. -- 北京：法律出版社，2023
(新版“律师业务必备”丛书)
ISBN 978 - 7 - 5197 - 8266 - 5

Ⅰ. ①中… Ⅱ. ①刘… Ⅲ. ①税法－基本知识－中国 Ⅳ. ①D922.220.4

中国国家版本馆 CIP 数据核字(2023)第 168451 号

中国税务律师实务(第五版)
ZHONGGUO SHUIWU LÜSHI SHIWU(DI - WU BAN)

刘天永 主编

策划编辑 朱铁佳
责任编辑 朱铁佳
装帧设计 贾丹丹

出版发行 法律出版社
编辑统筹 司法实务出版分社
责任校对 晁明慧
责任印制 胡晓雅
经　　销 新华书店

开本 710 毫米×1000 毫米　1/16
印张 32.5　**字数** 576 千
版本 2023 年 10 月第 5 版
印次 2023 年 10 月第 1 次印刷
印刷 三河市龙大印装有限公司

地址：北京市丰台区莲花池西里 7 号(100073)
网址：www.lawpress.com.cn
投稿邮箱：info@lawpress.com.cn
举报盗版邮箱：jbwq@lawpress.com.cn

销售电话：010 - 83938349
客服电话：010 - 83938350
咨询电话：010 - 63939796

书号：ISBN 978 - 7 - 5197 - 8266 - 5　**定价**：118.00 元
凡购买本社图书，如有印装错误，我社负责退换。电话：010 - 83938349

序

自党的十八届三中全会提出“落实税收法定原则”，并将“必须完善立法”作为深化财税体制改革的第一要务以来，我国现行18个税种中已有12个制定了法律。增值税立法、《税收征管法》修订、消费税立法、关税立法等重点立法修法项目正在稳步推进，税收立法取得了突破性进展。2020年以来，我国基本确立了现代财政制度框架，初步建立了现代税制体系，同时国家持续推进减税降费，出台大规模留抵退税政策，财税体制改革进一步深化。国家财税法治建设的不断完善，催生了全社会各行业对税法服务的市场需求，为中国税务律师行业的发展奠定了基础。与此同时，国家税收征管形势也经历了深刻变化。2021年10月，国家税务总局、公安部、最高人民检察院、海关总署、中国人民银行、国家外汇管理局六部门联合印发《关于做好常态化打击虚开骗税违法犯罪工作的指导意见》，要求各地继续保持打击虚开骗税的高压态势，对“假企业”“假出口”“假申报”实施常态化打击。各类市场主体面临的税务风险更加严峻，税法服务市场需求显著增加，同时对专业化的要求也更高。2022年4月，涉案企业合规改革全面推开，为涉税刑事合规业务的开展提供了充分的条件和土壤，为涉税刑事辩护引入了新的思路。2022年10月，党的二十大胜利召开，提出了优化税制结构、加大税收调节力度、完善个人所得税制度、规范收入分配秩序等新论断，指明了税收立法和财税体制改革的方向，为税务律师行业提供了新的机遇和挑战，中国税务律师行业的发展前景十分广阔。

自2012年12月全国律协率先成立财税法专业委员会以来，北京、上海、江苏、浙江、广东等近20个省级行政区律协均成立了财税法专业委员会，从事财税法律服务的律师人数不断增加，一批批优秀的专业税务律师不断涌现，对促进国内律师行业进一步精细化分工和提升律师从事财税法律服务业务水平发挥了重要作用。2022年，全国律协组织制定的《律师办理税法服务业务操作指引》再次修订出版，对于提高税务律师专业素质、规范税务律师执业行为、防范税务律师执业风险以及引领国内税务律师行业发展具有重大意义。此外,截至2022年由全国律协、中国注册税务师协会联合主办的"中国税法论坛"已成功举办了十一届,由全国律协、中国注册税务师协会联合主办的"中国税务律师、税务师和税法研究生暑期学院"也已经举办七届,累计在全国范围内培养输出专业税务律师人才1200余名,在融合共建税务律师、税务师、税务机关干部、税法学者等税法职业共同体,促进税务律师业务拓展、创新与合作等方面发挥了积极作用。

本书是华税律师团队从事涉税法律服务近二十年执业经验的归纳与总结,于2009年8月首次出版后引起业界广泛好评,不仅填补了我国税务律师行业实务指引的空白,而且对推动广大律师投身税务律师行业发展也发挥了积极的作用,已经成为一本如何从律师蜕变为税务律师的必备进阶用书。本书于2012年4月进行再版修订,2017年4月进行第三次修订,2019年6月进行第四次修订。应广大读者需求和法律出版社邀请,2023年年初我们对本书进行了第五次修订。笔者根据近年来国内税收法律、法规的变化和税务律师行业及业务发展的最新情况,调整了本书的内容和结构,更新了财税知识和具体规定,增加、更新了部分涉税新业务和相关案例,力求为广大读者提供最佳的借鉴和参考。本书第五版的修订具体体现在以下九个方面:

第一,根据近年税收法律、法规的变化,对书中各部分涉及税法具体规定的内容进行更新,保持成书与现行税收法律法规的一致性和时效性。

第二,将上一版第一部分第二章"税务律师的行业现状"调整为"税务律师的兴起与发展",增加了对税务律师兴起背景的介绍,增设第一节"域外税务律师的兴起与发展",拓展了本书的国际视角。将上一版第一部分第三章第二节"税务律师的诉讼业务范围"拆分为第二节"税务争议解决"和第三节"涉税刑事辩护",使章节结构更加完善。删除上一版第一部分第四章。

第三,对上一版第二部分"税务律师基础知识"进行了重新编排,将原第一章第一节"税法学基础理论"上升为第一章"税法基本理论",并对内容进行了扩充。将原第一章第二节"税收征纳实体法"和第三节"税收征纳程序法"上升为第二章"税收实体法"和第三章"税收征管法",将原第二章"财务与税务知识"调整为第四章"财务会计基础知识",使相关内容更加丰满,并体现法律和财会思维的融合。

第四，将上一版第三部分“税务律师非诉类业务”修改为“税法咨询与顾问”，表述更加精确。将原第二章“税收优惠服务”的各节按照税收优惠的类型进行了合并，使结构更加合理。在第三部分第三章增设第一节“企业设立税收策划”，删除原第三节“企业上市税务筹划”、第四节“信托税务筹划”。根据近年税收法律、法规的变化，对第四章“国际税法服务”的内容进行修订。

第五，将原第四部分“税务律师诉讼类业务”拆分为现第四部分“税务争议解决”和第五部分“涉税刑事辩护”，凸显税务律师的执业优势，使本书整体结构更加完善。

第六，结合《税务稽查案件办理程序规定》和异常凭证处理实务，对第四部分第一章予以修订。第四部分第三章“税务行政复议代理”新增“税务行政复议代理实务”，第四章“税务行政诉讼代理”新增“税务行政诉讼代理实务”，强化对具体案件实务办理的解读。

第七，对第五部分“涉税刑事辩护”的结构体例进行了编排，针对高发罪名增加了实务案例。结合涉案企业合规改革的背景和规范性文件，在第五部分“涉税刑事辩护”增编第六章“涉税刑事合规”。

第八，对上一版各部分内容所涉及的大部分案例进行了增补、更新和替换，保证所分析的案例更符合当前涉税业务实践，更具有指导性、时效性和借鉴性。

第九，修订其他内容。对相关内容进行了拾遗补阙，使成书更加精确有效。

本书对于有志于进入税法服务领域发展的执业律师具有重要的指导和借鉴意义，是税务律师执业必备的工具书；同时亦可作为广大法学院在校生财税法律实务领域的启蒙书籍。希望本书的出版能够激励和鼓舞更多有识之士投身到税务律师的行业中来，为国家的财税法治建设和纳税人合法权益保护工作贡献力量。

是为序。

刘天永

2023 年 5 月 22 日

目　录

第一部分　中国税务律师行业的现状与发展

第二部分　税务律师基础知识

第一部分

中国税务律师行业的现状与发展

第一章　税务律师的定义、兴起与发展

第一节　税务律师的定义

一、域外税务律师的定义

在美国，税务律师是法律实务与财会知识兼备的复合型专家，不仅要熟知美国联邦、州和市政府的有关法律、规定政策及纳税实务，还要拥有财务会计、金融、资本运作等跨行业的知识和经验，才能够应对税务的广泛性、复杂性与专业性。

在英国，伴随法律职业越来越显著的专业化倾向，出庭律师出现商事律师、专利律师、税务律师等分工，税务律师就是精通税法及税务案件的专家，既能够通过辩护为当事人提供税法帮助，也可以解答事务律师提出的税务疑难问题。

在日本，源于纳税人对涉税服务的需求，日本执行"税理士制度"。早期税理士事务所主要充当税务机关的辅助性机构，伴随《税理士法》1956 年、1961 年、1980 年、2001 年四次修订，税理士履行包括为纳税人服务在内的多重社会职能，实际发挥"税务律师"的作用。在日本，税理士是如同法官一般居于独立且公正的立场上，以申报纳税制度的理念为准绳，根据租税相关法令妥善辅助纳税人执行纳税义务的主体。

二、我国税务律师的定义

在我国，税务律师是我国律师业专业化分工的产物。由于律师属于特许行业，从业人员需要满足国家规定的基本条件。也就是说，税务律师首先必须具备律师资格。虽然我国法律并未对从事税务律师职业做出进一步的职业资格限制，但从履行职责的现实性来讲，税务律师开展相关业务必须具有税法与财会等方面的专业知识储备，能够解决涉税法律问题。因此，我国税务律师是指依法取得律师执业资格，掌握税收与财会知识，接受委托或指定，通过对税收政策和法律适用作出解释，为当事人提供专业财税法律服务、解决税务纠纷的专门化律师。

第二节 域外税务律师的兴起与发展

纵览美国、英国和日本等发达国家律师业的发展历程,税务律师的起源和发展与市场的专业化分工、税收法治环境等息息相关。

一、美国税务律师的兴起和发展

早在1878年,美国律师协会在纽约成立。到20世纪,税法委员会成立并受其管理和监督。

在美国,从事诉讼类业务的律师可分为公职律师和私人律师,其中,公职律师提供的法律服务不面向社会,私人律师的业务则涵盖了专利、离婚、移民、劳资、税务和刑事等诸多领域,范围极尽广泛、精细。得益于市场的专业化分工,税务律师能够代理纳税人处理税法相关的绝大多数法律事项,如税务争议处理、税务合规检查、税收筹划和税务咨询等。

而税务律师行业之所以能在美国蓬勃发展,也有其社会基础。首先,美国大学的法学院均设有税法专业或相关课程,为税务律师行业培育了一代又一代后备力量。其次,美国税务律师执业机构丰富,除律师事务所外,税务律师在联邦政府机关、会计师事务所和税务法院等也担任重要职位。同时,税务法庭、美国国内收入局等设置的专业性、独立性,促进了涉税服务的长足发展。最后,伴随纳税人维权意识的提升,以及多重权益救济程序的设立,美国税收法治已走在世界前列。

目前,美国税务律师行业已经发展成熟。数据调查显示,截至2019年,美国律师规模达135.2万人,其中,直接或间接从事涉税法律服务的律师占比已超过30%。

二、英国税务律师的兴起和发展

英国是欧洲最大的法律服务市场,同时也是全球最开放的法律服务市场之一。1920年,英国开始开辟涉税服务市场,伴随税收法律复杂化和税率的提升,由特许会计师、律师和税收检查官中分化出一批专为纳税人提供涉税援助的群体。1930年,英国税务协会成立。经英国王室特许,更名为英国特许税务师协会,协会为英国现行、审议的法律及税收管理等方面提出了诸多建议。在市场调节下,英国涉税专业服务机构数量激增,会计师事务所、律师事务所以及其他涉税从业人员纷纷投身于涉税专业服务的浪潮中。

为了规范法律服务市场,英国奉行法律职业本土化的要求,一方面,要求事务律师和出庭律师均应获得英国本土律师资格和证书；另一方面，对参与案件审理、起草提交给法院的文件、土地和继承、金融投资和移民等重要的法律服务领域保留。近年来，英国税务机关借助与英国特许税务师协会的密切合作，实施对涉税服务机构的适度监管。通过定期交流、不规范行为通报以及制定行业业务标准和业务流程等，规范涉税专业服务机构的活动。

三、日本税务律师的兴起和发展

1942 年，日本首次制定了《税理士法》，萌芽阶段的涉税服务机构仍以服务税务机关为主旨。随着《税理士法》的颁布施行，"税理士"资格成为税务代理、税务文书编写、税务咨询和税务会计业务等的准入门槛，由于法律明文禁止非税理士办理税务相关业务，涉税服务行业成为一个颇具垄断性的行业。而日本律师业务的分工虽然不像美国那样事无巨细，但律师业务的划分仍然体现出专业性，如国际案件、专利案件以及劳资纠纷案件中的公司方面和工人方面，对集团性债务案件的处理等。

税理士的存在不仅有助于提高征纳税环节的工作效率、纠正税务机关的业务差错，也有利于纳税人正确履行纳税义务。在税理士协助下，日本的税收征管更切实地朝着社会化、专业化方向发展，越发呈现简化、务实、高效的特征，因此，税理士在日本的涉税服务体系中具有较高的权威性。

可见，税务律师的出现和成熟是经济发展、社会分工的需要，也是律师行业专业化分工的结果。目前，许多发达国家已经成长出一批极具声望的专业化税务律师事务所，如荷兰的 Loyens & Loeff，以及比利时的 Dal & Veldekens 等。

第三节　中国税务律师的兴起背景

囿于我国律师业起步较晚，以及我国税法体系建设时间较短，我国税务律师的出现也相对滞后。

与各国税务律师诞生的规律一致，我国税务律师的兴起同样受益于稳定的政治局面和蓬勃的经济发展势头。改革开放以来，我国经济高速增长，法律业务逐渐分化出多种形式，律师业专业化分工的趋势也日益明显，开始出现专门从事某一类业务的律师，税务律师就是其中之一。我国的税务律师最早可追溯到 21 世纪初期，不过，受限于当时我国税收立法层级不高、各地税收政策执行口径不一、法律救济途径不畅、纳税人权利意识不强，以及税务律师和会计师、税务师差异不够明显等问题，税务律师的起步相对缓慢。

随着经济快速增长,税收立法不断完善,尤其是2008年《企业所得税法》施行后,我国税制建设趋于稳定,企业面临的税务风险加剧,涉税行政、刑事案件数量日益增加,税务律师在处理涉税风险方面展现出相对于注册会计师、税务师的优越性,税务律师开始正式成为中国律师业的一个细分领域,且独立于注册会计师、注册税务师提供涉税服务。会计师、税务师主要从事纳税申报、税务筹划等方面的业务,侧重从经济利益出发对具体业务进行财务、税务处理。而税务律师则立足税务风险,围绕主管机关的权限,当事人是否存在纳税义务,具体经济业务模式的分析、解释以及法律依据的效力和合理性等方面,实现税法问题的转化和风险化解。并且,相比于会计师和税务师,税务律师在合同拟定方面更具专业性,能够帮助企业审查涉税条款的风险,并充分考虑后续业务开展税务处理的全局。在已经引发行政、刑事风险的情况下,税务律师能够参与到税务争议的救济程序中,帮助当事人挽回自身利益。

第四节　中国税务律师的发展现状

2013年以来,我国税收法治建设取得了重大成果:一是2013年党的十八届三中全会提出将“落实税收法定原则”作为财税改革的目标之一,此后陆续完成了“营改增”、《个人所得税法》修订等重大修法事件,同时在税收立法方面,从2013年的3部税收实体法律增加到2023年的12部税收实体法律,税收法治化卓有成效。二是2015年起各地税局纷纷推进智慧税务建设,通过促进云计算、大数据和人工智能技术等在税务领域的应用,推动税收工作理念、模式、方法、手段的革命性变化,完成了金税三期的建设。目前,国家税务总局开始推进金税四期和发票电子化,未来税收征管将实现从“以票管税”到“以数治税”的转变。三是2018年国务院机构改革,将省级和省级以下国税、地税机构合并,具体承担所辖区域内的各项税收、非税收入征管等职责。国税、地税机构合并后,实行以国家税务总局为主,与省(区、市)人民政府双重领导的管理体制。通过精简机构、规范机构设置,税务机关的职能职责得到优化,尤其强化了纳税服务、税收大数据和风险管理、税收经济分析和跨区域稽查等方面的机构职能。这些都为税务律师的发展提供了新契机。

目前,已有越来越多的律师投身于涉税法律服务,国内税务律师行业越发成熟,并出现了一批提供税务法律服务的专业化律师事务所,如华税律师事务所;一些综合型律师事务所也设立了专门的税务业务部门，如金杜律师事务所、君合律师事务所等。

目前，税务律师在涉税业务中初露锋芒，立法研讨中已经出现税务律师的身影。随着经济发展、税法制度的完善以及涉税法律服务需求的增加，涉税业务的比重肯定会增加，中国税务律师的队伍也必将随之扩大。因此，税务律师行业是一片蓝海，相比于传统律师业务更可谓是“朝阳产业”，必然有更广阔的天地。

第二章　税务律师的业务范围

税务律师首先是律师，须在律师的业务范围内开展工作，根据《律师法》第28条的规定，律师可以从事下列业务：

（1）接受自然人、法人或者其他组织的委托，担任法律顾问；

（2）接受民事案件、行政案件当事人的委托，担任代理人，参加诉讼；

（3）接受刑事案件犯罪嫌疑人、被告人的委托或者依法接受法律援助机构的指派，担任辩护人，接受自诉案件自诉人、公诉案件被害人或者其近亲属的委托，担任代理人，参加诉讼；

（4）接受委托，代理各类诉讼案件的申诉；

（5）接受委托，参加调解、仲裁活动；

（6）接受委托，提供非诉讼法律服务；

（7）解答有关法律的询问、代写诉讼文书和有关法律事务的其他文书。

税务律师可在上述业务范围内，结合涉税法律服务市场需求及税务律师自身的特点，提供税务争议解决与行政救济业务、税务刑事诉讼业务和税法咨询与顾问业务等。

第一节　税法咨询与顾问

税法咨询与顾问业务属于非诉讼业务，此类服务不进入诉讼程序，是税务律师能为广大纳税人提供的常规性服务。税务律师能够提供的非诉讼业务包括税法咨询服务、税法顾问服务、税收优惠申请服务、税收策划服务、高净值个人税法服务、国际税法服务和税务风险管理与合规服务。

一、税法咨询服务

税法咨询服务，是指税务律师按照客户要求，通过当面、信函、电传、电子邮件等方式，就单位或个人在经济活动中的特定涉税事项提供口头咨询意见、出具专项法律意见书或咨询意见书。

二、税法顾问服务

常年税法顾问，是指税务律师在特定的期限内接受单位或个人的委托，运用其税收、财会、法律等相关知识，对委托人提出的日常性、规律性税务咨询进行解答，帮助委托人做好税收遵从，降低委托人的涉税风险；并在遵守税收规定政策的基础上为委托人的常规性经营决策提供专业意见，帮助委托人合法节税，提高委托人的经济效益。

三、税收优惠申请服务

税收优惠申请，是指税务律师根据委托人所属行业、资质、区域，结合相关税收优惠政策，为委托人申请普遍性、区域性、行业性等税收优惠资格，实现为委托人降低税负的效果；在取得税收优惠后，为其提供相关税法风险控制服务，确保优惠的稳定性和效益性。

税收优惠是政府根据一定时期政治、经济和社会发展的总目标，对某些特定的课税对象、纳税人或地区给予税收鼓励和照顾措施，是政府调控经济的重要手段。在我国，税收优惠主要有普遍性优惠、行业性优惠和区域性优惠三类。区域性税收优惠是国家或地方政府在税收相关的法律法规允许的范围内运用税收政策降低区域性的地方税率或以实施有关税收优惠等方式对某一部分特定区域的企业或课税对象给予减少或免除税收负担的一种措施。行业性税收优惠是国家通过行业税收优惠政策扶持某些特殊产业、企业和产品的发展，以促进产业结构的调整和社会经济的协调发展。

四、税收策划服务

税收策划，是指在对外投资、并购重组和上市等涉及企业经营战略的重大决策上，律师在法律和财税层面对交易开展尽职调查，对决策事项的税务风险进行预先评估，为企业搭建交易架构、制订执行方案并协助实施，以达到减轻税负目的。与常年税法顾问服务不同的是，税收策划服务侧重于为委托人提供专项税务咨询，所针对的委托人需求通常是非日常性的、非规律性的交易行为，主要包括企业投资、并购重组、上市、清算等。

税收策划是纳税人的基本权利，同时也是税负从轻权的具体体现。税收策划是税务律师的一项重要的业务。现在世界各国的许多会计师事务所、律师事务所和税务师事务所纷纷拓展有关税收策划的咨询业务。我国税收策划业务刚刚兴起，将来会成为税法领域一项非常有发展前途的业务。

五、高净值个人税法服务

《个人所得税法》修订实施以来，个人财富传承与涉税管理服务的需求不断增加，高净值个人税法服务已经成为税务律师从事非诉讼类税法服务的重要内容之一,该项服务具有涉及面广、税种多样、复杂的特征。高净值个人税法服务主要可以分为纳税申报代理服务、财富管理服务、员工计划与股票期权服务等。

六、国际税法服务

根据涉税服务对象的不同,税务律师可以为投资中国的外资企业和"走出去"的中国企业提供各类税法服务,包括为企业提供税务尽职调查、投资架构搭建、税收优惠申请、投融资及退出、转让定价和反避税等税法服务,有效帮助委托人识别和评估跨境商业税法风险,为企业跨境投资和经营做好涉税风险应对,降低跨境税负成本。此外,为应对国际社会加大对各类跨境金融账户的涉税监管力度,税务律师可以为离岸金融账户的持有人提供共同申报准则(Common Reporting Standard,CRS)应对、美国《外国账户税收遵从法案》(Foreign Account Tax Compliance Act,FATCA)应对与风险管理服务。

七、税务风险管理与合规服务

税务风险,是指因纳税人行为违反税法规定而产生的法律风险。税务风险产生的具体原因包括税法规定模糊、税法相互矛盾、税法理解错误、故意违反税法等,在税收法治化进程中,民营企业和民营企业家面临多种涉税风险。税务风险管理与合规服务旨在为企业提供税务辅导,梳理业务流程,识别内、外部税务风险,协助企业开展税务自查,辅助其进行税企协调与专家论证活动,建立税务风险内控机制,防范税务行政、刑事责任风险。

第二节 税务争议解决

随着中国税制改革持续深化,税收法律体系日臻完善,税收征管和税务稽查的力度也空前强化。但大量纳税人在税务风险、税务合规以及税收遵从等方面的意识较为薄弱,加之税会差异、各地执法口径差异等,容易引发税务机关与纳税人的矛盾和争议。为实现税务争议解决,税务律师能够提供税务稽查应对、税务行政处罚听证、税务行政复议代理以及行政诉讼代理等行政救济法律服务。

一、税务稽查应对

税务稽查是税务机关查处税收违法行为、保障税收收入的重要手段,是纳税人面临涉税风险、征纳双方税务争议爆发的前沿。伴随当前国内经济增速放缓和税款征收的双重压力，税务机关正不断加大税务稽查力度，创新税务稽查手段，突出发挥税务稽查在组织税收方面的巨大作用，一定程度上导致税务争议多发，纳税人涉税风险持续放大。

税务稽查应对，是指税务机关稽查局在所属税务机关的征收管理范围内对纳税人的涉税事项实施税务稽查的过程中，税务律师为纳税人提供咨询、内部审核与调查、收集提交证据材料，代为发表陈述、申辩意见等法律服务，以防范刑事风险为根本，避免使企业遭受财产、声誉损失或经营活动受限。

二、税务行政处罚听证

当税务机关拟对公民作出 2000 元* 以上（含本数）罚款或者对法人或其他组织作出 1 万元以上（含本数）罚款的行政处罚时，纳税人有权向税务机关申请税务行政处罚听证。处罚听证是税务机关作出处罚决定之前纳税人充分发表意见、维护自身合法权益的重要程序。税务行政处罚听证中，税务律师接受纳税人的委托，可代为出席参加听证会，查阅稽查局拟作出处罚决定的证据材料，在对涉案事实进行税务调查并深入分析研判税务机关的法律适用依据和处罚理由的基础上，从执法程序、事实认定、税法适用、处罚时效、减免处罚事由等方面多角度发表陈述、申辩、质证意见等，以实现阻却违法行为定性，减少纳税人财产损失。

三、税务行政复议代理

税务行政复议代理，是税务律师作为纳税人、扣缴义务人的代理人，按照双方委托协议的约定以及国家有关法律的规定，对纳税人、扣缴义务人认为税务机关侵犯其合法权益的行为向有关复议机关申请复议并参与复议的活动。税务行政复议代理的内容具体包括代理撰写复议文书、代为调查取证、代为查阅证据材料，发表陈述、举证、质证、代理意见，代为申请并出席参与复议听证会，代为提出规范性文件合法性审查申请，代为参与调解与和解等。税务律师通过运用会计、税务、法律、财务等复合思维分析税务争议焦点，评估纳税风险和潜在刑事责任风险，从举证质证、事实认定、税法适用、执法程序等角度进行全面抗辩，能够有力保障纳税人合法权益。

税务行政复议在本质上属于税务行政系统的内部纠错机制，不具有公开属性，税务争议的矛盾不外化，不会过度激化征纳双方之间的紧张关系，具有较大的灵活性，解决争议的效果比较理想。司法部统计数据显示，2022 年，全国行政复议案件的纠错率达到 13.9%，大量违法或者不当行政行为得到有力纠正。严格依法办理与市场主体关

---

* 本书中如无特别说明货币单位，涉及的货币均为人民币。——作者注

系密切的行政复议案件1.9万件,纠错率达到12.6%,累计为企业挽回经济损失20.4亿元,助力优化营商环境。各级行政复议机关还通过制发行政复议意见书、建议书和各类提醒(整改函)等,从源头规范了行政机关的行政行为。

四、税务行政诉讼

税务行政诉讼是纳税人、扣缴义务人或第三人认为税务机关的具体税收行政行为侵犯了自己的合法权益,依法向人民法院提起诉讼,人民法院依法进行审判的法律活动。税务行政诉讼主要发生在纳税人与税务机关之间,有时也发生在扣缴义务人或其他第三人与税务机关之间。税务行政诉讼代理,是指在这些税务行政诉讼中,税务律师可以代理法律允许的活动,例如,制作相关的法律文书,调查取证,查阅复制证据材料,发表陈述、举证、质证、代理意见,参与诉讼,参与调解与和解,提起上诉、申诉等。经过对涉税经济业务、争议焦点以及税法规定的调查与检索,税务律师能够形成一套多角度、多面向的诉讼方案,通过与司法机关反复高效的意见沟通占据诉讼先机,协助纳税人有效行使各项诉讼权利,最大限度为纳税人争取合法权益。

税务行政诉讼是纳税人将税务争议诉诸司法审查的法律救济程序,超越行政体制,使其解决税务争议的作用发挥机制具有了特殊性。一旦征纳双方的税务争议和矛盾无法通过行政系统内部机制妥善解决,行政诉讼就成为纳税人诉诸司法维护自身合法权益的终极路径。近年来,全国范围内的税务行政诉讼案件数量逐渐增多,且纳税人的胜诉率有所提高,税务行政诉讼对于依法解决税务争议、维护纳税人合法权益发挥着积极作用。

第三节 涉税刑事辩护

税务刑事诉讼是国家司法机关依法追究涉税犯罪活动、犯罪嫌疑人依法维护自己合法权益的法律活动。涉税犯罪活动的主体主要包括两大类:一类是纳税人、扣缴义务人以及第三人等纳税主体,另一类是税务机关的工作人员。涉税刑事辩护,主要是指为涉嫌税务犯罪的纳税主体、税务机关工作人员提供法律帮助;制作相关法律文书;代理申诉、控告;申请取保候审;接受犯罪嫌疑人、被告人的委托或者人民法院的指定,担任辩护人;出庭发表举证、质证、辩护意见等。

近年来,国内外企业犯罪形势严峻,打击违法犯罪与保护民营企业价值并重。2020年3月起,最高人民检察院启动涉案违法犯罪依法不捕、不诉、不判实刑的企业合规监管试点工作，涉案企业合规改革深入发展，涉案企业在刑事合规方面的需求非常广泛。税务律师在涉税刑事辩护工作中，还可以在法律允许的范围内提供涉税刑事合规服务。涉税刑事合规包括两方面的内容，一方面在于涉税刑事风险防控，通过彻底剥离违法违规业务、税务合规辅导等远离风险，通过排查内、外部税务风险类型和成因，评估刑事责任与违法成本，提供风险防范与化解措施；另一方面在于协助已进入公诉环节的企业取得合规不起诉决定。具体而言，税务律师可以协助企业作出合规承诺、进行合规整改，以便通过检察机关评估验收和回访考察。

第二部分

税务律师基础知识

第一章　税法基本理论

第一节　财政与税收概述

一、财政基本制度概述

在理解税收制度之前，有必要先建立对财政活动的基本认识。财政即政府的“理财之政”，指的是政府集中一部分国民收入用于满足公共需要的收支活动，以达到优化资源配置、公平分配及经济稳定和发展的目标。财政制度包括预算制度、财政收入制度、财政支出制度、财政监管制度等。税收是财政收入的主体，占据财政收入的绝对比重。党的十八大以来，国家对包括预算、税收在内的财政制度进行了大刀阔斧的改革。随着现代财政制度的健全，现代税制体系初步建立，国家财政将进一步依赖税收，税收在经济生活中的重要性急剧上升。

二、税收基础理论

（一）税收的概念

税收是国家（政府）为财政收入或其他附带目的，对满足法定构成要件的主体强制赋予的无对价金钱给付义务。税收的概念可以从不同的角度来体现：

（1）从经济的角度来看，税收是国家（政府）以其政治权力为依托而强制、固定、无偿获取的不具备惩罚性的财政收入。

（2）从法律的角度来看，税收是国家根据法律明确规定的税收要素和征收程序而向国民收得的财政收入。

（3）从宪法的角度来看，税收是国家基于宪法的规定，并依据符合宪法理念的法律规定而向国民征收的财政收入。

（二）税收的特征

以税收的概念为基础，税收的特征可以从不同的角度来体现：

（1）从经济的角度来看，税收的特征包括国家主体性、政权依赖性、财政收入性、强制性、非罚性、无偿性和固定性。

(2)从法律的角度来看,税收具有法定性,具体包括法律保留、税收要素法定、税收要素明确和征收程序合法等方面的内容。

(3)从宪法的角度来看,税收具有合宪性,既包括符合宪法的具体规定,也包括符合宪法的原则、理念、价值取向、指导思想等。

第二节 税法基础理论

一、税法的概念、构成要素与体系

(一)税法的概念

税法可以从不同的角度理解:

(1)从规范性文件的角度来讲,税法指的是税收法律、税收法规以及直接规制税收关系的其他规范性文件,如《税收征收管理法》、《个人所得税法》、《企业所得税法实施条例》、国家税务总局公告等。

(2)从部门法的角度来讲,税法是调整税收关系的法律规范的总称,不仅包括税收法律和税收法规等,还包括其他法中涉及税收的条款,如《刑法》中涉及税收犯罪的条款,《行政复议法》和《行政诉讼法》中涉及税收行政复议和税收行政诉讼的条款。

(二)税法的构成要素

税法的构成要素,是指构成税法所必需的基本要件,主要包括税法主体、征税对象、税基、税目、税率、税收减免、纳税地点、纳税时间和税法责任等。

(1)税法主体,是指在税法中享有权利和承担义务的当事人,主要包括征税主体和纳税主体。征税主体包括国家和征税机关,纳税主体包括纳税人和扣缴义务人。纳税人是税法规定的享有税收权利、负有纳税义务的单位或个人。

(2)征税对象是税法规定的征税的客体,一般包括商品、所得、财产和行为等。税目是税法规定的征税的具体品目,是对征税对象的分类和细化。

(3)税基,又称为计税依据,是税法规定的计算应纳税额的依据。

(4)税率是税法规定计算应纳税额的比率,包括定额税率、比例税率和累进税率几种基本形式。税基乘以税率就是应纳税额。

(5)税收减免是税法规定的对特定主体或客体予以减税或免税的特别优惠措施。其中,减税是对应纳税额少征一部分税款,免税是对应纳税额的全部免除。

(6)纳税地点是税法规定的纳税人交纳税款的地点。

(7)纳税时间是税法规定的纳税人缴纳税款的期限和日期。

(8)税法责任是税收法律关系主体因违反税收法律规范而应承担的否定性法律后果。

(三)税法的体系

税法体系,是指由一国现行的全部税收法律规范分类组合为不同的税法部门而形成的有机联系的统一整体。税法由以下部门法组成:

(1)第一层次是税收宪法。

(2)第二层次是税收体制法、税收征纳实体法(税收债务法)、税收征纳程序法、税收管理法、税收代理法和税收协助法、税收救济法(包括税收行政复议法和税收行政诉讼法)、税收制裁法和国际税法等。

(3)第三层次则是更细的部门法划分,如税收体制法可分为横向税收体制法和纵向税收体制法,也可分为税收立法体制法、税收行政体制法和税收司法体制法,税收征纳实体法(税收债务法)可分为商品税法、所得税法、财产税法、行为税法等。

(四)税法的调整对象

税法的调整对象是税收关系。税收关系是相关主体在税收活动中所发生的各种社会关系的总称。

二、税收法律关系

(一)税收法律关系的概念及其要素

税收法律关系是在税法调整和建构税收关系的过程中形成的税收权利关系和税收义务关系。税收法律关系的要素包括主体、内容与客体。

(1)税收法律关系的主体。也称为税法主体,是指在税收法律关系中享有权利和承担义务的当事人,主要包括国家、公民、税收立法机关、税收行政机关、税收司法机关、纳税人和扣缴义务人等。

(2)税收法律关系的内容。是指税收法律关系主体所享有的权利和所承担的义务,主要包括纳税人的权利义务和征税机关的权利义务。

(3)税收法律关系的客体。是指税收法律关系主体的权利义务所指向的对象,主要是指税收行为,如税款缴纳行为、税收管理行为等。

(二)税收法律关系的特征

税收法律关系的特征可分为形式特征与实质特征。

1. 税收法律关系的形式特征

主要包括以下六个方面:(1)是在税法调整和建构税收关系的过程中所形成的;

(2)产生、变更与消灭以税法规定的税法事实为基础;(3)主体具有多样性和多元性;(4)最基本的主体是国家和纳税人;(5)核心关系具有权利义务不对等性;(6)核心内容具有财产权单方向转移性。

2. 税收法律关系的实质特征

包括以下三个方面:(1)在本质上是一种平等互利的关系;(2)权利义务配置在总体上是均衡的和对等的;(3)基本内容是一种服务与价款的交换关系。

第三节 税法基本原则

一、税收法定原则

税收法定原则是税法基本原则,又称为税收法定主义,指的是税法的基本制度和构成要素只能由法律规定,具体而言,包括以下三个方面的内容:

(1)税收要素法定。要求纳税人、征税对象、计税依据等税收要素应当由法律规定,并依此确定纳税主体纳税义务的有无及大小。

(2)税收要素确定。税收要素不仅要依据法律作出规定,而且还必须尽量明确,以避免出现漏洞和歧义。

(3)征税程序法定。征税机关必须严格依据法律规定的程序和权限征收税款,无权变动法定税收要素和法定征收程序。没有法律依据,征税机关无权开征、停征、减免、退补税收,具体而言,依法征税既是征税机关的职权,也是其职责,征税机关无权超越法律决定是否征税及何时征税,不允许征纳双方之间达成变更税收要素或征税程序的税收协议。

二、税收公平原则

税收公平原则包括横向公平和纵向公平。横向的公平,是指处于同等经济负担能力的人应纳同等的税收,不得对特定纳税人给予歧视性对待;纵向公平的目的在于让经济负担能力不同的人缴纳不同等的税收。这一原则又被称为"量能课税原则"。

三、税收效率原则

税收效率原则包括经济效率和行政效率。经济效率,是指税法的制定要有利于资源配置和经济发展;行政效率,是指税务机关应当提高征税效率,节约行政成本。

四、实质课税原则

实质课税原则,是指确定纳税人是否符合征税要件,要依据交易的经济实质和客观事实进行判断;衡量和决定纳税人的税负应当根据纳税人真实的负担能力,不受合同等外观和形式的干扰。

第四节　税收法定原则的中国实践

一、税收立法起步

1979～2004年,我国的税收立法开始起步。改革开放后,国家开始进行国企所得税和工商税的改革,此时的税收立法较少。值得注意的是,1984年9月18日,第六届全国人大常委会第七次会议"授权国务院在实施国营企业利改税和改革工商税制的过程中,拟定有关税收条例",成为各类税收暂行条例的法律授权来源;1992年颁布《税收征收管理法》,并于1995年、2001年修改。

二、税收制度改革

2004～2012年,在十六届三中全会审议通过的《中共中央关于完善社会主义市场经济体制托干问题的决定》的指导下,开始稳步推进税制改革。2005年,全国人大常委会决定废止《农业税条例》,农业税取消;2005～2011年,连续四次修正《个人所得税法》;2007年颁布《企业所得税法》,基本实现内外资企业统一法律适用。

2013～2016年,"营改增"改革基本完成。2013年,党的十八届三中全会通过《中共中央关于全面深化改革若干重大问题的决定》,明确提出"落实税收法定原则"。在此背景下,2015年对《税收征收管理法》进行了修正,我国税收制度体系基本稳定,具备了大规模税收立法的条件。

三、税收立法的"黄金期"

2016年至今,我国的税收立法迎来"黄金期",步入"快车道"。2016年颁布《环境保护税法》;2017年颁布《烟叶税法》《船舶吨税法》;2018年第七次修正了《个人所得税法》,实施了综合与分类相结合的个税制度;2018年颁布《车辆购置税法》《耕地占用税法》;2019年颁布《资源税法》;2020年颁布《城市维护建设税法》《契税法》;2021年颁布《印花税法》。至今,我国已经颁布了13部税收法律,其中包括12部税收单行法、1部税收征管法。2022年年底,《增值税法(草案)》提交全国人大审议;消费税、关税等税种的立法事宜也已在推进中。

四、目前的税务管理制度

目前,我国主要由税务机关负责主要税收和非税收入的征收。税收项目包括国内增值税、消费税、资源税、企业所得税、个人所得税、车辆购置税、城市维护建设税、城镇土地使用税、房产税、土地增值税、印花税、车船税、契税、耕地占用税、烟叶税等。非税收入主要指的是2019年1月1日起,基本养老保险费、基本医疗保险费、失业保险费、工伤保险费、生育保险费等各项社会保险费交由税务部门统一征收。

关税、船舶吨税由海关系统负责征收管理,此外,海关还负责代征进口产品的增值税和消费税。

第二章　税收实体法

第一节　流　转　税

一、增值税

增值税是以商品和劳务在流通各环节的增加值为征税对象的一种税，其特点是税源广、税收中性和可以避免重复征税。增值税法，是指国家制定的用以调整增值税征收与缴纳之间权利和义务关系的法律规范。目前，增值税相关制度以1993年公布，并于2017年最新修订的《增值税暂行条例》为主，辅以财政部、国家税务总局《关于全面推开营业税改征增值税试点的通知》（财税〔2016〕36号）等有关规定。随着《增值税法（草案）》进入审议阶段，《增值税法》也将在不久的未来问世。

（一）增值税纳税义务人和扣缴义务人

1. 增值税纳税义务人

在中华人民共和国境内销售货物、劳务、服务、无形资产、不动产的单位和个人，为增值税纳税义务人，简称增值税纳税人。

单位，是指企业、行政单位、事业单位、军事单位、社会团体及其他单位。

个人，是指个体工商户和其他个人（自然人）。

纳税人应当按照国家统一的会计制度进行增值税会计核算。

2. 增值税纳税义务人的分类

增值税纳税人分为一般纳税人和小规模纳税人。增值税纳税人的年应税销售额超过财政部、国家税务总局规定的小规模纳税人标准的，除了另有规定，应当办理一般纳税人登记。

下列情形不得办理一般纳税人登记：

（1）纳税人根据规定，选择按照小规模纳税人纳税的。

（2）年应税销售额超过规定标准的其他个人（自然人）。

小规模纳税人的标准规定为年应征增值税销售额500万元及以下。

已登记为增值税一般纳税人的单位和个人,在2020年12月31日前,可转登记为小规模纳税人。一般纳税人转登记为小规模纳税人的政策由国家税务总局以公告形式发布。

3.增值税扣缴义务人

中华人民共和国境外单位或者个人在中国境内发生应税行为,在中国境内未设有经营机构的,在中国境内有代理人的,以代理人为扣缴义务人;没有代理人的,以购买方为扣缴义务人。财政部和国家税务总局另有规定的除外。

(二)增值税的征税范围

1.增值税征税范围的一般规定

增值税的征税范围是在中国境内发生应税销售行为以及进口货物等,具体按照财税〔2016〕36号文附件《销售服务、无形资产、不动产注释》执行,包括:(1)销售或者进口货物;(2)销售劳务;(3)销售服务;(4)销售无形资产;(5)销售不动产。

下列行为不属于增值税的征税范围:

(1)行政单位收取的由国务院或者财政部批准设立的政府性基金,或者由国务院或省级政府及其财政、价格主管部门批准设立的行政事业性收费。

(2)单位或者个体工商户聘用的员工为本单位或者雇主提供取得工资的服务。

(3)单位或者个体工商户为聘用的员工提供服务。

(4)纳税人在资产重组过程中,通过合并、分立、出售、置换等方式,将全部或者部分实物资产以及与其相关联的债权、负债和劳动力一并转让给其他单位和个人,其中涉及的货物转让,不征收增值税。

(5)中国境外单位或个人向境内单位或个人销售完全在境外发生的服务、无形资产,或者出租完全在境外使用的有形动产,不属于增值税的征税范围。

(6)财政部和国家税务总局规定的其他情形。

2.增值税征税范围的特殊规定

增值税纳税人的下列行为,视同发生应税销售行为:

(1)将货物交付其他单位或者个人代销;

(2)销售代销货物;

(3)设有两个以上机构并实行统一核算的纳税人,将货物从一个机构移送其他机构用于销售,但相关机构设在同一县(市)的除外;

(4)将自产或者委托加工的货物用于非增值税应税项目;

(5)将自产、委托加工的货物用于集体福利或者个人消费；

(6)将自产、委托加工或者购进的货物作为投资，提供给其他单位或者个体工商户；

(7)将自产、委托加工或者购进的货物分配给股东或者投资者；

(8)将自产、委托加工或者购进的货物无偿赠送其他单位或者个人；

(9)单位或者个体工商户向其他单位或者个人无偿提供应税服务、无偿转让无形资产或者不动产，但用于公益事业或者以社会公众为对象的除外；

(10)财政部和国家税务总局规定的其他情形。

一项销售行为如果既涉及服务又涉及货物，为混合销售。从事货物的生产、批发或者零售的单位和个体工商户的混合销售行为，按照销售货物缴纳增值税；其他单位和个体工商户的混合销售行为，按照销售服务缴纳增值税。所称从事货物的生产、批发或者零售的单位和个体工商户，包括以从事货物的生产、批发或者零售为主，兼营销售服务的单位和个体工商户。混合销售行为成立的行为标准有两点：一是其销售行为必须是一项；二是该项行为必须既涉及销售货物又涉及提供服务。

(三)增值税的税率与征收率

1. 增值税的税率

我国增值税实行三档税率：13% 标准税率，9%、6% 的低税率，零税率。

(1)标准税率，是指纳税人销售货物、劳务、有形动产租赁服务或者进口货物，除下列第 2、4、5 项另有规定外，税率为 13%；

(2)9% 低税率，是指纳税人销售交通运输、邮政、基础电信、建筑、不动产租赁服务，销售不动产，转让土地使用权，销售或者进口涉及公益的农产品、食用植物油、水、气、图书、饲料、农机等，税率为 9%；

(3)6% 低税率，是指纳税人销售服务、无形资产，除 1、2、5 项另有规定外，税率为 6%；

(4)出口零税率，是指纳税人出口货物，税率为 0，国务院另有规定的除外；

(5)服务、无形资产等零税率，是指境内单位和个人跨境销售国务院规定范围内的服务、无形资产，税率为 0。

2. 增值税的征收率

增值税征收率适用于小规模纳税人，或者一般纳税人按规定可以使用简易计税方法计税的。增值税征税率一般为 3%。涉及不动产、劳务派遣、人力资源的，适用 5% 的征收率。

纳税人发生兼营适用不同税率或者征收率的应税销售行为,应当分别核算适用不同税率或者征收率的销售额,未分别核算的,从高适用税率或者征收率。

(四)增值税的计算

增值税的计税方法,包括一般计税方法、简易计税方法和扣缴计税方法。

1. 增值税的一般计税方法

一般纳税人发生应税销售行为的应纳税额,除适用简易计税方法外的,均适用一般计税方法计税。增值税的应纳税额为当期销项税额抵扣当期进项税额后的余额。

应纳税额计算公式:当期应纳税额 = 当期销项税额 - 当期进项税额

如果当期销项税额小于当期进项税额,不足抵扣时,当期应纳税额为0,不足的部分结转下期继续抵扣。

2. 销项税额的确认与计算

销售额为纳税人发生应税销售行为向购买方收取的全部价款和价外费用,但是不包括收取的销项税额。

销项税额计算公式:销项税额 = 销售额 × 税率

(1)价外费用

价外费用,是指价外向购买方收取的手续费、补贴、基金、集资费、返还利润、奖励费、违约金(延期付款利息)、包装费、包装物租金、储备费、优质费、奖励费、运输装卸费、代收款项、代垫款项及其他各种性质的价外收费。

价外费用无论在会计上如何核算,均应并入销售额计算应纳税额。价外费用视为是含税收入,在征税时须先换算为不含税收入,再并入销售额计算销项税额。

不含税收入计算公式:不含税收入 = 含税收入/(1 + 税率)

(2)不属于销售额的项目

下列项目不包括在销售额内:

①向购买方收取的销项税额。

②受托加工应征消费税的消费品所代收代缴的消费税。

③同时符合以下条件的代垫运费:承运部门的运费发票开具给购货方的;纳税人将该项发票转交给购货方的。

纳税人代有关行政管理部门收取的费用,凡同时符合以下条件的,不属于价外费用,不征收增值税:

①经国务院、国务院有关部门或省级政府批准。

②开具经财政部门批准使用的行政事业收费专用票据。

③所收款项全额上缴财政或虽不上缴财政但由政府部门监管,专款专用。

(3)销售额的核定

纳税人发生应税销售行为的价格明显偏低并无正当理由的,由主管税务机关核定其销售额。在税法规定的视同销售行为的情况下,由于纳税人并没有发生销售行为,因此也就没有销售价格,同样需要税务机关来核定纳税人的销售额。

纳税人发生销售价格明显偏低并无正当理由,或者有视同销售货物行为而无销售额的情况,税务机关按下列顺序确定销售额:

①按纳税人最近时期同类货物的平均销售价格确定。

②按其他纳税人最近时期同类货物的平均销售价格确定。

③按组成计税价格确定。

组成计税价格计算公式:组成计税价格 = 成本 ×(1 + 成本利润率)

适用组成计税价格的公式时,如果商品属于应征消费税的货物,其组成计税价格中应加计消费税额。公式中的成本,如果销售自产货物的,为实际生产成本;如是销售外购货物的,为实际采购成本。公式中的成本利润率由国家税务总局确定。

3. 进项税额的确认与计算

纳税人购进货物、服务、无形资产、不动产或者接受应税劳务支付或者负担的增值税额,为进项税额。

(1)准予抵扣的进项税额

下列进项税额准予从销项税额中抵扣:

①从销售方取得的增值税专用发票(含税控机动车销售统一发票,下同)上注明的增值税额。

②从海关取得的海关进口增值税专用缴款书上注明的增值税额。

③购进农产品,除取得增值税专用发票或者海关进口增值税专用缴款书外,按照农产品收购发票或者销售发票上注明的农产品买价和9%的扣除率计算的进项税额。

准予抵扣的进项税额计算公式:进项税额 = 买价 × 扣除率

买价,是指纳税人购进农产品,在农产品收购发票或者销售发票上注明的价款和按照规定缴纳的烟叶税。

根据财政部、国家税务总局《农产品增值税进项税额核定扣除试点实施办法》(财税〔2012〕38 号)的规定,纳税人纳入试行农产品增值税进项税额核定扣除范围的,购进农产品的增值税进项税额按照该规定予以核定扣除,不再凭增值税扣税凭证抵扣增值税进项税额。试点纳税人购进除农产品以外的货物、应税劳务和应税服务,增值税进项税额仍按现行有关规定抵扣。

④从境外单位或者个人购进服务、无形资产或者不动产,自税务机关或者扣缴义务人取得的解缴税款的完税凭证上注明的增值税额。

(2)不得抵扣的销项税额

适用一般计税方法的纳税人,兼营简易计税方法计税项目、免征增值税项目而无法划分不得抵扣的进项税额,按照下列公式计算不得抵扣的进项税额:

不得抵扣的进项税额=当期无法划分的全部进项税额×(当期简易计税方法计税项目销售额+免征增值税项目销售额)÷当期全部销售额

有下列情形之一者,应按销售额依照增值税税率计算应纳税额,不得抵扣进项税额,也不得使用增值税专用发票:

①一般纳税人会计核算不健全,或者不能够提供准确税务资料的;

②应当办理增值税一般纳税人资格登记而未办理的。

(3)进项税额抵扣的时间

自2017年1月1日起,增值税一般纳税人取得防伪税控系统开具的增值税专用发票,抵扣的进项税按以下规定处理:

①增值税一般纳税人取得2017年1月1日及以后开具的增值税专用发票、海关进口增值税专用缴款书、机动车销售统一发票、收费公路通行费增值税电子普通发票,取消认证确认、稽核比对、申报抵扣的期限。纳税人在进行增值税纳税申报时,应当通过本省(自治区、直辖市和计划单列市)增值税发票综合服务平台对上述扣税凭证信息进行用途确认。

②增值税一般纳税人取得2016年12月31日及以前开具的增值税专用发票、海关进口增值税专用缴款书、机动车销售统一发票,超过认证确认、稽核比对、申报抵扣期限,但符合规定条件的,仍可按照规定,继续抵扣进项税额。

(4)简易计税方法

纳税人发生应税销售行为适用简易计税方法的,应该按照销售额和征收率计算应纳增值税税额,并且不得抵扣进项税额。

计算公式:应纳税额=销售额(不含增值税)×征收率

销售额=含税销售额÷(1+征收率)

小规模纳税人一律采取简易计税方法计税,但是一般纳税人发生税法规定的应税销售行为可以选择适用简易计税方法。

(5)扣缴计税方法

扣缴义务人采取扣缴计税方法计算应扣缴税额。

计算公式:应扣缴税额 = 接收方支付的价款 ÷ (1 + 税率) × 税率

(五)增值税税收优惠

1. 增值税免税项目

根据《增值税暂行条例》以及配套的税务规范性文件的规定,目前增值税免税项目包括:

(1)农业生产者销售的自产农产品。农业,是指种植业、养殖业、林业、牧业、水产业。农业生产者,包括从事农业生产的单位和个人。农产品,是指初级农业产品,具体范围由财政部、国家税务总局确定。

(2)避孕药品和用具。

(3)古旧图书。古旧图书,是指向社会收购的古书和旧书。

(4)直接用于科学研究、科学试验和教学的进口仪器、设备。

(5)外国政府、国际组织无偿援助的进口物资和设备。

(6)由残疾人的组织直接进口供残疾人专用的物品。

(7)销售自己使用过的物品。物品,是指游艇、摩托车、应征消费税的汽车以外的货物。自己使用过的物品,是指其他个人自己使用过的物品。

2. 增值税留抵退税政策

根据财政部、国家税务总局、海关总署《关于深化增值税改革有关政策的公告》的规定,自 2019 年 4 月 1 日起,试行增值税期末留抵税额退税制度,对于符合规定的企业,退还增量留抵税额。在试点过程中,为鼓励先进制造业的发展,国家税务总局多次放宽了先进制造业享受留抵退税政策的范围和条件。

2022 年 3 月 21 日,财政部、国家税务总局发布《关于进一步加大增值税期末留抵退税政策实施力度的公告》,进一步扩大了留抵退税的范围:

(1)将先进制造业按月全额退还增值税增量留抵税额政策范围扩大至符合条件的小微企业(含个体工商户),并一次性退还小微企业存量留抵税额。

(2)将先进制造业按月全额退还增值税增量留抵税额政策范围扩大至“制造业”“科学研究和技术服务业”“电力、热力、燃气及水生产和供应业”“软件和信息技术服务业”“生态保护和环境治理业”“交通运输、仓储和邮政业”(以下称制造业等行业)企业(含个体工商户),并一次性退还制造业等行业企业存量留抵税额。

为进一步加大增值税留抵退税政策实施力度,着力稳市场主体、稳就业,2022 年 6

月7日,财政部、国家税务总局发布《关于扩大全额退还增值税留抵额政策行业范围的公告》,再一次扩大了留抵税额政策行业范围,将制造业等行业按月全额退还增值税增量留抵税额、一次性退还存量留抵税额的政策范围,扩大至"批发和零售业""农、林、牧、渔业""住宿和餐饮业""居民服务、修理和其他服务业""教育""卫生和社会工作""文化、体育和娱乐业"。

(六)增值税纳税义务发生时间的确定

纳税义务发生时间,是纳税人发生应税销售行为应当承担纳税义务的起始时间。纳税义务发生时间的作用在于:首先,正式确认纳税人和扣缴义务人已经发生属于税法规定的应税销售行为时,应承担的纳税和扣缴义务;其次,有利于税务机关实施税务管理,合理规定申报期限和纳税期限,监督纳税人切实履行纳税义务。

1. 应税销售行为纳税义务发生时间的一般规定

(1)对于发生应税销售行为而言,增值税纳税义务的发生时间一般为收讫销售款项或者取得索取销售款项凭据的当天。但如果纳税人先开具发票,由于发票是计算和缴纳增值税的重要凭证,一旦开具发票,对方就可以申请抵扣税款,因此,只要开具发票,增值税纳税义务就立即产生,无论是否收到销售款项。此时,纳税义务的发生时间为开具发票的当天。

收讫销售款项,是指纳税人发生应税销售行为过程中或者完成后收到的款项。

取得索取销售款项凭据的当天,是指书面合同确定的付款日期;未签订书面合同或者书面合同未确定付款日期的,为应税销售行为完成的当天或者不动产权属变更的当天。

(2)进口货物为报关进口的当天。

(3)增值税扣缴义务发生时间为纳税人增值税纳税义务发生的当天。

2. 应税销售行为纳税义务发生时间的具体规定

由于纳税人销售结算方式的不同,《增值税暂行条例实施细则》和财政部、国家税务总局《关于全面推开营业税改征增值税试点的通知》(财税〔2016〕36号)规定了具体的纳税义务发生时间:

(1)采取直接收款方式销售货物的,无论货物是否发出,均为收到销售款或者取得索取销售款凭据的当天。

(2)采取托收承付和委托银行收款方式销售货物的,为发出货物并办妥托收手续的当天。

(3)采取赊销和分期收款方式销售货物的,为书面合同约定的收款日期的当天;无书面合同的或者书面合同没有约定收款日期的,为货物发出的当天。

(4)采取预收货款方式销售货物的,为货物发出的当天,但生产销售生产工期超过12个月的大型机械设备、船舶、飞机等货物,为收到预收款或者书面合同约定的收款日期的当天。

(5)委托其他纳税人代销货物的,为收到代销单位的代销清单或者收到全部或部分货款的当天。未收到代销清单及货款的,为发出代销货物满180日的当天。

(6)销售应税劳务的,为提供劳务同时收讫销售款或者取得索取销售款的凭据的当天。

(7)纳税人发生税法规定的视同销售货物行为的,为货物移送的当天。

(8)纳税人提供租赁服务采取预收款方式的,为收到预收款的当天。

(9)纳税人从事金融商品转让的,为金融商品所有权转移的当天。

(10)纳税人发生视同销售服务、无形资产或者不动产情形的,为服务、无形资产转让完成的当天或者不动产权属变更的当天。

此外,国家税务总局公告2011年第40号《关于增值税纳税义务发生时间有关问题的公告》明确规定,纳税人生产经营活动中采取直接收款方式销售货物,已将货物移送对方并暂估销售收入入账,但既未取得销售款或取得索取销售款凭据也未开具销售发票的,其增值税纳税义务发生时间为取得销售款或取得索取销售款凭据的当天;先开具发票的,为开具发票的当天。

(七)增值税纳税地点的确定

增值税实行严格的属地化管理,因此,原则上应当以机构所在地或者应税活动发生地为纳税地点。我国增值税属于中央地方共享税,增值税在哪里缴纳直接涉及各地的增值税收入,因此,对于增值税的纳税地点问题,各地税务局都比较关注。同一县(市)的增值税收入是统一调节分配的,因此,同一县(市)内的增值税纳税地点管理相对比较宽松。

对于固定业户而言,应当向其机构所在地的主管税务机关申报纳税。如果总机构和分支机构不在同一县(市)的,应当分别向各自所在地的主管税务机关申报纳税;经国务院财政、税务主管部门或者其授权的财政、税务机关批准,可以由总机构汇总向总机构所在地的主管税务机关申报纳税。

非固定业户应当向应税行为发生地主管税务机关申报纳税;未申报纳税的,由其机构所在地或者居住地主管税务机关补征税款。

其他个人提供建筑服务,销售或者租赁不动产,转让自然资源使用权,应向建筑服务发生地、不动产所在地、自然资源所在地主管税务机关申报纳税。

扣缴义务人应当向其机构所在地或者居住地主管税务机关申报缴纳扣缴的税款。

(八)增值税纳税期限的确定

增值税的纳税义务可能随时都会发生,但税法不要求纳税人每产生一个增值税的纳税义务就去纳税,这样操作繁杂,成本过高。鉴于此,税法设计了一个纳税期限,在一个纳税期限内所发生的所有纳税义务可以一起缴纳。

现行税法规定,增值税的纳税期限分别为1日、3日、5日、10日、15日、1个月或者1个季度。纳税人的具体纳税期限,由主管税务机关根据纳税人应纳税额的大小分别核定。以1个季度为纳税期限的规定适用于小规模纳税人、银行、财务公司、信托投资公司、信用社,以及财政部和国家税务总局规定的其他纳税人。不能按照固定期限纳税的,可以按次纳税。

纳税人以1个月或者1个季度为1个纳税期的,自期满之日起15日内申报纳税;以1日、3日、5日、10日或者15日为1个纳税期的,自期满之日起5日内预缴税款,于次月1日起15日内申报纳税并结清上月应纳税款。扣缴义务人解缴税款的期限,依照以上两款规定执行。纳税人进口货物,应当自海关填发海关进口增值税专用缴款书之日起15日内缴纳税款。

(九)增值税专用发票管理的规定

纳税人发生应税销售行为,应当向索取增值税专用发票的购买方开具增值税专用发票,并在增值税专用发票上分别注明销售额和销项税额。属于下列情形之一的,不得开具增值税专用发票:

(1)应税销售行为的购买方为消费者个人的;

(2)适用免征增值税规定的应税行为。

需要强调的是,一般纳税人发生应税销售行为,开具增值税专用发票后,发生销售货物退回或者折让、开票有误等情形,应按国家税务总局的规定开具红字增值税专用发票。未按规定开具红字增值税专用发票的,增值税额不得从销项税额中扣减。

二、消费税

《消费税暂行条例》于1993年12月13日公布,自1994年1月1日起施行,并于2008年进行了修订。消费税是以特定消费品的流转额为征税对象的一种税。其特点包括征收范围的有限性、征收环节的单一性和税负的转嫁性。

(一)消费税纳税义务人

消费税的纳税人为在中国境内生产、委托加工和进口《消费税暂行条例》规定的消费品的单位和个人,以及国务院确定的销售该条例规定的消费品的其他单位和个人,对有关内容具体解释如下：

（1）单位，是指企业、行政单位、事业单位、军事单位、社会团体及其他单位。

（2）个人，是指个体工商户及其他个人。

（3）在中国境内，是指生产、委托加工和进口属于应当缴纳消费税的消费品的起运地或者所在地在中国境内。

（二）消费税的征税对象

消费税的征税对象为应税消费品，具体包括：（1）烟；（2）酒；（3）高档化妆品；（4）贵重首饰及珠宝玉石；（5）鞭炮、焰火；（6）成品油；（7）摩托车；（8）小汽车；（9）高尔夫球及球具；（10）高档手表；（11）游艇；（12）木制一次性筷子；（13）实木地板；（14）电池；（15）涂料。

2022 年 10 月，财政部、海关总署、国家税务总局发布《关于对电子烟征收消费税的公告》，将电子烟纳入消费税征收范围，在烟税目下增设电子烟子目。

（三）消费税的税基的确定

消费税的税基为销售额或销售数量。销售额，为纳税人销售应税消费品向购买方收取的全部价款和价外费用。销售额不包括应向购货方收取的增值税税款。如果纳税人应税消费品的销售额中未扣除增值税税款或者因不得开具增值税专用发票而发生价款和增值税税款合并收取的，在计算消费税时，应当换算为不含增值税税款的销售额。其换算公式为：

应税消费品的销售额 = 含增值税的销售额 ÷（1 + 增值税税率或征收率）

价外费用，是指价外向购买方收取的手续费、补贴、基金、集资费、返还利润、奖励费、违约金、滞纳金、延期付款利息、赔偿金、代收款项、代垫款项、包装费、包装物租金、储备费、优质费、运输装卸费以及其他各种性质的价外收费。但下列项目不包括在内：

（1）同时符合以下条件的代垫运输费用：①承运部门的运输费用发票开具给购买方的；②纳税人将该项发票转交给购买方的。

（2）同时符合以下条件代为收取的政府性基金或者行政事业性收费：①由国务院或者财政部批准设立的政府性基金或由国务院或者省级人民政府及其财政、价格主管部门批准设立的行政事业性收费；②收取时开具省级以上财政部门监（印）制的财政票据；③所收款项全额上缴财政。

（四）消费税的税率

消费税的税率分为比例税率和定额税率两类，以适应不同应税消费品的实际情况。截至 2023 年 7 月，消费税各税目对应的税率如表 2－1 所示。

表 2－1　消费税税目及税率

<table>
<tr><th colspan="3">税目</th><th>税率</th><th>备注</th></tr>
<tr><td rowspan="7">烟</td><td rowspan="3">卷烟</td><td>甲类卷烟[调拨价 70 元(不含增值税)/条以上(含 70 元)]</td><td>56% +0.003 元/支</td><td>生产环节</td></tr>
<tr><td>乙类卷烟[调拨价 70 元(不含增值税)/条以下]</td><td>36% +0.003 元/支</td><td>生产环节</td></tr>
<tr><td>商业批发</td><td>11%(并按 0.005 元/支加征从量税)</td><td>批发环节</td></tr>
<tr><td colspan="2">雪茄烟</td><td>36%</td><td>生产环节</td></tr>
<tr><td colspan="2">烟丝</td><td>30%</td><td>生产环节</td></tr>
<tr><td colspan="2" rowspan="2">电子烟</td><td>36%</td><td>生产环节</td></tr>
<tr><td>11%</td><td>批发环节</td></tr>
<tr><td rowspan="5">酒</td><td colspan="2">白酒</td><td>20% +0.5 元/500 克(或 500 毫升)</td><td></td></tr>
<tr><td colspan="2">黄酒</td><td>240 元/吨</td><td></td></tr>
<tr><td rowspan="2">啤酒</td><td>甲类啤酒</td><td>250 元/吨</td><td></td></tr>
<tr><td>乙类啤酒</td><td>220 元/吨</td><td></td></tr>
<tr><td colspan="2">其他酒</td><td>10%</td><td></td></tr>
<tr><td colspan="3">高档化妆品</td><td>15%</td><td></td></tr>
<tr><td rowspan="2">贵重首饰及珠宝玉石</td><td colspan="2">金银首饰、铂金首饰和钻石及钻石饰品(零售环节)</td><td>5%</td><td></td></tr>
<tr><td colspan="2">其他贵重首饰和珠宝玉石</td><td>10%</td><td></td></tr>
<tr><td colspan="3">鞭炮、焰火</td><td>15%</td><td></td></tr>
<tr><td rowspan="8">成品油</td><td rowspan="2">汽油</td><td>含铅汽油</td><td>1.52 元/升</td><td></td></tr>
<tr><td>无铅汽油</td><td>1.52 元/升</td><td></td></tr>
<tr><td colspan="2">柴油</td><td>1.20 元/升</td><td></td></tr>
<tr><td colspan="2">航空煤油</td><td>1.20 元/升</td><td></td></tr>
<tr><td colspan="2">石脑油</td><td>1.52 元/升</td><td></td></tr>
<tr><td colspan="2">溶剂油</td><td>1.52 元/升</td><td></td></tr>
<tr><td colspan="2">润滑油</td><td>1.52 元/升</td><td></td></tr>
<tr><td colspan="2">燃料油</td><td>1.20 元/升</td><td></td></tr>
</table>

续表

<table>
<tr><th colspan="3">税目</th><th>税率</th><th>备注</th></tr>
<tr><td rowspan="2">摩托车</td><td colspan="2">气缸容量(排气量,下同)为250毫升的</td><td>3%</td><td>气缸容量即排气量(下同)</td></tr>
<tr><td colspan="2">气缸容量在250毫升以上的</td><td>10%</td><td></td></tr>
<tr><td rowspan="9">小汽车</td><td rowspan="7">乘用车</td><td>气缸容量在1.0升(含1.0升)以下的</td><td>1%</td><td></td></tr>
<tr><td>气缸容量在1.0升以上至1.5升(含1.5升)的</td><td>3%</td><td></td></tr>
<tr><td>气缸容量在1.5升以上至2.0升(含2.0升)的</td><td>5%</td><td></td></tr>
<tr><td>气缸容量在2.0升以上至2.5升(含2.5升)的</td><td>9%</td><td></td></tr>
<tr><td>气缸容量在2.5升以上至3.0升(含3.0升)的</td><td>12%</td><td></td></tr>
<tr><td>气缸容量在3.0升以上至4.0升(含4.0升)的</td><td>25%</td><td></td></tr>
<tr><td>气缸容量在4.0升以上的</td><td>40%</td><td></td></tr>
<tr><td colspan="2">中轻型商用客车</td><td>5%</td><td></td></tr>
<tr><td colspan="2">超豪华小汽车</td><td>10%</td><td>零售环节</td></tr>
<tr><td colspan="3">高尔夫球及球具</td><td>10%</td><td></td></tr>
<tr><td colspan="3">高档手表</td><td>20%</td><td></td></tr>
<tr><td colspan="3">游艇</td><td>10%</td><td></td></tr>
<tr><td colspan="3">木制一次性筷子</td><td>5%</td><td></td></tr>
<tr><td colspan="3">实木地板</td><td>5%</td><td></td></tr>
<tr><td colspan="3">电池</td><td>4%</td><td>无汞原电池、金属氢化物镍蓄电池、锂原电池、锂离子蓄电池、太阳能电池、燃料电池和全钒液流电池免征</td></tr>
<tr><td colspan="3">涂料</td><td>4%</td><td>施工状态下挥发性有机物含量低于420克/升(含)的免征</td></tr>
</table>

要说明的是,纳税人兼营不同税率的应当缴纳消费税的消费品(以下简称应税消费品),应当分别核算不同税率应税消费品的销售额、销售数量;未分别核算销售额、销售数量,或者将不同税率的应税消费品组成成套消费品销售的,从高适用税率。纳税人兼营不同税率的应当缴纳消费税的消费品,是指纳税人生产销售两种税率以上的应税消费品。

(五)消费税的纳税义务发生时间的确定

消费税的纳税义务发生时间的确定分为以下四种情况:

(1)纳税人生产的应税消费品,于纳税人销售时纳税。纳税人自产自用的应税消费品,用于连续生产应税消费品的,不纳税;用于其他方面的,于移送使用的当天纳税。

(2)纳税人销售应税消费品的,按不同的销售结算方式分别为:

①采取赊销和分期收款结算方式的,为书面合同约定的收款日期的当天,书面合同没有约定收款日期或者无书面合同的,为发出应税消费品的当天;

②采取预收货款结算方式的,为发出应税消费品的当天;

③采取托收承付和委托银行收款方式的,为发出应税消费品并办妥托收手续的当天;

④采取其他结算方式的,为收讫销售款或者取得索取销售款凭据的当天。

(3)委托加工的应税消费品,除受托方为个人外,由受托方在向委托方交货时代收代缴税款,时间为纳税人提货的当天。委托加工的应税消费品,委托方用于连续生产应税消费品的,所纳税款准予按规定抵扣。

(4)纳税人进口应税消费品的,为报关进口的当天。

(六)消费税纳税期限的确定

消费税的纳税期限分别为1日、3日、5日、10日、15日、1个月或者1个季度。纳税人的具体纳税期限,由主管税务机关根据纳税人应纳税额的大小分别核定;不能按照固定期限纳税的,可以按次纳税。

纳税人以1个月或者1个季度为1个纳税期的,自期满之日起15日内申报纳税;以1日、3日、5日、10日或者15日为1个纳税期的,自期满之日起5日内预缴税款,于次月1日起15日内申报纳税并结清上月应纳税款。纳税人进口应税消费品,应当自海关填发海关进口消费税专用缴款书之日起15日内缴纳税款。

(七)消费税纳税地点的确定

纳税人到外县(市)销售或者委托外县(市)代销自产应税消费品的,于应税消费品销售后,向机构所在地或者居住地主管税务机关申报纳税。

纳税人的总机构与分支机构不在同一县(市)的,应当分别向各自机构所在地的主管税务机关申报纳税;但在同一省(自治区、直辖市)范围内的,经省(自治区、直辖市)财政厅(局)、国家税务总局审批同意,可以由总机构汇总向总机构所在地的主管税务机关申报缴纳消费税。

委托个人加工的应税消费品,由委托方向其机构所在地或者居住地主管税务机关申报纳税。进口的应税消费品,由进口人或者其代理人向报关地海关申报纳税。

(八)消费税应纳税额的计算

消费税实行从价定率、从量定额,或者从价定率和从量定额复合计税(以下简称复合计税)的办法计算应纳税额。应纳税额计算公式具体如下:

实行从价定率办法计算的应纳税额 = 销售额 × 比例税率

实行从量定额办法计算的应纳税额 = 销售数量 × 定额税率

实行复合计税办法计算的应纳税额 = 销售额 × 比例税率 + 销售数量 × 定额税率

纳税人销售的应税消费品,以人民币计算销售额。纳税人以人民币以外的货币结算销售额的,应当折合成人民币计算。

(九)消费税的征管制度

1. 征管制度

消费税由税务机关征收,进口的应税消费品的消费税由海关代征。个人携带或者邮寄进境的应税消费品的消费税,连同关税一并计征。具体办法由国务院关税税则委员会会同有关部门制定。

纳税人销售的应税消费品,以及自产自用的应税消费品,除国务院财政、税务主管部门另有规定的外,应当向纳税人机构所在地或者居住地的主管税务机关申报纳税。委托加工的应税消费品,除受托方为个人外,由受托方向机构所在地或者居住地的主管税务机关解缴消费税税款。进口的应税消费品,应当向报关地海关申报纳税。

2. 补征与退征

出口的应税消费品办理退税后,发生退关,或者国外退货进口时予以免税的,报关出口者必须及时向其机构所在地或者居住地主管税务机关申报补缴已退的消费税税款。

纳税人直接出口的应税消费品办理免税后,发生退关或者国外退货,进口时已予以免税的,经机构所在地或者居住地主管税务机关批准,可暂不办理补税,待其转为国内销售时,再申报补缴消费税。

纳税人销售的应税消费品,如因质量等原因由购买者退回时,经机构所在地或者居住地主管税务机关审核批准后,可退还已缴纳的消费税税款。

三、关税

《进出口关税条例》于2003年11月23日公布,自2004年1月1日起施行,并于2011年、2013年、2016年和2017年进行了四次修订。关税是国家对准许进出口的货物、进境物品所征收的一种税。进口货物的收货人、出口货物的发货人、进境物品的所有人,是关税的纳税义务人。

(一)进出口货物关税税率

1. 关税税率设置

进口关税设置最惠国税率、协定税率、特惠税率、普通税率、关税配额税率等税率。对进口货物在一定期限内可以实行暂定税率。出口关税设置出口税率。对出口货物在一定期限内可以实行暂定税率。

(1)原产于共同适用最惠国待遇条款的世界贸易组织成员的进口货物,原产于与中国签订含有相互给予最惠国待遇条款的双边贸易协定的国家或者地区的进口货物,以及原产于中国境内的进口货物,适用最惠国税率。

(2)原产于与中国签订含有关税优惠条款的区域性贸易协定的国家或者地区的进口货物,适用协定税率。

(3)原产于与中国签订含有特殊关税优惠条款的贸易协定的国家或者地区的进口货物,适用特惠税率。

(4)原产于其他国家或者地区的进口货物,以及原产地不明的进口货物,适用普通税率。

适用最惠国税率的进口货物有暂定税率的,应当适用暂定税率;适用协定税率、特惠税率的进口货物有暂定税率的,应当从低适用税率;适用普通税率的进口货物,不适用暂定税率;适用出口税率的出口货物有暂定税率的,应当适用暂定税率。

按照国家规定实行关税配额管理的进口货物,关税配额内的,适用关税配额税率;关税配额外的,其税率的适用按照上文所述的规定执行。

按照有关法律、行政法规的规定对进口货物采取反倾销、反补贴、保障措施的,其税率的适用按照《反倾销条例》《反补贴条例》《保障措施条例》的有关规定执行。

2. 关税税率适用

进出口货物,应当适用海关接受该货物申报进口或者出口之日实施的税率。进口货物到达前,经海关核准先行申报的,应当适用装载该货物的运输工具申报进境之日实施的税率。

已申报进境并放行的保税货物、减免货物、租赁货物或者已申报进出境并放行的暂时进出境货物，有下列情形之一需缴纳税款的，应当适用海关接受纳税义务人再次填写报关单申报办理纳税及有关手续之日实施的税率：

(1)保税货物经批准不复运出境的；

(2)保税仓储货物转入国内市场销售的；

(3)减免税货物经批准转让或者移作他用的；

(4)可暂不缴纳税款的暂时进出境货物，不复运出境或者进境的；

(5)租赁进口货物，分期缴纳税款的。

(二)进出口货物完税价格的确定

进口货物的完税价格由海关以符合下列条件的成交价格以及该货物运抵中国境内输入地点起卸前的运输及其相关费用、保险费为基础审查确定。进口货物的成交价格，是指卖方向中国境内销售该货物时买方为进口该货物向卖方实付、应付的，并按照《进出口关税条例》第19条、第20条的规定调整后的价款总额，包括直接支付的价款和间接支付的价款。进口货物的成交价格应当符合下列条件：

(1)对买方处置或者使用该货物不予限制，但法律、行政法规规定实施的限制、对货物转售地域的限制和对货物价格无实质性影响的限制除外；

(2)该货物的成交价格没有因搭售或者其他因素的影响而无法确定；

(3)卖方不得从买方直接或者间接获得因该货物进口后转售、处置或者使用而产生的任何收益，或者虽有收益但能够按照《进出口关税条例》第19条、第20条的规定进行调整；

(4)买卖双方没有特殊关系，或者虽有特殊关系但未对成交价格产生影响。

进口货物的下列费用应当计入完税价格：

(1)由买方负担的购货佣金以外的佣金和经纪费；

(2)由买方负担的在审查确定完税价格时与该货物视为一体的容器的费用；

(3)由买方负担的包装材料费用和包装劳务费用；

(4)与该货物的生产和向中国境内销售有关的，由买方以免费或者以低于成本的方式提供并可以按适当比例分摊的料件、工具、模具、消耗材料及类似货物的价款，以及在中国境外开发、设计等相关服务的费用；

(5)作为该货物向中国境内销售的条件，买方必须支付的、与该货物有关的特许权使用费；

(6)卖方直接或者间接从买方获得的该货物进口后转售、处置或者使用的收益。

进口时在货物的价款中列明的下列税收、费用,不计入该货物的完税价格:

(1)厂房、机械、设备等货物进口后进行建设、安装、装配、维修和技术服务的费用;

(2)进口货物运抵境内输入地点起卸后的运输及其相关费用、保险费;

(3)进口关税及国内税收。

进口货物的成交价格不符合《进出口关税条例》第18条第3款规定条件的,或者成交价格不能确定的,海关经了解有关情况,并与纳税义务人进行价格磋商后,依次以下列价格估定该货物的完税价格:

(1)与该货物同时或者大约同时向中国境内销售的相同货物的成交价格。

(2)与该货物同时或者大约同时向中国境内销售的类似货物的成交价格。

(3)与该货物进口的同时或者大约同时,将该进口货物、相同或者类似进口货物在第一级销售环节销售给无特殊关系买方最大销售总量的单位价格,但应当扣除下列项目:同等级或者同种类货物在中国境内第一级销售环节销售时通常的利润和一般费用以及通常支付的佣金;进口货物运抵境内输入地点起卸后的运输及其相关费用、保险费;进口关税及国内税收。

(4)按照下列各项总和计算的价格:生产该货物所使用的料件成本和加工费用,向中国境内销售同等级或者同种类货物通常的利润和一般费用,该货物运抵境内输入地点起卸前的运输及其相关费用、保险费。

(5)以合理方法估定的价格。纳税义务人向海关提供有关资料后,可以提出申请,颠倒前述第3项和第4项的适用次序。

出口货物的完税价格由海关以该货物的成交价格以及该货物运至中国境内输出地点装载前的运输及其相关费用、保险费为基础审查确定。出口货物的成交价格,是指该货物出口时卖方为出口该货物应当向买方直接收取和间接收取的价款总额。出口关税不计入完税价格。出口货物的成交价格不能确定的,海关经了解有关情况,并与纳税义务人进行价格磋商后,依次以下列价格估定该货物的完税价格:

(1)与该货物同时或者大约同时向同一国家或者地区出口的相同货物的成交价格;

(2)与该货物同时或者大约同时向同一国家或者地区出口的类似货物的成交价格;

(3)按照下列各项总和计算的价格:境内生产相同或者类似货物的料件成本、加工费用,通常的利润和一般费用,境内发生的运输及其相关费用、保险费;

(4)以合理方法估定的价格。

(三)进出口货物关税征收制度

进口货物的纳税义务人应当自运输工具申报进境之日起 14 日内,出口货物的纳税义务人除海关特准的外,应当在货物运抵海关监管区后、装货的 24 小时以前,向货物的进出境地海关申报。进出口货物转关运输的,按照海关总署的规定执行。

纳税义务人应当依法如实向海关申报,并按照海关的规定提供有关确定完税价格、进行商品归类、确定原产地以及采取反倾销、反补贴或者保障措施等所需的资料;必要时,海关可以要求纳税义务人补充申报。

纳税义务人应当按照《进出口税则》规定的目录条文和归类总规则、类注、章注、子目注释以及其他归类注释,对其申报的进出口货物进行商品归类,并归入相应的税则号列;海关应当依法审核确定该货物的商品归类。海关可以要求纳税义务人提供确定商品归类所需的有关资料;必要时,海关可以组织化验、检验,并将海关认定的化验、检验结果作为商品归类的依据。海关为审查申报价格的真实性和准确性,可以查阅、复制与进出口货物有关的合同、发票、账册、结付汇凭证、单据、业务函电、录音录像制品和其他反映买卖双方关系及交易活动的资料。

进出口货物关税,以从价计征、从量计征或者国家规定的其他方式征收。

从价计征的计算公式为:应纳税额 = 完税价格 × 关税税率

从量计征的计算公式为:应纳税额 = 货物数量 × 单位税额

纳税义务人应当自海关填发税款缴款书之日起 15 日内向指定银行缴纳税款。纳税义务人未按期缴纳税款的,从滞纳税款之日起,按日加收滞纳税款 5‱的滞纳金。

纳税义务人因不可抗力或者在国家税收政策调整的情形下,不能按期缴纳税款的,经依法提供纳税担保后,可以延期缴纳税款,但是最长不得超过 6 个月。

进出口货物放行后,海关发现少征或者漏征税款的,应当自缴纳税款或者货物放行之日起 1 年内,向纳税义务人补征税款。但因纳税义务人违反规定造成少征或者漏征税款的,海关可以自缴纳税款或者货物放行之日起 3 年内追征税款,并从缴纳税款或者货物放行之日起按日加收少征或者漏征税款 5‱的滞纳金。海关发现海关监管货物因纳税义务人违反规定造成少征或者漏征税款的,应当自纳税义务人应缴纳税款之日起 3 年内追征税款,并从应缴纳税款之日起按日加收少征或者漏征税款 5‱的滞纳金。

海关发现多征税款的,应当立即通知纳税义务人办理退还手续。纳税义务人发现多缴税款的,自缴纳税款之日起 1 年内,可以以书面形式要求海关退还多缴的税款并加算银行同期活期存款利息;海关应当自受理退税申请之日起 30 日内查实并通知纳税义务人办理退还手续。纳税义务人应当自收到通知之日起3个月内办理有关退税手续。

欠税的纳税义务人有合并、分立情形的,在合并、分立前应当向海关报告,依法缴清税款。纳税义务人合并时未缴清税款的,由合并后的法人或者其他组织继续履行未履行的纳税义务;纳税义务人分立时未缴清税款的,分立后的法人或者其他组织对未履行的纳税义务承担连带责任。纳税义务人在减免税货物、保税货物监管期间,有合并、分立或者其他资产重组情形的,应当向海关报告。按照规定需要缴税的,应当依法缴清税款;按照规定可以继续享受减免税、保税待遇的,应当到海关办理变更纳税义务人的手续。纳税义务人欠税或者在减免税货物、保税货物监管期间,有撤销、解散、破产或者其他依法终止经营情形的,应当在清算前向海关报告。海关应当依法对纳税义务人的应缴税款予以清缴。

(四)税收优惠

1. 法定免税

下列进出口货物免征关税:

(1)关税税额在人民币50元以下的一票货物;

(2)无商业价值的广告品和货样;

(3)外国政府、国际组织无偿赠送的物资;

(4)在海关放行前损失的货物;

(5)进出境运输工具装载的途中必需的燃料、物料和饮食用品。

2. 损坏货物减税

在海关放行前遭受损坏的进出口货物,可以根据海关认定的受损程度减征关税。

3. 法律规定的其他货物减免税

法律规定的其他免征或者减征关税的进出口货物,海关根据规定予以免征或者减征。

4. 特定货物减免税

特定地区、特定企业或者有特定用途的进出口货物减征或免征关税,以及临时减征或免征关税,按国务院的有关规定执行。

5. 退回货物不征税

因品质或者规格原因,出口货物自出口之日起1年内原状复运进境的,不征收进口关税;进口货物自进口之日起1年内原状复运出境的,不征收出口关税。

6. 补偿或更换相同货物不征税

因残损、短少、品质不良或者规格不符等原因,由进出口货物的发货人、承运人或者保险公司免费补偿或者更换的相同货物,进出口时不征收关税。

7. 暂时进出境货物暂不征税

经海关批准,暂时进出境的下列货物,在进境或出境时纳税人向海关缴纳相当于应纳税款的保证金或提供其他担保,并自进境或者出境之日起6个月内复运出境或复运进境的,可暂不缴纳关税。经纳税人申请,海关可按规定延长复运出境或复运进境的期限:

(1)在展览会、交易会、会议及类似活动中展示或者使用的货物;

(2)文化、体育交流活动中使用的表演、比赛用品;

(3)进行新闻报道或者摄制电影、电视节目使用的仪器、设备及用品;

(4)开展科研、教学、医疗活动使用的仪器、设备及用品;

(5)在上述第1项至第4项所列活动中使用的交通工具及特种车辆;

(6)货样;

(7)供安装、调试、检测设备时使用的仪器、工具;

(8)盛装货物的容器;

(9)其他用于非商业目的的货物。

(五)进境物品进口税征收制度

进境物品的关税以及进口环节海关代征税合并为进口税,由海关依法征收。海关总署规定数额以内的个人自用进境物品免征进口税。超过海关总署规定数额但仍在合理数量以内的个人自用进境物品,由进境物品的纳税义务人在进境物品放行前按照规定缴纳进口税。超过合理、自用数量的进境物品应当按照进口货物依法办理相关手续。

进境物品的纳税义务人,是指携带物品进境的入境人员、进境邮递物品的收件人以及以其他方式进口物品的收件人。进境物品的纳税义务人可以自行办理纳税手续,也可以委托他人办理纳税手续。

进口税从价计征。

进口税的计算公式为:进口税税额 = 完税价格 × 进口税税率

第二节 所 得 税

一、企业所得税

《企业所得税法》于2007年3月16日公布,自2008年1月1日起施行,并于2017

年、2018年两次修正。企业所得税是以企业在一定期间内的纯所得为征税对象的一种税。企业所得税的纳税人包括在中华人民共和国境内的企业和其他取得收入的组织,其中,作为纳税人的企业可以分为居民企业和非居民企业。

(一)企业所得税的纳税义务人

1. 居民企业

居民企业,是指依法在中国境内成立,或者依照外国(地区)法律成立但实际管理机构在中国境内的企业。

依法在中国境内成立的企业,包括依照中国法律、行政法规在中国境内成立的企业、事业单位、社会团体以及其他取得收入的组织。

(1)企业。包括公司制企业和其他非公司制企业。其中,公司制企业是我国现代企业制度改革的发展方向,是目前和今后我国企业的主要形式。企业是以营利为目的、从事生产经营活动的经济实体,是《企业所得税法》最主要的适用对象。需要注意的是,根据《企业所得税法》第1条第2款和《企业所得税法实施条例》第2条的规定,这里的"企业",不包括依照中国法律、行政法规规定成立的个人独资企业、合伙企业,但是包括依照外国法律法规在境外成立的个人独资企业和合伙企业。

(2)事业单位。根据《事业单位登记管理暂行条例》第2条的规定,事业单位,是指国家为了社会公益目的,由国家机关举办或者其他组织利用国有资产举办的,从事教育、科技、文化、卫生等活动的社会服务组织。事业单位虽然是公益性或非营利性组织,但也可能通过经营或接受捐赠等行为取得收入。根据《企业所得税法》第26条的规定,符合条件的事业单位的收入为免税收入。这里予以免税的非营利组织收入的前提是"符合条件的",即符合法律、法规及国务院财政、税务主管部门规定的条件。如果事业单位的收入不属于符合条件的非营利组织的收入范畴,则不能予以免税。

(3)社会团体。根据《社会团体登记管理条例》第2条的规定,社会团体,是指由中国公民自愿组成,为实现会员共同意愿,按照其章程开展活动的非营利性社会组织。社会团体也属于公益性或非营利性组织,也可能通过经营或接受捐赠等行为取得收入。根据《企业所得税法》第26条的规定,符合条件的社会团体的收入可以享受免税优惠,但是如果社会团体的收入不符合免税条件,仍然应当依照《企业所得税法》和《企业所得税法实施条例》的规定缴纳企业所得税。

(4)其他取得收入的组织。除了上述所列企业、事业单位、社会团体之外,还有不少类型的经济组织也能够依法取得各种收入,当然也是企业所得税的纳税人,应当依照《企业所得税法》和《企业所得税法实施条例》的规定缴纳企业所得税。实践中,这些经济组织主要包括：①民办非企业单位；②基金会；③商会；④农民专业合作社；⑤随着经济社会发展而出现的其他类型的取得收入的组织。

2. 非居民企业

非居民企业，是指依照外国（地区）法律成立且实际管理机构不在中国境内，但在中国境内设立机构、场所的，或者在中国境内未设立机构、场所，但有来源于中国境内所得的企业。

依照外国（地区）法律成立的企业，包括依照外国（地区）法律成立的企业和其他取得收入的组织。

实际管理机构，是指对企业的生产经营、人员、账务、财产等实施实质性全面管理和控制的机构。

机构、场所，是指在中国境内从事生产经营活动的机构、场所，包括：

（1）管理机构、营业机构、办事机构。管理机构，是指对企业生产经营活动进行管理决策的机构。营业机构，是指企业开展日常生产经营活动的固定场所，如商场等。办事机构，是指企业在当地设立的从事联络和宣传等活动的机构，如外国企业在中国设立的代表处，往往为开拓中国市场进行调查和宣传等工作，为企业将来到中国开展经营活动打下基础。

（2）工厂、农场、开采自然资源的场所。这三类场所属于企业开展生产经营活动的场所。工厂是工业企业，如制造业的生产厂房、车间所在地。农场在此为广义的概念，包括《农业法》第 98 条规定的“农场、牧场、林场、渔场”等农业生产经营活动的场所。开采自然资源的场所主要指采掘业，如采矿、采油等的生产经营活动场所。

（3）提供劳务的场所。包括从事交通运输、仓储租赁、咨询经纪、科学研究、技术服务、教育培训、餐饮住宿、中介代理、旅游、娱乐、加工以及其他劳务服务活动的场所。

（4）从事建筑、安装、装配、修理、勘探等工程作业的场所。包括建筑工地、港口码头、地质勘探场地等工程作业场所。

（5）其他从事生产经营活动的机构、场所。

（二）企业所得税征税范围

1. 征税对象

企业所得税的征税对象为应税所得。

企业每一纳税年度的收入总额，减除不征税收入、免税收入、各项扣除以及允许弥补的以前年度亏损后的余额，为应纳税所得额。企业以货币形式和非货币形式从各种来源取得的收入，为收入总额，具体包括：

(1)销售货物收入,是指企业销售商品、产品、原材料、包装物、低值易耗品以及其他存货取得的收入。

(2)提供劳务收入,是指企业从事建筑安装、修理修配、交通运输、仓储租赁、金融保险、邮电通信、咨询经纪、文化体育、科学研究、技术服务、教育培训、餐饮住宿、中介代理、卫生保健、社区服务、旅游、娱乐、加工以及其他劳务服务活动取得的收入。

(3)转让财产收入,是指企业转让固定资产、生物资产、无形资产、股权、债权等财产取得的收入。

(4)股息、红利等权益性投资收益,是指企业因权益性投资从被投资方取得的收入。

(5)利息收入,是指企业将资金提供他人使用但不构成权益性投资,或者因他人占用本企业资金取得的收入,包括存款利息、贷款利息、债券利息、欠款利息等收入。

(6)租金收入,是指企业提供固定资产、包装物或者其他有形资产的使用权取得的收入。

(7)特许权使用费收入,是指企业提供专利权、非专利技术、商标权、著作权以及其他特许权的使用权取得的收入。

(8)接受捐赠收入,是指企业接受的来自其他企业、组织或者个人无偿给予的货币性资产、非货币性资产。

(9)其他收入,包括企业资产溢余收入、逾期未退包装物押金收入、确实无法偿付的应付款项、已作坏账损失处理后又收回的应收款项、债务重组收入、补贴收入、违约金收入、汇兑收益等。

企业取得收入的货币形式,包括现金、存款、应收账款、应收票据、准备持有至到期的债券投资以及债务的豁免等。企业取得收入的非货币形式,包括固定资产、生物资产、无形资产、股权投资、存货、不准备持有至到期的债券投资、劳务以及有关权益等。

居民企业应当就其来源于中国境内、境外的所得缴纳企业所得税。企业在汇总计算缴纳企业所得税时,其境外营业机构的亏损不得抵减境内营业机构的盈利。

非居民企业在中国境内设立机构、场所的,应当就其所设机构、场所取得的,来源于中国境内的所得,以及发生在中国境外但与其所设机构、场所有实际联系的所得,缴纳企业所得税。

非居民企业在中国境内未设立机构、场所的,或者虽设立机构、场所但取得的所得与其所设机构、场所没有实际联系的,应当就其来源于中国境内的所得缴纳企业所得税。非居民企业取得上述所得,按照下列方法计算其应纳税所得额:

(1)股息、红利等权益性投资收益和利息、租金、特许权使用费所得,以收入全额为应纳税所得额。

(2)转让财产所得,以收入全额减除财产净值后的余额为应纳税所得额。财产净值,是指有关资产、财产的计税基础减除已经按照规定扣除的折旧、折耗、摊销、准备金等后的余额。

(3)其他所得,参照前两项规定的方法计算应纳税所得额。

实际联系,是指非居民企业在中国境内设立的机构、场所拥有据以取得所得的股权、债权,以及拥有、管理、控制据以取得所得的财产等。

2. 来源地确定

《企业所得税法》所称来源于中国境内、境外的所得,按照以下原则确定:

(1)销售货物所得,按照交易活动发生地确定。此处所谓的交易活动发生地,主要指销售货物行为发生的场所,通常是销售企业的营业机构,在送货上门的情况下为购货单位或个人的所在地,还可以是买卖双方约定的其他地点。

(2)提供劳务所得,按照劳务发生地确定。劳务行为既包括部分工业生产活动,也包括商业服务行为,其所得以劳务行为发生地确定是来源于境内还是境外。例如,境外机构为中国境内居民提供金融保险服务,向境内居民收取保险费,则应认定为来源于中国境内的所得。

(3)转让财产所得,不动产转让所得按照不动产所在地确定;动产转让所得按照转让动产的企业或者机构、场所所在地确定;权益性投资资产转让所得按照被投资企业所在地确定。

(4)股息、红利等权益性投资所得,按照分配所得的企业所在地确定。企业因购买被投资方的股票而产生的股息、红利,是被投资方向投资方企业支付的投资回报,应当以被投资方所在地作为所得来源地。

(5)利息所得、租金所得、特许权使用费所得,按照负担、支付所得的企业或者机构、场所所在地确定;或者按照负担、支付所得的个人的住所地确定。利息、租金和特许权使用费是企业借贷、出租和提供特许权的使用权而获得的收益,应当将负担或支付上述收益的企业或其机构、场所认定为所得来源地。

(6)其他所得,由国务院财政、税务主管部门确定。

(三)企业收入

1. 收入的确认

企业应纳税所得额的计算,以权责发生制为原则,属于当期的收入和费用,无论款项是否收付,均作为当期的收入和费用;不属于当期的收入和费用,即使款项已经在当期收付,均不作为当期的收入和费用。

各项所得的确认时间如下:

(1)股息、红利等权益性投资收益,除国务院财政、税务主管部门另有规定外,按照被投资方作出利润分配决定的日期确认收入的实现。

(2)利息收入,按照合同约定的债务人应付利息的日期确认收入的实现。

(3)租金收入,按照合同约定的承租人应付租金的日期确认收入的实现。

(4)特许权使用费收入,按照合同约定的特许权使用人应付特许权使用费的日期确认收入的实现。

(5)接受捐赠收入,按照实际收到捐赠资产的日期确认收入的实现。

企业的下列生产经营业务可以分期确认收入的实现:

(1)以分期收款方式销售货物的,按照合同约定的收款日期确认收入的实现;

(2)企业受托加工制造大型机械设备、船舶、飞机,以及从事建筑、安装、装配工程业务或者提供其他劳务等,持续时间超过12个月的,按照纳税年度内完工进度或者完成的工作量确认收入的实现。

采取产品分成方式取得收入的,按照企业分得产品的日期确认收入的实现,其收入额按照产品的公允价值确定。企业发生非货币性资产交换,以及将货物、财产、劳务用于捐赠、偿债、赞助、集资、广告、样品、职工福利或者利润分配等用途的,应当视同销售货物、转让财产或者提供劳务,但国务院财政、税务主管部门另有规定的除外。

2. 企业取得的不征税收入

收入总额中的下列收入为不征税收入:

(1)财政拨款,是指各级人民政府对纳入预算管理的事业单位、社会团体等组织拨付的财政资金,但国务院和国务院财政、税务主管部门另有规定的除外。

(2)依法收取并纳入财政管理的行政事业性收费,是指依照法律法规等有关规定,按照国务院规定程序批准,在实施社会公共管理,以及在向公民、法人或者其他组织提供特定公共服务过程中,向特定对象收取并纳入财政管理的费用。

(3)依法收取并纳入财政管理的政府性基金,是指企业依照法律、行政法规等有关规定,代政府收取的具有专项用途的财政资金。

(4)国务院规定的其他不征税收入,是指企业取得的,由国务院财政、税务主管部门规定专项用途并经国务院批准的财政性资金。

3. 企业取得的免税收入

企业的下列收入为免税收入:

(1)国债利息收入。是指企业持有国务院财政部门发行的国债取得的利息收入。

(2)符合条件的居民企业之间的股息、红利等权益性投资收益。是指居民企业直接投资于其他居民企业取得的投资收益,不包括连续持有居民企业公开发行并上市流通的股票不足12个月取得的投资收益。

(3)在中国境内设立机构、场所的非居民企业从居民企业取得与该机构、场所有实际联系的股息、红利等权益性投资收益。不包括连续持有居民企业公开发行并上市流通的股票不足12个月取得的投资收益。

(4)符合条件的非营利组织的收入。符合条件的非营利组织,是指同时符合下列条件的组织:①依法履行非营利组织登记手续;②从事公益性或者非营利性活动;③取得的收入除用于与该组织有关的、合理的支出外,全部用于登记核定或者章程规定的公益性或者非营利性事业;④财产及其孳息不用于分配;⑤按照登记核定或者章程规定,该组织注销后的剩余财产用于公益性或者非营利性目的,或者由登记管理机关转赠给与该组织性质、宗旨相同的组织,并向社会公告;⑥投入人对投入该组织的财产不保留或者享有任何财产权利;⑦工作人员工资福利开支控制在规定的比例内,不变相分配该组织的财产。

上述规定的非营利组织的认定管理办法由国务院财政、税务主管部门会同国务院有关部门制定。

(四)企业支出与税前扣除

1.企业可以扣除的支出

企业实际发生的与取得收入有关的、合理的支出,包括成本、费用、税金、损失和其他支出,可以在计算应纳税所得额时扣除。

有关的支出,是指与取得收入直接相关的支出。合理的支出,是指符合生产经营活动常规,应当计入当期损益或者有关资产成本的必要和正常的支出。企业发生的支出应当区分收益性支出和资本性支出。收益性支出在发生当期直接扣除;资本性支出应当分期扣除或者计入有关资产成本,不得在发生当期直接扣除。企业的不征税收入用于支出所形成的费用或者财产,不得扣除或者计算对应的折旧、摊销扣除。除另有规定外,企业实际发生的成本、费用、税金、损失和其他支出,不得重复扣除:

(1)成本,是指企业在生产经营活动中发生的销售成本、销货成本、业务支出以及其他耗费。

(2)费用,是指企业在生产经营活动中发生的销售费用、管理费用和财务费用,已经计入成本的有关费用除外。

(3)税金,是指企业发生的除企业所得税和允许抵扣的增值税以外的各项税金及其附加。

(4)损失,是指企业在生产经营活动中发生的固定资产和存货的盘亏、毁损、报废损失,转让财产损失,呆账损失,坏账损失,自然灾害等不可抗力因素造成的损失以及其他损失。企业发生的损失,减除责任人赔偿和保险赔款后的余额,依照国务院财政、税务主管部门的规定扣除。企业已经作为损失处理的资产,在以后纳税年度又全部收回或者部分收回时,应当计入当期收入。

(5)其他支出,是指除成本、费用、税金、损失外,企业在生产经营活动中发生的与生产经营活动有关的、合理的支出。

2. 支出项目如何扣除

(1)企业发生的合理的工资薪金支出,准予扣除。工资薪金,是指企业每一纳税年度支付给在本企业任职或者受雇的员工的所有现金形式或者非现金形式的劳动报酬,包括基本工资、奖金、津贴、补贴、年终加薪、加班工资,以及与员工任职或者受雇有关的其他支出。

(2)企业依照国务院有关主管部门或者省级人民政府规定的范围和标准为职工缴纳的基本养老保险费、基本医疗保险费、失业保险费、工伤保险费、生育保险费等基本社会保险费和住房公积金,准予扣除。企业为投资者或者职工支付的补充养老保险费、补充医疗保险费,在国务院财政、税务主管部门规定的范围和标准内,准予扣除。除企业依照国家有关规定为特殊工种职工支付的人身安全保险费和国务院财政、税务主管部门规定可以扣除的其他商业保险费外,企业为投资者或者职工支付的商业保险费,不得扣除。

(3)企业在生产经营活动中发生的合理的,不需要资本化的借款费用,准予扣除。企业为购置、建造固定资产、无形资产和经过12个月以上的建造才能达到预定可销售状态的存货发生借款的,在有关资产购置、建造期间发生的合理的借款费用,应当作为资本性支出计入有关资产的成本,并依照《企业所得税法实施条例》的规定扣除。

(4)企业在生产经营活动中发生的下列利息支出,准予扣除:

①非金融企业向金融企业借款的利息支出、金融企业的各项存款利息支出和同业拆借利息支出、企业经批准发行债券的利息支出;

②非金融企业向非金融企业借款的利息支出,不超过按照金融企业同期同类贷款利率计算的数额的部分。

(5)企业在货币交易中,以及纳税年度终了时将人民币以外的货币性资产、负债按照期末即期人民币汇率中间价折算为人民币时产生的汇兑损失，除已经计入有关资产成本以及与向所有者进行利润分配相关的部分外，准予扣除。

（6）企业发生的职工福利费支出，不超过工资薪金总额 14% 的部分，准予扣除。

（7）企业拨缴的工会经费，不超过工资薪金总额 2% 的部分，准予扣除。

（8）除国务院财政、税务主管部门另有规定外，企业发生的职工教育经费支出，自 2018 年 1 月 1 日起，不超过工资薪金总额 8% 的部分，准予扣除；超过部分，准予在以后纳税年度结转扣除。

（9）企业发生的与生产经营活动有关的业务招待费支出，按照发生额的 60% 扣除，但最高不得超过当年销售（营业）收入的 5‰。

（10）企业发生的符合条件的广告费和业务宣传费支出，除国务院财政、税务主管部门另有规定外，不超过当年销售（营业）收入 15% 的部分，准予扣除；超过部分，准予在以后纳税年度结转扣除。

（11）企业依照法律、行政法规有关规定提取的用于环境保护、生态恢复等方面的专项资金，准予扣除。上述专项资金提取后改变用途的，不得扣除。

（12）企业参加财产保险，按照规定缴纳的保险费，准予扣除。

（13）企业参加雇主责任险、公众责任险等责任保险，按照规定缴纳的保险费，准予在企业所得税税前扣除。

（14）企业根据生产经营活动的需要租入固定资产支付的租赁费，按照以下方法扣除：

①以经营租赁方式租入固定资产发生的租赁费支出，按照租赁期限均匀扣除；

②以融资租赁方式租入固定资产发生的租赁费支出，按照规定构成融资租入固定资产价值的部分应当提取折旧费用，分期扣除。

（15）企业发生的合理的劳动保护支出，准予扣除。

（16）非居民企业在中国境内设立的机构、场所，就其中国境外总机构发生的与该机构、场所生产经营有关的费用，能够提供总机构出具的费用汇集范围、定额、分配依据和方法等证明文件，并合理分摊的，准予扣除。

（17）企业当年发生以及以前年度结转的公益性捐赠支出，不超过年度利润总额 12% 的部分，准予扣除；超过年度利润总额 12% 的部分，准予结转以后 3 年内在计算应纳税所得额时扣除。

公益性捐赠，是指企业通过公益性社会组织或者县级以上人民政府及其部门，用于符合法律规定的慈善活动、公益事业的捐赠。年度利润总额，是指企业依照国家统一会计制度的规定计算的年度会计利润。

公益性社会组织,是指同时符合下列条件的慈善组织以及其他社会组织:①依法登记,具有法人资格;②以发展公益事业为宗旨,且不以营利为目的;③全部资产及其增值为该法人所有;④收益和营运结余主要用于符合该法人设立目的的事业;⑤终止后的剩余财产不归属任何个人或者营利组织;⑥不经营与其设立目的无关的业务;⑦有健全的财务会计制度;⑧捐赠者不以任何形式参与社会团体财产的分配;⑨国务院财政、税务主管部门会同国务院民政部门等登记管理部门规定的其他条件。

(18)企业对外投资期间,投资资产的成本在计算应纳税所得额时不得扣除。

投资资产,是指企业对外进行权益性投资和债权性投资形成的资产。企业在转让或者处置投资资产时,投资资产的成本,准予扣除。

投资资产按照以下方法确定成本:

①通过支付现金方式取得的投资资产,以购买价款为成本;

②通过支付现金以外的方式取得的投资资产,以该资产的公允价值和支付的相关税费为成本。

(19)企业使用或者销售存货,按照规定计算的存货成本,准予在计算应纳税所得额时扣除。

(20)企业转让资产,该项资产的净值可以在计算应纳税所得额时扣除。

资产的净值,是指有关资产、财产的计税基础减除已经按照规定扣除的折旧、折耗、摊销、准备金等后的余额。

3. 企业不能税前扣除的支出

在计算应纳税所得额时,下列支出不得扣除:

(1)向投资者支付的股息、红利等权益性投资收益款项;

(2)企业所得税税款;

(3)税收滞纳金;

(4)罚金、罚款和被没收财物的损失;

(5)法律规定以外的捐赠支出;

(6)企业之间支付的管理费、企业内营业机构之间支付的租金和特许权使用费,以及非银行企业内营业机构之间支付的利息,不得扣除;

(7)赞助支出,即企业发生的与生产经营活动无关的各种非广告性质支出;

(8)未经核定的准备金支出,即不符合国务院财政、税务主管部门规定的各项资产减值准备、风险准备等准备金支出;

(9)与取得收入无关的其他支出。

(五)企业所得税的特定税务处理制度

1. 固定资产的税务处理

在计算应纳税所得额时,企业按照规定计算的固定资产折旧,准予扣除。下列固定资产不得计算折旧扣除:

(1)房屋、建筑物以外未投入使用的固定资产;

(2)以经营租赁方式租入的固定资产;

(3)以融资租赁方式租出的固定资产;

(4)已足额提取折旧仍继续使用的固定资产;

(5)与经营活动无关的固定资产;

(6)单独估价作为固定资产入账的土地;

(7)其他不得计算折旧扣除的固定资产。

固定资产,是指企业为生产产品、提供劳务、出租或者经营管理而持有的、使用时间超过 12 个月的非货币性资产,包括房屋、建筑物、机器、机械、运输工具以及其他与生产经营活动有关的设备、器具、工具等。

固定资产按照以下方法确定计税基础:

(1)外购的固定资产,以购买价款和支付的相关税费以及直接归属于使该资产达到预定用途发生的其他支出为计税基础。

(2)自行建造的固定资产,以竣工结算前发生的支出为计税基础。

(3)融资租入的固定资产,以租赁合同约定的付款总额和承租人在签订租赁合同过程中发生的相关费用为计税基础;租赁合同未约定付款总额的,以该资产的公允价值和承租人在签订租赁合同过程中发生的相关费用为计税基础。

(4)盘盈的固定资产,以同类固定资产的重置完全价值为计税基础。

(5)通过捐赠、投资、非货币性资产交换、债务重组等方式取得的固定资产,以该资产的公允价值和支付的相关税费为计税基础。

(6)改建的固定资产,除《企业所得税法》第 13 条第 1 项和第 2 项规定的支出外,以改建过程中发生的改建支出增加计税基础。

固定资产按照直线法计算的折旧,准予扣除。企业应当自固定资产投入使用月份的次月起计算折旧;停止使用的固定资产,应当自停止使用月份的次月起停止计算折旧。企业应当根据固定资产的性质和使用情况,合理确定固定资产的预计净残值。固定资产的预计净残值一经确定,不得变更。

除国务院财政、税务主管部门另有规定外,固定资产计算折旧的最低年限如下:

(1)房屋、建筑物为 20 年;

(2)飞机、火车、轮船、机器、机械和其他生产设备为 10 年;

(3)与生产经营活动有关的器具、工具、家具等为 5 年;

(4)飞机、火车、轮船以外的运输工具为 4 年;

(5)电子设备为 3 年。

生产性生物资产按照以下方法确定计税基础:

(1)外购的生产性生物资产,以购买价款和支付的相关税费为计税基础;

(2)通过捐赠、投资、非货币性资产交换、债务重组等方式取得的生产性生物资产,以该资产的公允价值和支付的相关税费为计税基础。

所谓生产性生物资产,是指企业为生产农产品、提供劳务或者出租等而持有的生物资产,包括经济林、薪炭林、产畜和役畜等。

生产性生物资产按照直线法计算的折旧,准予扣除。企业应当自生产性生物资产投入使用月份的次月起计算折旧;停止使用的生产性生物资产,应当自停止使用月份的次月起停止计算折旧。企业应当根据生产性生物资产的性质和使用情况,合理确定生产性生物资产的预计净残值。生产性生物资产的预计净残值一经确定,不得变更。

生产性生物资产计算折旧的最低年限如下:

(1)林木类生产性生物资产为 10 年;

(2)畜类生产性生物资产为 3 年。

2. 无形资产的税务处理

在计算应纳税所得额时,企业按照规定计算的无形资产摊销费用,准予扣除。下列无形资产不得计算摊销费用扣除:

(1)自行开发的支出已在计算应纳税所得额时扣除的无形资产;

(2)自创商誉;

(3)与经营活动无关的无形资产;

(4)其他不得计算摊销费用扣除的无形资产。

无形资产按照以下方法确定计税基础:

(1)外购的无形资产,以购买价款和支付的相关税费以及直接归属于使该资产达到预定用途发生的其他支出为计税基础;

(2)自行开发的无形资产,以开发过程中该资产符合资本化条件后至达到预定用途前发生的支出为计税基础;

(3)通过捐赠、投资、非货币性资产交换、债务重组等方式取得的无形资产,以该资产的公允价值和支付的相关税费为计税基础。

无形资产按照直线法计算的摊销费用,准予扣除。无形资产的摊销年限不得低于10年。作为投资或者受让的无形资产,有关法律规定或者合同约定了使用年限的,可以按照规定或者约定的使用年限分期摊销。外购商誉的支出,在企业整体转让或者清算时,准予扣除。

3. 企业存货的税务处理

企业使用或者销售存货,按照规定计算的存货成本,可以在计算应纳税所得额时扣除。存货,是指企业持有以备出售的产品或者商品、处于生产过程中的在产品、在生产或者提供劳务过程中耗用的材料和物料等。

存货按照以下方法确定成本:

(1)通过支付现金方式取得的存货,以购买价款和支付的相关税费为成本;

(2)通过支付现金以外的方式取得的存货,以该存货的公允价值和支付的相关税费为成本;

(3)生产性生物资产收获的农产品,以产出或者采收过程中发生的材料费、人工费和分摊的间接费用等必要支出为成本。

企业使用或者销售的存货的成本计算方法,可以在先进先出法、加权平均法、个别计价法中选用一种。计价方法一经选用,不得随意变更。

4. 企业应当作为长期待摊费用的税务处理

在计算应纳税所得额时,企业发生的下列支出作为长期待摊费用按照规定摊销的,准予扣除:

(1)已足额提取折旧的固定资产的改建支出,即改变房屋或者建筑物结构、延长使用年限等发生的支出;

(2)租入固定资产的改建支出,即改变房屋或者建筑物结构、延长使用年限等发生的支出;

(3)固定资产的大修理支出;

(4)其他应当作为长期待摊费用扣除的支出。

已足额提取折旧的固定资产的改建支出,按照固定资产预计尚可使用年限分期摊销。租入固定资产的改建支出,按照合同约定的剩余租赁期限分期摊销。改建的固定资产延长使用年限的,除《企业所得税法》第13条第1项和第2项规定外,应当适当延长折旧年限。

固定资产的大修理支出,是指同时符合下列条件的支出:

(1)修理支出达到取得固定资产时的计税基础50%以上;

(2)修理后固定资产的使用年限延长2年以上。

固定资产的大修理支出,按照固定资产尚可使用年限分期摊销。

其他应当作为长期待摊费用的支出,自支出发生月份的次月起,分期摊销,摊销年限不得低于3年。

(六)企业应纳税额的确定

企业的应纳税所得额乘以适用税率,减除依照《企业所得税法》关于税收优惠的规定减免和抵免的税额后的余额,为应纳税额。

应纳税额的计算公式为:应纳税额 = 应纳税所得额 × 适用税率 - 减免税额 - 抵免税额

企业所得税的税率为25%;非居民企业取得《企业所得税法》第3条第3款规定的所得,适用税率为20%,减按10%的税率征收企业所得税。

企业取得的下列所得已在境外缴纳的所得税税额,可以从其当期应纳税额中抵免,抵免限额为该项所得依照《企业所得税法》规定计算的应纳税额;超过抵免限额的部分,可以在以后5个年度内,用每年度抵免限额抵免当年应抵税额后的余额进行抵补:

(1)居民企业来源于中国境外的应税所得;

(2)非居民企业在中国境内设立机构、场所,取得发生在中国境外但与该机构、场所有实际联系的应税所得。

已在境外缴纳的所得税税额,是指企业来源于中国境外的所得依照中国境外税收法律以及相关规定应当缴纳并已经实际缴纳的企业所得税性质的税款。

抵免限额,是指企业来源于中国境外的所得,依照《企业所得税法》和《企业所得税法实施条例》的规定计算的应纳税额。除国务院财政、税务主管部门另有规定外,该抵免限额应当分国(地区)不分项计算,计算公式如下:

抵免限额 = 中国境内、境外所得依照《企业所得税法》及《企业所得税法实施条例》的规定计算的应纳税总额 × 来源于某国(地区)的应纳税所得额 ÷ 中国境内、境外应纳税所得总额

5个年度,是指从企业取得的来源于中国境外的所得,已经在中国境外缴纳的企业所得税性质的税额超过抵免限额的当年的次年起连续5个纳税年度。

居民企业从其直接或者间接控制的外国企业分得的,来源于中国境外的股息、红

利等权益性投资收益，外国企业在境外实际缴纳的所得税税额中属于该项所得负担的部分，可以作为该居民企业的可抵免境外所得税税额，在《企业所得税法》第23条规定的抵免限额内抵免。

直接控制，是指居民企业直接持有外国企业20%以上股份。间接控制，是指居民企业以间接持股方式持有外国企业20%以上股份，具体认定办法由国务院财政、税务主管部门另行制定。

（七）企业所得税收优惠

1. 企业可以减免企业所得税的所得

（1）从事农、林、牧、渔业项目的所得，可以减征、免征企业所得税。其中，企业从事以下农、林、牧、渔业项目所得，免征企业所得税：①蔬菜、谷物、薯类、油料、豆类、棉花、麻类、糖料、水果、坚果的种植；②农作物新品种的选育；③中药材的种植；④林木的培育和种植；⑤牲畜、家禽的饲养；⑥林产品的采集；⑦灌溉、农产品初加工、兽医、农技推广、农机作业和维修等农、林、牧、渔服务业项目；⑧远洋捕捞。

企业从事以下农、林、牧、渔业项目所得，减半征收企业所得税：①花卉、茶以及其他饮料作物和香料作物的种植；②海水养殖、内陆养殖。

（2）从事国家重点扶持的公共基础设施项目投资经营的所得，可以减征、免征企业所得税。国家重点扶持的公共基础设施项目，是指《公共基础设施项目企业所得税优惠目录》规定的港口码头、机场、铁路、公路、城市公共交通、电力、水利等项目。企业从事上述国家重点扶持的公共基础设施项目的投资经营的所得，自项目取得第一笔生产经营收入所属纳税年度起，第1～3年免征企业所得税，第4～6年减半征收企业所得税。企业承包经营、承包建设和内部自建自用上述规定的项目，不得享受上述规定的企业所得税优惠。

（3）从事符合条件的环境保护、节能节水项目的所得，可以减征、免征企业所得税。符合条件的环境保护、节能节水项目，包括公共污水处理、公共垃圾处理、沼气综合开发利用、节能减排技术改造、海水淡化等。项目的具体条件和范围由国务院财政、税务主管部门商国务院有关部门制定，报国务院批准后公布施行。企业从事上述符合条件的环境保护、节能节水项目的所得，自项目取得第一笔生产经营收入所属纳税年度起，第1～3年免征企业所得税，第4～6年减半征收企业所得税。

（4）符合条件的技术转让所得，可以减征、免征企业所得税。符合条件的技术转让所得免征、减征企业所得税，是指一个纳税年度内，居民企业技术转让所得不超过500万元的部分，免征企业所得税；超过500万元的部分，减半征收企业所得税。

（5）非居民企业在中国境内未设立机构、场所的，或者虽设立机构、场所但取得的所得与其所设机构、场所没有实际联系的，就其来源于中国境内的所得，减按10%的税率征收企业所得税。上述非居民企业的下列所得可以免征企业所得税：①外国政府向中国政府提供贷款取得的利息所得；②国际金融组织向中国政府和居民企业提供优惠贷款取得的利息所得；③经国务院批准的其他所得。

2. 可以享受低税率优惠政策的企业

（1）符合条件的小型微利企业，减按20%的税率征收企业所得税。

符合条件的小型微利企业，是指从事国家非限制和禁止行业，并符合年度应纳税所得额不超过300万元、从业人数不超过300人、资产总额不超过5000万元等三个条件的企业。

（2）国家需要重点扶持的高新技术企业，减按15%的税率征收企业所得税。

国家需要重点扶持的高新技术企业，是指拥有核心自主知识产权，并同时符合下列条件的企业：①产品（服务）属于《国家重点支持的高新技术领域》规定的范围；②研究开发费用占销售收入的比例不低于规定比例；③高新技术产品（服务）收入占企业总收入的比例不低于规定比例；④科技人员占企业职工总数的比例不低于规定比例；⑤高新技术企业认定管理办法规定的其他条件。

3. 企业可以加计扣除的支出

企业的下列支出，可以在计算应纳税所得额时加计扣除：

（1）开发新技术、新产品、新工艺发生的研究开发费用。

研究开发费用的加计扣除，是指企业为开发新技术、新产品、新工艺产生的研究开发费用，未形成无形资产计入当期损益的，在按规定据实扣除的基础上，自2023年1月1日起，再按照实际发生额的100%在税前加计扣除；形成无形资产的，自2023年1月1日起，按照无形资产成本的200%在税前摊销。

（2）安置残疾人员及国家鼓励安置的其他就业人员所支付的工资。

企业安置残疾人员所支付的工资的加计扣除，是指企业安置残疾人员的，在按照支付给残疾职工工资据实扣除的基础上，按照支付给残疾职工工资的100%加计扣除。残疾人员的范围适用《残疾人保障法》的有关规定。

4. 企业可以享受抵扣应纳税所得额的优惠政策的投资

创业投资企业从事国家需要重点扶持和鼓励的创业投资，可以按投资额的一定比例抵扣应纳税所得额。

抵扣应纳税所得额，是指创业投资企业采取股权投资方式投资于未上市的中小高新技术企业2年以上的，可以按照其投资额的70%在股权持有满2年的当年抵扣该创业投资企业的应纳税所得额；当年不足抵扣的，可以在以后纳税年度结转抵扣。

5. 企业可以加速折旧的固定资产

企业的固定资产由于技术进步等原因，确需加速折旧的，可以缩短折旧年限或者采取加速折旧的方法。可以采取缩短折旧年限或者采取加速折旧的方法的固定资产，包括：

(1)由于技术进步，产品更新换代较快的固定资产；

(2)常年处于强震动、高腐蚀状态的固定资产。

采取缩短折旧年限方法的，最低折旧年限不得低于《企业所得税法实施条例》第60条规定折旧年限的60%；采取加速折旧方法的，可以采取双倍余额递减法或者年数总和法。

6. 企业可以享受减计收入的优惠政策的收入

企业综合利用资源，生产符合国家产业政策规定的产品所取得的收入，可以在计算应纳税所得额时减计收入。

减计收入，是指企业以《资源综合利用企业所得税优惠目录》规定的资源作为主要原材料，生产国家非限制和禁止并符合国家和行业相关标准的产品取得的收入，减按90%计入收入总额。

7. 企业可以享受税额抵免的优惠政策的投资

企业购置用于环境保护、节能节水、安全生产等专用设备的投资额，可以按一定比例实行税额抵免。

税额抵免，是指企业购置并实际使用《环境保护专用设备企业所得税优惠目录》《节能节水专用设备企业所得税优惠目录》《安全生产专用设备企业所得税优惠目录》规定的环境保护、节能节水、安全生产等专用设备的，该专用设备投资额的10%可以从企业当年的应纳税额中抵免；当年不足抵免的，可以在以后5个纳税年度结转抵免。

享受上述企业所得税优惠的企业，应当实际购置并自身实际投入使用上述规定的专用设备；企业购置上述专用设备在5年内转让、出租的，应当停止享受企业所得税优惠，并补缴已经抵免的企业所得税税款。

8. 其他优惠

(1)软件企业和集成电路企业税收优惠

详见本书第三部分第二章。

(2)证券投资基金

①对证券投资基金从证券市场中取得的收入，包括买卖股票、债券的差价收入，股

权的股息、红利收入,债券的利息收入及其他收入,暂不征收企业所得税;

②对投资者从证券投资基金分配中取得的收入,暂不征收企业所得税;

③对证券投资基金管理人运用基金买卖股票、债券的差价收入,暂不征收企业所得税。

(八)企业所得税源泉扣缴制度

对非居民企业取得《企业所得税法》第 3 条第 3 款规定的所得应缴纳的所得税,实行源泉扣缴,以支付人为扣缴义务人。税款由扣缴义务人在每次支付或者到期应支付时,从支付或者到期应支付的款项中扣缴。支付人,是指依照有关法律规定或者合同约定对非居民企业直接负有支付相关款项义务的单位或者个人。支付,包括现金支付、汇拨支付、转账支付和权益兑价支付等货币支付和非货币支付。到期应支付的款项,是指支付人按照权责发生制原则应当计入相关成本、费用的应付款项。

对非居民企业在中国境内取得工程作业和劳务所得应缴纳的所得税,税务机关可以指定工程价款或者劳务费的支付人为扣缴义务人。

可以指定扣缴义务人的情形,包括:

(1)预计工程作业或者提供劳务期限不足一个纳税年度,且有证据表明不履行纳税义务的;

(2)没有办理税务登记或者临时税务登记,且未委托中国境内的代理人履行纳税义务的;

(3)未按照规定期限办理企业所得税纳税申报或者预缴申报的。

上述规定的扣缴义务人,由县级以上税务机关指定,并同时告知扣缴义务人所扣税款的计算依据、计算方法、扣缴期限和扣缴方式。

依照上述规定应当扣缴的所得税,扣缴义务人未依法扣缴或者无法履行扣缴义务的,由纳税人在所得发生地缴纳。所得发生地,是指依照《企业所得税法实施条例》第 7 条规定的原则确定的所得发生地。在中国境内存在多处所得发生地的,由纳税人选择其中之一申报缴纳企业所得税。纳税人未依法缴纳的,税务机关可以从该纳税人在中国境内其他收入项目的支付人应付的款项中,追缴该纳税人的应纳税款。该纳税人在中国境内其他收入,是指该纳税人在中国境内取得的其他各种来源的收入。税务机关在追缴该纳税人应纳税款时,应当将追缴理由、追缴数额、缴纳期限和缴纳方式等告知该纳税人。

扣缴义务人每次代扣的税款,应当自代扣之日起 7 日内缴入国库,并向所在地的税务机关报送扣缴企业所得税报告表。

（九）企业所得税特别纳税调整

1. 关联关系与转让定价

企业与其关联方之间的业务往来，不符合独立交易原则而减少企业或者其关联方应纳税收入或者所得额的，税务机关有权按照合理方法调整。企业与其关联方共同开发、受让无形资产，或者共同提供、接受劳务发生的成本，在计算应纳税所得额时应当按照独立交易原则进行分摊。

关联方，是指与企业有下列关联关系之一的企业、其他组织或者个人：

（1）在资金、经营、购销等方面存在直接或者间接的控制关系；

（2）直接或者间接地同为第三者控制；

（3）在利益上具有相关联的其他关系。

独立交易原则，是指没有关联关系的交易各方，按照公平成交价格和营业常规进行业务往来遵循的原则。

合理方法，包括：

（1）可比非受控价格法，是指按照没有关联关系的交易各方进行相同或者类似业务往来的价格进行定价的方法；

（2）再销售价格法，是指按照从关联方购进商品再销售给没有关联关系的交易方的价格，减除相同或者类似业务的销售毛利进行定价的方法；

（3）成本加成法，是指按照成本加合理的费用和利润进行定价的方法；

（4）交易净利润法，是指按照没有关联关系的交易各方进行相同或者类似业务往来取得的净利润水平确定利润的方法；

（5）利润分割法，是指将企业与其关联方的合并利润或者亏损在各方之间采用合理标准进行分配的方法；

（6）其他符合独立交易原则的方法。

企业可以按照独立交易原则与其关联方分摊共同发生的成本，达成成本分摊协议。企业与其关联方分摊成本时，应当按照成本与预期收益相配比的原则进行分摊，并在税务机关规定的期限内，按照税务机关的要求报送有关资料。企业与其关联方分摊成本时违反上述规定的，其自行分摊的成本不得在计算应纳税所得额时扣除。

企业可以向税务机关提出与其关联方之间业务往来的定价原则和计算方法，税务机关与企业协商、确认后，达成预约定价安排。预约定价安排，是指企业就其未来年度关联交易的定价原则和计算方法，向税务机关提出申请，与税务机关按照独立交易原则协商、确认后达成的协议。

有关资料，包括：

（1）与关联业务往来有关的价格、费用的制定标准、计算方法和说明等同期资料；

（2）关联业务往来所涉及的财产、财产使用权、劳务等的再销售（转让）价格或者最终销售（转让）价格的相关资料；

（3）与关联业务调查有关的其他企业应当提供的与被调查企业可比的产品价格、定价方式以及利润水平等资料；

（4）其他与关联业务往来有关的资料。

与关联业务调查有关的其他企业，是指与被调查企业在生产经营内容和方式上相类似的企业。企业应当在税务机关规定的期限内提供与关联业务往来有关的价格、费用的制定标准、计算方法和说明等资料。关联方以及与关联业务调查有关的其他企业应当在税务机关与其约定的期限内提供相关资料。

企业向税务机关报送年度企业所得税纳税申报表时，应当就其与关联方之间的业务往来，附送年度关联业务往来报告表。税务机关在进行关联业务调查时，企业及其关联方，以及与关联业务调查有关的其他企业，应当按照规定提供相关资料。

企业不提供与其关联方之间业务往来资料，或者提供虚假、不完整资料，未能真实反映其关联业务往来情况的，税务机关有权依法核定其应纳税所得额。

税务机关依照上述规定核定企业的应纳税所得额时，可以采用下列方法：

（1）参照同类或者类似企业的利润率水平核定；

（2）按照企业成本加合理的费用和利润的方法核定；

（3）按照关联企业集团整体利润的合理比例核定；

（4）按照其他合理方法核定。

企业对税务机关按照上述规定的方法核定的应纳税所得额有异议的，应当提供相关证据，经税务机关认定后，调整核定的应纳税所得额。

2. 受控外国公司税制的主要内容

由居民企业，或者由居民企业和中国居民控制的设立在实际税负明显低于《企业所得税法》第4条第1款规定税率水平的国家（地区）的企业，并非由于合理的经营需要而对利润不做分配或者减少分配的，上述利润中应归属于该居民企业的部分，应当计入该居民企业的当期收入。

中国居民，是指根据《个人所得税法》的规定，就其从中国境内、境外取得的所得在中国缴纳个人所得税的个人。

控制，包括：

(1)居民企业或中国居民直接或间接单一持有外国企业10%以上有表决权股份,且由其共同持有该外国企业50%以上股份;

(2)居民企业,或者居民企业和中国居民的持股比例没有达到第1项规定的标准,但在股份、资金、经营、购销等方面对该外国企业构成实质控制。

实际税负明显低于《企业所得税法》第4条第1款规定的税率水平,是指低于《企业所得税法》第4条第1款规定税率的50%,即12.5%。

3.资本弱化税制的主要内容

企业从其关联方接受的债权性投资与权益性投资的比例超过规定标准而发生的利息支出,不得在计算应纳税所得额时扣除。

债权性投资,是指企业直接或者间接从关联方获得的,需要偿还本金和支付利息,或者需要以其他具有支付利息性质的方式予以补偿的融资。

企业间接从关联方获得的债权性投资,包括:

(1)关联方通过无关联第三方提供的债权性投资;

(2)无关联第三方提供的、由关联方担保且负有连带责任的债权性投资;

(3)其他间接从关联方获得的具有负债实质的债权性投资。

权益性投资,是指企业接受的不需要偿还本金和支付利息,投资人对企业净资产拥有所有权的投资。上述标准,由国务院财政、税务主管部门另行规定。

4.一般反避税条款

企业实施其他不具有合理商业目的的安排而减少其应纳税收入或者所得额的,税务机关有权按照合理方法调整。不具有合理商业目的,是指以减少、免除或者推迟缴纳税款为主要目的。

企业与其关联方之间的业务往来不符合独立交易原则,或者企业实施其他不具有合理商业目的安排的,税务机关有权在该业务发生的纳税年度起10年内,进行纳税调整。

5.加收利息制度

税务机关依照《企业所得税法》规定作出纳税调整,需要补征税款的,应当补征税款,并按照国务院规定加收利息。

税务机关根据税收法律、行政法规的规定,对企业作出特别纳税调整的,应当对补征的税款,自税款所属纳税年度的次年6月1日起至补缴税款之日止,按日加收利息。上述规定加收的利息,不得在计算应纳税所得额时扣除。

利息,应当按照税款所属纳税年度中国人民银行公布的与补税期间同期的人民币贷款基准利率加5个百分点计算。企业依照《企业所得税法》第43条和《企业所得税法实施条例》的规定提供有关资料的,可以只按人民币贷款基准利率计算利息。

(十)企业所得税征管制度

除税收法律、行政法规另有规定外,居民企业以企业登记注册地为纳税地点;但登记注册地在境外的,以实际管理机构所在地为纳税地点。企业登记注册地,是指企业依照国家有关规定登记注册的住所地。居民企业在中国境内设立不具有法人资格的营业机构的,应当汇总计算并缴纳企业所得税。企业汇总计算并缴纳企业所得税时,应当统一核算应纳税所得额,具体办法由国务院财政、税务主管部门另行制定。

非居民企业取得《企业所得税法》第3条第2款规定的所得,以机构、场所所在地为纳税地点。非居民企业在中国境内设立两个或者两个以上机构、场所的,经税务机关审核批准,可以选择由其主要机构、场所汇总缴纳企业所得税。非居民企业取得《企业所得税法》第3条第3款规定的所得,以扣缴义务人所在地为纳税地点。经税务机关审核批准,是指经各机构、场所所在地税务机关的共同上级税务机关审核批准。非居民企业经批准汇总缴纳企业所得税后,需要增设、合并、迁移、关闭机构、场所或者停止机构、场所业务的,应当事先由负责汇总申报缴纳企业所得税的主要机构、场所向其所在地税务机关报告;需要变更汇总缴纳企业所得税的主要机构、场所的,依照上述规定办理。

主要机构、场所,应当同时符合下列条件:

(1)对其他各机构、场所的生产经营活动负有监督管理责任;

(2)设有完整的账簿、凭证,能够准确反映各机构、场所的收入、成本、费用和盈亏情况。

除国务院另有规定外,企业之间不得合并缴纳企业所得税。

企业所得税按纳税年度计算。纳税年度自公历1月1日起至12月31日止。企业在一个纳税年度中间开业,或者终止经营活动,使该纳税年度的实际经营期不足12个月的,应当以其实际经营期为一个纳税年度。企业依法清算时,应当以清算期间作为一个纳税年度。

企业所得税分月或者分季预缴。企业应当自月份或者季度终了之日起15日内,向税务机关报送预缴企业所得税纳税申报表,预缴税款。企业应当自年度终了之日起5个月内,向税务机关报送年度企业所得税纳税申报表,并汇算清缴,结清应缴应退税款。企业在报送企业所得税纳税申报表时,应当按照规定附送财务会计报告和其他有关资料。

企业所得税分月或者分季预缴,由税务机关具体核定。企业分月或者分季预缴企业所得税时,应当按照月度或者季度的实际利润额预缴;按照月度或者季度的实际利润额预缴有困难的,可以按照上一纳税年度应纳税所得额的月度或者季度平均额预缴,或者按照经税务机关认可的其他方法预缴。预缴方法一经确定,该纳税年度内不得随意变更。企业在纳税年度内无论盈利还是亏损,都应当依照法定期限,向税务机关报送预缴企业所得税纳税申报表、年度企业所得税纳税申报表、财务会计报告和税务机关规定应当报送的其他有关资料。

企业在年度中间终止经营活动的,应当自实际经营终止之日起60日内,向税务机关办理当期企业所得税汇算清缴。企业应当在办理注销登记前,就其清算所得向税务机关申报并依法缴纳企业所得税。

依照《企业所得税法》缴纳的企业所得税,以人民币计算。企业所得以人民币以外的货币计算的,预缴企业所得税时,应当按照月度或者季度最后1日的人民币汇率中间价,折合成人民币计算应纳税所得额。年度终了汇算清缴时,对已经按照月度或者季度预缴税款的,不再重新折合计算,只就该纳税年度内未缴纳企业所得税的部分,按照纳税年度最后1日的人民币汇率中间价,折合成人民币计算应纳税所得额。经税务机关检查确认,企业少计或者多计上述规定的所得的,应当按照检查确认补税或者退税时的上1个月最后1日的人民币汇率中间价,将少计或者多计的所得折合成人民币计算应纳税所得额,再计算应补缴或者应退的税款。

二、个人所得税

《个人所得税法》于1980年9月10日公布,自1980年9月10日起施行;历经七次修正,最近一次修正是2018年8月31日,自2019年1月1日起施行。个人所得税是以个人的所得为征税对象的一个税种。

(一)个人所得税纳税义务人

个人所得税的纳税人为在中国境内有住所,或者无住所而一个纳税年度内在中国境内居住累计满183天的个人(居民个人),以及在中国境内无住所又不居住,或者无住所而一个纳税年度内在中国境内居住累计不满183天的个人(非居民个人)。

在中国境内有住所的个人,是指因户籍、家庭、经济利益关系而在中国境内习惯性居住的个人。

在中国境内无住所的个人,在中国境内居住累计满183天的年度连续不满6年的,经向主管税务机关备案,其来源于中国境外且由境外单位或者个人支付的所得,免予缴纳个人所得税;在中国境内居住累计满183天的任一年度中有一次离境超过30天的,其在中国境内居住累计满183天的年度的连续年限重新起算。

在中国境内无住所的个人,在一个纳税年度内在中国境内居住累计不超过90天的,其来源于中国境内的所得,由境外雇主支付并且不由该雇主在中国境内的机构、场所负担的部分,免予缴纳个人所得税。

下列所得,无论支付地点是否在中国境内,均为来源于中国境内的所得:

(1)因任职、受雇、履约等在中国境内提供劳务取得的所得;

(2)将财产出租给承租人在中国境内使用而取得的所得;

(3)许可各种特许权在中国境内使用而取得的所得;

(4)转让中国境内的不动产等财产或者在中国境内转让其他财产取得的所得;

(5)从中国境内企业、事业单位、其他组织以及居民个人取得的利息、股息、红利所得。

(二)个人所得税的征税对象

个人所得税的征税对象为应税所得,具体包括:

(1)工资、薪金所得,是指个人因任职或者受雇取得的工资、薪金、奖金、年终加薪、劳动分红、津贴、补贴以及与任职或者受雇有关的其他所得。

(2)劳务报酬所得,是指个人从事劳务取得的所得,包括从事设计、装潢、安装、制图、化验、测试、医疗、法律、会计、咨询、讲学、翻译、审稿、书画、雕刻、影视、录音、录像、演出、表演、广告、展览、技术服务、介绍服务、经纪服务、代办服务以及其他劳务取得的所得。

(3)稿酬所得,是指个人因其作品以图书、报刊等形式出版、发表而取得的所得。

(4)特许权使用费所得,是指个人提供专利权、商标权、著作权、非专利技术以及其他特许权的使用权取得的所得;提供著作权的使用权取得的所得,不包括稿酬所得。

(5)经营所得,是指:①个体工商户从事生产、经营活动取得的所得,个人独资企业投资人、合伙企业的个人合伙人来源于境内注册的个人独资企业、合伙企业生产、经营的所得;②个人依法从事办学、医疗、咨询以及其他有偿服务活动取得的所得;③个人对企业、事业单位承包经营、承租经营以及转包、转租取得的所得;④个人从事其他生产、经营活动取得的所得。

(6)利息、股息、红利所得,是指个人拥有债权、股权等而取得的利息、股息、红利所得。

(7)财产租赁所得,是指个人出租不动产、机器设备、车船以及其他财产取得的所得。

(8)财产转让所得,是指个人转让有价证券、股权、合伙企业中的财产份额、不动产、机器设备、车船以及其他财产取得的所得。

(9)偶然所得,是指个人得奖、中奖、中彩以及其他偶然性质的所得。

个人取得的所得难以界定应纳税所得项目的,由国务院税务主管部门确定。

(三)个人所得税应纳税所得额的计算

居民个人取得上述第1项至第4项所得(以下简称综合所得),按纳税年度合并计算个人所得税;非居民个人取得上述第1项至第4项所得,按月或者按次分项计算个人所得税。纳税人取得上述第5项至第9项所得,依照法律规定分别计算个人所得税。计算方法具体如下:

(1)居民个人的综合所得,以每一纳税年度的收入额减除费用60,000元以及专项扣除、专项附加扣除和依法确定的其他扣除后的余额,为应纳税所得额。

(2)非居民个人的工资、薪金所得,以每月收入额减除费用5000元后的余额为应纳税所得额;劳务报酬所得、稿酬所得、特许权使用费所得,以每次收入额为应纳税所得额。

(3)经营所得,以每一纳税年度的收入总额减除成本、费用以及损失后的余额,为应纳税所得额。

(4)财产租赁所得,每次收入不超过4000元的,减除费用800元;4000元以上的,减除20%的费用,其余额为应纳税所得额。

(5)财产转让所得,以转让财产的收入额减除财产原值和合理费用后的余额,为应纳税所得额。

(6)利息、股息、红利所得和偶然所得,以每次收入额为应纳税所得额。

劳务报酬所得、稿酬所得、特许权使用费所得以收入减除20%的费用后的余额为收入额。稿酬所得的收入额减按70%计算。

所得为人民币以外货币的,按照办理纳税申报或者扣缴申报的上一月最后一日人民币汇率中间价,折合成人民币计算应纳税所得额。年度终了后办理汇算清缴的,对已经按月、按季或者按次预缴税款的人民币以外货币所得,不再重新折算;对应当补缴税款的所得部分,按照上一纳税年度最后一日人民币汇率中间价,折合成人民币计算应纳税所得额。

个人将其所得对教育、扶贫、济困等公益慈善事业进行捐赠,捐赠额未超过纳税人申报的应纳税所得额30%的部分,可以从其应纳税所得额中扣除;国务院规定对公益慈善事业捐赠实行全额税前扣除的,从其规定。

专项扣除,包括居民个人按照国家规定的范围和标准缴纳的基本养老保险、基本医疗保险、失业保险等社会保险费和住房公积金等;专项附加扣除,包括子女教育、继续教育、大病医疗、住房贷款利息或者住房租金、赡养老人、3 岁以下婴幼儿照护、个人养老金等支出,具体范围、标准和实施步骤由国务院确定,并报全国人民代表大会常务委员会备案。①

专项扣除、专项附加扣除和依法确定的其他扣除,以居民个人一个纳税年度的应纳税所得额为限额;一个纳税年度扣除不完的,不结转以后年度扣除。

(四)个人所得税的税目与税率

个人所得税根据不同的税目,适用不同的税率,分述如下:

(1)综合所得,适用 3% ~45% 的超额累进税率,如表 2-2 所示。

表 2-2 个人所得税税率(综合所得适用)

级数	全年应纳税所得额	税率/%
1	不超过 36,000 元(含)的	3
2	超过 36,000 元至 144,000 元的部分	10
3	超过 144,000 元至 300,000 元的部分	20
4	超过 300,000 元至 420,000 元的部分	25
5	超过 420,000 元至 660,000 元的部分	30
6	超过 660,000 元至 960,000 元的部分	35
7	超过 960,000 元的部分	45

注:1. 本表所称全年应纳税所得额是指依照《个人所得税法》第 6 条的规定,居民个人取得综合所得以每一纳税年度收入额减除费用 60,000 元以及专项扣除、专项附加扣除和依法确定的其他扣除后的余额。

2. 非居民个人取得工资、薪金所得,劳务报酬所得,稿酬所得和特许权使用费所得,依照本表按月换算后计算应纳税额。

(2)经营所得,适用 5% ~35% 的超额累进税率,如表 2-3 所示。

表 2-3 个人所得税税率(经营所得适用)

级数	全年应纳税所得额	税率/%
1	不超过 30,000 元(含)的	5
2	超过 30,000 元至 90,000 元的部分	10

① 参见《个人所得税专项附加扣除暂行办法》(国发〔2018〕41 号)、国务院《关于设立 3 岁以下婴幼儿照护个人所得税专项附加扣除的通知》(国发〔2022〕8 号)、财政部、国家税务总局《关于个人养老金有关个人所得税政策的公告》(财政部、国家税务总局公告 2022 年第 34 号)。

续表

级数	全年应纳税所得额	税率/%
3	超过 90,000 元至 300,000 元的部分	20
4	超过 300,000 元至 500,000 元的部分	30
5	超过 500,000 元的部分	35

注:本表所称全年应纳税所得额是指依照《个人所得税法》第 6 条的规定,以每一纳税年度的收入总额减除成本、费用以及损失后的余额。

(3)利息、股息、红利所得,财产租赁所得,财产转让所得和偶然所得,适用比例税率,税率为 20%。

(五)个人所得税的税收优惠

下列各项个人所得,免纳个人所得税:

(1)省级人民政府、国务院部委和中国人民解放军军以上单位,以及外国组织、国际组织颁发的科学、教育、技术、文化、卫生、体育、环境保护等方面的奖金;

(2)国债和国家发行的金融债券利息;

(3)按照国家统一规定发给的补贴、津贴;

(4)福利费、抚恤金、救济金;

(5)保险赔款;

(6)军人的转业费、复员费、退役金;

(7)按照国家统一规定发给干部、职工的安家费、退职费、基本养老金或者退休费、离休费、离休生活补助费;

(8)依照有关法律规定应予免税的各国驻华使馆、领事馆的外交代表、领事官员和其他人员的所得;

(9)中国政府参加的国际公约、签订的协议中规定免税的所得;

(10)国务院规定的其他免税所得,报全国人民代表大会常务委员会备案。

有下列情形之一的,可以减征个人所得税,具体幅度和期限,由省、自治区、直辖市人民政府规定,并报同级人民代表大会常务委员会备案:

(1)残疾、孤老人员和烈属的所得;

(2)因自然灾害遭受重大损失的;

(3)国务院可以规定其他减税情形,报全国人民代表大会常务委员会备案。

(六)个人所得税抵扣制度

居民个人从中国境外取得的所得,可以从其应纳税额中抵免已在境外缴纳的个人所得税税额,但抵免额不得超过该纳税人境外所得依照《个人所得税法》规定计算的应纳税额。

已在境外缴纳的个人所得税税额,是指居民个人来源于中国境外的所得,依照该所得来源国家(地区)的法律应当缴纳并且实际已经缴纳的所得税税额。

依照税法规定计算的应纳税额,是居民个人抵免已在境外缴纳的综合所得、经营所得以及其他所得的所得税税额的限额(以下简称抵免限额)。除国务院财政、税务主管部门另有规定外,来源于中国境外一个国家(地区)的综合所得抵免限额、经营所得抵免限额以及其他所得抵免限额之和,为来源于该国家(地区)所得的抵免限额。

居民个人在中国境外一个国家(地区)实际已经缴纳的个人所得税税额,低于依照上述规定计算出的来源于该国家(地区)所得的抵免限额的,应当在中国缴纳差额部分的税款;超过来源于该国家(地区)所得的抵免限额的,其超过部分不得在本纳税年度的应纳税额中抵免,但是可以在以后纳税年度来源于该国家(地区)所得的抵免限额的余额中补扣。补扣期限最长不得超过5年。

居民个人申请抵免已在境外缴纳的个人所得税税额,应当提供境外税务机关出具的税款所属年度的有关纳税凭证。

(七)个人所得税纳税调整制度

有下列情形之一的,税务机关有权按照合理方法进行纳税调整:

(1)个人与其关联方之间的业务往来不符合独立交易原则而减少本人或者其关联方应纳税额,且无正当理由;

(2)居民个人控制的,或者居民个人和居民企业共同控制的设立在实际税负明显偏低的国家(地区)的企业,无合理经营需要,对应当归属于居民个人的利润不做分配或者减少分配;

(3)个人实施其他不具有合理商业目的的安排而获取不当税收利益。

税务机关依照前述规定作出纳税调整,需要补征税款的,应当补征税款,并依法加收利息。

税法规定的利息,应当按照税款所属纳税申报期最后一日中国人民银行公布的与补税期间同期的人民币贷款基准利率计算,自税款纳税申报期满次日起至补缴税款期限届满之日止按日加收。纳税人在补缴税款期限届满前补缴税款的,利息加收至补缴税款之日。

(八)个人所得税汇算清缴制度

居民个人取得综合所得,按年计算个人所得税;有扣缴义务人的,由扣缴义务人按月或者按次预扣预缴税款;需要办理汇算清缴的,应当在取得所得的次年 3 月 1 日至 6 月 30 日内办理汇算清缴。预扣预缴办法由国务院税务主管部门制定。

取得综合所得需要办理汇算清缴的情形包括:

(1)从两处以上取得综合所得,且综合所得年收入额减除专项扣除的余额超过 60,000 元;

(2)取得劳务报酬所得、稿酬所得、特许权使用费所得中一项或者多项所得,且综合所得年收入额减除专项扣除的余额超过 60,000 元;

(3)纳税年度内预缴税额低于应纳税额;

(4)纳税人申请退税。

纳税人申请退税,应当提供其在中国境内开设的银行账户,并在汇算清缴地就地办理税款退库。

汇算清缴的具体办法由国务院税务主管部门制定。

纳税人取得经营所得,按年计算个人所得税,由纳税人在月度或者季度终了后 15 日内向税务机关报送纳税申报表,并预缴税款;在取得所得的次年 3 月 31 日前办理汇算清缴。

纳税人可以委托扣缴义务人或者其他单位和个人办理汇算清缴。

纳税人申请退税时提供的汇算清缴信息有错误的,税务机关应当告知其更正;纳税人更正的,税务机关应当及时办理退税。

第三节　财　产　税

一、房产税

《房产税暂行条例》于 1986 年 9 月 15 日公布,自 1986 年 10 月 1 日起施行,并于 2011 年修订。房产税是以房屋为征税对象,按照房屋的计税余值或者租金收入,向产权所有人征收的一种财产税。

(一)房产税的纳税义务人

房产税的纳税义务人是房屋产权所有人。其中:

(1)产权属于全民所有的,由经营管理的单位缴纳。

(2)产权出典的,由承典人缴纳。

(3)产权所有人、承典人不在房产所在地的,或者产权未确定及租典纠纷未解决的,由房产代管人或者使用人缴纳。

(4)无租使用其他单位的应税单位和个人,依照房产余值代缴纳房产税。

(二)征税范围

房产税的征税范围是在城市、县城、建制镇和工矿区的房产,不包括农村的房屋。

(三)房产税的计税依据与税率

房产税的计税依据分为从价计征和从租计征两种形式:

(1)从价计征的,依照房产原值一次减除10% ~30%后的余值计算缴纳。税率为1.2%。具体减除幅度,由省、自治区、直辖市人民政府规定。

(2)从租计征的,以房产租金收入为房产税的计税依据。税率为12%。2008年3月1日以后,个人出租房屋的按4%的税率征收;企事业单位、社会团体、其他组织向个人、专业化规模化住房租赁企业出租房屋的,减按4%的税率征收房产税。

(四)房产税的税收优惠

下列房产免征房产税:

(1)国家机关、人民团体、军队自用的房产;

(2)由国家财政部门拨付事业经费的单位自用的房产;

(3)宗教寺庙、公园、名胜古迹自用的房产;

(4)个人所有非营业用的房产;

(5)经财政部批准免税的其他房产。

除上述免征的情形外,纳税人纳税确有困难的,可由省、自治区、直辖市人民政府确定,定期减征或者免征房产税。

(五)房产税的征收管理

房产税的纳税义务发生时间分别为:

(1)纳税人将原有房产用于生产经营,从生产经营之月起缴纳房产税。

(2)纳税人自行新建房屋用于生产经营,从建成之次月起缴纳房产税。

(3)纳税人委托施工企业建设的房屋,从办理验收手续之次月起缴纳房产税。

(4)纳税人购置新建商品房,自房屋交付使用之次月起缴纳房产税。

(5)纳税人购置存量房,自办理房屋权属转移、变更登记手续,房地产权属登记机关签发不动产权属证书之次月起缴纳房产税。

(6)纳税人出租、出借房产,自交付出租、出借房产之次月起缴纳房产税。

(7)房地产开发企业自用、出租、出借本企业建造的商品房,自房屋使用或交付之次月起缴纳房产税。

(8)纳税人因房产的实物或权利状态发生变化而依法终止房产税纳税义务的,其应纳税款的计算应截至房产的实物或权利状态发生变化的当月末。

房产税的纳税期限,实行按年计算、分期缴纳的征收方法,具体纳税期限由省、自治区、直辖市人民政府确定。

房产税的纳税地点为房产所在地。房产不在同一地方的纳税人,应按房产的坐落地点分别向房产所在地的税务机关申报纳税。

二、契税

《契税法》于2020年8月11日公布,自2021年9月1日起施行。

(一)契税的纳税义务人

契税的纳税义务人为在中国境内转移土地、房屋权属,承受的单位和个人。

(二)契税的征税对象

契税的征税对象为转移土地、房屋权属,具体包括:

(1)土地使用权出让。

(2)土地使用权转让,包括出售、赠与、互换;但是土地使用权转让,不包括土地承包经营权和土地经营权的转移。

(3)房屋买卖、赠与、互换。

以作价投资(入股)、偿还债务、划转、奖励等方式转移土地、房屋权属的,征收契税。

(三)契税的计税依据

(1)土地使用权出让、出售,房屋买卖,为土地、房屋权属转移合同确定的成交价格,包括应交付的货币以及实物、其他经济利益对应的价款;

(2)土地使用权互换、房屋互换,为所互换的土地使用权、房屋价格的差额;

(3)土地使用权赠与、房屋赠与以及其他没有价格的转移土地、房屋权属行为,为税务机关参照土地使用权出售、房屋买卖的市场价格依法核定的价格。

纳税人申报的成交价格、互换价格差额明显偏低且无正当理由的,税务机关可以核定。

(四)契税的税率

契税的税率为3%~5%。具体的适用税率,由省、自治区、直辖市人民政府在规定的幅度内按照本地区的实际情况确定,并报全国人民代表大会常务委员会和国务院备案。

(五)契税的税收优惠

1. 免征契税的情形

(1)国家机关、事业单位、社会团体、军事单位承受土地、房屋权属用于办公、教学、医疗、科研、军事设施;

(2)非营利性的学校、医疗机构、社会福利机构承受土地、房屋权属用于办公、教学、医疗、科研、养老、救助;

(3)承受荒山、荒地、荒滩土地使用权用于农、林、牧、渔业生产;

(4)婚姻关系存续期间夫妻之间变更土地、房屋权属;

(5)法定继承人通过继承承受土地、房屋权属;

(6)依照法律规定应当予以免税的外国驻华使馆、领事馆和国际组织驻华代表机构承受土地、房屋权属。

2. 免征或减征契税的情形

省、自治区、直辖市可以决定对下列情形免征或者减征契税:

(1)因土地、房屋被县级以上人民政府征收、征用,重新承受土地、房屋权属;

(2)因不可抗力灭失住房,重新承受住房权属。

三、车船税

《车船税法》于 2011 年 2 月 25 日公布,自 2012 年 1 月 1 日起施行,并于 2019 年修正。

(一)车船税的纳税义务人

车船税的纳税义务人,是指在中国境内的车辆、船舶(以下简称车船)的所有人或者管理人。

从事机动车第三者责任强制保险业务的保险机构为机动车车船税的扣缴义务人,应当在收取保险费时依法代收车船税,并出具代收税款凭证。

(二)车船税的征税范围

车船税的征税范围,是在中国境内的、属于《车船税法》所附《车船税税目税额表》规定的车辆、船舶。

(三)车船税的税目与税率

车船税实行定额税率,即固定税额。车船的适用税额依照《车船税法》所附《车船税税目税额表》执行,如表 2 - 4 所示。

表 2－4 车船税税目及税额

税目		计税依据	年基准税额/元	备注
乘用车［按发动机气缸容量（排气量）分档］	1.0 升（含）以下的	每辆	60～360	核定载客人数 9 人（含）以下
	1.0 升以上至 1.6 升（含）的		300～540	
	1.6 升以上至 2.0 升（含）的		360～660	
	2.0 升以上至 2.5 升（含）的		660～1200	
	2.5 升以上至 3.0 升（含）的		1200～2400	
	3.0 升以上至 4.0 升（含）的		2400～3600	
	4.0 升以上的		3600～5400	
商用车	客车	每辆	480～1440	核定载客人数 9 人（包括电车）以上
	货车	整备质量每吨	16～120	1. 包括半挂牵引车、挂车、客货两用汽车、三轮汽车和低速载货汽车等； 2. 挂车按照货车税额的 50% 计算
其他车辆	专用作业车	整备质量每吨	16～120	不包括拖拉机
	轮式专用机械车	整备质量每吨	16～120	
摩托车		每辆	36～180	
船舶	机动船舶	净吨位每吨	3～6	拖船、非机动驳船分别按照机动船舶税额的 50% 计算；游艇的税额另行规定
	游艇	艇身长度每米	600～2000	

车辆的具体适用税额由省、自治区、直辖市人民政府依照《车船税税目税额表》规定的税额幅度和国务院的规定确定。

船舶的具体适用税额由国务院依照《车船税税目税额表》规定的税额幅度内确定。

(四)车船税的税收优惠

下列车船免征车船税:

(1)捕捞、养殖渔船;

(2)军队、武装警察部队专用的车船;

(3)警用车船;

(4)悬挂应急救援专用号牌的国家综合性消防救援车辆和国家综合性消防救援专用船舶;

(5)依照法律规定应当予以免税的外国驻华使领馆、国际组织驻华代表机构及其有关人员的车船。

对节约能源、使用新能源的车船可以减征或者免征车船税;对受严重自然灾害影响纳税困难以及有其他特殊原因确需减税、免税的车船,可以减征或者免征车船税。具体办法由国务院规定。

省、自治区、直辖市人民政府根据当地实际情况,可以对公共交通车船,农村居民拥有并主要在农村地区使用的摩托车、三轮汽车和低速载货汽车定期减征或者免征车船税。

(五)车船税的征收管理

车船税的纳税地点为车船的登记地或者车船税扣缴义务人所在地。依法不需要办理登记的车船,车船税的纳税地点为车船的所有人或者管理人所在地。

车船税纳税义务发生时间为取得车船所有权或者管理权的当月。车船税按年申报缴纳。具体申报纳税期限由省、自治区、直辖市人民政府规定。

第四节　资源税类

一、资源税

《资源税法》于2019年8月26日公布,自2020年9月1日起施行。

(一)资源税的纳税义务人

资源税的纳税义务人是在中国领域和中国管辖的其他海域开发应税资源的单位和个人。

(二)资源税的征税范围

应税资源的具体范围,由《资源税法》所附《资源税税目税率表》确定。应税产品为矿产品的，包括原矿和选矿产品。

纳税人开采或者生产应税产品自用的，应当缴纳资源税；但是，自用于连续生产应税产品的，不缴纳资源税。进口应税资源，不属于资源税的应税范围。

（三）资源税的税目与税率

资源税税目包括五大类：能源矿产、金属矿产、非金属矿产、水气矿产、盐。共设置了164个税目，具体税率由《资源税法》所附的《资源税税目税率表》确定。

应税产品为矿产品的，包括原矿和选矿产品。

（四）资源税的征收管理

资源税实行从价计征或者从量计征。根据《资源税税目税率表》的规定，可以选择实行从价计征或者从量计征的，具体计征方式由省、自治区、直辖市人民政府规定。

实行从价计征的，应纳税额按照应税资源产品的销售额乘以具体适用税率计算。实行从量计征的，应纳税额按照应税资源产品的销售数量乘以具体适用税率计算。

纳税人开采或者生产不同税目应税资源产品的，应当分别核算不同税目应税资源产品的销售额或者销售数量；未分别核算或者不能准确提供不同税目应税资源产品的销售额或者销售数量的，从高适用税率。

纳税人的免税、减税项目，应当单独核算销售额或者销售数量；未单独核算或者不能准确提供销售额或者销售数量的，不予免税或者减税。

资源税的纳税义务发生时间、地点和申报缴纳期限为：

（1）纳税人销售应税资源产品，纳税义务发生时间为收讫销售款或者取得索取销售款凭据的当日；自用应税资源产品的，纳税义务发生时间为移送应税资源产品的当日。

（2）纳税人应当向应税资源产品开采地或者生产地的税务机关申报缴纳资源税。

（3）资源税按月或者按季申报缴纳；不能按固定期限计算缴纳的，可以按次申报缴纳。纳税人按月或者按季申报缴纳的，应当自月度或者季度终了之日起15日内，向税务机关办理纳税申报并缴纳税款；按次申报缴纳的，应当自纳税义务发生之日起15日内，向税务机关办理纳税申报并缴纳税款。

（五）资源税的税收优惠

有下列情形之一的，免征资源税：

（1）开采原油以及在油田范围内运输原油过程中用于加热的原油、天然气；

（2）煤炭开采企业因安全生产需要抽采的煤成（层）气。

有下列情形之一的，减征资源税：

（1）从低丰度油气田开采的原油、天然气，减征20%资源税；

（2）高含硫天然气、三次采油和从深水油气田开采的原油、天然气，减征30%资源税；

（3）稠油、高凝油减征40%资源税；

（4）从衰竭期矿山开采的矿产品，减征30%资源税。

国务院可以另行规定免征或者减征资源税的情形。

有下列情形之一的，省、自治区、直辖市可以决定免征或者减征资源税：

（1）纳税人开采或者生产应税产品过程中，因意外事故或者自然灾害等原因遭受重大损失；

（2）纳税人开采共伴生矿、低品位矿、尾矿。

（六）水资源税试点

1. 水资源税纳税义务人与征税范围

国务院根据国民经济和社会发展需要，依照《资源税法》的原则，对取用地表水或者地下水的单位和个人试点征收水资源税。征收水资源税的，停止征收水资源费。水资源税根据当地水资源状况、取用水类型和经济发展等情况实行差别税率。

截至2023年，水资源税的试点地区为北京市、天津市、山西省、内蒙古自治区、山东省、河南省、四川省、陕西省、宁夏回族自治区九个省（自治区、直辖市）。

水资源税的纳税义务人是直接取用地表水、地下水的单位和个人，但下列情形不缴纳水资源税：

（1）农村集体经济组织及其成员从本集体经济组织的水塘、水库中取用水的；

（2）家庭生活和零星散养、圈养畜禽饮用等少量取用水的；

（3）水利工程管理单位为配置或者调度水资源取水的；

（4）为保障矿井等地下工程施工安全和生产安全必须进行临时应急取用（排）水的；

（5）为消除对公共安全或者公共利益的危害临时应急取水的；

（6）为农业抗旱和维护生态与环境必须临时应急取水的。

水资源税的征税对象为地表水和地下水。地表水是陆地表面上动态水和静态水的总称，包括江、河、湖泊（含水库）等水资源。地下水是埋藏在地表以下各种形式的水资源。

2. 水资源税税额

水资源税实行从量计征，计算公式为：应纳税额 = 实际取用水量 × 适用税额。水力发电和火力发电贯流式(不含循环式)冷却取用水应纳税额的计算公式为:应纳税额=实际发电量×适用税额。

具体的适用税额,由各省、自治区、直辖市政府确定,其中跨省(区、市)水力发电取用水,涉及不同征收标准的,按照规定较高一方的标准执行。

3. 水资源税税收优惠

下列情形,予以免征或者减征水资源税:

(1)规定限额内的农业生产取用水,免征水资源税;

(2)取用污水处理再生水,免征水资源税;

(3)除接入城镇公共供水管网以外,军队、武警部队通过其他方式取用水的,免征水资源税;

(4)抽水蓄能发电取用水,免征水资源税;

(5)采油排水经分离净化后在封闭管道回注的,免征水资源税;

(6)财政部、税务总局规定的其他免征或者减征水资源税情形。

4. 水资源税征收管理

(1)水资源税的纳税义务发生时间为纳税人取用水资源的当日。

(2)除农业生产取用水外,水资源税按季或者按月征收,由主管税务机关根据实际情况确定。对超过规定限额的农业生产取用水水资源税可按年征收。不能按固定期限计算纳税的,可以按次申报纳税。纳税人应当自纳税期满或者纳税义务发生之日起15日内申报纳税。

(3)纳税人应当向生产经营所在地的税务机关申报缴纳水资源税。跨省(区、市)水力发电取用水的水资源税在相关省份之间的分配比例,比照《财政部关于跨省区水电项目税收分配的指导意见》(财预〔2008〕84号)明确的增值税、企业所得税等税收分配办法确定。

二、烟叶税

《烟叶税法》于2017年12月27日公布,自2018年7月1日起施行。

(一)烟叶税的纳税义务人

烟叶税的纳税义务人是在中国境内,依照《烟草专卖法》的规定收购烟叶的单位。烟叶,是指烤烟叶、晾晒烟叶。

(二)烟叶税的计税依据与税率

烟叶税的计税依据为纳税人收购烟叶实际支付的价款总额。税率为20%。计算公式为:应纳税额=收购烟叶实际支付的价款总额×20%。

(三)烟叶税的征收管理

(1)烟叶税的纳税义务发生时间为纳税人收购烟叶的当日。

(2)纳税人应当向烟叶收购地的主管税务机关申报缴纳烟叶税。

(3)烟叶税按月计征,纳税人应当于纳税义务发生月终了之日起15日内申报并缴纳税款。

三、城镇土地使用税

《城镇土地使用税暂行条例》由国务院于1988年9月27日发布,自1988年11月1日起施行;并于2006年、2011年、2013年、2019年四次修订。

(一)城镇土地使用税的纳税义务人

根据《城镇土地使用税暂行条例》的规定,城镇土地使用税的纳税义务人是在城市、县城、建制镇、工矿区范围内使用土地的单位和个人。单位,包括国有企业、集体企业、私营企业、股份制企业、外商投资企业、外国企业以及其他企业和事业单位、社会团体、国家机关、军队以及其他单位;个人,包括个体工商户以及其他个人。

(二)城镇土地使用税的计税依据

城镇土地使用税的计税依据为纳税人实际占用的土地面积。土地占用面积的组织测量工作,由省、自治区、直辖市人民政府根据实际情况确定。

(三)城镇土地使用税的税额

城镇土地使用税采取定额征收的方式,每平方米年税额为:

(1)大城市1.5~30元;

(2)中等城市1.2~24元;

(3)小城市0.9~18元;

(4)县城、建制镇、工矿区0.6~12元。

省、自治区、直辖市人民政府,可以根据市政建设状况、经济繁荣程度等条件,确定所辖地区的适用税额幅度。市、县人民政府可以在省一级政府确定的幅度内,制定相应的适用税额标准。

(四)城镇土地使用税的税收优惠

下列土地免征城镇土地使用税:

(1)国家机关、人民团体、军队自用的土地;

(2)由国家财政部门拨付事业经费的单位自用的土地;

(3)宗教寺庙、公园、名胜古迹自用的土地;

(4)市政街道、广场、绿化地带等公共用地;

(5)直接用于农、林、牧、渔业的生产用地；

(6)经批准开山填海整治的土地和改造的废弃土地，从使用的月份起免缴土地使用税5年至10年；

(7)由财政部另行规定免税的能源、交通、水利设施用地和其他用地。

纳税人缴纳城镇土地使用税确有困难需要定期减免的，由省、自治区、直辖市税务机关审核后，报国家税务总局批准。

(五)城镇土地使用税的征收管理

(1)土地使用税按年计算、分期缴纳。缴纳期限由省、自治区、直辖市人民政府确定。

(2)新征用的土地，依照下列规定缴纳土地使用税：

①征用的耕地，自批准征用之日起满1年时开始缴纳土地使用税；

②征用的非耕地，自批准征用次月起缴纳土地使用税。

四、环境保护税

《环境保护税法》于2016年12月25日发布，自2018年1月1日起施行，并于2018年进行了修正。

(一)环境保护税的纳税义务人

环境保护税的纳税义务人，指的是在中国领域和中国管辖的其他海域，直接向环境排放应税污染物的企业事业单位和其他生产经营者。

(二)环境保护税的征税范围

环境保护税的征税范围是应税污染物，是指《环境保护税法》所附《环境保护税税目税额表》《应税污染物和当量值表》规定的大气污染物、水污染物、固体废物和噪声。

下列行为不属于环境保护税的征税范围：

(1)企业、事业单位和其他生产经营者向依法设立的污水集中处理、生活垃圾集中处理场所排放应税污染物的；

(2)企业、事业单位和其他生产经营者在符合国家和地方环境保护标准的设施、场所贮存或者处置固体废物的。

(三)环境保护税的税目与税额

环境保护税的税目、税额，依照《环境保护税法》所附《环境保护税税目税额表》执行。应税大气污染物和水污染物的具体适用税额的确定和调整，由省、自治区、直辖市人民政府提出，报同级人民代表大会常务委员会决定，并报全国人民代表大会常务委员会和国务院备案。

（四）环境保护税的计税依据

应税污染物的计税依据，按照下列方法确定：

(1)应税大气污染物按照污染物排放量折合的污染当量数确定。

(2)应税水污染物按照污染物排放量折合的污染当量数确定。

(3)应税固体废物按照固体废物的排放量确定；固体废物的排放量为当期应税固体废物的产生量减去当期应税固体废物的贮存量、处置量、综合利用量的余额。纳税人有下列情形之一的，以其当期应税固体废物的产生量作为固体废物的排放量：

①非法倾倒应税固体废物；

②进行虚假纳税申报。

(4)应税噪声按照超过国家规定标准的分贝数确定。

其中，应税大气污染物、水污染物、固体废物的排放量和噪声的分贝数，按照下列方法和顺序计算：

(1)纳税人安装使用符合国家规定和监测规范的污染物自动监测设备的，按照污染物自动监测数据计算；

(2)纳税人未安装使用污染物自动监测设备的，按照监测机构出具的符合国家有关规定和监测规范的监测数据计算；

(3)因排放污染物种类多等原因不具备监测条件的，按照国务院生态环境主管部门规定的排污系数、物料衡算方法计算；

(4)不能按照本条第一项至第三项规定的方法计算的，按照省、自治区、直辖市人民政府生态环境主管部门规定的抽样测算的方法核定计算。

环境保护税应纳税额按照下列方法计算：应税大气污染物、应税水污染物的应纳税额为污染当量数乘以具体适用税额；应税固体废物的应纳税额为固体废物排放量乘以具体适用税额；应税噪声的应纳税额为超过国家规定标准的分贝数对应的具体适用税额。

（五）环境保护税的税收优惠

下列情形，暂予免征环境保护税：

(1)农业生产(不包括规模化养殖)排放应税污染物的；

(2)机动车、铁路机车、非道路移动机械、船舶和航空器等流动污染源排放应税污染物的；

(3)依法设立的城乡污水集中处理、生活垃圾集中处理场所排放相应应税污染物，不超过国家和地方规定的排放标准的；

(4)纳税人综合利用的固体废物,符合国家和地方环境保护标准的;

(5)国务院批准免税的其他情形。

纳税人排放应税大气污染物或者水污染物的浓度值低于国家和地方规定的污染物排放标准30%的,减按75%征收环境保护税。纳税人排放应税大气污染物或者水污染物的浓度值低于国家和地方规定的污染物排放标准50%的,减按50%征收环境保护税。

第五节　行　为　税

一、车辆购置税

《车辆购置税法》于2018年12月29日公布,自2019年7月1日起施行。

(一)车辆购置税的纳税义务人

车辆购置税的纳税义务人为在中国境内购置应税车辆的单位和个人。购置,包括购买、进口、自产、受赠、获奖或者以其他方式取得并自用应税车辆的行为。

(二)车辆购置税的征收范围

车辆购置税的征收范围包括汽车、有轨电车、汽车挂车、排气量超过150毫升的摩托车。

(三)车辆购置税的税率

车辆购置税的税率为10%。

(四)车辆购置税的计税价格

车辆购置税的计税价格根据不同情况,按照下列规定确定:

(1)纳税人购买自用的应税车辆的计税价格,为纳税人实际支付给销售者的全部价款,不包括增值税税款;

(2)纳税人进口自用的应税车辆的计税价格为关税完税价格加上关税和消费税;

(3)纳税人自产自用应税车辆的计税价格,按照纳税人生产的同类应税车辆的销售价格确定,不包括增值税税款。

纳税人以受赠、获奖或者其他方式取得自用应税车辆的计税价格,按照购置应税车辆时相关凭证载明的价格确定,不包括增值税税款。

(五)车辆购置税的税收优惠

下列车辆免征车辆购置税:

(1)依照法律规定应当予以免税的外国驻华使馆、领事馆和国际组织驻华机构及其有关人员自用的车辆;

(2)中国人民解放军和中国人民武装警察部队列入装备订货计划的车辆;

(3)悬挂应急救援专用号牌的国家综合性消防救援车辆;

(4)设有固定装置的非运输专用作业车辆;

(5)城市公交企业购置的公共汽电车辆。

根据国民经济和社会发展的需要,国务院可以规定减征或者其他免征车辆购置税的情形,报全国人民代表大会常务委员会备案。

二、城市维护建设税

《城市维护建设税法》于2020年8月11日公布,自2021年9月1日起施行。

(一)城市维护建设税的纳税义务人

城市维护建设税的纳税义务人,指的是在中国境内缴纳增值税、消费税的单位和个人。

(二)城市维护建设税的计税依据

城市维护建设税的计税依据,是纳税人依法实际缴纳的增值税、消费税税额,并且应当按照规定扣除期末留抵退税退还的增值税税额。城市维护建设税计税依据的具体确定办法,由国务院规定。

对进口货物或者境外单位和个人向境内销售劳务、服务、无形资产缴纳的增值税、消费税税额,不征收城市维护建设税。

(三)城市维护建设税的税率

城市维护建设税税率如下:

(1)纳税人所在地在市区的,税率为7%;

(2)纳税人所在地在县城、镇的,税率为5%;

(3)纳税人所在地不在市区、县城或者镇的,税率为1%。

纳税人所在地,是指纳税人住所地或者与纳税人生产经营活动相关的其他地点,具体地点由省、自治区、直辖市确定。

(四)城市维护建设税的征收管理

城市维护建设税的纳税义务发生时间与增值税、消费税的纳税义务发生时间一致,分别与增值税、消费税同时缴纳。

城市维护建设税的扣缴义务人为负有增值税、消费税扣缴义务的单位和个人,在扣缴增值税、消费税的同时扣缴城市维护建设税。

三、印花税

《印花税法》于 2021 年 6 月 10 日公布，自 2022 年 7 月 1 日起施行。

（一）印花税的纳税义务人

印花税的纳税义务人，指的是在中国境内书立应税凭证、进行证券交易的单位和个人。

印花税的扣缴义务人为：

（1）纳税人为境外单位或者个人，在境内有代理人的，以其境内代理人为扣缴义务人；在境内没有代理人的，由纳税人自行申报缴纳印花税，具体办法由国务院税务主管部门规定。

（2）证券登记结算机构为证券交易印花税的扣缴义务人，应当向其机构所在地的主管税务机关申报解缴税款以及银行结算的利息。

（二）印花税的征税范围

印花税的征税范围，指的是《印花税法》所附《印花税税目税率表》列明的合同、产权转移书据和营业账簿。

其中，证券交易，是指转让在依法设立的证券交易所、国务院批准的其他全国性证券交易场所交易的股票和以股票为基础的存托凭证。

证券交易印花税对证券交易的出让方征收，不对受让方征收。

（三）印花税的税目与税率

印花税的税目、税率，依照《印花税税目税率表》执行，如表 2－5 所示。

表 2－5　印花税税目及税率

税目		税率	备注
合同（指书面合同）	借款合同	借款金额的 0.5‰	指银行业金融机构、经国务院银行业监督管理机构批准设立的其他金融机构与借款人（不包括同业拆借）的借款合同
	融资租赁合同	租金的 0.5‰	
	买卖合同	价款的 3‰	指动产买卖合同（不包括个人书立的动产买卖合同）
	承揽合同	报酬的 3‰	
	建设工程合同	价款的 3‰	

续表

税目		税率	备注
	运输合同	运输费用的3‰	指货运合同和多式联运合同(不包括管道运输合同)
	技术合同	价款、报酬或者使用费的3‰	不包括专利权、专有技术使用权转让书据
	租赁合同	租金的1‰	
	保管合同	保管费的1‰	
	仓储合同	仓储费的1‰	
	财产保险合同	保险费的1‰	不包括再保险合同
产权转移书据	土地使用权出让书据	价款的5‰	转让包括买卖(出售)、继承、赠与、互换、分割
	土地使用权、房屋等建筑物和构筑物所有权转让书据(不包括土地承包经营权和土地经营权转移)	价款的5‰	
	股权转让书据(不包括应缴纳证券交易印花税的)	价款的5‰	
	商标专用权、著作权、专利权、专有技术使用权转让书据	价款的3‰	
营业账簿		实收资本(股本)、资本公积合计金额的2.5‰	
证券交易		成交金额的1‰	

(四)印花税的计税依据

(1)应税合同的计税依据,为合同所列的金额,不包括列明的增值税税款。

(2)应税产权转移书据的计税依据,为产权转移书据所列的金额,不包括列明的增值税税款。

(3)应税营业账簿的计税依据,为账簿记载的实收资本(股本)、资本公积合计金额。

(4)证券交易的计税依据，为成交金额。证券交易无转让价格的，按照办理过户登记手续时该证券前一个交易日收盘价计算确定计税依据；无收盘价的，按照证券面值计算确定计税依据。

(5)应税合同、产权转移书据未列明金额的，印花税的计税依据按照实际结算的金额确定。仍不能确定的，按照书立合同、产权转移书据时的市场价格确定；依法应当执行政府定价或者政府指导价的，按照国家有关规定确定。

(6)同一应税凭证载有两个以上税目事项并分别列明金额的，按照各自适用的税目税率分别计算应纳税额；未分别列明金额的，从高适用税率。

(7)同一应税凭证由两方以上当事人书立的，按照各自涉及的金额分别计算应纳税额。

(8)已缴纳印花税的营业账簿，以后年度记载的实收资本(股本)、资本公积合计金额比已缴纳印花税的实收资本(股本)、资本公积合计金额增加的，按照增加部分计算应纳税额。

(五)印花税的税收优惠

下列凭证免征印花税：

(1)应税凭证的副本或者抄本；

(2)依照法律规定应当予以免税的外国驻华使馆、领事馆和国际组织驻华代表机构为获得馆舍书立的应税凭证；

(3)中国人民解放军、中国人民武装警察部队书立的应税凭证；

(4)农民、家庭农场、农民专业合作社、农村集体经济组织、村民委员会购买农业生产资料或者销售农产品书立的买卖合同和农业保险合同；

(5)无息或者贴息借款合同、国际金融组织向中国提供优惠贷款书立的借款合同；

(6)财产所有权人将财产赠与政府、学校、社会福利机构、慈善组织书立的产权转移书据；

(7)非营利性医疗卫生机构采购药品或者卫生材料书立的买卖合同；

(8)个人与电子商务经营者订立的电子订单。

根据国民经济和社会发展的需要，国务院对居民住房需求保障、企业改制重组、破产、支持小型微型企业发展等情形可以规定减征或者免征印花税，报全国人民代表大会常务委员会备案。

四、船舶吨税

《船舶吨税法》于 2017 年 12 月 27 日公布，自 2018 年 7 月 1 日起施行，并于 2018

年进行了修正。

(一)船舶吨税的纳税义务人

船舶吨税的纳税义务人为自中国境外港口进入境内港口的船舶(以下简称应税船舶),按照船舶的净吨位缴纳船舶吨税。

(二)船舶吨税的税目与税率

船舶吨税的税目、税率依照《船舶吨税法》所附的《吨税税目税率表》执行,如表2-6所示。

表2-6 船舶吨税税目及税率

<table>
<tr><td rowspan="3">税目
(按船舶净吨位划分)</td><td colspan="6">税率(元/净吨)</td><td rowspan="3">备注</td></tr>
<tr><td colspan="3">普通税率
(按执照期限划分)</td><td colspan="3">优惠税率
(按执照期限划分)</td></tr>
<tr><td>1年</td><td>90日</td><td>30日</td><td>1年</td><td>90日</td><td>30日</td></tr>
<tr><td>不超过2000净吨</td><td>12.6</td><td>4.2</td><td>2.1</td><td>9.0</td><td>3.0</td><td>1.5</td><td rowspan="4">1. 拖船按照发动机功率每千瓦折合净吨位0.67吨。
2. 无法提供净吨位证明文件的游艇,按照发动机功率每千瓦折合净吨位0.05吨。
3. 拖船和非机动驳船分别按相同净吨位船舶税率的50%计征税款</td></tr>
<tr><td>超过2000净吨,但不超过10,000净吨</td><td>24.0</td><td>8.0</td><td>4.0</td><td>17.4</td><td>5.8</td><td>2.9</td></tr>
<tr><td>超过10,000净吨,但不超过50,000净吨</td><td>27.6</td><td>9.2</td><td>4.6</td><td>19.8</td><td>6.6</td><td>3.3</td></tr>
<tr><td>超过50,000净吨</td><td>31.8</td><td>10.6</td><td>5.3</td><td>22.8</td><td>7.6</td><td>3.8</td></tr>
</table>

船舶吨税设置优惠税率和普通税率。中国籍的应税船舶,船籍国(地区)与中国签订含有相互给予船舶税费最惠国待遇条款的条约或协定的应税船舶,适用优惠税率。其他应税船舶,适用普通税率。

(三)船舶吨税的征税范围与计税依据

船舶吨税按照船舶净吨位和船舶吨税执照期限征收。

船舶吨税的应纳税额按照船舶净吨位乘以适用税率计算。

(四)船舶吨税的税收优惠

下列船舶免征船舶吨税:

(1)应纳税额在人民币50元以下的船舶;

(2)自境外以购买、受赠、继承等方式取得船舶所有权的初次进口到港的空载船舶；

(3)船舶吨税执照期满后24小时内不上下客货的船舶；

(4)非机动船舶(不包括非机动驳船)；

(5)捕捞、养殖渔船；

(6)避难、防疫隔离、修理、改造、终止运营或者拆解，并不上下客货的船舶；

(7)军队、武装警察部队专用或者征用的船舶；

(8)警用船舶；

(9)依照法律规定应当予以免税的外国驻华使领馆、国际组织驻华代表机构及其有关人员的船舶；

(10)国务院规定的其他船舶。

(五)船舶吨税的征收管理

船舶吨税的纳税义务发生时间为应税船舶进入港口的当日。

应税船舶在船舶吨税执照期满后尚未离开港口的，应当申领新的船舶吨税执照，自上一次执照期满的次日起续缴船舶吨税。

应税船舶因不可抗力在未设立海关地点停泊的，船舶负责人应当立即向附近海关报告，并在不可抗力原因消除后向海关申报纳税。

船舶吨税由海关负责征收。海关征收船舶吨税应当制发缴款凭证。

海关发现少征或者漏征税款的，应当自应税船舶应当缴纳税款之日起一年内，补征税款。但因应税船舶违反规定造成少征或者漏征税款的，海关可以自应当缴纳税款之日起3年内追征税款，并自应当缴纳税款之日起按日加征少征或者漏征税款5‰的税款滞纳金。

海关发现多征税款的，应当在24小时内通知应税船舶办理退还手续，并加算银行同期活期存款利息。

应税船舶发现多缴税款的，可以自缴纳税款之日起3年内以书面形式要求海关退还多缴的税款并加算银行同期活期存款利息；海关应当自受理退税申请之日起30日内查实并通知应税船舶办理退还手续。

应税船舶应当自收到退还通知之日起3个月内办理有关退还手续。

五、土地增值税

《土地增值税暂行条例》于1993年12月13日公布，自1994年1月1日起施行，并于2011年修订。土地增值税是为了规范土地和房地产市场交易秩序，调节土地增值收益所开征的一种财产税。

(一)土地增值税的纳税义务人

土地增值税的纳税义务人,是指有偿转让房地产并取得收入的单位和个人。

单位,是指各类企业单位、事业单位、国家机关和社会团体及其他组织。

个人,是指自然人以及个体经营者。

(二)土地增值税的征税范围

征税范围,是指以出售或者其他方式有偿转让国有土地使用权、地上的建筑物及其附着物的行为(以下简称转让房地产)。不包括以继承、赠与方式无偿转让房地产的行为。

国有土地,是指按国家法律规定属于国家所有的土地。

地上的建筑物,是指建于土地上的一切建筑物,包括地上地下的各种附属设施。

附着物,是指附着于土地上的不能移动,一经移动即遭损坏的物品。

收入,包括转让房地产的全部价款及有关的经济收益。

(三)土地增值税的计税依据

土地增值税的计税依据,是纳税人转让房地产所取得的增值额。

增值额,是指纳税人转让房地产所取得的收入减除扣除项目金额后的余额。

纳税人转让房地产所取得的收入,包括货币收入、实物收入和其他收入。

土地增值税的扣除项目为:

(1)取得土地使用权所支付的金额;

(2)开发土地的成本、费用;

(3)新建房及配套设施的成本、费用,或者旧房及建筑物的评估价格;

(4)与转让房地产有关的税金;

(5)财政部规定的其他扣除项目。

(四)土地增值税的税率

土地增值税实行四级超率累进税率:

(1)增值额未超过扣除项目金额50%的部分,税率为30%;

(2)增值额超过扣除项目金额50%、未超过扣除项目金额100%的部分,税率为40%;

(3)增值额超过扣除项目金额100%、未超过扣除项目金额200%的部分,税率为50%;

(4)增值额超过扣除项目金额200%的部分,税率为60%。

(五)房地产开发项目的管理与清算

由于房地产开发项目的周期长,为了便于税务机关的征收和管理,实施了前期管理、土地增值税预缴和清算的征管制度。

1. 前期管理与预征

主管税务机关应加强房地产开发项目的日常税收管理,实施项目管理。主管税务机关应从纳税人取得土地使用权开始,按项目分别建立档案、设置台账,对纳税人项目立项、规划设计、施工、预售、竣工验收、工程结算、项目清盘等房地产开发全过程情况实行跟踪监控,做到税务管理与纳税人项目开发同步。

纳税人在项目全部竣工结算前转让房地产取得的收入,由于涉及成本确定或其他原因,而无法据以计算土地增值税的,可以预征土地增值税,待该项目全部竣工、办理结算后再进行清算,多退少补。具体办法由各省、自治区、直辖市税务机关根据当地情况制定。

2. 清算受理

纳税人符合下列条件之一的,应进行土地增值税的清算:

(1)房地产开发项目全部竣工、完成销售的;

(2)整体转让未竣工决算房地产开发项目的;

(3)直接转让土地使用权的。

符合以下条件之一的,主管税务机关可要求纳税人进行土地增值税清算。

(1)已竣工验收的房地产开发项目,已转让的房地产建筑面积占整个项目可售建筑面积的比例在85%以上,或该比例虽未超过85%,但剩余的可售建筑面积已经出租或自用的;

(2)取得销售(预售)许可证满三年仍未销售完毕的;

(3)纳税人申请注销税务登记但未办理土地增值税清算手续的,应当在办理注销登记前进行土地增值税清算;

(4)省(自治区、直辖市、计划单列市)税务机关规定的其他情况。

应进行土地增值税清算的项目,纳税人应当在满足条件之日起90日内到主管税务机关办理清算手续,并报送清算资料。

主管税务机关下达清算通知的,纳税人应当在收到清算通知之日起90日内办理清算手续。

主管税务机关收到纳税人清算资料后,予以受理;纳税人符合清算条件,但报送的清算资料不全的,应要求纳税人在规定限期内补报。具体期限由各省、自治区、直辖市、计划单列市税务机关确定。

3. 清算审核

清算审核包括案头审核、实地审核。

清算审核时,应审核房地产开发项目是否以国家有关部门审批、备案的项目为单位进行清算;分期开发的项目,是否以分期项目为单位清算;不同类型房地产是否分别计算增值额、增值率,缴纳土地增值税。

审核扣除项目是否符合下列要求:

(1)在土地增值税清算中,计算扣除项目金额时,其实际发生的支出应当取得但未取得合法凭据的不得扣除。

(2)扣除项目金额中所归集的各项成本和费用,必须是实际发生的。

(3)扣除项目金额应当准确地在各扣除项目中分别归集,不得混淆。

(4)扣除项目金额中所归集的各项成本和费用必须是在清算项目开发中直接发生的或应当分摊的。

(5)纳税人分期开发项目或者同时开发多个项目的,或者同一项目中建造不同类型房地产的,应按照受益对象,采用合理的分配方法,分摊共同的成本费用。

(6)对同一类事项,应当采取相同的会计政策或处理方法。会计核算与税务处理规定不一致的,以税务处理规定为准。

4. 核定征收

在土地增值税清算中符合以下条件之一的,可实行核定征收:

(1)依照法律、行政法规的规定应当设置但未设置账簿的;

(2)擅自销毁账簿或者拒不提供纳税资料的;

(3)虽设置账簿,但账目混乱或者成本资料、收入凭证、费用凭证残缺不全,难以确定转让收入或扣除项目金额的;

(4)符合土地增值税清算条件,企业未按照规定的期限办理清算手续,经税务机关责令限期清算,逾期仍不清算的;

(5)申报的计税依据明显偏低,又无正当理由的。

对于分期开发的房地产项目,各期清算的方式应保持一致。

(六)土地增值税的税收优惠

有下列情形之一的,免征土地增值税:

(1)纳税人建造普通标准住宅出售,增值额未超过扣除项目金额20%的。

普通标准住宅,是指按所在地一般民用住宅标准建造的居住用住宅。高级公寓、别墅、度假村等不属于普通标准住宅。普通标准住宅与其他住宅的具体划分界线由各省、自治区、直辖市人民政府规定。

纳税人建造普通标准住宅出售,增值额未超过扣除项目金额之和20%的,免征土地增值税;增值额超过扣除项目金额之和20%的,应就其全部增值额按规定计税。

(2)因国家建设需要依法征收、收回的房地产。

因国家建设需要依法征用、收回的房地产,是指因城市实施规划、国家建设的需要而被政府批准征用的房产或收回的土地使用权。

因城市实施规划、国家建设的需要而搬迁,由纳税人自行转让原房地产的,比照本规定免征土地增值税。

符合上述免税规定的单位和个人,须向房地产所在地税务机关提出免税申请,经税务机关审核后,免予征收土地增值税。

六、耕地占用税

《耕地占用税法》于2018年12月29日通过,自2019年9月1日起施行。

(一)耕地占用税的纳税义务人

耕地占用税的纳税义务人,是在中国境内占用耕地建设建筑物、构筑物或者从事非农业建设的单位和个人。

(二)耕地占用税的征税范围

耕地占用税的征税范围是耕地,即用于种植农作物的土地。

占用耕地建设农田水利设施的,不缴纳耕地占用税。

(三)耕地占用税的计税依据

耕地占用税的计税依据,是纳税人实际占用的耕地面积。计算公式为:应纳税额=纳税人实际占用的耕地面积(平方米)×适用税额。

(四)耕地占用税的税额

耕地占用税的税额如下:

(1)人均耕地不超过1亩的地区(以县、自治县、不设区的市、市辖区为单位,下同),每平方米为10~50元;

(2)人均耕地超过1亩但不超过2亩的地区,每平方米为8~40元;

(3)人均耕地超过2亩但不超过3亩的地区,每平方米为6~30元;

(4)人均耕地超过3亩的地区,每平方米为5~25元。

各地区耕地占用税的适用税额,由省、自治区、直辖市人民政府在上述规定的税额幅度内提出,报同级人民代表大会常务委员会决定,并报全国人民代表大会常务委员会和国务院备案。同时,不得低于《耕地占用税法》所附《各省、自治区、直辖市耕地占用税平均税额表》规定的平均税额。

在人均耕地低于0.5亩的地区,省、自治区、直辖市可以根据当地经济发展情况,适当提高耕地占用税的适用税额。

占用基本农田的,应当在当地适用税额的基础上,加按150%征收。

(五)耕地占用税的税收优惠

有下列情形之一的,耕地占用税可适当减免:

(1)军事设施、学校、幼儿园、社会福利机构、医疗机构占用耕地,免征耕地占用税。

(2)铁路线路、公路线路、飞机场跑道、停机坪、港口、航道、水利工程占用耕地,减按每平方米2元的税额征收耕地占用税。

(3)农村居民在规定用地标准以内占用耕地新建自用住宅,按照当地适用税额减半征收耕地占用税;其中,农村居民经批准搬迁,新建自用住宅占用耕地不超过原宅基地面积的部分,免征耕地占用税。

(4)农村烈士遗属、因公牺牲军人遗属、残疾军人以及符合农村最低生活保障条件的农村居民,在规定用地标准以内新建自用住宅,免征耕地占用税。

(5)占用园地、林地、草地、农田水利用地、养殖水面、渔业水域滩涂以及其他农用地建设建筑物、构筑物或者从事非农业建设的,缴纳耕地占用税,但是适用税额可以低于当地的适用税额,但降低不得超过50%。如果占用该农用地建设直接为农业生产服务的生产设施的,不缴纳耕地占用税。

根据国民经济和社会发展的需要,国务院可以规定免征或者减征耕地占用税的其他情形,报全国人民代表大会常务委员会备案。

(六)耕地占用税的征收管理

耕地占用税的纳税义务发生时间为纳税人收到自然资源主管部门办理占用耕地手续的书面通知的当日。纳税人应当自纳税义务发生之日起30日内申报缴纳耕地占用税。

自然资源主管部门凭耕地占用税完税凭证或者免税凭证和其他有关文件发放建设用地批准书。

纳税人因建设项目施工或者地质勘查临时占用耕地,应当依照《耕地占用法》的规定缴纳耕地占用税。纳税人在批准临时占用耕地期满之日起一年内依法复垦,恢复种植条件的,全额退还已经缴纳的耕地占用税。

第三章　税收征管法

第一节　概　　述

税收征管法，是调整征税机关在税款的征收和税务管理过程中所发生的社会关系的法律规范的总称。我国现行的税收征管法包括1993年1月1日起施行，并于1995年2月28日修正、2001年4月28日修订、2013年6月29日修订、2015年4月24日修正的《税收征收管理法》，以及2002年10月15日起施行，并于2012年11月9日、2013年7月18日、2016年2月6日分别修订的《税收征收管理法实施细则》，另外还包括财政部、国家税务总局等部门所颁布的大量的部门规章和规范性法律文件。

第二节　纳税人权利与义务

一、纳税人所享有的权利

根据国家税务总局《关于纳税人权利与义务的公告》的相关规定，纳税人、扣缴义务人在履行纳税义务过程中，依法享有下列权利：

（一）知情权

纳税人、扣缴义务人有权向税务机关了解国家税收法律、行政法规的规定，以及与纳税程序有关的情况，包括现行税收法律、行政法规和税收政策规定；办理税收事项的时间、方式、步骤及需要提交的资料；应纳税额核定及其他税务行政处理决定的法律依据、事实依据和计算方法；与税务机关在纳税、处罚和采取强制执行措施时发生争议或纠纷的，可以采取的法律救济途径及需要满足的条件。

（二）保密权

纳税人、扣缴义务人有权要求税务机关为自己的情况保密。税务机关将依法为纳税人、扣缴义务人的商业秘密和个人隐私保密,主要包括技术信息、经营信息和纳税人、扣缴义务人、主要投资人以及经营者不愿公开的个人事项。上述事项,如无法律、行政法规明确规定或者纳税人、扣缴义务人的许可,税务机关将不会对外部门、社会公众和其他个人提供。但根据法律规定,税收违法行为信息不属于保密范围。

(三)税收监督权

纳税人、扣缴义务人对税务机关违反税收法律、行政法规的行为,如税务人员索贿受贿、徇私舞弊、玩忽职守,不征或者少征应征税款,滥用职权多征税款或者故意刁难等,可以进行检举和控告。同时,纳税人、扣缴义务人对其他纳税人的税收违法行为也有权进行检举。

(四)纳税申报方式选择权

纳税人、扣缴义务人可以直接到办税服务厅办理纳税申报或者报送代扣代缴、代收代缴税款报告表,也可以按照规定采取邮寄、数据电文或者其他方式办理上述申报、报送事项。但采取邮寄或数据电文方式办理上述申报、报送事项的,须经相关主管税务机关批准。

纳税人、扣缴义务人如采取邮寄方式办理纳税申报,应当使用统一的纳税申报专用信封,并以邮政部门收据作为申报凭据。邮寄申报以寄出的邮戳日期为实际申报日期。

数据电文方式,是指税务机关确定的电话语音、电子数据交换和网络传输等电子方式。纳税人、扣缴义务人如采用电子方式办理纳税申报,应当按照税务机关规定的期限和要求保存有关资料,并定期书面报送给税务机关。

(五)申请延期申报权

纳税人、扣缴义务人如不能按期办理纳税申报或者报送代扣代缴、代收代缴税款报告表,应当在规定的期限内向税务机关提出书面延期申请,经核准,可在核准的期限内办理。经核准延期办理申报、报送事项的,应当在税法规定的纳税期内按照上期实际缴纳的税额或者税务机关核定的税额预缴税款,并在核准的延期内办理税款结算。

(六)申请延期缴纳税款权

如纳税人、扣缴义务人因有特殊困难,不能按期缴纳税款,经省、自治区、直辖市税务局批准,可以延期缴纳税款,但是最长不得超过 3 个月。计划单列市税务局可以参照省级税务机关的批准权限,审批纳税人、扣缴义务人的延期缴纳税款申请。

纳税人、扣缴义务人满足以下任何一个条件,均可以申请延期缴纳税款:(1)因不可抗力,导致纳税人、扣缴义务人发生较大损失,正常生产经营活动受到较大影响的;

(2)当期货币资金在扣除应付职工工资、社会保险费后,不足以缴纳税款的。

(七)申请退还多缴税款权

对纳税人、扣缴义务人超过应纳税额缴纳的税款,税务机关发现后,将自发现之日起10日内办理退还手续;如纳税人、扣缴义务人自结算缴纳税款之日起3年内发现,可以向税务机关要求退还多缴的税款并加算银行同期存款利息。税务机关将自接到纳税人、扣缴义务人退还申请之日起30日内查实并办理退还手续,涉及从国库中退库的,依照法律、行政法规有关国库管理的规定退还。

(八)依法享受税收优惠权

纳税人依照法律、行政法规的规定办理减税、免税。地方各级人民政府、各级人民政府主管部门、单位和个人违反法律、行政法规规定,擅自作出的减税、免税决定无效,税务机关不得执行,并向上级税务机关报告。减税、免税期满,应当自期满次日起恢复纳税。减税、免税条件发生变化的,应当自发生变化之日起15日内向税务机关报告;不再符合减税、免税条件的,应当依法履行纳税义务。

如纳税人、扣缴义务人享受的税收优惠需要备案,应当按照税收法律、行政法规和有关政策规定,及时办理事前或事后备案。

(九)委托税务代理权

纳税人、扣缴义务人有权就以下事项委托税务代理人代为办理:办理、变更或者注销税务登记,除增值税专用发票外的发票领购手续、纳税申报或扣缴税款报告,税款缴纳和申请退税,制作涉税文书,审查纳税情况,建账建制,办理财务、税务咨询,申请税务行政复议,提起税务行政诉讼以及国家税务总局规定的其他业务。

(十)陈述与申辩权

纳税人、扣缴义务人对税务机关作出的决定,享有陈述权、申辩权。如果纳税人、扣缴义务人有充分的证据证明自己的行为合法,税务机关就不得对纳税人、扣缴义务人实施行政处罚;即使纳税人、扣缴义务人的陈述或申辩不充分合理,税务机关也会向纳税人、扣缴义务人解释实施行政处罚的原因。税务机关不会因纳税人、扣缴义务人的申辩而加重处罚。

(十一)对未出示税务检查证和税务检查通知书的拒绝检查权

税务机关派出的人员进行税务检查时,应当向纳税人、扣缴义务人出示税务检查证和税务检查通知书;对未出示税务检查证和税务检查通知书的,纳税人、扣缴义务人有权拒绝检查。

(十二)税收法律救济权

纳税人、扣缴义务人对税务机关作出的决定,依法享有申请行政复议、提起行政诉讼、请求国家赔偿等权利。

纳税人、扣缴义务人、纳税担保人同税务机关在纳税上发生争议时,必须先依照税务机关的纳税决定缴纳或者解缴税款及滞纳金或者提供相应的担保,然后可以依法申请行政复议,对行政复议决定不服的,可以依法向人民法院起诉。如纳税人、扣缴义务人对税务机关的处罚决定、强制执行措施或者税收保全措施不服的,可以依法申请行政复议,也可以依法向人民法院起诉。

税务机关的职务违法行为给纳税人、扣缴义务人和其他税务当事人的合法权益造成侵害时,纳税人、扣缴义务人和其他税务当事人可以要求税务行政赔偿。主要包括:(1)纳税人、扣缴义务人在限期内已缴纳税款,税务机关未立即解除税收保全措施,使纳税人、扣缴义务人的合法权益遭受损失的;(2)税务机关滥用职权违法采取税收保全措施、强制执行措施或者采取税收保全措施、强制执行措施不当,使纳税人、扣缴义务人或者纳税担保人的合法权益遭受损失的。

(十三)依法要求听证的权利

对纳税人、扣缴义务人作出规定金额以上罚款的行政处罚之前,税务机关会向纳税人、扣缴义务人送达《税务行政处罚事项告知书》,告知纳税人、扣缴义务人已经查明的违法事实、证据、行政处罚的法律依据和拟将给予的行政处罚。对此,纳税人、扣缴义务人有权要求举行听证。税务机关将应纳税人、扣缴义务人的要求组织听证。纳税人、扣缴义务人认为税务机关指定的听证主持人与本案有直接利害关系的,有权申请主持人回避。

对应当进行听证的案件,税务机关不组织听证,不得作出行政处罚决定。但纳税人、扣缴义务人放弃听证权利或者被正当取消听证权利的除外。

(十四)索取有关税收凭证的权利

税务机关征收税款时,必须给纳税人开具完税凭证。扣缴义务人代扣、代收税款时,纳税人要求扣缴义务人开具代扣、代收税款凭证的,扣缴义务人应当开具。

税务机关扣押商品、货物或者其他财产时,必须开付收据;查封商品、货物或者其他财产时,必须开付清单。

二、纳税人所负有的义务

根据国家税务总局《关于纳税人权利与义务的公告》的相关规定,纳税人、扣缴义务人在纳税过程中负有以下义务:

(一)依法进行税务登记的义务

纳税人、扣缴义务人应当自领取营业执照之日起 30 日内,持有关证件,向税务机关申报办理税务登记。税务登记主要包括领取营业执照后的设立登记,税务登记内容发生变化后的变更登记,依法申请停业、复业登记,依法终止纳税义务的注销登记等。

在各类税务登记管理中,纳税人、扣缴义务人应该根据税务机关的规定分别提交相关资料,及时办理。从事生产、经营的纳税人在开立或者变更存款账户后,依照法律、行政法规的规定,将全部账号向税务机关报告。

(二)依法设置账簿、保管账簿和有关资料以及依法开具、使用、取得和保管发票的义务

纳税人、扣缴义务人应当按照有关法律、行政法规和国务院财政、税务主管部门的规定设置账簿,根据合法、有效凭证记账,进行核算;从事生产、经营的,必须按照国务院财政、税务主管部门规定的保管期限保管账簿、记账凭证、完税凭证及其他有关资料;账簿、记账凭证、完税凭证及其他有关资料不得伪造、变造或者擅自损毁。

此外,纳税人、扣缴义务人在购销商品、提供或者接受经营服务以及从事其他经营活动中,应当依法开具、使用、取得和保管发票。

(三)财务会计制度和会计核算软件备案的义务

纳税人、扣缴义务人的财务、会计制度或者财务、会计处理办法和会计核算软件,应当报送税务机关备案。纳税人、扣缴义务人的财务、会计制度或者财务、会计处理办法与国务院或者国务院财政、税务主管部门有关税收的规定抵触的,应依照国务院或者国务院财政、税务主管部门有关税收的规定计算应纳税款、代扣代缴和代收代缴税款。

(四)按照规定安装、使用税控装置的义务

国家根据税收征收管理的需要,积极推广使用税控装置。纳税人、扣缴义务人应当按照规定安装、使用税控装置,不得损毁或者擅自改动税控装置。如纳税人、扣缴义务人未按规定安装、使用税控装置,或者损毁或者擅自改动税控装置的,税务机关将责令纳税人、扣缴义务人限期改正,并可根据情节轻重处以规定数额内的罚款。

(五)按时、如实申报的义务

纳税人、扣缴义务人必须依照法律、行政法规规定或者税务机关依照法律、行政法规的规定确定的申报期限、申报内容如实办理纳税申报,报送纳税申报表、财务会计报表以及税务机关根据实际需要要求纳税人、扣缴义务人报送的其他纳税资料。

扣缴义务人必须依照法律、行政法规规定或者税务机关依照法律、行政法规的规定确定的申报期限、申报内容如实报送代扣代缴、代收代缴税款报告表以及税务机关根据实际需要要求扣缴义务人报送的其他有关资料。

纳税人即使在纳税期内没有应纳税款,也应当按照规定办理纳税申报。享受减税、免税待遇的,在减税、免税期间应当按照规定办理纳税申报。

(六)按时缴纳税款的义务

纳税人、扣缴义务人应当按照法律、行政法规规定或者税务机关依照法律、行政法规的规定确定的期限,缴纳或者解缴税款。

未按照规定期限缴纳税款或者未按照规定期限解缴税款的,税务机关除责令限期缴纳外,从滞纳税款之日起,按日加收滞纳税款万分之五的滞纳金。

(七)代扣、代收税款的义务

按照法律、行政法规规定负有代扣代缴、代收代缴税款义务的单位或个人,必须依照法律、行政法规的规定履行代扣、代收税款的义务。扣缴义务人依法履行代扣、代收税款义务时,纳税人不得拒绝。纳税人拒绝的,扣缴义务人应当及时报告税务机关处理。

(八)接受依法检查的义务

纳税人、扣缴义务人有接受税务机关依法进行的税务检查的义务,应主动配合税务机关按法定程序进行的税务检查,如实地向税务机关反映自己的生产经营情况和执行财务制度的情况,并按有关规定提供报表和资料,不得隐瞒和弄虚作假,不能阻挠、刁难税务机关的检查和监督。

(九)及时提供信息的义务

纳税人、扣缴义务人除通过税务登记和纳税申报向税务机关提供与纳税有关的信息外,还应及时提供其他信息。如纳税人、扣缴义务人有歇业、经营情况变化、遭受各种灾害等特殊情况的,应及时向税务机关说明,以便税务机关依法妥善处理。

(十)报告其他涉税信息的义务

为了保障国家税收能够及时、足额征收入库,税收法律还规定了纳税人、扣缴义务人有义务向税务机关报告如下涉税信息:

(1)纳税人、扣缴义务人有义务就纳税人、扣缴义务人与关联企业之间的业务往来,向当地税务机关提供有关的价格、费用标准等资料。

纳税人、扣缴义务人有欠税情形而以财产设定抵押、质押的,应当向抵押权人、质权人说明纳税人、扣缴义务人的欠税情况。

(2)企业合并、分立的报告义务。纳税人、扣缴义务人有合并、分立情形的,应当向税务机关报告,并依法缴清税款。合并时未缴清税款的,应当由合并后的纳税人继续履行未履行的纳税义务;分立时未缴清税款的,分立后的纳税人对未履行的纳税义务应当承担连带责任。

(3)报告全部账号的义务。如纳税人、扣缴义务人从事生产、经营,应当按照国家有关规定,在银行或者其他金融机构开立基本存款账户和其他存款账户,并自开立基本存款账户或者其他存款账户之日起15日内,向主管税务机关书面报告全部账号;发生变化的,应当自变化之日起15日内,向主管税务机关书面报告。

(4)处分大额财产报告的义务。如纳税人、扣缴义务人的欠缴税款数额在5万元以上,在处分不动产或者大额资产之前,应当向税务机关报告。

第三节 税务管理制度

税务管理是税收征管程序中的基础性环节,主要包括三项制度:税务登记制度、账簿凭证管理制度、纳税申报制度。

一、税务登记制度

税务登记,又称纳税登记,是指纳税人就开业、歇业前或其他生产经营期间发生的重大变动,在法定期间内向主管税务机关办理书面登记的一项制度。税务登记可分为开业登记、变更登记和注销登记等。

(一)开业登记制度

企业,企业在外地设立的分支机构和从事生产、经营的场所,个体工商户和从事生产、经营的事业单位(以下统称从事生产、经营的纳税人)自领取营业执照之日起30日内,持有关证件,向税务机关申报办理税务登记。此前,税务机关会发给税务登记证,纳税人拥有独立的纳税人识别号码。2015年10月1日起,营业执照、组织机构代码证和税务登记证"三证合一""三码合一"后,纳税人仅持有营业执照。后文中因法律原文涉及"税务登记证件"的,指营业执照,本书不再另行说明。

(二)变更、注销登记制度

从事生产、经营的纳税人,税务登记内容发生变化的,自市场监管部门办理变更登记之日起30日内或者在向市场监管部门申请办理注销登记之前,持有关证件向税务机关申报办理变更或者注销税务登记。纳税人在办理注销税务登记前,应当向税务机关结清应纳税款、滞纳金、罚款,缴销发票、其他税务证件。

(三)外出经营税务登记的管理制度

从事生产、经营的纳税人到外县(市)临时从事生产、经营活动的,应当持所在地税务机关填开的外出经营活动税收管理证明,向营业地税务机关报验登记,接受税务管理。从事生产、经营的纳税人外出经营,在同一地累计超过 180 日的,应当在营业地办理税务登记手续。

(四)外出经营税务登记的管理制度

从事生产、经营的纳税人到外县(市)临时从事生产、经营活动的,应当持营业执照副本和所在地税务机关填开的外出经营活动税收管理证明,向营业地税务机关报验登记,接受税务管理。从事生产、经营的纳税人外出经营,在同一地累计超过180 日的,应当在营业地办理税务登记手续。

二、账簿凭证管理制度

账簿凭证管理制度包括:账簿凭证的设置制度、财务会计办法备案制度、账簿凭证的保管制度、发票管理制度、税控装置制度等。

(一)关于账簿凭证的设置制度

从事生产、经营的纳税人应当自领取营业执照或者发生纳税义务之日起 15 日内,按照国家有关规定设置账簿。账簿,是指总账、明细账、日记账以及其他辅助性账簿。总账、日记账应当采用订本式。

(二)财务会计办法备案制度

从事生产、经营的纳税人应当自领取税务登记证件之日起 15 日内,将其财务、会计制度或者财务、会计处理办法报送主管税务机关备案。纳税人使用计算机记账的,应当在使用前将会计电算化系统的会计核算软件、使用说明书及有关资料报送主管税务机关备案。纳税人建立的会计电算化系统应当符合国家有关规定,并能正确、完整核算其收入或者所得。扣缴义务人应当自税收法律、行政法规规定的扣缴义务发生之日起 10 日内,按照所代扣、代收的税种,分别设置代扣代缴、代收代缴税款账簿。纳税人、扣缴义务人会计制度健全,能够通过计算机正确、完整计算其收入和所得或者代扣代缴、代收代缴税款情况的,其计算机输出的完整的书面会计记录,可视同会计账簿。

(三)账簿凭证的保管制度

账簿、记账凭证、报表、完税凭证、发票、出口凭证以及其他有关涉税资料应当合法、真实、完整。账簿、记账凭证、报表、完税凭证、发票、出口凭证以及其他有关涉税资料应当保存 10 年;法律、行政法规另有规定的除外。

(四)发票管理制度

税务机关是发票的主管机关,负责发票印制、领购、开具、取得、保管、缴销的管理和监督。单位、个人在购销商品、提供或者接受经营服务以及从事其他经营活动中,应当按照规定开具、使用、取得发票。增值税专用发票由国务院税务主管部门指定的企业印制;其他发票,按照国务院税务主管部门的规定,分别由省、自治区、直辖市税务局指定企业印制。

(五)税控装置制度

国家根据税收征收管理的需要,积极推广使用税控装置。纳税人应当按照规定安装、使用税控装置,不得损毁或者擅自改动税控装置。

三、纳税申报制度

纳税申报是纳税人按照法律规定的期限和内容,向征税机关提交有关纳税事项的书面报告的一项制度。具体包括:纳税申报的方式、纳税申报的期限和纳税申报的内容。

(一)纳税申报的一般要求

纳税人必须依照法律、行政法规规定或者税务机关依照法律、行政法规的规定确定的申报期限、申报内容如实办理纳税申报,报送纳税申报表、财务会计报表以及税务机关根据实际需要要求纳税人报送的其他纳税资料。扣缴义务人必须依照法律、行政法规规定或者税务机关依照法律、行政法规的规定确定的申报期限、申报内容如实报送代扣代缴、代收代缴税款报告表以及税务机关根据实际需要要求扣缴义务人报送的其他有关资料。纳税人在纳税期内没有应纳税款的,也应当按照规定办理纳税申报。纳税人享受减税、免税待遇的,在减税、免税期间应当按照规定办理纳税申报。

(二)纳税申报的方式

税务机关应当建立、健全纳税人自行申报纳税制度。经税务机关批准,纳税人、扣缴义务人可以采取邮寄、数据电文方式办理纳税申报或者报送代扣代缴、代收代缴税款报告表。数据电文方式,是指税务机关确定的电话语音、电子数据交换和网络传输等电子方式。纳税人采取邮寄方式办理纳税申报的,应当使用统一的纳税申报专用信封,并以邮政部门收据作为申报凭据。邮寄申报以寄出的邮戳日期为实际申报日期。

(三)纳税申报表的内容和申报资料

纳税人、扣缴义务人的纳税申报或者代扣代缴、代收代缴税款报告表的主要内容包括:税种、税目,应纳税项目或者应代扣代缴、代收代缴税款项目,计税依据,扣除项目及标准,适用税率或者单位税额,应退税项目及税额,应减免税项目及税额,应纳税额或者应代扣代缴、代收代缴税额,税款所属期限,延期缴纳税款,欠税、滞纳金等。

纳税人办理纳税申报时,应当如实填写纳税申报表,并根据不同的情况相应报送下列有关证件、资料:财务会计报表及其说明材料;与纳税有关的合同、协议书及凭证;

税控装置的电子报税资料;外出经营活动税收管理证明和异地完税凭证;境内或者境外公证机构出具的有关证明文件;税务机关规定应当报送的其他有关证件、资料。

(四)延期申报

纳税人、扣缴义务人按照规定的期限办理纳税申报或者报送代扣代缴、代收代缴税款报告表确有困难,需要延期的,应当在规定的期限内向税务机关提出书面延期申请,经税务机关核准,在核准的期限内办理。纳税人、扣缴义务人因不可抗力,不能按期办理纳税申报或者报送代扣代缴、代收代缴税款报告表的,可以延期办理;但是,应当在不可抗力情形消除后立即向税务机关报告。税务机关应当查明事实,予以核准。

第四节　税款征收制度

税款征收是税收征管制度中的核心内容,具体包括:税款征收基本制度、税收减免制度和税款征收保障制度。

一、税款征收基本制度

税款征收基本制度主要包括:征纳主体制度、征纳期限制度、退税制度、应纳税额确定制度、税款入库制度、文书送达制度。

(一)征纳主体制度

征税主体是税务机关、税务人员以及经税务机关依照法律、行政法规委托的单位和人员,其他任何单位和个人不得进行税款征收活动。

纳税主体包括纳税人和扣缴义务人。扣缴义务人依照法律、行政法规的规定履行代扣、代收税款的义务。对法律、行政法规没有规定负有代扣、代收税款义务的单位和个人,税务机关不得要求其履行代扣、代收税款义务。

(二)征纳期限制度

征纳期限主要包括纳税主体的纳税期限和征税主体的征税期限。征税期限主要表现在征税机关的补征期和追征期上。

纳税人、扣缴义务人按照法律、行政法规规定或者税务机关依照法律、行政法规的规定确定的期限,缴纳或者解缴税款。纳税人因有特殊困难,不能按期缴纳税款的,经省、自治区、直辖市税务局批准,可以延期缴纳税款,但是最长不得超过 3 个月。纳税人的特殊困难包括:因不可抗力,导致纳税人发生较大损失,正常生产经营活动受到较大影响的;当期货币资金在扣除应付职工工资、社会保险费后,不足以缴纳税款的。

因税务机关的责任,致使纳税人、扣缴义务人未缴或者少缴税款的,税务机关在3年内可以要求纳税人、扣缴义务人补缴税款,但是不得加收滞纳金。因纳税人、扣缴义务人计算错误等失误,未缴或者少缴税款的,税务机关在3年内可以追征税款、滞纳金;有特殊情况的,追征期可以延长到5年。特殊情况,是指纳税人或者扣缴义务人因计算错误等失误,未缴或者少缴、未扣或者少扣、未收或者少收税款,累计数额在10万元以上的。对偷税、抗税、骗税的,税务机关追征其未缴或者少缴的税款、滞纳金或者所骗取的税款,则没有期限的限制。

(三)退税制度

纳税人超过应纳税额缴纳的税款,税务机关发现后应当立即退还;纳税人自结算缴纳税款之日起3年内发现,可以向税务机关要求退还多缴的税款并加算银行同期存款利息,税务机关及时查实后应当立即退还;涉及从国库中退库的,依照法律、行政法规有关国库管理的规定退还。

(四)应纳税额确定制度

应纳税额一般由征税机关根据纳税人的纳税申报来确定,在纳税人申报不实或不进行纳税申报时,税务机关享有核定权和调整权。

1.税务机关有权核定纳税人应纳税额的情形

(1)依照法律、行政法规的规定可以不设置账簿的;

(2)依照法律、行政法规的规定应当设置账簿但未设置的;

(3)擅自销毁账簿或者拒不提供纳税资料的;

(4)虽设置账簿,但账目混乱或者成本资料、收入凭证、费用凭证残缺不全,难以查账的;

(5)发生纳税义务,未按照规定的期限办理纳税申报,经税务机关责令限期申报,逾期仍不申报的;

(6)纳税人申报的计税依据明显偏低,又无正当理由的。

2.核定应纳税额的方法

(1)参照当地同类行业或者类似行业中经营规模和收入水平相近的纳税人的税负水平核定;

(2)按照营业收入或者成本加合理的费用和利润的方法核定;

(3)按照耗用的原材料、燃料、动力等推算或者测算核定;

(4)按照其他合理方法核定。

(五)税款入库制度

税务机关应当按照国家规定的税收征收管理范围和税款入库预算级次,将征收的税款缴入国库。对审计机关、财政机关依法查出的税收违法行为,税务机关应当根据有关机关的决定、意见书,依法将应收的税款、滞纳金按照税款入库预算级次缴入国库,并将结果及时回复有关机关。

(六)文书送达制度

税务机关送达税务文书,应当直接送交受送达人。受送达人是公民的,应当由本人直接签收;本人不在的,交其同住成年家属签收。受送达人是法人或者其他组织的,应当由法人的法定代表人、其他组织的主要负责人或者该法人、组织的财务负责人、负责收件的人签收。受送达人有代理人的,可以送交其代理人签收。

送达税务文书应当有送达回证,并由受送达人或者法律规定的其他签收人在送达回证上记明收到日期,签名或者盖章即为送达。

送达的方式包括直接送达、委托送达、留置送达、邮寄送达和公告送达。如果同一送达事项的受送达人众多,且采用其他送达方式无法送达的,可以公告送达,公告送达的期限为 30 日。需要送达的税务文书包括:(1)税务事项通知书;(2)责令限期改正通知书;(3)税收保全措施决定书;(4)税收强制执行决定书;(5)税务检查通知书;(6)税务处理决定书;(7)税务行政处罚决定书;(8)行政复议决定书;(9)其他税务文书。

二、税收减免制度

纳税人依照法律、行政法规的规定办理减税、免税。地方各级人民政府、各级人民政府主管部门、单位和个人违反法律、行政法规规定,擅自作出的减税、免税决定无效,税务机关不得执行,并向上级税务机关报告。

享受减税、免税优惠的纳税人,减税、免税期满,应当自期满次日起恢复纳税。减税、免税条件发生变化的,应当自发生变化之日起 15 日内向税务机关报告;不再符合减税、免税条件的,应当依法履行纳税义务。未依法纳税的,税务机关应当予以追缴。

三、税款征收保障制度

税款征收保障制度包括:税收保全制度、税收强制执行制度和其他税收保障制度。

(一)税收保全制度

税收保全制度包括:责令限期缴纳税款、冻结存款、扣押查封财产、税收代位权制度和税收撤销权制度等。

对未按照规定办理税务登记的从事生产、经营的纳税人以及临时从事经营的纳税人,由税务机关核定其应纳税额,责令缴纳;不缴纳的,税务机关可以扣押其价值相当于应纳税款的商品、货物。扣押后缴纳应纳税款的,税务机关必须立即解除扣押,并归还所扣押的商品、货物;扣押后仍不缴纳应纳税款的,经县以上税务局(分局)局长批准,依法拍卖或者变卖所扣押的商品、货物,以拍卖或者变卖所得抵缴税款。

税务机关有根据认为从事生产、经营的纳税人有逃避纳税义务行为的,可以在规定的纳税期之前,责令限期缴纳应纳税款;在限期内发现纳税人有明显的转移、隐匿其应纳税的商品、货物以及其他财产或者应纳税的收入的迹象的,税务机关可以责成纳税人提供纳税担保。如果纳税人不能提供纳税担保,经县以上税务局(分局)局长批准,税务机关可以采取下列税收保全措施:

(1)书面通知纳税人开户银行或者其他金融机构冻结纳税人的金额相当于应纳税款的存款。

(2)扣押、查封纳税人的价值相当于应纳税款的商品、货物或者其他财产。其他财产包括:纳税人的房地产、现金、有价证券等不动产和动产。

纳税人在规定的限期内缴纳税款的,税务机关必须立即解除税收保全措施;限期期满仍未缴纳税款的,经县以上税务局(分局)局长批准,税务机关可以书面通知纳税人开户银行或者其他金融机构从其冻结的存款中扣缴税款,或者依法拍卖或者变卖所扣押、查封的商品、货物或者其他财产,以拍卖或者变卖所得抵缴税款。个人及其所扶养家属维持生活必需的住房和用品,不在税收保全措施的范围之内。

欠缴税款的纳税人因怠于行使到期债权,或者放弃到期债权,或者无偿转让财产,或者以明显不合理的低价转让财产而受让人知道该情形,对国家税收造成损害的,税务机关可以依照《民法典》第535条、第539条的规定行使代位权、撤销权。

(二)税收强制执行制度

从事生产、经营的纳税人、扣缴义务人未按照规定的期限缴纳或者解缴税款,纳税担保人未按照规定的期限缴纳所担保的税款,由税务机关责令限期缴纳,逾期仍未缴纳的,经县以上税务局(分局)局长批准,税务机关可以采取下列强制执行措施:

(1)书面通知其开户银行或者其他金融机构从其存款中扣缴税款;

(2)扣押、查封、依法拍卖或者变卖其价值相当于应纳税款的商品、货物或者其他财产,以拍卖或者变卖所得抵缴税款。

税务机关采取强制执行措施时,对纳税人、扣缴义务人、纳税担保人未缴纳的滞纳金同时强制执行。个人及其所扶养家属维持生活必需的住房和用品,不在强制执行措施的范围之内。

(三)其他税收保障制度

其他税收保障制度主要包括税收优先权制度、纳税担保制度和离境清税制度。

税务机关征收税款,税收优先于无担保债权,法律另有规定的除外;纳税人欠缴的税款发生在纳税人以其财产设定抵押、质押或者纳税人的财产被留置之前的,税收应当先于抵押权、质权、留置权执行。纳税人欠缴税款,同时又被行政机关决定处以罚款、没收违法所得的,税收优先于罚款、没收违法所得。

纳税担保,包括经税务机关认可的纳税保证人为纳税人提供的纳税保证,以及纳税人或者第三人以其未设置或者未全部设置担保物权的财产提供的担保。纳税担保人同意为纳税人提供纳税担保的,应当填写纳税担保书,写明担保对象、担保范围、担保期限和担保责任以及其他有关事项。担保书须经纳税人、纳税担保人签字盖章并经税务机关同意,方为有效。纳税人或者第三人以其财产提供纳税担保的,应当填写财产清单,并写明财产价值以及其他有关事项。纳税担保财产清单须经纳税人、第三人签字盖章并经税务机关确认,方为有效。

欠缴税款的纳税人或者他的法定代表人需要出境的,应当在出境前向税务机关结清应纳税款、滞纳金或者提供担保。未结清税款、滞纳金,又不提供担保的,税务机关可以通知出境管理机关阻止其出境。

第五节　税务检查制度

税务检查制度是税收征管制度中的保障性制度,主要包括:税务检查的事项、纳税人和税务机关在税务检查中的权利与义务。

一、税务检查的事项

税务机关有权进行下列税务检查:

(1)检查纳税人的账簿、记账凭证、报表和有关资料,检查扣缴义务人代扣代缴、代收代缴税款账簿、记账凭证和有关资料。

(2)到纳税人的生产、经营场所和货物存放地检查纳税人应纳税的商品、货物或者其他财产,检查扣缴义务人与代扣代缴、代收代缴税款有关的经营情况。

(3)责成纳税人、扣缴义务人提供与纳税或者代扣代缴、代收代缴税款有关的文件、证明材料和有关资料。

(4)询问纳税人、扣缴义务人与纳税或者代扣代缴、代收代缴税款有关的问题和情况。

(5)到车站、码头、机场、邮政企业及其分支机构检查纳税人托运、邮寄应纳税商品、货物或者其他财产的有关单据、凭证和有关资料。

(6)经县以上税务局(分局)局长批准,凭全国统一格式的检查存款账户许可证明,查询从事生产、经营的纳税人、扣缴义务人在银行或者其他金融机构的存款账户。税务机关在调查税收违法案件时,经设区的市、自治州以上税务局(分局)局长批准,可以查询案件涉嫌人员的储蓄存款。

二、纳税人和税务机关在税务检查中的权利与义务

(一)纳税人

纳税人在税务检查中,享受国家税务总局《关于纳税人权利与义务的公告》中所述的全部权利。

纳税人、扣缴义务人必须接受税务机关依法进行的税务检查,如实反映情况,提供有关资料,不得拒绝、隐瞒。

(二)税务机关

税务机关依法进行税务检查时,有权向有关单位和个人调查纳税人、扣缴义务人和其他当事人与纳税或者代扣代缴、代收代缴税款有关的情况,有关单位和个人有义务向税务机关如实提供有关资料及证明材料。税务机关调查税务违法案件时,对与案件有关的情况和资料,可以记录、录音、录像、照相和复制。

第六节 税收行政违法及法律责任

一、税收行政违法行为

(一)纳税人的违法行为类型

纳税人的税收违法行为主要包括:违反税收征收管理制度的行为、偷税行为、欠税行为、抗税行为、骗取出口退税行为和其他违法行为。

纳税人伪造、变造、隐匿、擅自销毁账簿、记账凭证,或者在账簿上多列支出或者不列、少列收入,或者经税务机关通知申报而拒不申报或者进行虚假的纳税申报,不缴或者少缴应纳税款的,是偷税。以暴力、威胁方法拒不缴纳税款的,是抗税。纳税人、扣缴义务人在规定期限内不缴或者少缴应纳或者应解缴的税款的,是欠税。

(二)扣缴义务人的违法行为类型

扣缴义务人的违法行为类型主要包括违反税收征收管理制度的行为、偷税行为、欠税行为和其他违法行为。

(三)征税机关及其工作人员的税收违法行为

征税机关及其工作人员的税收违法行为主要包括违反税收征收管理制度的行为、

徇私舞弊行为、渎职行为、滥用职权行为等。

(四)其他主体的违法行为

其他主体的违法行为主要包括:纳税人、扣缴义务人的开户银行或者其他金融机构拒绝接受税务机关依法检查纳税人、扣缴义务人存款账户,或者拒绝执行税务机关作出的冻结存款或者扣缴税款的决定,或者在接到税务机关的书面通知后帮助纳税人、扣缴义务人转移存款。

二、税收法律责任

税收法律责任,是指税收法律关系的主体因违反税收法律规范所应承担的不利法律后果。税收法律责任制度包括法律责任的主体、违法行为类型及其法律责任的形式等内容。税收法律责任的主体包括税收法律关系中的所有主体,主要有纳税人、扣缴义务人、征税机关及其工作人员、其他具有法定义务的主体。

(一)税收法律责任的形式

税收法律责任的形式一般包括经济责任、行政责任和刑事责任。

税收经济责任主要包括加收滞纳金和赔偿损失。

税收行政责任主要包括行政处罚和行政处分。行政处罚主要是针对纳税人和扣缴义务人的,主要包括责令限期改正,责令缴纳税款;采取税收保全措施和税收强制执行措施;罚款;吊销税务登记,收回税务机关发给的票证,吊销营业执照等。行政处分是针对税务机关的工作人员的,主要包括警告、记过、记大过、降级、撤职和开除。

税收刑事责任主要包括罚金、拘役、有期徒刑、无期徒刑。

(二)主要税收违法行为的法律责任

纳税人未按照规定期限缴纳税款的,扣缴义务人未按照规定期限解缴税款的,税务机关除责令限期缴纳外,从滞纳税款之日起,按日加收滞纳税款5‱的滞纳金。

纳税人有下列行为之一的,由税务机关责令限期改正,可以处2000元以下的罚款;情节严重的,处2000元以上10,000元以下的罚款:

(1)未按照规定的期限申报办理税务登记、变更或者注销登记的;

(2)未按照规定设置、保管账簿或者保管记账凭证和有关资料的;

(3)未按照规定将财务、会计制度或者财务、会计处理办法和会计核算软件报送税务机关备查的;

(4)未按照规定将其全部银行账号向税务机关报告的;

(5)未按照规定安装、使用税控装置,或者损毁或擅自改动税控装置的。

纳税人偷税的,由税务机关追缴其不缴或者少缴的税款、滞纳金,并处不缴或者少缴的税款50%以上5倍以下的罚款;构成犯罪的,依法追究刑事责任。

纳税人欠缴应纳税款,采取转移或者隐匿财产的手段,妨碍税务机关追缴欠缴的税款的,由税务机关追缴欠缴的税款、滞纳金,并处欠缴税款50%以上5倍以下的罚款;构成犯罪的,依法追究刑事责任。

纳税人抗税的,除由税务机关追缴其拒缴的税款、滞纳金外,依法追究刑事责任。情节轻微,未构成犯罪的,由税务机关追缴其拒缴的税款、滞纳金,并处拒缴税款1倍以上5倍以下的罚款。

纳税人、扣缴义务人的开户银行或者其他金融机构拒绝接受税务机关依法检查纳税人、扣缴义务人存款账户,或者拒绝执行税务机关作出的冻结存款或者扣缴税款的决定,或者在接到税务机关的书面通知后帮助纳税人、扣缴义务人转移存款,造成税款流失的,由税务机关处10万元以上50万元以下的罚款,对直接负责的主管人员和其他直接责任人员处1000元以上10,000元以下的罚款。

税务机关违反规定擅自改变税收征收管理范围和税款入库预算级次的,责令限期改正,对直接负责的主管人员和其他直接责任人员依法给予降级或者撤职的行政处分。

未经税务机关依法委托征收税款的,责令退还收取的财物,依法给予行政处分或者行政处罚;致使他人合法权益受到损失的,依法承担赔偿责任;构成犯罪的,依法追究刑事责任。

税务人员利用职务上的便利,收受或者索取纳税人、扣缴义务人财物或者谋取其他不正当利益,构成犯罪的,依法追究刑事责任;尚不构成犯罪的,依法给予行政处分。

税务人员徇私舞弊或者玩忽职守,不征或者少征应征税款,致使国家税收遭受重大损失,构成犯罪的,依法追究刑事责任;尚不构成犯罪的,依法给予行政处分。

违反法律、行政法规的规定,擅自作出税收的开征、停征或者减税、免税、退税、补税以及其他同税收法律、行政法规相抵触的决定的,除依照《税收征收管理法》的规定撤销其擅自作出的决定外,补征应征未征税款,退还不应征收而征收的税款,并由上级机关追究直接负责的主管人员和其他直接责任人员的行政责任;构成犯罪的,依法追究刑事责任。

第四章　财务会计基础知识

第一节　财务会计基础理论

一、财务会计概述

会计是以货币为主要计量单位，反映和监督一个单位经济活动的一种管理工作。会计主要提供企业财务状况、经营成果和现金流量信息，并对企业经营活动和财务收支进行监督。企业的会计处理与税收具有紧密的联系，通常税法处理以会计处理的结果为依据。

根据《会计法》的规定，由财政部制定中国企业会计准则。2006 年 2 月 15 日，财政部发布了企业会计准则体系，包括《企业会计准则——基本准则》（以下简称基本准则）和具体规定及有关应用指南，该准则体系自 2007 年 1 月 1 日起首先在上市公司范围内施行，之后逐步扩大到几乎所有大中型企业。

2011 年 10 月 18 日，财政部发布了《小企业会计准则》，规范了适用于小企业的资产、负债、所有者权益、收入、费用、利润及利润分配、外币业务、财务报表等会计处理及其报表列报等问题。《小企业会计准则》适用于在境内依法设立的、符合《中小企业划型标准规定》规定的小型企业标准的企业，但股票或债券在市场公开交易小企业、金融机构或其他具有金融性质的小企业、属于企业集团内母公司和子公司的小企业除外，自 2013 年 1 月 1 日起在所有适用的小企业范围内施行。《小企业会计准则》的发布实施，标志着我国涵盖所有企业的会计准则体系的建成。

我国现行企业会计准则体系由基本准则、具体准则、应用指南和解释等内容组成。

（1）基本准则主要规定了财务报告目标、会计基本假设、会计基础、会计信息质量要求、会计要素、财务报告等内容。

（2）具体准则是在基本准则的指导下对企业各项资产、负债、所有者权益、收入、费用、利润及相关交易事项的确认、计量和报告进行规范的会计准则。

(3)应用指南是对具体准则相关条款的细化和有关重点难点问题提供的操作性指南,以利于会计准则的贯彻落实和指导实务操作。

(4)解释是对具体准则实施过程中出现的问题、具体准则条款规定不清楚或者尚未规定的问题作出的补充说明。

二、财务报告目标

财务报告目标,是指企业编制财务报告提供会计信息的目的,是财务会计概念框架和我国基本准则的最高层次,指导财务会计的规范和发展。《企业会计准则——基本准则》规定,财务会计报告的目标是向财务会计报告使用者提供与企业财务状况、经营成果和现金流量等有关的会计信息,反映企业管理层受托责任履行情况,有助于财务会计报告使用者作出经济决策。

三、会计基本假设

会计基本假设包括会计主体、持续经营、会计分期和货币计量。

(一)会计主体

会计主体,是指企业会计确认、计量和报告的空间范围。为向财务报告使用者反映企业财务状况、经营成果和现金流量,提供对其决策有用的信息,会计核算和财务报告的编制应当集中反映特定对象的活动,并将其与其他经济实体相区别,以实现财务报告的目标。

(二)持续经营

持续经营,是指在可预见的将来,企业会按当前的规模和状态继续经营下去,不会停业,也不会大规模削减业务。在持续经营前提下,会计确认、计量和报告应当以企业持续、正常的生产经营活动为前提。

(三)会计分期

会计分期,是指将一个企业持续经营的生产经营活动划分为一个个连续的、长短相同的期间。会计分期的目的,在于通过会计期间的划分,将持续经营的生产经营活动划分成连续、相等的期间,以结算盈亏、按期编报财务报告,从而及时向财务报告使用者提供有关企业财务状况、经营成果和现金流量的信息。

(四)货币计量

货币计量,是指会计主体在财务会计确认、计量和报告时以货币计量反映会计主体的生产经营活动。

四、会计基础

企业会计的确认、计量和报告应当以权责发生制为基础。权责发生制的基础要求,是当期已经实现的收入和已经发生或应当负担的费用,无论款项是否收付,都应当作为当期的收入和费用,计入利润表;凡不属于当期的收入和费用,即使款项已在当期收付,也不应当作为当期的收入和费用。

收付实现制是与权责发生制相对应的一种会计基础,以收到或支付的现金作为确认收入和费用等的依据。目前,我国的行政事业单位预算会计通常采用收付实现制,行政事业单位财务会计通常采用权责发生制。

第二节 会计信息质量要求

财务会计信息质量要求主要包括可靠性、相关性、可理解性、可比性、实质重于形式、重要性、谨慎性和及时性等。

可靠性,要求企业应当以实际发生的交易或者事项为依据进行确认、计量和报告,如实反映符合确认和计量要求的各项会计要素及其他相关信息,保证会计信息真实可靠、内容完整。

相关性,要求企业提供的会计信息应当与投资者等财务报告使用者的经济决策需要相关,有助于他们对企业过去、现在或者未来的情况作出评价或者预测。

可理解性,要求企业提供的会计信息应当清晰明了,以便投资者等财务报告使用者理解和使用。

可比性,要求企业提供的会计信息应当相互可比,主要包括同一企业不同时期可比和不同企业相同会计期间可比两层含义。

实质重于形式,要求企业应当按照交易或者事项的经济实质进行会计确认、计量和报告,而不应仅以交易或者事项的法律形式为依据。

重要性,要求企业提供的会计信息应当反映与企业财务状况、经营成果和现金流量有关的所有重要交易或者事项。

谨慎性,要求企业对交易或者事项进行会计确认、计量和报告应当保持应有的谨慎,不应高估资产或者收益、低估负债或者费用。

及时性,要求企业对于已经发生的交易或者事项,应当及时进行确认、计量和报告,不得提前或者延后。

第三节　会计要素及其确认与计量

财务会计要素按照性质分为资产、负债、所有者权益、收入、费用和利润，其中资产、负债和所有者权益要素侧重反映企业财务状况，收入、费用和利润要素侧重反映企业经营成果。

一、会计要素及其确认

（一）资产

资产，是指企业过去的交易或者事项形成的，由企业拥有或者控制的，预期会给企业带来经济利益的资源。将一项资源确认为资产，需要符合资产的定义，还应同时满足与该资源有关的经济利益很可能流入企业和该资源的成本或者价值能够可靠计量两个条件。

（二）负债

负债，是指企业过去的交易或者事项形成的，预期会导致经济利益流出企业的现时义务。将一项现时义务确认为负债，需要符合负债的定义，同时还需要满足与该义务有关的经济利益很可能流出企业和未来流出的经济利益的金额能够可靠计量两个条件。

（三）所有者权益

所有者权益，是指企业资产扣除负债后，由所有者享有的剩余权益。公司的所有者权益又称为股东权益。所有者权益的来源包括所有者投入的资本、直接计入所有者权益的利得和损失、留存收益等，通常由股本（或实收资本）、资本公积（含股本溢价或资本溢价、其他资本公积）、盈余公积和未分配利润等构成。

所有者权益体现的是所有者在企业中的剩余权益，其确认主要依靠其他会计要素，尤其是资产和负债的确认，所有者权益金额的确定主要取决于资产和负债的计量。

（四）收入

收入，是指企业在日常活动中形成的、会导致所有者权益增加的、与所有者投入资本无关的经济利益的总流入。企业应当在履行了合同中的履约义务即在客户取得相关商品或服务控制权时确认收入。

（五）费用

费用，是指企业在日常活动中发生的、会导致所有者权益减少的、与向所有者分配利润无关的经济利益的总流出。费用只有在经济利益很可能流出从而导致企业资产减少或者负债增加,且经济利益的流出额能够可靠计量时才能予以确认。

费用的确认至少应当符合以下条件:(1)与费用相关的经济利益应当很可能流出企业;(2)经济利益流出企业的结果会导致资产的减少或者负债的增加;(3)经济利益的流出额能够可靠计量。

(六)利润

利润,是指企业在一定会计期间的经营成果,反映的是收入减去费用、利得减去损失后的净额,因此其确认主要依靠收入和费用以及利得和损失的确认,其金额的确定也取决于收入、费用、利得和损失金额的计量。

二、会计计量属性

会计计量是为了将符合确认条件的会计要素登记入账并列报于财务报表而确定其金额的过程。企业应当按照规定的会计计量属性进行计量,确定相关金额。计量属性反映的是会计要素金额的确定基础,主要包括历史成本、重置成本、可变现净值、现值和公允价值等。

历史成本,就是取得或制造某财产物资时所实际支付的现金或者其他等价物,是取得时点的实际成本。

重置成本又称现行成本,是指按照当前市场条件,重新取得同样一项资产所需支付的现金或现金等价物金额。

可变现净值,是指在正常生产经营过程中,以预计售价减去进一步加工成本和销售所必需的预计税金、费用后的净值。

现值,是指对未来现金流量以恰当的折现率进行折现后的价值,是考虑货币时间价值因素等的一种计量属性。

公允价值,是指市场参与者在计量日发生的有序交易中,出售一项资产所能收到或者转移一项负债所需支付的价格。

第四节 会计科目

一、会计科目概述

(一)会计科目的概念

会计科目是满足会计确认、计量、报告的要求,符合企业内部会计管理和外部信息需要，对会计要素的具体内容进行分类的项目。

会计科目可分为总分类科目和明细分类科目。总分类科目是对会计要素具体内容进行总括分类、提供总括信息的会计科目，如“应收账款”“应付账款”“库存商品”等。明细分类科目是对总分类科目做进一步分类，提供更具体会计信息的科目，如“应收账款”科目，按债务人名称或姓名设置明细科目，进行明细核算，反映应收账款的具体对象；“应付账款”科目，按债权人名称或姓名设置明细科目，进行明细核算，反映应付账款的具体对象等。明细科目较多的总账科目，可在总分类科目与明细科目间设置二级或三级科目。

（二）会计科目的意义

会计科目是对各项交易或者事项进行会计记录并及时提供会计信息的基础，在会计核算和管理中具有十分重要的意义。主要表现在以下几方面：

（1）会计科目是复式记账的基础。复式记账要对每一笔交易或者事项在两个或者两个以上相互联系的账户中进行登记，以反映资金运动的来龙去脉。

（2）会计科目是编制记账凭证的基础。记账凭证是确定所得发生交易或者事项应记入何种科目以及分门别类登记账簿的凭据，如果没有会计科目，记账凭证将变成无源之水，无法体现其应有功能。

（3）会计科目是成本计算与财产清查的载体和依据。通过会计科目的设置，有助于成本核算，使各种成本计算成为可能；而通过账面记录与实际结存的核对，又为财产清查、保证账实相符提供了重要条件。

（4）会计科目是会计确认、计量和财务报告编制的连接体。会计科目是沟通会计确认、计量与财务报告之间的重要桥梁，它与财务报表项目直接或间接相关，附注的很多信息也来自会计科目。

二、主要会计科目

会计科目按照其反映的经济内容不同，可分为资产类科目、负债类科目、共同类科目、所有者权益类科目、成本类科目、损益类科目。

企业在不违反会计准则关于确认、计量和报告规定的前提下，可以根据自身实际情况进行增设、分拆、合并会计科目。企业不存在的交易或者事项，可不设置相关会计科目。会计科目编号供企业填制会计凭证、登记会计账簿、查阅会计账目、采用会计软件系统参考，企业可结合实际情况自行确定会计科目编号。

（一）银行存款

银行存款，是指企业存放在银行或其他金融机构的货币资金。银行存款是企业除现金之外流动性最强的资产,为了反映和监督企业银行存款的收入、支出和结存情况,企业应当设置“银行存款”科目,借方登记企业银行存款的增加,贷方登记企业银行存款的减少,期末借方余额反映期末企业实际持有的银行存款的金额。

企业将款项存入银行或其他金融机构时,借记“银行存款”科目,贷记“库存现金”等科目;提取或支付已存入银行或其他金融机构存款时,借记“库存现金”等科目,贷记“银行存款”科目。

(二)应收账款

应收账款,是指企业因销售商品、提供服务等经营活动,应向购货单位或接受服务单位收取的款项,主要包括企业销售商品或提供服务等应向有关债务人收取的价款、增值税及代购货单位垫付的包装费、运杂费等。

为了反映和监督应收账款的增减变动及其结存情况,企业应设置“应收账款”科目,不单独设置“预收账款”科目的企业,预收的账款也在“应收账款”科目核算。“应收账款”科目的借方登记应收账款的增加,贷方登记应收账款的收回及确认的坏账损失,期末余额一般在借方,反映企业尚未收回的应收账款;如果期末余额在贷方,一般为企业预收的账款。

(三)库存商品

库存商品,是指企业完成全部生产过程并已验收入库、合乎标准规格和技术条件,可以按照合同规定的条件送交订货单位,或可以作为商品对外销售的产品以及外购或委托加工完成验收入库用于销售的各种商品。

为了反映和监督库存商品的增减变动及其结存情况,企业应当设置“库存商品”科目,借方登记验收入库的库存商品成本,贷方登记发出的库存商品成本,期末余额在借方,反映各种库存商品的实际成本。“库存商品”科目应按库存商品的种类、品种和规格设置明细科目进行核算。

对于库存商品采用实际成本核算的企业,当产品完成生产并验收入库时,应按实际成本,借记“库存商品”科目,贷记“生产成本”科目。企业销售产成品按规定确认收入的同时,应计算、结转与收入相关的产成品成本。产成品销售成本的计算与结转,通常是在期末进行。采用实际成本进行产成品日常核算的,应根据本期销售产品数量及其相应的单位生产成本计算确定本期产品销售成本总额,借记“主营业务成本”科目,贷记“库存商品”科目。

(四)固定资产

固定资产,是指企业为生产商品、提供劳务或经营管理而持有的,且使用寿命超过一个会计年度的有形资产。为了反映和监督固定资产的取得、计提折旧和处置等情况,企业一般需要设置“固定资产”“累计折旧”“在建工程”“工程物资”“固定资产清理”等科目。

“固定资产”科目核算企业固定资产的原价,借方登记企业增加的固定资产原价,贷方登记企业减少的固定资产原价,期末借方余额反映企业期末固定资产的账面原价。企业应当设置“固定资产登记簿”和“固定资产卡片”,按固定资产类别、使用部门和每项固定资产进行明细核算。

“累计折旧”科目属于“固定资产”的调整科目,核算企业固定资产的累计折旧,贷方登记企业计提的固定资产折旧,借方登记处置固定资产转出的累计折旧,期末贷方余额,反映企业固定资产的累计折旧额。

“在建工程”科目核算企业基建、更新改造等在建工程发生的支出,借方登记企业各项在建工程的实际支出,贷方登记完工工程转出的成本,期末借方余额,反映企业尚未达到预定可使用状态的在建工程的成本。

“工程物资”科目核算企业为在建工程而准备的各种物资的实际成本,借方登记企业购入工程物资的成本,贷方登记领用工程物资的成本,期末借方余额,反映企业为在建工程准备的各种物资的成本。

“固定资产清理”科目核算企业因出售、报废、毁损、对外投资、非货币性资产交换、债务重组等原因转入清理的固定资产价值以及在清理过程中发生的清理费用和清理收益。该科目借方登记转出的固定资产账面价值、清理过程中应支付的相关税费及其他费用,贷方登记出售固定资产取得的价款、残料价值和变价收入。期末借方余额,反映企业尚未清理完毕的固定资产清理净损失,期末如为贷方余额,则反映企业尚未清理完毕的固定资产清理净收益。固定资产清理完成,其借方登记转出的清理净收益,贷方登记转出的清理净损失,清理净损益结转后,“固定资产清理”科目无余额。企业应当按照被清理的固定资产项目设置明细账,进行明细核算。

此外,企业固定资产、在建工程、工程物资发生减值的,还应当设置“固定资产减值准备”“在建工程减值准备”“工程物资减值准备”等科目进行核算。

(五)无形资产

无形资产,是指企业拥有或者控制的没有实物形态的可辨认非货币性资产,通常包括专利权、非专利技术、商标权、著作权、土地使用权、特许权等。为了反映和监督无形资产的取得、摊销和处置等情况,企业应当设置“无形资产”“累计摊销”等科目进行核算。

"无形资产"科目核算企业持有的无形资产成本,借方登记取得无形资产的成本,贷方登记处置无形资产时转出的账面余额,期末借方余额,反映企业无形资产的成本。"无形资产"科目应当按照无形资产的项目设置明细科目进行核算。

"累计摊销"科目核算企业对使用寿命有限的无形资产计提的累计摊销,该科目属于"无形资产"的调整科目。"累计摊销"科目的贷方登记企业计提的无形资产摊销,借方登记处置无形资产转出无形资产的累计摊销,期末贷方余额,反映企业无形资产的累计摊销额。

此外,企业无形资产发生减值的,还应当设置"无形资产减值准备"科目进行核算。

(六)应付账款

应付账款,是指因购买材料、商品或者接受劳务供应等而发生的债务,这是由于买卖双方在取得物资或者服务与支付货款在时间上的不一致而产生的负债。在物资和发票账单未同时到达的情况下,由于应付账款需根据发票账单登记入账,在货物先于发票账单到达的情况时,作为一项负债反映。企业应设置"应付账款"科目核算应付账款的发生、偿还、转销等情况。该科目的贷方登记应付未付款项的增加,借方登记应付未付款项的减少,期末贷方余额反映企业尚未支付的应付账款余额。本科目可按债权人设置明细科目进行明细核算。

企业购入材料、商品或接受服务等所产生的应付账款,应按应付金额入账。购入材料、商品等验收入库,但货款尚未支付,根据有关凭证借记"原材料""库存商品"等科目,按照可抵扣的增值税进项税额,借记"应交税费—应交增值税(进项税额)"科目,按应付的款项,贷记"应付账款"科目。企业偿还应付账款时,借记"应付账款"科目,贷记"银行存款"等科目。

(七)应交税费

企业根据税法规定应交纳的各种税费包括增值税、消费税、企业所得税、城市维护建设税、资源税、土地增值税、房产税、车船税、城镇土地使用税、教育费附加、印花税、耕地占用税、环境保护税、契税、车辆购置税等。

企业应设置"应交税费"科目,核算各种税费的应交、交纳等情况。该科目贷方登记应交纳的各种税费,借方登记实际交纳的税费;期末余额一般在贷方,反映企业尚未交纳的税费,期末余额如在借方,反映企业多交或尚未抵扣的税费。本科目按应交税费项目设置明细科目进行明细核算。

企业代扣代交的个人所得税,也通过"应交税费"科目核算,而企业交纳的印花税、耕地占用税等不需要预计应交数的税金,不通过"应交税费"科目核算。

(八)应付债券

企业为筹集长期资金而发行的、期限在1年以上的债券为应付债券,构成了企业一项非流动负债。企业会在未来某一特定日期按债券所记载的利率、期限等约定还本付息。债券发行有面值发行、溢价发行和折价发行三种情况。其中:债券按其票面金额发行,称为面值发行;以低于债券票面金额的价格发行,称为折价发行;以高于债券票面金额的价格发行,称为溢价发行。

企业应当设置"应付债券"科目,核算应付债券发行、计提利息、还本付息等情况。该科目贷方登记应付债券的本金和利息;借方登记归还的债券本金和利息;期末贷方余额表示企业尚未偿还的长期债券。本科目可按"面值""利息调整""应计利息"等设置明细科目进行明细核算。

企业无论按面值发行,还是溢价发行或折价发行债券,应按实际收到的金额,借记"银行存款""库存现金"等科目,按债券票面价值,贷记"应付债券——面值"科目;实际收到的款项与债券票面金额的差额,借记或贷记"应付债券——利息调整"科目。

(九)实收资本

实收资本,是指投资者投入资本形成法定资本的价值,所有者向企业投入的资本,在一般情况下无须偿还,可以长期周转使用。对股份有限公司而言,实收资本又称为股本,即发起人按照合同或协议约定投入的资本和社会公众在公司发行股票时认购股票缴入的资本,其在金额上等于股份面值和股份总额的乘积。

我国《公司法》规定,股东可以用货币出资,也可以用实物、知识产权、土地使用权等可以用货币估价并可以依法转让的非货币财产作价出资;但是法律、行政法规规定不得作为出资的财产除外。企业收到所有者投入企业的资本后,应根据有关原始凭证进行会计处理。股份有限公司应设置"股本"科目,其他各类企业应设置"实收资本"科目,反映和监督企业实际收到的投资者投入资本的情况。"实收资本"科目贷方登记企业收到投资者的出资额;借方登记企业按照法定程序报经批准减少的注册资本额;期末余额在贷方,反映企业实有的资本额。为了反映和监督股份有限公司股本情况,"股本"科目贷方登记已发行的股票面值;借方登记经批准核销的股票面值;期末贷方余额反映发行在外的股票面值。"股本"科目应当按照股票的类别设置明细账进行明细核算。

(十)盈余公积

盈余公积,是指企业按照规定从净利润中提取的各种积累资金。公司制企业的盈余公积分为法定盈余公积和任意盈余公积。两者的区别在于其各自计提的依据不同。

前者以国家的法律或行政规章为依据提取;后者则由企业自行决定提取。盈余公积可以用于弥补亏损、转增资本、扩大企业生产经营。

为了反映和监督盈余公积的形成和使用情况,企业应设置"盈余公积"科目。该科目贷方登记按规定提取的盈余公积数额;借方登记用盈余公积弥补亏损和转增资本的实际数额;贷方余额反映企业的盈余公积。"盈余公积"科目应按照盈余公积形成的来源分设"法定盈余公积"和"任意盈余公积"两个明细科目。企业按规定提取盈余公积时,应通过"利润分配"和"盈余公积"等科目核算。

(十一)主营业务收入

企业按照主要经营业务等经常性经营活动实现的收入,通常将收入分为主营业务收入和其他业务收入,例如,制造业企业的产品销售收入是其主营业务收入,生产产品用的材料销售收入或出租包装物等收入则属于其他业务收入。按照《企业会计准则第14号——收入》的相关规定,收入确认步骤大致分为以下五步:

(1)识别与客户订立的合同;

(2)识别合同中的单项履约义务;

(3)确定交易价格;

(4)将交易价格分摊至各单项履约义务;

(5)履行各单项履约义务时确认收入。

企业为了核算与客户之间的合同产生的收入及相关的成本费用,一般需要设置"主营业务收入""其他业务收入""主营业务成本""其他业务成本""合同取得成本""合同履约成本""合同资产""合同负债"等科目。"主营业务收入"科目核算企业确认的销售商品、提供服务等主营业务的收入,该科目贷方登记企业主营业务活动实现的收入,借方登记期末转入"本年利润"科目的主营业务收入,结转后该科目应无余额。该科目可按主营业务的种类进行明细核算。

(十二)税金及附加

税金及附加,是指企业经营活动应负担的相关税费,包括消费税、城市维护建设税、教育费附加、资源税、土地增值税、房产税、环境保护税、城镇土地使用税、车船税、印花税等。

企业应当设置"税金及附加"科目,核算企业经营活动发生的消费税、城市维护建设税、教育费附加、资源税、房产税、环境保护税、城镇土地使用税、车船税、印花税等相关税费。企业按规定计算确定的与经营活动相关的消费税、城市维护建设税、资源税、教育费附加、房产税、环境保护税、城镇土地使用税、车船税等税费,应借记"税金及附加”科目,贷记“应交税费”科目。期末,应将“税金及附加”科目余额转入“本年利润”科目,结转后,“税金及附加”科目无余额。

企业交纳的印花税,不会发生应付未付税款的情况,不需要预计应纳税金额,也不存在与税务机关结算或者清算的问题。因此,企业交纳的印花税不通过“应交税费”科目核算,于购买印花税票时,直接借记“税金及附加”科目,贷记“银行存款”科目。

(十三)管理费用

管理费用,是指企业为组织和管理生产经营发生的各种费用,包括企业在筹建期间内发生的开办费、董事会和行政管理部门在企业的经营管理中发生的以及应由企业统一负担的公司经费、行政管理部门负担的工会经费、董事会费、聘请中介机构费、咨询费、诉讼费、业务招待费、技术转让费、研究费用等。企业行政管理部门发生的固定资产修理费用等后续支出,也作为管理费用核算。

企业应设置“管理费用”科目,核算管理费用的发生和结转情况。“管理费用”科目借方登记企业发生的各项管理费用,贷方登记期末转入“本年利润”科目的管理费用,结转后,“管理费用”科目应无余额。“管理费用”科目按管理费用的费用项目进行明细核算。

(十四)营业外支出

营业外支出,是指企业发生的与其日常活动无直接关系的各项损失,主要包括非流动资产毁损报废损失、捐赠支出、盘亏损失、非常损失、罚款支出等。

非流动资产毁损报废损失,是指因自然灾害等发生毁损、已丧失使用功能而报废非流动资产所产生的清理损失;捐赠支出是指企业对外进行捐赠发生的支出;盘亏损失,主要指对于财产清查盘点中盘亏的资产,查明原因并报经批准计入营业外支出的损失;非常损失,是指企业对于因客观因素(如自然灾害等)造成的损失,扣除保险公司赔偿后应计入营业外支出的净损失;罚款支出,是指企业支付的行政罚款、税务罚款以及其他违反法律法规、合同协议等而支付的罚款、违约金、赔偿金等支出。

企业应设置“营业外支出”科目,核算营业外支出的发生及结转情况。该科目借方登记确认的营业外支出,贷方登记期末将“营业外支出”科目余额转入“本年利润”科目的营业外支出,结转后“营业外支出”科目无余额。“营业外支出”科目可按营业外支出项目进行明细核算。

(十五)所得税费用

企业的所得税费用包括当期所得税和递延所得税两部分。其中,当期所得税,是指当期应交所得税;递延所得税包括递延所得税资产和递延所得税负债。递延所得税资产,是指以未来期间很可能取得用来抵扣可抵扣暂时性差异的应纳税所得额为限确认的一项资产。递延所得税负债,是指根据应纳税暂时性差异计算的未来期间应付所得税的金额。

企业应设置“所得税费用”科目,核算企业所得税费用的确认及其结转情况。期末,应将“所得税费用”科目的余额转入“本年利润”科目,借记“本年利润”科目,贷记“所得税费用”科目,结转后,“所得税费用”科目应无余额。

第五节 财务报告

财务报告是向投资者、债权人、政府及有关部门和社会公众等外部会计信息使用者提供的,反映企业某一特定期间的经营成果、现金流量等财务信息的文件,是财务会计确认和计量的最终成果。

财务报告包括财务报表和其他应当在财务报告中披露的相关信息和资料,财务报表由报表本身及其附注两部分构成,附注是财务报表的有机组成部分,而报表一般包括资产负债表、利润表、现金流量表和所有者权益(或股东权益)变动表等。考虑小企业外部信息需求相对较低,编制的报表可不包括现金流量表。

一、资产负债表

资产负债表是反映企业在某一特定日期的财务状况的会计报表。企业编制资产负债表的目的是如实反映企业的资产、负债和所有者权益金额及其结构情况,从而有助于使用者评价企业资产的质量以及短期偿债能力、长期偿债能力和利润分配能力等。

二、利润表

利润表是反映企业在一定会计期间的经营成果的会计报表。企业编制利润表的目的是如实反映企业实现的收入、发生的费用以及应当计入当期利润的利得和损失等金额及其结构情况,从而有助于使用者分析评价企业的盈利能力及其构成与质量。

三、现金流量表

现金流量表是反映企业在一定会计期间的现金和现金等价物流入和流出的会计报表。企业编制现金流量表的目的是如实反映企业各项活动的现金流入、流出情况,从而有助于使用者评价企业的现金流和资金周转情况。

四、所有者权益(或股东权益)变动表

所有者权益(或股东权益)变动表反映企业年末所有者权益(或股东权益)的变动情况,体现了企业综合收益的特点,表明企业直接计入所有者权益的利得和损失,包含最终属于所有者权益变动的净利润。

五、附注

附注是对在会计报表中列示项目所作的进一步说明,以及对未能在这些报表中列示项目的说明等。企业编制附注的目的是通过对财务报表本身做补充说明,更加全面、系统地反映企业财务状况、经营成果和现金流量的全貌,从而有助于向使用者提供更为有用的信息,作出更加科学合理的决策。

第六节　税 会 差 异

税会差异,是指企业发生应税行为时应当确认计税基础,但会计处理的账面价值与其计税基础存在差异。税会差异产生的根源来自税法和会计法的目的、取向不同。税法基于征收管理便利和维护国家税款安全的目的,有时会在会计处理的基础上做调整。

一、所得税的暂时性差异

按照暂时性差异对未来期间应税金额的影响,所得税的暂时性差异分为应纳税暂时性差异和可抵扣暂时性差异。应纳税暂时性差异,是指在确定未来收回资产或清偿负债期间的应纳税所得额时,将导致产生应税金额的暂时性差异。可抵扣暂时性差异,是指在确定未来收回资产或清偿负债期间的应纳税所得额时,将导致产生可抵扣金额的暂时性差异。

特殊项目产生的暂时性差异:

(1)广告费和业务宣传费在发生时计入销售费用,但该类支出在不超过当年销售收入15%的部分允许当期税前扣除;超过部分允许向以后年度结转税前扣除。

(2)未弥补亏损及税款抵减。企业当期发生的亏损,可以用以后5个年度的应纳税所得额来弥补,形成税会差异。

二、收入确认的差异

(1)视同销售行为,会计准则不应确认为一项收入,但税法上应当计算增值税或者企业所得税。

(2)企业所得税规定的免税收入,会计准则确认为收入。

(3)在货物发出和发票账单不一致的情况下,税法以开具发票之时产生纳税义务。

三、费用确认的差异

税法对成本扣除,须实际发生并取得合法有效的扣除凭证为依据。例如:

(1)企业所得税的税前扣除凭证,是指企业在计算企业所得税应纳税所得额时,证明与取得收入有关的、合理的支出实际发生,并据以税前扣除的各类凭证。

税前扣除凭证在管理中遵循真实性、合法性、关联性原则。真实性,是指税前扣除凭证反映的经济业务真实,且支出已经实际发生;合法性,是指税前扣除凭证的形式、来源符合国家法律、法规等相关规定;关联性,是指税前扣除凭证与其反映的支出相关联且有证明力。

(2)土地增值税的扣除项目金额中,各项成本和费用必须是实际发生的;其实际发生的支出应当取得但未取得合法凭据的不得扣除。

会计准则依照权责发生制确认费用,不强调实际支付,限制也更少。

四、资产确认的差异

资产的计税基础,税法通常与会计准则的计量一致。但由于税法确认成本的严格,有时资产的初始计税基础会小于初始会计成本。

资产后续计量也存在税会差异。例如,固定资产折旧,《企业会计准则第 4 号——固定资产》规定,企业应当根据与固定资产有关的经济利益的预期实现方式,合理选择固定资产折旧方法。可选用的折旧方法包括年限平均法、工作量法、双倍余额递减法和年数总和法等。税法中除某些按照规定可以加速折旧的情况外,基本上可以税前扣除的是按照平均年限法计提的折旧,此外,税法上还按照固定资产的类别规定了具体的折旧年限。

第三部分

税法咨询与顾问

第一章　常年税法顾问服务

税收法律责任是企业承担的最严肃的社会责任，事关企业商誉和存亡。每年都有大量企业，因为在运营过程中不了解、错误判断甚至忽略税收问题，导致了严重的后果，造成了不必要的风险和损失。随着我国的税收法律法规数量不断增加，非税法专业人士掌握相关税收政策的难度不断提高。聘请税务专业人士担任税务顾问，是企业风险控制、提高经济效益的一个有效途径。

常年税法顾问，是指税务律师在特定的期限内接受纳税人和扣缴义务人的委托，运用其税收、财会、法律等相关知识，对纳税人、扣缴义务人提出的税务咨询进行解答，帮助委托人做好税收遵从，并根据委托人的要求，充分利用国家的有关税收优惠政策，通过科学、合理的税收筹划，帮助委托人合理节税，提高委托人的经济效益的服务行为的总称。以下就常年税法顾问的主要工作内容分节阐述。

第一节　税法解读与涉税实务培训

一、税法解读

税法解读，是指律师接受企业或者其他组织、个人的委托，对当事人交易中涉及的相关税收法律和税收政策进行解释，尤其是对最新发布的法律和税收政策进行解释，帮助企业了解交易涉税情况，以便当事人进行相关的交易安排和税收筹划。

（一）税法解读的原则

律师进行税法解读服务时，应遵循如下原则：

在税法基本原则的指导下，税法解释应遵循文义解释原则、立法目的原则、合法合理性原则、经济实质原则和诚实信用原则等原则。

基于税法规范的特殊性以及税收法定的要求，律师在对税法及其政策进行解读时应将文义解释原则作为首要原则，以其他解释原则为补充。

(二)税法解读的方法

律师对税法的解读宜在税法解读原则的指导下,按照如下顺序依次适用法律的解释方法进行:

文义解释,是税法解读主要适用的法律解释方法,建议律师按照法律条文的字义和语法,并按照构成法律条文的词的通常用法来解释法律条文的含义。

体系解释,即律师可以以法律条文在法律文本中的位置为切入点,联系上下条款以及相关的规定,从整体上对法律条文的意思进行探究,从而获得更为准确的含义。

目的解释,即律师可以在进行法律解释时,追寻、探究立法者的意图,将立法者的价值判断及立法目的和动机探究清楚,以立法者的意图作为解释法律文本含义的根本或最终标准。

合宪性解释,即律师可以依宪法及位阶较高的法律规范,解释位阶较低的法律规范。

比较法解释,即律师可以引用外国立法例及判例学说作为一项解释因素,来阐述本国法律含义。

二、涉税实务培训

涉税实务培训,是指律师接受客户的委托,根据国家新的税收政策法规,不定期对企业的管理层和财务人员进行相关税法基本知识、税收政策和实务中多发税务风险的培训,提高企业办税人员及财务管理人员的税务操作水平和税收成本控制能力。

律师接受客户的委托,对企业交易中涉及的相关税法基本知识、税收政策和实务中多发的税务风险进行培训,帮助提高委托人及其工作人员的税法知识,协助客户防范税务风险并合理纳税。律师进行涉税实务培训的内容可以根据不同企业的需要进行个性化制定,包括但不限于以下内容:

(1)最新的税收政策对企业的影响;

(2)经济合同订立中的涉税处理;

(3)企业纳税评估与风险控制;

(4)企业纳税自查与调整;

(5)企业所得税汇算清缴;

(6)企业如何应对税务稽查。

第二节　合同涉税审查

合同涉税审查,是指律师按照委托人的要求对合同中的涉税条款进行审查,事先发现合同中的漏洞,防范税务风险;总结交易流程中涉及的全部涉税义务,确保税务合规性;估算交易纳税数额,进行税务筹划。

一、合同涉税审查的目的

律师在接收委托人提交的文档及背景文件、参考文件时,宜主动询问委托人送审合同的形成背景、交易各方背景、交易内容等信息,尤其要使委托人明确在税务上想要达到的目的,以便判断工作内容、工作重点等问题。

如果需要,律师宜针对委托人的送审合同稿及背景情况,要求委托人提供合同所需的附件、合同中所提到的文件、委托人的工商登记情况等,以便于得出正确的审查意见。

如果委托人未对送审稿提交背景说明及工作目标说明,律师可以根据需要按自己的判断审查合同,也可以主动向委托人询问交易背景、工作目标等信息,以便于完成工作。

二、合同涉税审查的内容

律师应当对交易进行整体分析,明确合同事项所涉及的税种以及相应的纳税人和扣缴义务人、征税范围、税目税率及应纳税额。在此基础上,审查合同中的合同对价、支付结算方式、发票开具等相关权利义务条款,以防范涉税风险。具体如下。

(一)对纳税主体及纳税义务进行审查

律师在审查合同时,应当重点对纳税主体及纳税义务进行审查。具体包括:

(1)对合同所涉及的交易进行定性,明确所涉及的税种以及相应的纳税人和扣缴义务人、征税范围、税目税率及应纳税额。

(2)对税种所涉及的税收政策通过法规数据库或税务局官方网站进行检索归纳,查找合同所涉及的纳税主体是否存在减税、免税优惠。

(3)明确合同所涉及税种的申报与缴纳义务。

(二)对发票的开具与传递进行审查

律师应当对交易涉及的发票开具与传递事项进行审查。具体包括:

(1)审查合同是否包含明确规定提供发票义务的条款;

(2)审查合同是否包含明确发票的开具要求和类型的条款。

(三)对支付结算方式进行审查

建议律师对合同的支付结算方式进行审查。具体包括:

(1)审查合同是否包含明确合同的支付结算方式的条款;

(2)审查合同是否包含明确不同的结算方式下提供发票的时间的条款。

(四)对增值税发票涉税风险的审查

律师在审查增值税发票涉税风险时,应当重点关注以下内容:

(1)增值税纳税人在签订合同时应当约定供货方(包括货物或服务提供方,以下简称供货方)按规定向采购方开具增值税专用发票或增值税普通发票;付款方应当向收款方提供其具有一般纳税人资格的文件和增值税发票需要的收款人信息,并对此等信息的合法性、真实性、准确性负责。

(2)合同各方应当在合同中约定供货或服务价格是否包含增值税,供货方应当按照合同约定的价款(或实际付款金额)开具票据,在分次收付款过程中的任何结算时点,供货方开具的增值税专用发票的价税合计金额尽量不低于采购方已经支付的价税合计款项。

(3)律师应当注意合同中对于采购方提供不实信息导致的供货方开票错误或供货方自己原因虚开增值税发票或开具不合格发票的违约责任、法律责任承担的相关约定。

(4)律师在合同中应建议当事人约定"如果采购方提供的开票信息无误,供货方提供错票且未及时更换并提供税务机关需要文件的,采购方有权行使抗辩权,拒绝履行后续义务且不构成违约"。

三、确保交易全流程中的税务合规性

建议律师对交易进行整体分析,总结企业应当承担的各项涉税义务,包括代扣代缴等义务,确保企业的税务合规性。

律师应当注意提示企业单位、事业单位、国家机关、社会团体,如向自然人支付对价,需要依法按照相应事项代扣代缴个人所得税,并在合同中明确约定付款方因履行代扣代缴支付的税金是收款方的应收账款中的一部分,以及代扣代缴履行后提供完税凭证给自然人。现行法律规定可以不代扣代缴自然人个人所得税的情形主要包括:

(1)个人以非货币投资企业获得被投资企业股权;

(2)个人多处取得所得的汇总纳税;

(3)其他法律法规未规定代扣代缴义务的。

律师应当注意提示企业单位、事业单位、国家机关、社会团体向境外企业或自然人支付所得,应当代扣代缴所得税。律师应当建议客户在与境外单位或个人签订的合同中确认付款方的代扣代缴权利及义务,并明确代扣代缴税款是从收款方应收款中扣取,以及代扣代缴方提供税务机关的完税凭证。

四、估算交易税负,进行税务筹划

律师办理涉税服务应当对交易进行整体分析,估算企业纳税总额,考虑企业的纳税义务自合同生效之日产生，但是交易却有可能在一个较长的时间内完成，甚至中途发生变化的情况，评估企业是否存在多缴税的可能，协助进行税务筹划，达到节税效果。

五、合同涉税审查的成果

律师无论以何种方式向委托人提交审查工作成果，应保留来稿及提交稿并予以归档，以备查询及资料积累。以电子文档的方式提交工作成果的，也应保留原稿与提出审查意见稿，以便工作经验的积累及日后的核对。

律师提交合同审查工作成果时，委托人提交纸质文档且对提交工作成果没有要求的，可以直接在来稿复印件上手写审查意见，并以回传的方式或复印留底后提交的方式，向委托人提交工作成果。对于以电子文档方式提交的工作成果，可以电子邮件的方式提交，尤其是以存放于服务器上的电子邮件方式提交，以便保留提交的证据。

如委托人有明确的指示或者由于关系重大，律师认为有必要的，建议以正式的法律意见书的方式提交。法律意见书宜描述委托人所提交的来稿及其他辅助材料、委托人对背景情况的介绍、委托人对于审查的要求，以及律师审查、分析所依据的法律，以及审查的结论。一般情况下，在提供工作成果时宜注明“以上意见仅供参考”。

律师提交合同审查工作成果时，应履行附随的告知义务，对审查的范围、委托人需要掌握的内容进行告知，防止委托人因误解或理解错误造成损失。特别是对应由委托人自行决策或审查的内容，应明确告知。如委托人要求的审查时间非常紧迫，应注明因委托人要求的时间较紧，只能提供目前的意见。

除非委托人因时间紧迫而放弃要求，否则律师所提交的审查意见应是文字通顺、观点准确的正式结论，既不应存在表述方面或法律方面的任何瑕疵，也不应存在任何不符合审查要求的问题。对于无法确认的问题应明确告知，不得基于主观判断给予肯定的结论。

律师提交合同审查工作成果时，应符合执业规范及职业操守，对原稿存在的问题或相对人的条款应客观评述而不应进行贬低。除针对合同中存在的法律问题或其他缺陷，通过提醒、评述等方式提请委托人注意外，是否应当交易不属于律师的工作范围，不应作为合同审查意见提出。

律师提交合同审查工作成果后，宜主动关注委托人的反馈，以便发现工作中的问题、积累工作经验，不断提高工作质量。

第三节 企业税务健康检查

企业税务健康检查,是指律师帮助企业全面、系统地梳理其业务流程,明确各业务环节涉税风险点,及时发现企业在税务管理中存在的薄弱环节,纠正税务工作中的不合理、不合规现象,确保企业税务工作合规、有效地进行,达到有效控制税务风险的目的。

律师在接受委托时,应向委托人收集分析所需要的各种资料,包括但不限于营业执照、财务报表、各种税务报表、付款收款单据、存货管理凭证等。

必要时,建议律师进行实地调查并与企业的财务主管人员面谈或者讨论,了解企业的商业架构、详细工作生产流程以及一些已经揭露但未引起管理层注意的问题。

律师在进行企业税务健康检查时主要从以下四个方面展开:

(1)财务报表的税务健康检查;

(2)纳税申报的整体税务健康检查;

(3)重点税种的健康检查:企业所得税、增值税、营业税、个人所得税等;

(4)发票管理的税务健康检查。

企业税务健康检查完成后,律师向企业发送税务健康检查报告,解释在检查中发现的问题以及可能的后果。

必要时,建议律师发送税务健康检查报告后与企业协调安排会议,向管理层解释发现的问题、可能的后果、可能的解决方案等。

第四节 担任税务机关法律顾问

律师担任税务机关法律顾问,可以帮助税务机关处理涉税事务;防范和化解税收执法风险,促进税务机关依法行政。

一、法制宣传和培训

通过组织讲座、沙龙等形式,为税务机关执法人员进行授课,提高行政执法人员的依法行政理念和行政执法队伍的执法水平,为全面提高税收执法满意度奠定基础。

二、提供法律咨询

税收法律法规体系庞大,并且存在一定的复杂性,税务机关执法人员在日常执法过程中可能会面临法律适用不确定的情况，律师可对税务机关日常税收征管工作中涉及的法律方面的问题，提供法律咨询意见。

三、审查、起草、修改各种法律文书

（1）建议律师对税务机关出具的法律文书进行审查，重点关注文书的合法性；

（2）建议律师对税务机关行政行为依据缺失、法律适用不当、执法程序违法等情况提出修改意见；

（3）建议律师协助税务机关起草工作中需要的法律文书。

四、帮助防范和化解税收执法风险

（1）建议律师在防范纳税人利用税务机关的管理漏洞，实施虚开发票、偷税、骗税等行为的方面，为税务机关提供合理建议及措施，以减少税务机关的执法风险；

（2）建议律师在法律适用上，对税务机关在税收工作中遇到的立法层级关系模糊、税收法律法规适用错误、税收执法依据适用不当等问题提出指导；

（3）建议律师在税收执法中，为税务机关提供法律顾问服务，对涉及的法律法规和政策性规定进行梳理，协助税务工作人员规避执法风险。

五、提供行政处罚听证、行政复议、行政诉讼的法律咨询或代理服务

（1）建议律师在行政处罚、行政复议以及重大行政执法等环节，提供法律适用方面的专业技术支持，以确保行政程序合法、证据确实充分、适用法律正确；

（2）建议律师在税务机关制定重大决策时参与论证，降低决策的法律风险，确保重大决策的合法性。

六、提供立法建议

税务系统自上而下征集立法意见时，建议律师作为专业人士提出建议。

七、对干部职工进行法制宣传和法律知识培训

建议律师通过举办防范税收执法风险法律知识讲座、座谈交流、以案说法等多种形式，为税务执法人员授课，提高税务行政执法人员的依法行政理念和行政执法水平，为全面提高税收执法满意度奠定基础。

第二章　税收优惠服务

第一节　区域性税收优惠服务

一、区域税收优惠概述

我国制定了一系列针对不同地区的税收优惠政策。律师在帮助投资者选择企业的注册地点时，可以利用国家对高新技术产业开发区、贫困地区、保税区、经济特区的税收优惠政策，节省税金支出。

二、西部地区

近年来，国家为了落实西部大开发战略，鼓励中西部地区尤其是西部地区经济的发展，相继出台了一系列的税收优惠政策，如财政部、海关总署、国家税务总局《关于深入实施西部大开发战略有关税收政策问题的通知》（财税〔2011〕58 号），财政部、海关总署、国家税务总局《关于赣州市执行西部大开发税收政策问题的通知》（财税〔2013〕4 号）。根据财政部、国家税务总局、国家发改委2020 年4 月23 日发布的《关于延续西部大开发企业所得税政策的公告》的规定，西部地区可以享受以下税收优惠政策：

（一）企业所得税优惠税率

2021 年1 月1 日 ~2030 年12 月31 日，对设在西部地区的鼓励类产业企业减按15% 的税率征收企业所得税。鼓励类产业企业，是指以《西部地区鼓励类产业目录（2020 年本）》中规定的产业项目为主营业务，且其主营业务收入占企业收入总额60% 以上的企业。

西部地区包括内蒙古自治区、广西壮族自治区、重庆市、四川省、贵州省、云南省、西藏自治区、陕西省、甘肃省、青海省、宁夏回族自治区、新疆维吾尔自治区和新疆生产建设兵团。湖南省湘西土家族苗族自治州、湖北省恩施土家族苗族自治州、吉林省延边朝鲜族自治州和江西省赣州市，可以比照西部地区的企业所得税政策执行。

（二）免征关税

根据国务院《关于实施西部大开发若干政策措施的通知》的规定，对西部地区内资鼓励类产业、外商投资鼓励类产业及优势产业的项目在投资总额内进口的自用设备，免征关税。

除上述优惠政策外，由于目前我国区域经济发展的不平衡，为了鼓励东部产业向中西部地区，尤其是民族自治区等重点鼓励发展的地区转移，国家还先后发布了国务院《关于实施西部大开发若干政策措施的通知》，财政部、国家税务总局《关于新疆喀什、霍尔果斯两个特殊经济开发区企业所得税优惠政策的通知》等文件，针对各地金融服务业及相关投资、服务等行为出台了诸多税收等优惠政策。

现阶段，地方税收优惠政策出台的情况呈现以下三个特点：(1)西部地区税收优惠力度大，尤其是新疆、西藏、宁夏等五个少数民族自治区；(2)税收优惠的主要税种为企业所得税，部分地区涉及流转税；(3)行业特征鲜明，倾向于环保、高科技、投资、文化产业等新兴领域，如西藏针对国家高新、自治区高新出台优惠政策规定，自经营之日可免收企业所得税 10 年、8 年。

东部地区公司可以借助国家"一带一路"倡议推进的历史契机，充分运用国家对西部地区出台的税收等优惠政策，进行公司运营架构的变更与优化，在有效控制税务法律风险的同时，实现税负降低的目的。

三、粤港澳大湾区

(一)企业所得税优惠

1. 前海地区

2021 年 1 月 1 日 ~2025 年 12 月 31 日，对设在前海深港现代服务业合作区的符合条件的企业减按 15% 的税率征收企业所得税。《前海深港现代服务业合作区企业所得税优惠目录(2021 版)》包括了五大类 30 项产业。五大类分别为现代物流业、信息服务业、科技服务业、文化创意产业、商务服务业。

2. 横琴地区

自 2021 年 1 月 1 日起，在横琴粤澳深度合作区设立的符合条件的企业可享受以下企业所得税优惠政策：

(1)对设在合作区符合条件的产业企业减按 15% 的税率征收企业所得税。《横琴粤澳深度合作区企业所得税优惠目录(2021 版)》包括了九大类 150 项。

(2)对在合作区设立的旅游业、现代服务业、高新技术产业企业新增境外直接投资取得的所得，免征企业所得税。

(3)对在合作区设立的企业，新购置的(含自建、自行开发)固定资产和无形资产(除房屋、建筑物外)：

①单位价值不超过500万元(含)的,允许一次性计入当期成本费用,在计算应纳税所得额时扣除,不再分年度计算折旧和摊销;

②单位价值超过500万元的,可以缩短折旧、摊销年限或采取加速折旧、摊销的方法。

3. 南沙地区

对先行启动区(包括南沙湾、庆盛枢纽、南沙枢纽3个区块)鼓励类产业企业减按15%税率征收企业所得税。对南沙高新技术重点行业企业进一步延长亏损结转年限。

(二)增值税优惠

自2020年10月1日起,对以珠三角9市37个港口为启运港、以南沙保税港区和前海保税港区为离境港的水运货物实行启运港退税政策,减少企业资金占压成本。

(三)个人所得税优惠

2021年1月1日~2025年12月31日,在横琴粤澳深度合作区工作的人才享受以下个人所得税优惠政策:

(1)对在合作区工作的境内外高端人才和紧缺人才,其个人所得税负超过15%的部分予以免征。

(2)对在合作区工作的澳门特别行政区居民,其个人所得税负超过澳门特别行政区税负的部分予以免征。

享受上述优惠的所得包括来源于横琴粤澳深度合作区的综合所得(工资薪金、劳务报酬、稿酬、特许权使用费)、经营所得,以及经地方政府认定的人才补贴性所得。

四、海南自贸港

(一)增值税优惠

1. 建造船舶退税

对境内建造船舶企业向运输企业销售且同时符合下列条件的船舶,实行增值税退税政策,由购进船舶的运输企业向主管税务机关申请退税。

(1)购进船舶在“中国洋浦港”登记。

(2)购进船舶从事国际运输和我国港澳台地区运输业务。

购进船舶运输企业的应退税额,为其购进船舶时支付的增值税额。

2. 港运退税

对符合条件的出口企业从启运地口岸(以下简称启运港)启运报关出口,由符合条件的运输企业承运,从水路转关直航或经停指定口岸(以下简称经停港),自离境地口岸(以下简称离境港)离境的集装箱货物,实行启运港退税政策。

对从经停港报关出口、由符合条件的运输企业途中加装的集装箱货物，符合上述规定的运输方式、离境地点要求的，以经停港作为货物的启运港，也实行启运港退税政策。

启运港为营口市营口港、大连市大连港、锦州市锦州港、秦皇岛市秦皇岛港、天津市天津港、烟台市烟台港、青岛市青岛港、日照市日照港、苏州市太仓港、连云港市连云港港、南通市南通港、泉州市泉州港、广州市南沙港、湛江市湛江港、钦州市钦州港。

离境港为海南省洋浦港区。

上述启运港均可作为经停港。承运适用启运港退税政策货物的船舶，可在经停港加装、卸载货物。

从经停港加装的货物，须为已报关出口、经由上述离境港离境的集装箱货物。

危险品不适用启运港退税政策。

（二）企业所得税优惠

对注册在海南自由贸易港并实质性运营的鼓励类产业企业，减按15%的税率征收企业所得税。鼓励类产业企业，是指以海南自由贸易港鼓励类产业目录中规定的产业项目为主营业务，且其主营业务收入占企业收入总额60%以上的企业。实质性运营，是指企业的实际管理机构设在海南自由贸易港，并对企业生产经营、人员、账务、财产等实施实质性全面管理和控制。不符合实质性运营条件的企业，不得享受优惠。

对总机构设在海南自由贸易港的符合条件的企业，仅就其设在海南自由贸易港的总机构和分支机构的所得，适用15%税率；对总机构设在海南自由贸易港以外的企业，仅就其设在海南自由贸易港内的符合条件的分支机构的所得，适用15%税率。

对在海南自由贸易港设立的旅游业、现代服务业、高新技术产业企业新增境外直接投资取得的所得，免征企业所得税。新增境外直接投资所得应当符合以下条件：

（1）从境外新设分支机构取得的营业利润；或从持股比例超过20%（含）的境外子公司分回的，与新增境外直接投资相对应的股息所得。

（2）被投资国（地区）的企业所得税法定税率不低于5%。

对在海南自由贸易港设立的企业，新购置（含自建、自行开发）固定资产或无形资产，单位价值不超过500万元（含）的，允许一次性计入当期成本费用在计算应纳税所得额时扣除，不再分年度计算折旧和摊销；新购置（含自建、自行开发）固定资产或无形资产，单位价值超过500万元的，可以缩短折旧、摊销年限或采取加速折旧、摊销的方法。固定资产，是指除房屋、建筑物以外的固定资产。

（三）个人所得税优惠

对在海南自由贸易港工作的高端人才和紧缺人才，其个人所得税实际税负超过

15%的部分予以免征。

享受上述优惠政策的所得包括来源于海南自由贸易港的综合所得(工资薪金、劳务报酬、稿酬、特许权使用费)、经营所得以及经海南省认定的人才补贴性所得。

(四)关税优惠

1. 原辅料"零关税"政策

在全岛封关运作前,对在海南自由贸易港注册登记并具有独立法人资格的企业,进口用于生产自用、以"两头在外"模式进行生产加工活动或以"两头在外"模式进行服务贸易过程中所消耗的原辅料,免征进口关税、进口环节增值税和消费税。

原辅料的范围包括椰子等农产品、煤炭等资源性产品、二甲苯等化工品及光导纤维预制棒等原辅料,以及飞机、其他航空器和船舶维修零部件等,共187项8位税目商品。

2. 交通工具及游艇"零关税"政策

全岛封关运作前,对海南自由贸易港注册登记并具有独立法人资格,从事交通运输、旅游业的企业(航空企业须以海南自由贸易港为主营运基地),进口用于交通运输、旅游业的船舶、航空器、车辆等营运用交通工具及游艇,免征进口关税、进口环节增值税和消费税。

符合享受政策条件的企业名单,由海南省交通运输、文化旅游、市场监管、海事及民航中南地区管理局等主管部门会同海南省财政厅、海口海关、国家税务总局海南省税务局参照海南自由贸易港鼓励类产业目录中交通运输、旅游业相关产业条目确定,动态调整。

3. 自用生产设备"零关税"政策

全岛封关运作前,对海南自由贸易港注册登记并具有独立法人资格的企业进口自用的生产设备,除法律法规和相关规定明确不予免税、国家规定禁止进口的商品,以及《海南自由贸易港"零关税"自用生产设备负面清单》所列设备外,免征关税、进口环节增值税和消费税。

生产设备包括:

(1)基础设施建设、加工制造、研发设计、检测维修、物流仓储、医疗服务、文体旅游等生产经营活动所需的设备,涵盖《进出口税则(2023)》第84条、第85条和第九十章中除家用电器及设备零件、部件、附件、元器件外的其他商品;

(2)旋转木马、秋千及其他游乐场娱乐设备等文体旅游业所需的生产设备。

4. 洋浦保税港区政策

在洋浦保税港区登记注册,具有独立法人资格,并经洋浦经济开发区管委会备案的鼓励类产业企业生产的，含有进口料件且加工增值超过30%的货物，出区内销的，免征进口关税，照章征收进口环节增值税、消费税。

进口料件，是指自境外入区的未办理进口纳税手续的货物。

加工增值超过30%，是指备案企业在洋浦保税港区对含有进口料件的货物进行制造、加工后的增值部分，超过进口料件和境内区外采购料件价值合计的30%（含30%）。

5. 离岛免税政策

海南离岛旅客免税购物政策，是指对乘飞机、火车、轮船离岛（不包括离境）旅客实行限值、限量、限品种免进口税购物，在实施离岛免税政策的免税商店内或经批准的网上销售窗口付款，在机场、火车站、港口码头指定区域提货离岛的税收优惠政策。离岛免税政策的免税税种为关税、进口环节增值税和消费税。离岛旅客每年每人免税购物额度为10万元人民币，不限次数。

五、其他区域性税收优惠

（1）对注册在上海市洋山特殊综合保税区内的企业，并在区内提供交通运输服务、装卸搬运服务和仓储服务取得的收入免征增值税。

（2）对注册在上海市的保险企业从事国际航运保险业务取得的收入免征增值税。

（3）对注册在深圳市的保险企业向注册在前海深港现代服务业合作区的企业提供国际航运保险业务取得的收入免征增值税。

（4）对注册在天津市的保险企业从事国际航运保险业务取得的收入免征增值税。

（5）对上海自贸试验区临港新片区的重点产业企业减按15%的税率征收企业所得税。

六、区域税收优惠申请服务

（一）税收优惠申请

1. 法律尽职调查

2014年11月，国务院发布了《关于清理规范税收等优惠政策的通知》（国发〔2014〕62号），要求清理“违反法律法规”“没有国务院批准”的税收等优惠政策。但由于税收优惠清理在执行中并不是一蹴而就的，国务院于2015年5月发布《关于税收等优惠政策相关事项的通知》（国发〔2015〕25号），表示对“各地与企业已签订合同中的优惠政策，继续有效；对已兑现的部分，不溯及既往”；并明确国务院《关于清理规范税收等优惠政策的通知》规定的专项清理工作，“待今后另行部署后再进行”。

现阶段，各地各个层级的税收优惠政策纷繁复杂，其中一些是违反上位法、未经国务院批准、超出税收优惠政策的。在这种情况下,由律师对企业拟注册地或者拟投资地的税收优惠、法律政策进行详尽的尽职调查就具有相当的重要性。

2. 沟通接洽

律师可协助企业与各地方税务机关进行沟通接洽,帮助企业充分利用地方税收优惠政策减免税负。建议律师提供的法律服务包括:

(1)协助企业了解各地方税务机关所出台的税收优惠政策;

(2)根据企业的情况,为企业制定申请优惠方案,确定企业可申请的税收优惠政策;

(3)积极与税务机关沟通,确定申请税收优惠政策所应准备的材料。

3. 法律文书撰写

建议律师为企业提供区域税收优惠申请所需文件,协助撰写相应的申请文书,具体包括:

(1)及时向企业提供税收优惠的申请资料清单,并告知相关注意事项;

(2)对企业准备的资料进行审查,确保资料的合法合规;

(3)按照地方政府相关部门的要求,协助企业撰写相应的申请文书。

4. 合作协议

在企业与地方政府之间需要合作协议时,律师可为企业拟定与税收优惠申请相关的合同等法律文本,具体包括:

(1)根据需要协助企业与地方政府签订税收优惠适用的合同,确定企业享受税收优惠的范围和年限;

(2)对所签订合同的条款进行合法性审查,以防条款内容有违背法律禁止性条款的规定。

5. 税收优惠资格落实

享受国家层面的区域性税收优惠政策以及西部各地区层面的税收优惠政策,都需要企业按照相关文件要求提供规范、严谨、全面的税收优惠申请材料。未及时到税务机关备案,将无法享受税收优惠政策,如果备查材料未合理归档,也易引发税务争议。律师可协助企业根据主管部门要求提交资质证明及相关备案材料等,落实税收优惠。

(二)资本运作及投资退出

在落实企业税收优惠政策后,律师应当协助企业享受企业所得税优惠,做好资本投入和退出与税收优惠的衔接工作,实现资本运作、投资退出税负最小化。

(三)税务优惠资格维持

部分地区税收优惠政策享受可能有一定的年限限制,在前期享受的税收优惠到期后，律师应及时协助企业根据主管部门要求提交资质证明及相关备案材料等，以实现持续享受税收优惠之目的。

第二节 重点行业税收优惠服务

一、高新技术企业税收优惠

高新技术企业，是指在《国家重点支持的高新技术领域》目录内，持续进行研究开发与技术成果转化，形成企业核心自主知识产权，并以此为基础开展经营活动，在中国境内（不包括港、澳、台地区）注册1年以上的居民企业。

高新技术企业是国家重点支持的行业，税收优惠是国家的鼓励政策之一。根据2008年1月1日起实施的《企业所得税法》《企业所得税法实施条例》的规定，国家重点支持的高新技术企业按照15%征收企业所得税，从法律上确立了对高新技术企业的鼓励。为此，2016年1月29日，科技部、财政部和国家税务总局根据《企业所得税法》《企业所得税法实施条例》的有关规定，经国务院批准，联合颁布了修订后的《高新技术企业认定管理办法》（国科发火〔2016〕32号）及其附件《国家重点支持的高新技术领域》。随后，根据《高新技术企业认定管理办法》和《国家重点支持的高新技术领域》的规定，为明确高新技术企业认定管理工作中各相关单位的职责，确定企业研究开发活动及费用归集标准，明晰各指标内涵及其测度方法，确保认定管理工作规范、高效地开展，发布了新修订的《高新技术企业认定管理工作指引》（国科发火〔2016〕195号）。

（一）高新技术企业税收优惠政策

（1）国家需要重点扶持的高新技术企业，减按15%的税率征收企业所得税，取消了原有免税期的规定。

（2）企业开发新技术、新产品、新工艺发生的研究开发费用，可以在计算应纳税所得额时加计扣除。

（3）企业为开发新技术、新产品、新工艺发生的研究开发费用，未形成无形资产计入当期损益的，在按照规定实行100%扣除的基础上，按照研究开发费用的75%加计扣除；形成无形资产的，按照无形资产成本的175%摊销。

（4）自2018年1月1日起，当年具备高新技术资格的企业，其具备资格年度之前5个年度发生的尚未弥补完的亏损，准予结转以后年度弥补，最长结转年限由5年延长至10年。

(二)高新技术企业资格认定

1. 高新技术企业认定条件

(1)企业申请认定时须注册成立 1 年以上。

(2)企业通过自主研发、受让、受赠、并购等方式,获得对其主要产品(服务)在技术上发挥核心支持作用的知识产权的所有权。

(3)对企业主要产品(服务)发挥核心支持作用的技术属于《国家重点支持的高新技术领域》规定的范围。

(4)企业从事研发和相关技术创新活动的科技人员占企业当年职工总数的比例不低于 10%。

(5)企业近 3 个会计年度(实际经营期不满 3 年的按实际经营时间计算,下同)的研究开发费用总额占同期销售收入总额的比例符合如下要求:

①最近一年销售收入小于 5000 万元(含)的企业,比例不低于 5%;

②最近一年销售收入在 5000 万元至 2 亿元(含)的企业,比例不低于 4%;

③最近一年销售收入在 2 亿元以上的企业,比例不低于 3%。

其中,企业在中国境内发生的研究开发费用总额占全部研究开发费用总额的比例不低于 60%。

(6)近一年高新技术产品(服务)收入占企业同期总收入的比例不低于 60%。

(7)企业创新能力评价应达到相应要求。

(8)企业申请认定前一年内未发生重大安全、重大质量事故或严重环境违法行为。

2. 国家重点支持的高新技术领域

(1)电子信息;

(2)生物与新医药;

(3)航空航天;

(4)新材料;

(5)高技术服务;

(6)新能源与节能;

(7)资源与环境;

(8)先进制造与自动化。

(三)高新技术企业认定的程序

1. 企业申请

企业对照《高新技术企业认定管理办法》进行自我评价。认为符合认定条件的在

“高新技术企业认定管理工作网”(innocom. gov. cn)注册登记,向认定机构提出认定申请。申请时提交下列材料:

(1)高新技术企业认定申请书;

(2)证明企业依法成立的相关注册登记证件;

(3)知识产权相关材料、科研项目立项证明、科技成果转化、研究开发的组织管理等相关材料;

(4)企业高新技术产品(服务)的关键技术和技术指标、生产批文、认证认可和相关资质证书、产品质量检验报告等相关材料;

(5)企业职工和科技人员情况说明材料;

(6)经具有资质的中介机构出具的企业近3个会计年度研究开发费用和近1个会计年度高新技术产品(服务)收入专项审计或鉴证报告,并附研究开发活动说明材料;

(7)经具有资质的中介机构鉴证的企业近3个会计年度的财务会计报告(包括会计报表、会计报表附注和财务情况说明书);

(8)近3个会计年度企业所得税年度纳税申报表。

2. 专家评审

认定机构应在符合评审要求的专家中,随机抽取组成专家组。专家组对企业申报材料进行评审,提出评审意见。

3. 审查认定

认定机构结合专家组评审意见,对申请企业进行综合审查,提出认定意见并报领导小组办公室。认定企业由领导小组办公室在“高新技术企业认定管理工作网”公示10个工作日,无异议的,予以备案,并在“高新技术企业认定管理工作网”公告,由认定机构向企业颁发统一印制的高新技术企业证书;有异议的,由认定机构进行核实处理。

(四)高新技术企业资格有效期

通过认定的高新技术企业,其资格自颁发证书之日起有效期为3年。企业获得高新技术企业资格后,自高新技术企业证书颁发之日所在年度起享受税收优惠。高新技术企业资格期满后,企业须依照《高新技术企业认定管理办法》《高新技术企业认定管理工作指引》规定重新申请。

(五)监督管理

(1)科技部、财政部、国家税务总局建立随机抽查和重点检查机制,加强对各地高新技术企业认定管理工作的监督检查。对存在问题的认定机构提出整改意见并限期改正,问题严重的给予通报批评,逾期不改的暂停其认定管理工作。

(2)对已认定的高新技术企业,有关部门在日常管理过程中发现其不符合认定条件的,应提请认定机构复核。复核后确认不符合认定条件的,由认定机构取消其高新技术企业资格,并通知税务机关追缴其不符合认定条件年度起已享受的税收优惠。

(3)高新技术企业发生更名或与认定条件有关的重大变化(如分立、合并、重组以及经营业务发生变化等)应在3个月内向认定机构报告。经认定机构审核,符合认定条件的,其高新技术企业资格不变,对于企业更名的,重新核发认定证书,编号与有效期不变;不符合认定条件的,自更名或条件变化年度起取消其高新技术企业资格。

(4)跨认定机构管理区域整体迁移的高新技术企业,在其高新技术企业资格有效期内完成迁移的,其资格继续有效;跨认定机构管理区域部分搬迁的,由迁入地认定机构按照《高新技术企业认定管理办法》重新认定。

(5)已认定的高新技术企业有下列行为之一的,由认定机构取消其高新技术企业资格:

①在申请认定过程中存在严重弄虚作假行为的;

②发生重大安全、重大质量事故或有严重环境违法行为的;

③未按期报告与认定条件有关重大变化情况,或累计2年未填报年度发展情况报表的。

对被取消高新技术企业资格的企业,由认定机构通知税务机关按《税收征收管理法》及有关规定,追缴其自发生上述行为之日所属年度起已享受的高新技术企业税收优惠。

(6)参与高新技术企业认定工作的各类机构和人员对所承担的有关工作负有诚信、合规、保密义务。违反高新技术企业认定工作相关要求和纪律的,给予相应处理。

(六)案例分析

【案情简介】

A公司是从事药物研制的企业,2018年3月注册成立。2020年,该企业的营业收入为2000万元,其中产品销售成本500万元、应缴纳增值税及附加150万元、营业费用200万元、财务费用40万元、管理费用260万元、用于开发新技术的研发费用300万元(未形成无形资产计入当期损益)、营业外支出100万元。假设各种支出都可以作为所得税列支,该企业2020年应该缴纳的企业所得税如何计算?

【法律分析】

因A公司的研发费用是用于开发新技术,根据《企业所得税法》的规定,可以申请研发费用的75%加计扣除。因此,2020年A公司需要缴纳的企业所得税可以计算为:

（2000－500－150－200－40－260－300×175%－100）×25%＝56.25 万元。

该企业属于生物与新医药企业，而且成立 1 年以上，可以申请高新技术企业，2019 年年底如果获得通过，则 2019 年度至 2021 年度可以享受高新技术企业税收优惠待遇，企业所得税税率为 15%。因此，如果 A 公司 2019 年获得高新技术企业资格认定，则当年的所得税为：（2000－500－150－200－40－260－300×175%－100）×15%＝33.75 万元。

从以上对比可以看出，企业申请高新技术企业资格认证，单纯从经济效益的角度来看，就很可观。当然，新的高新技术企业资格带给企业的不仅是经济上的效益，在企业打造社会形象、国家重点项目申请方面也有不可忽视的作用。

二、软件和集成电路产业企业税收优惠

国务院《关于印发新时期促进集成电路产业和软件产业高质量发展若干政策的通知》（国发〔2020〕8 号）规定，为进一步优化集成电路产业和软件产业发展环境，深化产业国际合作，提升产业创新能力和发展质量，符合条件的软件产业和集成电路企业可以享受企业所得税、增值税、关税等财税优惠政策。

（一）软件和集成电路产业企业所得税政策

（1）国家鼓励的集成电路线宽小于 28 纳米（含），且经营期在 15 年以上的集成电路生产企业或项目，第 1 年至第十年免征企业所得税。国家鼓励的集成电路线宽小于 65 纳米（含），且经营期在 15 年以上的集成电路生产企业或项目，第 1 年至第 5 年免征企业所得税，第 6 年至第 10 年按照 25% 的法定税率减半征收企业所得税。国家鼓励的集成电路线宽小于 130 纳米（含），且经营期在 10 年以上的集成电路生产企业或项目，第 1 年至第 2 年免征企业所得税，第 3 年至第 5 年按照 25% 的法定税率减半征收企业所得税。

对于按照集成电路生产企业享受税收优惠政策的，优惠期自获利年度起计算；对于按照集成电路生产项目享受税收优惠政策的，优惠期自项目取得第一笔生产经营收入所属纳税年度起计算，集成电路生产项目需单独进行会计核算、计算所得，并合理分摊期间费用。国家鼓励的集成电路生产企业或项目清单由国家发改委、工业和信息化部会同财政部、国家税务总局等相关部门制定。

（2）国家鼓励的线宽小于 130 纳米（含）的集成电路生产企业，属于国家鼓励的集成电路生产企业清单年度之前 5 个纳税年度发生的尚未弥补完的亏损，准予向以后年度结转，总结转年限最长不得超过 10 年。

（3）国家鼓励的集成电路设计、装备、材料、封装、测试企业和软件企业，自获利年度起，第 1 年至第 2 年免征企业所得税，第 3 年至第 5 年按照 25% 的法定税率减半征收

企业所得税。

国家鼓励的集成电路设计、装备、材料、封装、测试企业和软件企业条件,由工业和信息化部会同国家发改委、财政部、国家税务总局等相关部门制定。

(4)国家鼓励的重点集成电路设计企业和软件企业,自获利年度起,第1年至第5年免征企业所得税,接续年度减按10%的税率征收企业所得税。

国家鼓励的重点集成电路设计和软件企业清单由国家发改委、工业和信息化部会同财政部、国家税务总局等相关部门制定。

(5)集成电路企业或项目、软件企业按照《关于促进集成电路产业和软件产业高质量发展企业所得税政策的公告》的规定同时符合多项定期减免税优惠政策条件的,由企业选择其中一项政策享受相关优惠。其中,已经进入优惠期的,可由企业在剩余期限内选择其中一项政策享受相关优惠。

上述税收优惠采取清单进行管理的,由国家发改委、工业和信息化部公布可享受优惠的企业和项目清单。

(二)软件和集成电路产业企业关税优惠

1.免征进口关税的情形

①集成电路线宽小于65纳米(含,下同)的逻辑电路、存储器生产企业,以及线宽小于0.25微米的特色工艺(模拟、数模混合、高压、射频、功率、光电集成、图像传感、微机电系统、绝缘体上硅工艺)集成电路生产企业,进口国内不能生产或性能不能满足需求的自用生产性(含研发用,下同)原材料、消耗品,净化室专用建筑材料、配套系统和集成电路生产设备(包括进口设备和国产设备)零配件。

②集成电路线宽小于0.5微米的化合物集成电路生产企业和先进封装测试企业,进口国内不能生产或性能不能满足需求的自用生产性原材料、消耗品。

③集成电路产业的关键原材料、零配件(靶材、光刻胶、掩模版、封装载板、抛光垫、抛光液、8英寸及以上硅单晶、8英寸及以上硅片)生产企业,进口国内不能生产或性能不能满足需求的自用生产性原材料、消耗品。

④集成电路用光刻胶、掩模版、8英寸及以上硅片生产企业,进口国内不能生产或性能不能满足需求的净化室专用建筑材料、配套系统和生产设备(包括进口设备和国产设备)零配件。

⑤国家鼓励的重点集成电路设计企业和软件企业,以及集成电路生产企业和先进封装测试企业进口自用设备,及按照合同随设备进口的技术(含软件)及配套件、备件,但《国内投资项目不予免税的进口商品目录》《外商投资项目不予免税的进口商品目

录》《进口不予免税的重大技术装备和产品目录》所列商品除外。上述进口商品不占用投资总额,相关项目无须出具项目确认书。

2. 分期缴纳增值税的规定

承建集成电路重大项目的企业自2020年7月27日至2030年12月31日进口新设备,除《国内投资项目不予免税的进口商品目录》《外商投资项目不予免税的进口商品目录》《进口不予免税的重大技术装备和产品目录》所列商品外,对未缴纳的税款提供海关认可的税款担保,准予在首台设备进口之后的6年(连续72个月)期限内分期缴纳进口环节增值税,6年内每年(连续12个月)依次缴纳进口环节增值税总额的0%、20%、20%、20%、20%、20%,自首台设备进口之日起已经缴纳的税款不予退还。在分期纳税期间,海关对准予分期缴纳的税款不予征收滞纳金。

(三)集成电路企业或项目、软件企业清单管理

根据国务院《关于印发新时期促进集成电路产业和软件产业高质量发展若干政策的通知》及其配套政策的有关规定,部分税收优惠仅由进入集成电路企业或项目、软件企业清单的企业、项目享受。

申请列入清单的企业,原则上每年3月25日~4月16日在信息填报系统中提交申请并将必要佐证材料(电子版、纸质版)报各省、自治区、直辖市及计划单列市、新疆生产建设兵团发改委或工业和信息化主管部门。如因特殊情况不能按时完成审计,可先提交未经审计的企业会计报告,并于4月16日后10个工作日内,在信息填报系统中补充提交经审计的企业会计报告。

1. 国家鼓励的集成电路生产企业或项目

(1)在中国境内(不包括港澳台地区)依法注册并具有独立法人资格的企业;

(2)符合国家布局规划和产业政策;

(3)汇算清缴年度,具有劳动合同关系或劳务派遣、聘用关系,其中具有本科及以上学历月平均职工数占企业月平均职工总数的比例不低于30%,研究开发人员月平均数占企业月平均职工总数的比例不低于20%(从事8英寸及以下集成电路生产的不低于15%);

(4)企业拥有关键核心技术和属于本企业的知识产权,并以此为基础开展经营活动,且汇算清缴年度研究开发费用总额占企业销售(营业)收入(主营业务收入与其他业务收入之和)总额的比例不低于2%;

(5)汇算清缴年度集成电路制造销售(营业)收入占企业收入总额的比例不低于60%;

(6)具有保证相关工艺线宽产品生产的手段和能力;

(7)汇算清缴年度未发生重大安全、重大质量事故或严重环境违法行为;

(8)对于按照集成电路生产项目享受税收优惠政策的,项目主体企业应符合相应的集成电路生产企业条件,且能够对该项目单独进行会计核算、计算所得,并合理分摊期间费用。

2. 国家鼓励的重点集成电路设计企业

国家鼓励的重点集成电路设计企业,在符合国家鼓励的集成电路生产企业的相关条件的基础上,还应当符合以下条件:

(1)汇算清缴年度具有劳动合同关系或劳务派遣、聘用关系,其中具有本科及以上学历月平均职工数占企业月平均职工总数的比例不低于50%,研究开发人员月平均数占企业月平均职工总数的比例不低于40%。

(2)拥有关键核心技术,并以此为基础开展经营活动,且汇算清缴年度研究开发费用总额占企业销售(营业)收入(主营业务收入与其他业务收入之和)总额的比例不低于6%。

(3)汇算清缴年度集成电路设计(含电子设计自动化工具、知识产权和设计服务,下同)销售(营业)收入占企业收入总额的比例不低于70%,其中集成电路自主设计销售(营业)收入占企业收入总额的比例不低于60%;对于集成电路设计销售(营业)收入超过50亿元的企业,汇算清缴年度集成电路设计销售(营业)收入占企业收入总额的比例不低于60%,其中集成电路自主设计销售(营业)收入占企业收入总额的比例不低于50%。

(4)企业拥有关键核心技术和属于本企业的知识产权,企业拥有与集成电路产品设计相关的已授权发明专利、布图设计登记、计算机软件著作权合计不少于8个。

(5)至少符合下列条件中的一项:

①汇算清缴年度,集成电路设计销售(营业)收入不低于5亿元,应纳税所得额不低于3000万元;对于集成电路设计销售(营业)收入不低于50亿元的企业,可不要求应纳税所得额,但研究开发费用总额占企业销售(营业)收入(主营业务收入与其他业务收入之和)总额的比例不低于8%。

②在国家鼓励的重点集成电路设计领域内,汇算清缴年度集成电路设计销售(营业)收入不低于3000万元,应纳税所得额不低于350万元。

3. 国家鼓励的软件企业

(1)在中国境内(不包括港澳台地区)依法设立,以软件产品开发及相关信息技术服务为主营业务并具有独立法人资格的企业;该企业的设立具有合理商业目的,且不以减少、免除或推迟缴纳税款为主要目的；

（2）汇算清缴年度具有劳动合同关系或劳务派遣、聘用关系，其中具有本科及以上学历的月平均职工数占企业月平均职工总数的比例不低于40%，研究开发人员月平均数占企业月平均职工总数的比例不低于25%；

（3）拥有关键核心技术，并以此为基础开展经营活动，汇算清缴年度研究开发费用总额占企业销售（营业）收入总额的比例不低于7%，企业在中国境内发生的研究开发费用金额占研究开发费用总额的比例不低于60%；

（4）汇算清缴年度软件产品开发销售及相关信息技术服务（营业）收入占企业收入总额的比例不低于55%［嵌入式软件产品开发销售（营业）收入占企业收入总额的比例不低于45%］，其中软件产品自主开发销售及相关信息技术服务（营业）收入占企业收入总额的比例不低于45%［嵌入式软件产品开发销售（营业）收入占企业收入总额的比例不低于40%］；

（5）主营业务或主要产品具有专利或计算机软件著作权等属于本企业的知识产权；

（6）具有与软件开发相适应的生产经营场所、软硬件设施等开发环境（如合法的开发工具等），建立符合软件工程要求的质量管理体系并持续有效运行；

（7）汇算清缴年度未发生重大安全事故、重大质量事故、知识产权侵权等行为，企业合法经营。

4. 国家鼓励的重点软件企业

在国家鼓励的软件企业的基础上，还应当符合：

（1）专业开发基础软件、研发设计类工业软件的企业，汇算清缴年度软件产品开发销售及相关信息技术服务（营业）收入（其中相关信息技术服务是指实现软件产品功能直接相关的咨询设计、软件运维、数据服务，下同）不低于5000万元；汇算清缴年度研究开发费用总额占企业销售（营业）收入总额的比例不低于7%。

（2）专业开发生产控制类工业软件、新兴技术软件、信息安全软件的企业，汇算清缴年度软件产品开发销售及相关信息技术服务（营业）收入不低于1亿元；应纳税所得额不低于500万元；研究开发人员月平均数占企业月平均职工总数的比例不低于30%；汇算清缴年度研究开发费用总额占企业销售（营业）收入总额的比例不低于8%。

（3）专业开发重点领域应用软件、经营管理类工业软件、公有云服务软件、嵌入式软件的企业，汇算清缴年度软件产品开发销售及相关信息技术服务（营业）收入不低于5亿元，应纳税所得额不低于2500万元；研究开发人员月平均数占企业月平均职工总数的比例不低于30%；汇算清缴年度研究开发费用总额占企业销售（营业）收入总额的比例不低于7%。

(四)软件产品的增值税政策及适用条件

软件产品,是指信息处理程序及相关文档和数据。软件产品包括计算机软件产品、信息系统和嵌入式软件产品。嵌入式软件产品是指嵌入在计算机硬件、机器设备中并随其一并销售,构成计算机硬件、机器设备组成部分的软件产品。相关增值税政策及适用条件如下:

(1)增值税一般纳税人销售其自行开发生产的软件产品,按13%税率征收增值税后,对其增值税实际税负超过3%的部分实行即征即退政策。

(2)增值税一般纳税人将进口软件产品进行本地化改造后对外销售,其销售的软件产品可享受上述规定的增值税即征即退政策。

本地化改造,是指对进口软件产品进行重新设计、改进、转换等,单纯对进口软件产品进行汉字化处理不包括在内。

(3)纳税人受托开发软件产品,著作权属于受托方的征收增值税,著作权属于委托方或属于双方共同拥有的,不征收增值税;对经过国家版权局注册登记,纳税人在销售时一并转让著作权、所有权的,不征收增值税。

满足下列条件的软件产品,经主管税务机关审核批准,可以享受上述增值税政策:

(1)取得省级软件产业主管部门认可的软件检测机构出具的检测证明材料;

(2)取得软件产业主管部门颁发的软件产品登记证书或著作权行政管理部门颁发的计算机软件著作权登记证书。

(五)案例分析

【案情简介】

A公司是一家从事开发企业OA管理软件的科技企业,成立于2019年,因经营状况良好,自2020年起开始盈利。该公司企业可以享受怎样的所得税税收优惠?

【法律分析】

根据规定,国家鼓励的软件企业自获利年度起,第1年至第2年免征企业所得税,第3年至第5年按照25%的法定税率减半征收企业所得税,即“两免三减半”。因此,A公司自2020年开始盈利的年度起,连续2年可以享受免征企业所得税的税收优惠。2年免税期后,可以享受连续3年减半征收企业所得税的优惠。

三、研发费用加计扣除

(一)研发费用加计扣除政策沿革

加计扣除,是指按照税法规定,在实际发生数额的基础上,再加成一定比例,作为计算应纳税所得额时的扣除数额的一种税收优惠措施。根据《企业所得税法》的规定，企业用于开发新技术、新产品、新工艺发生的研究开发费用可以在计算应纳税所得额时加计扣除。

财政部、国家税务总局、科技部《关于完善研究开发费用税前加计扣除政策的通知》(财税〔2015〕119号)进一步明确，企业开展研发活动中实际发生的研发费用，未形成无形资产计入当期损益的，在按规定据实扣除的基础上，按照本年度实际发生额的50%，从本年度应纳税所得额中扣除；形成无形资产的，按照无形资产成本的150%在税前摊销。

财政部、国家税务总局、科学技术部在《关于提高研究开发费用税前加计扣除比例的通知》(财税〔2018〕99号)中指出："企业开展研发活动中实际发生的研发费用，未形成无形资产计入当期损益的，在按规定据实扣除的基础上，在2018年1月1日至2020年12月31日，再按照实际发生额的75%在税前加计扣除；形成无形资产的，在上述期间按照无形资产成本的175%在税前摊销。"2021年3月15日，财政部、国家税务总局发布《关于延长部分税收优惠政策执行期限的公告》(财税2021年第6号)，将优惠政策执行期限延长至2023年12月31日。在2023年3月26日，财政部、国家税务总局又发布了《关于进一步完善研发费用税前加计扣除政策的公告》，进一步将企业研究开发费用税前加计扣除比例上调。企业开展研发活动中实际发生的研发费用，未形成无形资产计入当期损益的，在按规定据实扣除的基础上，自2023年1月1日起，再按照实际发生额的100%在税前加计扣除；形成无形资产的，自2023年1月1日起，按照无形资产成本的200%在税前摊销。

(二)研发费用加计扣除政策

1. 人员人工费用

人员人工费用，是指直接从事研发活动人员的工资薪金、基本养老保险费、基本医疗保险费、失业保险费、工伤保险费、生育保险费和住房公积金，以及外聘研发人员的劳务费用。其中，工资薪金包括按规定可以在税前扣除的对研发人员股权激励的支出。

直接从事研发活动的人员、外聘研发人员同时从事非研发活动的，企业应对其人员活动情况做必要记录，并将其实际发生的相关费用按实际工时占比等合理方法在研发费用和生产经营费用间分配，未分配的不得加计扣除。

2. 直接投入费用

直接投入费用包括以下三部分：

(1)研发活动直接消耗的材料、燃料和动力费用。

(2)用于中间试验和产品试制的模具、工艺装备开发及制造费,不构成固定资产的样品、样机及一般测试手段购置费,试制产品的检验费。

(3)用于研发活动的仪器、设备的运行维护、调整、检验、维修等费用,以及通过经营租赁方式租入的用于研发活动的仪器、设备租赁费。

企业研发活动直接形成产品或作为组成部分形成产品对外销售的,研发费用中对应的材料费用不得加计扣除。产品销售与对应的材料费用发生在不同纳税年度且材料费用已计入研发费用的,可在销售当年以对应的材料费用发生额直接冲减当年的研发费用,不足冲减的,结转以后年度继续冲减。

3. 折旧费用

折旧费用,是指用于研发活动的仪器、设备的折旧费。

用于研发活动的仪器、设备,同时用于非研发活动的,企业应对其仪器设备使用情况做必要记录,并将其实际发生的折旧费按实际工时占比等合理方法在研发费用和生产经营费用间分配,未分配的不得加计扣除。

4. 无形资产摊销

无形资产摊销,是指用于研发活动的软件、专利权、非专利技术(包括许可证、专有技术、设计和计算方法等)的摊销费用。

用于研发活动的无形资产,同时用于非研发活动的,企业应对其无形资产使用情况做必要记录,并将其实际发生的摊销费按实际工时占比等合理方法在研发费用和生产经营费用间分配,未分配的不得加计扣除。

5. 新产品设计费、新工艺规程制定费、新药研制的临床试验费、勘探开发技术的现场试验费,是指企业在新产品设计、新工艺规程制定、新药研制的临床试验、勘探开发技术的现场试验过程中发生的与开展该项活动有关的各类费用。

6. 其他相关费用

其他相关费用,是指与研发活动直接相关的其他费用,如技术图书资料费,资料翻译费,专家咨询费,高新科技研发保险费,研发成果检索、分析、评议、论证、鉴定、评审、评估、验收的费用,知识产权的申请费、注册费、代理费,差旅费,会议费,职工福利费,补充养老保险费,补充医疗保险费。此项费用总额不得超过可加计扣除研发费用总额的10%。

7. 财政部和国家税务总局规定的其他费用

(三)不适用税前加计扣除政策的行业、研发活动

1. 不适用税前加计扣除政策的行业

(1)烟草制造业;

(2)住宿和餐饮业；

(3)批发和零售业；

(4)房地产业；

(5)租赁和商务服务业；

(6)娱乐业；

(7)财政部和国家税务总局规定的其他行业。

上述行业以《国民经济行业分类与代码》(GB/T 4754—2017)为准，并随之更新，请注意核查最新规定。

2. 不适用税前加计扣除政策的活动

(1)企业产品(服务)的常规性升级；

(2)对某项科研成果的直接应用，如直接采用公开的新工艺、材料、装置、产品、服务或知识等；

(3)企业在商品化后为顾客提供的技术支持活动；

(4)对现存产品、服务、技术、材料或工艺流程进行的重复或简单改变；

(5)市场调查研究、效率调查或管理研究；

(6)作为工业(服务)流程环节的或常规的质量控制、测试分析、维修维护；

(7)社会科学、艺术或人文学方面的研究。

(四)特别事项的处理

1. 委托研发

企业委托外部机构或个人进行研发活动所发生的费用，按照费用实际发生额的80%计入委托方研发费用并计算加计扣除，受托方不得再进行加计扣除。

委托境外进行研发活动所发生的费用，按照费用实际发生额的80%计入委托方的委托境外研发费用。委托境外研发费用不超过境内符合条件的研发费用2/3的部分，可以按规定在企业所得税前加计扣除。委托境外进行研发活动应签订技术开发合同，并由委托方到科技行政主管部门进行登记。

委托外部研究开发费用的实际发生额应按照独立交易原则确定委托方与受托方存在关联关系的，受托方应向委托方提供研发项目费用支出明细情况。

2. 合作研发

企业共同合作开发的项目，由合作各方就自身实际承担的研发费用分别计算加计扣除。

3. 集中研发

企业集团根据生产经营和科技开发的实际情况，对于技术要求高、投资数额大、需要集中研发的项目其实际发生的研发费用,可以按照权利和义务相一致、费用支出和收益分享相配比的原则,合理确定研发费用的分摊方法,在受益成员企业间进行分摊,由相关成员企业分别计算加计扣除。

4. 创意设计活动

企业为获得创新性、创意性、突破性的产品进行创意设计活动而发生的相关费用,可按照相关通知规定进行税前加计扣除。

创意设计活动,是指多媒体软件、动漫游戏软件开发,数字动漫、游戏设计制作;房屋建筑工程设计(绿色建筑评价标准为三星)、风景园林工程专项设计;工业设计、多媒体设计、动漫及衍生产品设计、模型设计等。

5. 研发形成的特殊收入对研发费用的冲减

企业取得研发过程中形成的下脚料、残次品、中间试制品等特殊收入,在计算确认收入当年的加计扣除研发费用时,应从已归集研发费用中扣减,不足扣减的,加计扣除研发费用按零计算。

6. 研发失败的加计扣除政策

失败的研发活动所发生的研发费用可享受税前加计扣除政策。

(五)研发费用的会计核算与管理

1. 企业应对研发费用专项归集并设置研发费用辅助账

企业应按照国家财务会计制度要求,对研发支出进行会计处理;同时,对享受加计扣除的研发费用按研发项目设置辅助账,准确归集核算当年可加计扣除的各项研发费用实际发生额。企业在一个纳税年度内进行多项研发活动的,应按照不同研发项目分别归集可加计扣除的研发费用。

2. 应区分研发费用和生成经营费用

企业应对研发费用和生产经营费用分别核算,准确、合理归集各项费用支出,对划分不清的,不得实行加计扣除。

3. 研发活动形成无形资产的会计处理

企业开展研发活动中实际发生的研发费用形成无形资产的,其资本化的时点与会计处理保持一致。

(六)研发费用加计扣除留存备查资料

企业研发费用加计扣除政策,采取"自行判别、申报享受、相关资料留存备查"的办理方式。具体而言,企业可在企业所得税汇算清缴时通过填报企业所得税纳税申报表享受研发费用加计扣除税收优惠,同时需按照加计扣除各项政策文件的规定留存备查资料。留存备查的资料包括：

（1）自主、委托、合作研究开发项目计划书和企业有权部门关于自主、委托、合作研究开发项目立项的决议文件；

（2）自主、委托、合作研究开发专门机构或项目组的编制情况和研发人员名单；

（3）经科技行政主管部门登记的委托、合作研究开发项目的合同；

（4）从事研发活动的人员（包括外聘人员）和用于研发活动的仪器、设备、无形资产的费用分配说明（包括工作使用情况记录及费用分配计算证据材料）；

（5）集中研发项目研发费决算表、集中研发项目费用分摊明细情况表和实际分享收益比例等资料；

（6）“研发支出”辅助账及汇总表；

（7）企业如果已取得地市级（含）以上科技行政主管部门出具的鉴定意见，应作为资料留存备查。

（七）案例分析

【案情简介】

A公司是于2018年在L市成立的外商独资企业。A公司的经营范围如下：根据客户具体需求研制、开发、生产、销售软件产品，为国外客户提供与A公司开发的复杂企业应用软件和其他类型软件相关的技术、支持、培训等服务。

根据其经营范围，A公司需要缴纳的税种主要为增值税、所得税。A公司想通过申请税收优惠的方式减轻税务负担，为企业的发展提供更多的资金支持。

【法律分析】

（1）申请认定国家鼓励的软件企业

虽然A公司的大部分业务都属于技术服务业务，但也有软件产品研制、开发、生产以及销售业务。A公司通过规划达到了软件企业的条件：

第一步，通过向软件协会申请，获得了5项软件产品的评测并进行了登记备案。

第二步，增加软件销售的比例。

第三步，虽然A公司的软件都由自身开发，开发费用比例符合比例要求，但一直没有单独核算统计，为了规范制度，A公司设立了研发费用的辅助账进行日常统计。

由于各方面都符合条件，A公司可享受软件企业和软件产品相关的税收优惠政策。自获利年度起，享受所得税“两免三减半”的优惠，以及软件产品增值税优惠。A公司的税务负担大大降低。

(2)申请认定高新技术企业

此前,A 公司在知识产权、项目成果方面与研发管理方面没有达到要求,针对具体情况,A 公司通过规划逐步达到条件:

第一步,进行规划前,A 公司在提供技术开发与技术服务的过程中获取的新软件技术都归属于委托方,A 公司没有申请软件著作权;且在提供技术开发与技术服务的过程中,A 公司技术人员只按照服务合同要求提供开发服务,并没有严格的制度对研究开发进行管理。进行规划后,A 公司制定了一系列的管理制度,开发项目从立项、中期报告、最终鉴定都有整套流程。为了保持技术领先水平,A 公司与高校也建立了长期合作。

第二步,进行规划前,为了满足“软件企业”研发费用要求,A 公司设立了辅助账,但费用归集口径与高新技术企业的要求有所出入。进行规划后,A 公司重新确立核算制度,与高新技术企业要求保持一致。

第三步,为了证明自身的研发成果转化能力,A 公司要求每个软件产品必须经过登记及检测,符合申请著作权条件的必须申报。

2019 年年底,A 公司通过了高新技术企业认定。

(3)研发费用加计扣除

由于 A 公司的多数业务都为开发项目,费用较高,可以利用加计扣除进一步享受税收优惠。

第一步,由于 A 公司按照高新技术企业要求对研发费用建立专账归集,所以还需要按照加计扣除的口径对部分金额进行调整。

第二步,按照费用归集表,A 公司准备了相应的凭证与说明,证明费用属性。

第三步,开发项目完成后,A 公司提交了第三方机构出具查新报告,证明项目属于新技术应用与开发。

第四步,A 公司将研发项目的科研项目资料与费用归集的财务资料均进行了整理,并予以完善,留存税务机关备查。

经过前期的规划,最终 A 公司可以享受的税收优惠包括:(1)技术先进型服务企业与高新技术企业的所得税优惠;(2)研发费用加计扣除所得税优惠;(3)软件产品增值税优惠。

四、重点行业税收优惠申请服务

税收是国家用以调节经济的具体手段,通过行业税收优惠政策,国家可以扶持某些特殊产业、企业和产品的发展,促进产业结构的调整和社会经济的协调发展。行业税收优惠申请服务，是指律师根据相关税收优惠申请的要求，协助企业筛选行业税收优惠项目、准备申请文书、申请材料及税收优惠资质备案、资质维持等一系列法律服务。

(一)行业税收优惠项目

律师可以协助企业申请行业税收优惠。常见的税收优惠项目包括：

(1)高新技术企业认定、复审及资质维持；

(2)技术先进型服务企业认定；

(3)软件企业及软件产品认定；

(4)动漫企业及动漫产品认定；

(5)科技企业研发费用加计扣除；

(6)技术转让所得减免；

(7)“四技”收入增值税减免；

(8)离岸服务外包增值税减免；

(9)各种财政补贴、政府基金申请。

(二)企业资质审查及申请

律师协助企业申请税收优惠，应当先审查企业资质，确定其可申请的优惠项目。

律师可协助企业准备资质认定所需材料，具体包括：

(1)向企业提供税收优惠的申请资料清单，协助企业按期准备申请资料；

(2)对企业提供的资料进行合法合规性审查，确保企业提供的资料符合申请条件。

律师可协助企业提交资质认定资料，具体包括：

(1)律师应在相关部门规定的期限内，提交企业的申请资料；

(2)律师应及时与相关部门进行沟通，确保所提交资料的完整无误。

(三)税务备案及资质维持

律师可协助已享受税收优惠资质认定的企业向税务部门进行备案，具体包括：

(1)追踪企业相应资质的申请情况，并及时通知企业；

(2)协助企业准备完整无误的备案文件，及时向税务部门备案，确保企业及时享受税收优惠政策。

律师可对已获得资质的企业提供资质维持服务，具体包括：

(1)向企业提供资质维持注意事项书，设定企业资质维持的指标；

(2)对所服务企业定期进行审查，确保企业资质合规；

(3)根据税务部门或相关政府部门的最新政策，及时调整企业资质维持指标。

第三节　税收优惠风险控制服务

一、税收优惠申请的规范性审查

目前,我国出台了大量的税收优惠政策,律师可帮助企业适用税收优惠政策,审慎检查政策的合法性、合规性,对于位阶较低的税收优惠政策,审查其上位法依据及相应的报批、备案材料。

二、税收优惠适用的风险审查

建议律师为企业提供税收优惠申请及获得的事前、事中、事后法律风险防控服务,具体包括:

(1)评估企业申请获取税收优惠政策潜在的风险;

(2)审查企业申请资料的合法、合规性,防止因企业提供虚假文件用于税收优惠申请而承担法律风险;

(3)企业获取相应税收优惠后,律师可根据双方合意,为企业提供持续的月度、季度、年度咨询检查服务,防止企业因资质的缺失丧失税收优惠享有资格。

三、税收优惠适用的风险控制

(一)备案制下的税收风险管理

备案制税收优惠管理方式的重要特点是减少前置审批,而加强事中、事后的监管。企业享受备案类减免税的,律师宜协助企业准备相关材料,企业对符合政策规定条件的材料应当留存备查。

(二)审批制下的税收风险管理

企业申请核准类减免税的,应当在规定期限内向税务机关提出书面申请,并按要求报送材料,企业对报送材料的真实性和合法性承担责任。律师宜协助企业准备相关材料,规避材料不实引起的补税及处罚责任。

(三)取得优惠资质后的风险跟踪管理

律师宜关注税收优惠的实体条件在事后是否发生变化,对于某些税收优惠政策,在取得审批文件后仍要注意按规定提交备案材料。对于有规定用途的减免税税款,建议律师提醒企业检查是否按照规定使用。

(四)不同税种税收优惠的期限和程序不同

不同税种的税基构成不同、税率类型不同、税额计算方法不同、纳税申报期不同,相应的减免税备案管理制度也不同，律师宜协助企业正确掌握税收优惠的适用期及申请材料准备与提交的时点。

四、税收优惠合同纠纷的处理

建议律师协助企业防范地方政府的违约行为，解决企业与地方政府之间的合同纠纷，具体包括：

（1）地方政府为招商引资需要，承诺财政返还、税收优惠项目吸引企业设立，后撤销合同的，律师可代表企业向地方政府要求赔偿；

（2）政府违约撤销企业税收优惠的情形下，律师可依法为企业争取权益，或提起行政诉讼；

（3）律师可代表企业与政府谈判，为企业降低因政府违约造成的损失。

五、税收优惠政策的清理风险

（一）税收优惠政策的整理

律师宜协助企业整理所享有的区域性、行业性税收优惠政策，关注税收优惠政策的更新与变化，以防因税收优惠政策失效而给企业造成的损失。

（二）税收优惠政策的合法性审查

建议律师对企业享有的税收优惠政策进行合法性审查，具体包括：

（1）帮助企业审阅合同的终止条款及争议解决机制，特别是相关优惠政策的适用规则，采用修改合同、协议，或达成补充协议等方式，尽可能争取相应的补救或替代措施。

（2）协助企业审查并明确企业与政府签署的备忘录、会谈与会议纪要的性质。

（3）协助企业审查企业所获取的批复是否属于越权批复，即审查给出批复的部门是否具有相应的权力。

第三章 税收策划服务

第一节 企业设立阶段税收策划

企业设立阶段的税收策划对于企业后期成长空间、发展方向、盈利能力等将产生深远的影响，此阶段的税收策划主要立足企业自身特点、结合投资者的投资目的和需求，围绕投资方向、设立地点、组织形式、出资方式等确定税收策划方案。

一、出具企业设立阶段税收策划方案

向投资者出具的企业设立阶段税收策划方案，应当明确投资者投资所面向的行业、领域或项目，以及相应的税收优惠政策；参考、利用境内外的税负差异以及境内不同地区的区域性税收优惠政策，选择合适的企业设立地点；从投资者的投资目的和需求出发，明确设立企业所应采取的组织形式系公司制企业、合伙企业或者个人独资企业中的何种组织形式；充分考虑投资者对所设立企业生产经营的参与程度和不同出资方式下的税负水平等，确定出资方式。

（一）投资方向

为优化产业结构，各种行业性的税收优惠政策应运而生。投资者在选择投资行业和项目时，应充分考虑相关行业所享有的税收优惠。税务律师可以利用行业性的税收优惠政策进行税收策划，不仅有利于降低企业的税负，也可以实现国家和企业的双赢。

（二）组织形式

1. 公司制企业

公司制企业，是指依据《公司法》的规定，在中国境内设立的有限责任公司和股份有限公司。其营业利润缴纳企业所得税后，分配股息或红利时，按照《企业所得税法》第26条第2项的规定，符合条件的居民企业之间的股息、红利等权益性投资收益，免征企业所得税，否则还需缴纳企业所得税。

2. 合伙企业

合伙企业，是指两个或两个以上自然人、法人和其他组织订立合伙协议，共同出资

经营、共负盈亏、共担风险，并对合伙企业债务承担无限连带责任的企业组织形式。我国合伙企业就其生产经营所得和其他所得遵循“先分后税”的税收征管原则，相应所得无论是否实际分配，均应按分配比例分给各合伙人，然后按合伙人的类型征收企业所得税或个人所得税。合伙人是企业的，应当将其来源于合伙企业的所得并入当年应纳税所得额征税，合伙人是个人的，应当将其来源于合伙企业的所得作为经营所得，适用5% ~35%的五级超额累进税率征收个人所得税。

3. 个人独资企业

个人独资企业，是指在中国境内设立的，由一个自然人投资，财产为投资人个人所有，投资人以其个人财产对企业债务承担无限责任的经营实体。个人独资企业应当依法履行纳税义务。从2000年1月1日起，对个人独资企业停止征收企业所得税，个人独资企业投资者的投资所得，应当作为经营所得，适用5% ~35%的五级超额累进税率征收个人所得税。

税务律师在进行企业设立税收策划时，应在符合投资者投资目的和充分考虑投资者投资需求的基础上，将企业组织形式作为重要的策划因素。

(三)设立地点

设立地点的选择同样会对企业的税负水平产生影响。在中国境内投资设立企业的，可以充分利用境内不同地区的区域性税收优惠政策，在其他设立条件相同的情况下，尽可能地选择优惠政策地区作为设立地点，以减轻企业税负。

在中国境外投资设立企业的，应充分权衡不同国家的税负差别，综合考虑备选投资东道国的整体税负，重点关注投资东道国与来源国之间有无双边税收协定，以及税收协定中涉及税收抵免的相关规定，以避免双重征税。

(四)出资方式

投资者采用的出资方式，也将影响所设立企业的税负水平。投资者按照投资对象不同及其对被投资者的生产经营是否实际参与控制和管理，可分别采取不同的出资方式。一种是将出资全部以“注册资本”的形式列示，企业生产经营所产生的营业利润应当先缴纳企业所得税，向股东分配股息、红利时还应当缴纳个人所得税；另一种是将出资部分以“注册资本”的形式列示，另一部分作为“借款”出借给公司，既满足了项目开发资金融通的需求，通过在企业所得税税前扣除“借款利息”，降低企业经营产生的利润，也能够降低企业所得税税负。但是这种方式下的“资债比”必须符合税法规定，避免受到资本弱化调整。

不同的出资方式涉及的税负都存在差异，税务律师可利用这些差异降低企业税负。

二、实施企业设立策划方案

投资者确定企业设立策划方案后,税务律师应从以下方面协助投资者实施方案,以降低投资者税负,控制其税务风险。

1. 办理相关税务登记手续

企业自领取营业执照之日起 30 日内,持有关证件,向生产、经营所在地税务机关申报办理税务登记。企业未办理营业执照但经有关部门批准设立的,应当自有关部门批准设立之日起 30 日内申报办理税务登记。

纳税人在申报办理税务登记时,应当根据不同情况向税务机关如实提供以下证件和资料:(1)营业执照或其他核准执业证件;(2)有关合同、章程、协议书;(3)组织机构统一代码证书;(4)法定代表人或负责人或业主的居民身份证、护照或者其他合法证件。

其他需要提供的有关证件、资料,由省、自治区、直辖市税务机关确定。

纳税人在申报办理税务登记时,应当如实填写税务登记表。

税务登记表的主要内容包括:(1)单位名称、法定代表人或者业主姓名及其居民身份证、护照或者其他合法证件的号码;(2)住所、经营地点;(3)登记类型;(4)核算方式;(5)生产经营方式;(6)生产经营范围;(7)注册资金(资本)、投资总额;(8)生产经营期限;(9)财务负责人、联系电话;(10)国家税务总局确定的其他有关事项。

2. 起草享受相关税收优惠政策的涉税法律文书

例如,登记为增值税一般纳税人的新设立企业,从事国家非限制和禁止行业,且同时符合申报期上月末从业人数不超过 300 人、资产总额不超过 5000 万元两项条件的,按规定办理首次汇算清缴申报前,可按照小型微利企业申报享受"六税两费"减免优惠。新设立企业按规定办理首次汇算清缴后,按规定申报当月及之前的"六税两费"的,依据首次汇算清缴结果确定是否可申报享受减免优惠。确定可申报享受减免税优惠的,税务律师可协助投资者起草减免税优惠申请,以及填列各项申报表。

第二节　资产投资税收策划

在社会主义市场经济条件下,税收在投资者各项决策中的重要性越发凸显。投资者如何选择被投资主体、运用何种投资方式,都会影响企业税收成本。税务律师为投资者提供资产投资税务策划专项服务，仍应当在充分了解投资者的投资目的和投资需求的基础上展开税务尽职调查，并在综合权衡各种因素后，为投资者提供最优方案。

一、税务尽职调查

税务尽职调查又称税务谨慎性调查，是指投资人在与目标企业达成初步合作意向后，经协商一致，投资人对目标企业一切与本次投资有关的税务事项进行现场调查、资料分析的一系列活动。税务尽职调查一般由涉税中介机构在投资人的配合下，对目标企业所在行业、历史沿革、人力资源、营销与销售、研究与开发、生产与服务、采购、法律与监管、税务与会计、管理信息系统等与税务有关的全部信息做全面深入的审核。

（一）税务尽职调查的目的

税务风险通常都会给投资者带来经济损失和不利的法律责任，税收法律责任是企业承担的最严肃的社会责任，事关企业商誉和存亡。税务尽职调查能了解企业纳税记录、内部控制和管理、税务风险的真实情况，是交易谈判、投资决策及并购完成后的税务整合、策划方案设计的基础，能充分揭示税务风险或危机。税务尽职调查也是判断投资是否符合战略目标及投资原则的重要依据之一。

税务尽职调查的目的是判明潜在的致命税务缺陷和它们对收购及预期投资收益可能的影响。致命的税务缺陷，是指目标企业所面临的、如果不解决或不恰当地修正就会对企业造成相当程度损害的、突出的税务风险。企业致命的税务缺陷包括企业内部的致命缺陷和外部的致命缺陷。

1. 企业内部的致命缺陷

（1）核心人员的流失或即将流失。

（2）主要客户最近流失或即将流失。

（3）即将来临的财务与税务危机，具体包括：①拖欠的大量税款；②偷税、漏税事实；③高昂的环境治理成本；④设备落后，昂贵的更新成本；⑤质量责任估计不足；⑥潜在的或者正在进行的税务行政诉讼、行政复议等。

2. 企业外部的致命缺陷

（1）市场上未来需求的变化。

（2）生产方式的技术变化。

（3）消费者及客户购买习惯的变化。

（4）政府管制。

（5）税收政策变化。

（6）竞争可能加剧等。

(二)税务尽职调查的内容

税务尽职调查主要是就企业的纳税主体概况、财务组织、薪酬、税费及税收政策、企业历年的财务报表和企业涉及的税种缴纳等情况进行调查。

1. 纳税主体概况

纳税主体概况主要包括:纳税主体全称,成立时间,注册资本,股东,投入资本的形式、性质,主营业务,营业执照,生产经营许可证,组织架构图,生产工艺资料,采购与销售资料,账簿,会计凭证,目标企业历史沿革,目标企业本部以及具有控制权的关联公司,目标企业的组织、分工及管理制度和内部控制制度等。

2. 目标企业财务组织结构

目标企业的财务组织结构主要包括:财务组织结构、财务管理模式(子公司财务负责人的任免、奖惩、子公司财务报告体制)、财务人员结构(年龄、职称、学历)、会计电算化程度和企业管理系统的应用情况等。

3. 目标企业薪酬制度

薪酬政策主要包括:薪资的计算方法、变动工资的计算依据和方法、员工个人所得税代扣代缴情况、缴纳“四金”的情况和福利制度等。

4. 目标企业所在地的税收政策

目标企业所在地的税收政策主要包括:目标企业现行税收政策、近3年税收政策的重大变化、与委托人的差异及可能造成的影响、现行会计报表的合并原则及范围、接受外部审计的政策和近3年纳税情况等。

5. 目标企业所在地税费政策

税费政策主要包括:目标企业所在地税费种类、税费率、计算基数、收缴部门和税收优惠政策,税收减免或者负担和关联交易的税收政策,集团公司中管理费和资金占用费的税收政策,税收汇算清缴情况和并购后税费政策的预计变化情况等。

6. 目标企业历年的财务报表

目标企业历年的财务报表主要包括:历年资产负债表、损益表和现金流量表;根据财务报表的数据(收入、支出和利润等),结合涉及的税种计算税额。

7. 目标企业涉及税种的缴纳情况

目标企业涉及税种及缴纳情况主要包括:根据目标企业性质和组织形式等查清该企业涉及的所有税种(企业所得税、增值税、城建税及教育附加税费等),结合企业的财务报表计算各个税种应纳税额和审查企业的实际缴纳情况等。

（三）税务尽职调查实务流程

1. 前期的沟通与协调工作

税务律师接受税务尽职调查事项委托后，首先应当与委托人沟通，了解项目背景、目的、总体计划、对税务尽职调查的期望（如调查人员认为在现有条件下期望难以达成，应在项目开始前沟通一致）；初步了解情况后，应与税务负责人就调查计划或思路进行沟通；事先准备被调查企业所需提供的资料清单，并与项目组其他成员（如会计师、业务调查人员）沟通，避免重复索取资料。

2. 到达目标企业后进行初步调查安排

税务律师到达目标企业后，应先与企业负责人员初步就尽职调查事宜进行沟通，明确谁能够帮助解答税务问题，谁能确实提供各种资料；将被调查企业所需提供的资料清单交予目标企业，并就资料是否能够完全提供以及提供时间沟通一致；同时，可以要求分批提供资料，以缩短等待时间；尽量获取企业的电子资料，以及企业内部分析报表等；如所提供资料不能满足需求，应通过委托人与目标企业沟通。

3. 获取基本税务书面资料后进行访谈调查

税务律师取得基本税务书面资料后，应该审核目标企业的对外股权投资，明确企业具有控制力的子公司，确定调查范围，细化调查计划，与委托人沟通；并通过委托人就子公司调查计划与目标企业沟通一致；同时，初步搭建报告结构，明确每部分要说明的问题及需要的资料；然后采用各种分析方法找出问题，选取主要问题列入访谈计划；最后制订访谈计划，应先将问题、人员名单、时间安排与项目组相关人员沟通，排定统一的访谈计划，以便于企业安排及避免重复访谈。

4. 访谈调查后进一步核实调查

税务律师与目标企业各被访谈人员交流时，要保持一种谦虚的态度，尽最大努力获得信息，而不要对企业的现状当场提出批评；可以鼓励被访谈人员对企业的现有运作提出个人的见解，对未来的改进建议；针对某个问题，可以分别向财务人员和业务人员进行了解，一方面，可以验证问题；另一方面，可以了解不同视角的观点。

5. 现场调查结束之前就未尽事宜进行处理

税务律师最终应将调查中发现的主要问题以及企业的解释与项目组全体人员沟通；整理资料，列出尚未提供的资料清单交予目标企业，由其日后提供；与企业访谈人员保持良好关系，保留关键人员的联络方式，可帮助解决未尽事宜。

6. 调查结束后撰写尽职调查报告

现场调查结束后，税务律师根据获得的目标企业税务资料，结合访谈内容，撰写税务尽职调查报告,并提交给委托人进行参考。

二、选择资产投资的形式

按照投资者资产投资的形式,资产投资可分为货币性资产投资和非货币性资产投资。

其中,货币性资产,是指持有的货币资金和将以固定或可确定的金额收取的资产,包括现金、银行存款、应收账款和应收票据以及准备持有至到期的债券投资等。无论是公司还是个人进行货币性资产投资,投资方和被投资方均不涉税。在税务处理上,作为公司的投资方应当以实际出资额作为长期股权投资计税成本,作为被投资方则应当以实际收到投资额计入实收资本,在一些特殊情况下可能计入资本公积。

非货币性资产,是指货币性资产以外的资产,包括存货、固定资产、无形资产、股权投资、不准备持有至到期的债券投资以及准备随时变现的股票投资等。投资者进行非货币性资产投资应当依法缴纳税款,不过,视投资对象、税种等的不同纳税义务存在差异,这也是律师提出税收策划方案的空间所在。

三、公司进行非货币性资产投资的纳税义务

(一)增值税

1. 一般规定

企业将自产、委托加工或者购进的货物作为投资,提供给其他单位或者个体工商户,视同销售货物。除用于公益事业或者以社会公众为对象的以外,企业向其他单位或者个人无偿提供服务、无偿转让无形资产或者不动产,也视同销售服务、无形资产或者不动产。因此,一般情况下,企业进行非货币性资产投资,需要根据投资标的适用的税率缴纳增值税。

2. 特别规定

(1)专利技术、非专利技术投资入股免税。投资方提供技术转让、技术开发和与之相关的技术咨询、技术服务,免征增值税。投资方申请免征增值税时,须持技术转让、开发的书面合同,到纳税人所在地省级科技主管部门进行认定,并持有关的书面合同和科技主管部门审核意见证明文件报主管税务机关备查。

(2)纳税人在资产重组过程中,通过合并、分立、出售、置换等方式,将全部或者部分实物资产以及与其相关联的债权、负债和劳动力一并转让给其他单位和个人,不属于增值税的征税范围,其中涉及的货物转让,不征收增值税。

(二)企业所得税

1. 一般规定

企业以非货币性资产对外投资确认的非货币性资产转让所得,可在不超过 5 年期

限内，分期均匀计入相应年度的应纳税所得额，按规定计算缴纳企业所得税。

企业以非货币性资产对外投资，应对非货币性资产进行评估并按评估后的公允价值扣除计税基础后的余额，计算确认非货币性资产转让所得。并于投资协议生效并办理股权登记手续时，确认非货币性资产转让收入的实现。

对于投资方而言，企业以非货币性资产对外投资而取得被投资企业的股权，应以非货币性资产的原计税成本为计税基础，加上每年确认的非货币性资产转让所得，逐年进行调整。对于被投资方而言，企业取得非货币性资产的计税基础，应按非货币性资产的公允价值确定。

应当注意的是，上述一般规定仅适用于居民企业以非货币性资产出资设立新的居民企业，或将非货币性资产注入现存的居民企业。

2. 特殊规定

企业以技术成果投资入股境内居民企业，被投资企业支付的对价全部为股票（权）的，企业可选择继续按现行有关税收政策执行，也可选择适用递延纳税优惠政策。

选择技术成果投资入股递延纳税政策的，经向主管税务机关备案，投资入股当期可暂不纳税，允许递延至转让股权时，按股权转让收入减去技术成果原值和合理税费后的差额计算缴纳所得税。

（三）契税

投资方以作价投资（入股）等方式转移土地、房屋权属的，应当依照规定征收契税。

（四）土地增值税

房地产开发企业将开发产品用于对外投资等，发生所有权转移时应视同销售房地产，应当依法缴纳土地增值税。

投资方在改制重组时以房地产作价入股进行投资，对其转移、变更到被投资的企业的房地产，暂不征土地增值税。不过该暂不征收土地增值税政策不适用于房地产转移任意一方为房地产开发企业的情形。

（五）印花税

1. 营业账簿

企业以非货币资产投资，会引起被投资方实收资本（股本）和资本公积的变化，应就实收资本和资本公积两项合计增加部分以“营业账簿”税目申报缴纳印花税。

应税营业账簿的计税依据，为账簿记载的实收资本（股本）、资本公积两项合计金额，税率为 2.5‰，营业账簿印花税按年计征，纳税人应当自年度终了之日起 15 日内申报缴纳税款。

2. 产权转移书据

企业以土地使用权、房屋等建筑物、持有的其他企业的股权出资签订的投资协议或者合同,应按“产权转移书据”税目适用5‰税率申报缴纳印花税。

企业以商标专用权、著作权、专利权和专有技术使用权出资签订的投资协议或者合同,应按“产权转移书据”税目适用3‰税率申报缴纳印花税。

3. 买卖合同

企业以非货币资产投资过程中,如果签订了买卖合同,以“买卖合同”税目按照合同价款3‰税率缴纳印花税。

4. 技术合同

企业以非货币资产投资过程中,如果书立了专有技术使用权转让书据,以“技术合同”税目按照价款的3‰缴纳印花税。

四、个人进行非货币性资产投资的纳税义务

(一)个人所得税

1. 一般规定

个人以非货币性资产投资,属于个人转让非货币性资产和投资同时发生。对个人转让非货币性资产的所得,应按照“财产转让所得”项目,依法计算缴纳个人所得税。个人以非货币性资产投资,应按评估后的公允价值确认非货币性资产转让收入。非货币性资产转让收入减除该资产原值及合理税费后的余额为应纳税所得额。

个人应在发生上述应税行为的次月15日内向主管税务机关申报纳税。纳税人一次性缴税有困难的,可合理确定分期缴纳计划并报主管税务机关备案后,自发生上述应税行为之日起不超过5个公历年度内(含)分期缴纳个人所得税。

2. 特殊规定

个人以技术成果投资入股境内居民企业,被投资企业支付的对价全部为股票(权)的,个人可选择继续按现行有关税收政策执行,也可选择适用递延纳税优惠政策。

选择技术成果投资入股递延纳税政策的,经向主管税务机关备案,投资入股当期可暂不纳税,允许递延至转让股权时,按股权转让收入减去技术成果原值和合理税费后的差额计算缴纳所得税。

(二)其他税种

个人投资者进行非货币性资产投资,其增值税、契税、土地增值税和印花税纳税义务同企业。

第三节　并购重组税收策划

一、并购重组税务概述

并购是兼并与收购的简称，企业并购是企业资产重组的一种形式，是企业重要的资本运营方式，企业可以通过并购进行战略重组，发挥经营、管理财务上的协同作用，使企业取得更大的竞争优势，从而实现企业的战略目标。

企业并购的动因是多种多样的，如为了扩大经营规模、消灭竞争对手、分散投资风险等，但税务上的考量也是重要因素之一。企业并购一般涉税金额巨大，合理合法的税务筹划将会给并购参与各方带来巨大利益。企业并购属于资本运营范畴，属于产权重组层次，与产品经营不同，企业并购业务一般不需要缴纳流转税，正因如此，企业并购常常被作为企业处置资产规避流转税的重要手段。

企业并购重组决策的影响因素除了税负，还有对资产价值、股权结构、治理结构等因素的考量，律师在为企业提供并购重组税务筹划法律服务时，应该契合企业并购重组整体需求。

二、并购重组的税务尽职调查

律师进行税务尽职调查，应了解目标公司的税收环境和税负水平，揭示目标公司存在的税收风险和潜在问题，并在此基础上搭建交易结构和并购后的税收结构重组。具体应对如下情况进行调查：

(1)目标公司税务概况，包括目标公司的营业执照、税务账目的明细账、税务机关的税务审查报告以及税收减免或优惠的相关证明；

(2)各项税收的具体情况，包括企业所得税、增值税、个人所得税、关税、印花税、房地产税、契税、城建税、教育附加税等各项税收的申报及缴纳情况；

(3)有无激进的或不合理的税收安排；

(4)是否与当地税务机关有口头约定，或非正式的税收减免；

(5)有无企业所得税、流转税及个人所得税等各种税收的不合规处理；

(6)是否存在没有文件支持的转移定价政策；

(7)有无潜在的巨额税务罚款、滞纳金风险。

三、并购重组的方式

企业并购重组分为股权收购、资产收购、合并、分立以及债务重组等方式，税法对于并购重组有减税、免税、递延纳税等相关优惠政策。在选择并购重组方式时,可选择满足条件的并购重组方式。

(一)股权收购

股权收购,是指一家企业购买另一家企业的股权,以实现对被收购企业控制的交易。收购企业支付对价的形式包括股权支付、非股权支付,或者两者的组合。

收购的股权对被收购企业全部股权的占比、股权支付金额对交易对价的占比分别达到一定比例,且满足其他法定条件,可适用特殊性税务处理,降低并购重组成本。

(二)资产收购

资产收购,是指一家企业购买另一家企业实质经营性资产的交易。受让企业支付对价的形式包括股权支付、非股权支付,或者两者的组合。

收购的资产对被收购企业全部资产的占比、股权支付金额对交易对价的占比分别达到一定比例,且满足其他法定条件,可适用特殊性税务处理,降低并购重组成本。

(三)企业合并

企业合并,是指一家或多家企业将其全部资产和负债转让给另一家现存或新设企业,被合并企业股东换取合并企业的股权或非股权支付,实现两个或两个以上企业的依法合并。

股权支付金额对交易对价的占比达到一定比例,或者同一控制下且不需要支付对价,且满足其他法定条件,可适用特殊性税务处理,降低并购重组成本。

(四)企业分立

企业分立,是指一家企业将部分或全部资产分离转让给现存或新设的企业,被分立企业股东换取分立企业的股权或非股权支付,实现企业的依法分立。

股权支付金额对交易对价的占比达到一定比例,且满足其他法定条件,可适用特殊性税务处理,降低并购重组成本。

(五)债务重组

债务重组,是指在债务人发生财务困难的情况下,债权人按照其与债务人达成的书面协议或者人民法院的裁定书,就其债务人的债务作出让步的事项。

企业债务重组确认的应纳税所得额对该企业当年应纳税所得额的占比达到一定比例,且满足其他法定条件,可适用特殊性税务处理,降低并购重组成本。

(六)资产(股权)划转

资产(股权)划转,是指对100%直接控制的居民企业之间,以及受同一或相同多家居民企业100%直接控制的居民企业之间按账面净值划转股权或资产。

凡具有合理商业目的，不以减少、免除或者推迟缴纳税款为主要目的，股权或资产划转后连续 12 个月内不改变被划转股权或资产原来实质性经营活动，且划出方企业和划入方企业均未在会计上确认损益的，可适用特殊性税务处理，降低并购重组成本。

（七）非货币性资产投资

非货币性资产投资，是指运用现金、银行存款、应收账款、应收票据以及准备持有至到期的债券投资等货币性资产以外的资产进行投资活动。

实行查账征收的居民企业以非货币性资产对外投资确认的非货币性资产转让所得，可自确认非货币性资产转让收入年度起不超过连续 5 个纳税年度的期间内，分期均匀计入相应年度的应纳税所得额，按规定计算缴纳企业所得税。

四、企业合并的税务筹划

企业合并，是指并购方企业取得被并购方企业的全部净资产或股权，组成单一经济主体和法律主体企业的运营活动。兼并合并也称为完全收购或资产收购，是控股收购的特殊形式，其又可细分为两种方式，即吸收合并和新设合并。

吸收合并，是指并购方企业取得目标企业的全部净资产（或股权）后，目标企业即被解散。并购方企业可以用现金、债券或发行股票的方式来换取目标企业的净资产（或股权）。吸收合并的结果仍然是一个单一的经济主体和法律主体。新设合并，是指参与并购各方以自己的股权（或股票）按一定的比率换取新成立企业的股权（或股票），原企业宣告解散。新成立的企业接受已解散企业的资产，承担已解散企业的债务。已解散企业的股东按一定的比率用净资产或股权换取新成立企业的股权后，成为新企业的股东。新设合并的结果仍然是一个单一的经济主体和法律主体。

（一）一般性税务处理

按照财政部、国家税务总局《关于企业重组业务企业所得税处理若干问题的通知》（财税〔2009〕59 号，以下简称财税〔2009〕59 号通知）的规定，企业合并除特殊情况外采用一般性税务处理：（1）合并企业应按公允价值确定接受被合并企业各项资产和负债的计税基础；（2）被合并企业及其股东都应按清算进行所得税处理；（3）被合并企业的亏损不得在合并企业结转弥补。

（二）特殊性税务处理

这种税务筹划首先需要满足一般条件：

（1）具有合理的商业目的，且不以减少、免除或者推迟缴纳税款为主要目的；

（2）被收购、合并或分立部分的资产或股权比例符合财税〔2009〕59 号通知规定的比例；

(3)企业重组后的连续12个月内不改变重组资产原来的实质性经营活动;

(4)重组交易对价中涉及股权支付金额的符合财税〔2009〕59号通知规定的比例;

(5)企业重组中取得股权支付的原主要股东,在重组后连续12个月内,不得转让所取得的股权。

财政部、国家税务总局《关于促进企业重组有关企业所得税处理问题的通知》(财税〔2014〕109号,以下简称财税〔2014〕109号通知)将股权收购和资产收购特殊性税务处理的条件,由"收购企业购买的股权(资产)不低于被收购企业全部股权(资产)的75%"调整为"收购企业购买的股权(资产)不低于被收购企业全部股权(资产)的50%"。同时,企业合并时企业股东在该企业合并发生时取得的股权支付金额不低于其交易支付总额的85%;同一控制下且不需要支付对价的企业合并的,可以采用特殊性税务处理:合并企业接受被合并企业资产和负债的计税基础,以被合并企业的原有计税基础确定;且被合并企业合并前的相关所得税事项由合并企业承继。

可由合并企业弥补的被合并企业亏损的限额 = 被合并企业净资产公允价值 × 截至合并业务发生当年年末国家发行的最长期限的国债利率

被合并企业股东取得合并企业股权的计税基础,以其原持有的被合并企业股权的计税基础确定。

这种免税处理安排只适用于并购方企业通过股权支付完成吸收合并目标企业的情况。当目标企业有未弥补亏损,而且支付的溢价比较大时,采用免税处理安排对目标企业相当有利,但对并购方企业没有产生节税利益,因为并购方企业获得的目标企业资产和负债的计税基础是原账面价值而不是公允价值。同时,这种安排还应当经过有关税务机关核准。

总之,判断采用哪种税务筹划更合适,首先,需要协商采用何种税务处理方法更能使参与并购各方的总节税价值最大;其次,需要根据支付方式和并购双方的具体情况进行所得税测算,分析参与并购各方的未弥补亏损和净资产评估增值情况,进行统筹安排。在现金支付方式下,只能采用一般性税务处理的税务筹划;在股权(或股票)支付方式下,经税务机关核准,可以采用一般性税务处理安排,也可以采用特殊性税务处理安排。免税处理安排本质上也不是所得税减免,而是所得税的纳税递延。

五、企业分立的税务筹划

企业分立,是指一家企业将部分或全部资产分离转让给现存或新设的企业,被分立企业股东换取分立企业的股权或非股权支付,实现企业的依法分立。

(一)一般性税务处理规定

财税〔2009〕59号通知规定,企业分立除特殊情况外采用一般性税务处理:(1)被分立企业对分立出去资产应按公允价值确认资产转让所得或损失;(2)分立企业应按公允价值确认接受资产的计税基础;(3)被分立企业继续存在时,其股东取得的对价应视同被分立企业分配进行处理;(4)被分立企业不再继续存在时,被分立企业及其股东都应按清算进行所得税处理;(5)企业分立相关企业的亏损不得相互结转弥补。

（二）特殊性税务处理规定

1. 企业适用特殊税务处理的条件

企业满足如下条件的,可以适用特殊性税务处理。

(1)具有合理的商业目的,且不以减少、免除或者推迟缴纳税款为主要目的。

(2)企业重组后的连续12个月内不改变重组资产原来的实质性经营活动。

(3)被分立企业股东在该企业分立发生时取得的股权支付金额不低于其交易支付总额的85%。被分立企业所有股东按原持股比例取得分立企业的股权,分立企业和被分立企业均不改变原来的实质经营活动。

(4)企业重组中取得股权支付的原主要股东(指原持有转让企业或被收购企业20%以上股权的股东),在重组后连续12个月内,不得转让所取得的股权。

2. 企业分立的特殊性税务处理方法

分立企业接受被分立企业资产和负债的计税基础,以被分立企业的原有计税基础确定;被分立企业已分立出去资产相应的所得税事项由分立企业承继;被分立企业未超过法定弥补期限的亏损额可按分立资产占全部资产的比例进行分配,由分立企业继续弥补。

被分立企业的股东取得分立企业的股权(以下简称"新股"),如需部分或全部放弃原持有的被分立企业的股权(以下简称"旧股"),"新股"的计税基础应以放弃"旧股"的计税基础确定;如不需放弃"旧股",则其取得"新股"的计税基础可从以下两种方法中选择确定:直接将"新股"的计税基础确定为零;或者以被分立企业分立出去的净资产占被分立企业全部净资产的比例先调减原持有的"旧股"的计税基础,再将调减的计税基础平均分配到"新股"上。股权支付暂不确认有关资产的交易所得或损失,非股权支付额仍应在交易当期确认相应的资产转让所得或损失,并调整相应资产的计税基础。

非股权支付对应的资产转让所得或损失 =(被转让资产的公允价值 - 被转让资产的计税基础)×(非股权支付金额 ÷ 被转让资产的公允价值)

六、股权/资产收购的税务筹划

（一）股权收购的税务筹划

股权收购分为一般性税务处理规定与特殊性税务处理规定。

1. 一般性税务处理规定

转让方按规定确认股权/资产转让所得或损失。收购方对取得的股权/资产以其公允价值确定计税基础。

在股权收购情形下,收购企业、被收购企业的原有各项资产和负债的计税基础和其他相关所得税事项保持不变。

2. 特殊性税务处理规定

满足具有合理的商业目的,且不以减少、免除或者推迟缴纳税款为主要目的,收购企业购买的股权/资产不低于被收购企业全部股权/资产的50%,企业重组后的连续12个月内不改变重组资产原来的实质性经营活动。收购企业在该股权/资产收购发生时的股权支付金额不低于其交易支付总额的85%。企业重组中取得股权支付的原主要股东(指原持有转让企业或被收购企业20%以上股权的股东),在重组后连续12个月内,不得转让所取得的股权条件的,可以适用特殊性税务处理的规定:

(1)转让方从收购方取得的对价中的股权支付部分暂不确认所得或损失,非股权支付部分应计算确认当期所得或损失。

(2)收购方暂不确认股权支付部分的转让所得或损失,对取得的被收购企业股权/资产的计税基础,以被收购股权/被转让资产的原有计税基础确定。若收购方支付的对价中包含非股权支付部分,该部分应在交易当期确认相应的资产转让所得或损失,并调整被收购股权/被转让资产的计税基础。

在股权收购情形下,收购方、被收购方的原有各项资产和负债的计税基础和其他相关所得税事项保持不变。

(二)控股收购

控股收购,是指并购方企业通过支付现金、转让资产、承担负债或发行股票等方式,获得目标企业净资产的控制权,使目标企业成为它的子公司,它自己则成为母公司。每个企业都是独立的经济主体和法律主体,母、子公司组成一个集团,母公司和子公司都是独立的纳税主体,分别进行纳税,母、子公司之间的盈利与亏损一般不能相互抵补。因此,控股收购方式下的税务筹划通常主要是对子公司投资收益的安排以及子公司的亏损如何通过转移价格加以利用的问题。

1. 被并购子公司亏损抵补的安排

被并购子公司的亏损虽不能与母公司的盈利相互抵补,但对处于5年抵补期限内的亏损仍可以与本身的利润相抵补,因此子公司的亏损在并购后还是可以被利用的。主要是利用关联公司通过转移价格把盈利比较大的公司利润转移至被并购子公司中,利用子公司亏损的税收利益使整个集团税负降低。

2. 子公司盈利后利润分回的安排

目标企业有了盈利后，如果被并购子公司的所得税率较高，则通过关联交易降低其盈利水平，把利润转移至税率较低的母公司或其他子公司中；如果被并购子公司的税率较低，则可通过关联交易吸收其他关联企业的利润以降低集团整体税负。

被并购子公司有了较多的留存收益后，根据《企业所得税法》的规定，居民企业直接投资于其他居民企业取得的股息、红利等权益性投资收益为免税收入。可见，被并购子公司分回现金股利不需要缴纳任何企业所得税，但母公司转让子公司股权产生的股权转让所得即资本利得，根据《企业所得税法》的规定是要全额征税的。母公司在转让子公司股权之前应先分配子公司的可分配利润，或先期通过转移价格降低子公司盈利水平，减少留存收益，使子公司转让价格降低，能起到减少母公司股权转让所得的作用，达到节税的目的。

七、案例分析

【案情简介】

A 公司以定向增发 5000 万股普通股（面值为 1 元，市价为 20 元）作为合并对价，从 b 公司手中取得 B 公司 100% 的股权，b 公司由此取得 A 公司 100% 的股权。b 公司对 B 公司长期股权投资的计税基础为 6 亿元，B 公司净资产的账面价值、可辨认净资产的公允价值分别为 6 亿元、10 亿元，经重组主导方 B 公司协商，当事各方一致同意采取特殊性税务处理或一般性税务处理。

b 公司再将其取得的 A 公司 100% 的股权转让给 D 公司，转让价格为其公允价值 10 亿元，当即收到银行存款；A 公司再将取得的 B 公司 100% 的股权转让给 C 公司，转让价格为其公允价值 10 亿元，当即收到银行存款。A 公司在转让 B 公司 100% 的股权后就进行清算。

假定 A、B、C、D 公司和 b 公司适用的企业所得税税率均为 25%，各公司均按照净利润的 10% 提取法定盈余公积，预计各公司在未来期间内能够产生足够的应纳税所得额，不考虑企业所得税以外的其他相关税费。本案中，A 公司、B 公司、b 公司如何正确进行会计和税务处理？

【法律分析】

1. 合并方 A 公司的会计与税务处理

对于同一控制下的控股合并，一方面，合并方应当根据企业合并准则的规定，于合并日采用权益结合法确定对被合并方的长期股权投资的账面价值（初始投资成本）；另一方面,合并方应当根据财税〔2009〕59 号通知、财税〔2014〕109 号通知的规定,区分不同条件,分别适用一般性税务处理规定和特殊性税务处理规定进行税务处理,确定对被合并方的长期股权投资的计税基础。

但是,合并方对于因长期股权投资的账面价值与计税基础不同而产生的暂时性差异是否需要确认相关的递延所得税,主要取决于合并方管理层对该项长期股权投资的持有意图。如果合并方管理层意图长期持有该项长期股权投资,因长期股权投资而产生的暂时性差异通常不会产生所得税影响,则合并方无须确认由此产生的递延所得税;如果合并方管理层意图在未来转让或者处置该项长期股权投资,因长期股权投资而产生的暂时性差异在转让或者处置投资时将产生所得税影响,在符合相关条件的情况下,合并方通常应当按照未来转让或者处置该项投资时所适用的所得税税率计算确认由此产生的递延所得税。这里所说的"符合相关条件",是指合并方因长期股权投资产生的可抵扣暂时性差异而确认递延所得税资产的条件,即同时满足"可抵扣暂时性差异在可预见的未来很可能转回""未来很可能获得用来抵扣可抵扣暂时性差异的应纳税所得额"两个条件。

(1)A 公司收购 B 公司股权时

A 公司从 b 公司手中收购 B 公司股权的账务处理如下:

借:长期股权投资——B 公司 600,000,000

　贷:股本——b 公司 50,000,000

　　资本公积 550,000,000

在股权收购的当事各方均采取一般性税务处理的情况下,A 公司收购 B 公司股权的计税基础为 A 公司支付对价的公允价值 10 亿元(0.5×20),产生可抵扣暂时性差异 4 亿元(10-6)。由于该项可抵扣暂时性差异 4 亿元属于其他暂时性差异(在其产生时既不影响会计利润,也不影响应纳税所得额的暂时性差异),因此无须进行纳税调整。但是,A 公司是否需要对该项长期股权投资产生的可抵扣暂时性差异确认递延所得税资产,主要取决于 A 公司管理层对该项长期股权投资的持有意图。

如果 A 公司管理层意图长期持有该项长期股权投资,或者 A 公司管理层意图在未来转让或者处置该项长期股权投资但预计 A 公司在未来期间内不能产生足够的应纳税所得额,则 A 公司无须确认与该项长期股权投资可抵扣暂时性差异相关的递延所得税资产;如果 A 公司管理层意图在未来转让或者处置该项长期股权投资且预计 A 公司在未来期间内能够产生足够的应纳税所得额,则 A 公司应当确认与该项长期股权投资可抵扣暂时性差异相关的递延所得税资产。账务处理如下:

借:递延所得税资产 100,000,000(400,000,000×25%)

贷:资本公积 100,000,000

在股权收购的当事各方均采取特殊性税务处理的情况下,A 公司收购 B 公司股权的计税基础为被收购股权的原有计税基础 6 亿元,暂时性差异为 0 亿元(6-6)。因此,A 公司既无须进行纳税调整,又无须确认递延所得税。

(2)A 公司转让 B 公司股权时

A 公司转让 B 公司股权给 C 公司的账务处理如下:

借:银行存款 1,000,000,000

贷:长期股权投资——B 公司 600,000,000

投资收益 400,000,000

在会计处理上,A 公司转让 B 公司股权产生的投资收益为 4 亿元。

在股权收购的当事各方均采取一般性税务处理的情况下,A 公司转让 B 公司股权的公允价值与计税基础均为 10 亿元,不产生股权转让所得。因此,A 公司在计算应纳税所得额时,应当在利润总额的基础上调减转回的可抵扣暂时性差异 4 亿元,即 A 公司转让 B 公司股权产生的投资收益 4 亿元不应计入当年度应纳税所得额,在该项股权收购和转让中无须缴纳所得税。但是,A 公司在转让 B 公司股权时,应当转回原已确认的与该项长期股权投资可抵扣暂时性差异相关的递延所得税资产。账务处理如下:

借:资本公积 100,000,000

贷:递延所得税资产 100,000,000

在股权收购的当事各方均采取特殊性税务处理的情况下,A 公司转让 B 公司股权的公允价值为 10 亿元,计税基础为 6 亿元,产生股权转让所得 4 亿元,无须进行纳税调整,应当正常纳税。账务处理如下:

借:所得税费用 100,000,000(400,000,000×25%)

贷:应交税费——应交所得税 100,000,000

结合上述分析,可以得出如下结论:

(1)在股权收购的当事各方均采取一般性税务处理的情况下,A 公司通过收购和转让 B 公司股权后的净资产账面价值为 10 亿元。其中,股本 0.5 亿元、资本公积 5.5 亿元(5.5+1-1)、盈余公积 0.4 亿元(4×10%)、未分配利润 3.6 亿元(4-0.4)。

(2)在股权收购的当事各方均采取特殊性税务处理的情况下,A 公司通过收购和转让 B 公司股权后的净资产账面价值为 9 亿元。其中,股本 0.5 亿元、资本公积 5.5 亿元、盈余公积 0.3 亿元(3×10%)、未分配利润 2.7 亿元(3-0.3)。

由此可见,A公司通过收购和转让B公司股权,采取特殊性税务处理比采取一般性税务处理多缴纳所得税1亿元,因而导致A公司净资产的账面价值减少1亿元。

2. 被合并方B公司的会计与税务处理

由于被合并方只是控股合并中合并方与被合并方股东之间进行交易的载体,因此在同一控制下的控股合并中,股权收购的当事各方无论是采取一般性税务处理还是特殊性税务处理,被合并方的相关所得税事项应当保持不变,会计上也仅需进行实收资本(或股本)的内部结转。也就是说,无论是A公司从b公司手中收购B公司股权,还是A公司转让B公司股权给C公司,作为被合并方的B公司仅是股东变更,而注册资本和股本并没有发生增减变动,B公司只需进行股本的内部结转,而无须进行其他会计处理和税务处理。

(1)A公司收购B公司股权时

A公司从b公司手中收购B公司股权时,B公司的账务处理如下:

借:股本——b公司 600,000,000

　贷:股本——A公司 600,000,000

(2)A公司转让B公司股权时

A公司转让B公司股权给C公司的账务处理如下:

借:股本——A公司 600,000,000

　贷:股本——C公司 600,000,000

3. 被合并方的股东b公司的会计与税务处理

在会计处理上,被合并方的股东在同一控制下的控股合并中应当作为处置长期股权投资处理。即被合并方的股东在处置长期股权投资时,应当相应结转与所售股权相对应的长期股权投资的账面价值;出售所得价款与处置长期股权投资账面价值之间的差额,应当确认为处置损益(计入当期投资损益)。采用权益法核算的长期股权投资,原计入资本公积中的金额和与长期股权投资相关的递延所得税在处置时也应当一并结转,将原计入资本公积中的金额与所出售股权相对应的部分在处置时自资本公积转入当期投资损益,将与长期股权投资相关的递延所得税与所出售股权相对应的部分在处置时自递延所得税转入当期损益(投资损益或所得税费用)。

在税务处理上,被合并方的股东在同一控制下的控股合并中应当分别采取一般性税务处理和采取特殊性税务处理两种情况进行处理,即如果股权收购的当事各方均采取一般性税务处理,被合并方的股东应当确认股权转让所得或损失,对确认的股权转让所得应当全额缴纳所得税;如果股权收购的当事各方均采取特殊性税务处理,则被合并方的股东无须确认股权转让所得或损失。

(1)b 公司转让 B 公司股权时

b 公司转让 B 公司股权给 A 公司的账务处理如下:

借:长期股权投资——A 公司 1,000,000,000

贷:长期股权投资——B 公司 600,000,000

投资收益 400,000,000

在股权收购的当事各方均采取一般性税务处理的情况下,b 公司取得 A 公司股权的计税基础为 b 公司支付对价的公允价值 10 亿元,产生暂时性差异 0 亿元(10 - 10)。因此,b 公司对因处置 B 公司股权而确认的投资收益 4 亿元属于股权转让所得,无须进行纳税调整,正常纳税。其账务处理如下:

借:所得税费用 100,000,000(400,000,000 × 25%)

贷:应交税费——应交所得税 100,000,000

在股权收购的当事各方均采取特殊性税务处理的情况下,b 公司取得 A 公司股权的计税基础为被收购股权的原有计税基础 6 亿元,产生应纳税暂时性差异 4 亿元(10 - 6)。因此,b 公司在计算应纳税所得额时,应当在利润总额的基础上调减产生的应纳税暂时性差异 4 亿元,即 b 公司在转让 B 公司股权中产生的投资收益 4 亿元不应计入当年度应纳税所得额,当年度无须缴纳所得税。但是,b 公司是否需要对取得的对 A 公司长期股权投资产生的应纳税暂时性差异确认递延所得税负债,主要取决于 b 公司管理层对该项长期股权投资的持有意图。

如果 b 公司管理层意图长期持有该项长期股权投资,则 b 公司无须确认与该项长期股权投资应纳税暂时性差异相关的递延所得税负债;如果 b 公司管理层意图在未来转让或者处置该项长期股权投资,则 b 公司应当确认与该项长期股权投资应纳税暂时性差异相关的递延所得税负债。其账务处理如下:

借:所得税费用 100,000,000(400,000,000 × 25%)

贷:递延所得税负债 100,000,000

(2)b 公司转让 A 公司股权时

b 公司转让 A 公司股权给 D 公司的账务处理如下:

借:银行存款 1,000,000,000

贷:长期股权投资——A 公司 1,000,000,000

在会计处理上,b 公司转让 A 公司股权不产生投资收益。

在股权收购的当事各方均采取一般性税务处理的情况下,b 公司转让 A 公司股权的公允价值与计税基础均为10亿元,不产生股权转让所得。因此,b公司在计算应纳税所得额时,既无须进行纳税调整,也无须缴纳所得税。

在股权收购的当事各方均采取特殊性税务处理的情况下,b公司转让A公司股权的公允价值为10亿元,计税基础为6亿元,产生股权转让所得4亿元。因此,b公司在计算应纳税所得额时,应当在利润总额的基础上调增转回的应纳税暂时性差异4亿元,缴纳所得税1亿元。同时,b公司在转让A公司股权时,应当转回原已确认的与该项长期股权投资应纳税暂时性差异相关的递延所得税负债。其账务处理如下:

借:所得税费用 100,000,000

　贷:应交税费——应交所得税 100,000,000

借:递延所得税负债 100,000,000

　贷:所得税费用 100,000,000

4. A公司清算时的会计与税务处理

如上文所述,在股权收购的当事各方均采取一般性税务处理的情况下,A公司进行清算时的净资产账面价值为10亿元。按照财政部、国家税务总局《关于企业清算业务企业所得税处理若干问题的通知》(财税〔2009〕60号,以下简称财税〔2009〕60号通知)第5条的规定,被清算企业的股东分得的剩余资产的金额,其中相当于被清算企业累计未分配利润和累计盈余公积金中按该股东所占股份比例计算的部分,应确认为股息所得;剩余资产减除股息所得后的余额,超过或低于股东投资成本的部分,应确认为股东的投资转让所得或损失。D公司从A公司分得的剩余资产为10亿元,其中股息所得为4亿元(0.4+3.6),而投资成本(投资的计税基础,下同)为10亿元,应确认的投资转让所得为-4亿元(10-4-10),该项投资转让损失4亿元留待D公司从当年或者未来年度应纳税所得额中弥补。

在股权收购的当事各方均采取特殊性税务处理的情况下,A公司进行清算时的净资产账面价值为9亿元。D公司从A公司分得的剩余资产为9亿元,其中股息所得为3亿元(0.3+2.7),而投资成本为10亿元,应确认的投资转让所得为-4亿元(9-3-10),该项投资转让损失4亿元留待D公司从当年或者未来年度应纳税所得额中弥补。

A公司的清算与B公司和b公司均无关,无须进行任何会计处理和税务处理。

综上所述,在同一控制下的控股合并中,如果股权收购的当事各方均采取一般性税务处理,则只有在b公司转让B公司股权时需要缴纳所得税1亿元,D公司对A公司在清算时产生的投资转让损失4亿元可以在当年度或者未来年度应纳税所得额中弥补,抵缴所得税1亿元,即各公司缴纳所得税之和为0;如果股权收购的当事各方均采取特殊性税务处理，则A公司在转让B公司股权时需要缴纳所得税1亿元，b公司在转让A公司股权时需要缴纳所得税1亿元，D公司对A公司在清算时产生的投资转让损失4亿元可以在当年度或者未来年度应纳税所得额中弥补，抵缴所得税1亿元，即各公司因收购和转让股权而缴纳的所得税之和为1亿元。本例中，股权收购的当事各方采取特殊性税务处理在同一控制下的控股合并中因收购和转让股权而多缴纳所得税1亿元。

【总结】

1. 重复征税广泛存在于企业重组交易中

现行特殊性税务处理政策中的重复征税问题存在于股权收购、资产收购、合并、分立等企业重组交易中，特殊性税务处理的“递延效应”就会转化为“重复征税效应”。从上述案例分析可以发现，在同一控制下的控股合并中，股权收购的当事各方采取特殊性税务处理的，通常会比采取一般性税务处理多缴纳所得税，产生重复缴纳所得税的问题。但是，只有在企业重组的当事各方在重组日后各自产生的可弥补亏损不小于重组日产生的暂时性差异的情况下，特殊性税务处理才不会产生重复征税问题，此时就会将特殊性税务处理的“递延效应”转化为“免税效应”。

2. 立足于税法，紧扣企业会计准则

研究税法不能脱离企业会计准则的规定，脱离企业会计准则的规定研究税法，很可能得出以偏概全的结论，甚至犯缘木求鱼的错误。研究企业重组的税务处理应当以财税〔2009〕59号通知、财税〔2009〕60号通知、国家税务总局《关于企业重组业务企业所得税征收管理若干问题的公告》，以及财税〔2014〕109号通知为主要依据，同时考虑其他税收法规的相关规定和企业会计准则的要求。

3. 遵循税收原则，保持意图与后果的统一

税务处理应当遵循“实际负税能力”“中性”“不重不漏”等原则。特殊性税务处理的目的是为企业重组的当事各方提供递延缴纳所得税的税收优惠，却在不经意间导致巨额重复征税的后果。这既与政策制定者的初衷背道而驰，又是企业重组的当事各方意想不到的，不得不引起利益相关者的重视。

4. 税务处理的结果不因企业采取会计政策的不同而不同

如果一项税收政策因为企业采取会计政策的不同而产生不同的结果，就有违税制公平原则。因此，税收政策的制定者应当深刻领会企业会计准则的精髓，并在制定税收法规时充分考虑企业会计准则的相关规定，才能制定有说服力的税收政策。

第四节　清算注销税收策划

一、企业清算概述

企业的清算,是指在企业面临终止的情况下,负有清算义务的主体按照法律规定的方式、程序对企业的资产、负债、股东权益等状况做全面的清理和处置,使企业与其他社会主体之间产生的权利和义务归于消灭,从而为企业的终止提供合理依据的行为。

企业清算的目的在于使企业与其他社会主体之间产生的权利和义务归于消灭,从而为企业的终止提供合理依据。企业的终止涉及众多利益主体的切身利益,企业要终止,必须对相关权利义务予以处置和解决。因此,对企业进行清算自然是必要程序。通过对企业清算,使相关权利义务得以消灭和转移,企业才能最终终止。

二、企业清算涉税规定

依据《税收征收管理法实施细则》第 15 条的规定,纳税人发生解散、破产、撤销以及其他情形,依法终止纳税义务的,应当在向工商行政管理机关(现为市场监管部门)或者其他机关办理注销登记前,持有关证件向原税务登记机关申报办理注销税务登记;按照规定不需要在工商行政管理机关或者其他机关办理注册登记的,应当自有关机关批准或者宣告终止之日起 15 日内,持有关证件向原税务登记机关申报办理注销税务登记。第 16 条规定,纳税人在办理注销税务登记前,应当向税务机关结清应纳税款、滞纳金、罚款,缴销发票、税务登记证件和其他税务证件。

《公司法》第 186 条第 2 款规定,公司财产在分别支付清算费用、职工的工资、社会保险费用和法定补偿金,缴纳所欠税款,清偿公司债务后的剩余财产,有限责任公司按照股东的出资比例分配,股份有限公司按照股东持有的股份比例分配。

《企业破产法》第 113 条规定,破产财产在优先清偿破产费用和共益债务后,依照下列顺序清偿:(1)破产人所欠职工的工资和医疗、伤残补助、抚恤费用,所欠的应当划入职工个人账户的基本养老保险、基本医疗保险费用,以及法律、行政法规规定应当支付给职工的补偿金;(2)破产人欠缴的除前项规定以外的社会保险费用和破产人所欠税款;(3)普通破产债权。破产财产不足以清偿同一顺序的清偿要求的,按照比例分配。破产企业的董事、监事和高级管理人员的工资按照该企业职工的平均工资计算。

律师在办理破产清算案件时涉税业务的重点之一是识别企业应付税款性质属于破产企业债务或破产清算费用,分别适用不同的清偿顺序。

按照《公司法》《企业破产法》等有关规定,税收被列入第二优先清偿顺序。但清算顺序中说的“税收”仅指企业清算以前形成的欠税。纳税人在进行清算的过程中同样也涉及有关税收问题,属“新生”税收,并且是为债权人的共同利益而在清算中必须支付的费用,属“优先拨付”的范畴。

三、企业清算税务筹划

(一)增值税

企业清算时,处理资产、向股东分配财产或者以房抵债的,应当缴纳增值税。

企业清算时,其销售存货的,根据财政部、国家税务总局《关于增值税若干政策的通知》(财税〔2005〕165号)第6条第2款的规定,一般纳税人注销或被取消辅导期一般纳税人资格,转为小规模纳税人时,其存货不作进项税额转出处理,其留抵税额也不予以退税。因此,一般纳税人清算注销时,若仍有存货未销售,且其增值税进项税额已被全部抵扣的,该存货相应的进项税额无须作为进项税额转出而予以补税。当然,若存在留抵税额的,该留抵税额也不能办理退税。

企业因合并或分立需要解散的,也同样涉及存货的转让,但其合并、分立的增值税处理有所不同。企业合并是将其全部资产和负债转让给另一家现存或新设企业,为其股东换取合并企业的股权或其他财产。国家税务总局《关于纳税人资产重组有关增值税问题的公告》(国家税务总局公告2011年第13号)规定:纳税人在资产重组过程中,通过合并、分立、出售、置换等方式,将全部或者部分实物资产以及与其相关联的债权、负债和劳动力一并转让给其他单位和个人,不属于增值税的征税范围,其中涉及的货物转让,不征收增值税。该公告自2011年3月1日起执行。此前未作处理的,均按照该公告的规定执行。国家税务总局《关于转让企业全部产权不征收增值税问题的批复》(国税函〔2002〕420号)、国家税务总局《关于纳税人资产重组有关增值税政策问题的批复》(国税函〔2009〕585号)、国家税务总局《关于中国直播卫星有限公司转让全部产权有关增值税问题的通知》(国税函〔2010〕350号)同时废止。国家税务总局公告2013年第66号延续了上述规定,并强调其中货物的多次转让行为均不征收增值税。资产的出让方须将资产重组方案等文件资料报其主管税务机关。

企业分立包括被分立企业将部分或全部资产分离转让给两个或两个以上现存或新设企业为其股东换取分立企业的股权或其他财产。因为被分立的企业转让的是部分或全部资产,并不包括债权、债务。

根据《增值税暂行条例实施细则》第 4 条的规定,企业将自产、委托加工或购进的货物作为投资,提供给其他单位和个体经营者的行为视同销售货物,征收增值税。所以,企业分立时转让企业的资产涉及的应税货物的转让属于增值税的征税范围,应当征收增值税。

此外,企业将自产、委托加工或购买的货物分配给股东或者投资者、抵偿债务的也应当视同销售,征收增值税。

(二)消费税

企业清算时,其销售的存货如果属于应税消费品的,还应当征收消费税。企业因合并或分立需要解散的,也同样涉及存货的转让,但其合并、分立的消费税处理有所不同。

企业合并时转让企业全部产权(包括债权、债务)涉及的应税消费品的转让也同样不属于消费税的征税范围,不征收消费税。企业分立时转让企业的资产涉及的应税消费品的转让应视同销售货物,征收消费税。

(三)印花税

企业清算时,其为处置动产及存货而与对方签订的合同,应当按购销合同征收印花税;其处置不动产、土地使用权,应当按"产权转移书据"征收印花税。

根据财政部、国家税务总局《关于企业改制过程中有关印花税政策的通知》(财税〔2003〕183 号)的规定,企业因改制(包括合并、分立等)签订的产权转移书据免予贴花。

(四)企业所得税

纳税人依法进行清算时,其清算终了后的清算所得,应当依照《企业所得税法》的规定缴纳所得税。清算所得,是指企业的全部资产可变现价值或者交易价格减除资产净值、清算费用以及相关税费等后的余额。企业解散清算,应当进行清算的所得税处理。

1. 企业清算期间终止持续经营原则。持续经营是会计的基本假设之一,企业会计确认、计量和报告都是以持续经营为前提的。由于税法对应纳税所得额的计算总体是建立在会计利润加减纳税调整额的基础上的(企业所得税纳税申报表中有完整的体现)。也就是说,会计的基本假设在税法上也是大体遵循的,只不过在某些方面存在差异。企业清算期间已不是企业正常的生产经营期间,正常的核算原则将不再适用,因而会计核算及应纳税所得额的计算均将终止持续经营原则。

2. 清算是企业解散前的最后一道环节,一般来说,清算过程完成后,企业作为一个会计主体和纳税主体的资格将随之消亡。我国目前对企业所得税和个人所得税是分别立法的，尚未实行所得税的一体化，法律承认企业的独立纳税人资格，因而需要在企业将剩余财产分配给股东前就清算所得缴纳企业所得税，这也是在企业层面对企业资产隐含增值行使征税权的最后环节。所以，企业清算期间的资产无论是否实际处置，一律视同销售，确认增值或损失。

3. 清算期间，企业实际处置资产时按正常交易价格取得的收入可视为资产的公允价值，而那些尚未处置的资产，则应按照其可变现净值来确认资产的增值或损失。根据《企业会计准则——基本准则》第 42 条第 3 项的规定，资产的可变现净值应按照其正常对外销售所能收到的现金或者现金等价物的金额扣减该资产至完工时估计将要发生的成本、估计的销售费用以及相关税费后的金额来计量。

4. 清算所得不适用《企业所得税法》所规定的税收优惠政策。《企业所得税法》第 25 条规定，国家对重点扶持和鼓励发展的产业和项目，给予企业所得税优惠。而企业清算期间，正常的产业和项目运营一般都已停止，企业取得的所得已是非正常的生产经营所得，企业所得税优惠政策的适用对象已不存在。因而，企业应就清算所得按税法规定的基本税率（25%）缴纳企业所得税。事实上，企业在一个纳税年度内终止经营的，以开始清算之日为界，法律拟制了两个纳税期，一是经营当期，二是清算期间。依据《企业所得税法》第 53 条和第 55 条、国家税务总局《关于企业清算所得税有关问题的通知》（国税函〔2009〕684 号）第 1 条的规定，企业在一个纳税年度中间终止经营，应当以其实际经营期为一个纳税年度。并自实际经营终止之日起 60 日内，向税务机关办理当期企业所得税汇算清缴。而企业依法清算的，应当以清算期间作为一个纳税年度。不参与汇算清缴，而应当自清算结束之日起 15 日内、在企业办理注销登记前，向主管税务机关报送企业清算所得税纳税申报表，并依法结清税款。可见，两个纳税期相互独立，清算期间的所得税处理及其适用的征收方式与经营当期无关，须另行确定。

除免税重组外，依照法律法规、章程协议终止经营或应税重组中取消独立纳税人资格的企业，均应按照国家有关规定进行清算，并就清算所得计算缴纳企业所得税。

四、企业清算所得计算

按照《企业所得税法实施条例》第 11 条第 1 款的规定，清算所得，是指企业的全部资产的可变现价值或者交易价格减除资产净值、清算费用以及相关税费等后的余额。

为便于更好地理解和操作，我们可以将税法规定的清算所得理解为企业的全部资产的为可变现价值或交易价格减除资产的计税基础、清算费用、相关税费等，再加上债务清偿损益等后的余额。

清算所得用公式表示为:清算所得 = 全部资产的可变现价值或交易价格 - 各项资产的计税基础 - 清算费用 - 相关税费 + 债务清偿损益

企业的全部资产,包括货币资金、实物资产、投资资产、应收款项、无形资产和递延资产等。企业在清算期间,全部资产必须要以可变现价值和交易价格来衡量。

资产的计税基础,是指企业收回资产账面价值过程中,计算应纳税所得额时按照税法规定可以自应税经济利益中抵扣的金额,可能与资产的账面价值一致,也可能不一致。

清算费用,是指企业在清算期间支付的职工生活费,财产管理、变卖和分配所需费用,资产评估费及诉讼费等。

相关税费,是指企业清算过程中新产生的、计入成本费用的、除企业所得税以外的税费。

债务清偿损益,是指企业清算期间在清偿债务时所发生的收益和损失的合计。一般情况下,对于因债权人原因确实无法归还的债务应转作收入,增加清算所得。

五、企业清算剩余财产处理

投资方企业从被清算企业分得的剩余资产,其中相当于从被清算企业累计未分配利润和累计盈余公积中应当分得的部分,应当确认为股息所得;剩余资产减除上述股息所得后的余额,超过或者低于投资成本的部分,应当确认为投资资产转让所得或者损失。

六、税务注销登记

清算完毕后,律师应在向市场监管部门或者其他机关办理注销登记前,持有关证件向原税务登记机关申报办理注销税务登记;按照规定不需要在市场监管部门或者其他机关办理注册登记的,应自有关机关批准或者宣告终止之日起 15 日内,持有关证件向原税务登记机关申报办理注销税务登记。

第四章　国际税法服务

第一节　CRS 应对税法服务

一、CRS 概述

CRS 是统一报告标准(Common Reporting Standard)的缩写,是 2014 年 7 月经济合作与发展组织(Organization for Economic Co - operation and Development,OECD)发布的金融账户涉税信息自动交换标准(Standard for Automatic Exchange of Financial Information in Tax Matters,以下简称 AEOI 标准)的一个构成部分。它规定了金融机构收集和报送外国税收居民个人和企业账户信息的相关要求和程序,旨在通过加强全球税收合作提高税收透明度,打击利用跨境金融账户逃避税的行为。其制定建立在美国《海外账户纳税法案》(Foreign Account Tax Compliance Act,FATCA)和欧盟储蓄指令(European Union Saving Directive,EUSD)等信息共享法规的基础上。除了 CRS 外,AEOI 标准还包括主管当局间协议范本(Competent Authority Agreement,CAA),这是规范各司法管辖区如何开展金融账户涉税信息自动交换的操作性文件。

CRS 的参与方众多,截至 2023 年 5 月,已有 120 个国家和地区承诺参与 CRS,第一批以英国、德国等欧洲国家为代表,承诺于 2017 年 9 月开展第一次账户信息交换,第二批包括中国(含香港特别行政区及澳门特别行政区)等,承诺于 2018 年 9 月开展第一次账户信息交换。参与国家和地区几乎涵盖了所有的发达经济体,以及全球主要的"离岸避税地"和"洗钱中心"。

二、CRS 的反避税设计

对于各参与方的税收居民来说,随着 CRS 机制启动,利用离岸地金融账户隐匿收入、逃避纳税义务的路将走不通。中国企业和个人当然也不例外。这个机制具有如下几个明显的反避税特征。

(一)金融账户涉税信息透明化

税收征管有赖于对交易信息的掌握,因跨境交易受时空限制等因素影响,税务机关一般很难掌握相关信息。在加入 CRS 之前,我国先后同超过 100 个国家和地区签署了双边税收协定,但是这些协定主要是为了避免双重征税,信息交换只是依申请而启动,一般成本高,效率低,效果差。于是,长期以来,对于跨境交易的税收征管成为一个世界性难题。这导致利用离岸地金融账户隐匿收入,逃避纳税义务的现象日益普遍。而随着 CRS 机制启动,120 个国家和地区将相互自动交换非税收居民的金融账户涉税信息,使通过境外账户隐匿收入失去可能。

根据 AEOI 标准开展金融账户涉税信息自动交换,首先由一国或地区的金融机构,通过尽职调查程序,识别另一国或地区税收居民个人和企业在该机构开立的账户,按年向金融机构所在国或地区的主管部门报送上述账户信息,再由该国或地区的税务主管当局与账户持有人的居民国税务主管当局开展信息交换,最终实现各国或地区对跨境税源的有效监管。

(二)搜集交换的涉税信息丰富

依据 CRS 规则,各参与国(地区)的金融机构是金融账户涉税信息的搜集者,搜集对象是非居民企业和个人金融账户的涉税信息。开展金融账户信息搜集的金融机构包括存款机构、托管机构、投资机构和特定的保险机构四类,其中,存款机构,是指各种接受存款的银行或类似机构;托管机构,是指替他人持有金融资产,且金融资产和服务的相关收入超过总收入 20% 的机构;投资机构,是指在过去 3 年主要经济活动是为客户或代表客户进行特定的一种或几种业务的机构,如果某机构受其他 CRS 协议中规定的金融机构的专业管理,且收入主要来源于金融资产的投资、再投资、交易,该机构也会被认定为投资实体;特定保险机构,即从事有现金解约价值的保险业务和年金业务的保险公司或控股公司。对于新开设的个人或者公司账户,无论金额大小均需情报交换。这些丰富的金融账户涉税信息,将为各国(地区)税务机关加强税收征管提供强有力的信息支撑。

(三)设置充分的反避税规则

为避免潜在的逃避税可能,CRS 设置了充分的反避税规则,典型的如税收居民身份识别和对消极非金融机构的"穿透"原则。

明确税收居民身份,是确定 CRS 信息搜集对象、交换国(地区)对象的基础。税收居民身份是一个国家(地区)行使税收管辖权的法律依据。税法意义上的居民并非依据国籍标准,税收居民身份判定是按照各国的国内法,根据住所、居所、成立地、实际管理机构所在地或其他标准进行的税法层面的税收身份界定。为了识别账户持有人的税收居民身份,按照 CRS 规则,第一步,由账户设立人在填写资料时,主动声明自身的税收居民身份，虚假陈述或提交信息，将面临不利的法律后果。第二步，由注册国(地区)金融机构根据居民身份证、居住证等信息进行筛查和审查。

CRS 规则下，将非金融机构区分为积极非金融机构和消极非金融机构。对于积极非金融机构，一般不存在识别、搜集和申报金融账户信息的问题。对于消极非金融机构，则适用"穿透"规则，以识别出其实际控制人，看其是否属于需要申报的情形。壳公司就被视为消极非金融机构。参照我国《非居民金融账户涉税信息尽职调查管理办法》的规定，消极非金融机构是指符合下列条件之一的机构：上一公历年年度内，股息、利息、租金、特许权使用费收入等不属于积极经营活动的收入，以及据以产生前述收入的金融资产的转让收入占总收入比重 50% 以上的非金融机构；上一公历年年度末，拥有可以产生上述收入的金融资产占总资产比重 50% 以上的非金融机构；税收居民国(地区)不实施金融账户涉税信息自动交换标准的投资机构。

(四)不合规将承担法律责任

CRS 启动无疑对境外金融资产和账户带来了巨大的合规性风险，以前无法被境内税务部门掌握的交易信息将趋于透明化。如果中国境内设立的金融机构的账户持有人产生海外收入，就需要按照我国的国内税法规定及时缴纳税款，否则可能面临法律风险。

1. 纳税申报义务

按照我国税法的相关规定，中国税收居民应就全球收入向中国税务机关纳税申报。纳税人发生应税行为后必须按规定期限履行纳税义务，否则应依法对其加收法定比例的滞纳金。目前，对于因纳税人疏漏导致的欠税，一般追征期为 3 年，涉及金额 10 万元以上的，追征期可延至 5 年。

2. 行政责任

依据我国《税收征收管理法》，隐匿海外收入涉及 3 个层面的行政责任：(1)未按期申报，对应《税收征收管理法》第 62 条、第 64 条和第 68 条；(2)逃避追缴税款，对应《税收征收管理法》第 65 条；(3)偷税，对应《税收征收管理法》第 63 条。纳税人伪造、变造、隐匿、擅自销毁账簿、记账凭证，或者在账簿上多列支出或者不列、少列收入，或者经税务机关通知申报而拒不申报或者进行虚假的纳税申报，不缴或者少缴应纳税款的，是偷税。对纳税人偷税的，由税务机关追缴其不缴或者少缴的税款、滞纳金，并处不缴或者少缴税款 50% 以上 5 倍以下的罚款，并且无追征期限的限制；构成犯罪的，依法追究刑事责任。可见，纳税人承担的相关行政责任主要为罚款，税务机关对此有较大的自由裁量权。

3. 刑事责任

我国《刑法》第 201 条规定,纳税人采取欺骗、隐瞒手段进行虚假纳税申报或者不申报,逃避缴纳税款数额较大并且占应纳税额 10% 以上的,处 3 年以下有期徒刑或者拘役,并处罚金;数额巨大并且占应纳税额 30% 以上的,处 3 年以上 7 年以下有期徒刑,并处罚金。部分国家在提供情报时,可能会基于经济发展考虑要求对方国家提供刑事豁免,以保护该国投资者的安全和积极性。从目前我国《刑法》的相关规定来看,对于偷逃税是可以无限期追究责任的。

三、CRS 下部分国家(地区)税收居民判定条件

(一)中国

1. 内地

按照我国税法的规定,在中国境内有住所,或者无住所而一个纳税年度内在中国境内居住累计满 183 天的个人认定为中国税收居民。在中国境内有住所,是指因户籍、家庭、经济利益关系而在中国境内习惯性居住。

2. 香港特别行政区

在某纳税年度内,在香港停留超过 180 天,或在连续两个纳税年度内在香港停留超过 300 天的个人;如果在香港有自己或家人所居住的永久性的居所,则该个人一般会被视为"通常居住于中国香港特别行政区"。

要被视为"通常居住在中国香港特别行政区"的个人,该个人除临时性或偶然性离境一定时间外,必须习惯性及通常性居住在香港(通常居住,是指个人在香港居住是出于自愿并以定居为目的,具有一定的持续性,并且不论时间长短,为其当前生活的惯常状态)。在确定个人停留在香港的天数时,如停留不足 1 天的,按 1 天计算。

(二)美国

对非美国公民(外籍个人)而言,需依据"绿卡标准"或者"实际停留天数标准"来判定是否为外籍个人税收居民。如果外籍个人在美国停留的时间满足"3 年内在美国停留累计超过 183 天(非美国移民,但有美国收入)"的条件,则被视为满足标准。

美国居民标准通常基于公历年度计算。另外,绿卡过期并不一定代表美国税收居民身份的终结。美国的居民纳税人在全球所取得的收入皆须申报,如工资薪金、佣金、酬金、利息、股息、合伙分红、资本利得分红、退休金收入、失业补偿金收入,等等。

(三)英国

符合下列条件之一的,即为英国税收居民:(1)在一个课税年度内(当年的 4 月 6 日到下一年的 4 月 5 日),在英国居住 183 天以上的人;(2)在英国可能有住房,且不在

国外从事全日制工作的人；(3)以上两个条件不符合，但是习惯或实际居住在英国境内的人。

另外，自2013年4月6日起，英国的税收居民身份须根据“法定居民身份测试”(Statutory Residence Test)的结果判定，测试内容包括个人在英国停留的时间、是否仅在英国有家、是否在英国从事全职工作，以及与英国的关联等。

(四)加拿大

一般情况下，在加拿大经常、通常或习惯性居住并生活的个人，都可能被认定为加拿大的税收居民。因此，与加拿大有居住关系，如家在加拿大、在加拿大有社会与经济利益以及其他与加拿大的关联，皆为重要考量。

此外，加拿大税法中的“视同认定规定”(deeming provision)对于判定个人是否构成加拿大居民也很重要。例如，一个纳税年度在加拿大境内停留时间超过183天，受雇于加拿大政府或加拿大某省，通常被认定为加拿大的税收居民。

(五)澳大利亚

就自然人而言，账户持有人可以根据澳大利亚税务办公室公布的《税务指南》判断其是否为澳大利亚的税收居民：

澳大利亚税法层面上的居民，与个体是否有澳大利亚国籍无关。即具有永久居住权的个人不一定会被认定为澳大利亚的税收居民，个人是否具有澳大利亚的税收居民身份，需要根据不同的情形具体判断。相关法律对不同情形下的身份判断作了规定，例如，个人在某一课税年度在澳大利亚居住半年以上的，将被认定为澳大利亚的税收居民。

一般而言，根据1936年《所得税评估法》(Income Tax Assessment Act 1936，ITAA 1936)第6(1)章的规定，符合以下条件之一的，将被认定为澳大利亚税收居民：(1)在澳大利亚有无住所；(2)某一课税年度在澳大利亚居留183天以上；(3)参与养老金计划。

需要提醒的是，在评估(1)和(2)两条时，也要同时考虑其他与“居住”概念相关的因素，包括：(1)个人居住在澳大利亚的意图或目的；(2)个人的家庭、事业、收入等与澳大利亚的密切程度；(3)个人资产的比例和配置；(4)个人的生活安排和社会关系。

综合分析上述条件，则会出现诸如在澳大利亚旅游即使超过183天也是非居民的例外情形。

(六)新加坡

《新加坡所得税法》[Singapore Income Tax Act(Chapter 134)，SITA]第2(1)章规定了新加坡税收居民身份的认定标准，在某个特定的课税年度，如果符合以下条件之

一,则视为居民纳税人:

(1)新加坡公民;

(2)在新加坡定居并成为永久居民;

(3)上一年度在新加坡居留183天以上的外籍人士;

(4)上一年度在新加坡工作183天以上的外籍人士(公司董事除外)。

居民纳税人可以申请开支、捐赠和税收减免,以此来减少个人所交的税款。

除此之外,则被视为非居民纳税人:

①非居民纳税人指前一年在新加坡居住或工作不超过183天的外籍人士。

②非居民纳税人也可以申请开支和捐款以减免税收,但是不能申请税收减免。

③非居民纳税人的工作收入按照15%的税率纳税,或按照适用于居民纳税人的税率缴纳,以较高者为准。董事费、咨询费以及其他收入的税率是22%。

④从事公众表演者的非居民,将以10%的税率被征税。

综上可知,对于是否为某一国家(地区)的税收居民的判定,各个国家(地区)都有自己的标准,但有几个通用原则:在该国家(地区)生活的时间长短是否超过界限;或该个人的收入是否来源于经常性居住地。

四、CRS信息互换

(一)承诺实施CRS的国家(地区)

2022年11月9日,OECD发布了《2022年金融账户涉税信息自动交换同行评审报告》。报告介绍了相关国家(地区)为实施金融账户涉税信息自动交换标准而制定的法律框架的同行评审最新结论,涉及100多个承诺在2020年之前启动信息自动交换的国家(地区)。该报告首次分享了OECD关于AEOI标准实践有效性的初步同行审查结果,充分展现了提升税收透明度和推进信息交换在全球范围取得的重大进展。根据《2022年金融账户涉税信息自动交换同行评审报告》披露的信息,已有超过110个国家和地区参与实施CRS并实际进行了信息交换,另外有10个国家和地区承诺将在未来几年开始实施CRS。目前也有尚未参与CRS的国家和地区,如美国、菲律宾、迪拜等。

(二)CRS信息互换模式

CRS有三种信息互换模式:多边模式、双边协定模式和欧盟模式。

欧盟模式只适用于欧盟成员国,范围较小。

双边协定模式,需要两两自愿找配对对象,再签订双边协议,而后开始信息交换,此种模式效率较低。2018年9月1日前,我国香港特别行政区、澳门特别行政区因不是主权国家,不能签订多边公约,只能采用双边协定模式,一对一地寻找愿意跟自己交换的辖区。2018 年 9 月 1 日起,中国已将《多边公约》效力正式扩大到香港特别行政区和澳门特别行政区两地,两地也从过去的“双边协定模式”转变成了“多边模式”。

大范围、高概率使用的就是多边模式,加入 CRS 的国家(地区)大部分选择了多边模式,包括中国。

与双边协定模式需要一对一确定不同,多边模式由 OECD 撮合配对,批量高效。

多边撮合流程分为以下三步:第一步,参与国(地区)签署 CRS 多边协议。第二步,向 OECD 提交一系列资料,包括本国(地区)CRS 法规、信息加密方式、数据安全处理,以及“愿意与之进行信息交换的 CRS 多边协议签署国名单”等。第三步,若 OECD 发现两个国家(地区)都选了对方,视为配对成功,然后把成功配对的信息公布出来。

此后,即自动开始信息交换。

第一批 CRS 税务信息交换已在 2017 年 9 月完成。有超过 50 个国家(地区)参与了互换信息,包括英属开曼群岛、英属维尔京群岛、百慕大群岛等,超过 50 万自然人的离岸账户信息被披露换回,额外征收了约 850 亿欧元的税款。

中国于第二批进行互换,也就是 2018 年 9 月开始第一次交换,此后每年定期自动交换。

(三)CRS 信息互换内容

为了履行金融账户涉税信息自动交换国际义务,规范金融机构对非居民金融账户涉税信息的尽职调查行为,2017 年 5 月 9 日,国家税务总局、财政部、中国人民银行等六部委联合颁布了《非居民金融账户涉税信息尽职调查管理办法》。

该办法规定,金融机构应当汇总报送境内分支机构的下列非居民账户信息,并注明报送信息的金融机构名称、地址以及纳税人识别号:

(1)个人账户持有人的姓名、现居地址、税收居民国(地区)、居民国(地区)纳税人识别号、出生地、出生日期;机构账户持有人的名称、地址、税收居民国(地区)、居民国(地区)纳税人识别号;机构账户持有人是有非居民控制人的消极非金融机构的,还应当报送非居民控制人的姓名、现居地址、税收居民国(地区)、居民国(地区)纳税人识别号、出生地、出生日期。

(2)账号或者类似信息。

(3)公历年年度年末单个非居民账户的余额或者净值(包括具有现金价值的保险合同或者年金合同的现金价值或者退保价值)。账户在本年度内注销的,余额为零,同时应当注明账户已注销。

(4)存款账户,报送公历年年度内收到或者计入该账户的利息总额。

(5)托管账户,报送公历年年度内收到或者计入该账户的利息总额、股息总额以及其他由于被托管资产而收到或者计入该账户的收入总额。报送信息的金融机构为代理人、中间人或者名义持有人的,报送因销售或者赎回金融资产而收到或者计入该托管账户的收入总额。

(6)其他账户,报送公历年年度内收到或者计入该账户的收入总额,包括赎回款项的总额。

(7)国家税务总局要求报送的其他信息。

上述报送信息中涉及金额的,应当按原币种报送并且标注原币种名称。

对于存量账户,金融机构现有客户资料中没有居民国(地区)纳税人识别号、出生日期或者出生地信息的,无须报送上述信息。但是,金融机构应当在上述账户被认定为非居民账户的次年年底前,积极采取措施,获取上述信息。

非居民账户持有人无税收居民国(地区)纳税人识别号的,金融机构无须收集并报送纳税人识别号信息。

五、CRS应对服务

(1)确定税收居民身份,避免双重征税。根据各国家(地区)签署的《避免双重征税协定》,若成为某一国家或地区的税务居民,在某一国家(地区)缴纳税收,取得完税凭证,则可以避免在另一国家(地区)重复纳税。因此,对于在境外有资产配置的纳税人而言,可以通过确定税收居民身份,在合适的地区纳税,同时避免双重征税。

(2)CRS的本质是一个法律问题,在法律效力适用层级上,虽然国际法优于国内法,但在涉及具体纳税义务、法律责任判定时,主要是依赖国内税收实体法律、法规的规定,纳税人在做相关税务筹划时应明确其法律边界。

第二节　外商投资中国税法服务[①]

根据国家统计局发布的《中华人民共和国2022年国民经济和社会发展统计公报》

---

① 《外商投资法实施条例》第48条规定:"香港特别行政区、澳门特别行政区投资者在内地投资,参照外商投资法和本条例执行;法律、行政法规或者国务院另有规定的,从其规定。台湾地区投资者在大陆投资,适用《中华人民共和国台湾同胞投资保护法》(以下简称台湾同胞投资保护法)及其实施细则的规定;台湾同胞投资保护法及其实施细则未规定的事项,参照外商投资法和本条例执行。定居在国外的中国公民在中国境内投资,参照外商投资法和本条例执行;法律、行政法规或者国务院另有规定的,从其规定。"根据此条规定,本部分"境外投资人"包括我国香港特别行政区、澳门特别行政区及台湾地区投资人。

显示,2022 年度全国共设立外商投资企业 38,497 家,实际使用外资金额 12,327 亿元人民币,同比增长 6.3%。外商持续投资中国的热度不减。税务律师可为外商投资中国提供的涉税服务主要涉及税务尽职调查、税务架构搭建以及税收协定优惠申请等。税务律师为境外投资人提供税务尽职调查服务的主要目的,是识别和评估投资项目的税法风险以及为境外投资人评估中国境内投资项目价值提供涉税考量因素。律师既可以为境外投资人提供专项的税务尽职调查服务,也可以为其提供综合性外商投资法律服务。建议税务律师与外商投资类专业律师以业务合作的形式为境外投资人提供综合性的尽职调查服务。

一、税务尽职调查

境外投资人采取股权收购的方式实现对中国境内企业投资的,应当对拟收购的目标企业进行详尽的尽职调查,包括法律尽职调查、财务尽职调查及税务尽职调查。

(一)税务尽职调查的前期准备

开展税务尽职调查前期,律师宜与境外投资人就拟投资项目、投资方式、投资区域、产业、项目运营计划等进行充分沟通,同时了解拟投资项目的盈利模式和预期现金流量,为开展全面的税务尽职调查工作做好准备。

(二)税务尽职调查的内容

建议律师主要从以下方面开展税务尽职调查:

(1)不同投资方式的税务成本,如新设企业与并购境内既存企业在股权出资与让与方面的税负区别及涉及的不同税种;

(2)拟投资项目未来面临的中国税法合规性义务,如纳税申报义务、关联申报义务、同期资料提交义务等;

(3)拟投资项目所涉产业可以享受的税收优惠种类,如区域性税收优惠政策、税额减免优惠、加计扣除优惠、税率优惠等;

(4)采用并购方式投资的,对目标企业的股权结构、组织结构、所在地税收政策、历年来涉及各税种的纳税情况进行调查和核实,并审核目标企业的历年财务报表,查明潜在的税务违规风险。

(三)税务尽职调查过程中的注意事项

律师在进行税务尽职调查的过程中,宜根据需要与被收购企业方的财务负责人及当地市场监管、税务等政府机构、当地商会进行沟通和交流,收集证据后,要根据潜在的重大风险信息进行实地核实和调查。

(四)制作税务尽职调查报告

律师在完成税务尽职调查后,宜结合证据资料撰写专项报告,在报告中着重说明潜在风险因素,提出规避税务风险的方法,并以电子和纸质方式提交委托人进行参考。

二、外商投资中国税务架构搭建

境外投资人向中国进行投资,首先需要充分了解中国当前的投资政策及法律制度环境,尤其是税收政策环境。当前,中国政府已完成的"营改增",及正在推进的信托税制、房地产税制等改革增加了企业的税收成本,也带来了一定的税法合规风险。与此同时,国家产业转移战略以及西部大开发战略的实施,也为企业提供了一定的税收优惠政策,给企业实施境内税务架构安排提供了空间。因此,境外投资人应当重点关注境内的外商投资企业潜在税种及税负的变化,准确识别自身的税收风险,进一步完善集团架构,合理、合法地实施税收筹划,降低税收成本,控制税收风险。

尽管境内的企业所得税税率通常为25%,但是,国家为了加快西部地区等特殊区域的经济发展,出台了一些区域性税收优惠政策,同时赋予这些地区的政府实施财政返还、财政奖励等政策以促进当地经济发展的权限。以企业所得税为例,对设在西部地区以《西部地区鼓励类产业目录(2020年本)》中规定的产业项目为主营业务,且其当年度主营业务收入占企业收入总额70%以上的企业,经企业申请,主管税务机关审核确认后,可减按15%税率缴纳企业所得税。律师可以为境外投资人提供境内投资股权架构设计方案的服务,满足委托人合理投资税负和降低法律风险的需要。

(一)将境内低税率地区作为境内的"离岸"控股中心

传统的海外避税架构以避税港为起点,借由我国香港特别行政区等地进入境内,目的在于适用香港与内地的税收安排优惠政策、转移利润以及降低投资退出的税收成本。随着国家税务总局陆续出台相关规定,由于对境外控股企业的受益所有人的身份认定及其自身存在的合理商业目的证明均存在相当难度,近年来屡屡发生避税失败的案例。传统的海外避税架构已经很难获取成效。

境外投资人应当利用境内低税负地区作为其在境内的"离岸"控股中心,通过西藏等境内低税负地区进入境内进行投资的架构在当前将更为有效,不仅可以利用我国的区域性税收优惠政策,还可以规避中国税务部门的反避税监管。境外投资者通过西藏投资公司向境内企业实施投资,可以把利润汇集在西藏这一低税率地区;当投资者欲退出时,可以通过西藏控股公司直接转让其在境内企业的股权,并享受股权转让的低税率,甚至是免税的企业所得税优惠政策。两种公司架构设计对比如图3-1所示。

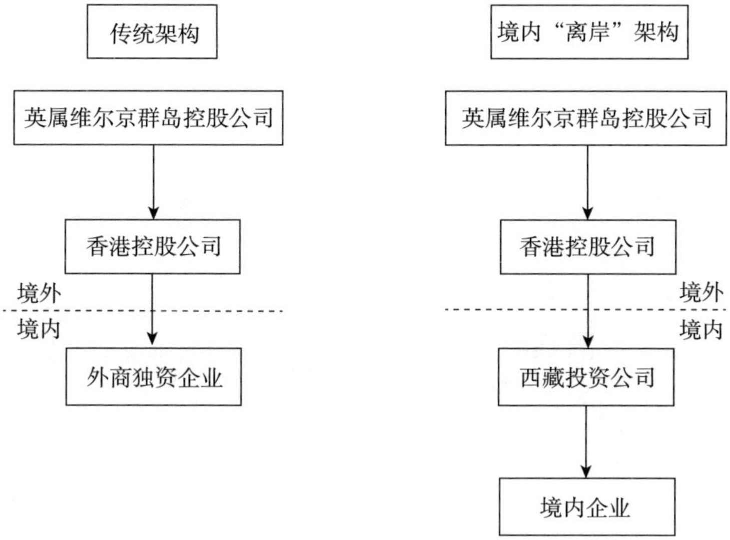

图 3－1　两种公司架构设计对比

（二）税收风险向外剥离

“营改增”给企业税收风险管理带来了严峻挑战。企业可以把税收风险高的业务或功能从企业总部剥离。以房地产开发企业为例，集团企业具有房地产开发以及销售业务的，可以把房地产销售企业的总部设立在我国西藏等地区，并在全国各地设置分支机构，从而把涉税风险比较高的环节从集团总部中分离出去，降低集团总部的税收合规性风险。同时，根据我国《企业所得税法》关于汇总计算缴纳所得税的规定，房地产销售企业的分支机构在全国各地出售房地产取得的收入将在西藏计算缴纳所得税，可以享受较低的税率优惠，并且开票企业是西藏企业，风险可以从集团总部中剥离出来。

经营导向的税务架构不仅可剥离税收风险，还具有降低集团企业整体税负的作用。以图 3－2 为例，集团总部向设立在西藏的投资顾问公司支付顾问费用，可以把利润转移至西藏这一低税率地区。苏州加工子公司可以在当地申请高新技术企业资质，并享受 15% 的优惠税率，其将产品以较低价格销售给新疆销售总公司，再由新疆销售总公司在全国各地的分支机构向全国各地进行销售，从而把利润留在苏州和新疆，适用低税率甚至是免税政策。同时，新疆销售总公司作为产品销售方，向购买方开具增值税专用发票，将税票风险从集团总部中剥离出来。

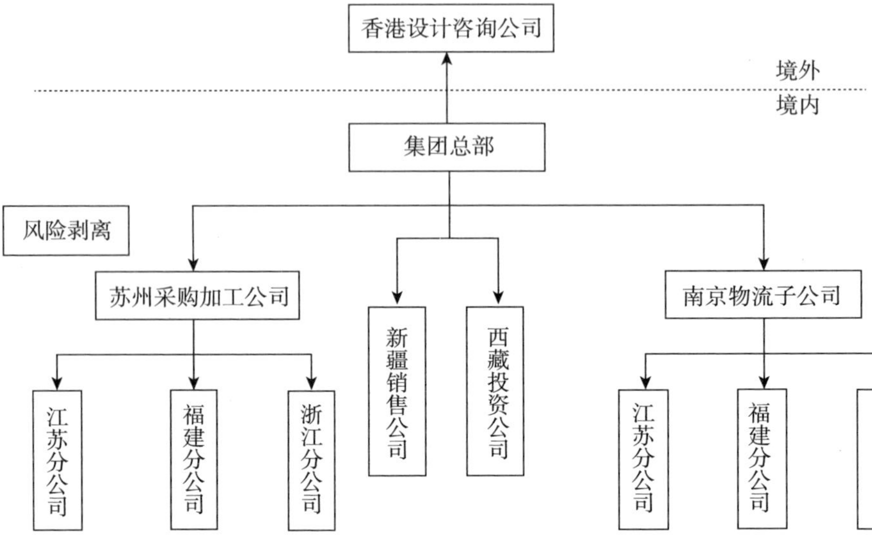

图3-2 经营导向的税务架构示例

利用我国不同区域税负差异进行合法、合理的税收筹划并不局限于上述两类结构。结合合理的商业目的安排,灵活运用我国不同区域税负差异,能够比较明显地降低企业整体税负,并有效地控制税收合规性风险。企业在安排自身商业架构时,境内不同区域税负差异应当成为必须考虑的核心因素之一。

(三)税务律师服务方式

律师为委托人设计投资架构,应当着重从以下方面实施:(1)投资架构的设计应当有利于降低境外投资人在我国境内股权投资的税务成本;(2)投资架构的设计应当有利于降低境外投资人在我国境内后续融资的税务成本;(3)投资架构的设计应当有利于降低境外投资人在我国境内项目运营过程中的税务成本;(4)投资架构的设计应当有利于降低利润汇出境的税务成本;(5)投资架构的设计应当有利于降低境外投资人退出境内投资项目时的税务成本;(6)根据委托人需要,投资架构的设计应当便于安排境外投资人在我国境内项目未来在境外上市融资。律师可以为委托人提供专项的投资架构咨询服务,也可以向委托人提供协助实施投资架构的服务。

律师在为委托人提供投资架构搭建服务时,应当向委托人说明投资架构可能涉及的税法风险、政府违约风险等相关法律风险,并提出防范和规避风险的法律建议。律师应当为委托人提交纸质和电子的专项咨询意见。

三、税收协定优惠的申请

税收协定是国家之间为避免双重征税与打击跨国偷漏税行为而签署的政府性条

约，可以有效防止跨国性的双重征税，划分不同主体之间的税收管辖权。律师可以代理境外投资方向中国政府申请所涉两国或地区之间的税收协定优惠，或者代表项目方与地方政府谈判，获取地方政府提供的地方财政支持。律师可代理境外投资方向税务机关或者主管机关提交税收优惠申请资料，起草和审查项目方与地方政府签署的合同或协议，确保合同或者协议的合法性和有效性。中国境内项目公司向境外投资方分配股息红利时，境外投资方符合受益所有人条件的，可以享受低税率的企业所得税税收优惠。

国家税务总局2019年10月发布的《非居民纳税人享受协定待遇管理办法》第3条明确规定，非居民纳税人①享受协定待遇，采取"自行判断、申报享受、相关资料留存备查"的方式办理。非居民纳税人在纳税申报或通过扣缴义务人扣缴申报时，可以自行享受税收协定待遇，并接受税务机关的后续管理。

(一)适用协定与纳税申报应当提交的资料

非居民纳税人自行申报的，应当自行判断能否享受协定待遇，如实申报并报送相关报告表和资料。在源泉扣缴和指定扣缴情况下，非居民纳税人认为自身符合享受协定待遇条件，需要享受协定待遇的，应当主动向扣缴义务人提出，并向扣缴义务人提供相关报告表和资料。

非居民纳税人需享受协定待遇的，应在纳税申报时自行报送或由扣缴义务人在扣缴申报时报送《非居民纳税人享受协定待遇信息报告表》，并归集和留存以下资料：

(1)由协定缔约对方税务主管当局开具的证明非居民纳税人取得所得的当年度或上一年度税收居民身份的税收居民身份证明；享受税收协定国际运输条款或国际运输协定待遇的，可用能够证明符合协定规定身份的证明代替税收居民身份证明。

(2)与取得相关所得有关的合同、协议、董事会或股东会决议、支付凭证等权属证明资料。

(3)享受股息、利息、特许权使用费条款协定待遇的，应留存证明"受益所有人"身份的相关资料。

(4)非居民纳税人认为能够证明其符合享受协定待遇条件的其他资料。

同时应当注意，相关资料原件为外文文本的，应当同时提供中文译本。非居民纳税人、扣缴义务人可以向主管税务机关提供资料复印件，但是应当在复印件上标注原件存放处，加盖报告责任人印章或签章。主管税务机关要求报验原件的，应报验原件。

---

① 根据国家税务总局《非居民纳税人享受协定待遇管理办法》第4条第1款的规定，非居民纳税人，是指按照税收协定居民条款规定应为缔约对方税收居民的纳税人。

境外投资方需要享受税收协定条款规定的税收协定优惠待遇的,律师可代理境外投资方向主管税务机关提出审批申请,并依照规定提交如下资料:税收协定股息条款;税收协定利息条款;税收协定特许权使用费条款;税收协定财产收益条款。

境外投资方需要享受税收协定条款规定的税收协定待遇的,律师可代理境外投资方向主管税务机关办理备案手续,并依照有关规定提交如下资料:税收协定常设机构条款;税收协定营业利润条款。

(二)纳税申报的特殊规定

非居民纳税人发现不应享受而享受了协定待遇,并少缴或未缴税款的,应当主动向主管税务机关申报补税。税款追征期适用《税收征收管理法》第52条的规定。

非居民纳税人可享受但未享受协定待遇而多缴税款的,可在《税收征收管理法》规定的期限内自行或通过扣缴义务人向主管税务机关要求退还多缴税款,同时提交相应的报告表及留存备查资料。主管税务机关应当自接到非居民纳税人或扣缴义务人退还多缴税款申请之日起30日内查实,对符合享受协定待遇条件的多缴税款办理退还手续。

(三)后续管理

目前,我国的税收协定优惠待遇的享受采取"自行判断、申报享受、相关资料留存备查"的方式,因此税务机关对于后续管理方面进行了强化。

1. 补交资料的义务

主管税务机关在后续管理时,可要求非居民纳税人限期提供留存备查资料。主管税务机关在后续管理或税款退还查实工作过程中,发现依据《非居民纳税人享受协定待遇管理办法》规定的资料不足以证明非居民纳税人符合享受协定待遇条件,或非居民纳税人存在逃避税嫌疑的,可要求非居民纳税人或扣缴义务人限期提供相关资料并配合调查。

非居民纳税人、扣缴义务人应配合主管税务机关进行非居民纳税人享受协定待遇的后续管理与调查。非居民纳税人、扣缴义务人均未按照税务机关要求提供相关资料,或逃避、拒绝、阻挠税务机关进行后续调查,主管税务机关无法查实其是否符合享受协定待遇条件的,应视为不符合享受协定待遇条件。

2. 补缴税款的义务

主管税务机关在后续管理过程中,发现非居民纳税人不符合享受协定待遇条件而享受了协定待遇,并少缴或未缴税款的,应通知非居民纳税人限期补缴税款。

非居民纳税人未依法缴纳税款的,主管税务机关可以从该非居民纳税人在中国境内其他收入项目的支付人应付的款项中,追缴该非居民纳税人的应纳税款。主管税务机关在后续管理或税款退还查实工作过程中,发现不能准确判定非居民纳税人是否可以享受协定待遇的,应当向上级税务机关报告;需要启动相互协商或情报交换程序的,按有关规定启动相应程序。

四、间接转让财产税务服务

(一)间接转让的税务风险分析

律师在服务非居民企业间接转让中国居民企业股权等财产时,应特别注重这一安排的合理商业目的,对于不具有合理商业目的的间接转让行为,中国税务机关有权重新定性该间接转让交易为直接转让中国居民企业股权等财产。

(二)间接转让的合理商业目的判断

律师可以为境外非居民企业提供审查合理商业目的的服务,律师在审查间接转让安排的合理商业目的时,宜着重从以下七个方面考虑:

(1)境外企业股权主要价值是否直接或间接来自中国应税财产;

(2)境外企业资产是否主要由直接或间接在中国境内的投资构成,或其取得的收入是否主要直接或间接来源于中国境内;

(3)境外企业及直接或间接持有中国应税财产的下属企业实际履行的功能和承担的风险是否能够证实企业架构具有经济实质;

(4)境外企业股东、业务模式及相关组织架构的存续时间;

(5)间接转让中国应税财产交易在境外应缴纳所得税情况;

(6)股权转让方间接投资、间接转让中国应税财产交易与直接投资、直接转让中国应税财产交易的可替代性;

(7)间接转让中国应税财产所得在中国可适用的税收协定或安排情况。

(三)间接转让认定为直接转让中国财产的情形及法律建议

非居民企业间接转让中国居民企业股权等财产存在以下情形之一的,中国税务机关有权直接认定为直接转让中国财产,律师应审查委托人的交易情形是否属于以下情形,并提出规避风险、修补交易形式的法律建议:

(1)境外企业股权75%以上价值直接或间接来自中国应税财产;

(2)间接转让中国应税财产交易发生前一年内任一时点,境外企业资产总额(不含现金)的90%以上直接或间接由在中国境内的投资构成,或间接转让中国应税财产交易发生前一年内,境外企业取得收入的90%以上直接或间接来源于中国境内;

(3)境外企业及直接或间接持有中国应税财产的下属企业,虽在所在国家(地区)登记注册,以满足法律所要求的组织形式,但实际履行的功能及承担的风险有限,不足

以证实其具有经济实质;

(4)间接转让中国应税财产交易在境外应缴所得税税负低于直接转让中国应税财产交易在中国的可能税负。

(四)境外非居民企业履行非法定合规申报义务所需材料

律师可以代理间接转让中国居民企业股权等财产的境外非居民企业向中国税务机关履行合规申报,但这并非一项法定义务,建议在申报时提交的资料主要有:

(1)股权转让合同或协议(为外文文本的需同时附送中文译本,下同);

(2)股权转让前后的企业股权架构图;

(3)境外企业及直接或间接持有中国应税财产的下属企业上两个年度财务、会计报表;

(4)间接转让中国应税财产交易不适用《关于非居民企业间接转让财产企业所得税若干问题的公告》(国家税务总局公告2015年第7号,以下简称2015年第7号公告)第1条的理由。

(五)间接转让所涉主体履行法定合规申报义务所需资料

当中国税务机关要求间接转让中国应税财产的交易双方、筹划方以及被间接转让股权的中国居民企业提供交易资料时,上述四方主体均有法定义务提交以下资料,律师应协助各方履行资料提交的合规义务:

(1)股权转让合同或协议;

(2)股权转让前后的企业股权架构图;

(3)境外企业及直接或间接持有中国应税财产的下属企业上两个年度财务、会计报表;

(4)间接转让中国应税财产交易不适用认定为直接转让财产的理由;

(5)有关间接转让中国应税财产交易整体安排的决策或执行过程信息;

(6)境外企业及直接或间接持有中国应税财产的下属企业在生产经营、人员、账务、财产等方面的信息,以及内外部审计情况;

(7)用以确定境外股权转让价款的资产评估报告及其他作价依据;

(8)间接转让中国应税财产交易在境外应缴纳所得税情况。

(六)间接转让的涉税争议解决

境外投资方因间接转让中国居民企业股权等财产与中国税务机关的反避税处理决定产生争议的,律师应当根据《一般反避税管理办法(试行)》(国家税务总局令第32号)的有关规定实施法律救济服务。

第三节　中国企业“走出去”税法服务

一、中国企业境外投资管理

中国企业境外投资涉及能源开发、行业投资、国有资产监管、外汇监管等诸多方面的内容，实践中，通常来讲，中国企业境外投资应取得较多监管机构的批准，如商务部、国家发改委、国务院国资委以及国家外汇管理局等。另外，根据行业性质的不同，审批过程也有可能会涉及其他政府部门，如银行、证券公司和保险公司等金融机构进行境外投资的，则需要由不同的监管机构进行监管。

（一）商务主管部门的核准

为促进和规范中国企业境外投资，2014年9月6日，商务部发布了《境外投资管理办法》，并于2014年10月6日起施行。根据该管理办法，商务部和各省、自治区、直辖市、计划单列市及新疆生产建设兵团商务主管部门负责对境外投资实施管理和监督。

1. 商务主管部门核准的境外投资及核准程序

（1）商务主管部门核准的境外投资情形

商务部和省级商务主管部门对部分企业境外投资实行核准。根据《境外投资管理办法》及相关法律规定，下列情形的境外投资，须报商务主管部门核准，其中，对属于核准情形的境外投资，中央企业向商务部提出申请，地方企业通过所在地省级商务主管部门向商务部提出申请：

①在与我国未建交国家的境外投资；

②在受联合国制裁国家的境外投资；

③特定国家或地区的境外投资（具体名单由商务部会同外交部等有关部门确定）；

④涉及出口我国限制出口的产品和技术的行业、影响一国（地区）以上利益的行业的境外投资。

对于不属于上述境外投资情形的，应由商务主管部门备案管理。

（2）核准所需的申请材料

①申请书，主要包括投资主体情况、境外企业名称、股权结构、投资金额、经营范围、经营期限、投资资金来源、投资具体内容等；

②《境外投资申请表》；

③境外投资相关合同或协议；

④有关部门对境外投资所涉的属于我国限制出口的产品或技术准予出口的材料;

⑤企业营业执照复印件。

核准境外投资应当征求我国驻外使(领)馆(经商处室)意见。涉及中央企业的,由商务部征求意见;涉及地方企业的,由省级商务主管部门征求意见。征求意见时,商务部和省级商务主管部门应当提供投资事项基本情况等相关信息。驻外使(领)馆(经商处室)应当自接到征求意见要求之日起7个工作日内回复。

(3)核准程序

商务部应当在受理中央企业核准申请后20个工作日内[包含征求驻外使(领)馆(经商处室)意见的时间]作出是否予以核准的决定。申请材料不齐全或者不符合法定形式的,商务部应当在3个工作日内一次告知申请企业需要补正的全部内容。逾期不告知的,自收到申请材料之日起即为受理。中央企业按照商务部的要求提交全部补正申请材料的,商务部应当受理该申请。

申请材料不齐全或者不符合法定形式的,省级商务主管部门应当在3个工作日内一次告知申请企业需要补正的全部内容。逾期不告知的,自收到申请材料之日起即为受理。地方企业按照省级商务主管部门的要求提交全部补正申请材料的,省级商务主管部门应当受理该申请。

2. 商务主管部门备案的境外投资及备案程序

对于无须向商务主管部门申请核准的境外投资,可以直接进行备案。对属于备案情形的境外投资,中央企业报商务部备案;地方企业报所在地省级商务主管部门备案。

中央企业和地方企业应按要求填写并打印《境外投资备案表》,加盖印章后,连同企业营业执照复印件分别报商务部或省级商务主管部门备案。《境外投资备案表》填写如实、完整、符合法定形式,且企业在《境外投资备案表》中声明其境外投资无禁止性投资情形的,商务部或省级商务主管部门应当自收到《境外投资备案表》之日起3个工作日内予以备案并颁发《企业境外投资证书》。企业不如实、完整填报《境外投资备案表》的,商务部或省级商务主管部门不予备案。

《境外投资管理办法》第4条规定:"企业境外投资不得有以下情形:(一)危害中华人民共和国国家主权、安全和社会公共利益,或违反中华人民共和国法律法规;(二)损害中华人民共和国与有关国家(地区)关系;(三)违反中华人民共和国缔结或者参加的国际条约、协定;(四)出口中华人民共和国禁止出口的产品和技术。"

3. 境外投资事项变更手续

企业境外投资经备案或核准后,原企业境外投资证书载明的境外投资事项发生变更的,企业应当按照核准或备案的程序向原备案或核准的商务部或省级商务主管部门办理变更手续。企业自领取企业境外投资证书之日起2年内,未在境外开展投资的,企业境外投资证书自动失效;如需再开展境外投资,应当按照程序重新办理备案或申请核准。企业终止已备案或核准的境外投资,应当在依投资目的地法律办理注销等手续后,向原备案或核准的商务部或省级商务主管部门报告;原备案或核准的商务部或省级商务主管部门根据报告出具注销确认函。

(二)国家发改委的核准与备案

根据《企业境外投资管理办法》、国家发改委《关于修改〈境外投资项目核准和备案管理办法〉和〈外商投资项目核准和备案管理办法〉有关条款的决定》,以及相关法律法规的规定,国家对境外投资项目处于敏感国家或地区的实行核准管理。对于一般的境外投资项目实行备案管理。所谓境外投资项目,是指中国境内各类法人以新建、并购、参股、增资和注资等方式进行的境外投资项目,以及投资主体以提供融资或担保等方式通过其境外企业或机构实施的境外投资项目。具体是指投资主体通过投入货币、有价证券、实物、知识产权或技术、股权、债权等资产和权益或提供担保,获得境外所有权、经营管理权及其他相关权益的活动。投资主体实施需国家发改委核准或备案的境外投资项目,在对外签署具有最终法律约束效力的文件前,应当取得国家发改委出具的核准文件或备案通知书;或可在签署的文件中明确生效条件为依法取得国家发改委出具的核准文件或备案通知书。投资主体凭核准文件或备案通知书,依法办理外汇、海关、出入境管理和税收等相关手续。对于未按规定权限和程序核准或者备案的项目,有关部门不得办理相关手续,金融机构不得发放贷款。

1. 国家发改委核准的境外投资及核准程序

(1)国家发改委核准的境外投资

实行核准管理的范围是投资主体直接或通过其控制的境外企业开展的敏感类项目,包括涉及敏感国家和地区的项目和涉及敏感行业的项目。

敏感国家和地区包括:①与我国未建交的国家和地区;②发生战争、内乱的国家和地区;③根据我国缔结或参加的国际条约、协定等,需要限制企业对其投资的国家和地区。

敏感行业包括:①武器装备的研制生产维修;②跨境水资源开发利用;③新闻传媒。

根据我国法律法规和有关调控政策,需要限制我国企业境外投资的行业。敏感行业目录由国家发改委发布。

(2)项目信息报告制度

除核准制外,国家对以下境外投资项目实施信息报告管理:

①中方投资额在3亿美元以上的境外收购项目,包括投资主体以协议、要约等方式收购境外企业全部或者部分股权、资产或其他权益的项目;

②中方投资额在3亿美元以上的境外竞标项目,包括投资主体参与境外公开或不公开的竞争性投标等方式获得境外企业全部或者部分股权、资产或其他权益的项目。

(3)核准程序

实行核准管理的项目,投资主体应当通过网络系统向核准机关提交项目申请报告并附具有关文件。其中,投资主体是中央管理企业的,由其集团公司或总公司向核准机关提交;投资主体是地方企业的,由其直接向核准机关提交。项目申请报告可以由投资主体自行编写,也可以由投资主体自主委托具有相关经验和能力的中介服务机构编写。

项目申请报告应当包括投资主体情况、项目情况(项目名称、投资目的地、主要内容和规模、中方投资额等)、项目对我国国家利益和国家安全的影响分析、投资主体关于项目真实性的声明。

项目申请报告的通用文本以及应当附具的文件清单由国家发改委发布。

项目申请报告和附件齐全、符合法定形式的,核准机关应当予以受理。项目申请报告或附件不齐全、不符合法定形式的,核准机关应当在收到项目申请报告之日起5个工作日内一次性告知投资主体需要补正的内容。逾期不告知的,自收到项目申请报告之日起即为受理。

核准机关受理或不予受理项目申请报告,都应当通过网络系统告知投资主体。投资主体需要受理或不予受理凭证的,可以通过网络系统自行打印或要求核准机关出具。

项目涉及有关部门职责的,核准机关应当商请有关部门在7个工作日内出具书面审查意见。有关部门逾期没有反馈书面审查意见的,视为同意。

核准机关在受理项目申请报告后,如确有必要,应当在4个工作日内委托咨询机构进行评估。除项目情况复杂的,评估时限不得超过30个工作日。项目情况复杂的,经核准机关同意,可以延长评估时限,但延长的时限不得超过60个工作日。

核准机关应当将咨询机构进行评估所需的时间告知投资主体。接受委托的咨询机构应当在规定时限内提出评估报告,并对评估结论承担责任。评估费用由核准机关承担,咨询机构及其工作人员不得收取投资主体任何费用。

核准机关应当在受理项目申请报告后20个工作日内作出是否予以核准的决定。项目情况复杂或需要征求有关单位意见的，经核准机关负责人批准，可以延长核准时限，但延长的核准时限不得超过10个工作日，并应当将延长时限的理由告知投资主体。前述核准时限，包括征求有关单位意见的时间，不包括咨询机构评估的时间。

对符合核准条件的项目，核准机关应当予以核准，并向投资主体出具书面核准文件。对不符合核准条件的项目，核准机关应当出具不予核准书面通知，并说明不予核准的理由。

对核准、备案机关实施的核准、备案行为，相关利害关系人有权依法申请行政复议或提起行政诉讼。

(4)核准考虑的主要因素

国家发改委在核准境外投资项目时，一般至少考虑以下四方面的因素：

①是否符合国家法律法规和产业政策、境外投资政策；

②是否符合互利共赢、共同发展的原则，不危害国家主权、安全和公共利益，不违反我国缔结或参加的国际条约；

③是否符合国家资本项目管理相关规定；

④投资主体是否具备相应的投资实力。

2. 发展改革部门备案的境外投资及备案程序

(1)备案受理机关

实行备案管理的境外投资项目的范围是投资主体直接开展的非敏感类项目，即涉及投资主体直接投入资产、权益或提供融资、担保的非敏感类项目。非敏感类项目，是指不涉及敏感国家和地区且不涉及敏感行业的项目。

实行备案管理的项目中，投资主体是中央管理企业(含中央管理金融企业、国务院或国务院所属机构直接管理的企业，下同)的，备案机关是国家发改委；投资主体是地方企业，且中方投资额3亿美元及以上的，备案机关是国家发改委；投资主体是地方企业，且中方投资额3亿美元以下的，备案机关是投资主体注册地的省级政府发展改革部门。

中方投资额，是指投资主体直接以及通过其控制的境外企业为项目投入的货币、证券、实物、技术、知识产权、股权、债权等资产、权益以及提供融资、担保的总额。

省级政府发展改革部门，包括各省、自治区、直辖市及计划单列市人民政府发展改革部门和新疆生产建设兵团发展改革部门。

(2)备案程序

实行备案管理的项目，投资主体应当通过网络系统向备案机关提交项目备案表并附具有关文件。其中,投资主体是中央管理企业的,由其集团公司或总公司向备案机关提交;投资主体是地方企业的,由其直接向备案机关提交。

项目备案表格式文本及附件清单由国家发改委发布。

项目备案表和附件齐全、符合法定形式的,备案机关应当予以受理。项目备案表或附件不齐全、项目备案表或附件不符合法定形式、项目不属于备案管理范围、项目不属于备案机关管理权限的,备案机关应当在收到项目备案表之日起5个工作日内一次性告知投资主体。逾期不告知的,自收到项目备案表之日起即为受理。

备案机关受理或不予受理项目备案表,都应当通过网络系统告知投资主体。投资主体需要受理或不予受理凭证的,可以通过网络系统自行打印或要求备案机关出具。

备案机关在受理项目备案表之日起7个工作日内向投资主体出具备案通知书。

备案机关发现项目违反有关法律法规、违反有关规划或政策、违反有关国际条约或协定、威胁或损害我国国家利益和国家安全的,应当在受理项目备案表之日起7个工作日内向投资主体出具不予备案书面通知,并说明不予备案的理由。

(3)备案考虑的主要因素

国家发改委对申请备案的境外投资项目,主要从是否属于备案管理范围,是否符合相关法律法规、产业政策和境外投资政策,是否符合国家资本项目管理相关规定,是否危害国家主权、安全、公共利益,以及投资主体是否具备相应投资实力等方面进行审核。

(三)国资委的审批程序

我国企业作为境内投资者以"国有资产"在境外投资的,应当取得更多级别的批准,如应当通过提交境外国有资产产权(立案)登记表,将立案产权登记情况报国资委"备案"。此程序的目的在于确保国有资产不被浪费或遭受价值剥削。境内投资者未填报国有资产产权(立案)登记表的,将无法取得国家外汇管理局的批准并汇出外汇。境内投资者及境外中资企业就在第三国再投资的国有资产也负有各种相关义务,在此暂不做讨论。

1. 国资委审批的境外投资

境内投资者(或者境外投资企业)应当向相应省、自治区、直辖市、计划单列市的国资委地方分局办理登记。上述行政区域中尚无国资委地方分局的,暂由地方财政部门办理登记。但是,对于"与中央政府部门有关联的境外企业",境内投资者应当向国务院国资委办理登记。

以实物国有资产投入境外的,必须由境内投资者(或者其境外投资企业)向同级国资委部门申报资产评估立项，并聘请具有相应资质的资产评估机构进行资产评估后，由境内投资者（或其境外投资企业）持经同级国资委部门确认的评估证明到同级国资委部门办理立案产权登记。另外，资产须办理我国海关手续的，境内投资者还应当填写国有资产实物境外投资出口核验表。

2. 申请材料

除境外国有资产产权（立案）登记表（涉及实物国有资产的，还应提交评估报告）以外，境内投资者在办理新的境外投资项目立案时，应当提交与境外国有资产产权（立案）登记表相关的下列文件：

(1)项目可行性研究报告的批复文件；

(2)有关政府主管部门或投资者上级单位的批准文件；

(3)公司章程和建立公司的协议；

(4)国有资本金的来源证明；

(5)国资委要求提供的其他文件。

3. 审批考虑的主要因素

在办理境外国有资产登记时，国资委地方分局通常会将境外机构是否控制并安全保管境外国有资产的产权证（或可证明所有权的其他合法证明）作为主要审查标准。另外，需要注意的是，持有国有资产的境外企业不得以"无限责任公司"形式设立及办理注册登记。

4. 审批程序

在境外投资之前及之后，均需要向国资委办理登记。如上所述，应当在国家发改委和商务部颁发批准文件后，办理完成首次登记，如立项登记等。境外机构在东道国或地区正式注册后60日内办理完成第二次登记。申办时，境内投资者应当再填写一份内容略有不同的产权登记表。

我国法律目前尚未对国资委审查和出具产权登记表的具体时间期限作出明确的规定。根据行政法等有关法律规定，国资委地方分局自受理行政许可申请之日起20日内作出行政许可决定。国资委地方分局认为申请材料不完整或不符合法定要求的，应当自收到申请材料之日起5日内一次告知申请人，否则，提交至国资委地方分局的申请材料将被视为已被接受。经国资委负责人批准，20日的时间期限可以延长10日。

（四）国家外汇管理局的审批程序

根据国家外汇管理局2009年7月13日发布的《境内机构境外直接投资外汇管理规定》（汇发〔2009〕30号）的规定，境内机构在向所在地外汇管理局地方分局办理境外直接投资外汇登记时，应说明其境外投资外汇资金来源情况。目前，国家外汇管理局已经将外汇资金来源审查程序纳入外汇登记及备案制度中，进一步简化了境外投资外汇审批的程序。对于境外投资外汇管理，分为对汇出前期费用的核准和外汇登记证与外汇汇出核准。

1. 汇出前期费用的核准

境外直接投资前期费用，是指我国境内机构在境外投资设立项目或企业前，需要向境外支付的与境外直接投资有关的费用。境内机构向境外汇出的前期费用，一般不得超过境内机构已向境外直接投资主管部门申请的境外直接投资总额的15%（含），并持下列材料向所在地外汇管理局地方分局申请：

（1）书面申请（包括境外直接投资总额、各方出资额、出资方式，以及所需前期费用金额、用途和资金来源说明等）；

（2）境内机构有效的营业执照或注册登记证明；

（3）境内机构参与投标、并购或合资合作项目的相关文件（包括中外方签署的意向书、备忘录或框架协议等）；

（4）境内机构已向境外直接投资主管部门报送的书面申请；

（5）境内机构出具的前期费用使用书面承诺函（承诺所汇出的前期费用只用于经批准的境外投资项目，如有违反，由境内投资者承担相关法律责任）；

（6）外汇管理局要求的其他相关材料。

根据规定，前期费用只能用于以下用途：

（1）收购境外企业股权或境外资产权益，按项目所在地法律规定或出让方要求需缴纳的保证金；

（2）在境外项目招投标过程中，须支付的投标保证金；

（3）进行境外直接投资前，进行市场调查、租用办公场地和设备、聘用人员，以及聘请境外中介机构提供服务所需的费用。

地方外汇管理局自受理申请之日起20个工作日内完成行政审查，必要时经本局负责人批准可延长10日。境内机构自汇出前期费用之日起6个月内仍未完成境外直接投资项目核准程序的，应将境外账户剩余资金调回原汇出资金的境内外汇账户。所汇回的外汇资金如属人民币购汇的，可持原购汇凭证，到外汇指定银行办理结汇。所在地外汇管理局地方分局负责监督境内机构调回剩余的前期费用。如确因前期工作需要，经原作出核准的外汇管理局地方分局核准，上述6个月的期限可适当延长，但最长不超过12个月。

2. 外汇登记证与外汇汇出核准

经过发改委以及商务部等部门的批准后，境内投资者应当向外汇管理局申请办理境外投资外汇登记证。未经外汇管理局批准，境内投资者不得将人民币兑换成外币，亦不得将外汇汇往境外。境内投资者计划分期汇出经核准的外汇资金金额的，每次汇出均需要取得外汇汇出批准。境内投资者欲开立境外银行账户的，亦应当取得外汇管理局的批准。

境内投资者应当持下列材料向外汇管理局申请办理外汇登记：

(1)书面申请并填写境外直接投资外汇登记申请表；

(2)外汇资金来源情况的说明材料；

(3)境内机构有效的营业执照或注册登记证明；

(4)境外直接投资主管部门对该项投资的核准文件或证书；

(5)如果发生前期费用汇出的，提供相关说明文件及汇出凭证；

(6)外汇管理局要求的其他材料。

以非现金国有资产在境外投资的，应当提交国资委出具的登记表和国有资产实物境外投资出口核验表。不同辖区的外汇管理局地方分局可能会对此有进一步的要求，投资者应对此予以关注。

外汇管理局地方分局审核上述材料无误后，在相关业务系统中登记有关情况，并向境内机构颁发境外直接投资外汇登记证。外汇管理局地方分局应当自申请之日起20个工作日内完成行政审查，必要时，可延长至30日。

总而言之，不同的投资主体和投资项目安排，涉及的审批部门、审批程序和审批事项也不尽相同。律师在中国企业境外投资的过程中，除了可以协助企业与各审批部门沟通，准备报送文件外，还可以协助企业了解我国和投资所在国现行的有关外国投资的法律、法规，如投资法、公司法、税法和外汇管制法规。

二、中国企业境外投资的方式

近年来，中国企业越来越多地走出国门，到国外开展投资活动，这不仅提高了中国企业的跨国经营能力，增强了综合国力，也为世界经济的共同繁荣起到一定的促进作用。在企业境外投资的诸多要素中，投资方式的选择是影响企业境外投资的重要考虑因素之一。不同的对外投资方式在资源投入、控制水平和风险承担上对企业的要求各不相同，这不仅影响着企业对外投资的管理和控制，也影响着企业自身投资的风险和绩效，因此选用合适的对外投资方式是确保企业境外投资经营成功的重要前提之一。

中国企业境外投资的投资方式通常包括各类新建项目(“绿地投资”)以及改扩建

项目的初始投资、再投资等,也包括收购、合并、参股、增资扩股等权益投资活动,还包括对境外投资提供担保等行为。具体可以从对外直接投资、对外间接投资以及其他对外投资三个方面进行分析。

(一)对外直接投资

对外直接投资也称国际直接投资、跨国直接投资等,是指一国的投资者将资本用于他国的生产或经营,并掌握一定经营控制权的投资行为。直接投资的目的主要是在产品销售和原材料供应渠道上弥补国内市场的不足,使企业经营获得更加广阔的外部市场支撑。目前,直接投资方式仍然是我国企业境外投资最常用、最普遍的投资方式之一。

从投资者是否新设企业的角度,对外直接投资可以分为新建企业("绿地投资")与跨国并购。按照投资所使用的资产形式不同,对外直接投资可以分为现金投资、实物资产投资和混合投资。而根据投资者对外投资的参与方式不同,又可以将对外直接投资分为合资企业投资与独资企业投资等。不同的投资方式意味着不同的资源配置、市场收益以及风险程度。因此,企业对外直接投资的方式选择是企业境外投资的重要决策之一。

1.新建企业与跨国并购

(1)新建企业

新建企业,又称"绿地投资",是指投资者投入资金或其他生产要素在东道国境内依照东道国的法律设立新企业的投资方式。新建企业主要是投资国企业为寻找境外市场和原材料基地而进行的,以设立实体企业为主要方式的投资活动,是企业对外投资最早使用的投资方式。采用新建企业方式进行投资的企业可以是由投资者完全控股的独资公司形式,也可以是部分股权参与的合资公司形式。近年来,随着跨国并购投资方式的流行,新建企业在对外直接投资中所占的比例有所下降,但是不可否认,新建企业依然是对外直接投资中非常重要的投资方式之一。

(2)跨国并购

跨国并购,一般是指跨国公司等投资主体投入资金或其他生产要素对另一国企业实施控制的投资方式。跨国并购可分为跨国兼并和跨国收购两种。需要指出的是,并不是所有的跨国并购都属于对外直接投资。对外直接投资的特点之一是实施经营控制权,这也是对外直接投资区别于对外间接投资最主要的区别之一。因此,未获得企业控制权的少数股权并购不属于对外直接投资,而可能是证券投资等对外间接投资的投资方式。从跨国并购双方的行业相互关系角度,跨国并购可以分为横向并购、纵向并购和混合并购。横向并购，是指两个以上国家生产或销售相同或相似产品的企业之间的并购。纵向并购，是指两个以上国家生产同一或相似产品但又处于不同生产阶段的企业之间的并购。混合并购，是指两个以上国家不同行业的企业之间的并购。

2. 合资企业与独资企业

根据投资者对外投资的参与方式不同，可以将对外直接投资分为合资企业投资与独资企业投资。

(1)合资企业

合资企业，是指两个或两个以上国家的投资者在东道国境内，经东道国政府批准，依照东道国法律设立的合资各方共同投资、共同经营、共负盈亏、共担风险的股权式合营方式。合资企业可以是股份公司、有限责任公司，也可以是其他组织，由投资各方商定。

(2)独资企业

独资企业，是指根据东道国法律，经东道国政府批准，在东道国境内设立的资本全部由外国投资者所有的一种企业经营方式。建立独资企业有两种方式：设立新的企业或者兼并当地的现有企业，一般采用设立分支机构、附属机构、子公司等形式。

(二)对外间接投资

与直接投资相比，间接投资，是指以购买债券、提供信贷、承担债务为形式的投资，包括购买债券、受让股权、竞购资产、提供债务担保等多种形式。

对外间接投资的主要特征是投资主体通常并不以控制被投资对象的实体运作和管理为主要目标，而是以增加投资的营利性、安全性和流动性为主要目标。通常情况下间接投资不参与被投资对象的实际经营管理或者只参与部分决策活动，其投资活动主要通过国际资本市场或者国际金融证券市场等进行。对于购买外国政府债券、企业债券、金融债券、优先股股票等有价证券及提供金融信贷、债务担保的债券投资而言，投资主体通常只享有受益权而不享有被投资对象的管理决策权。影响对外间接投资的因素主要是利率、汇率、收益、风险等。

对外间接投资与对外直接投资的区别主要体现在：

(1)对外间接投资的投资者实际上并不参与企业的经营、决策及管理。而对外直接投资中，投资者对投资的企业拥有经营控制权。

(2)对外间接投资流动性大，风险性小。对外间接投资不实际参与企业的经营管理，随着二级市场的日益发达与完善，证券可以自由买卖和交易，因此，对外间接投资的流动性大，风险性小。而对外直接投资一般都实际参与企业的生产经营，生产周期往往较长,并且由企业的利润直接偿还投资。因此,对外直接投资的流动性相对较小,而风险性则相对较大。

(3)投资内涵不同。对外间接投资一般只涉及金融领域的资金,即货币资本运动,运用的是虚拟资本。对外直接投资是生产要素的投资,不仅涉及货币资本运动,还涉及生产资本和商品资本运动及其对资本使用过程的控制,运用的是现实资本。

(4)获取收益不同。对外间接投资的投资收益一般是利息和股息等。对外直接投资的投资收益通常是利润。

(三)其他对外投资方式

1. 劳务输出

劳务输出也是传统的对外投资方式之一,通常包括工程承包、技术转让、人才培养、文化交流等形式。劳务输出作为企业对外投资的特殊形式,既包含投资的要素,如设备材料、技术人力投资等;也包含劳务贸易的内容,即通常所说的服务贸易。

我国劳务输出的方式主要有:(1)通过对外承包工程带动的劳务输出。各种形式的承包工程需要承包公司派遣相关的项目管理、设计、施工、安装调试和技术培训人员为工程项目提供劳务。(2)境内企业法人与国外雇主签订劳务合同派出劳务人员。(3)在境外投资、兴办企业派出管理人员、技术人员以及培训人员。(4)通过成套设备和技术出口需本国劳务人员进行安装调试、技术指导、人员培训等而产生的劳务输出。(5)民间劳务输出,劳动者个人通过各种渠道自己联系出国谋职等。

2. 贸易投资

贸易投资,是指由投资国企业提供一定数量的资金,并按照约定从被投资国企业获取一定数量产品的投资形式。近年来主要运用于某些国家对国外战略性资源,如石油、矿产等产品的控制性采购,其目的是保障战略性资源的供给并维持合理的储备,以应对经济发展的要求和国际市场的变化。

三、中国企业境外投资架构及税务分析

(一)中国企业境外投资的架构概述

随着经济全球化的深入和我国经济的快速发展,我国境外投资日渐兴起。特别是近年来我国自然资源储备与需求的矛盾日益突出,通过“走出去”、实施境外矿产资源收购弥补我国自然资源的不足,已成为我国政府和产业界的一项共识和重要政策。如上所述,中国企业境外投资的具体方式包括传统的新建项目(“绿地投资”)以及改扩建项目的初始投资、再投资等,也包括收购、合并、参股、增资扩股等权益投资活动。在投资东道国经营模式上,可以通过设立分支机构、子公司、合资企业等商业实体形式进

行;在持股方式上,一般有直接持股或者间接持股等;在投资架构上,一般有直接投资的投资架构和间接投资的投资架构等。

在各种投资方式中,商业实体性质、投资架构都会影响投资者的整体税负。现实情况往往比较复杂,不能笼统地说哪种商业实体或者持股方式的税负一定比其他的商业实体或持股方式低。投资者应根据经营投资目的、投资者自身情况、投资风险及控制等因素综合考虑投资架构的选择。例如,是在投资东道国设立子公司还是分公司,是采用直接投资的方式设立还是通过中间控股公司间接投资的方式设立等,投资架构的选择影响着企业未来的发展战略、境外投资的回报率,以及企业的整体价值。无论境外投资项目采取何种投资架构,其盈利和现金流回上层投资者或最终投资主体的方式主要表现为两种:一是日常持有时涉及的“分红”,二是投资退出时的“股权转让”。因此,投资架构的设计需要围绕这两个主要问题展开,力求股息、利息及特许权使用费预提所得税和股权转让的资本利得税最小化。

(二)设立子公司与设立分公司的税务比较

中国企业在境外国家或地区进行投资时,首先考虑的问题往往是要在当地设立什么样的商业机构。不同的商业结构的税负具有很大的差别。当一个企业选择对外直接投资的方式进行跨国经营时,较为常见的做法是在其他国家或地区设立下属机构,即开办子公司或分公司。

1. 子公司与分公司的区别

(1)子公司概述

子公司是与母公司相对应的法律概念。母公司,是指拥有另一公司一定比例以上的股份或通过协议方式能够对另一公司实行实际控制的公司。子公司,是指一定数额的股份被另一公司控制或依照协议被另一公司实际控制、支配的公司。子公司具有独立法人资格,拥有独立的财产、公司名称、章程和董事会,对外独立开展业务和承担责任,这是子公司与分公司的主要区别之一。但涉及公司利益的重大决策或重大人事安排,仍要由母公司决定。

(2)分公司概述

分公司是与总公司或本公司相对应的一个概念。许多大型企业的业务分布于全国各地甚至许多国家,直接从事这些业务的是公司所设置的分支机构或附属机构,这些分支机构或附属机构就是所谓的分公司。分公司在业务、资金、人事等方面受本公司管辖而不具有法人资格,在法律上、经济上没有独立性,仅仅是总公司的附属机构。分公司没有自己的名称、章程,没有自己的财产,并以总公司的资产对分公司的债务承担法律责任。在国家税法意义上,分公司往往与常设机构同义。

(3)子公司与分公司的公司法考量

根据我国《公司法》的规定,公司可以设立分公司,分公司不具有企业法人资格,其民事责任由公司承担;公司可以设立子公司,子公司具有企业法人资格,依法独立承担民事责任。子公司与分公司的区别具体如下:

①子公司是独立的法人,拥有独立的公司名称、公司章程和组织机构,对外以自己的名义进行活动,在经营过程中发生的债权债务由子公司独立承担。分公司则不具备企业法人资格,没有独立的名称,其名称应冠以总公司或本公司的名称,由总公司或本公司依法设立,只是总公司的一个分支机构。

②母公司对子公司的控制一般不采取直接控制,更多的是采用间接控制方式,即通过任免子公司董事会成员和重要投资决策来影响子公司的生产、经营和决策。而分公司则不同,其人事、业务、财产受隶属公司直接控制,在隶属公司的经营范围内从事经营活动。

③承担债务的责任方式不同。母公司作为子公司的股东,仅以其对子公司的出资额为限对子公司在经营活动中的债务承担责任。子公司作为独立的法人,以子公司自身的全部财产为限对其经营负债承担责任。而分公司由于没有自己独立的财产,与总公司在经济上统一核算。因此,其经营活动中的负债由总公司负责清偿,即由总公司以其全部资产为限对分公司在经营中的债务承担责任。

④创办独立核算的子公司,需要办理许多手续,设立程序复杂,开办费用也较大。而设立分公司的程序相对比较简单,费用开支也比较少。

(4)子公司与分公司的税法考量

律师为我国企业提供境外投资架构咨询服务时,建议出具至少包含以下两个方面内容的咨询意见:一是子公司与分公司不同境外分支机构组织形式的选择带来的不同税务负担比较分析,如居民纳税人的认定、纳税申报核算义务、税收优惠政策的适用性等;二是直接投资与间接投资的税务比较分析,如融资的税负成本及风险、投资运营过程中利润汇回的安排、投资退出环节的免税间接转让等。

子公司与分公司是现代企业经营组织的重要形式。在日趋激烈的市场竞争条件下,提高企业经济效益是企业考虑的重点。而从税务规划的角度来分析,选择有利于纳税优惠的组织形式,是达到这一目标的重要途径之一。从税法的角度分析,子公司与分公司的主要区别在于:

①子公司是独立的法人实体,在投资东道国被视为居民纳税人,通常要承担与该

国其他公司一样的全面纳税义务。分公司不是独立的法人实体,在设立分公司的所在国被视为非居民纳税人,只承担有限的纳税义务。

②核算和纳税形式不同。子公司独立核算并独立申报纳税;而分公司不是独立法人,不能进行独立核算和申报纳税,由总公司进行核算盈亏和统一纳税。如有盈亏,分公司和总公司可以相互抵扣后交纳所得税。分公司发生的利润与亏损要与总公司合并计算。我国税法也规定,公司的下属分支机构缴纳所得税有两种形式:一是独立申报纳税;二是合并到总公司汇总纳税。而采用哪种形式纳税则取决于公司下属分支机构的性质,是否为企业所得税独立的纳税义务人。需要指出的是,境外分公司与总公司利润合并计算,所影响的是居住国的税收负担,对于作为分公司所在国的东道国,往往会对归属于分公司本身的收入课税,即实行收入来源税收管辖权。对此,企业在做税务规划时应加以关注。

③税收优惠不同。子公司承担全面纳税义务,分公司只承担有限纳税义务。子公司是独立法人,可以享受免税期限、优惠政策等各种优惠政策;而分公司作为非独立法人,不能享受这些税收优惠政策。

子公司和分公司的税收利益存在较大差异,公司企业在选择组织形式时应细心比较、统筹考虑、正确规划。在投资初期,企业对投资东道国的情况不熟悉,生产经营处于起步阶段,发生亏损的可能性较大,考虑分公司与总公司合并计算利润和亏损,因此,设立分公司可以在冲减总公司的利润后,减少应税所得,减轻税收负担。但是,如果下属企业在较短时间内就可能实现盈利,那么设立子公司则比较适宜。子公司可以得到作为独立法人经营的便利,还可以享受未分配利润递延纳税的好处。除在投资初期要对下属企业的组织形式慎重选择外,在企业的经营、运作过程中,随着整个集团或下属企业的业务发展、盈亏情况的变化,总公司仍有必要通过资产的转移、兼并等方式,对下属分支机构进行必要的调整,以获得更多的税收利益。

2. 境外投资中设立子公司与分公司的税务比较

如上所述,中国企业在境外国家或地区进行投资时,首先要考虑的问题往往是在当地设立什么样的商业机构。不同的商业机构的税负之间具有很大的差别。例如,去南非或者澳大利亚收购一个矿产或石油的资源型项目,企业往往需要考虑是采用股权收购的方式,将目标项目重组为自己的子公司,还是采用资产收购的方式,在当地设立子公司或分公司,然后收购项目的关键资产(如采矿权、矿山、油田等)。选择设立子公司或是分公司,对企业集团经营管理的影响是不同的。

(1)设立子公司的纳税情况分析

子公司属于独立的法人,在投资东道国需要保留规范的财务会计记录,通常按照收入减成本费用后的实际利润在投资东道国缴纳所得税,并且子公司的亏损无法抵免母公司的应纳税所得额。子公司将税后利润作为股息汇回母公司时,通常需要在投资东道国缴纳预提所得税,但根据中国(或中间控股公司所在国)与子公司所在国签订的税收协定,股息汇出时的预提所得税通常会获得一定的减免。

中国母公司取得境外子公司分配的股息,仍需在中国缴纳企业所得税,但该股息在境外已经缴纳的所得税可以在一定限额内抵免中国的企业所得税。

(2)设立分公司的纳税情况分析

从商业运作和税务角度分析,分公司不是独立法人,属于中国企业在投资东道国的一个商业存在,即国际税收上所称的"常设机构",在投资东道国财务会计以及纳税上的要求通常比较简单。多数情况下是根据总收入乘以核定利润率计算出核定的利润,然后按照适用的税率在投资东道国缴纳所得税。当然,很多国家也允许分公司按照收入减成本费用后的实际利润缴纳所得税。另外,分公司的亏损可以抵免总公司的应纳税所得额,从而降低整体税负。同时,分公司将税后利润汇回总公司,通常无须缴纳预提所得税。而中国公司取得的境外分公司税后利润,仍需计算缴纳中国企业所得税,但该利润已经在境外缴纳的所得税可以在一定限额内抵免中国公司的企业所得税。

中国企业境外投资设立子公司与分公司的税务比较如表3-1所示。

表3-1 中国企业境外投资设立子公司与分公司税务比较

项目	在境外设立分公司	在境外设立子公司
纳税人身份	非居民企业	居民企业
境外企业纳税义务	总收入乘核定利润率后再乘适用税率;或者按照收入减成本费用后的实际利润缴纳所得税	按照收入减成本费用后的实际利润在投资东道国缴纳所得税
亏损抵免	分公司的亏损可以抵免总公司的应纳税所得额	子公司的亏损无法抵免母公司的应纳税所得额
境外企业股息分配至境内	分公司无须缴纳预提所得税	子公司需要在投资东道国缴纳预提所得税(税收协定下有减免优惠)

(三)直接投资架构与间接投资架构的税务分析

企业对外投资从股权架构上可以分为直接投资架构和间接投资架构。直接投资架构，是指通过新设企业或跨国并购等投资方式直接取得投资东道国公司一定股份的投资结构；间接投资架构，是指中国企业在第三国组建一个或几个中间控股公司，通过中间控股公司来新设企业或并购投资东道国公司的投资结构。投资架构的选择是企业境外投资中至关重要的环节之一，直接投资架构与间接投资架构的选择将影响企业投资项目的现金流、整体税负以及投资回报率。我国企业进行境外投资，主要利润多源于股息及股权转让所得。如上所述，投资架构的设计主要围绕两大重点问题来进行——股息、利息、特许权使用费的预提所得税和股权转让的资本利得税。因此，下文对直接投资架构与间接投资架构的税务比较也将重点围绕这两个主要问题展开。

投资架构的选择需要综合考虑进入、营运和退出三个环节，从投资东道国、投资母国及第三国的税法规定、国际税收协定、外汇与商业运作等诸多方面进行考虑，进而在直接投资架构与间接投资架构之间作出恰当的选择。

1. 境外投资进入环节投资架构的税务分析

在境外投资的进入阶段，融资是企业首先需要面对的问题。中国企业进行境外投资，仅凭注册资本金往往很难满足在投资东道国设立公司的资金需求，因此企业通常需要有效利用债务资金来满足项目的相关支出。

税法通常规定，债权资本所产生的利息可以税前列支，而股息收入必须课税。因此，为防止企业把资本弱化作为有效的避税手段，世界各国纷纷立法防范和限制资本弱化行为。所谓资本弱化，是指在企业的资本结构安排中债权资本大于股权资本的现象。我国《特别纳税调整实施办法（试行）》（国税发〔2009〕2 号）也引入了资本弱化的概念。由于世界各国多在资本弱化方面存在限制，投资主体需要特别注意股权融资和债权融资之间的比例，并进行相应的调整和规划，以保证利息支出可以在所得税前扣除。

在直接投资架构下，由中国母公司直接向境外被投资公司提供借款，按照关联交易转让定价独立交易原则，中国母公司应当按照市场公允利率，就该笔借款向境外被投资子公司收取利息。而根据投资东道国的有关税法规定，投资东道国通常会对跨境的利息支付征收预提所得税。如果中国与投资东道国没有签订国际税收协定，或者签订的国际税收协定没有将利息支付的预提所得税税率限制在一个较低的水平，那么该项借款利息很可能需要在投资东道国缴纳较高的预提所得税。

与直接投资的投资架构相比，间接投资架构相对更为灵活。投资主体采用间接投资架构，即中国母公司通过第三国或地区的子公司，间接向境外被投资企业提供借款。进行境外投资的企业在进行融资安排时采用间接投资架构可以在一定程度上节约税负,提高资金运作的灵活性。间接投资架构的融资渠道、方式、流经国家等方面的可选择性较大,企业可以结合资金的来源寻找最佳的资金流动路径,重点考察资金流经的国家对于利息收入和利息汇出的有关税法规定,通过设计合理的融资工具,设立中间控股公司,以充分利用税收协定以及相关国家税法的规定,达到有效降低企业集团的整体税负的目的。

2. 境外投资运营环节投资架构的税务比较

我国企业进行境外投资,主要利润多来源于股息及股权转让所得。汇回股息是企业对外投资中经常遇到的问题,进行境外投资的公司汇回利润的税负直接关系企业集团整体的税后利润水平。

在直接投资架构下,境外投资公司取得的利润汇往中国母公司时,通常需要面临三种税收:一是境外投资子公司就税前利润在投资子公司所在国缴纳的企业所得税;二是境外投资子公司将税后利润以股息形式向中国母公司进行分配时,需要在投资子公司所在国缴纳的预提所得税;三是股息从境外投资子公司汇回中国后,在中国需要缴纳的企业所得税。尽管我国的《企业所得税法》规定了境外所得抵免制度,但是由于我国施行的是限额抵免制度,如果企业在境外缴纳的税收不能在中国全额进行抵免,则多出的部分势必将增加企业的税收负担。

律师可以为境内企业提供境外所得抵免的筹划和申请服务,可以为委托人出具法律咨询意见,也可以直接代理境内企业申请抵免优惠。

律师宜为境内企业提供如下数据的计算及审核服务:(1)分国(地区)别的境外所得的应纳税所得额分国(地区)别的可抵免境外所得税税额;(2)分国(地区)别的境外所得税的抵免限额;(3)不分国(地区)别的境外应纳税所得额;(4)不分国(地区)别的可抵免境外所得税税额;(5)不分国(地区)别的境外所得税的抵免限额。

在间接投资架构下,境外投资子公司就税前利润在子公司所在国缴纳企业所得税后,将税后利润以股息形式向中国母公司进行分配时,对于需要在子公司所在国缴纳的预提所得税,企业可以通过间接投资的架构,选择一定的国家或地区设立中间控股公司,从而最终达到降低预提所得税税率,减轻企业集团整体税负的目的。在选择有关第三国或地区设立中间控股公司时,考虑的主要因素往往如下:(1)该第三国或地区本身的税收体制是否宽松,如对某些收入免税或者低税率;(2)我国与该国或地区以及该国或地区与子公司所在国之间的国际税收协定或安排是否规定有比较优惠的税率;(3)融资、资本管制等相关方面的优惠考量。直接投资架构与间接投资架构如图3-3所示。

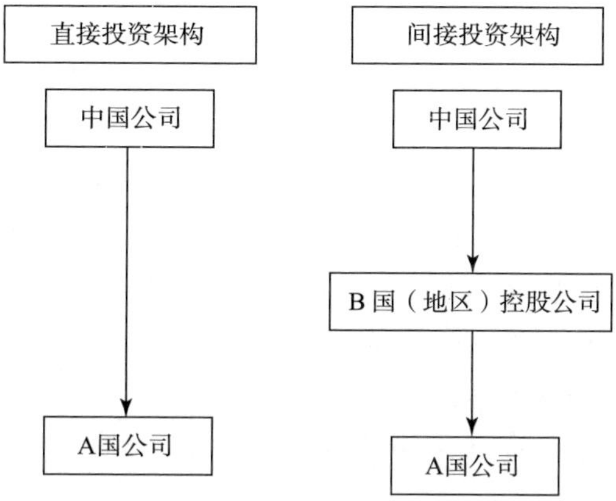

图 3 – 3　直接投资架构与间接投资架构

以投资欧洲为例，通过比较欧洲各国税收体制以及中国与欧洲各国签订的国际税收协定，中国母公司如果在适当的地区设立中间控股公司，间接持有欧洲公司的股份，通过这种间接投资的架构，可以使股息汇出的实际税负明显降低。在选择中间控股公司时，企业可以充分利用欧盟成员国普遍存在的一些税收优惠政策，如《欧盟母子公司指令》规定，如果母子公司均设立在欧盟的成员国，在满足一定条件的情况下，母公司获得的从子公司分配的股息可以免于缴纳预提所得税。另外，许多欧盟国家还对收到的来自其他欧盟国家子公司的股息和资本利得实行“参股免税”的税收优惠政策。该优惠政策原则上规定，如果母子公司分别为欧盟的成员国，则在满足一定条件的情况下，母公司获得的参股股息和通过参股实现的资本利得可以在母公司所在国减免所得税。除上述欧盟国家的税收优惠政策外，企业还可以结合欧盟国家与中国或中国香港特别行政区签订的双边税收协定、欧盟某些国家宽松的税收体系以及境外所得税收抵免等政策，对投资架构作出适当的安排和调整。

如果境外投资的企业希望进一步降低税率，减轻企业税收负担，还可以选择更为复杂的间接投资架构，即多层间接投资架构。仍然以投资欧洲为例，如果选用“中国内地—中国香港特别行政区—卢森堡—欧洲投资目的国”的投资架构，充分利用各种有利的税法规定和国际税收协定和安排，那么企业可能会大大降低从欧洲投资目的国子公司汇回股息的实际税负。该投资架构的要点是中国企业到欧洲目的国投资时，设置两层中间控股公司，即分别在中国香港特别行政区和卢森堡设立中间控股公司，通过中间控股公司间接进行投资。内地公司先在香港特别行政区设立一家中间控股公司。由于香港特别行政区拥有极为宽松和优惠的税收体系，如对港外所得免征所得税，对分配给境外投资者的股息不征收预提所得税、没有流转税收等。同时香港特别行政区与内地签订了非常优惠的税收安排,通过香港控股公司向内地公司分配股息可以适用优惠税率。在卢森堡再设立控股公司,由于中国香港特别行政区与卢森堡签订的税收协定规定,在满足一定的条件下,从卢森堡分配至中国香港特别行政区的股息的预提所得税适用"零税率"。卢森堡作为欧盟的成员国之一,实行《欧盟母子公司指令》和"参股免税"的税收优惠政策。通过上述投资架构安排,欧洲子公司的股息经过卢森堡、中国香港特别行政区两个环节汇回中国内地,不仅可以减轻企业税负,还可以实现递延纳税的目的,有效地降低企业集团整体税负。

3. 境外投资退出环节投资架构的税务比较

企业退出境外投资的方式通常有两种:转让境外子公司的股权,或者将境外子公司进行清算。

在直接投资架构下,中国母公司转让境外子公司股权时,如果中国与投资东道国没有签订国际税收协定,那么该股权转让所获得的资本利得通常需要在投资东道国缴纳资本利得税,缴纳的资本利得税在中国可以获得一定的税收抵免。如果该投资东道国所得税税率高于25%,子公司在投资东道国缴纳的资本利得税将可能在中国无法得到全额抵免。如果中国与投资东道国签订了国际税收协定,则股权转让所得的优先征税权有可能在中国,也有可能在投资东道国。如果征税权在中国,则中国母公司需要就取得的资本利得缴纳25%的中国企业所得税。如果征税权在投资东道国,对于资本利得需要在投资东道国按照投资东道国的税率缴纳资本利得税。转让境外子公司股权已在境外缴纳的资本利得税可以用于抵免中国所得税。但是,在没有中间控股公司的情况下,中国企业获得的资本利得的税负难以得到递延。

在中间控股公司的间接投资架构下,可选择的退出方式通常有三种。仍然采用"中国内地—中国香港特别行政区—卢森堡—欧洲"的投资架构为例。第一种退出方式是中国内地公司转让中国香港特别行政区公司的股权,从而间接转让欧洲公司的股权。在这种退出方式下,中国公司需要就股权转让所得在中国缴纳25%的企业所得税。第二种退出方式是转让卢森堡公司的股权达到转让欧洲公司股权的目的。根据中国香港特别行政区与卢森堡的双边税收协定,卢森堡不对转让卢森堡中间控股公司的资本利得征收资本利得税,并且中国香港特别行政区对股权转让收益可按照来源于境外所得而不征收利得税。因此,如果把转让卢森堡公司股权所得的收益保留在中国香港特别行政区公司,则可以将税率降低至0,享受"零税负"。第三种退出方式是直接由卢森堡公司转让欧洲公司的股权。按照卢森堡税法的规定,在满足一定条件的情况下，可能享受“参股免税”的税收优惠，使处置欧洲公司的资本利得在卢森堡免征所得税。而根据中国香港特别行政区与卢森堡的税收协定，以及中国香港特别行政区本地的法律，卢森堡公司以股息形式将资本利得分配给中国香港特别行政区公司，在卢森堡免征预提所得税，中国香港特别行政区公司对收到的来自港外的股息不征收所得税。因此，从理论上讲，如果不把利润汇回中国内地，则不存在所得税税负。即使将利润汇回中国内地，也可以通过层层的中间控股公司达到递延所得税税负的效果。

另外，从上市和重组的角度分析，在直接投资架构下，如果中国企业有多个境外投资项目纳入上市范围，需要在将来进行大规模的重组与整合，那么在此过程中可能会产生股权转让的相关税负。而通过间接投资架构，在中间控股公司的层面上进行重组整合，可以在一定程度上减少相关税负，为重组和上市提供一定的便利。

4. 当前税法环境下投资架构的选择

(1)当前税法环境概览

2008 年 1 月 1 日，《企业所得税法》及《企业所得税法实施条例》开始施行。2009 年 1 月 8 日，国家税务总局出台了《特别纳税调整实施办法(试行)》(国税发〔2009〕2 号)。2016 年 6 月 29 日，国家税务总局发布《关于完善关联申报和同期资料管理有关事项的公告》(国家税务总局公告 2016 年第 42 号，以下简称 2016 年第 42 号公告)，同年 10 月 11 日再度发布《关于完善预约定价安排管理有关事项的公告》(国家税务总局公告 2016 年第 64 号，以下简称 2016 年第 64 号公告)。2017 年 5 月 1 日开始施行的《特别纳税调查调整及相互协商程序管理办法》(国家税务总局公告 2017 年第 6 号，以下简称 2017 年第 6 号公告)对《特别纳税调整实施办法(试行)》进行了部分修订，2018 年 12 月，新修正的《企业所得税法》正式实施，标志着我国税收法律体系逐渐完善。在税收法律体系不断完善、税收管理工作逐渐加强的同时，这些税收法律法规的新规定对于境外投资的架构设计与选择也会产生重大的影响。

根据我国现行的税法规定，从事境外投资的中国母公司属于中国“居民企业”，中国母公司应就其全球收入(包括境外投资取得的股息和资本利得等)，缴纳企业所得税。根据《企业所得税法》，财政部、国家税务总局《关于企业境外所得税收抵免有关问题的通知》(财税〔2009〕125 号，以下简称财税〔2019〕125 号通知)，《企业境外所得税收抵免操作指南》(国家税务总局公告 2010 年第 1 号)，《关于企业境外所得适用简易征收和饶让抵免的核准事项取消后有关后续管理问题的公告》(国家税务总局公告 2015 年第 70 号)等文件关于境外所得税收抵免的规定，中国企业取得境外的股息、红利等权益性投资收益以及股权转让所得，该项所得在境外实际缴纳的所得税在一定限额内可以选择“分国不分项”或者“不分国不分项”的原则,抵免其中国企业所得税。上述方式一经选择,5 年内不得改变。

(2)我国现行税法环境下直接投资架构与间接投资架构分析

在直接投资架构下,中国企业从境外被投资企业取得的股息收入,需要计入中国企业的应纳税所得额,缴纳企业所得税。如果中国企业退出境外投资,则需要在转让被投资企业股权时,就资本利得缴纳中国企业所得税。同时,该股息和资本利得在境外缴纳的所得税,可以在一定限额内抵免中国企业所得税。从整体税负以及纳税时间上来看,采用直接投资架构会产生较重的税务负担。

而在间接投资架构下,被投资企业分配的股息等利润可以暂时保留在境外设立的低税率国家或地区的中间控股公司,暂时不分配到中国母公司。同时,在“合理商业目的”的前提下,中国母公司可以在中间控股公司的层面上,将该利润再投资于其他的境外项目,从而在一定程度上实现高效利用资金、递延纳税义务、降低整体税负的目的。

尽管间接投资架构有如上所述的递延纳税、降低整体税负的优势,然而,需要注意的是,我国已引入了居民企业、一般反避税条款、受控外国公司、转让定价等税法概念。间接投资架构,尤其是多层间接投资架构,往往是在低税率国家或地区设立中间控股公司,其多是行使投资控股职能,一般较少从事实际的经营管理活动,极易被认定为“不具有合理商业目的”“滥用税收协定”等。而根据“受控外国公司”的规定,如果设立中间控股公司的国家或地区的实际税率低于 12.5%,而该中间控股公司又并非出于合理的经营需要而对利润不做分配或少做分配的,利润将被计入居民企业的当期收入,缴纳企业所得税。因此,境外投资架构的选择还需要考虑中国企业设立的境外中间控股公司所在地的实际税负是否低于 12.5%,以及将利润(股息和资本利得等)保留在该公司的做法是否出于“合理的经营需要”。一般来讲,包括巴哈马、百慕大、开曼群岛、英属维尔京群岛等传统的避税港多被认定为实际税率低于 12.5% 的国家或地区。中国企业在上述国家或地区设立中间控股公司将存在较大的“受控外国公司”风险。

律师可以为境外投资方退出中国境内的投资搭建股权退出的节税架构,代理境外投资方向中国主管税务机关申请税收协定优惠待遇以及防范中国税务机关的反避税管理和监督。律师为境外投资方安排间接退出方案的,应说明相应的反避税税法风险,并应协助境外投资方履行相应的申报义务。

四、中国企业境外投资的税务风险及防范

企业到境外投资意味着进入了全新的税收环境,不仅要应对自身在经营上的各种挑战,同时也要面对许多国际税收方面的难题。中国企业进行境外投资时,税务风险是一个不容忽视的问题。国外的税收制度、税收征管制度等与我国有很大的不同,对于境外投资企业的税务管理无疑是一个巨大的挑战。另外,在中国企业境外投资过程中,中国的税制也会对其投资架构及运营模式等产生很大的影响。例如,《企业所得税法》对"居民企业""受控外国公司""转让定价"等的规定,都会对我国境外投资的企业产生较大的影响。中国企业境外投资不仅要关注投资目的国及有关第三国的投资制度和税收制度,还需要考虑我国的税收制度。企业只有综合考虑国内税法、被投资国税法、有关第三国税法以及中国与被投资国(地区)、有关第三国签署的税收协定的影响,采取适当的投资架构与运营模式,才能获取较高的投资收益。

(一)居民企业认定的风险及防范

1. 居民企业概述

根据《企业所得税法》的有关规定,税法上的企业分为居民企业和非居民企业。居民企业,是指依法在中国境内成立,或者依照外国(地区)法律成立但实际管理机构在中国境内的企业。居民企业应当就其源于中国境内、境外的所得缴纳企业所得税。

根据上述定义,认定居民企业通常有以下标准:(1)在中国境内成立的企业;(2)依照外国(地区)法律成立,但实际管理机构在中国境内的企业。《企业所得税法》采用选择性标准,使用"登记注册地标准"和"实际管理机构地标准"两种方法来区分居民企业与非居民企业。

在判定居民企业时,最重要、最核心的问题是实际管理机构的认定。根据《企业所得税法实施条例》的有关规定,实际管理机构,是指对企业的生产经营、人员、账务、财产等实施实质性全面管理和控制的机构,即实际管理机构的认定涉及四个核心因素和一个关键认定标准。四个核心因素为生产经营、人员、财务及财产,一个关键认定标准是实质性全面管理和控制。2009 年 4 月 22 日,国家税务总局又下发了《关于境外注册中资控股企业依据实际管理机构标准认定为居民企业有关问题的通知》(国税发〔2009〕82 号,以下简称国税发〔2009〕82 号文),该文件进一步对涉及境外中资控股企业实际管理机构、税收待遇和双重居民身份协调等问题进行了明确。根据该文件,境外中资企业同时符合以下四项条件的,应判定其为实际管理机构在中国境内的居民企业,并实施相应的税收管理,就其来源于中国境内、境外的所得征收企业所得税。四项条件为:(1)企业负责实施日常生产经营管理运作的高层管理人员及其高层管理部门履行职责的场所主要位于中国境内;(2)企业的财务决策(如借款、放款、融资、财务风险管理)和人事决策(如任命、解聘和薪酬等)由位于中国境内的机构或人员决定,或需要得到位于中国境内的机构或人员批准;(3)企业的主要财产、会计账簿、公司印章、董事会和股东会议纪要档案等位于或存放于中国境内;(4)企业1/2(含1/2)以上有投票权的董事或高层管理人员经常居住于中国境内。另外,国税发〔2009〕82号文还规定,对于实际管理机构的判断,应当遵循实质重于形式的原则。实质重于形式原则,是指交易或事项的经济实质重于外在法律表现形式,即应按照交易或事项的经济实质进行判断,而不能仅以其法律形式作为判断的依据。运用实质重于形式的原则判定实际管理机构时,首先,在界定是否存在实际管理关系时,最根本的判断标准是"是否实质上存在管理关系",而不能仅看公司外观形式。其次,依据"实质重于形式原则",要深入管理行为的背后,解析公司管理内容、控制程度或影响大小,以确定实质性管理的存在。

2014年1月29日,国家税务总局发布《关于依据实际管理机构标准实施居民企业认定有关问题的公告》(国家税务总局公告2014年第9号),对境外中资企业依据国税发〔2009〕82号文之规定认定为中国居民企业的程序性事项作出了调整。

2. 认定居民企业的风险

(1)无限纳税义务

中国企业到境外进行投资,设立公司,投资者不能理所当然地认为在外国(地区)设立的企业就是外国(地区)的居民企业,不构成我国的居民企业,其所得不会在我国产生纳税义务。即使该公司是依照外国(地区)的法律成立,投资地和经营机构都设在外国(地区),但是,如果其实际管理机构在中国境内,那么也构成中国的居民企业,该公司应就其来源于中国境内、境外的所得在中国缴纳企业所得税。

(2)双重征税

在进行境外投资税务风险管理时,首先需要考虑境外投资设立的企业是否构成我国的居民企业。不了解这一点,到境外投资的中国企业不仅会面临在中国缴纳企业所得税的问题,也可能会面临被投资国政府要求征税的双重征税问题。

(3)开展反避税调查

如果境外注册中资控股企业被税务机关认定为中国居民企业,那么在反避税调查中,税务机关会将其视同境内注册居民企业开展反避税调查。

3. 居民企业认定风险的防范

《企业所得税法》对居民企业的认定采取了注册地和管理机构所在地择其一的标准,所以境外投资的中国企业应证明,其投资设立的境外公司的实际管理控制机构在中国境外,从而减少境外公司构成中国居民企业的风险。

为降低境外公司构成中国的居民企业的风险,避免前述的无限纳税义务、双重征税及反避税调查等问题，到境外进行投资的中国企业应特别关注境外公司的实际管理机构问题。企业最好采取向境外公司派驻人员的方式进行管理，如将企业负责实施日常生产经营管理运作的高层管理中心设在中国境外，在境外制定关键性决策（财务决策、人事决策等）和相关董事会决议，在中国境外保管公司签章、会计记录及账簿、主要财产、董事会和股东会会议纪要档案等，通过以上方式，证明其投资设立的境外公司的实际管理控制机构在中国境外。同时，担任外国公司董事和高层管理人员的人士也需要注意避免成为中国的税收居民。

另外，对于居民企业认定可能导致的双重征税问题，如果出现在境外注册的中资控股企业具有双重居民身份的问题，应按照中国与相关国家（或地区）签署的税收协定（或安排）来确定。

（二）受控外国企业风险及防范

1. 受控外国企业概述

受控外国企业，是指根据《企业所得税法》的规定，由居民企业，或者由居民企业和居民个人控制的设立在实际税负低于12.5%的国家（地区），并非出于合理经营需要对利润不作分配或减少分配的外国企业。

居民企业进行国际避税的一个重要方法，就是通过关联企业间的关联交易将利润的一部分转移给设在避税地的受控外国公司，并利用居住国推迟课税的有关规定将利润长期滞留在境外，不汇回国内或要求境外子公司对利润不做相应的分配，从而规避居住国实际上应缴纳的企业所得税。随着我国对外开放进程的不断深入，我国也有越来越多的企业践行"走出去"的发展战略，其中很多企业选择在英属维尔京群岛、开曼群岛等税率极低或零公司所得税的国际著名避税地设立关联公司，也就是我国税法上所说的"特别目的公司"。

根据《企业所得税法》的有关规定，由居民企业，或者由居民企业和中国居民控制的设立在实际税负明显低于12.5%的国家（地区）的企业，并非由于合理的经营需要而对利润不做分配或者减少分配的，上述利润中应归属于该居民企业的部分，应当计入该居民企业的当期收入，缴纳企业所得税。《企业所得税法》限定受控外国企业的实际税负，主要是为了尽量缩小受控外国企业条款的规制区间，只将那些在国际著名避税地，即零税率或极低税率国家（或地区）设立受控外国公司的中国居民企业纳入反避税的规制范围。《企业所得税法实施条例》第117条对上述规定中的"控制"加以明确，"控制"包括：(1)居民企业或者中国居民直接或者间接单一持有外国企业10%以上有表决权股份，且由其共同持有该外国企业50%以上股份或者居民企业；(2)居民企业和中国居民持股比例没有达到上述规定的标准,但在股份、资金、经营、购销等方面对该外国企业构成实质控制。若居民企业满足上述条件,说明它对外国企业所作出的经营决策有较大的影响,而且有能力对外国企业的股利分配政策造成影响,而《企业所得税法》要制约的就是这种控制外国企业决策,特别是利润分配政策的中国居民企业。

2. 中国企业境外投资受控外国企业风险分析

根据上述规定,如果我国一家居民企业对设在避税地的某外国企业进行控制,并且出于避税方面的利益对该外国企业的利润不进行应有的分配,那么该利润应计入居民企业当期收入总额中一并纳税。

"受控外国企业"的规定对采取间接投资架构的境外投资企业有很大影响。在间接投资的架构下,企业往往选择将被投资企业分配的股息暂时保留在境外较低税率国家(地区)的中间控股公司,暂时不分配到中国母公司。在"合理商业目的"的前提下,中国母公司可以在中间控股公司的层面上将该股息再用于其他境外项目的投资,从而在一定程度上达到资金高效利用、递延中国税纳税义务的目的。在投资东道国所得税税率低于中国企业所得税税率的情况下,上述方法可以有效改善集团现金流、降低整体税负。而根据"受控外国企业"的规定,中国企业在境外投资设立的中间控股公司所产生的利润,将有可能需要在中国缴纳企业所得税。因为企业对外投资时,考虑税收负担成本等因素,往往倾向于选择在巴哈马、百慕大、开曼群岛、我国香港特别行政区等较低税率的国家或地区设立控股公司,再由该公司对外进行投资活动。在将来分配被投资企业的股息时,也往往选择将股息暂时保留在境外较低税率国家或地区的中间控股公司,而暂不分配到中国母公司,以便在中间控股公司的层面上将该股息再投资用于其他境外投资项目。这种投资方式如果受到"受控外国企业"的限制,投资利润在不分配或少分配时就需要在中国缴纳企业所得税。

因此,境外投资架构的设计需要考虑中国企业设立的境外企业,尤其是中间控股公司所在地的实际税负是否低于12.5%,以及将利润(如股息、资本利得等)保留在该公司的做法是否具有"合理的经营需要"。对于"合理的经营需要",《企业所得税法》等有关法律法规并未进行明确的规定。在实践中,根据通常理解,在避税地设立的受控外国公司,一般不具备商业实质,不从事实质性的经营活动,而是主要以减少或规避税收为主要目的。如果中国企业将其在境外低税率国家或地区设立的中间控股公司定位为某一地区的投资平台,将其取得的投资收益用于该区域其他项目的投资,则有可能被税务机关认定为"合理的经营需要",而无须将利润分配回中国母公司缴纳所得税。

3. 中国企业境外投资受控外国公司风险防范

2009 年 1 月 21 日,国家税务总局下发了《关于简化判定中国居民股东控制外国企业所在国实际税负的通知》(国税函〔2009〕37 号),该通知实际上是关于受控外国公司认定与管理具体措施的一项特别规定。根据这项政策,考虑一些国家的具体情况,在认定其税制政策环境不会大规模形成受控外国公司的避税地之后,就有了简化判定中国居民股东控制外国企业所在国实际税负的良好基础,可以简化判定程序,这样既减轻了企业负担,也减少了税务机关的工作压力,有利于维护正常有效的市场环境。

该文件进一步规定,中国居民企业或居民个人能够提供资料证明其控制的外国企业设立在美国、英国、法国、德国、日本、意大利、加拿大、澳大利亚、印度、南非、新西兰和挪威的,可免予将该外国企业不做分配或者减少分配的利润视同股息分配额,计入中国居民企业的当期所得。该文件为企业设定了一个附属义务,即中国居民企业或居民个人需要提供资料证明其控制的外国企业设立在美国、英国、法国、德国、日本、意大利、加拿大、澳大利亚、印度、南非、新西兰和挪威。受控外国企业制度仅针对设立在避税港的外国企业,设立在上述非低税率国家或地区的企业,则不受受控外国企业制度的约束。要注意的是,对于某些不对股息等收入征税的国家或地区,如我国香港特别行政区,我国税务机关也有可能认定内地企业从该地公司取得的股息收入的实际税负低于 12.5%,从而适用"受控外国企业"的规定。不过,对上述问题尚未下发明确的规定。

为了不影响投资主体在国际市场上的竞争力,避免因防止受控外国公司避税而阻碍企业的境外发展,《特别纳税调整实施办法(试行)》第 84 条规定,中国居民企业股东只要能够提供资料证明其控制的外国企业满足以下条件之一,可免于将外国企业不做分配或减少分配的利润视同股息分配额,计入中国居民企业股东的当期所得:(1)设立在国家税务总局指定的非低税率国家(地区);(2)主要取得积极经营活动所得;(3)年度利润总额低于 500 万元人民币。

可见,受控外国企业制度只针对设立在避税港的外国企业,且该制度只针对企业取得的非积极的经营活动所得。也就是说,如果外国企业不是设立在避税港或者企业从事的是积极的生产经营活动,则可以不受控外国企业制度的约束。投资主体进行境外投资,如果采用间接投资的架构,在选择中间控股公司的设立地点时应特别注意,尽量避开上述传统的避税港,并从事积极的生产经营活动,降低因被认定为受控外国企业而给投资带来的风险。

(三)转让定价风险及防范

1. 转让定价概述

转让定价作为一种企业经营管理工具,产生于 20 世纪前半叶的美国企业之中。

所谓转让定价,是指关联企业之间在销售货物、提供劳务、转让无形资产等时制定的价格。在跨国经济活动中,利用关联企业之间的转让定价进行避税已成为一种常见的避税方法。其一般做法是高税率国家或地区的企业向其低税率国家或地区的关联企业销售货物、提供劳务、转让无形资产时制定较低的价格,低税率国家或地区的企业向其高税率国家或地区的关联企业销售货物、提供劳务、转让无形资产时制定较高的价格,借此利用各个国家或地区间税率的差异来实现避税,通过一高一低的价格措施使利润从高税率国家或地区转移到低税率国家或地区,从而达到最大限度减轻企业税负的目的。

由于通过转让定价制定的这种价格基本上不受市场供求法则的限制,而是取决于跨国企业全球战略目标和追求企业整体利润最大化的需要,因此,极容易遭到各国税务机关的转让定价调查。近年来,转让定价一直是各国或地区关注的一个问题。我国《企业所得税法》中专门设了"特别纳税调整"一章来规范避税行为,其中总共设置了8条法规来对反避税行为进行了规定和明确,将转让定价税务管理范围从原来的外商投资企业和外国企业扩大到所有居民企业,并在转让定价调查的相关资料方面提出了更进一步的要求,对转让定价规范也进行了细化。2009年,国家税务总局出台《特别纳税调整实施办法(试行)》,对于特别纳税调整作出了中华人民共和国成立以来最系统性的规定。随后,国家税务总局还下发了《关于简化判定中国居民股东控制外国企业所在国实际税负的通知》(国税函〔2009〕37号)、《关于印发〈2008年版企业年度关联业务往来报告表业务需求〉的通知》(国税函〔2009〕72号,已废止)、2017年第6号公告等诸多文件。这些规定与《企业所得税法》及其实施条例、《税收征收管理法》及其实施细则等共同形成了涵盖法律、法规、规章、规范性法律文件各层面的转让定价与反避税法律框架和管理指南。

根据《特别纳税调整实施办法(试行)》等有关规定,税务机关有权依据《税收征收管理法》及其实施细则等有关税务检查的规定,确定调查企业,进行转让定价调查与调整。被调查企业必须据实报告其关联交易情况,并提供相关资料,不得拒绝或隐瞒。如果经过转让定价调查,发现企业的关联交易不符合独立交易原则而减少其应纳税收入或者所得额的,税务机关将对企业下发《特别纳税调查初步调整通知书》和《特别纳税调查调整通知书》,并按照法定程序实施转让定价纳税调整。

2. 转让定价风险分析

近年来,我国境外投资的企业被明确列入转让定价管理及反避税调查的重点,特别是在国外设立子公司的中国企业,国家税务总局明确要求核查母公司是否足额收取特许权使用费或劳务费,或将利润留滞避税港,以延迟或逃避我国税收等情况。国家税务总局有关人士在谈及反避税工作重点时也曾提到,税务机关将加大对无形资产和股权转让等关联交易的关注度,鼓励各地积极探索无形资产和股权的合理作价方式。此外,税务机关将特别关注"走出去"企业的转让定价和受控外国公司管理问题。为规范全国的转让定价调查,国家税务总局还不断加强转让定价的集中统一管理,案件的立案和结案都要层报国家税务总局审批,以确保执行标准的规范统一,避免出现同类企业在不同地区的调查结果存在较大差异的情况,并且加强全国联查(包括行业和集团企业)的力度。转让定价是2009年以来税务机关新增的反避税"热点"之一,企业应当对此给予足够的重视。

进行境外投资的企业如果不能按照功能、风险和收益相匹配的原则分割利润,在合法的前提下进行整体定价规划,一旦被税务机关开展转让定价调查,企业将面临巨大的风险。

(1)税务行政处罚风险

根据《税收征收管理法》及《特别纳税调整实施办法(试行)》《特别纳税调查调整及相互协商程序管理办法》等有关规定,如果企业不能够遵从税务机关的要求,将可能面临如下风险:

纳税人未按照规定的期限办理纳税申报和报送纳税资料的,或者扣缴义务人未按照规定的期限向税务机关报送代扣代缴、代收代缴税款报告表和有关资料的,由税务机关责令限期改正,可以处2000元以下的罚款;情节严重的,可以处2000元以上1万元以下的罚款。

纳税人有下列行为之一的,由税务机关责令限期改正,可以处2000元以下的罚款;情节严重的,处2000元以上1万元以下的罚款:①未按照规定的期限申报办理税务登记、变更或者注销登记的;②未按照规定设置、保管账簿或者保管记账凭证和有关资料的;③未按照规定将财务、会计制度或者财务、会计处理办法和会计核算软件报送税务机关备查的;④未按照规定将其全部银行账号向税务机关报告的;⑤未按照规定安装、使用税控装置,或者损毁或者擅自改动税控装置的。

纳税人不办理税务登记的,由税务机关责令限期改正;逾期不改正的,经税务机关提请,由市场监督管理机关吊销其营业执照。

(2)转让定价纳税调整风险

以上仅为直接的行政罚款风险,罚款金额虽然不大,但根据我国税法的明确要求,由此会造成严重的后果,即税务机关有权采用合理方法核定企业的所得税。另外,该类企业也将成为税务机关进行反避税调查优先选择的对象。

根据规定,纳税人与其关联企业未按照独立企业之间的业务往来支付价款、费用的,税务机关自该业务往来发生的纳税年度起3年内进行调整;有特殊情况的,可以自该业务往来发生的纳税年度起10年内进行调整。也就是说,转让定价调整最多可以追溯调整10年,企业除了将被补征所得税税款并按日加收不可税前扣除的利息,以及可能面临由调整带来的双重征税问题以外,税务机关对企业2008年1月1日以后发生交易作出特别纳税调整的,还可征收不可在税前扣除的罚息(根据补税税款按日计算),罚息的年利率为5%。

(3)中国企业境外投资转让定价风险防范

在跨国经济活动中,利用关联企业之间的转让定价进行避税已成为一种常见的避税方法,转让定价已经成为各国普遍关注的一个问题。近年来,我国也在不断加强转让定价反避税的工作力度,企业通过转让定价方式进行避税的风险大大增加。为防范转让定价的上述风险,企业可从以下几个方面进行:

①识别税法对关联方和关联交易的规定,并对企业的关联交易转让定价进行风险评估。对于风险较大的交易,企业可以为应对可能的转让定价调查提早做准备。转让定价风险评估也将成为企业关联交易同期资料的基础,即使当前不必准备同期资料的企业,同样可以通过转让定价风险评估管理转让定价风险。

②符合转让定价调查条件的企业,在税务机关发起转让定价调查前,应当分析自身是否存在不合理的转让定价行为、是否存在合理的说明理由,按照法律规定认真准备《企业年度关联业务往来报告表》以及转让定价同期资料等材料,以符合税务机关对企业提交转让定价同期资料这一合规性义务的要求。

③了解我国最新的转让定价政策。对于存在全球转让定价政策的企业,了解我国与投资东道国、有关第三国等国家或地区的转让定价政策,以及如何对既有转让定价政策按照中国规定进行调整是企业境外投资转让定价风险管理工作的重点。

④在具体进行转移价格行为时,应明确转移价格的目的,根据不同国家的税制规定,尤其是关于转让定价相关的规定,确立具体的实施方案,有效规避风险。

(四)一般反避税风险及防范

1.一般反避税风险分析

《企业所得税法》在"特别纳税调整"一章中专门设有一般避税行为的限制条款。根据规定,企业实施其他不具有合理商业目的的安排而减少其应纳税收入或者所得额的,税务机关有权按照合理方法调整。这是中国税务法规体系在反避税问题上的一个创新。对于企业以实施其他不具有合理商业目的的安排而减少其应纳税收入或应纳税所得额的行为,此条款赋予了税务机关充分的权力进行调整,这对企业未来所实施纳税规划安排产生了直接的和重大的影响。2014 年 12 月 2 日,国家税务总局发布《一般反避税管理办法(试行)》(国家税务总局令第32 号),进一步完善了我国的反避税制度,在《企业所得税》和《税收征收管理法》的基础上对一般反避税的具体制度进行了规定和细化。

根据国家税务总局的规定,税务机关有权对企业实施的不具有合理商业目的而获取税收利益的避税安排实施特别纳税调整。避税安排具有两大特征:(1)以获取税收利益为唯一目的或者主要目的;(2)以形式符合税法规定,但与其经济实质不符的方式获取税收利益。

如何界定"不具有合理商业目的的安排"是一般反避税制度的核心。根据税务机关以往出台的文件,"不具有合理商业目的的安排",是指违背税法立法意图,主要用意在于推迟、减少、免除缴纳税款或税法规定的其他支付款项,或者增加返还、退税收入或税法规定的其他收入款项等行为,从中获取税收利益的,人为制定的一个或一系列反常规的活动或交易。包括任何隐含的或者明确的、实际执行或者即将执行的计划、合同、谅解、协议、承诺或保证等,以及以它们为依据而付诸实施的所有活动和交易。根据《特别纳税调整实施办法(试行)》第 93 条的规定,税务机关应按照实质重于形式的原则审核企业是否存在避税安排,并综合考虑安排以下内容:(1)安排的形式和实质;(2)安排订立的时间和执行期间;(3)安排实现的方式;(4)安排各个步骤或组成部分之间的联系;(5)安排涉及各方财务状况的变化;(6)安排的税收结果。

具体而言,依据对我国税法的理解,"不具有合理商业目的的安排"的标准为:(1)必须存在一个人为规划的一个或一系列的非常规的活动或交易的安排;(2)企业必须通过该安排所进行的活动获取"税收利益",即使企业的应纳税收入或者所得额有一定量的减少;(3)企业进行这样安排的最终目的是获取税收利益。当一个企业的行为同时满足这三个方面的内容时,一般可以断定该安排已经符合避税事实的成立要件。对于"不具有合理商业目的的安排"是否构成避税事实,主要采用合理商业目的来判断,主要是判断企业从事交易是否主要出于商业目的而为之。如果一个或一系列安排其唯一的或者主要的目的在于获得税收利益而不是出于商业目的,那么在考虑各项因素后,经过合理推断,可以断定该安排构成了避税事实。

主管税务机关要判断一个企业"不具有合理商业目的的安排"是否构成不合理避税,需要满足一定的前提条件。因为《特别纳税调整实施办法(试行)》关于"不具有合理商业目的的安排”的主要目的不在于如何对不具有合理商业目的的安排进行调整或进行多大程度的调整,而在于对通过减少所得额或者应纳税收入获得税收利益为最终目的安排的调整。因此,如果确实没有或不知道这样的“安排”是否会减少其所得额或者应纳税收入,则不能认为这样的行为适用“一般反避税”规定。那么若还要对其加以调整,则是不合理的。如果税务机关认定这样的“安排”符合规定的构成要件,其有权按照税法所规定的合理方法对“安排”加以调整。“合理方法”,是指主管税务机关可以使“合理商业目的的安排”丧失效力或视为上述安排不存在,从而使那些企业或其他参与人通过安排已获得的或者将获得的潜在税收利益灭失,并根据原先出于经济实质的安排对其重新进行调整和适用税法。对于设在避税港并导致其关联方或非关联方避税的企业,税务机关可以在税收上否定该企业的存在。

税务机关认定企业的安排属于不具有合理商业目的的避税安排的,有权适用以下方法进行特别纳税调整:(1)对安排的全部或者部分交易重新定性;(2)在税收上否定交易方的存在,或者将该交易方与其他交易方视为同一实体;(3)对相关所得、扣除、税收优惠、境外税收抵免等重新定性或者在交易各方间重新分配;(4)其他合理方法。

2.一般反避税风险防范

进行境外投资的中国企业如果出现以下情况,很可能成为一般反避税调查的调查对象:(1)滥用税收优惠;(2)滥用税收协定;(3)滥用组织结构;(4)与避税地公司频繁的业务往来;(5)不具有合理商业目的的其他商业安排。

因此,首先,中国企业在行使投资控股的职能之外,应考虑从事实际的经营管理活动,以使控股公司具有实质的商业目的。境外投资的企业需要准备相应的资料证明其商业安排具有合理的商业目的。例如,某境外投资的企业通过一家我国香港特别行政区的公司投资欧洲,如果该香港公司确实有实际的业务或者相关人员在香港特别行政区从事与企业经营管理有关的活动,那么该交易安排可能会被认定为具有合理商业目的。

其次,企业应当及时根据国家政策调整自身行为,在可能产生调查风险之前就做好内部的调整工作。在经营管理的过程中不仅要注意行为的合规性,还要注意对文件、档案和会计凭证的保管,为将来履行资料提交义务做好准备。

最后,为了减少一般反避税调查的风险,企业应更加准确地把握反避税制度的相关规定,同时密切关注更加具体的反避税操作规程的出台,有针对性地开展境外投资活动。

(五)滥用税收协定风险及防范

如前文所述,自1983年9月我国与日本签订了我国历史上第一个政府间税收协定以来，截至2023年4月，我国已对外正式签署了109个税收协定，其中104个已经生效。此外，我国还在内地与香港特别行政区、澳门特别行政区之间签署了避免双重征税和防止偷漏税的税收安排，与我国台湾地区签署了税收协议。全球范围内我国的税收协定网络已经基本形成。国际税收协定协调和分配了国家间的征税权，在避免双重征税、促进国际经济合作方面起到了积极的作用。然而各国间税收协定条款的不一致，也使一些跨国公司有机可乘，通过重建组织架构等形式滥用税收协定。

1. 滥用税收协定概述

滥用国际税收协定，主要是指非税收协定缔约国的居民通过在税收协定缔约国设立中间公司等做法，获取其本不应享有的税收协定中的税收优惠的行为。

概括地讲，滥用税收协定有三个方面的主要特征：(1)行为主体主要是跨国公司，即法人居民，这是因为与自然人相比，法人更容易经过精心策划，巧妙地装扮变成缔约国“居民公司”，进而谋取税收协定的税收待遇；(2)行为对象主要是针对间接性的投资收益，如股息、利息、特许权使用费及财产租赁收入，目的是减轻预提税的负担；(3)行为方式主要是通过在协定国组建中间公司等来享受不应得的税收优惠待遇，如在缔约国组建各种控股公司、导管公司、信托公司。

实践中，滥用国际税收协定的具体方式一般为三种：(1)建立直接导管公司，直接导管公司是介于两个公司之间，能得到有关税收协定优惠的在有关协定国建立的中介公司；(2)建立脚踏石导管公司，脚踏石导管公司，是指介于两个公司之间，能得到有关税收协定优惠的两个或两个以上建立在不同协定国的中介公司；(3)企业重组，即当有些国家间的税收协定规定，对缔约国一方公司向持有其公司一定比例股份的缔约国另一方股东支付的股息给予税收协定规定的对股息的税收优惠，这些国家的跨国公司在缔约国另一方建立子公司时，往往采取合并或分立的形式，使公司持有该子公司的股份符合规定的比例，从而享受税收协定规定的税收待遇。

滥用税收协定的行为在现实中大量存在，已经成为一种很普遍的现象。滥用税收协定会导致许多国家，尤其是所得来源地国家税收的流失，因此，OECD、联合国和大多数的国家或地区都对滥用税收协定的做法持否定态度。国际上，为防范投资者滥用税收协定的避税行为，一些国家或地区在对于签署税收协定进行谈判时就加入反滥用条款，同时国内法也相应地予以完善。具体的方法有：

(1)排除法。在税收协定中注明税收协定提供的税收优惠不适用于某一类纳税人，如排除已经享受了免税或大幅度减税优惠的公司适用税收协定规定的税收待遇。

(2)真实法。规定不是出于真实的商业经营目的，而是为了谋求税收协定优惠的纳税人,不得享受税收协定提供的税收优惠。

(3)纳税义务法。一个中介性质的公司的所得如果在注册成立的国家没有纳税义务,则该公司不能享受税收协定规定的税收优惠。

(4)受益所有人法。规定税收协定提供的税收优惠的最终受益人必须是真正的税收协定国居民,第三国居民不能借助在税收协定国成立的居民企业而从税收协定中受益。

(5)渠道法。如果缔约国的居民将所得以利息、股息、特许权使用费等形式支付给第三国居民,则该所得不能享受税收协定提供的预提税优惠。

(6)禁止法。不与被认为是国际避税地的国家(地区)签订税收协定,以防止跨国公司在避税地组建公司作为其国际避税活动的中介机构。

实践中,各国一般都选择多种方法同时使用,很少只局限于某种方法。

2. 滥用税收协定的风险分析

近年来,我国对外签订的税收协定也逐渐引入反滥用条款。例如,我国与墨西哥、新加坡等国家签订的税收协定议定书中即引入了类似条款。我国《企业所得税法》引入了一般反避税条款,规定企业实施其他不具有合理商业目的的安排而减少其应纳税收入或所得额的,税务机关有权按照合理的方法调整。《特别纳税调整实施办法(试行)》进一步规定,对目的的判断要综合考虑安排的形式和实质等六个方面的内容,并列举出一些典型的避税安排,其中即包括滥用税收协定、滥用公司组织形式等。

国家税务总局《关于税收协定中"受益所有人"有关问题的公告》(国家税务总局公告 2018 年第 9 号)中明确,"受益所有人"是指对所得或所得据以产生的权利或财产具有所有权和支配权的人。"受益所有人"一般从事实质性的经营活动,可以是个人、公司或其他任何团体。在明确"受益所有人"定义的基础上,该公告规定代理人、导管公司等不属于"受益所有人",并规定在判定"受益所有人"身份时,不能仅从技术层面或国内法的角度理解,应该从税收协定的目的(避免双重征税和防止偷漏税)出发,按照"实质重于形式"的原则,结合具体案例的实际情况进行分析和判定。一旦涉及税收的减少,便触及税收协定的目的,那么按照"实质重于形式"的原则,就很难被认定为"受益所有人"。《关于税收协定中"受益所有人"有关问题的公告》列举了五类不利于申请人"受益所有人"身份认定的因素:

(1)申请人有义务在收到所得的 12 个月内将所得的 50% 以上支付给第三国(地区)居民,"有义务"包括约定义务和虽未约定义务但已形成支付事实的情形。

(2)申请人从事的经营活动不构成实质性经营活动。实质性经营活动包括具有实质性的制造、经销、管理等活动。申请人从事的经营活动是否具有实质性,应根据其实际履行的功能及承担的风险进行判定。

申请人从事的具有实质性的投资控股管理活动,可以构成实质性经营活动;申请人从事不构成实质性经营活动的投资控股管理活动,同时从事其他经营活动的,如果其他经营活动不够显著,不构成实质性经营活动。

(3)缔约对方国家(地区)对有关所得不征税或免税,或征税但实际税率极低。

(4)在利息据以产生和支付的贷款合同之外,存在债权人与第三人之间在数额、利率和签订时间等方面相近的其他贷款或存款合同。

(5)在特许权使用费据以产生和支付的版权、专利、技术等使用权转让合同之外,存在申请人与第三人之间在有关版权、专利、技术等的使用权或所有权方面的转让合同。

此外,该公告还规定了纳税人在申请享受税收协定待遇时,对于是否具有"受益所有人"身份负有举证责任等,对认定受益所有人的方法作出了进一步规定。

可见,进行境外投资的企业,尤其是采取间接投资架构的企业,在享受间接投资架构的税收利益的同时,也可能会被否定"受益所有人"资格,被认定为滥用税收协定,从而受到被税务机关不予批准享受税收协定规定的税收待遇,按照合理的方法进行纳税调整等,这对企业来讲无疑是巨大的税务风险。

3. 滥用税收协定风险防范

对于上述种种滥用税收协定的风险,进行境外投资的企业需谨慎对待。投资企业向境外被投资企业收取股息、利息和特许权使用费时,如果申请享受税收协定有关的税收待遇,需要特别关注该被投资企业能否被主管税务机关认定为税收协定中的"受益所有人"。只有被主管税务机关认定为"受益所有人"后,企业才能享受税收协定规定的税收优惠待遇。因此,投资企业应充分了解和掌握我国、投资东道国以及有关第三国的税收制度、国际税收协定等规定,尤其是税收协定关于"受益所有人"的有关规定,利用多种信息获取渠道,如被投资国政府网站对外正式公布的法规政策,国际知名的信息提供商提供的信息,国际知名的会计师事务所、税务师事务所、律师事务所等中介机构的信息产品,税务机关等权威机构对外发布的法规政策等,真正认识税收协定规定的各项权益、享受权益的条件等重点内容,避免滥用税收协定认定给企业带来的损失。

五、企业境外所得税收抵免管理及操作指南

税收抵免,是指税务机关允许纳税人从合乎规定的支出中,以一定比率从其应纳

税额中扣除,以减轻其税负。税收抵免是居住国政府对其居民企业来自国内外的所得一律汇总征税,但允许抵扣该居民企业在国外已纳或负担的税额,以避免国际重复征税。中国企业进行境外投资的过程中,其境外所得的税务处理往往涉及该类事项。

(一)现行法律、法规及规范文件概述

企业境外所得税收抵免制度早在1993年12月13日发布的《企业所得税暂行条例》(已废止)第12条中就已经提出。随后,财政部、国家税务总局于1995年11月16日发布了《境外所得计征所得税暂行办法》(已废止)对操作明细予以明确。

《企业所得税法》自2008年1月1日起正式实施。其中第23条、第24条对企业境外所得税收抵免也进行了规定。配套的《企业所得税法实施条例》第78~81条对企业境外所得税收抵免制度进行了进一步的规定。2017年、2018年修正的《企业所得税法》及其实施条例均保留了此项规定。

2009年12月25日,财政部、国家税务总局联合发布了财税〔2009〕125号通知,对《企业所得税法》及其实施条例关于境外所得税抵免制度的原则性规定作了进一步明确规定,更具可操作性。

2010年7月2日,为了进一步明确和规范企业境外所得税收抵免的制度,国家税务总局根据《企业所得税法》《企业所得税法实施条例》及财税〔2009〕125号通知的有关规定,以公告的形式发布《企业境外所得税收抵免操作指南》。2015年10月10日,国家税务总局发布《关于企业境外所得适用简易征收和饶让抵免的核准事项取消后有关后续管理问题的公告》(国家税务总局公告2015年第70号),取消了企业适用简易征收方式的税务机关核准程序。

(二)境外所得税收抵免的常见概念与原则

1. 纳税义务人

可适用境外所得税收抵免的纳税义务人包括:居民企业以及非居民企业在中国境内设立的机构、场所,具体规定如下:

(1)根据《企业所得税法》第23条关于境外税额直接抵免和第24条关于境外税额间接抵免的规定,居民企业(包括按境外法律设立但实际管理机构在中国,被判定为中国税收居民的企业,即所谓"受控外国公司")可以就其取得的境外所得直接缴纳和间接负担的境外企业所得税性质的税额进行抵免。

(2)根据《企业所得税法》第23条的规定,非居民企业(外国企业)在中国境内设立的机构(场所)可以就其取得的发生在境外但与其有实际联系的所得直接缴纳的境外企业所得税性质的税额进行抵免。

为缓解由于国家间对所得来源地判定标准的重叠而产生的国际重复征税，我国税法对非居民企业在中国境内分支机构取得的发生于境外的所得所缴纳的境外税额，给予了与居民企业类似的税额抵免待遇。对此类非居民给予的境外税额抵免仅涉及直接抵免。

所谓实际联系，是指据以取得所得的权利、财产或服务活动由非居民企业在中国境内的分支机构拥有、控制或实施，如外国银行在中国境内分行以其可支配的资金向中国境外贷款，境外借款人就该笔贷款向其支付的利息，即属于发生在境外与该分行有实际联系的所得。

下文仅针对中国企业境外投资，就居民企业纳税义务人进行说明。

2. 对应纳税年度

企业就其在境外设立的不具有独立纳税地位的分支机构每一纳税年度的营业利润，计入企业当年度应纳税所得总额时，如果分支机构所在国纳税年度的规定与我国规定的纳税年度不一致的，在确定该分支机构境外某一年度的税额如何对应我国纳税年度进行抵免时，境外分支机构按所在国规定计算生产经营所得的纳税年度与其境内总机构纳税年度相对应的纳税年度，应为该境外分支机构所在国纳税年度结束日所在的我国纳税年度。例如，某居民企业在 A 国的分公司，按 A 国法律规定，计算当期利润年度为每年 10 月 1 日至次年 9 月 30 日。该分公司按 A 国规定计算 2009 年 10 月 1 日 ~ 次年 9 月 30 日（A 国 2009 年度/2010 年度）的营业利润及其已纳税额，应在我国 2010 年度计算纳税及境外税额抵免。

企业取得境外股息所得实现日为被投资方作出利润分配决定的日期，无论该利润分配是否包括以前年度未分配利润，均应作为该股息所得实现日所在的我国纳税年度所得计算抵免。

3. 抵免类型

企业境外所得税收抵免包括直接抵免和间接抵免两种。

直接抵免，是指企业直接作为纳税人就其境外所得在境外缴纳的所得税额在我国应纳税额中抵免。

间接抵免，是指境外企业就分配股息前的利润缴纳的外国所得税额中由我国居民企业就该项分得的股息性质的所得间接负担的部分，在我国的应纳税额中抵免。例如，我国居民企业（母公司）的境外子公司在所在国（地区）缴纳企业所得税后，将税后利润的一部分作为股息、红利分配给该母公司，子公司在境外就其应税所得实际缴纳的企业所得税税额中按母公司所得股息占全部税后利润之比的部分即属于该母公司间接负担的境外企业所得税额。

4. 抵免适用的范围

根据抵免的类型不同,其适用的范围也存在差异。

直接抵免主要适用于企业就来源于境外的营业利润所得在境外所缴纳的企业所得税,以及就来源于或发生于境外的股息、红利等权益性投资所得、利息、租金、特许权使用费、财产转让等所得在境外被源泉扣缴的预提所得税。

间接抵免的适用范围为居民企业符合财税〔2009〕125 号通知第 5 ~ 6 条规定的境外子公司取得的股息、红利等权益性投资收益所得。

5. 境外所得税额抵免计算的基本项目

为适用境外所得税收抵免制度,企业应按照《企业所得税法》及其实施条例、税收协定以及通知的规定,准确计算下列当期与抵免境外所得税有关的项目后,确定如下计算基本项目:(1)境内所得的应纳税所得额(以下简称境内应纳税所得额)和分国别(地区)的境外所得的应纳税所得额(以下简称境外应纳税所得额);(2)分国别(地区)的可抵免境外所得税税额;(3)分国别(地区)的境外所得税的抵免限额。

也就是说,企业取得境外所得,为其在中国境外已经实际直接缴纳和间接负担的企业所得税性质的税额。进行境外税额抵免计算的基本项目包括:境内、境外所得分国别(地区)的应纳税所得额、可抵免税额、抵免限额和实际抵免税额。如企业不能按照有关税收法律法规准确计算实际可抵免的境外分国别(地区)的所得税税额的,不应给予税收抵免。

6. 不具有独立纳税地位的境外分支机构

(1)不具有独立纳税地位

不具有独立纳税地位,是指根据企业设立地法律不具有独立法人地位或者按照税收协定规定不认定为对方国家(地区)的税收居民。企业居民身份的判定,一般以国内法为准。如果一个企业同时被中国和其他国家认定为居民(双重居民),应按中国与该国之间税收协定(或安排)的规定执行。

(2)具体类型

不具有独立纳税地位的境外分支机构包括企业在境外设立的分公司、代表处、办事处、联络处,以及在境外提供劳务、被劳务发生地国家(地区)认定为负有企业所得税纳税义务的营业机构和场所等。

7. 税收协定优先原则

我国政府同外国政府订立的有关税收的协定与《关于企业境外所得税收抵免有关

问题的通知》(财税〔2009〕125 号)有不同规定的,依照协定的规定办理。

(三)境外应纳税所得额的计算

1. 境外税前所得还原

根据《企业所得税法实施条例》第 7 条规定确定的境外所得,在计算适用境外税额直接抵免的应纳税所得额时,应为将该项境外所得直接缴纳的境外所得税额还原计算后的境外税前所得;上述直接缴纳税额还原后的所得中属于股息、红利所得的,在计算适用境外税额间接抵免的境外所得时,应再将该项境外所得间接负担的税额还原计算,即该境外股息、红利所得应为境外股息、红利税后净所得与就该项所得直接缴纳和间接负担的税额之和。

【案情简介】

中国居民企业 A 公司申报的境内外所得总额为 15,796.25 万元,其中取得境外股息所得为 5250 万元(已还原向境外直接缴纳 10% 的预提所得税 525 万元,假设在甲国直接缴纳 225 万元 + 间接负担 912.5 万元 = 1137.5 万元;在乙国直接缴纳 300 万元 + 间接负担 1291.25 万元 = 1591.25 万元),其中甲国 2250 万元,乙国 3000 万元;同时假设 A 公司用于管理四个子公司的管理费合计为 433.75 万元,其中用于甲国子公司 B1、B2 公司的管理费用为 184.5 万元,用于乙国子公司 B3、B4 公司的管理费用为 249.25 万元。应在计算来自两个国家四个子公司的股息应纳税所得时对应调整扣除。本案中,A 公司的应纳税额应当如何计算?

【法律分析】

境外股息所得应为境外股息净所得与境外直接缴纳税额和间接缴纳税额之和 7453.75 万元(5250 万元 + 2203.75 万元),其中:

来源于甲国股息所得 3162.5 万元(2250 万元 + 912.5 万元);

来源于乙国股息所得 4291.25 万元(3000 万元 + 1291.25 万元)。

境外股息所得对应调整扣除相关管理费后的应纳税所得额为 7020 万元(7453.75 万元 - 433.75 万元),其中:

来源于甲国股息所得对应调整后应纳税所得额为 2978 万元(3162.5 万元 - 184.5 万元);

来源于乙国股息所得对应调整后应纳税所得额为 4042 万元(4291.25 万元 - 249.25 万元)。

境外间接负担税额还原计算后境内、外应纳税所得总额为:

已还原直接税额的境内外所得总额 + 可予计算抵免的间接税额 = 15,796.25 万

元+2203.75万元=18,000万元

企业应纳税总额为:

应纳税所得总额×适用税率=18,000万元×25%=4500万元

对上述税额还原后的境外税前所得,应再就计算企业应纳税所得总额时已按税法规定扣除的有关成本费用中与境外所得有关的部分进行对应调整扣除后,计算为境外应纳税所得额。

2. 居民企业境外分支机构应纳税所得额的计算

居民企业在境外投资设立不具有独立纳税地位的分支机构,其来源于境外的所得,以境外收入总额扣除与取得境外收入有关的各项合理支出后的余额为应纳税所得额。各项收入、支出按《企业所得税法》及其实施条例的有关规定确定。

由于不具有分配利润职能,居民企业在境外设立不具有独立纳税地位的分支机构取得的各项境外所得,无论是否汇回中国境内,均应计入该企业所属纳税年度的境外应纳税所得额。

根据《企业所得税法实施条例》第27条的规定,确定与取得境外收入有关的合理的支出,应主要考察发生支出的确认和分摊方法是否符合一般经营常规和我国税收法律规定的基本原则。企业已在计算应纳税所得总额时扣除的,但属于应由各分支机构合理分摊的总部管理费等有关成本费用应作出合理的对应调整分摊。

境外分支机构合理支出范围通常包括境外分支机构发生的人员工资、资产折旧、利息、相关税费和应分摊的总机构用于管理分支机构的管理费用等。

3. 居民企业境外收入确认与应税所得额计算

(1)境外收入确认原则

居民企业来源于境外的股息、红利等权益性投资收益,应按被投资方作出利润分配决定的日期确认收入实现,若实际收到所得的日期与境外被投资方作出利润分配决定的日期不在同一纳税年度,依然以决定的日期为准;来源于境外的利息、租金、特许权使用费、转让财产等收入,应按有关合同约定应付交易对价款的日期确认收入实现,若未能在合同约定的付款日期当年收到上述所得,仍应以合同约定的日期为准。

企业收到某一纳税年度的境外所得已纳税凭证时,凡是迟于次年5月31日汇算清缴终止日的,可以对该所得境外税额抵免追溯计算。

(2)境外应税所得额计算

居民企业应就其来源于境外的股息、红利等权益性投资收益,以及利息、租金、特许权使用费、转让财产等收入,扣除按照《企业所得税法》及实施条例等规定计算的与

取得该项收入有关的各项合理支出后的余额为应纳税所得额。从境外收到的股息、红利、利息等境外投资性所得一般表现为毛所得，应对在计算企业总所得额时已作出统一扣除的成本费用中与境外所得有关的部分，在该境外所得中对应调整扣除后，才能作为计算境外税额抵免限额的境外应纳税所得额。

【案情简介】

中国A银行向甲国某企业贷出500万元，合同约定的利率为5%。2009年A银行收到甲国企业就应付利息25万元扣除已在甲国扣缴的预提所得税2.5万元（预提所得税税率为10%）后的22.5万元税后利息。A银行应纳税所得总额为1000万元，已在应纳税所得总额中扣除的该笔境外贷款的融资成本为本金的4%。分析并计算该银行应纳税所得总额中境外利息收入的应纳税所得额。

【法律分析】

来源于境外利息收入的应纳税所得额，应为已缴纳境外预提所得税前的就合同约定的利息收入总额，再对应调整扣除相关筹资成本费用等。

境外利息收入总额 = 税后利息 + 已扣除税额 = 22.5 万元 + 2.5 万元 = 25 万元

对应调整扣除相关成本费用后的应纳税所得额 = 25 万元 − 500 万元 × 4% = 5 万元

该境外利息收入用于计算境外税额抵免限额的应纳税所得额为5万元，应纳税所得总额仍为1000万元不变。

在计算境外所得应对应调整扣除的有关成本费用时，应对如下成本费用（但不限于）予以特别注意：①股息、红利，应对应调整扣除与境外投资业务有关的项目研究、融资成本和管理费用；②利息，应对应调整扣除为取得该项利息而发生的相应的融资成本和相关费用；③租金，属于融资租赁业务的，应对应调整扣除其融资成本；属于经营租赁业务的，应对应调整扣除租赁物相应的折旧或折耗；④特许权使用费，应对应调整扣除提供特许使用的资产的研发、摊销等费用；⑤财产转让，应对应调整扣除被转让财产的成本净值和相关费用。

（3）共同支出的比例分摊

在计算境外应纳税所得额时，企业为取得境内、境外所得而在境内、境外发生的共同支出，与取得境外应税所得有关的、合理的部分，应在境内、境外[分国（地区）别，下同]应税所得之间，按照合理比例进行分摊后扣除。

上述所称共同支出，是指与取得境外所得有关但未直接计入境外所得应纳税所得额的成本费用支出，通常包括未直接计入境外所得的营业费用、管理费用和财务费用等支出。

企业应对在计算总所得额时已统一归集并扣除的共同费用,按境外每一国(地区)别数额占企业全部数额的下列一种比例或几种比例的综合比例,在每一国别的境外所得中对应调整扣除,计算来自每一国别的应纳税所得额:①资产比例;②收入比例;③员工工资支出比例;④其他合理比例。

上述分摊比例确定后应报送主管税务机关备案;无合理原因不得改变。

(4)境外分支机构亏损的弥补

在汇总计算境外应纳税所得额时,企业在境外同一国家(地区)设立不具有独立纳税地位的分支机构,按照《企业所得税法》及实施条例的有关规定计算的亏损,不得抵减其境内或他国(地区)的应纳税所得额,但可以用同一国家(地区)其他项目或以后年度的所得按规定弥补。

企业在同一纳税年度的境内外所得加总为正数的,其境外分支机构发生的亏损,由于上述结转弥补的限制而发生的未予弥补的部分(也称非实际亏损额),今后在该分支机构的结转弥补期限不受5年期限制。具体如下:

①如果企业当期境内外所得盈利额与亏损额加总后和为零或正数,则其当年度境外分支机构的非实际亏损额可无限期向后结转弥补;

②如果企业当期境内外所得盈利额与亏损额加总后和为负数,则以境外分支机构的亏损额超过企业盈利额部分的实际亏损额,按《企业所得税法》第18条规定的期限进行亏损弥补,未超过企业盈利额部分的非实际亏损额仍可无限期向后结转弥补。

企业应对境外分支机构的实际亏损额与非实际亏损额不同的结转弥补情况做好记录。

【案例简介】

中国居民A企业2008年度境内外净所得为160万元。其中,境内所得的应纳税所得额为300万元;设在甲国的分支机构当年度应纳税所得额为100万元;设在乙国的分支机构当年度应纳税所得额为-300万元;A企业当年度从乙国取得利息所得的应纳税所得额为60万元。对该企业当年度境内、境外所得的应纳税所得额应如何调整计算?

【法律分析】

①A企业当年度境内外净所得为160万元,但依据境外亏损不得在境内或他国盈利中抵减的规定,其发生在乙国分支机构的当年度亏损额300万元,仅可以用从该国取得的利息60万元弥补,未能弥补的非实际亏损额240万元,不得从当年度企业其他盈利中弥补。因此,相应调整后A企业当年境内、外应纳税所得额为:

境内应纳税所得额 = 300 万元

甲国应纳税所得额 = 100 万元

乙国应纳税所得额 = −240 万元

A 企业当年度应纳税所得总额 = 400 万元

②A 企业当年度境外乙国未弥补的非实际亏损共 240 万元,允许 A 企业以其来自乙国以后年度的所得无限期结转弥补。

(四)可予抵免境外所得税额的确认

1. 基本条件

可抵免的境外所得税税额的基本条件为:

(1)企业来源于中国境外的所得依照中国境外税收法律以及相关规定计算而缴纳的税额。

(2)相关税额为企业缴纳的属于企业所得税性质的税额,而不拘泥于名称。在不同的国家,对于企业所得税有着不同的表述,如法人所得税、公司所得税等。判定是否属于企业所得税性质的税额,主要看其是不是针对企业净所得征收的税额。

(3)税收抵免旨在解决重复征税问题,仅限于企业应当缴纳且已实际缴纳的税额(除另有饶让抵免或其他规定外)。

(4)可抵免的企业所得税税额,若是税收协定非适用所得税项目,或来自非协定国家的所得,无法判定是否属于对企业征收的所得税税额的,应层报国家税务总局裁定。

2. 不应作为可抵免境外所得税税额的情形及分析

(1)按照境外所得税法律及相关规定属于错缴或错征的境外所得税税款,是指属于境外所得税法律及相关规定适用错误而且企业不应缴纳而错缴的税额,企业应向境外税务机关申请予以退还,而不应作为境外已缴税额向中国申请抵免企业所得税。

(2)按照税收协定规定不应征收的境外所得税税款,是指根据中国政府与其他国家(地区)政府签订的税收协定(或安排)的规定不属于对方国家的应税项目,却被对方国家(地区)就其征收的企业所得税。对此,企业应向征税国家申请退还不应征收的税额;该项税额还应包括企业就境外所得在来源国纳税时适用税率高于税收协定限定税率所多缴纳的所得税税额。

(3)因少缴或迟缴境外所得税而追加的利息、滞纳金或罚款,具体可参见《企业所得税法》。

(4)境外所得税纳税人或者其利害关系人从境外征税主体得到实际返还或补偿的境外所得税税款,是指如果有关国家为了实现特定目标而规定不同形式和程度的税收优惠,并采取征收后由政府予以返还或补偿方式退还的已缴税额。对此,企业应从其境外所得可抵免税额中剔除该相应部分。

(5)按照我国《企业所得税法》及其实施条例规定,已经免征我国企业所得税的境外所得负担的境外所得税税款,是指如果我国税收法律法规作出对某项境外所得给予免税优惠的规定,企业取得免征我国企业所得税的境外所得的,该项所得的应纳税所得额及其缴纳的境外所得税额均应从计算境外所得税额抵免的境外应纳税所得额和境外已纳税额中减除。

(6)按照国务院财政、税务主管部门有关规定,已经从企业境外应纳税所得额中扣除的境外所得税税款,是指如果我国税法规定就一项境外所得的已纳所得税额仅作为费用从该项境外所得额中扣除的,就该项所得及其缴纳的境外所得税额不应再纳入境外税额抵免计算。

3. 币种要求

企业取得的境外所得已直接缴纳和间接负担的税额为人民币以外货币的,在以人民币计算可予抵免的境外税额时,凡企业记账本位币为人民币的,应按企业就该项境外所得记入账内时使用的人民币汇率进行换算;凡企业以人民币以外其他货币作为记账本位币的,应统一按实现该项境外所得对应的我国纳税年度最后一日的人民币汇率中间价进行换算。

(五)境外所得间接负担税额的计算

1. 境外所得间接负担税额定义

居民企业在按照《企业所得税法》第24条的规定用境外所得间接负担的税额进行税收抵免时,其取得的境外投资收益实际间接负担的税额,是指根据直接或者间接持股方式合计持股20%以上(含20%,下同)的规定层级的外国企业股份,由此应分得的股息、红利等权益性投资收益中,从最低一层外国企业起逐层计算的属于由上一层企业负担的税额。

2. 持股比例计算

企业在境外取得的股息所得,在按规定计算该企业境外股息所得的可抵免所得税额和抵免限额时,由该企业直接或者间接持有20%以上股份的外国企业,限于按照财税〔2009〕125号通知第6条规定的持股方式确定的五层外国企业,即:

第一层:企业直接持有20%以上股份的外国企业;

第二层至第五层:单一上一层外国企业直接持有20%以上股份,且由该企业直接持有或通过一个或多个符合财税〔2009〕125号通知第6条规定持股方式的外国企业间接持有总和达到20%以上股份的外国企业。

3. 间接负担税额公式

本层企业所纳税额属于由一家上一层企业负担的税额 =（本层企业就利润和投资收益所实际缴纳的税额 + 符合抵免规定的由本层企业间接负担的税额）× 本层企业向一家上一层企业分配的股息（红利）÷ 本层企业所得税后利润额

（1）本层企业，是指实际分配股息（红利）的境外被投资企业；

（2）本层企业就利润和投资收益所实际缴纳的税额，是指本层企业按所在国税法就利润缴纳的企业所得税和在被投资方所在国就分得的股息等权益性投资收益被源泉扣缴的预提所得税；

（3）符合抵免规定的由本层企业间接负担的税额，是指该层企业由于从下一层企业分回股息（红利）而间接负担的由下一层企业就其利润缴纳的企业所得税税额；

（4）本层企业向一家上一层企业分配的股息（红利），是指该层企业向上一层企业实际分配的扣缴预提所得税前的股息（红利）数额；

（5）本层企业所得税后利润额是指该层企业实现的利润总额减去就其利润实际缴纳的企业所得税后的余额。

4. 股息（红利）年度计算原则

每一层企业从其持股的下一层企业在一个年度中分得的股息（红利），若是由该下一层企业不同年度的税后未分配利润组成，则应按该股息（红利）对应的每一年度未分配利润，分别计算就该项分配利润所间接负担的税额；按各年度计算的间接负担税额之和，即为取得股息（红利）的企业该一个年度中分得的股息（红利）所得所间接负担的所得税额。

5. 国别（地区）划分原则

境外第二层及以下层级企业归属不同国家的，在计算居民企业负担境外税额时，均以境外第一层企业所在国（地区）为国别划分进行归集计算，而无论该第一层企业的下层企业归属何国（地区）。

（六）税收饶让抵免的应纳税额的确定

虽然我国《企业所得税法》目前尚未单方面规定税收饶让抵免，但我国与有关国家签订的税收协定规定有税收饶让抵免安排。根据相关规定，居民企业从与我国政府订立税收协定（或安排）的国家（地区）取得的所得，按照该国（地区）税收法律享受了免税或减税待遇，且该免税或减税的数额按照税收协定规定应视同已缴税额在中国的应纳税额中抵免的，该免税或减税数额可作为企业实际缴纳的境外所得税额用于办理税收抵免。境内企业的境外投资项目在投资所在国享受了经所在国与中国政府签订的税收协定承认的税收优惠时,律师宜为境内企业的境外投资所得申请享受饶让抵免优惠待遇。

1. 税收饶让的计算

(1)税收协定规定定率饶让抵免的,饶让抵免税额为按该定率计算的应纳境外所得税额超过实际缴纳的境外所得税额的数额;

(2)税收协定规定列举一国税收优惠额给予饶让抵免的,饶让抵免税额为按协定国家(地区)税收法律规定税率计算的应纳所得税额超过实际缴纳税额的数额,即实际税收优惠额。

2. 税收饶让的不适用情形

境外所得采用财税〔2009〕125 号通知第 10 条规定的简易办法计算抵免额的,不适用饶让抵免。

3. 税收饶让抵免范畴例外

企业取得的境外所得根据来源国税收法律法规不判定为所在国应税所得,而按中国税收法律法规规定属于应税所得的,不属于税收饶让抵免范畴,应全额按中国税收法律法规规定缴纳企业所得税。

(七)抵免限额的计算

企业应按照《企业所得税法》及其实施条例和财税〔2009〕125 号通知的有关规定,分国(地区)别计算境外税额的抵免限额。

1. 计算公式与使用税率

(1)计算公式

某国(地区)所得税抵免限额 = 中国境内、境外所得依照《企业所得税法》及实施条例的规定计算的应纳税总额 × 来源于某国(地区)的应纳税所得额 ÷ 中国境内、境外应纳税所得总额

(2)计算适用税率

据以计算上述公式中"中国境内、境外所得依照《企业所得税法》及实施条例的规定计算的应纳税总额"的税率,除国务院财政、税务主管部门另有规定外,应为《企业所得税法》第 4 条第 1 款规定的税率。中国境内、境外所得依照《企业所得税法》及实施条例的规定计算的应纳税总额的税率是 25%,即使企业境内所得按税收法规规定享受企业所得税优惠的,在进行境外所得税额抵免限额计算中的中国境内、境外所得应纳税总额所适用的税率也应为 25%。

今后若国务院财政、税务主管部门规定境外所得与境内所得享受相同企业所得税优惠政策的，应按有关优惠政策的适用税率或税收负担率计算其应纳税总额和抵免限额；简便计算，也可以按该境外应纳税所得额直接乘以其实际适用的税率或税收负担率得出抵免限额。

2. 境外盈利弥补境内亏损

在计算境外所得抵免限额时，形成当期境内、境外应纳税所得总额小于零的，应以零计算当期境内、境外应纳税所得总额，其当期境外所得税的抵免限额也为零。上述境外盈利在境外已缴纳的可予抵免但未能抵免的税额，可以在以后 5 个纳税年度内进行结转抵免。

（八）关于实际抵免境外税额的计算

1. 实际抵免境外税额的基本计算

在计算实际应抵免的境外已缴纳和间接负担的所得税税额时，企业在境外一国（地区）当年缴纳和间接负担的符合规定的所得税税额低于所计算的该国（地区）抵免限额的，应以该项税额作为境外所得税抵免额从企业应纳税总额中据实抵免；超过抵免限额的，当年应以抵免限额作为境外所得税抵免额进行抵免，超过抵免限额的余额允许从次年起在连续 5 个纳税年度内，用每年度抵免限额抵免当年应抵税额后的余额进行抵补。

2. 申报资料

企业申报抵免境外所得税收时应向其主管税务机关提交如下书面资料：

（1）与境外所得相关的完税证明或纳税凭证（原件或复印件）。

（2）不同类型的境外所得申报税收抵免还需分别提供：

①取得境外分支机构的营业利润所得需提供境外分支机构会计报表、境外分支机构所得依照我国《企业所得税法》及其实施条例的规定计算的应纳税额的计算过程及说明资料、具有资质的机构出具的有关分支机构审计报告等；

②取得境外股息、红利所得需提供集团组织架构图、被投资公司章程复印件、境外企业有权决定利润分配的机构作出的决定书等；

③取得境外利息、租金、特许权使用费、转让财产等所得需提供依照我国《企业所得税法》及其实施条例规定计算的应纳税额的资料及计算过程、项目合同复印件等。

（3）申请享受税收饶让抵免的还需提供：

①本企业及其直接或间接控制的外国企业在境外所获免税及减税的依据及证明或有关审计报告披露该企业享受的优惠政策的复印件；

②企业在其直接或间接控制的外国企业的参股比例等情况的证明复印件;

③间接抵免税额或者饶让抵免税额的计算过程;

④由本企业直接或间接控制的外国企业的财务会计资料。

(4)采用简易办法计算抵免限额的还需提供:

①取得境外分支机构的营业利润所得需提供企业申请及有关情况说明、来源国(地区)政府机关核发的具有纳税性质的凭证和证明复印件;

②取得符合境外税额间接抵免条件的股息所得需提供企业申请及有关情况说明、符合我国《企业所得税法》第24条规定的条件的有关股权证明的文件或凭证复印件。

(5)主管税务机关要求提供的其他资料。

以上提交备案资料使用非中文的,企业应同时提交中文译本复印件。上述资料已向税务机关提供的,可不再提供;上述资料若有变更的,须重新提供;复印件须注明与原件一致,译本须注明与原本无异,并加盖企业公章。

3. 台账管理

税务机关、企业在年度企业所得税汇算清缴时,应对结转以后年度抵免的境外所得税额分国别(地区)建立台账管理,准确填写逐年抵免情况。台账表样式见表3-2。

表3-2　境外所得税额结转抵免管理台账

企业名称:

所得来源国别(地区):　　　　金额单位:人民币(列至角分)

行次	本年度未抵免税额		五年期结转抵扣额及余额									
	税额所属年度	未抵免额	第一年		第二年		第三年		第四年		第五年	
			抵免额	余额	抵免额	余额	抵免额	余额	抵免额	余额	抵免额	不得再结转额
1												
2												

管理台账的编制要填报以前年度境外所得已纳税额未抵免部分的结转、抵扣情况,具体而言:

(1)按分国不分项填报结转抵扣额的境外所得税在各年的抵扣情况;

(2)本年度未抵免税额:填报税额所属年度未抵免结转以后年度抵扣的税额;

(3)5年结转抵扣额:填报按规定用本期税额扣除限额的余额抵扣以前年度结转的税额及抵扣后的余额。

（九）简易办法计算抵免

1. 简易办法计算抵免的适用条件

企业从境外取得营业利润所得以及符合境外税额间接抵免条件的股息所得，虽有所得来源国（地区）政府机关核发的具有纳税性质的凭证或证明［向境外所在国家政府实际缴纳了具有综合税额（含企业所得税）性质的款项的有效凭证］，但因客观原因无法真实、准确地确认应当缴纳并已经实际缴纳的境外所得税税额的，除就该所得直接缴纳及间接负担的税额在所得来源国（地区）的实际有效税率（实际缴纳或负担的企业所得税税额与应纳税所得额的比率），低于我国《企业所得税法》第 4 条第 1 款规定税率 50% 以上的外，可按境外应纳税所得额的 12.5% 作为抵免限额，企业按该国（地区）税务机关或政府机关核发具有纳税性质凭证或证明的金额，其不超过抵免限额的部分，准予抵免；超过的部分不得抵免。

属于上述规定以外的股息、利息、租金、特许权使用费、转让财产等投资性所得，均应按财政部、国家税务总局《关于企业境外所得税收抵免有关问题的通知》（财税〔2009〕125 号）的其他规定计算境外税额抵免。

2. 抵免限额可直接作为可抵免额

企业从境外取得营业利润所得以及符合境外税额间接抵免条件的股息所得，凡就该所得缴纳及间接负担的税额在所得来源国（地区）的法定税率且其实际有效税率明显高于我国的，可直接以按《关于企业境外所得税收抵免有关问题的通知》规定计算的境外应纳税所得额和我国《企业所得税法》规定的税率计算的抵免限额作为可抵免的已在境外实际缴纳的企业所得税税额。财政部、国家税务总局可根据实际情况适时对名单进行调整。法定税率且实际有效税率明显高于我国（税率）的国家，由财政部和国家税务总局列名单公布；各地税务机关不能自行作出判定，发现名单所列国家抵免异常的，应立即向国家税务总局报告。

常见的法定税率明显高于我国的境外所得来源国（地区）包括：美国、阿根廷、布隆迪、喀麦隆、古巴、法国、日本、摩洛哥、巴基斯坦、赞比亚、科威特、孟加拉国、叙利亚、约旦、老挝等。

六、受益所有人的认定标准

非居民来自中国的股息、利息和特许权使用费如何判定“受益所有人”身份从而适用税收协定优惠待遇，一直是跨境税收业务的热点问题。国家税务总局自 2009 年以来陆续出台了《关于如何理解和认定税收协定中“受益所有人”的通知》（国税函〔2009〕601 号，已废止，以下简称国税函〔2009〕601 号文）、《关于认定税收协定中“受益所有人”的公告》(国家税务总局公告2012年第30号,已废止,以下简称2012年第30号公告)等文件,给出了受益所有人的七个判定因素,并针对特定股权架构下的股息协定待遇规定了“安全港”。然而,历年来在实务中纳税人和各地基层税务机关都遇到了许多技术和操作问题,期待国家税务总局能出台进一步的解释和修正。国家税务总局于2018年2月3日出台了《关于税收协定中“受益所有人”有关问题的公告》(国家税务总局公告2018年第9号,以下简称2018年第9号公告),废止了国税函〔2009〕601号文和2012年第30号公告,大幅度更新了中国税务机关对于受益所有人的判定规则。下面对三份公告的相关规定对照进行分析。

(一)国税函〔2009〕601号文中规定的七条判定“受益所有人”的不利因素

(1)申请人有义务在规定时间(如在收到所得的12个月)内将所得的全部或绝大部分(如60%以上)支付或派发给第三国(地区)居民;

(2)除持有所得据以产生的财产或权利外,申请人没有或几乎没有其他经营活动;

(3)在申请人是公司等实体的情况下,申请人的资产、规模和人员配置较小(或少),与所得数额难以匹配;

(4)对于所得或所得据以产生的财产或权利,申请人没有或几乎没有控制权或处置权,也不承担或很少承担风险;

(5)缔约对方国家(地区)对有关所得不征税或免税、或征税但实际税率极低;

(6)在利息据以产生和支付的贷款合同之外,存在债权人与第三人之间在数额、利率和签订时间等方面相近的其他贷款或存款合同;

(7)在特许权使用费据以产生和支付的版权、专利、技术等使用权转让合同之外,存在申请人与第三人之间在有关版权、专利、技术等的使用权或所有权方面的转让合同。

(二)2012年第30号公告关于“安全港”的规定

2012年第30号公告对国税函〔2009〕601号文的部分条款作出了解释,并特别就股息的税收协定待遇给出了“上市公司安全港”的规定:申请享受股息协定待遇的非居民企业如果是上市公司,或者申请人被同一协定地区的上市公司100%直接或间接拥有,可直接认定申请人的受益所有人身份,适用相关税收协定中的股息优惠待遇。该“上市公司安全港”规定要求直接从中国取得股息收入的公司、上市公司及中间层控股公司之间都必须是全资控股关系,并且必须是同一个税收协定国/地区的税收居民企业。符合2012年第30号公告“上市公司安全港”规定的申请人可以直接被认定为受益所有人,而无须按照国税函〔2009〕601号文规定的七项不利因素进行综合判断。

(三)2018 年第 9 号公告对“受益所有人”判定标准的规定

与废止的两个文件相比,2018 年第 9 号公告对执行税收协定股息条款的解释作出了三项重大改进:一是收紧了国税函〔2009〕601 号文中的第 1 项、第 2 项不利因素的判定标准;二是扩大了股息条款适用“安全港”规定的范围;三是对存在境外多层控股的架构,在符合一定条件的情况下,可以适用“相同国家(地区)/相同协定待遇规则”。这些都增加了非居民纳税人享受股息的协定优惠待遇的机会,是为广大非居民纳税人所欢迎的重大利好。

1. 2018 年第 9 号公告对受益所有人不利判定因素的修改

根据 2018 年第 9 号公告的规定,下列因素不利于对申请人“受益所有人”身份的判定:

(1)申请人有义务在收到所得的 12 个月内将所得的 50% 以上支付给第三国(地区)居民,“有义务”包括约定义务和虽未约定义务但已形成支付事实的情形。

(2)申请人从事的经营活动不构成实质性经营活动。实质性经营活动包括具有实质性的制造、经销、管理等活动。申请人从事的经营活动是否具有实质性,应根据其实际履行的功能及承担的风险进行判定。

申请人从事的具有实质性的投资控股管理活动,可以构成实质性经营活动;申请人从事不构成实质性经营活动的投资控股管理活动,同时从事其他经营活动的,如果其他经营活动不够显著,不构成实质性经营活动。

(3)缔约对方国家(地区)对有关所得不征税或免税,或征税但实际税率极低。

(4)在利息据以产生和支付的贷款合同之外,存在债权人与第三人之间在数额、利率和签订时间等方面相近的其他贷款或存款合同。

(5)在特许权使用费据以产生和支付的版权、专利、技术等使用权转让合同之外,存在申请人与第三人之间在有关版权、专利、技术等的使用权或所有权方面的转让合同。

从上述规定可知,2018 年第 9 号公告修改了国税函〔2009〕601 号文的不利因素:收紧了第 1 项和第 2 项;删除了第 3 项和第 4 项;保留了第 5 ~ 7 项。具体而言,2018 年第 9 号公告对国税函〔2009〕601 号文的修改主要如下:

(1)收紧的第 1 项是申请人有义务在收到所得的 12 个月内将所得的 50% 以上支付给第三国(地区)居民,而 601 号公告中为 60%,“有义务”包括约定义务和虽未约定义务但已形成支付事实的情形。

(2)收紧的第 2 项是申请人从事的经营活动不构成实质性经营活动。实质性经营活动包括具有实质性的制造、经销、管理等活动。申请人从事的经营活动是否具有实质性,应根据其实际履行的功能及承担的风险进行判定。申请人从事的具有实质性的投资控股管理活动,可以构成实质性经营活动;申请人从事不构成实质性经营活动的投资控股管理活动,同时从事其他经营活动的,如果其他经营活动不够显著,不构成实质性经营活动。

(3)从 2018 年第 9 号公告对第 1 项不利因素的修改可以看出,国家税务总局在一般法律上规定的支付义务之外,同时考察是否存在已经形成支付的事实。根据国家税务总局《关于〈国家税务总局关于税收协定中"受益所有人"有关问题的公告〉的解读》(以下简称《9 号公告解读》)的解释,即使申请人分配时未发生现金流,一些集团内部抵销交易的安排,或者申请人将从中国收到的所得用于向集团公司提供贷款这种正常的商业行为,也可能被认为形成了支付的事实,而对申请人的受益所有人身份的认定不利。

(4)2018 年第 9 号公告对第 2 项关于实质性经营活动的不利因素给出了具体的指引。实质性经营活动包括制造、经销、管理,也包括投资控股管理活动。《9 号公告解读》中对投资控股管理活动的解释提到了投资前期研究、评估分析、投资决策、投资实施、投资后续管理、行业研究、市场分析、区域总部功能、资金统筹调配、融资等字眼。从解读中提到的几个案例来看,国家税务总局对申请人的投资控股管理活动的"实质"有着比以前更高的要求。对于申请人从事不构成实质性经营活动的投资控股管理活动,同时从事其他经营活动的情况,《9 号公告解读》作出了进一步举例解释:当其他经营活动所得占比不足申请人全部所得的 8% 即为不够显著。

(5)由于国税函〔2009〕601 号文第 3 项、第 4 项不利因素需要分析的内容已融入 2018 年第 9 号公告的上述第 2 项不利因素的分析中,故被删除。

2. 2018 年第 9 号公告将股息条款的"安全港"适用范围从上市公司扩大到政府和个人

2018 年第 9 号公告规定,若股息协定待遇的申请人为协定对方的政府、上市公司或居民个人,或者申请人被上述政府、上市公司或个人通过所属同一居民国(地区)居民身份的控股公司 100% 直接或间接拥有,那么申请人可直接被认定为股息的受益所有人享受相关协定待遇。

为便于理解上述"安全港"规定,国家税务总局在《9 号公告解读》中给出了图3 - 4 的投资架构示例。由其中的示例 3 可见,只要申请人(我国香港特别行政区居民 D)同时被香港居民个人、香港居民上市公司和香港政府合计持股关系达到 100% ,也可适用该"安全港"的规定。

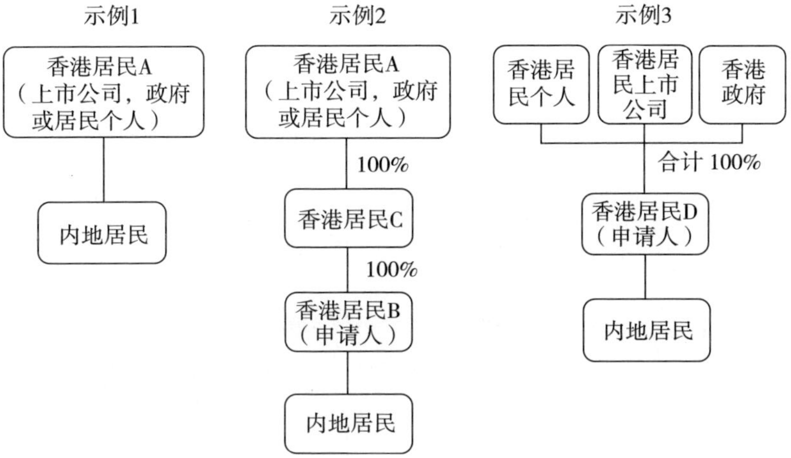

图 3－4　投资架构示例 1～3

3. 境外多层控股架构下，股息所得可适用"相同国家（地区）/相同协定待遇规则"

按照国税函〔2009〕601 号文和 2012 年第 30 号公告的规定，如果直接持有中国居民企业股权并取得股息的股东（股息的协定待遇申请人）本身并不符合国税函〔2009〕601 号文的受益所有人条件，也不符合 2012 年第 30 号公告中的"安全港"规则，其从中国取得的股息就没有机会享受税收协定待遇。2018 年第 9 号公告突破性地允许在境外多层控股架构下，如果符合特定条件，可视同申请人具有受益所有人身份，这将极大增加非居民纳税人享受税收协定待遇的机会。具体来说，在以下两种情形下，可视同股息的协定待遇申请人具有受益所有人身份从而享受股息的协定待遇：

情形一：直接或间接持有申请人 100% 股权的股东符合 2018 年第 9 号公告的"受益所有人"的五项判定因素，且该股东与申请人是同一个国家/地区的税收居民（以下简称"相同国家/地区规则"）。

为便于理解，《9 号公告解读》就情形一给出了投资架构示例 4 和示例 5（见图3－5）。在示例 4 和示例 5 中，我国香港特区居民 F、E 是同一地区的税收居民，虽然香港居民 E 不符合受益所有人条件，但如果香港居民 F 符合受益所有人条件，则香港居民 E 可被视同为股息的受益所有人（即使在它们之间具有 100% 控股关系的中间层控股公司是其他国家/地区的税收居民）。笔者认为，国家税务总局允许"相同国家/地区规则"的技术考量是：香港居民 F 符合"受益所有人"的五项判定因素，如果它直接投资于内地居民企业，同样能享受股息协定待遇。可见香港居民 F 设立香港居民 E 和英属维尔京群岛公司这些控股公司应该没有不当利用内地与香港双边税收安排下的股息优惠待遇的动机。

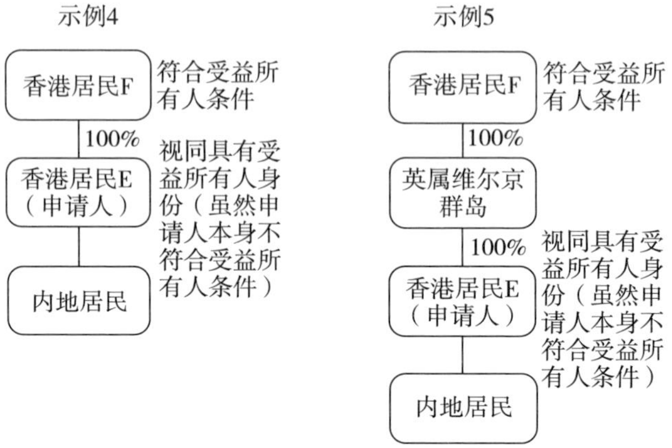

图 3 – 5　投资架构示例 4 ~ 5

情形二:直接或间接持有申请人 100% 股权的股东符合 2018 年第 9 号公告的“受益所有人”的五项判定因素,该股东虽然与申请人不是同一国家/地区的税收居民,但该股东及其 100% 控股关系的中间层股东比起申请人可享有相同或更为优惠的协定待遇(以下简称“相同协定待遇规则”)。

为便于理解,《9 号公告解读》就情形二给出了图 3 – 6 的投资架构示例 6。在示例 6 中,我国香港特别行政区居民 G 不符合受益所有人条件,但新加坡居民 I 符合受益所有人条件。鉴于新加坡/中国税收协定及内地/香港税收安排中的股息条款是相同的,则我国香港特别行政区居民 G 可被视同为股息的受益所有人。需要注意的是,在情形二中,真正具有受益所有人身份的股东(新加坡居民 I)及所有中间层控股股东(新加坡居民 H)应是税收协定国/地区的税收居民,且与申请人相比能享受相同或更优惠的股息协定待遇,2018 年第 9 号公告也明确这种情形下这一连串的控股股东都需要出具相关所在地的税收居民身份证明。笔者认为,国家税务总局允许“相同协定待遇规则”的技术考量是:新加坡居民 I 符合“受益所有人”的五项判定因素,如果它直接投资于我国内地居民企业同样能享受股息协定待遇。可见新加坡居民 I 设立新加坡居民 H 和我国香港特别行政区居民 G 这些控股公司应该没有不当利用内地与香港双边税收安排下的股息优惠待遇的动机。

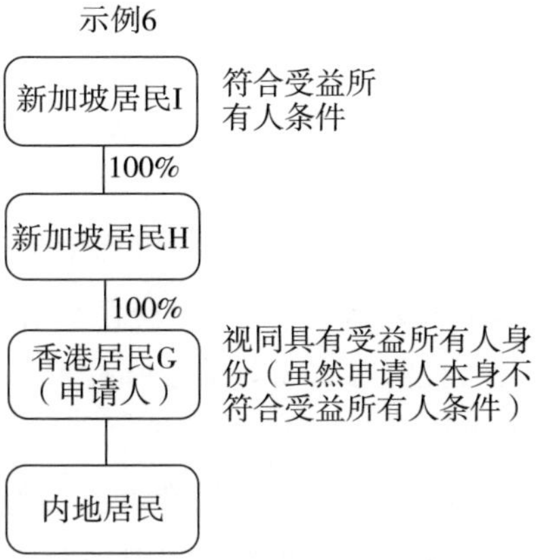

图 3－6 投资架构示例 6

值得注意的是，上述突破性的"相同国家（地区）/相同协定待遇规则"仅适用于100%直接或间接持有申请人的股东，而不适用于直接/间接持股比例少于100%的情况。此外，该规则目前也仅适用于股息的协定待遇，而不适用于利息和特许权使用费条款。

4．2018年第9号公告针对受益所有人判定的其他主要变化

（1）对OECD的打击税基侵蚀与利润转移项目（Base Erosion and Profit Shifting，BEPS）第6项行动计划：防止税收协定优惠的不当授予，中国采纳了最低标准3，即"主要目的测试"条款。因此，2018年第9号公告不再使用国税函〔2009〕601号文及2012年第30号公告中的"导管公司""避税目的"等字眼，这为税务机关适用主要目的测试方法否决协定待遇提供了路径。

（2）进一步明确了具体情况下的税收居民身份证明的备案资料要求。

（3）明确了股东基于持有股份取得股息、债权人基于持有债权取得利息、特许权授予人基于授予特许权取得特许权使用费都不属于代为收取所得行为，不可自称代理人从而由其他人享受税收协定待遇。

2018年第9号公告中"安全港"适用范围的扩大及新增的"相同国家（地区）/相同协定待遇规则"都体现了税务总局对主要目的测试条款的应用，可以说是中国税务机关在税收协定的解释和执行方面与国际接轨跨出的一大步，受到非居民纳税人极大的欢迎。

总体来看，笔者认为，2018年第9号公告对于受益所有人的判定以及协定待遇的管理可谓喜忧参半。一方面，针对股息所得，"安全港"适用范围的扩大以及新增的"相

同国家(地区)/相同协定待遇规则”给予非居民纳税人更多享受协定待遇的机会,也降低了基层税务机关在后续监管此类案件时的判定难度。另一方面,出于防范申请人滥用税收协定的目的,五项不利因素的要求比较苛刻,对于不利因素的收紧也显示了中国税务机关将既看形式也看事实结果,以及更重视申请人的实质性经营活动及其所得,以打击对税收协定待遇的滥用。此外,虽在一定程度上继续并扩大了目的测试在受益所有人问题上的应用,为纳税人带来利好,但弱化避税目的表述以便随后更具体地适用目的测试条款否决协定待遇,也意味着受益所有人身份并非确定享受协定待遇的最后门槛。

另外,2018 年第 9 号公告仍有一些问题有待澄清。例如,针对第 1 项不利因素,实践中基层税务机关如果因为一些正常合理的集团内关联交易而认定形成了“支付事实”,可能会与非居民纳税人产生争议。又如,第 2 项不利因素,对于如何判断申请人具有“实质性的投资控股管理活动”、如何判断其他经营活动“不够显著”,可能在理解上也会与申请人产生分歧。再如,对于“相同国家/相同协定待遇规则”的适用,2018 年第 9 号公告解读上的举例相对有限,实践中可能还会有其他明显不是为避税而设立的架构,是否可以应用这些原则灵活处理,仍需实践验证。

(四)跨国企业对受益所有人规则的应对

跨国集团应审视现有的投资架构和经营模式,评估是否符合 2018 年第 9 号公告中“安全港”规定以及新增的“相同国家(地区)/相同协定待遇规则”,或是否有可能重组架构以利用这些利好。在任何情况下,都应准备恰当充足的文档和证明材料(如合同、发票、收据、会计分录等),以做好准备应对税务机关的检查。

律师宜为境外投资方审核其享受税收协定优惠的条件、评估税法风险以及提出补足建议等服务。境外投资方不符合受益所有人条件的,无权享受税收协定优惠待遇。律师在审核境外投资方受益所有人身份时,宜着重从以下五个方面进行:

(1)境外投资方是否将所得在 12 个月内支付给第三国(地区)居民;

(2)境外投资方的经济实质,即是否有合理的实质性经营活动,实质性经营活动包括具有实质性的制造、经销、管理等活动;

(3)境外投资方在其母国的税收负担情况;

(4)境外投资方税收协定优惠适用争议的解决;

(5)是否存在与第三人签订和境内公司相近的利息费用、特许权使用费相关合同。

律师宜向境外投资方出具受益所有人风险评估报告,并为委托人提供相应补足的建议。主管税务机关在复核程序中对已享受税收协定优惠的境外投资方作出不予享受税收协定优惠决定并要求补缴税款、缴纳罚款和滞纳金的，律师宜代理境外投资方陈述理由、申辩意见，针对税务行政处罚，可以申请听证，提起行政复议或者诉讼。

第四节　转让定价与反避税服务

一、中国现行转让定价与反避税法律体系

（一）我国一般反避税法律制度概况

一般反避税管理，是指税务机关针对企业所实施的不具有合理商业目的而获取税收利益的避税安排，实施的特别纳税调整。《企业所得税法》第 47 条规定，企业实施其他不具有合理商业目的的安排而减少其应纳税收入或者所得额的，税务机关有权按照合理方法调整；《企业所得税法实施条例》第 120 条进一步明确上述规定；《个人所得税法》第 8 条引入了个人所得税一般反避税条款。最初，我国的一般反避税制度具体分布在国家税务总局《特别纳税调整实施办法（试行）》（已废止）第 10 章中，仅对一般反避税管理的适用对象、调整方式、调查程序作了简要的规定。2014 年 12 月 2 日，国家税务总局发布了《一般反避税管理办法（试行）》（国家税务总局令第 32 号），对一般反避税进行了较为详细的规定，包括对避税安排的界定，明确多类调整方法以及立案、调查、结案、争议处理等程序规定。

（二）转让定价与反避税

转让定价并没有一个全球通行的定义，一般认为是关联企业之间在销售货物、提供劳务、转让无形资产的行为。这是一个中性概念，是一个企业交易过程中必然的行为，反避税领域的转让定价主要是关联关系企业之间为获取税收利益采用特定转让价格的避税安排。在跨国经济活动中，利用关联企业之间的转让定价进行避税已成为一种常见的税收逃避方法。一般的做法是高税国企业向其低税国关联企业销售货物、提供劳务、转让无形资产时制定低价，低税国企业向其高税国关联企业销售货物、提供劳务、转让无形资产时制定高价。这样，就可以利用各个国家间税率的差异来实现避税，通过一高一低的价格措施使利润从高税国转移到低税国，从而达到最大限度减轻企业税负的目的。

转让定价调整的对象是关联企业之间，因此确定关联关系是转让定价调整的首步，关于关联企业或关联关系的认定，一般有两大标准：（1）股权控制标准；（2）企业经营管理或决策人员的人身关系标准。至于具体标准则由各国国内法进行规定。但各

个国家的认定标准存在一定差异，我国通过《企业所得税法实施条例》和《特别纳税调整实施办法（试行）》（已废止）对关联关系进行规定，并发布了2016年第42号公告进一步细化关联关系的定义。

除转让定价外，关联企业实施避税的常见方式还包括受控外国企业、资本弱化、滥用公司组织形式、滥用税收协定优惠等。当前，随着国际社会对跨国避税打击力度的加大，G20峰会及OECD积极推动的税基侵蚀和利润转移（Base Erosion and Profit Shifting，BEPS）行动计划的深度落实，世界各国正在逐步完善各自的反避税法律制度体系。当前，我国的反避税法律制度以《企业所得税法》第六章及《企业所得税法实施条例》的有关规定为渊源，以《特别纳税调整实施办法（试行）》、《一般反避税管理办法（试行）》、2016年第42号公告等一系列规章及规范性文件为载体，已经形成了较为完整、系统且有效的反避税法律制度体系。这一体系把避税安排划分为与关联方之间的安排和与非关联方之间的安排，前者主要包括转让定价、受控外国企业和资本弱化，后者主要包括滥用公司组织形式、滥用税收协定优惠、利用避税港等，不同的避税安排对应适用不同的纳税调整方法以及调查和调整的程序。

（三）我国转让定价反避税法律制度概况

转让定价问题在发达国家已受到政府的广泛重视，国外关于转让定价税制问题的研究成果也较多。相较于发达国家，我国转让定价与反避税的法律制度起步较晚。

我国最早针对外商投资企业避税问题制定转让定价税务管理规定的是深圳市政府。1987年，深圳市政府针对外商投资企业普遍存在的利用转让定价向境外转移利润的问题，制定并颁布了《深圳特区外商投资企业与关联公司交易业务税务管理的暂行办法》（已废止），规定对外商投资企业向境外关联企业销售货物的价格一般要提高5%以确定其应税利润。该办法仅适用于深圳地区，且较为原则。

1991年，全国人民代表大会通过的《外商投资企业和外国企业所得税法》（以下简称《外商税法》，已废止），第一次在全国范围内以立法的形式对转让定价税务调整问题作出了明确的规定。该法第13条规定："外商投资企业或者外国企业在中国境内设立的从事生产、经营的机构、场所与其关联企业间的业务往来，应当按照独立企业之间的业务往来收取或者支付价款、费用。不按照独立企业之间的业务往来收取或者支付价款、费用，而减少其应纳税所得额的，税务机关有权进行合理调整。"这一规定填补了我国反避税立法的一项空白。此后，我国又相继出台了一系列关于转让定价税务管理的法律和法规，为税务部门防范和治理外商投资企业的避税行为提供了有力的执法依据，扭转了转让定价反避税无法可依的尴尬局面。

1991 年 6 月,国务院公布了《外商投资企业和外国企业所得税法实施细则》(以下简称《外商税法细则》,已废止),其中第 52 ~ 58 条对关联企业的税收处理作了具体规定。《外商税法》和《外商税法细则》均从 1991 年 7 月 1 日起实施,自 2008 年 1 月 1 日《企业所得税法》及《企业所得税法实施条例》施行之日起失效。

在此之后,我国在 1992 年 9 月公布并于 1993 年正式实施的《税收征收管理法》第 24 条规定:"企业或者外国企业在中国境内设立的从事生产、经营的机构、场所与其关联企业之间的业务往来,应当按照独立企业之间的业务往来收取或者支付价款、费用;不按照独立企业之间的业务往来收取或者支付价款、费用,而减少其应纳税的收入或所得额的,税务机关有权进行合理调整。"这项调整转让定价的条款把调整的主体范围从外商投资企业和外国企业扩大到国有企业、集体企业等所有我国国内企业。1993 年 8 月公布的《税收征收管理法实施细则》中再次确认了与《外商税法细则》同样的条款。2001 年 4 月修订的《税收征收管理法》以及 2002 年 9 月国务院发布的《税收征收管理法实施细则》对我国转让定价税务管理制度进行了进一步的充实,特别规定了最长可追溯 10 年的追溯年限,并首次引入预约定价协议。2007 年 3 月通过的《企业所得税法》的特别纳税调整中,将转让定价税务管理范围从原来的外商投资企业和外国企业扩大到所有居民企业,并在转让定价调查的相关资料方面提出了更进一步的要求。

与立法的进程同步,国家税务总局又制定了一系列的规则和办法等文件来规范转让定价税制的具体实施:1992 年 10 月根据《外商税法》及《外商税法细则》的有关规定,分别制定发布了《关联企业间业务往来税务管理实施办法》(国税发〔1992〕237 号,已废止)以及《关于贯彻〈关联企业间业务往来税务管理实施办法〉几个具体问题的通知》(国税发〔1992〕242 号);1998 年年初,国家税务总局颁布了《国家税务总局关于进一步加强转让定价税收管理工作的通知》(国税发〔1998〕25 号),这是国家税务总局发布的有关转让定价税务问题中唯一包含"转让定价税收管理"一词的文件;1998 年 4 月 23 日,国家税务总局又根据《外商税法》及《外商税法细则》和《税收征收管理法》及其实施细则的有关条款,考虑与各国签订的双边税收协定的有关规定,并通过借鉴国际通常做法以及我国近 10 年的转让定价税制实践工作经验,印发了《关联企业间业务往来税务管理规程(试行)》(国税发〔1998〕59 号,已废止)。这是迄今为止我国最完整、最全面且最为详尽系统的转让定价税制,包括总则、关联关系认定及其业务往来的申报、关联企业间业务往来交易额的认定、调查审计对象的选择、调查审计的实施、企业举证和税务当局对举证的核实、调整方法的选用、税收调整的实施、复议和诉讼、案卷整理和归档、跟踪管理以及附则等共计 12 章 52 条,此外还附有一整套有关关联企业业务往来的税务审计、调查和税收调整的工作程序底稿,促使我国转让定价税制更加规范化和程序化,同时大大充实了我国转让定价税制的内容。为具体规范和指导涉外税务审计工作,国家税务总局于1999年又制定颁布了《涉外税务审计规程》,对税务审计工作流程、审计程序、审计技术和要求等都作了规定,对实践工作具有很强的指导作用。

2003年4月,国家税务总局下发了《关于贯彻〈中华人民共和国税收征收管理法〉及其实施细则若干具体问题的通知》(国税发〔2003〕47号),明确规定了转让定价最长可以追溯10年进行调整的特殊情况,增强了税务机关的可操作性。2004年9月,国家税务总局颁布了《关联企业间业务往来预约定价实施规则(试行)》(国税发〔2004〕118号,已废止),确立了我国的预约定价制度,并规范了税务机关与企业谈签预约定价协议的程序。2004年10月,国家税务总局下发了修订后的《关联企业间业务往来税务管理规程》(国税发〔2004〕143号,已废止)。

2009年,国家税务总局出台《特别纳税调整实施办法(试行)》,对于特别纳税调整作出了中华人民共和国成立以来最具有系统性的规定。随后,国家税务总局还下发了《关于简化判定中国居民股东控制外国企业所在国实际税负的通知》(国税函〔2009〕37号)、《关于印发〈2008年版企业年度关联业务往来报告表业务需求〉的通知》(国税函〔2009〕72号,已废止)、《关于加强转让定价跟踪管理有关问题的通知》(国税函〔2009〕188号,已废止,以下简称国税函〔2009〕188号文)、《关于强化跨境关联交易监控和调查的通知》(国税函〔2009〕363号,已废止,以下简称国税函〔2009〕363号文)等文件。这些规定的颁布与实施,实现了全国反避税工作在《企业所得税法》及其实施条例初始实施阶段的顺利过渡,并与《税收征收管理法》及其实施细则共同形成了我国涵盖法律、法规、规范性文件各层面的反避税法律框架和管理指南,为税务机关执法和纳税人遵从提供了明确的法律依据。2016年6月29日,国家税务总局发布2016年第42号公告,对《特别纳税调整实施办法(试行)》作出了重大调整和修改,废止了原试行办法的第二章、第三章、第74条以及第89条,代之以新的规定,强化了企业尤其是跨国企业集团的关联申报义务及同期资料管理,使我国的反避税法律制度达到了前所未有的国际水准。2017年3月17日,国家税务总局发布2017年第6号公告,废止了《特别纳税调整实施办法(试行)》第四章、第五章、第十一章和第十二章,同时废止了国税函〔2009〕188号文、国税函〔2009〕363号文,代之以新的规定,对特别纳税调整作出更为翔实系统的规定。

此外,我国发布了多部规范性文件用以完善反避税纳税调整的方法,2017年12月

1 日实施的《国家税务总局关于非居民企业所得税源泉扣缴有关问题的公告》明确了非居民企业所得税的扣缴义务和规范。2021 年 9 月 1 日实施的《关于单边预约定价安排适用简易程序有关事项的公告》简便了企业实施预约定价的规定。

同时,国家税务总局每年都会开展针对某行业的全国联查,选择一些国外关联公司控制的企业作为调查的重点。在国家税务总局的安排下,各地税务机关对辖区内的同行业外商投资企业历年的财务报告和经营情况进行案头审计分析,以确定是否作为重点审计调查对象。并在此基础上,收集整理数据,确定整个行业的利润率,对利润率较低的公司进行税务调整。据税务机关有关人员介绍,国家税务总局此举的目的一方面是在全国范围内通过行业联查掌握相关行业的利润率水平,对利润率水平偏低的企业进行税收调整;另一方面是通过联查进行转让定价审计调查实务操作,在转让定价审计调查方面积累经验。

除了上述国内法律法规的制定和颁布,我国于 2013 年 8 月 27 日,签署了《多边税收征管互助公约》,成为该公约的第 56 个签约方。2015 年 12 月 16 日,我国签署《金融账户涉税信息自动交换多边主管当局间协议》,该协议依据 OECD 于 2014 年发布,并经当年 G20 布里斯班峰会核准的《金融账户涉税信息自动交换标准》中的主管当局间协议范本而产生。2017 年 6 月 7 日,我国与德、英、法、印、俄等全球 66 个国家或地区共同签署了《实施税收协定相关措施以防止税基侵蚀和利润转移的多边公约》(以下简称《BEPS 公约》)。《BEPS 公约》是全球首个对所得税税收协定进行多边协调的法律文件,为在经济全球化进一步走向深入的世界大环境下,以多边税收合作法律框架的形式增强国际社会相互合作,携手打击和防范跨境逃避税提供了基础设施条件。

截至 2022 年 6 月 30 日,包括我国在内的 97 个国家或地区签署了《BEPS 公约》。《BEPS 公约》于 2022 年 9 月 1 日对我国生效,《BEPS 公约》将适用于我国与 47 个国家(地区)已签署的税收协定。该公约设定的目的就是规制避税行为,因此也被称为"反避税公约",根据中国交存的文书,《BEPS 公约》将涵盖中国签订的 100 个税收协定。另外,根据中国国家税务总局 2022 年 8 月的对外公告,截至 2022 年 6 月 30 日,视税收协定缔约对方完成《BEPS 公约》生效程序的情况,《BEPS 公约》将适用于我国已签署的 47 个税收协定。其规定的"主要目的测试""企业税收居民身份""修改协定序言"等规定,对于我国税收协定将造成较大的影响,其中"主要目的测试",是指"如果在考虑所有相关事实与情况后,可以合理地认定就某项所得或财产获取被涵盖税收协定某项优惠是直接或间接产生该优惠的安排或交易的主要目的之一,则不应对该项所得或财产给予该优惠,除非可以确认,在这些情形下给予该优惠符合被涵盖税收协定相关规定的宗旨和目的”,将部分协定中约定为“以获取税收优惠为主要目的”改变更“主要目的之一”,加大了拒绝给予协定优惠待遇的范围。这些规定加强了税收合作,导致企业更难获取税收协定的优惠待遇。

近年来,我国转让定价与反避税的法律体系逐渐完善,无论是税务机关还是跨国企业本身都在不断地加强和完善其对于转让定价与反避税的管理。不过,与发达国家相比,我国目前的转让定价与反避税法律体系还是处于起步阶段,过去制定和发布的规章及规范性法律文件要么多已失效,要么过于原则和粗略,不具有可操作性。税务机关应根据实际工作需要进一步充实转让定价与反避税的法律体系,积极研究关联交易避税方式的多样性和隐蔽性,拓宽工作视野,使反避税工作的税种涵盖面更为广泛和明确,减少执法风险。中国转让定价与反避税的法律制度详见相关法律法规指引。

二、一般反避税调查与调整

(一)避税安排的判定

《企业所得税法》第 47 条规定:“企业实施其他不具有合理商业目的的安排而减少其应纳税收入或者所得额的,税务机关有权按照合理方法调整。”《企业所得税法实施条例》第 120 条规定:“企业所得税法第四十七条所称不具有合理商业目的,是指以减少、免除或者推迟缴纳税款为主要目的。”《一般反避税管理办法(试行)》实行之后,明确了避税安排具有两大特征,分别是:(1)以获取税收利益为唯一目的或者主要目的;(2)以形式符合税法规定,但与其经济实质不符的方式获取税收利益。常见的避税安排主要包括滥用税收优惠、滥用税收协定、滥用公司组织形式、利用避税港避税,以及其他不具有合理商业目的的安排。

同时,《一般反避税管理办法(试行)》第 2 条也明确规定,避税安排一般应当包含境外企业或实体的参与,如与跨境交易或者跨境支付无关的安排,不属于一般反避税制度所管理的避税安排,不应适用特别纳税调整。同时,涉嫌逃避缴纳税款、逃避追缴欠税、骗税、抗税以及虚开发票等税收违法行为也不属于此处的避税安排,不适用特别纳税调整。

税务机关判定一项交易是否属于避税安排的主要依据是:(1)是否具有合理的商业目的;(2)符合独立交易原则;(3)交易形式是否具有经济实质。

《特别纳税调整实施办法(试行)》第 93 条规定,税务机关应当按照实质重于形式的原则审核企业是否存在避税安排,并综合考虑安排以下内容:(1)安排的形式和实质;(2)安排订立的时间和执行期间;(3)安排实现的方式;(4)安排各个步骤或组成部分之间的联系;(5)安排涉及各方财务状况的变化;(6)安排的税收结果。

（二）反避税调整的方法

根据《一般反避税管理办法（试行）》的规定，税务机关应当以具有合理商业目的和经济实质的类似安排为基准，按照实质重于形式的原则实施特别纳税调整。调整方法包括：

（1）对安排的全部或者部分交易重新定性；

（2）在税收上否定交易方的存在，或者将该交易方与其他交易方视为同一实体；

（3）对相关所得、扣除、税收优惠、境外税收抵免等重新定性或者在交易各方间重新分配；

（4）其他合理方法。

同时，如果企业的安排属于转让定价、成本分摊、受控外国企业、资本弱化等其他特别纳税调整范围的，应当首先适用《特别纳税调整实施办法（试行）》规定的调整方法。如果企业的安排属于受益所有人、利益限制等税收协定执行范围的，应当首先适用税收协定执行的相关规定。

（三）调查程序

1. 立案

税务机关根据当地工作实际情况，应用各种数据资源，包括企业所得税汇算清缴、纳税评估、同期资料管理、对外支付税务管理、股权转让交易管理、税收协定执行等发现涉嫌存在避税安排的案源。

主管税务机关一旦发现企业存在避税嫌疑的，需要层报省、自治区、直辖市和计划单列市（省级）税务机关复核同意后，报国家税务总局申请立案。

国家税务总局收到申请后作出审核意见并下发至省级税务机关，省级税务机关将国家税务总局的审核意见转发至主管税务机关。国家税务总局同意立案的，主管税务机关可以启动一般反避税调查程序。

2. 调查

（1）调查方法

主管税务机关实施一般反避税调查时，应当向被调查企业送达《税务检查通知书》。主管税务机关实施一般反避税调查时，可以要求为企业筹划安排的单位或者个人提供有关资料及证明材料。一般反避税调查涉及向筹划方、关联方以及与关联业务调查有关的其他企业调查取证的，主管税务机关应当送达《税务事项通知书》。

主管税务机关审核企业、筹划方、关联方以及与关联业务调查有关的其他企业提供的资料，可以采用现场调查、发函协查和查阅公开信息等方式核实。需取得境外有关资料的,可以按有关规定启动税收情报交换程序,或者通过驻外机构调查收集有关信息。涉及境外关联方相关资料的,主管税务机关也可以要求企业提供公证机构的证明。

(2)被调查企业提交材料

被调查企业认为其安排不属于《一般反避税管理办法(试行)》所称避税安排的,应当自收到《税务检查通知书》之日起 60 日内提供下列资料:①安排的背景资料;②安排的商业目的等说明文件;③安排的内部决策和管理资料,如董事会决议、备忘录、电子邮件等;④安排涉及的详细交易资料,如合同、补充协议、收付款凭证等;⑤与其他交易方的沟通信息;⑥可以证明其安排不属于避税安排的其他资料;⑦税务机关认为有必要提供的其他资料。

被调查企业如果因特殊情况不能按期提供上述材料的,可以向主管税务机关提交书面延期申请,经批准可以延期提供,但是最长不得超过 30 日。主管税务机关应当自收到企业延期申请之日起 15 日内书面回复;逾期未回复的,视同税务机关同意企业的延期申请。

企业拒绝提供资料的,主管税务机关可以按照《税收征收管理法》第 35 条第 3 项"擅自销毁帐簿或者拒不提供纳税资料的"的规定核定其应纳税额。

3. 结案

(1)层报税务总局审核

主管税务机关根据调查过程中获得的相关资料,自国家税务总局同意立案之日起 9 个月内进行审核,综合判断企业是否存在避税安排,形成案件不予调整或者初步调整方案的意见和理由,层报省税务机关复核同意后,报国家税务总局申请结案。

(2)根据国家税务总局的审核意见作出处理

主管税务机关经调查认为不予调整且国家税务总局审核同意的,主管税务机关应当向被调查企业下发《特别纳税调查结论通知书》;主管税务机关经调查认为需要实施特别纳税调整且国家税务总局审核同意的,主管税务机关应当向被调查企业下发《特别纳税调查初步调整通知书》。国家税务总局对主管税务机关的初步处理方案有不同意见的,主管税务机关应当按照国家税务总局提出的意见进行修改后再次层报税务机关审核。

(3)被调查企业提出异议

被调查企业应在收到《特别纳税调查初步调整通知书》之日起 7 日内提出异议。被调查企业在收到《特别纳税调查初步调整通知书》之日起 7 日内未提出异议的,主管税务机关应当下发《特别纳税调查调整通知书》。

(4)对被调查企业异议的处理

主管税务机关向被调查企业作出《特别纳税调查初步调整通知书》后,被调查企业提出异议的,主管税务机关应当对被调查企业提出的异议进行审核。

主管税务机关经审核认为不应采纳被调查企业异议的,应当将被调查企业的异议及不应采纳的意见和理由层报省税务机关复核同意后,报国家税务总局再次申请结案。国家税务总局同意不应采纳企业所提异议的,主管税务机关向被调查企业下发《特别纳税调查调整通知书》;国家税务总局认为应当采纳企业所提异议的,主管税务机关应当按照国家税务总局的意见对调整方案进行修改后再次层报税务总局审核,获得国家税务总局同意的,向被调查企业下发《特别纳税调查调整通知书》。

主管税务机关经审核认为确需对调整方案进行修改的,应当将被调查企业的异议及修改后的调整方案层报省税务机关复核同意后,报国家税务总局再次申请结案。国家税务总局同意修改后调整方案的,主管税务机关向被调查企业下发《特别纳税调查调整通知书》;国家税务总局不同意调整方案的,主管税务机关应当按照国家税务总局的意见修改调整方案后再次层报审核。

4.争议处理

被调查企业对主管税务机关作出的一般反避税调整决定不服的,可以申请行政复议或者行政诉讼。从上述调查调整的程序来看,由于一般反避税调整决定实际上从主管税务机关向上直到国家税务总局都参与了审核,行政复议的效果和意义不大。企业可以采取更为中立和独立的行政诉讼程序进行救济。

同时,如果被调查企业认为主管税务机关作出的一般反避税调整,导致国际双重征税或者不符合税收协定规定征税的,可以按照税收协定及其相关规定申请启动相互协商程序。

三、非居民企业间接转让中国应税财产管理

非居民企业,是指依外国(地区)法律成立且实际管理机构不在中国境内,但在中国境内设立有机构、场所的,或者虽然在中国境内没有设立机构、场所,但有来源于中国境内所得的企业。根据我国《企业所得税法》第3条第2款、第3款的规定:"非居民企业在中国境内设立机构、场所的,应当就其所设机构、场所取得的来源于中国境内的所得,以及发生在中国境外但与其所设机构、场所有实际联系的所得,缴纳企业所得税。非居民企业在中国境内未设立机构、场所的,或者虽设立机构、场所但取得的所得与其所设机构、场所没有实际联系的,应当就其来源于中国境内的所得缴纳企业所得

税。"股权转让增值收入是境外投资者非常重要的投资回报之一,非居民企业通常会采用中间持股的股权架构在境外进行间接股权转让,以逃避与该项投资收益相关的所得税。随着这一避税问题的愈演愈烈,在2009年12月10日,国家税务总局发布《关于加强非居民企业股权转让所得企业所得税管理的通知》(国税函〔2009〕698号,已废止,以下简称国税函〔2009〕698号文),规定"境外投资方(实际控制方)通过滥用组织形式等安排间接转让中国居民企业股权,且不具有合理的商业目的,规避企业所得税纳税义务的,主管税务机关层报税务总局审核后可以按照经济实质对该股权转让交易重新定性,否定被用作税收安排的境外控股公司的存在"。这一文件的出台标志着我国税务机关对于非居民企业间接转让股权这一避税行为全面开始予以调整。2015年2月3日,国家税务总局发布《关于非居民企业间接转让财产企业所得税若干问题的公告》(国家税务总局公告2015年第7号),进一步详细规定了对非居民企业间接转让中国应税财产的反避税认定和处理。2015年5月15日,国家税务总局发布《非居民企业间接转让财产企业所得税工作规程(试行)》(税总发〔2015〕68号),为主管税务机关实施对非居民企业间接转让中国应税财产的一般反避税调查与调整作出了程序上的特殊规定。2017年10月17日,国家税务总局发布《关于非居民企业所得税源泉扣缴有关问题的公告》(国家税务总局公告2017年第37号,以下简称2017年第37号公告)废止了国税函〔2009〕698号文,对非居民企业所得税源泉扣缴有关问题作出了新的调整和规定。

(一)非居民间接转让中国应税财产的认定

非居民企业间接转让中国应税财产,是指非居民企业通过转让直接或间接持有中国应税财产的境外企业股权及其他类似权益,产生与直接转让中国应税财产相同或相近实质结果的交易,包括非居民企业重组引起境外企业股东发生变化的情形。中国应税财产,是指企业以货币形式和非货币形式从各种来源取得的收入,包括销售货物所得、提供劳务所得、转让财产所得、股息红利等权益性投资所得、利息所得、租金所得、特许权使用费所得、接受捐赠所得和其他所得。中国居民企业股权等财产,是指非居民企业直接持有,且转让取得的所得按照中国税法规定,应在中国缴纳企业所得税的中国境内机构、场所财产,中国境内不动产,在中国居民企业的权益性投资资产等。股权转让收入减除股权净值后的余额为股权转让所得应纳税所得额。

对于"实际联系"的认定,根据《企业所得税法实施条例》第8条的规定,"是指非居民企业在中国境内设立的机构、场所拥有据以取得所得的股权、债权,以及拥有、管理、控制据以取得所得的财产等"。

根据2015年第7号公告的规定，非居民企业通过实施不具有合理商业目的的安排，间接转让中国居民企业股权等财产，规避企业所得税纳税义务的，应按照《企业所得税法》第47条的规定，重新定性该间接转让交易，确认为直接转让中国居民企业股权等财产。

（二）纳税义务

1. 扣缴义务人的纳税义务

非居民企业间接转让中国应税财产所得应当缴纳企业所得税的，依照有关法律规定或者合同约定，对股权转让方直接负有支付相关款项义务的单位或者个人为扣缴义务人。扣缴义务人应当按照我国税法的有关规定在法定期限内完成税款的代扣代缴义务。

扣缴义务人未扣缴或未足额扣缴应纳税款的，股权转让方应自纳税义务发生之日起7日内向主管税务机关申报缴纳税款，并提供与计算股权转让收益和税款相关的资料。主管税务机关应在税款入库后30日内层报税务总局备案。扣缴义务人未扣缴，且股权转让方未缴纳应纳税款的，主管税务机关可以按照《税收征收管理法》及其实施细则的相关规定追究扣缴义务人责任；但扣缴义务人已在签订股权转让合同或协议之日起30日内按《关于非居民企业间接转让财产企业所得税若干问题的公告》第9条的规定提交资料的，可以减轻或免除责任。

2. 股权转让方的纳税义务

间接转让机构、场所财产所得应缴纳企业所得税的，应计入纳税义务发生之日所属纳税年度该机构、场所的所得，按照有关规定申报缴纳企业所得税。

2017年第37号公告规定，按照《企业所得税法》第37条规定应当扣缴的所得税，扣缴义务人未依法扣缴或者无法履行扣缴义务的，取得所得的非居民企业应当按照《企业所得税法》第39条的规定，向所得发生地主管税务机关申报缴纳未扣缴税款，并填报《扣缴企业所得税报告表》。

纳税义务发生之日，是指股权转让合同或协议生效，且境外企业完成股权变更之日。

3. 纳税义务的确定

转让方取得的转让境外企业股权所得归属于中国应税财产的数额，应按以下顺序进行税务处理：

（1）对归属于境外企业及直接或间接持有中国应税财产的下属企业在中国境内所设机构、场所财产的数额，应作为与所设机构、场所有实际联系的所得征税；

(2)对归属于中国境内不动产的数额,应作为来源于中国境内的不动产转让所得征税;

(3)对归属于中国居民企业的权益性投资资产的数额,应作为来源于中国境内的权益性投资资产转让所得征税。

(三)合理商业目的的判断

1. 判断依据

在判断某一境外股权转让交易是否具备合理的商业目的方面,2015 年第 7 号公告规定主管税务机关应当整体考虑与间接转让交易相关的所有安排,结合实际情况综合分析以下相关因素:

(1)境外企业股权主要价值是否直接或间接来自中国应税财产;

(2)境外企业资产是否主要由直接或间接在中国境内的投资构成,或其取得的收入是否主要直接或间接来源于中国境内;

(3)境外企业及直接或间接持有中国应税财产的下属企业实际履行的功能和承担的风险是否能够证实企业架构具有经济实质;

(4)境外企业股东、业务模式及相关组织架构的存续时间;

(5)间接转让中国应税财产交易在境外应缴纳所得税情况;

(6)股权转让方间接投资、间接转让中国应税财产交易与直接投资、直接转让中国应税财产交易的可替代性;

(7)间接转让中国应税财产所得在中国可适用的税收协定或安排情况;

(8)其他相关因素。

2."安全港"规则

在认定合理商业目的方面,2015 年第 7 号公告规定了"安全港"规则,即同时符合以下条件的,直接认定为具有合理商业目的:

(1)交易双方的股权关系具有下列情形之一:①股权转让方直接或间接拥有股权受让方 80% 以上的股权;②股权受让方直接或间接拥有股权转让方 80% 以上的股权;③股权转让方和股权受让方被同一方直接或间接拥有 80% 以上的股权。

(2)本次间接转让交易后可能再次发生的间接转让交易相比在未发生本次间接转让交易情况下的相同或类似间接转让交易,其中国所得税负担不会减少。

(3)股权受让方全部以本企业或与其具有控股关系的企业的股权(不含上市企业股权)支付股权交易对价。

非居民企业在实施间接转让股权等跨境并购重组时,如果能够符合以上条件,则可以适用该“安全港”规则，免予中国税务当局的一般反避税纳税调整。

3. 合理商业目的黑名单

对应“安全港”规则，2015 年第 7 号公告也对同时符合以下条件的交易直接规定不具有合理的商业目的：

（1）境外企业股权 75% 以上价值直接或间接来自中国应税财产。

（2）间接转让中国应税财产交易发生前一年内任一时点，境外企业资产总额（不含现金）的 90% 以上直接或间接由在中国境内的投资构成；或间接转让中国应税财产交易发生前一年内，境外企业取得收入的 90% 以上直接或间接来源于中国境内。

（3）境外企业及直接或间接持有中国应税财产的下属企业虽在所在国家（地区）登记注册，以满足法律所要求的组织形式，但实际履行的功能及承担的风险有限，不足以证实其具有经济实质。

（4）间接转让中国应税财产交易在境外应缴所得税税负低于直接转让中国应税财产交易在中国的可能税负。

非居民企业在实施间接股权转让等跨国并购时，应当做好前期准备工作，避免自身的交易情形同时符合以上条件，杜绝进入合理商业目的的“雷区”。

（四）交易事项的报告

1. 交易双方及目标企业的报告

间接转让中国应税财产的交易双方及被间接转让股权的中国居民企业可以向主管税务机关报告股权转让事项，并提交以下资料：

（1）股权转让合同或协议；

（2）股权转让前后的企业股权架构图；

（3）境外企业及直接或间接持有中国应税财产的下属企业上两个年度财务、会计报表；

（4）间接转让中国应税财产交易不适用一般反避税调查调整的理由。

上述材料如有外文文本的应当同时附送中文译本。

2. 各方依中国税务机关要求的报告

间接转让中国应税财产的交易双方和筹划方，以及被间接转让股权的中国居民企业，应按照主管税务机关要求提供以下资料：

（1）上述交易双方及目标企业的报告所列明的资料未提交的；

（2）有关间接转让中国应税财产交易整体安排的决策或执行过程信息；

（3）境外企业及其直接或间接持有中国应税财产的下属企业在生产经营、人员、账

务、财产等方面的信息,以及内外部审计情况;

(4)用以确定境外股权转让价款的资产评估报告及其他作价依据;

(5)间接转让中国应税财产交易在境外应缴纳所得税情况;

(6)符合"安全港"规则的证据信息;

(7)其他相关资料。

(五)除外规定

与间接转让中国应税财产相关的整体安排符合以下情形之一的,不予适用一般反避税调查调整:

(1)非居民企业在公开市场买入并卖出同一上市境外企业股权取得间接转让中国应税财产所得;

(2)在非居民企业直接持有并转让中国应税财产的情况下,按照可适用的税收协定或安排的规定,该项财产转让所得在中国可以免予缴纳企业所得税。

(六)反避税调查与调整

主管税务机关对非居民企业间接转让中国应税财产的反避税调查与调整程序适用一般反避税调查与调整的有关规定,在此不再赘述。

(七)案例分析

【案情简介】

(1)股权转让方

法兰西水泥公司(以下简称法兰西水泥)是法国一家经营水泥生产与销售的大型跨国集团,其在境外设有全资子公司法兰西水泥(中国)有限公司[以下简称法兰西水泥(中国)]。法兰西水泥(中国)于2003年11月在中国境内出资设立了陕西富平水泥有限公司(以下简称富平水泥),注册资本为59,700万元,注册地位于陕西省富平县庄里镇,经营范围是水泥、混凝土等产品的生产、进出口等,公司性质是外商独资企业。

富平水泥及法兰西水泥与意大利裕信银行存在一笔外保内贷的贷款交易。即意大利裕信银行上海分行向富平水泥发放共计约2.96亿元人民币的贷款,贷款由意大利裕信银行提供担保,法兰西水泥以其在意大利裕信银行取得的授信额度提供反担保,承诺当意大利裕信银行因富平水泥无法偿付贷款而向意大利裕信银行上海分行承担连带责任后,意大利裕信银行有权向法兰西水泥针对承担该连带责任产生的损失进行追偿。股权转让前转让方结构如图3-7所示。

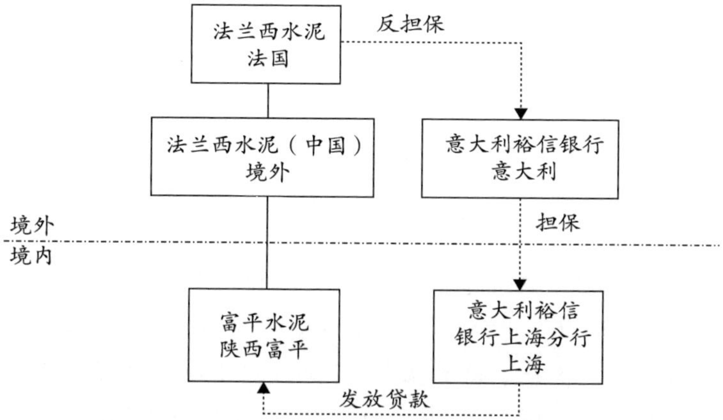

图 3－7 股权转让前转让方结构示意

(2)股权受让方

中国西部水泥公司是一家注册地位于泽西岛的跨国企业集团,在英属维尔京群岛设立有全资子公司中国西部水泥有限公司(以下简称西部水泥)。西部水泥在我国香港特别行政区设有全资子公司香港集诚有限公司(以下简称集诚公司)。境内的尧柏特种水泥集团有限公司(以下简称尧柏集团)是西部水泥和集诚公司在中国境内的主要资产、经营和管理控制机构。尧柏集团成立于2000年12月,注册资本为162,000万元,注册地位于陕西省西安市高新区高科广场A座10层,是集诚公司的全资子公司,公司类型是外商独资企业。股权转让前受让方结构如图3－8所示。

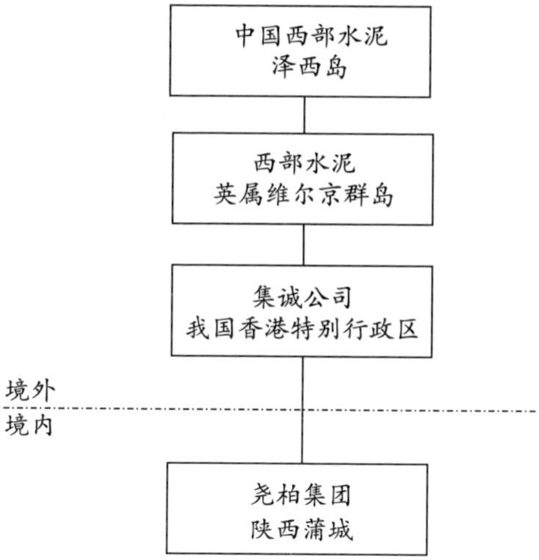

图 3－8 股权转让前受让方结构示意

(3)股权转让交易

2012 年 5 月 3 日,法兰西水泥(中国)与集诚公司签署了股权转让协议,约定富平水泥的股权转让价格为 5.04 亿元,法兰西水泥(中国)向集诚公司给付富平水泥 100% 的股权,西部水泥按照 5.04 亿元的价格向法兰西水泥(中国)配售和发行其新股份;同时,集诚公司承诺在取得富平水泥股权后的 3 个月内解除法兰西水泥的反担保义务。

2012 年 6 月,西部水泥依约向法兰西水泥(中国)增发了 5.04 亿元的股份,法兰西水泥(中国)将富平水泥 100% 的股权给付集诚公司。2012 年 9 月,富平水泥的股东变更完成后,集诚公司分 6 次将 2.93 亿元资金转入富平水泥,富平水泥利用该笔资金偿还了意大利裕信银行上海分行 2.96 亿元的贷款。由于外保内贷的主债务已经清偿,意大利裕信银行的担保义务以及法兰西水泥的反担保义务业已解除完毕。

本案股权转让交易如图 3 - 9、图 3 - 10 所示:

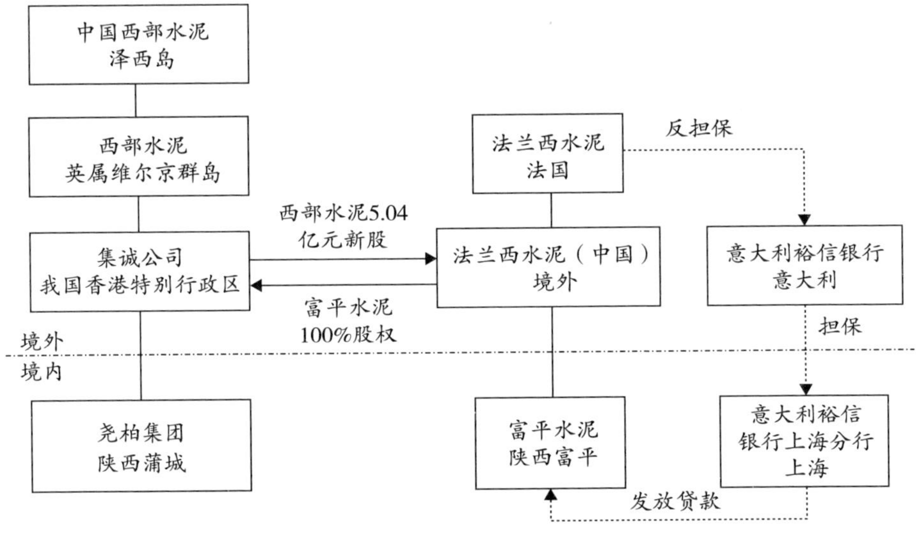

图 3 - 9 本次股权转让结构示意

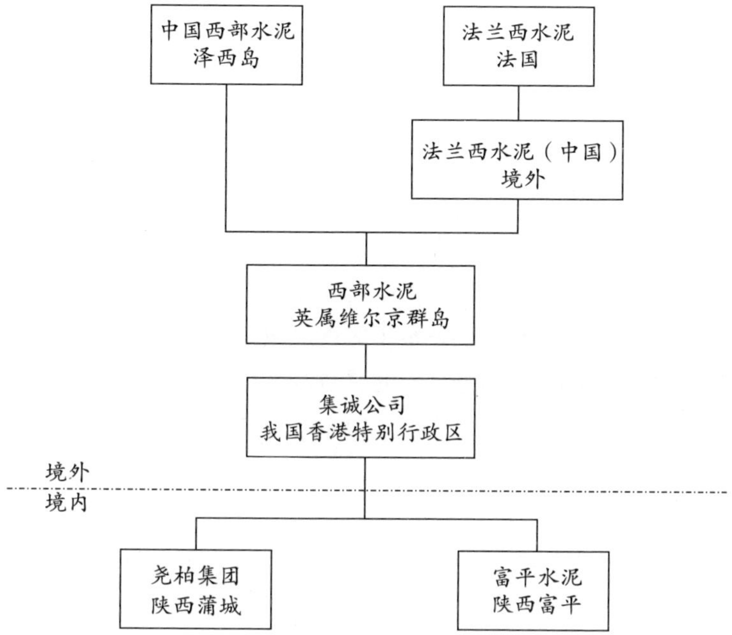

图 3－10 股权转让后交易各方结构示意

(4)税企双方发生纳税争议

股权转让交易完成后，法兰西水泥(中国)未在法定期限内主动向境内主管税务机关进行纳税申报。2012 年 9 月 24 日，尧柏集团向陕西省蒲城县国家税务局出具书面意见，将股权转让交易的涉税资料提交和税款征缴事宜交由尧柏集团的分公司尧柏特种水泥集团有限公司蒲城分公司(以下简称蒲城尧柏)履行。2012 年 10 月 24 日，蒲城国税局向法兰西水泥(中国)作出了《税务事项通知书》(蒲城国税通〔2012〕02 号)，认定尧柏集团向富平水泥支付的约 2.91 亿元的偿还贷款金属于法兰西水泥(中国)转让富平水泥股权取得的价外费用，依法应当记入财产转让所得，告知法兰西水泥(中国)应就股权转让所得 226,811,137.60 元缴纳企业所得税，纳税义务时间为 2012 年 6 月 18 日，并于 2012 年 6 月 26 日起加收滞纳金，同时告知法兰西水泥(中国)已通知有关支付人代扣代缴税款。

随后，蒲城尧柏按照蒲城国税通〔2012〕01 号《税务事项通知书》的规定向蒲城国税局主动进行了代扣代缴税款申报，2012 年 12 月 14 日，税款入缴国库。法兰西水泥(中国)不服蒲城国税通〔2012〕02 号《税务事项通知书》中将偿还贷款金认定为价外费用的规定，经过复议、一审诉讼和二审诉讼程序均未获得支持。

(5)本案的核心争议点

①尧柏集团向富平水泥支付的用于偿还银行贷款的款项是否构成股权转让的对价。

②蒲城县国家税务局是否有权针对本案所涉股权转让交易行使税收征收权。

【法律分析】

(1)关于贷款偿还金是否构成股权转让的对价问题

本案核心中的核心即尧柏集团向富平水泥支付的贷款偿还金是否构成股权转让交易的对价问题。笔者认为,贷款偿还金不应构成股权转让款,理由如下:

首先,富平水泥持有的贷款债务已经对其自身的净资产公允价值产生了影响。法兰西水泥(中国)在评估其持有的富平水泥100%的股权的公允价值时已经准确反映了该笔贷款产生的影响。最终富平水泥的股权作价为5.04亿元,税务机关对此没有任何异议。

其次,贷款偿还金产生的利益不归属于股权转让方。尧柏集团支付贷款偿还金的作用在于清偿富平水泥的贷款债务,从而解除法兰西水泥的反担保义务。但是,本次股权转让方是法兰西水泥(中国),贷款偿还金并没有流入法兰西水泥(中国),法兰西水泥(中国)与法兰西水泥是两个不同的主体。

再次,贷款偿还金产生的利益也不归属于法兰西水泥集团。尧柏集团在支付贷款偿还金时,富平水泥的股权已经发生变更,富平水泥已经成为集诚公司的全资子公司,且富平水泥与法兰西水泥(中国)和法兰西水泥均不构成关联关系,因此,贷款偿还金产生的利益也不归属于法兰西水泥集团。

最后,集诚公司作为股权受让方有义务解除法兰西水泥的反担保义务只是股权转让协议中的平行条款,集诚公司如违反该约定,对股权转让交易不产生阻却性的影响,只是应当要向法兰西水泥承担违约责任而已。

综上所述,本案税务机关及人民法院对股权转让的对价认定存在显著错误。该笔资金从性质上看是集诚公司下属子公司之间的内部资金往来,与本案所涉股权转让交易无关。

(2)关于蒲城县国税局是否享有征管权的问题

我国《企业所得税法》及其实施条例与《非居民企业所得税源泉扣缴管理暂行办法》在非居民企业税款征收管辖权上的规定并不冲突,但是,本案原告与被告均依据了上述法律文本的具体规定,却得出了截然相反的结论,原因就在于原告、被告对尧柏集团支付的贷款偿还金在性质上有不同的定性。

首先,非居民企业股权转让所得的税款征管权归属问题。根据《企业所得税法》第3条第3款的规定:"非居民企业在中国境内未设立机构、场所的,或者虽设立机构、场所但取得的所得与其所设机构、场所没有实际联系的,应当就其来源于中国境内的所得缴纳企业所得税。"根据目前我国税法的规定,非居民企业取得上述所得承担中国纳税义务的方式是以代扣代缴为原则,以自行申报为例外。《企业所得税法》第37条规定:"对非居民企业取得本法第三条第三款规定的所得应缴纳的所得税,实行源泉扣缴,以支付人为扣缴义务人……"2017年第37号公告对扣缴义务的履行作出了更为详细的规定:按照《企业所得税法》第37条规定应当扣缴的所得税,扣缴义务人未依法扣缴或者无法履行扣缴义务的,取得所得的非居民企业应当按照《企业所得税法》第39条的规定,向所得发生地主管税务机关申报缴纳未扣缴税款,并填报《扣缴企业所得税报告表》。非居民企业未按照《企业所得税法》第39条的规定申报缴纳税款的,税务机关可以责令限期缴纳,非居民企业应当按照税务机关确定的期限申报缴纳税款;非居民企业在税务机关责令限期缴纳前自行申报缴纳税款的,视为已按期缴纳税款。

按照《企业所得税法》第37条的规定应当扣缴的税款,扣缴义务人应扣未扣的,由扣缴义务人所在地主管税务机关依照《行政处罚法》第23条的规定责令扣缴义务人补扣税款,并依法追究扣缴义务人责任;需要向纳税人追缴税款的,由所得发生地主管税务机关依法执行。扣缴义务人所在地与所得发生地不一致的,负责追缴税款的所得发生地主管税务机关应通过扣缴义务人所在地主管税务机关核实有关情况;扣缴义务人所在地主管税务机关应当自确定应纳税款未依法扣缴之日起5个工作日内,向所得发生地主管税务机关发送《非居民企业税务事项联络函》,告知非居民企业涉税事项。

其次,本案的税款征管权归属问题。本案税务机关及人民法院均认为尧柏集团向富平水泥支付的贷款偿还金构成了股权转让的对价,尧柏集团是股权对价的支付人之一,即法兰西水泥(中国)的境内扣缴义务人。尧柏集团所在地的主管税务机关当然就有权对税款进行征收。

但事实上,由于法兰西水泥(中国)认为尧柏集团向富平水泥支付的贷款偿还金不属于收取的股权转让对价,因此,尧柏集团就不构成境内的支付人,其所在地的主管税务机关当然就没有税款的征收权。只有被转让股权的境内企业所在地主管税务机关即富平县国税局才享有税款征收权。

【启示】

通过本案,我们可以得到两点启示:其一,非居民企业在涉及境内企业的股权置换交易过程中要尽力使整体的交易安排符合境内的特殊性税务处理条件,从而适用特殊性税务处理的优惠政策。本案之所以无法适用特殊性税务处理,原因就在于在本案的股权转让交易中,股权受让方是集诚公司,而支付的对价却是集诚公司的母公司的股权。这与财税〔2009〕59号通知的"股权支付"概念正好颠倒。财税〔2009〕59号通知第2条规定的股权支付,是指企业以本企业的股权或者其控股企业的股权作为支付的形式,但不包括以企业的母公司的股权作为支付的形式。其二,由于人民法院和税务机关对股权对价的构成审查均十分严格,在一份股权转让协议中倾向于将股权转让方取得的全部利益乃至关联方取得的利益认定为股权对价,使股权转让方的企业所得税负担加重。因此,建议在股权转让交易中要合理安排合同条款以及相应的附属性协议,与股权转让相关的附带性义务尽量用附属协议的形式加以安排。

四、关联申报义务与转让定价同期资料

2016年6月29日,国家税务总局发布2016年第42号公告,对企业关联申报义务、同期资料管理、关联关系的认定、关联交易的类型等诸多核心内容作出了重大调整和修订,直接废止了《特别纳税调整实施办法(试行)》第二章、第三章的全部内容以及第74条和第89条之规定,并以此方式实质上完成了对《特别纳税调整实施办法(试行)》的修改。

2016年第42号公告是国家税务总局积极参与和响应OECD应对税基侵蚀与利润转移行动计划背景下的首个法律落地,体现其通过加强对同期资料与年度申报等基础资料的管理提高对企业转让定价税务风险识别的能力。

(一)关联申报义务

1.关联申报义务人

根据2016年第42号公告的有关规定,实行查账征收的居民企业和在中国境内设立机构、场所并据实申报缴纳企业所得税的非居民企业向税务机关报送年度企业所得税纳税申报表时,应当就其与关联方之间的业务往来进行关联申报,附送《企业年度关联业务往来报告表》。

据此,关联申报实际上适用于发生关联交易的内、外资企业。对于居民企业而言,主要是指查账征收的企业;对于非居民企业而言,主要是指在中国境内设立机构、场所并据实申报缴纳企业所得税的企业。

2.关联申报时间

企业在关联交易发生的纳税年度终了之日起5个月内报送年度企业所得税纳税申报表时,必须同时递交《企业年度关联业务往来报告表》。递交报告表确有困难,需要延期的,应按《税收征收管理法》及其实施细则的有关规定办理。因此,原则上来讲,关联申报的时间为关联交易发生年度的次年 5 月 31 日之前。

3. 2016 年版报告表施行年度

《企业年度关联业务往来报告表(2016 年版)》适用于企业 2016 会计年度及以后的会计年度。

4. 2016 年版报告表的主要内容

2016 年第 42 号公告公布了最新的企业年度关联业务往来报告表及填报说明,废止了国家税务总局《关于印发〈中华人民共和国企业年度关联业务往来报告表〉的通知》(国税发〔2008〕114 号,以下简称国税发〔2008〕114 号文)。

国税发〔2008〕114 号文所发布的旧报告表共计 9 张,分别为《关联关系表》《关联交易汇总表》《购销表》《劳务表》《无形资产表》《固定资产表》《融通资金表》《对外投资情况表》《对外支付款项情况表》。2016 年第 42 号公告所发布的新报告表共有 22 张表,其中披露报告主体基本信息的有《报告企业信息表》《企业年度关联业务往来汇总表》,披露关联方信息的有《关联关系表》《境外关联方信息表》,披露关联交易信息的有《有形资产所有权交易表》《无形资产所有权交易表》《有形资产使用权交易表》《无形资产使用权交易表》《金融资产交易表》《融通资金表》《关联劳务表》,披露特殊事项的有《成本分摊协议表》《权益性投资表》,分析类报表包括《年度关联交易财务状况分析表(报告企业个别报表信息)》和该表的报告企业合并报表信息,最后是国别报告的 6 张表格。

在关联交易披露方面,国税发〔2008〕114 号文有关关联交易各项表格需要披露的具体交易信息以某一关联方的境外(或境内)关联交易金额占境外(或境内)交易总额的 10% 以上为筛选方法进行披露。而 2016 年第 42 号公告有关关联交易各项表格需要披露的具体交易信息以某一关联方的境外(或境内)关联交易金额在报告主体境外(或境内)交易中排名前五位为筛选方法进行披露,同时不再针对每一关联方说明定价方法。

5. 国别报告制度

2016 年第 42 号公告对特定企业新增了国别报告的申报义务,与之对应的是 2016 年版的报告表中新增了国别报告 6 张表格。

(1)适用对象

国别报告表的适用对象是居民企业,包括以下三种情形:

第一,居民企业为跨国企业集团的最终控股企业,且其上一会计年度合并财务报表中的各类收入金额合计超过 55 亿元。

第二,居民企业被跨国企业集团指定为国别报告的报送企业。

第三,居民企业不符合上述两种情形,但其所属跨国企业集团按照其他国家有关规定应当准备国别报告,且存在以下情形之一的,税务机关可以在实施特别纳税调查时要求该居民企业提供国别报告:①跨国企业集团未向任何国家提供国别报告;②虽然跨国企业集团已向其他国家提供国别报告,但我国与该国尚未建立国别报告信息交换机制;③虽然跨国企业集团已向其他国家提供国别报告,且我国与该国已建立国别报告信息交换机制,但国别报告实际未成功交换至我国。

(2)国别报告需披露的主要信息

2016 年第 42 号公告所公布的国别报告表主要有三类,分别是所得、税收和业务活动国别分布表,跨国企业集团成员实体名单,附加说明表;各类表分为中文和英文两个版本,因此共有 6 张表格。

在所得、税收和业务活动国别分布表中,企业需要披露跨国企业集团的全部成员实体的特定信息。所谓成员实体,包括:①实际已被纳入跨国企业集团合并财务报表的任一实体;②跨国企业集团持有该实体股权且按公开证券市场交易要求应被纳入但实际未被纳入跨国企业集团合并财务报表的任一实体;③仅由于业务规模或者重要性程度而未被纳入跨国企业集团合并财务报表的任一实体;④独立核算并编制财务报表的常设机构。所要披露的特定信息包括成员实体与非关联方发生的收入、与关联方发生的收入,税前利润、所得税、注册资本、留存收益、雇员人数及有形资产。

在跨国企业集团成员实体名单中,企业需要披露跨国企业集团全部成员实体的主要业务活动,包括研发、无形资产持有或管理、采购、生产制造、销售及分销、劳务、金融服务、保险、持股等活动。

在附加说明表中,企业需要对所得、税收和业务活动国别分布表中披露的数据信息来源进行简要说明,如果数据信息来源发生变化的,也要说明变化产生的原因及影响。同时,如果在跨国企业集团成员实体名单中,企业所披露的某一成员实体的主要业务活动均不在上述列举之内的,需要在附加说明表中对该特定成员实体的主要业务活动进行说明。

(3)国别报告的豁免

根据 2016 年第 42 号公告的规定,最终控股企业为中国居民企业的跨国企业集团,其信息涉及国家安全的,可以按照国家有关规定,豁免填报部分或者全部国别报告。

(二)同期资料管理

1. 同期资料

同期资料又称同期文档、同期证明文件,是指根据各国和地区的相关税法规定,纳税人对于关联交易发生时按时准备、保存、提供的转让定价相关资料或证明文件。同期资料准备、保存和提供是企业转让定价文档管理的基础。同期资料管理是关于企业准备、保存和提供同期资料以备税务管理的具体要求。

税务机关进行转让定价税务调查时,纳税人应准备转让定价同期资料文档并承担协力义务和举证责任。从税务机关角度来说,税务机关面对跨国企业烦冗复杂的关联交易不可能一一收集证据,而企业才是转让定价的决策者,拥有完整的转让定价相关资料,比税务人员更清楚其关联交易价格、费用是否符合独立交易原则。纳税人准备的转让定价同期资料文档可以协助税务调查人员评估和检查纳税人在转让定价中存在税务违规的可能性,检验纳税人是否存在转让定价行为可作为是否应进行纳税调整的初步依据。相应的举证责任倒置,有利于提高行政效率,维护税法的严肃性。从纳税人方面来说,准备同期资料文档,可以显示其制定和执行符合独立交易原则的转让定价的意愿,确保其转让定价是经得起检验的,也规范了纳税人税务行为及实务操作。

2. 同期资料的三层管理

根据2016年第42号公告的规定,企业应按纳税年度准备并按照税务机关的要求提供其关联交易的同期资料,包括主体文档、本地文档和特殊事项文档三种,每一种文档的适用对象、内容和提交期限与《特别纳税调整实施办法(试行)》所规定的同期资料均存在或大或小的变化与调整。

2016年第42号公告用三层结构文档体系取代了试行办法的单层文档结构,新的本地文档即原“同期资料报告”所对应的文档,但其披露内容更为广泛,主体文档主要是针对关联交易金额巨大的企业的全新披露要求,旨在了解集团全球范围内的业务情况。特殊事项文档与试行办法关于成本分摊协议和资本弱化的披露要求基本上保持了一致。

3. 同期资料准备义务人

(1)本地文档

根据2016年第42号公告、《特别纳税调整实施办法(试行)》以及2017年第6号公告的规定,年度关联交易金额符合下列条件之一的,应当按照规定准备并提交同期资料的本地文档:

①有形资产所有权转让金额超过2亿元;

②金融资产转让金额超过1亿元;

③无形资产所有权转让金额超过1亿元;

④其他关联交易金额合计超过4000万元;

⑤企业为境外关联方从事来料加工或者进料加工等单一生产业务,或者从事分销、合约研发业务,原则上应当保持合理的利润水平。上述企业如出现亏损,无论是否达到2016年第42号公告中的同期资料准备标准,均应当就亏损年度准备同期资料本地文档。

2016年第42号公告基本上保留了《特别纳税调整实施办法(试行)》的门槛标准,根据对关联交易类型的相关规定,2016年第42号公告增加了金融资产转让以及无形资产所有权转让交易金额的门槛标准。对于单一功能企业出现亏损的情况,适用2017年第6号公告的规定。

(2)主体文档

主体文档是2016年第42号公告新增的同期资料之内容,对较大规模的企业适用。根据2016年第42号公告的规定,符合下列条件之一的,应当按照规定准备并提交同期资料的主体文档:

①年度发生跨境关联交易,且合并该企业财务报表的最终控股企业所属企业集团已准备主体文档;

②年度关联交易总额超过10亿元。

(3)特殊事项文档

特殊事项文档针对企业存在成本分摊协议和资本弱化的情形。在2016年第42号公告之前,企业正在执行集团内成本分摊协议或者发生关联借贷业务且关联债资比例超过法定债资比例的,直接在同期资料中对成本分摊协议和资本弱化作出说明。2016年第42号公告实施后,企业正在执行成本分摊协议的,应当准备成本分摊协议特殊事项文档;企业发生关联借贷业务且关联债资比例超过法定债资比例的,应当准备资本弱化特殊事项文档。

2016年第42号公告与《特别纳税调整实施办法(试行)》相比没有显著的变化,只是在名称上将这两项归类为"特殊事项文档"。同时,2016年第42号公告对成本分摊协议并未给出交易金额的门槛,对资本弱化特殊事项文档的门槛为超过法定债资比。因此,会存在企业无须准备主体报告和本地报告,却需要准备特殊事项报告的情况。

4. 同期资料准备的豁免

《特别纳税调整实施办法(试行)》所规定的豁免条件理解起来存在一定的歧义,2016年第42号公告给出了更具有可操作性和适用性的豁免条件。根据2016年第42号公告的规定,企业执行预约定价安排的,可以不准备预约定价安排涉及关联交易的本地文档和特殊事项文档,且关联交易金额不计入上述本地文档的关联交易金额范围;企业仅与境内关联方发生关联交易的,可以不准备主体文档、本地文档和特殊事项文档。

相较于《特别纳税调整实施办法(试行)》第15条的规定,2016年第42号公告对预约定价安排的豁免条件作了细化规定,且更进一步豁免了纯境内关联交易的准备义务,不再有外资股份比例的限制条件。

5. 同期资料准备期限

根据2016年第42号公告的规定,主体文档应当在企业集团最终控股企业会计年度终了之日起12个月内准备完毕;本地文档和特殊事项文档应当在关联交易发生年度次年6月30日之前准备完毕。主体文档、本地文档和特殊事项文档的准备期限届满后,企业应当自税务机关要求之日起30日内提供。

据此可以看出,2016年第42号公告与《特别纳税调整实施办法(试行)》相比,对同期资料的准备截止期限和递交时间均给予了一定的放宽。

6. 主体文档的基本内容

根据2016年第42号公告的要求,企业所准备的主体文档中应当主要包含以下五部分内容:

(1)组织架构

以图表形式说明企业集团的全球组织架构、股权结构和所有成员实体的地理分布。成员实体,是指企业集团内任一营运实体,包括公司制企业、合伙企业和常设机构等。

(2)企业集团业务

①企业集团业务描述,包括利润的重要价值贡献因素。

②企业集团营业收入前五位以及占营业收入超过5%的产品或者劳务的供应链及其主要市场地域分布情况。供应链情况可以采用图表形式进行说明。

③企业集团除研发外的重要关联劳务及简要说明,说明内容包括主要劳务提供方提供劳务的胜任能力、分配劳务成本以及确定关联劳务价格的转让定价政策。

④企业集团内各成员实体主要价值贡献分析,包括执行的关键功能、承担的重大风险以及使用的重要资产。

⑤企业集团会计年度内发生的业务重组,产业结构调整,集团内企业功能、风险或者资产的转移。

⑥企业集团会计年度内发生的企业法律形式改变,债务重组,股权收购,资产收购、合并、分立等。

(3)无形资产

①企业集团开发、应用无形资产及确定无形资产所有权归属的整体战略,包括主要研发机构所在地和研发管理活动发生地及其主要功能、风险、资产和人员情况。

②企业集团对转让定价安排有显著影响的无形资产或者无形资产组合,以及对应的无形资产所有权人。

③企业集团内各成员实体与其关联方的无形资产重要协议清单,重要协议包括成本分摊协议、主要研发服务协议和许可协议等。

④企业集团内与研发活动及无形资产相关的转让定价政策。

⑤企业集团会计年度内重要无形资产所有权和使用权关联转让情况,包括转让涉及的企业、国家以及转让价格等。

(4)融资活动

①企业集团内部各关联方之间的融资安排以及与非关联方的主要融资安排。

②企业集团内提供集中融资功能的成员实体情况,包括其注册地和实际管理机构所在地。

③企业集团内部各关联方之间融资安排的总体转让定价政策。

(5)财务与税务状况

①企业集团最近一个会计年度的合并财务报表。

②企业集团内各成员实体签订的单边预约定价安排、双边预约定价安排以及涉及国家之间所得分配的其他税收裁定的清单及简要说明。

③报送国别报告的企业名称及其所在地。

7. 本地文档的基本内容

根据2016年第42号公告的规定,本地文档主要披露企业关联交易的详细信息,主要包括以下五部分内容:

(1)企业概况

①组织结构,包括企业各职能部门的设置、职责范围和雇员数量等。

②管理架构,包括企业各级管理层的汇报对象以及汇报对象主要办公所在地等。

③业务描述,包括企业所属行业的发展概况、产业政策、行业限制等影响企业和行业的主要经济和法律问题,主要竞争者等。

④经营策略,包括企业各部门、各环节的业务流程,运营模式,价值贡献因素等。

⑤财务数据,包括企业不同类型业务及产品的收入、成本、费用及利润。

⑥涉及本企业或者对本企业产生影响的重组或者无形资产转让情况,以及对本企

业的影响分析。

(2)关联关系

①关联方信息,包括直接或者间接拥有企业股权的关联方,以及与企业发生交易的关联方,内容涵盖关联方名称、法定代表人、高级管理人员的构成情况、注册地址、实际经营地址,以及关联个人的姓名、国籍、居住地等情况。

②上述关联方适用的具有所得税性质的税种、税率及相应可享受的税收优惠。

③本会计年度内,企业关联关系的变化情况。

(3)关联交易

①关联交易概况

关联交易描述和明细,包括关联交易相关合同或者协议副本及其执行情况的说明,交易标的的特性,关联交易的类型、参与方、时间、金额、结算货币、交易条件、贸易形式,以及关联交易与非关联交易业务的异同等。

关联交易流程,包括关联交易的信息流、物流和资金流,与非关联交易业务流程的异同。

功能风险描述,包括企业及其关联方在各类关联交易中执行的功能、承担的风险和使用的资产。

交易定价影响要素,包括关联交易涉及的无形资产及其影响,成本节约、市场溢价等地域特殊因素。地域特殊因素应从劳动力成本、环境成本、市场规模、市场竞争程度、消费者购买力、商品或者劳务的可替代性、政府管制等方面进行分析。

关联交易数据,包括各关联方、各类关联交易涉及的交易金额。分别披露关联交易和非关联交易的收入、成本、费用和利润,不能直接归集的,按照合理比例划分,并说明该划分比例的依据。

②价值链分析

企业集团内业务流、物流和资金流,包括商品、劳务或者其他交易标的从设计、开发、生产制造、营销、销售、交货、结算、消费、售后服务、循环利用等各环节及其参与方。

上述各环节参与方最近会计年度的财务报表。

地域特殊因素对企业创造价值贡献的计量及其归属。

企业集团利润在全球价值链条中的分配原则和分配结果。

③对外投资

对外投资基本信息,包括对外投资项目的投资地区、金额、主营业务及战略规划。

对外投资项目概况,包括对外投资项目的股权架构、组织结构,高级管理人员的雇佣方式,项目决策权限的归属。

对外投资项目数据,包括对外投资项目的营运数据。

④关联股权转让

股权转让概况,包括转让背景、参与方、时间、价格、支付方式,以及影响股权转让的其他因素。

股权转让标的的相关信息,包括股权转让标的所在地,出让方获取该股权的时间、方式和成本,股权转让收益等信息。

尽职调查报告或者资产评估报告等与股权转让相关的其他信息。

⑤关联劳务

关联劳务概况,包括劳务提供方和接受方,劳务的具体内容、特性、开展方式、定价原则、支付形式,以及劳务发生后各方受益情况等。

劳务成本费用的归集方法、项目、金额、分配标准、计算过程及结果等。

企业及其所属企业集团与非关联方存在相同或者类似劳务交易的,还应当详细说明关联劳务与非关联劳务在定价原则和交易结果上的异同。

⑥与企业关联交易直接相关的,中国以外其他国家税务主管当局签订的预约定价安排和作出的其他税收裁定。

(4)可比性分析

①可比性分析考虑的因素,包括交易资产或者劳务特性,交易各方功能、风险和资产,合同条款,经济环境,经营策略等。

②可比企业执行的功能、承担的风险以及使用的资产等相关信息。

③可比对象搜索方法、信息来源、选择条件及理由。

④所选取的内部或者外部可比非受控交易信息和可比企业的财务信息。

⑤可比数据的差异调整及理由。

(5)转让定价方法的选择和使用

①被测试方的选择及理由。

②转让定价方法的选用及理由,无论选择何种转让定价方法,均须说明企业对集团整体利润或者剩余利润所做的贡献。

③确定可比非关联交易价格或者利润的过程中所做的假设和判断。

④运用合理的转让定价方法和可比性分析结果,确定可比非关联交易价格或者利润。

⑤其他支持所选用转让定价方法的资料。

⑥关联交易定价是否符合独立交易原则的分析及结论。

另外，国家税务总局于2018年4月4日发布了《关于明确同期资料主体文档提供及管理有关事项的公告》，细化了企业集团和主管税务机关的义务，其中规定了企业的申报主体和受到反避税调查的申报义务，"依照规定需要准备主体文档的企业集团，如果集团内企业分属两个以上税务机关管辖，可以选择任一企业主管税务机关主动提供主体文档。集团内其他企业被主管税务机关要求提供主体文档时，在向主管税务机关书面报告集团主动提供主体文档情况后，可免于提供。本公告所称'主动提供'是指在税务机关实施特别纳税调查前企业提供主体文档的情形。如果集团内一家企业被税务机关实施特别纳税调查并已按主管税务机关要求提供主体文档，集团内其他企业不能免于提供主体文档，但集团仍然可以选择其他任一企业适用前款规定"。

8. 特殊事项文档的基本内容

(1)成本分摊协议特殊事项文档的基本内容

①成本分摊协议副本。

②各参与方之间达成的为实施成本分摊协议的其他协议。

③非参与方使用协议成果的情况、支付的金额和形式，以及支付金额在参与方之间的分配方式。

④本年度成本分摊协议的参与方加入或者退出的情况，包括加入或者退出的参与方名称、所在国家和关联关系，加入支付或者退出补偿的金额及形式。

⑤成本分摊协议的变更或者终止情况，包括变更或者终止的原因、对已形成协议成果的处理或者分配。

⑥本年度按照成本分摊协议发生的成本总额及构成情况。

⑦本年度各参与方成本分摊的情况，包括成本支付的金额、形式和对象，作出或者接受补偿支付的金额、形式和对象。

⑧本年度协议预期收益与实际收益的比较以及由此作出的调整。

⑨预期收益的计算，包括计量参数的选取、计算方法和改变理由。

(2)资本弱化特殊事项文档的基本内容

①企业偿债能力和举债能力分析。

②企业集团举债能力及融资结构情况分析。

③企业注册资本等权益投资的变动情况说明。

④关联债权投资的性质、目的及取得时的市场状况。

⑤关联债权投资的货币种类、金额、利率、期限及融资条件。

⑥非关联方是否能够并且愿意接受上述融资条件、融资金额及利率。

⑦企业为取得债权性投资而提供的抵押品情况及条件。

⑧担保人状况及担保条件。

⑨同类同期贷款的利率情况及融资条件。

⑩可转换公司债券的转换条件。

(3)其他能够证明符合独立交易原则的资料

(三)同期资料准备中的常见问题

1. 生产经营情况描述方面

不少企业在进行生产经营情况及所在行业描述时,过多地描述行业本身的状况,缺乏对本企业(类似的交易)在行业、产业链中的定位,以及趋势判断等内容,更多地呈现罗列资料的态势。一方面,由于行业性的描述多有第三方(如行业协会等)出具的行业发展报告,其资料收集相对容易;另一方面,许多企业并不愿意过多地披露其行业、产业链定位,以避免因其行业领先地位而导致的利润率等调整。在此建议企业重视这一问题,税务机关在很大程度上是可以自行获取有关企业的行业、产业链定位信息的,企业在准备同期资料时如有必要,据实提供为宜。

2. 功能风险分析方面

《特别纳税调整实施办法(试行)》提供了《企业功能风险分析表》,并在表格的备注说明中明确指出,企业可参照表格内容撰写功能风险分析。这张表更多的时候像一张笼统的调查问卷,问题包罗万象,把判断题和选择题混一起,却只能用"√"和"×"表示。此外,有部分企业由于其公司总部或集团的原因,仅能了解自身企业的功能与风险,至于集团内关联方的功能风险信息,根本无法获取。对此,笔者建议企业还是立足于自身所承担的功能和风险,从研发、生产等一级目录入手,进行完整而详细的分析,以便选择合理的转让定价方法,进行后续的经济分析等。企业常见问题主要涉及以下两个方面:

(1)定性分析过多。根据《企业功能风险分析表》撰写功能风险分析时,不少企业更侧重于定性的说明,几乎很少提供事实数据的定量说明。该问题的产生主要由功能风险分析表的内容及形式的简单化造成。建议企业在对该项进行分析时,不要一味地依照分析表进行,可自行补充、修正各类功能风险的定量说明,如确定各关联企业之间功能风险承担的比例系数,进而补充一定的文字及其他数据、资料证明。

(2)功能定位与企业性质不符合。以高新技术企业为例,根据相关认定标准,高新技术企业应当具备明确的研发功能,且该研发功能在企业的经营中发挥重要作用。但不少企业在功能分析时,过多地定位于外围的、简单的、有限的研发功能,甚至为求解释低利润率而定位于没有研发功能，这是明显不合理的，极易引起税务部门的怀疑。企业应针对自身的特性确定必要的功能存在，并对存在的转让定价嫌疑进行充分分析，查找合理的原因，避免一味地以承担功能较少来解释低利润率水平。

3. 转让定价方法的选择和适用方面

(1)对于采用的转让定价方法和使用的财务指标的选择理由论述不足

很多企业其实在对转让定价的方法本身的理解上仍存在一定的障碍，加之有关财务指标的计算公式迄今仍未有统一的官方标准，使企业在论述理由时会有无从下手之感。目前国家税务总局有关部门正在考虑就此类问题进行统一的说明。

(2)转让定价方法的延续性不足

一些曾被转让定价调整的企业，选择定价方法时，对以前的转让定价调整时的方法不作任何论述，直接采用"新方法"。企业采用此类做法的原因较多，比较现实的考虑是以前的方法对企业不利(该类企业在转让定价跟踪管理期内往往无法达到调整时使用的定价方法的标准)。应当说明的是，不加说明地直接采用"新方法"的风险更大。实践中，该类企业因此而在跟踪期内被再次调整的例子屡见不鲜。建议企业尽可能沿用原方法，即便不采用税务机关调整时使用的定价方法或数值标准，也应提供、准备充足的理由进行说明。

(3)转让定价方法阐述不清晰

以常用的交易净利润法为例，许多企业在选择使用"利润法"时，没能按要求对"须说明对企业集团整理利润或剩余利润所做的贡献""产业链利润分配情况(交易各环节)"明确阐述。这类问题的产生，一般多由于中国子公司不愿意或者无法取得企业集团的相关利润信息(上市公司除外)。从实际发生的反避税调查案件来看，如企业不提供该类信息及相关说明，往往会引发税务机关怀疑，而且触动反避税调查的可能性也会大大增加。而一旦进入反避税调查程序，企业仍将被动地提供该类说明。

4. 可比性分析方面

(1)内部可比性分析不足

在进行可比性分析时，企业对自身存在的独立第三方交易信息未予以足够的分析。从转让定价的发展来看，对企业内部的可比性分析一直是关注的重点之一，传统的可比非受控价格法更是以该类信息为比较的重点之一。因此，企业应对此类信息进行必要的分析说明，如有差异产生，则应重点阐述差异的原因和理由。

(2)不做自身可比性分析

根据可比交易的原则，往往同一公司不同年度间的关联交易情况、功能风险等会在相当程度上具有较高的可比性,而许多企业并没有与以前年度的对比,一则不能说明相关的变动情况;二则年度间的可比性分析可能存在矛盾。企业应当有选择性地对此进行必要的说明。

(3)不重视差异调整说明

从实践来看,不少企业在准备同期资料时根本不重视差异的调整,在进行可比性分析时,明明发现差异产生与企业承担的功能风险存在明显不匹配的现象,却依然不做调整或给予合理说明,这将在很大程度上影响可比性分析。据笔者了解,该类现象产生在很大程度上是因为企业对差异调整的理论性把握不足,建议企业寻求税务部门或专业机构的帮助,就该部分进行必要的说明,以保证可比分析的合理性。

以上问题属于企业在准备同期资料过程中的常见问题。企业在准备同期资料过程中,可先行就该类问题进行重点分析,以确保同期资料的质量。

五、预约定价安排

(一)预约定价安排概述

预约定价安排(Advance Pricing Arrangement,APA),是指企业就其未来年度关联交易的定价原则和计算方法,向税务机关提出申请,与税务机关按照独立交易原则协商,确认后达成的协议。它是税务机关和纳税人之间为了解决潜在的转让定价争议而作出的一种程序性安排。预约定价不仅包括预约定价安排签订过程本身,而且包括预约定价安排签订前后的磋商、跟踪执行、监管等一系列制度安排。

许多国家都规定,对关联企业转让定价行为,税务机关如果认为其违背公平交易原则,有权进行调整。在转让定价管理中,这种事后调整(在企业定价并经营运作一段时间之后,再由税务机关进行调整)往往会因为双方在标准和方法上的分歧而引发税企争议,也会因为不同国家税务机关间对转让定价问题的分歧引发双重征税或其他争议。在预约定价安排中,税企双方事先以对话方式确定一系列标准,以此作为一段时间内所涉及交易的转让定价问题。它使转让定价问题在企业经营运作之前就被明确并作为经营运作的指导,从而增加了企业对经营和税收问题的可预测性,也避免了税企争议的发生。在双边和多边预约定价安排中,由于不同国家的税务机关参与其中,对各国税收管辖权内企业的转让定价问题进行协调,从而减少了国与国之间的转让定价争议。

(二)预约定价的法律实质

随着预约定价安排程序的日趋完善和《特别纳税调整实施办法(试行)》相关规定的出台,我国的预约定价安排制度正以前所未有的良好趋势向前发展。据报道,国家税务总局与丹麦海关税务局于 2009 年 6 月 26 日结束了两国间首例双边预约定价安排的谈判。这是继中日、中美和中韩成功签署双边预约定价安排后，我国与丹麦之间的首例双边预约定价安排，也是中欧的首例双边预约定价安排。截至 2014 年 12 月 31 日，中国税务机关已累计签署了 70 个单边预约定价安排和 43 个双边预约定价安排。2014 年签署了 3 个单边预约定价安排和 6 个双边预约定价安排，签署的单边安排大部分在 2 年内完成。2016 年 10 月 11 日，国家税务总局发布了 2016 年第 64 号公告，废止了《特别纳税调整实施办法（试行）》第六章的全部内容，使 2016 年第 64 号公告成为我国预约定价安排管理制度的核心规范渊源。2021 年，为进一步提升单边预约定价安排谈签效率，国家税务总局发布了《关于单边预约定价安排适用简易程序有关事项的公告》（国家税务总局公告 2021 年第 24 号）。

从预约定价安排推行至今，对于预约定价安排的法理基础一直存在较大的困惑和争议。在预约定价安排程序中，税务机关与纳税人之间在关联交易发生之前通过对话确定一系列标准，并以此决定一段时间内关联交易转让定价问题。由于在这一过程中，转让定价的诸多标准是征税双方反复磋商并达成一致的结果，这就十分容易给人们造成误解，认为在这一过程中征纳双方变成了平等的民事主体，以协商决定征税事宜。争议的焦点集中在两方面：第一，在预约定价安排中，纳税人与税务机关之间是何种法律关系；第二，将双方对话磋商后确定的标准作为转让定价管理的依据是不是征税权的让渡。事实上，在预约定价安排程序中，纳税人与税务机关之间仍然是行政法律关系，而不是民事法律关系。预约定价安排的谈签，其实质是税务机关借助协商的方式寻求合理的转让定价管理方法。

预约定价安排不是民事主体间的民事协议，而是一种转让定价管理方法。我国《企业所得税法》将预约定价安排规定在第六章“特别纳税调整”中；《OECD 指南》将其规定在第四章“避免和解决转让定价争议的管理方法”中；《特别纳税调整实施办法（试行）》将第六章章名确定为“预约定价安排管理”。从预约定价安排法律地位上看，其本身就是税务机关实施转让定价管理所采用的一种方法。

美国在最初公布预约定价安排官方程序时，将其称为“advance pricing agreement”。在沿用数年之后，OECD 将其改为“advance pricing arrangement”。笔者认为，以“arrangement”（安排）取代“agreement”（协议）有其特定的法律意义。预约定价安排有别于人们惯常理解的民事“协议”“合同”，事实上，它是税务机关实行转让定价管理的一系列制度安排，我国在预约定价安排立法上采用的都是“预约定价安排”的说法。

由此，在预约定价安排程序中，纳税人与税务机关之间不是民事法律关系，而是行政法律关系。在预约定价安排中,调整各方权利义务的是转让定价管理方面的法律规范,而不是民事法律规范。征纳双方是行政法律关系,而非民事法律关系。从双方当事人法律地位看,实践中,时常会将民法中的一些制度引入行政管理中,如《税收征收管理法》中规定的代位权与撤销权制度,但这些制度的实施丝毫没有改变征纳双方的法律地位。同样,预约定价安排将民法中的协商对话机制运用于转让定价管理中,也没有改变作为行政机关的税务机关与作为行政管理相对人的纳税人之间的行政法律关系。

在法律作用上,预约定价安排引进了征纳双方的对话机制,使独立交易原则在税务机关自由裁量权上得到合理运用。

在预约定价安排中,征纳双方以对话协商的方式,在符合独立交易原则的前提下对关联交易转让定价的方法、标准以及假设条件进行全面具体的磋商、沟通。实质上,税务机关是将事后的管理(纳税调整)前移到事前和事中,纳税人则是将在事后调整发生争议时所提出的陈述申辩意见在预约定价安排程序中事先予以表达,从而有效避免了转让定价争议的发生。

此外,在预约定价安排中,税务机关与纳税人的沟通以转让定价法律规范为依据,在符合独立交易原则的前提下进行,不是对征税权的自由处分。征纳双方绝不能撇开转让定价法律规范,按照民法中的意思自治原则,依双方的自由意志,自主决定关联交易的转让定价问题。

综上所述,预约定价安排在实质上是一种转让定价管理方法。在预约定价安排中,税务机关并没有放弃其征税地位和纳税人之间进行民事协商,而是通过引入对话机制,使转让定价管理更趋公平合理。随着预约定价安排立法的不断完善,预约定价安排的法律地位将会日益明确。

(三)预约定价对税企双方的影响

传统的转让定价调查是一种事后调查制度,从实践来看,这个制度给纳税人和税务机关都带来了沉重的负担和纳税结果的不确定性。预约定价可以说既是税企双方"双赢"的一种制度安排,也是企业规避特别纳税调整风险的最佳方式。

1. 预约定价对税务机关的影响

(1)降低税收管理成本

传统的转让定价调查,是税务机关对存在转让定价问题的企业的一种事后调整,税务机关以行政或法律的手段来约束这些企业,企业抵触情绪往往较大,给税务机关的调查设置了重重障碍,经常使调查工作陷入困境,调查结果也常不尽如人意。预约定价安排使税务机关对跨国关联企业的转让定价由事后调整改为事前规范，是企业与税务机关之间通过协商所达成的一种具有双向约束力的协议。这促使企业自愿提出申请，并在预约定价的谈签过程中采取合作的态度。税务机关容易取得相关资料，使税务机关对企业的审核和评估得以顺利进行，并对企业未来的盈利能力和纳税水平作出合理的预测和安排。相较于转让定价调查来说，预约定价更有利于转让定价问题的顺利解决。另外，由于企业自愿提出预约定价，安排达成以后，也往往愿意自行履行协议，从而减轻了税务机关的工作压力，降低了税务机关的管理成本。

(2)税收收入的可预见性

通过预约定价的谈签，税务机关往往能对企业未来的经营状况有一个合理的预期，从而对预约定价期间的税收收入有较好的预期。

2. 预约定价对企业的影响

(1)有利于规避特别纳税调整风险

实践中，即使企业自认为按照“合理的方法”对关联交易进行了定价，依然存在被税务机关调查的可能，原因就在于企业自认为“合理”的方法不一定能得到税务机关的认可。企业通过预约定价与税务机关在关联交易方法上达成共识，可以使企业有效地规避被税务机关进行转让定价调查的风险。

(2)有利于避免转让定价事后调整所带来的罚息

我国《企业所得税法》借鉴国际上的通行做法，加入了反避税罚则条款，明确了企业避税的法律责任，企业避税成本不再是零。通过预约定价，企业不仅可以规避反避税调查，同时避免了因转让定价调查而产生的罚息。

(3)税收环境的确定有利于使企业把主要精力放在经营上

企业由于经营决策方面的需要，希望能了解并预测期间可能涉及的税收问题的税务处理，以便作出正确合理的决策。签订预约定价安排后，企业能对其转让定价问题的税务处理作出准确的预料与判断，消除了征纳双方存在的争议，从而有效地避免了税收对经济的干扰。对企业来说最直接的好处还在于可以增强企业对未来财务状况的预见性，并作出有利于企业经营的合理决策，避免税收对财务状况的干扰。

(4)可以享受预约定价所带来的好处

如前所述，《特别纳税调整实施办法(试行)》规定了一些鼓励预约定价的内容，如果企业与税务机关谈签预约定价安排，就可得到这些好处。

(5)双边或多边预约定价可以有效地避免国际双重征税

通过签订双边或多边的预约定价，可以避免未订立协议前各国税务机关各自行使税收管辖权而形成对跨国关联企业的双重征税问题。如果谈签了预约定价安排,那么企业只需将经过双方或多方税务当局确认的利润分别纳税即可,不会出现重复纳税。

(四)预约定价的谈签

根据2016年第64号公告的规定,我国预约定价的谈签可分如下几个步骤进行:

1. 预备会谈阶段

企业申请单边预约定价安排的,应当向主管税务机关书面提出预备会谈申请,提交《预约定价安排预备会谈申请书》。企业申请双边或者多边预约定价安排的,应当同时向国家税务总局和主管税务机关书面提出预备会谈申请,提交《预约定价安排预备会谈申请书》。

税务机关(双边和多边预约定价安排为国家税务总局)可以与企业就预约定价安排的相关内容及达成预约定价安排的可行性开展预备会谈,并填制《预约定价安排会谈记录》。在预备会谈期间,税务机关根据企业申请预约定价安排类型与企业进行讨论。

(1)会谈内容

企业申请单边预约定价安排的,双方主要讨论如下内容:①安排的适用年度;②安排涉及的关联方及关联交易;③企业以前年度生产经营情况;④安排涉及各关联方功能和风险的说明;⑤是否应用安排确定的方法解决以前年度的转让定价问题;⑥其他需要说明的情况。

企业申请双边或多边预约定价安排的,除上述列举内容外,还应包括如下内容:①向税收协定(或安排)缔约对方税务主管当局提出预备会谈申请的情况;②安排涉及的关联方以前年度生产经营情况及关联交易情况;③向税收协定(或安排)缔约对方税务主管当局提出的预约定价安排拟采用的定价原则和计算方法。

(2)会谈形式及后续事项

预备会谈可以采用匿名的形式。

税务机关和企业在预备会谈期间达成一致意见的,主管税务机关向企业送达同意其提交谈签意向的《税务事项通知书》。

(3)优先受理的因素

我国税务机关在面对大量的谈签意向时,基于有限的人力,在决定是否优先受理企业申请时主要会考虑以下因素:①企业提交申请的时间顺序;②所提交申请的质量,如材料是否齐备、是否提供足够资料清晰证明整个价值链或供应链的交易情况、预约定价安排拟采用的定价原则和计算方法是否合适等,对于不符合要求的申请,要求企业进行补充完善；③案件是否具有行业和区域等方面的特殊性；④对于双边预约定价安排申请，还需要考虑案件所涉对方国家的谈签意愿及其对案件的重视程度。

在上述四个因素中，最需强调的是所提交申请的质量。如果所提交申请有创新方法，有高质量的无形资产、成本节约或市场溢价的量化分析，则会得到优先处理。

2. 谈签意向阶段

企业收到《税务事项通知书》后向税务机关提出谈签意向。企业申请单边预约定价安排的，应当向主管税务机关提交《预约定价安排谈签意向书》，并附送单边预约定价安排申请草案。企业申请双边或者多边预约定价安排的，应当同时向国家税务总局和主管税务机关提交《预约定价安排谈签意向书》，并附送双边或者多边预约定价安排申请草案。

（1）书面申请报告的内容

预约定价安排书面申请报告应包括如下内容：①预约定价安排的适用年度；②预约定价安排涉及的关联方及关联交易；③企业及其所属企业集团的组织结构和管理架构；④企业最近 3 ~ 5 个年度生产经营情况、财务会计报告、审计报告、同期资料等；⑤预约定价安排涉及各关联方功能和风险的说明，包括功能和风险划分所依据的机构、人员、费用、资产等；⑥预约定价安排使用的定价原则和计算方法，以及支持这一定价原则和计算方法的功能风险分析、可比性分析和假设条件等；⑦价值链或者供应链分析，以及对成本节约、市场溢价等地域特殊优势的考虑；⑧市场情况的说明，包括行业发展趋势和竞争环境等；⑨预约定价安排适用期间的年度经营规模、经营效益预测以及经营规划等；⑩预约定价安排是否追溯适用以前年度；⑪对预约定价安排有影响的境内、外行业相关法律、法规；⑫其他需要说明的情况。

（2）双边或者多边申请草案的特殊规定

除上述内容外，双边或者多边预约定价安排申请草案还应当包括：①向税收协定缔约对方税务主管当局提出预约定价安排申请的情况；②预约定价安排涉及的关联方最近 3 ~ 5 个年度生产经营情况及关联交易情况；③是否涉及国际重复征税及其说明。

（3）税务机关拒绝企业提交谈签意见的情形

有下列情形之一的，税务机关可以拒绝企业提交谈签意向：①税务机关已经对企业实施特别纳税调整立案调查或者其他涉税案件调查，且尚未结案的；②未按照有关规定填报年度关联业务往来报告表；③未按照有关规定准备、保存和提供同期资料；④预备会谈阶段税务机关和企业无法达成一致意见。

税务机关经审核认为企业的谈签意向没有问题的，将进入对申请草案的分析评估,亦即下一阶段。

3. 分析评估阶段

(1)评估内容

企业提交谈签意向后,税务机关应当分析预约定价安排申请草案内容,评估其是否符合独立交易原则。根据分析评估的具体情况,税务机关可以要求企业补充提供有关资料。税务机关主要从以下方面进行分析评估:

①功能和风险状况。分析评估企业与其关联方之间在供货、生产、运输、销售等各环节以及在研究、开发无形资产等方面各自作出的贡献、执行的功能以及在存货、信贷、外汇、市场等方面承担的风险。

②可比交易信息。分析评估企业提供的可比交易信息,对存在的实质性差异进行调整。

③关联交易数据。分析评估预约定价安排涉及的关联交易的收入、成本、费用和利润是否单独核算或者按照合理比例划分。

④定价原则和计算方法。分析评估企业在预约定价安排中采用的定价原则和计算方法;如申请追溯适用以前年度的,应当作出说明。

⑤价值链分析和贡献分析。评估企业对价值链或者供应链的分析是否完整、清晰,是否充分考虑成本节约、市场溢价等地域特殊优势,是否充分考虑本地企业对价值创造的贡献等。

⑥交易价格或者利润水平。根据上述分析评估结果,确定符合独立交易原则的价格或者利润水平。

⑦假设条件。分析评估影响行业利润水平和企业生产经营的因素及程度,合理确定预约定价安排适用的假设条件。

(2)分析评估事项

在分析评估阶段,税务机关可以与企业就预约定价安排申请草案进行讨论。税务机关可以进行功能和风险实地访谈。税务机关认为预约定价安排申请草案不符合独立交易原则的,企业应当与税务机关协商,并进行调整;税务机关认为预约定价安排申请草案符合独立交易原则的,主管税务机关向企业送达同意其提交正式申请的《税务事项通知书》,企业收到通知书后,可以向税务机关提交《预约定价安排正式申请书》,并附送预约定价安排正式申请报告。

企业申请单边预约定价安排的,应当向主管税务机关提交上述资料。企业申请双边或者多边预约定价安排的,应当同时向国家税务总局和主管税务机关提交上述资料，并按照有关规定提交启动特别纳税调整相互协商程序的申请。

(3)税务机关拒绝企业申请的情形

有下列情形之一的，税务机关可以拒绝企业提交正式申请：

①预约定价安排申请草案拟采用的定价原则和计算方法不合理，且企业拒绝协商调整。

②企业拒不提供有关资料或者提供的资料不符合税务机关要求，且不按时补正或者更正。

③企业拒不配合税务机关进行功能和风险实地访谈。

④其他不适合谈签预约定价安排的情况。

4. 正式申请

企业收到主管税务机关向企业送达的同意其提交正式申请的《税务事项通知书》后，可以向税务机关提交《预约定价安排正式申请书》，并附送预约定价安排正式申请报告。税务机关应当在分析评估的基础上形成协商方案，并据此开展协商工作。主管税务机关与企业开展单边预约定价安排协商，协商达成一致的，拟定单边预约定价安排文本；国家税务总局与税收协定缔约对方税务主管当局开展双边或者多边预约定价安排协商，协商达成一致的，拟定双边或者多边预约定价安排文本。

5. 协商签署

主管税务机关与企业开展单边预约定价安排协商，协商达成一致的，拟定单边预约定价安排文本。国家税务总局与税收协定缔约对方税务主管当局开展双边或者多边预约定价安排协商，协商达成一致的，拟定双边或者多边预约定价安排文本。

主管税务机关与企业就单边预约定价安排文本达成一致后，双方的法定代表人或者法定代表人授权的代表签署单边预约定价安排。国家税务总局与税收协定缔约对方税务主管当局就双边或者多边预约定价安排文本达成一致后，双方或者多方税务主管当局授权的代表签署双边或者多边预约定价安排。国家税务总局应当将预约定价安排转发主管税务机关。

6. 监控执行

预约定价安排执行期间，企业应当完整保存与预约定价安排有关的文件和资料，包括账簿和有关记录等，不得丢失、销毁和转移。

企业应当在纳税年度终了后6个月内，向主管税务机关报送执行预约定价安排情况的纸质版和电子版年度报告，主管税务机关将电子版年度报告报送国家税务总局；涉及双边或者多边预约定价安排的，企业应当向主管税务机关报送执行预约定价安排情况的纸质版和电子版年度报告,同时将电子版年度报告报送国家税务总局。

年度报告应当说明报告期内企业经营情况以及执行预约定价安排的情况。需要修订、终止预约定价安排,或者有未决问题或者预计将要发生问题的,应当作出说明。

预约定价安排执行期间,主管税务机关应当每年监控企业执行预约定价安排的情况。监控内容主要包括:企业是否遵守预约定价安排条款及要求;年度报告是否反映企业的实际经营情况;预约定价安排所描述的假设条件是否仍然有效等。

预约定价安排执行期间,企业发生影响预约定价安排的实质性变化,应当在发生变化之日起30日内书面报告主管税务机关,详细说明该变化对执行预约定价安排的影响,并附送相关资料。由于非主观原因而无法按期报告的,可以延期报告,但延长期限不得超过30日。税务机关应当在收到企业书面报告后,分析企业实质性变化情况,根据实质性变化对预约定价安排的影响程度,修订或者终止预约定价安排。签署的预约定价安排终止执行的,税务机关可以和企业按照2016年第64号公告规定的程序和要求,重新谈签预约定价安排。

7.续签

预约定价安排执行期满后自动失效。企业申请续签的,应当在预约定价安排执行期满之日前90日内向税务机关提出续签申请,报送《预约定价安排续签申请书》,并提供执行现行预约定价安排情况的报告、现行预约定价安排所述事实和经营环境是否发生实质性变化的说明材料以及续签预约定价安排年度的预测情况等相关资料。

(五)简易预约定价的谈签

1.可以申请适用简易程序的情形

依据国家税务总局《关于单边预约定价安排适用简易程序有关事项的公告》(国家税务总局公告2021年第24号,以下简称2021年第24号公告)第3条的规定,企业在主管税务机关向其送达受理申请的《税务事项通知书》之日所属纳税年度前3个年度,每年度发生的关联交易金额4000万元以上,并符合下列条件之一的,可以申请适用简易程序:

(1)已向主管税务机关提供拟提交申请所属年度前3个纳税年度的、符合国家税务总局《关于完善关联申报和同期资料管理有关事项的公告》规定的同期资料;

(2)自企业提交申请之日所属纳税年度前10个年度内,曾执行预约定价安排,且执行结果符合安排要求的;

(3)自企业提交申请之日所属纳税年度前10个年度内,曾受到税务机关特别纳税调查调整且结案的。

2. 不予受理简易程序申请的情形

有下列情形之一的，主管税务机关不予受理企业提交的申请：

(1)税务机关已经对企业实施特别纳税调整立案调查或者其他涉税案件调查，且尚未结案；

(2)未按照有关规定填报年度关联业务往来报告表，且不按时更正；

(3)未按照有关规定准备、保存和提供同期资料；

(4)未按照2021年第24号公告要求提供相关资料或者提供的资料不符合税务机关要求，且不按时补正或者更正；

(5)拒不配合税务机关进行功能和风险实地访谈。

3. 单边预约定价安排适用简易程序的规定

单边预约定价安排适用简易程序包括申请评估、协商签署、监控执行三个环节，具体如下：

(1)申请评估

企业有申请意向的，应当向主管税务机关提交《单边预约定价安排简易程序申请书》，并附送申请报告。申请报告包括以下内容：①单边预约定价安排涉及的关联方及关联交易；②单边预约定价安排的适用年度；③单边预约定价安排是否追溯适用以前年度；④企业及其所属企业集团的组织结构和管理架构；⑤企业最近3～5个纳税年度生产经营情况、财务会计报告、审计报告、同期资料等；⑥单边预约定价安排涉及各关联方功能和风险的说明，包括功能和风险划分所依据的机构、人员、费用、资产等；⑦单边预约定价安排使用的定价原则和计算方法，以及支持这一定价原则和计算方法的功能风险分析、可比性分析和假设条件等；⑧价值链或者供应链分析，以及对成本节约、市场溢价等地域特殊优势的考虑；⑨市场情况的说明，包括行业发展趋势和竞争环境等；⑩单边预约定价安排适用期间的年度经营规模、经营效益预测以及经营规划等；⑪对单边预约定价安排有影响的境内、外行业相关法律、法规；⑫符合2021年第24号公告第3条的有关情况；⑬其他需要说明的情况。

主管税务机关收到企业申请后，应当开展分析评估，进行功能和风险实地访谈，并于收到企业申请之日起90日内向企业送达《税务事项通知书》，告知其是否受理；不予受理的，说明理由。

(2)协商签署

主管税务机关受理企业申请后，应当与企业就其关联交易是否符合独立交易原则进行协商，并于向企业送达受理申请的《税务事项通知书》之日起6个月内协商完毕。

协商期间,主管税务机关可以要求企业补充提交相关资料,企业补充提交资料时间不计入上述6个月内。

①主管税务机关与企业协商一致的,应当拟定单边预约定价安排文本。双方的法定代表人或法定代表人授权的代表签署单边预约定价安排。

②主管税务机关不能与企业协商一致的,应当向企业送达终止简易程序的《税务事项通知书》。企业可以按照2016年第64号公告的规定,重新申请单边预约定价安排。已经提交过的资料,无须重复提交。

(3)监控执行

税务机关应当按照2016年第64号公告的要求,做好单边预约定价安排的监控执行工作。

单边预约定价安排执行期间,企业发生影响单边预约定价安排的实质性变化,导致终止执行的,可以按照2016年第64号公告的规定,重新申请单边预约定价安排。

单边预约定价安排适用于主管税务机关向企业送达受理申请的《税务事项通知书》之日所属纳税年度起3~5个年度的关联交易。

六、转让定价调查与调整

(一)案头审核

税务机关通过关联申报审核、同期资料管理和利润水平监控等手段,对企业实施特别纳税调整监控管理,发现企业存在特别纳税调整风险的,可以向企业送达《税务事项通知书》,提示其存在的税收风险。该阶段的主要工作在于筛选在转让定价方面存在异常的企业。企业收到特别纳税调整风险提示或者发现自身存在特别纳税调整风险的,可以自行调整补税。企业自行调整补税的,应当填报《特别纳税调整自行缴纳税款表》。企业自行调整补税的,税务机关仍可按照有关规定实施特别纳税调查调整。企业要求税务机关确认关联交易定价原则和方法等特别纳税调整事项的,税务机关应当启动特别纳税调查程序。

《特别纳税调查调整及相互协商程序管理办法》(国家税务总局公告2017年第6号)规定,税务机关实施特别纳税调查,应当重点关注具有以下风险特征的企业:

(1)关联交易金额较大或者类型较多;

(2)存在长期亏损、微利或者跳跃性盈利;

(3)低于同行业利润水平;

(4)利润水平与其所承担的功能风险不相匹配,或者分享的收益与分摊的成本不相配比;

（5）与低税国家（地区）关联方发生关联交易；

（6）未按照规定进行关联申报或者准备同期资料；

（7）从其关联方接受的债权性投资与权益性投资的比例超过规定标准；

（8）由居民企业，或者由居民企业和中国居民控制的设立在实际税负低于12.5%的国家（地区）的企业，并非由于合理的经营需要而对利润不做分配或者减少分配；

（9）实施其他不具有合理商业目的的税收筹划或者安排。

需要特别注意的是，经预备会谈与税务机关达成一致意见，已向税务机关提交《预约定价安排谈签意向书》，并申请预约定价安排追溯适用以前年度的企业，或者已向税务机关提交《预约定价安排续签申请书》的企业，可以暂不作为特别纳税调整的调查对象。预约定价安排未涉及的年度和关联交易除外。

（二）调查取证

调查取证是转让定价调查的重点和中心内容。该步骤的主要工作内容是关于企业关联交易转让定价异常的相关证据文件和信息的获取。

税务机关应当向已确定立案调查的企业送达《税务检查通知书（一）》。被立案调查企业为非居民企业的，税务机关可以委托境内关联方或者与调查有关的境内企业送达《税务检查通知书（一）》。

1. 调查取证的方式

税务机关实施特别纳税调查时，应当按照法定权限和程序进行，可以采用实地调查、检查纸质或者电子数据资料、调取账簿、询问、查询存款账户或者储蓄存款、发函协查、国际税收信息交换、异地协查等方式，收集能够证明案件事实的证据材料。

税务机关实施特别纳税调查时，可以要求被调查企业及其关联方，或者与调查有关的其他企业提供相关资料。要求被调查企业及其关联方，或者与调查有关的其他企业提供相关资料的，应当向该企业送达《税务事项通知书》，该企业在境外的，税务机关可以委托境内关联方或者与调查有关的境内企业向该企业送达《税务事项通知书》；需要到被调查企业的关联方或者与调查有关的其他企业调查取证的，应当向该企业送达《税务检查通知书（二）》。

税务机关对境外资料真实性和完整性有疑义的，可以要求企业提供公证机构的证明。

税务机关可以选用2017年第6号公告规定的转让定价方法分析、评估企业关联交易是否符合独立交易原则，分析评估时可以使用公开信息资料，也可以使用非公开信息资料。

2. 现场调查

(1)现场调查的类型

现场调查主要包括询问、调取账簿资料等。

①税务机关需要采用询问方式收集证据材料的,应当由 2 名以上调查人员实施询问,并制作《询问(调查)笔录》。

②税务机关需要将以前年度的账簿、会计凭证、财务会计报告和其他有关资料调回检查的,应当按照《税收征收管理法》及其实施细则的有关规定,向被调查企业送达《调取账簿资料通知书》,填写《调取账簿资料清单》交其核对后签章确认。调回资料应当妥善保管,并在法定时限内完整退还。

(2)其他相关要求

①收集证据材料的过程中,可以记录、录音、录像、照相和复制,录音、录像、照相前应当告知被取证方。记录内容应当由 2 名以上调查人员签字,并经被取证方核实签章确认。被取证方拒绝签章的,税务机关调查人员(2 名以上)应当注明。

②以电子数据证明案件事实的,税务机关可以采取以下方式进行取证:要求提供方将电子数据打印成纸质资料,在纸质资料上注明数据出处、打印场所,并注明"与电子数据核对无误",由提供方签章;采用有形载体形式固定电子数据,由调查人员与提供方指定人员一起将电子数据复制到只读存储介质上并封存。在封存包装物上注明电子数据名称、数据来源、制作方法、制作时间、制作人、文件格式及大小等,并注明"与原始载体记载的电子数据核对无误",由提供方签章。

③需要被调查当事人、证人陈述或者提供证言的,应当事先告知其不如实陈述或者提供虚假证言应当承担的法律责任。被调查当事人、证人可以采取书面或者口头方式陈述或者提供证言,以口头方式陈述或者提供证言的,调查人员可以笔录、录音、录像。笔录应当使用能够长期保持字迹的书写工具书写,也可使用计算机记录并打印,陈述或者证言应当由被调查当事人、证人逐页签章。

陈述或者证言中应当写明被调查当事人、证人的姓名、工作单位、联系方式等基本信息,注明出具日期,并附居民身份证复印件等身份证明材料。

被调查当事人、证人口头提出变更陈述或者证言的,调查人员应当就变更部分重新制作笔录,注明原因,由被调查当事人、证人逐页签章。被调查当事人、证人变更书面陈述或者证言的,不退回原件。

3. 资料提供

被调查企业及其关联方以及与调查有关的其他企业应当按照税务机关要求提供

真实、完整的相关资料，具体如下：

（1）提供由自身保管的书证原件。原本、正本和副本均属于书证的原件。提供原件确有困难的，可以提供与原件核对无误的复印件、照片、节录本等复制件。提供方应当在复制件上注明"与原件核对无误，原件存于我处"，并由提供方签章。

（2）提供由有关方保管的书证原件复制件、影印件或者抄录件的，提供方应当在复制件、影印件或者抄录件上注明"与原件核对无误"，并注明出处，由该有关方及提供方签章。

（3）提供外文书证或者外文视听资料的，应当附送中文译本。提供方应当对中文译本的准确性和完整性负责。

（4）提供境外相关资料的，应当说明来源。税务机关对境外资料真实性和完整性有疑义的，可以要求企业提供公证机构的证明。

被调查企业不提供特别纳税调查相关资料，或者提供虚假、不完整资料的，由税务机关责令限期改正；逾期仍未改正的，税务机关按照《税收征收管理法》及其实施细则的有关规定进行处理，并依法核定其应纳税所得额。

（三）分析评估

1. 分析评估的基础

税务机关实施转让定价调查时，应当进行可比性分析。可比性分析一般包括以下五个方面，税务机关可以根据案件情况选择具体的分析内容：

（1）交易资产或者劳务特性。包括有形资产的物理特性、质量、数量等，无形资产的类型、交易形式、保护程度、期限、预期收益等，劳务的性质和内容，金融资产的特性、内容、风险管理等。

（2）交易各方执行的功能、承担的风险和使用的资产。功能包括研发、设计、采购、加工、装配、制造、维修、分销、营销、广告、存货管理、物流、仓储、融资、管理、财务、会计、法律及人力资源管理等；风险包括投资风险、研发风险、采购风险、生产风险、市场风险、管理风险及财务风险等；资产包括有形资产、无形资产、金融资产等。

（3）合同条款。包括交易标的、交易数量、交易价格、收付款方式和条件、交货条件、售后服务范围和条件、提供附加劳务的约定、变更或者修改合同内容的权利、合同有效期、终止或者续签合同的权利等。合同条款分析应当关注企业执行合同的能力与行为，以及关联方之间签署合同条款的可信度等。

（4）经济环境。包括行业概况、地理区域、市场规模、市场层级、市场占有率、市场竞争程度、消费者购买力、商品或者劳务可替代性、生产要素价格、运输成本、政府管制,以及成本节约、市场溢价等地域特殊因素。

(5)经营策略。包括创新和开发、多元化经营、协同效应、风险规避及市场占有策略等。

税务机关在进行可比性分析时,优先使用公开信息,也可以使用非公开信息。税务机关应当在可比性分析的基础上,选择合理的转让定价方法,对企业关联交易进行分析评估。转让定价方法包括可比非受控价格法、再销售价格法、成本加成法、交易净利润法、利润分割法及其他符合独立交易原则的方法。

此外,在该阶段,税务机关应当结合被调查企业年度关联业务往来报告表和相关资料,对其与关联方的关联关系以及关联交易金额进行确认,填制《关联关系认定表》和《关联交易认定表》,并由被调查企业确认签章。被调查企业拒绝确认的,税务机关调查人员(2名以上)应当注明。

2. 分析评估的其他注意事项

(1)营运资本差异导致的营业利润差异不调整

税务机关分析评估被调查企业为其关联方提供的来料加工业务,在可比企业不是相同业务模式,且业务模式的差异会对利润水平产生影响的情况下,应当对业务模式的差异进行调整,还原其不作价的来料和设备价值。企业提供真实完整的来料加工产品整体价值链相关资料,能够反映各关联方总体利润水平的,税务机关可以就被调查企业与可比企业因料件还原产生的资金占用差异进行可比性调整,利润水平调整幅度超过10%的,应当重新选择可比企业。除上述内容外,对因营运资本占用不同产生的利润差异不做调整。

(2)交易还原

企业与其关联方之间抵消关联交易直接或者间接导致国家总体税收收入减少的,税务机关可以通过还原抵消交易实施特别纳税调整。

(3)低职能风险的企业应保持相对稳定的利润

企业为境外关联方从事来料加工或者进料加工等单一生产业务,或者从事分销、合约研发业务,原则上应当保持合理的利润水平。上述企业承担由于决策失误、开工不足、产品滞销、研发失败等原因造成的应当由关联方承担的风险和损失的,税务机关可以实施特别纳税调整。

(4)中位值的作用

税务机关采用四分位法分析评估企业利润水平时,企业实际利润水平低于可比企业利润率区间中位值的,原则上应按照不低于中位值进行调整(需调整时)。

3. 调查结论

在分析评估完毕后，税务机关依据不同的情形出具调查结论，以明确是否对企业进行下一步的转让定价调整：

（1）经调查，税务机关未发现企业存在特别纳税调整问题的，应当作出特别纳税调查结论，并向企业送达《特别纳税调查结论通知书》。

（2）经调查，税务机关发现企业存在特别纳税调整问题的，应当按照以下程序实施调整：

①在测算、论证、可比性分析的基础上，拟定特别纳税调查调整方案。

②根据拟定调整方案与企业协商谈判，双方均应当指定主谈人，调查人员应当做好《协商内容记录》，并由双方主谈人签字确认。企业拒签的，税务机关调查人员（2 名以上）应当注明。企业拒绝协商谈判的，税务机关向企业送达《特别纳税调查初步调整通知书》。

③协商谈判过程中，企业对拟定调整方案有异议的，应当在税务机关规定的期限内进一步提供相关资料。税务机关收到资料后，应当认真审议，并作出审议结论。根据审议结论，需要进行特别纳税调整的，税务机关应当形成初步调整方案，向企业送达《特别纳税调查初步调整通知书》。

④企业收到《特别纳税调查初步调整通知书》后有异议的，应当自收到通知书之日起 7 日内书面提出。税务机关收到企业意见后，应当再次协商、审议。根据审议结论，需要进行特别纳税调整，并形成最终调整方案的，税务机关应当向企业送达《特别纳税调查调整通知书》。

⑤企业收到《特别纳税调查初步调整通知书》后，在规定期限内未提出异议的，或者提出异议后又拒绝协商的，或者虽提出异议但经税务机关审议后不予采纳的，税务机关应当以初步调整方案作为最终调整方案，向企业送达《特别纳税调查调整通知书》。

（四）转让定价调查的程序介绍

转让定价的调整程序一般分为五个步骤进行：

（1）在测算、论证和可比性分析的基础上，拟定特别纳税调查调整方案。

（2）根据初步调整方案与企业协商谈判，税企双方均应指定主谈人，调查人员应做好《协商内容记录》，并由双方主谈人签字确认。企业拒签的，税务机关调查人员（2 名以上）应当注明。企业拒绝协商谈判的，税务机关向企业送达《特别纳税调查初步调整通知书》。

（3）协商谈判过程中，企业对拟定调整方案有异议的，应当在税务机关规定的期限内进一步提供相关资料。税务机关收到资料后,应当认真审议,并作出审议结论。根据审议结论,需要进行特别纳税调整的,税务机关应当形成初步调整方案,向企业送达《特别纳税调查初步调整通知书》。

(4)企业收到《特别纳税调查初步调整通知书》后有异议的,应当自收到通知书之日起7日内书面提出。税务机关收到企业意见后,应当再次协商、审议。根据审议结论,需要进行特别纳税调整,并形成最终调整方案的,税务机关应当向企业送达《特别纳税调查调整通知书》。

(5)企业收到《特别纳税调查初步调整通知书》后,在规定期限内未提出异议的,或者提出异议后又拒绝协商的,或者虽提出异议但经税务机关审议后不予采纳的,税务机关应当以初步调整方案作为最终调整方案,向企业送达《特别纳税调查调整通知书》。

上述五个步骤如图3-11所示。

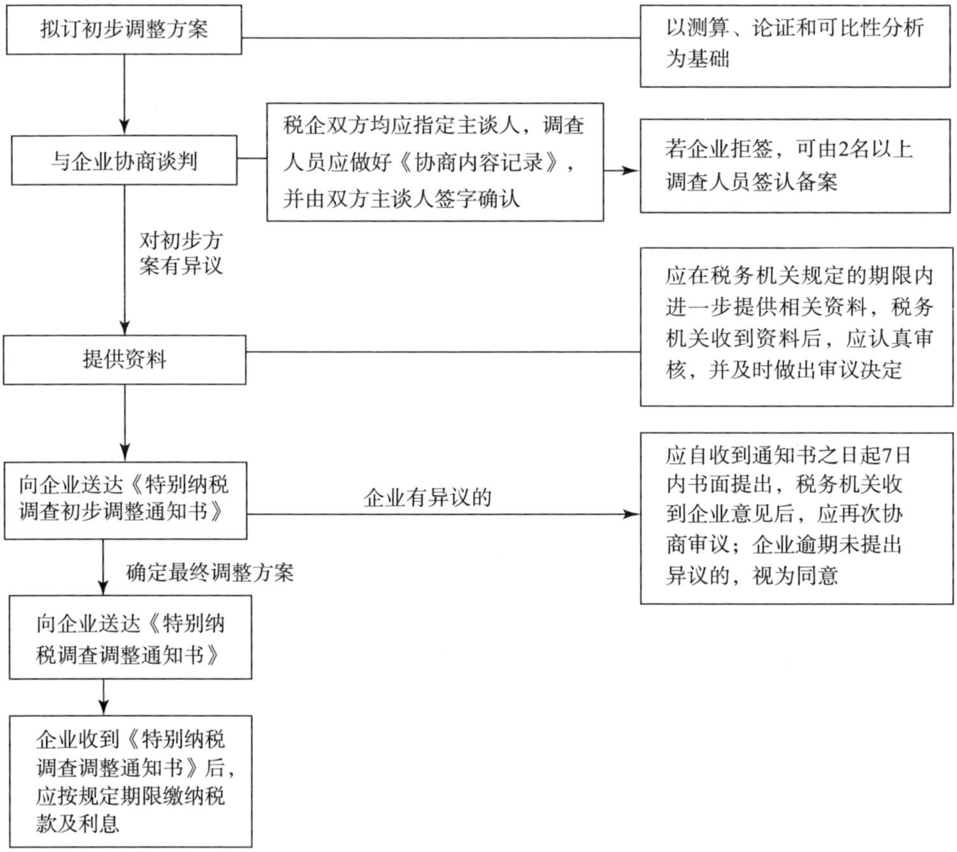

图3-11 转让定价调查程序流程示意

(五)案例分析

【案情简介】

2001 年 12 月,F 省引进了一家世界著名的公司来投资,投资总额为 3722.89 万美元,注册资本 1489.16 万美元,投资比例为中方占 30%,外方占 70%,双方投资成立的就是本案 ZFC 公司。

作为一家生产、开发、销售 CDMA 手机及其相关通信产品的中外合资企业,ZFC 公司自成立之初,就被 F 省科技厅认定为高新技术企业,享受"两免三减半"税收优惠政策,所得税税率为 15%。然而,从 2002 年实现利润 26 万元后,这家企业就开始在亏损的泥潭里挣扎:2003 年,亏损 832 万元;2004 年,亏损 1623 万元;2005 年,该公司奇迹般地盈利 879 万元;2006 年再次巨亏 3569 万元。

令人费解的是,连年的亏损似乎并未让外方望而却步,ZFC 公司的生产经营依然欣欣向荣:2002 年至 2005 年年均销售收入一直在 5 亿元以上。即使是在发生巨亏的 2006 年,销售收入也超过了 2 亿元。而根据 F 省 W 市国税局(以下简称 W 市国税局)的资料显示,2002 ~ 2006 年的 5 年间,其增值税税收负担率为 0.21%,所得税税收负担率为 0。经查证,ZFC 公司还存在逃避纳税义务的行为。

W 市国税局认为,从该企业 5 年间平均销售收入 51,455 万元,利润盈亏损呈跳跃式增长的情况分析,其交易有别于非受控企业的正常交易行为,存在转移定价的嫌疑。2004 年 8 月 24 日,W 市国税局反避税调查组正式下发调查通知,对 ZFC 公司进行反避税调查。反避税小组分别对 ZFC 公司所承担的功能按原材料采购、产品生产、产品研发、产品品质保证、市场推广、产品销售、售后服务、应收和应付账款管理、运输等进行了分析。同时对 ZFC 公司所承担的风险,按生产风险、品质风险、物流风险、市场风险、信用风险、外汇风险等进行了分析,并得出以下两点主要结论:

第一,ZFC 公司的产品定价明显有悖于正常企业的定价原则。

通过调查了解,ZFC 公司在产品材料的采购中,关联企业间的采购占有绝对的比重。而在 ZFC 公司的产品销售收入中,直接材料又占有绝对比重。关联交易中,关联购进材料价格的高低,直接关系 ZFC 公司的盈利或亏损。ZFC 公司虽然是一个合资公司,但其决策管理层和内部各个部门管理层的主要负责人全部由外方担任,ZFC 公司的国外采购均通过母公司进行,母公司完全控制着 ZFC 公司材料采购及销售的价格。

反避税小组的调查表明,通过调整产品材料关联采购价格和低价出口销售给关联企业产品以及免除费用、加价销售等方法,母公司直接控制 ZFC 公司的生产经营成果的盈亏,从而完全控制 ZFC 公司的生存空间。2002 ~ 2006 年,ZFC 公司与其关联企业未按照独立企业之间的业务往来支付价款、费用,发生转让定价行为,其中包括"原材料高进","产品低出",关联企业向ZFC公司进行加价、让利、补贴、免除特许权使用费和广告费用等。

第二,技术交易有悖于独立交易原则。

2001年9月,ZFC公司的母公司——ZC公司与ZFC公司曾签订技术转让合同,约定由ZFC公司向其母公司支付技术转让费和技术许可费,合同期限为10年。然而,2002年12月20日和2003年12月31日,ZC公司与ZFC公司又以签订备忘录的形式,免除了ZFC公司应当支付给其母公司的特许权使用费。相反,在2002年和2003年免税期结束后,ZFC公司于2004年又恢复支付特许权使用费,计入管理费用,并代扣母公司应缴纳的预提所得税。2002~2004年,母公司分别以让利、免除、加价补贴等形式,不按独立企业进行运作,给予ZFC公司共计资金1.3亿多元。ZFC公司的注册资本折合人民币不过1.2亿多元,而其母公司2年让利、免除、加价补贴的资金早已超过其注册资金。如果母公司不对ZFC公司进行免除、补贴、加价,对于一直处于亏损状态的ZFC公司来说,其正常运营的资金链必将中断,造成ZFC公司不能正常生产经营的后果。为了使其资金链不断,又要维护企业利益最大化的转移定价原则,母公司不得不采用让利、免除、加价补贴等不同于一般独立企业的经营形式。

ZFC公司2002年、2003年享受免缴所得税的优惠政策,ZFC公司支付特许权使用费在"管理费用"里列支,费用的大小对免税期缴纳所得税无影响;如果ZFC公司支付特许权使用费,将要代扣其关联企业——母公司10%的预提所得税。因此,采用免税期免除支付,而征税期恢复并追加收取特许权使用费,增加了征税期企业的"管理费用",其行为明显是避缴代扣的预提所得税,以减少征税期的应纳税所得。表面上母公司免除了ZFC公司支付2年的特许权使用费,合资中方还得感谢外方的免除行为,但实际上,我国海关调查数据显示,CDMA在中国的专有技术使用费平均在4.5%~5%,而ZFC公司对其母公司的支付比例却平均高达8%。

反避税遵循OECD的独立经营原则,每一个案件没有固定的模式,它是一门综合艺术。本案中涉及关联企业间的购进、关联企业间的产品销售和关联企业间的特许权使用费的支付,有一定的特殊性和复杂性,一开始税务机关和企业意见悬殊,曾经有过非常激烈的争论。通过调查人员大量艰苦细致的调查分析工作,经过了大小20多轮的谈判,企业及为其担任税务代理的会计师事务所终于就合理利润水平与税务机关达成了共识,下面分三个阶段具体说明:

(1)转让定价行为认定

调查开始阶段,外方的态度强硬,表示其经营亏损完全是由于中国市场原因造成的,不承认有转移定价的行为。反避税小组按照法定的程序,首先调取了ZFC公司2002~2004年的账簿、凭证、合同等相关资料,对各个年度的数万份凭证进行核对,对材料购进、生产、仓储、销售等环节的相关人员分别进行了询问并进行了笔录;从企业的关联认定、销售产品去向、材料的购入来源、资金融通统计、产品成本分析,内外销产品的重新核算到案件的汇总归档等都列项明确。最终,反避税小组在对材料采购、产品销售去向、无形资产转让、主要产品成本以及企业签订的合同与协议进行分析的基础上,确定了调查方向。决定把重点放在2002年度、2003年度材料高价购进、无形资产转让,2004~2006年材料高进和产品低价出口等重大关联交易事项上,并固定了调查所需的相关证据。除了通过案头审计、实地调查、数次约谈外,反避税小组还耗时近2个月进行外调取证,走访调查了12家国内生产CDMA手机的厂家,充分掌握了同行业的第一手信息资料。

根据对ZFC公司转让定价行为的调查情况分析,W市国税局多次与ZFC公司进行约谈,ZFC公司均不能合理地解释其行为。同时,W市国税局还分阶段以书面通知的形式,要求ZFC公司提供境外关联企业采购原材料、产成品和固定资产的资料,以及境外关联企业再销售价格、利润等方面的资料。在规定的期限之内(包括延长期),ZFC公司没有按要求提供相关举证资料,或主动放弃了举证的权利,表示无法完整提供。

(2)调整方法的确定

反避税案件重要的一步是关于调整方法的确定。反避税调查小组根据ZFC公司的功能和风险分析,设定了12套调整方案,在与ZFC公司及其税务代理方的多次约谈及争论后,双方约定,忽略其他次要条件,选定与ZFC公司可比性最接近的一套方案,以4.03%为ZFC公司合理的营业利润水平,忽略或不计其他次要的条件,按4.03%进行调整,并且以BvD数据库2002~2005年的取值指标来衡量和调整2006年营业利润水平。

2007年3月28日,在确认ZFC公司有不按独立企业方式进行经营的情况下,经与ZFC公司及其税务代理方的多次约谈,逐渐缩小分歧,并在ZFC公司提交书面调整建议书的基础上,三方终于就ZFC公司2002~2006年应取得的合理的营业利润、调整方法等达成共识,ZFC公司接受W市国税局反避税调查组的调整方案,并予以书面签字确认。2007年5月28日,经按程序上报F省国税局和国家税务总局国际司批准,W市国税局下发了《转让定价应税收入或应纳税所得额调整通知书》,对该企业不按照独立企业作价的行为进行了调整。2007 年 5 月 29 日,对该企业的偷税行为,主管税务局 W 市 X 区国税局下发了《税务行政处罚事项告知书》;2007 年 6 月 4 日,下发了《税务行政处罚决定书》。

(3)行政诉讼

2007 年 8 月 10 日,ZFC 公司突然向 F 省国税局提出了行政复议。F 省国税局按照法定程序,在对 W 市国税局的此项行政行为进行了全面的审查后,于 2007 年 9 月 30 日作出维持 W 市国税局《转让定价应税收入或应纳税所得额调整通知书》的决定。

ZFC 公司对行政复议决定不服,又在 2007 年 10 月 26 日向 W 市 X 区人民法院提起了行政诉讼。2007 年 11 月 28 日,该案作为全国第一起因反避税调整引起的行政诉讼案件在 W 市 X 区人民法院公开开庭。12 月 6 日,W 市 X 区人民法院作出一审判决,认为税务机关作出的《转让定价应税收入或应纳税所得额调整通知书》是在经过详尽的调查取证后与原告和其税务代理人协商讨论达成共识的基础上作出的调整决定,该调整的客观合理性应当予以肯定。W 市国税局的《转让定价应税收入或应纳税所得额调整通知书》,认定事实清楚,证据确凿,适用法律、法规正确,符合法定程序。判决维持 W 市国税局作出的《转让定价应税收入或应纳税所得额调整通知书》的具体行政行为。12 月 24 日,原告方不服判决,再次向 W 市中级人民法院提起上诉。就在 W 市国税局做好了应诉准备的时候,2008 年 1 月 21 日,ZFC 公司到 W 市中级人民法院提出撤诉。经 W 市中级人民法院裁定,同意撤诉。

至此,我国转让定价调查工作开展以来遇到的第一起行政诉讼案落下帷幕。此次反避税调查共计调整企业利润额 1.48 亿元;调整企业应纳税所得额 1.05 亿元;补缴外商投资企业所得税 420.77 万元,补缴预提所得税 468.05 万元,共计补缴税款 888.8 万元。另外,对该企业的偷税行为,处以所偷税款 0.5 倍的罚款 146.9 万元;补税罚款共计 1035.72 万元。

【法律分析】

(1)关联交易的主要类型

关联交易的主要类型包括:有形资产使用权或者所有权的转让;金融资产的转让;无形资产使用权或者所有权的转让;资金融通;劳务交易。其中,有形资产包括商品、产品、房屋建筑物、交通工具、机器设备、工具器具等;金融资产包括应收账款、应收票据、其他应收款项、股权投资、债权投资和衍生金融工具形成的资产等;无形资产包括专利权、非专利技术、商业秘密、商标权、品牌、客户名单、销售渠道、特许经营权、政府许可、著作权等;资金包括各类长短期借贷资金(含集团资金池)、担保费、各类应计息预付款和延期收付款等；劳务包括市场调查、营销策划、代理、设计、咨询、行政管理、技术服务、合约研发、维修、法律服务、财务管理、审计、招聘、培训、集中采购等。

本案中，W 市国税局提出了 ZFC 公司存在关联交易不符合独立交易原则的三个事实：一是 ZFC 公司的决策管理层和内部各个部门管理层的主要负责人全部由母公司派人担任，ZFC 公司的国外采购均通过母公司进行。母公司通过调整产品材料关联采购价格和低价出口销售给关联企业产品以及免除费用、加价销售等方法，直接控制 ZFC 公司的采购及销售，属于在商品和产品购销类下的有形资产关联交易。二是 ZFC 公司的母公司曾与 ZFC 公司签订了技术转让合同，约定由 ZFC 公司向其母公司支付技术转让费和技术许可费，合同期限为 10 年。然而在 2002 年和 2003 年免税期间，母公司与 ZFC 公司又以签订备忘录的形式免除了 ZFC 公司应当支付的特许权使用费。而在免税期结束后、ZFC 公司又恢复支付特许权使用费，计入管理费用。而且，ZFC 公司对其母公司的支付比例平均高达 8%，远远高于同类专有技术使用费 4.5% 的比例。这些事实包含了专有技术等特许权使用费、工业产权所有权转让费两项无形资产关联交易的相关内容。三是 2002～2004 年，母公司分别以让利、免除、加价补贴等形式，不按独立企业进行运作，给予 ZFC 公司共计资金 1.3 亿多元，属于资金融通类的关联交易。由此可以得出结论，ZFC 公司与 ZC 公司之间属于典型的关联方，其关联交易错综复杂且极为典型，容易被作为转让定价的重点调查对象。

鉴于上述事实，税务机关认定 ZFC 公司与其母公司之间的关联交易不符合独立交易原则，并按规定对 ZFC 公司的应纳税所得额按照合理方法进行调整，符合《企业所得税法》及其实施条例的规定。

（2）转让定价调查重点类型的变化脉络

随着关联交易形式的多样化，传统的以产品购销为主要方式的有形资产关联交易已渐渐丧失一枝独秀的地位，无形资产交易和其他交易类型日渐增长，逐渐发展的形式繁多，日新月异，其中的利益输送和利润转移的隐蔽性也越来越强。以此为导向，税务机关开始避免单纯地以有形资产购销和传统简单制造业作为调查重点，转而重点调查“走出去”企业的关联交易，关注境内母公司与境外子公司之间在产品购销、劳务费和特许权使用费支付等方面作价是否合理，积极尝试和探索受控外国企业管理等新业务领域。这表明税务机关将加强对其他类型的转让定价行为的关注，如无形资产和关联股权的转让，其中尤为需要强调的是与无形资产相关的特许权使用费的比例问题。在以往的外商投资模型中，中国子公司向境外支付较高比例的特许权使用费的情况非常普遍，特别是中等规模以上的外商独资企业。

对此,建议在发生关联交易时,对于转让定价要有全面的考量,必要时制定明确、合理的定价政策以长期执行。在企业发生的费用中,应当特别注意特许权使用费所占的比例是否合理,分析这些费用的发生是否都是有必要的,并尽量将该项费用的比例控制在一般范围内。对于特许权使用费超出一般范围或者波动较大等情形,应该有相对合理的解释。例如,企业可通过企业市场部门、企业所属的行业协会及专业机构给予旁证来证明其收费比例符合常规商业行为。

(3)转让定价调整的合理性标准

在本案中,税务机关不仅掌握了确凿的事实证据和法律依据,而且整个反避税调查过程按照当时有效的法律法规所规定的调查程序进行。从案情描述来看,是合法的税务行政执法行为,其调整方案也获得了 ZFC 公司的“共识”。而 ZFC 公司事后屡次上诉,最终却又选择了主动撤诉,其深层次的原因在于转让定价一直以来被称为税法界的一门“艺术”,如何进行利润率等数值的调整会极大地影响公司的税负和所面临的经济利益损失。

目前,国内税务机关进行反避税调查中通常会使用 BvD 数据库和标准普尔数据库检索可比对象,并以此为依据对企业进行反避税调查调整。但 BvD 数据库和标准普尔数据库中的数万家企业均为上市公司,而且多为全功能企业,税务机关应在充分考虑交易对象的特性、交易各方的功能与风险、经济环境、交易所涉及无形资产等因素后,对选取的可比对象作出合理的调整,才能作为参照依据对企业进行所得税调整。这一过程的成熟既需要法律法规的进一步完善,也需要税务机关不断地经验积累。

而在本案中,ZFC 公司的突然“反悔”屡屡上诉,究其原因,更多的可能在于其对税务机关调整的数值不满意,即对税务机关给出的“参照依据”不满意。而其最终的主动撤诉,一方面,是由于税务机关调查和调整过程的合法性没有瑕疵,导致其救济程序无法对税务机关的调整行为有实质性的影响;另一方面,是因为反避税诉讼作为技术性、专业性较强的涉税行政诉讼,根据行政诉讼的一般原理,单纯就合理性问题提出上诉很难获得人民法院的认同。

【启示】

对于如何避免税务机关的反避税调查,ZFC 公司一案有很多值得企业借鉴的地方。根据 2017 年第 6 号公告第 4 条的规定,税务机关实施特别纳税调查,应当重点关注具有以下风险特征的企业:(1)关联交易金额较大或者类型较多;(2)存在长期亏损、微利或者跳跃性盈利;(3)低于同行业利润水平;(4)利润水平与其所承担的功能风险不相匹配,或者分享的收益与分摊的成本不相配比;(5)与低税国家(地区)关联方发生关联交易；(6)未按照规定进行关联申报或者准备同期资料；(7)从其关联方接受的债权性投资与权益性投资的比例超过规定标准；(8)由居民企业，或者由居民企业和中国居民控制的设立在实际税负低于12.5%的国家(地区)的企业，并非由于合理的经营需要而对利润不做分配或者减少分配；(9)实施其他不具有合理商业目的的税收筹划或者安排。而《特别纳税调整实施办法(试行)》和《关联企业间业务往来税务管理规程》中也存在类似的规定。因此，从ZFC公司5年间平均销售收入额和利润盈亏呈跳跃式增长的情况分析，税务机关对ZFC发起反避税调查合乎情理。避免出现巨大销售额与巨大亏损额，以及避免出现长期亏损、微利或跳跃性盈利企业，将是避开反避税调查"雷区"的有效措施。

由于特许权使用费的征税税率相对较低，同时特许权使用费也是转移利润的一种好方法，签署特许使用协议，由中国子公司支付较高比例的特许权使用费的情况在一些外商投资企业普遍存在。但企业对特许权使用费的定价过高，将容易受到税务机关的质疑。因此，对于外商投资企业来讲，特许权使用费的定价是一个值得重视的问题。建议谨慎签订高于市场价格的特许权使用费协议。采用稳健的税收规划和适当的转让定价方法，才能避免关联交易中极易发生的转让定价调整和核定征收。

七、转让定价与反避税中的具体服务

(一)关联申报服务

实行查账征收的居民企业和在中国境内设立机构、场所并据实申报缴纳企业所得税的非居民企业向税务机关报送年度企业所得税纳税申报表时，应当就其与关联方之间的业务往来进行关联申报，附送《企业年度关联业务往来报告表(2016年版)》。建议律师为上述义务主体提供关联关系及关联交易的认定服务、关联申报的审核服务和代理报送服务。

建议律师为满足一定条件的居民企业提供填报国别报告的服务。

最终控股企业为中国居民企业的跨国企业集团，其信息涉及国家安全的，律师代理申请豁免填报部分或者全部国别报告。

建议律师代理上述义务主体向主管税务机关申请延期进行关联申报。

(二)同期资料合规服务

1. 同期资料填写时的注意事项

企业应依据《企业所得税法实施条例》第114条的规定，按纳税年度准备并按税务机关要求提供其关联交易的同期资料。《企业年度关联业务往来报告表(2016年版)》增强了关联业务往来报告表与同期资料的逻辑关系，将部分同期资料的内容纳入了年

度关联申报表的范围。建议律师为企业提供准备同期资料的服务。

2. 同期资料类别

同期资料分为三种,分别是主体文档、本地文档和特殊事项文档。企业只要满足其中一种文档的准备条件就需要准备该种同期资料,存在企业需要准备多种文档的可能性。建议律师为企业提供服务,甄别需要提交哪些同期资料,并代为准备同期资料。

3. 特殊事项文档

特殊事项文档包括成本分摊协议特殊事项文档和资本弱化特殊事项文档。建议律师为企业提供特殊事项文档准备的服务。

4. 免予准备同期资料的情形

企业执行预约定价安排的,可以不准备预约定价安排涉及关联交易的本地文档和特殊事项文档,且关联交易金额不计入关联交易金额范围。企业仅与境内关联方发生关联交易的,可以不准备主体文档、本地文档和特殊事项文档。建议律师为企业提供预约定价安排协商服务。

5. 关联交易同期资料的审核报告

建议律师作为独立第三方为企业撰写制作关联交易同期资料的审核报告,或者为企业自己制作同期资料提供内容指导服务。

律师为企业撰写同期资料时,宜在前期与委托人的财务负责人进行沟通,获取相应资料,客观、公正、合规地在同期资料中披露企业依法应当披露的信息,并正确合理地选择可比企业和转让定价方法,论证企业的关联交易定价是否符合独立交易原则。

(三)预约定价安排服务

1. 申请预约定价安排协议服务

建议律师代理企业与主管税务机关就企业未来年度关联交易的定价原则和计算方法申请签署预约定价安排协议,具体包括预备会谈、谈签意向、分析评估、正式申请、协商签署和监控执行六个阶段。

2. 预约定价安排适用条件

预约定价安排一般适用于主管税务机关向企业送达接收其谈签意向的《税务事项通知书》之日所属纳税年度前 3 个年度每年度发生的关联交易金额 4000 万元以上的企业,符合规定的可使用预约定价建议程序。

3. 预约定价安排申请时律师提供的服务

建议律师代为起草《预约定价安排谈签意向书》、预约定价安排申请草案,代理企业参与与税务机关就预约定价安排申请草案进行的讨论,代理起草《预约定价安排正式申请书》及预约定价安排正式申请报告，代理企业与税务机关协商。

4. 预约定价安排执行期间律师提供的服务

建议律师对企业预约定价安排情况进行合规性审查，对企业是否遵守预约定价安排条款及要求，年度报告是否反映企业的实际经营情况，预约定价安排所描述的假设条件是否仍然有效等进行审查。

在预约定价安排执行期间，企业发生影响预约定价安排的实质性变化，建议律师代企业向主管税务机关进行书面报告。

5. 预约定价安排执行期满律师提供的服务

建议律师代理企业在期满前向税务机关提出续签申请，报送《预约定价安排续签申请书》，并提供执行现行预约定价安排情况的报告等相关资料。

预约定价安排执行期间主管税务机关与企业发生争议的，建议律师代理企业与税务机关进行协商。协商不成的，建议律师代理企业与上一级税务机关协调。

（四）转让定价合规服务

企业的关联交易不符合独立交易原则的，税务机关有权实施特别纳税调整，律师可以为企业提供转让定价纳税调整的风险识别、评估以及在合理定价方面的咨询服务。

1. 审查服务

建议律师集中审查企业有关年度涉及转让定价的关联交易类型、金额、合同或协议，包括：

（1）有形资产使用权或者所有权的转让；

（2）金融资产的转让；

（3）无形资产使用权或者所有权的转让；

（4）资金融通；

（5）劳务交易。

2. 风险评估服务

律师可以提供转让定价关联交易涉税风险评估服务，包括以下几个方面衡量关联交易的风险：

（1）关联交易金额大小及类型；

（2）是否存在长期亏损、微利或者跳跃性盈利；

（3）利润水平与同行相比是什么情况；

（4）利润水平与其所承担的功能风险是否相匹配，或者分享的收益与分摊的成本

是否相匹配;

(5)是否与低税国家(关联)方发生关联交易;

(6)是否按照规定进行关联申报或准备同期资料;

(7)从其关联方接受的债权性投资与权益性投资的比例是否超过规定标准;

(8)有居民企业或者有居民企业和中国居民控制的设立在实际税负低于12.5%的国家或地区的企业,是否存在并非由于合理的经营需要而对利润不做分配或者减少分配。

针对企业在关联交易方面存在的税法风险,建议律师为企业提供合理修正关联交易定价、完善关联交易各方经济实质等方面的法律服务。

(五)成本分摊协议管理服务

集团企业内部签署并执行关于无形资产或劳务的成本分摊协议时,建议律师代理企业向税务机关进行备案。

已经执行并形成一定资产的成本分摊协议,参与方发生变更或者协议终止执行的,建议律师协助企业履行独立交易原则的合规处理。

建议律师为企业提供成本分摊协议的同期资料撰写、制作和管理服务。

建议律师针对集团内部的成本分摊协议,采用商业目的测试和经济实质测试的方法,评估涉税风险,防范不得税前扣除的税法风险。

(六)受控外国企业合规服务

1. 受控外国企业合规服务的类型

受境内企业或个人控制、设立在避税地的企业,并非出于合理经营的需要而对利润不做分配或减少分配的,税务机关有权实施特别纳税调整。建议律师为企业提供受控外国企业反避税风险识别、评估和合规管理的咨询服务。

2. 受控外国企业的风险点

律师在识别和评估企业受控外国企业反避税风险时,宜主要考察以下三个风险点:

(1)受控外国企业年度利润水平;

(2)受控外国企业所在地税率水平及实际税负成本;

(3)受控外国企业利润的构成情况以及股息、利息、特许权使用费等消极所得和积极所得所占的比例情况。

3. 受控外国企业争议的解决

受控外国企业并非由于合理经营需要而对利润不做分配或减少分配的,其利润中应归属于中国企业的部分,税务机关有权调整计入我国企业的当期收入,并缴纳企业所得税。建议律师代理企业就该争议提供争议解决服务。

(七)资本弱化合规服务

1. 资本弱化合规服务的类型

境内企业从境内外关联方取得贷款并将产生的超额利息在税前扣除的,税务机关有权实施特别纳税调整,建议律师为企业提供资本弱化反避税的风险识别、评估和管理咨询服务。

2. 资本弱化合规风险的审核

律师在评估和识别企业资本弱化风险时,宜着重从以下三个方面考察:

(1)对企业年度的关联债资比例是否符合"安全港"比例(即金融企业 5∶1,非金融企业 2∶1)进行审核;

(2)对企业年度债权性融资总额、权益性融资总额、利息费用支出总额的计算和审核;

(3)对超额利息支出的计算和审核。

3. 扣除年度超额利息支出需提交同期资料

企业要求扣除其年度超额利息支出的,需要向税务机关提交同期资料,证明企业的超额利息支出符合独立交易原则,律师宜代理企业制作、准备并向税务机关提交以下同期资料:

(1)企业偿债能力和举债能力分析;

(2)企业集团举债能力及融资结构情况分析;

(3)企业注册资本等权益投资的变动情况说明;

(4)关联债权投资的性质、目的及取得时的市场状况;

(5)关联债权投资的货币种类、金额、利率、期限及融资条件;

(6)企业提供的抵押品情况及条件;

(7)担保人状况及担保条件;

(8)同类同期贷款的利率情况及融资条件;

(9)可转换公司债券的转换条件;

(10)其他能够证明符合独立交易原则的资料。

(八)特别纳税调查调整应对服务

1. 提供资料

税务机关对企业实施转让定价、资本弱化或受控外国企业特别纳税调查调整立案的,建议律师协助企业向税务机关提交同期资料。

2. 税务机关下达特别纳税调查初步调整方案前的沟通

税务机关下达特别纳税调查初步调整方案之前,律师宜收集证明企业关联交易定价符合独立交易原则的资料并与税务机关开展沟通协商,充分论证定价符合独立交易原则和合理性。

3. 税务机关下达特别纳税调查初步调整方案后的抗辩

税务机关下达特别纳税调查初步调整方案后,律师宜代理企业与税务机关进行协商谈判,并在一定期限内提交异议资料。税务机关审核企业异议后送达《特别纳税调查初步调整通知书》,建议律师代理企业向税务机关进一步提出异议,并与税务机关再次进行协商、审议。

4. 税务机关出具《特别纳税调查调整通知书》后的救济

税务机关二次审核企业异议后出具《特别纳税调查调整通知书》,建议律师代理企业提请行政复议及行政诉讼。

5. 相互协商

根据我国对外签署的税收协定的有关规定,律师可以代理企业向国家税务总局申请启动相互协商程序,与税收协定缔约对方税务主管当局开展协商谈判,避免或者消除由特别纳税调整事项引起的国际重复征税。在相互协商过程中,建议律师代理企业在规定的时限内向税务机关进一步补充提供资料。

(九)一般反避税调查调整应对服务

1. 一般反避税风险识别的主要内容

建议律师为企业实施一般反避税的风险识别、评估和管理咨询服务,宜着重为企业审核以下风险交易行为:

(1)滥用税收优惠;

(2)滥用公司组织形式;

(3)滥用税收协定优惠;

(4)利用避税港避税;

(5)其他不具有合理商业目的的安排。

2. 企业交易风险考察

律师宜采用商业目的测试和经济实质测试的方法,从以下两个方面考察上述风险交易:

(1)以获取税收利益为唯一目的或主要目的;

(2)以形式符合税法规定,但与其经济实质不符的方式获取税收利益。

律师宜从以下方面评估企业交易是否存在避税安排:

(1)安排的形式和实质;

(2)安排订立的时间和执行期间;

(3)安排实现的方式;

(4)安排各个步骤或组成部分之间的联系;

(5)安排涉及各方财务状况的变化;

(6)安排的税收结果。

3. 协助企业收集整理提交调查时的资料

税务机关针对企业上述风险交易实施一般反避税调查并向企业出具《税务检查通知书》后,建议律师协助企业准备以下资料并代理企业向税务机关提交:

(1)交易或安排的背景资料;

(2)交易或安排的商业目的等说明文件;

(3)交易或安排的内部决策和管理资料,如董事会决议、备忘录、电子邮件等;

(4)交易或安排涉及的详细交易资料,如合同、补充协议、收付款凭证等;

(5)与其他交易方的沟通信息;

(6)可以证明交易或安排不属于避税安排的其他资料。

4. 税务机关出具《特别纳税调查初步调整通知书》后的抗辩

税务机关向企业出具《特别纳税调查初步调整通知书》后,律师应代理企业自收到之日起7日内提出异议。

5. 税务机关出具《特别纳税调查调整通知书》后的救济

税务机关审核企业提出异议并向企业出具《特别纳税调查调整通知书》后,建议律师代理企业提请行政复议和行政诉讼。企业认为税务机关作出的一般反避税调整导致国际双重征税或者不符合税收协定规定征税的,建议律师代理企业按照税收协定及其相关规定申请启动相互协商程序。

第五章　个人税法服务

第一节　纳税申报服务

一、境外所得申报服务

（一）境外所得的申报服务

个人取得境外所得存在以下情形的，应自行申报纳税：

(1)境外所得来源于两处以上；

(2)取得境外所得没有扣缴义务人、代征人。

律师可以为个人提供代理纳税申报服务。

（二）境外已缴纳个税税额的抵扣服务

居民个人从中国境外取得的所得，可以从其应纳税额中抵免已在境外缴纳的个人所得税税额，但抵免额不得超过该纳税人境外所得依照《个人所得税法》规定计算的应纳税额。

居民个人申请抵免已在境外缴纳的个人所得税税额，应当提供境外税务机关出具的税款所属年度的有关纳税凭证。

律师可以代理纳税人申报境外所得纳税抵免。

二、代理纳税申报服务

（一）纳税人的自行申报义务

纳税人有下列情形之一的，应当依法办理纳税申报：

(1)取得综合所得需要办理汇算清缴；

(2)取得应税所得没有扣缴义务人；

(3)取得应税所得，扣缴义务人未扣缴税款；

(4)取得境外所得；

(5)因移居境外注销中国户籍；

(6)非居民个人在中国境内从两处以上取得工资、薪金所得;

(7)国务院规定的其他情形。

扣缴义务人应当按照国家规定办理全员全额扣缴申报,并向纳税人提供其个人所得和已扣缴税款等信息。

律师可以代理个人办理年度自行纳税申报。

(二)纳税申报地点的确定

纳税申报地点根据以下方法确定:

(1)个人有境外所得的,纳税申报地点为其户籍所在地或经常居住地;

(2)个人取得应税所得没有扣缴义务人的,纳税申报地点为其实际经营所在地或个人独资企业、合伙企业所在地。

(三)律师代理申报的依据

律师应根据我国《个人所得税法》的规定,在法定期限内完成纳税人的代理申报工作。

第二节 个人财富管理税法服务

一、房地产租赁税法服务

个人出租房地产取得的财产租赁收入应当缴纳增值税、房产税、个人所得税等,律师可以为个人提供各税种的计算、审核、税收优惠申请、纳税申报等服务。

(一)增值税纳税服务

1. 增值税纳税义务人

个人出租住房的属于增值税的纳税义务人,应当依法缴纳增值税。个人,是指个体工商户和其他个人。

2. 律师提供服务时要考虑的因素

律师在计算和审核客户的增值税纳税义务时,应当考虑税率、税收优惠因素的影响:

(1)个人出租住房,应按照5%的征收率减按1.5%计算应纳税额,个人包括个体工商户和其他个人。

(2)其他个人(自然人)出租房屋等不动产(不含住房),按照5%的征收率计算应纳税额。

另外,其他个人(自然人)采取一次性收取租金的形式出租不动产,取得的租金收入可在租金对应的租赁期内平均分摊,分摊后的月租金收入不超过15万元的,可享受小规模纳税人免征增值税优惠政策。

(二)房产税服务

1. 房产税纳税义务人

出租人出租房地产的,属于房产税的纳税义务人,纳税义务发生时间是出租人交付房屋使用的次月,纳税人应按年计算房产税税额,并分期申报缴纳,主管税务机关是房地产所在地的税务机关。

2. 律师提供相关服务时要考虑的因素

律师在计算和审核客户的房产税纳税义务时,应当考虑税率减免优惠因素的影响。个人出租房屋(非住房),以房产租金收入为房产税的计税依据,税率为12%。对个人出租住房,不区分用途,按4%的税率征收房产税。

对个人出租房屋,租赁双方签订的租赁合同约定有免收租金期限的,免收租金期间由产权所有人按照房产原值缴纳房产税。

出租的地下建筑,按照出租地上房屋建筑的有关规定计算征收房产税。

(三)个人所得税服务

1. 个人所得税纳税义务人

个人取得的房屋租赁收入属于财产租赁所得的征税范围,承租人是扣缴义务人,应当履行扣缴义务。

2. 律师提供相关服务时要考虑的因素

律师在计算和审核客户的个人所得税纳税义务时,应当考虑以下税收优惠政策因素的影响:对个人出租住房取得的所得减按10%的税率征收个人所得税。

3. 计算公式

房屋租赁的应纳税额=应纳税所得额×税率。个人出租住房应纳税额计算公式分如下两种情况:

(1)每月租金不超过4000元的:应纳税额=应纳税所得额×适用税率=[每月租金-允许扣除的项目-修缮费用(800元为限)-800元]×10%

(2)每月租金在4000元以上的:应纳税额=应纳税所得额×适用税率=[每月租金-允许扣除的项目-修缮费用(800元为限)]×(1-20%)×10%

4. 修缮费用的扣除

纳税义务人出租财产取得财产租赁收入,在计算征税时,除可依法减除规定费用和有关税、费外，还准予扣除能够提供有效、准确凭证，证明由纳税义务人负担的该出租财产实际开支的修缮费用。允许扣除的修缮费用，以每次800元为限，一次扣除不完的，准予在下一次继续扣除，直至扣完为止。

（四）印花税服务

对个人出租、承租住房签订的租赁合同，免征印花税。

（五）城镇土地使用税服务

对个人出租住房，不区分用途，免征城镇土地使用税。

（六）城市维护建设税服务

城市维护建设税由于是以纳税人实际缴纳的增值税、消费税为计税依据，并随同增值税、消费税征收，减免增值税、消费税也就意味着减免城市维护建设税。由此可知，由于个人出租住房不属于消费税的课征对象，其他个人（自然人）享受免征增值税税收优惠的，同时免征城市维护建设税。

（七）教育费附加服务

针对个人出租住房，教育费附加所享受的税收优惠同城市维护建设税。

二、房地产转让税法服务

个人转让房地产取得的财产转让收入应当缴纳增值税、土地增值税、个人所得税等，律师可以为个人提供各税种的计算、审核、税收优惠申请、纳税申报等服务。

（一）增值税服务

在中国境内销售服务、无形资产或者不动产（以下简称应税行为）的单位和个人，为增值税纳税人，应当按照财政部、国家税务总局《关于全面推开营业税改征增值税试点的通知》（财税〔2016〕36号）的相关规定缴纳增值税：

（1）其他个人销售其取得（不含自建）的不动产（不含其购买的住房），应以取得的全部价款和价外费用减去该项不动产购置原价或者取得不动产时的作价后的余额为销售额，按照5%的征收率计算应纳税额。

（2）个人销售自建自用住房免征增值税。

（3）个人将购买不足2年的住房对外销售的，按照5%的征收率全额缴纳增值税；个人将购买2年以上（含2年）的住房对外销售的，免征增值税。上述政策适用于北京市、上海市、广州市和深圳市之外的地区。

（4）个人将购买不足2年的住房对外销售的，按照5%的征收率全额缴纳增值税；个人将购买2年以上（含2年）的非普通住房对外销售的，以销售收入减去购买住房价款后的差额按照5%的征收率缴纳增值税；个人将购买2年以上（含2年）的普通住房对外销售的,免征增值税。上述政策仅适用于北京市、上海市、广州市和深圳市。

(5)涉及家庭财产分割的个人无偿转让不动产免征增值税;家庭财产分割,包括下列情形:离婚财产分割;无偿赠与配偶、父母、子女、祖父母、外祖父母、孙子女、外孙子女、兄弟姐妹;无偿赠与对其承担直接抚养或者赡养义务的抚养人或者赡养人;房屋产权所有人死亡,法定继承人、遗嘱继承人或者受遗赠人依法取得房屋产权。

(二)印花税服务

对个人销售或购买住房暂免征收印花税。

(三)个人所得税服务

1. 个人所得税纳税义务人

个人取得的房屋转让收入属于财产转让所得的征税范围,房屋受让方是扣缴义务人,应当履行转让方个人所得税的扣缴义务。

2. 律师提供相关服务时要考虑的因素

律师在计算和审核客户的个人所得税纳税义务时,应当考虑税额减免优惠政策因素的影响。

3. 计算方法

个人转让房屋个人所得税的计算方法如下:

(1)个人转让二手房取得的所得应按照"财产转让所得"项目征收个人所得税。对转让二手房收入计算个人所得税应纳税所得额时,纳税人可凭原购房合同、发票等有效凭证,经税务机关审核后,允许从其转让收入中减除房屋原值、转让住房过程中缴纳的税金及有关合理费用。

(2)个人通过拍卖市场取得的房屋拍卖收入在计征个人所得税时,其房屋原值应按照纳税人提供的合法、完整、准确的凭证予以扣除;不能提供完整、准确的房屋原值凭证,不能正确计算房屋原值和应纳税额的,统一按转让收入全额的3%计算缴纳个人所得税。

(3)个人转让自用达5年以上,并且是唯一的家庭生活用房取得的所得,暂免征收个人所得税。

(4)以下情形的房屋产权无偿赠与,对当事双方不征收个人所得税:房屋产权所有人将房屋产权无偿赠与配偶、父母、子女、祖父母、外祖父母、孙子女、外孙子女、兄弟姐妹;房屋产权所有人将房屋产权无偿赠与对其承担直接抚养或者赡养义务的抚养人或者赡养人;房屋产权所有人死亡,依法取得房屋产权的法定继承人、遗嘱继承人或者受遗赠人;通过离婚析产的方式分割房屋产权是夫妻双方对共同共有财产的处置,个人因离婚办理房屋产权过户手续,不征收个人所得税。

(5)为支持居民改善住房条件,2022年9月30日,财政部、税务总局联合印发了《关于支持居民换购住房有关个人所得税政策的公告》,明确自2022年10月1日至2023年12月31日,出售自有住房并在现住房出售后1年内在市场重新购买住房的纳税人,对其出售现住房已缴纳的个人所得税予以退税优惠。其中,新购住房金额大于或等于现住房转让金额的,全部退还已缴纳的个人所得税;新购住房金额小于现住房转让金额的,按新购住房金额占现住房转让金额的比例退还出售现住房已缴纳的个人所得税。此项政策系为支持居民改善住房条件出台的优惠换购政策,截至本书定稿时尚未有新规定出台,未来是否会继续延续此项优惠,还需关注立法动态。

(四)土地增值税服务

对个人销售住房暂免征收土地增值税。

以下继承及赠与房地产的行为不征收土地增值税:

(1)房产所有人、土地使用权所有人将房屋产权、土地使用权赠与直系亲属或承担直接赡养义务人的。

(2)房产所有人、土地使用权所有人通过中国境内非营利的社会团体、国家机关将房屋产权、土地使用权赠与教育、民政和其他社会福利、公益事业的。

(五)契税服务

1. 契税税率

契税税率为3%~5%。契税的适用税率,由省、自治区、直辖市人民政府在契税条例规定的幅度内按照本地区的实际情况确定(报财政部和国家税务总局备案)。

2. 契税征收减免规定

(1)自2016年2月22日起,对个人购买家庭唯一住房(家庭成员范围包括购房人、配偶以及未成年子女),面积为90平方米及以下的,减按1%的税率征收契税;面积为90平方米以上的,减按1.5%的税率征收契税。

(2)自2016年2月22日起,对个人购买家庭第二套改善性住房(指已拥有一套住房的家庭,购买的家庭第二套住房),面积为90平方米及以下的,减按1%的税率征收契税;面积为90平方米以上的,减按2%的税率征收契税(北京市、上海市、广州市、深圳市暂不享受此政策)。

(3)对于《民法典》规定的法定继承人(包括配偶、子女、父母、兄弟姐妹、祖父母、外祖父母)继承土地、房屋权属,不征契税。按照《民法典》的规定,非法定继承人根据遗嘱承受死者生前的土地、房屋权属,属于赠与行为,应征收契税。

(4)市、县级人民政府根据《国有土地上房屋征收与补偿条例》的有关规定征收居民房屋,居民因个人房屋被征收而选择货币补偿用以重新购置房屋,并且购房成交价格不超过货币补偿的,对新购房屋免征契税;购房成交价格超过货币补偿的,对差价部分按规定征收契税。居民因个人房屋被征收而选择房屋产权调换,并且不缴纳房屋产权调换差价的,对新换房屋免征契税;缴纳房屋产权调换差价的,对差价部分按规定征收契税。

(5)在婚姻关系存续期间,房屋、土地权属原归夫妻一方所有,变更为夫妻双方共有或另一方所有的,或者房屋、土地权属原归夫妻双方共有,变更为其中一方所有的,或者房屋、土地权属原归夫妻双方共有,双方约定、变更共有份额的,免征契税。

三、股权投资税法服务

(一)股权投资分红税法服务

1. 征税范围及扣缴义务人

个人投资持有非上市公司股权并取得的分红收入,属于个人所得税的股息红利所得的征税范围;被投资企业是扣缴义务人,应当履行扣缴义务。

2. 计算公式

应纳税额 = 应纳税所得额 × 税率,应纳税所得额 = 股息红利总额,不扣除任何费用,税率为20%。

3. 税收优惠

律师需要把握的一项税收优惠是:外籍个人从中国境内外商投资企业取得的股息、红利免征个人所得税。

(二)股权投资转让税法服务

1. 征税范围及扣缴义务人

个人转让非上市公司股权取得的股权转让收入,属于个人所得税的财产转让所得的征税范围;股权受让方是扣缴义务人,应当履行扣缴义务。

2. 计算公式

应纳税额 = 应纳税所得额 × 税率 = (收入 - 股权原值 - 合理费用) × 20%

3. 个人股权转让

个人股权转让的情形主要包括:

(1)出售股权;

(2)公司回购股权;

(3)发行人首次公开发行新股时,被投资企业股东将其持有的股份以公开发行方式一并向投资者发售；

(4)股权被司法或行政机关强制过户；

(5)以股权对外投资或进行其他非货币性交易；

(6)以股权抵偿债务；

(7)其他股权转移行为。

4. 股权转让收入的核定

股权转让收入包括转让方取得的各种款项、实物、有价证券及其他形式的经济利益。存在以下情形之一的，税务机关可以核定股权转让收入：

(1)申报的股权转让收入明显偏低且无正当理由的；

(2)未按照规定期限办理纳税申报，经税务机关责令限期申报，逾期仍不申报的；

(3)转让方无法提供或拒不提供股权转让收入的有关资料的。税务机关应当依次按净资产核定法、类比法以及其他合理方法核定股权转让收入。

5. 股权原值的确认

个人应当向税务机关提供完整、准确的股权原值凭证，不能提供的，税务机关可以核定股权原值。股权原值依照以下方法确认：

(1)以现金出资方式取得的股权，按照实际支付的价款与取得股权直接相关的合理税费之和确认股权原值；

(2)以非货币性资产出资方式取得的股权，按照税务机关认可或核定的投资入股时非货币性资产价格与取得股权直接相关的合理税费之和确认股权原值；

(3)被投资企业以资本公积、盈余公积、未分配利润转增股本，个人股东已依法缴纳个人所得税的，以转增额和相关税费之和确认其新转增股本的股权原值。

6. 申报纳税的情形

具有下列情形之一的，扣缴义务人、纳税人应当在次月 15 日内向被投资企业所在地税务机关申报纳税：

(1)受让方已支付或部分支付股权转让价款的；

(2)股权转让协议已签订生效的；

(3)受让方已经实际履行股东职责或者享受股东权益的；

(4)国家有关部门判决、登记或公告生效的；

(5)税务机关认定的其他有证据表明股权已发生转移的情形。

7. 纳税申报资料

扣缴义务人、纳税人在办理纳税申报时，还应当向税务机关报送以下资料：

(1)股权转让合同(协议);

(2)股权转让双方身份证明;

(3)按规定需要进行资产评估的,须提供具有法定资质的中介机构出具的净资产或土地房产等资产价值评估报告;

(4)计税依据明显偏低但有正当理由的证明材料。

四、股票投资税法服务

(一)股票投资股息税法服务

1. 征税范围及扣缴义务人

个人投资持有上市公司股票并取得的股息红利收入,属于个人所得税的股息红利所得的征税范围;上市公司是扣缴义务人,应当履行扣缴义务。

2. 计算公式

个人的应纳税额 = 应纳税所得额 × 税率,应纳税所得额 = 股息红利收入总额,税率为 20%。

3. 税收优惠

律师在计算和审核个税时,应当考察以下税收优惠的影响:

(1)个人从公开发行和转让市场取得的上市公司股票,持股期限在 1 个月以内(含 1 个月)的,其股息红利所得全额计入应纳税所得额;

(2)持股期限在 1 个月以上至 1 年(含 1 年)的,暂减按 50% 计入应纳税所得额;

(3)持股期限超过 1 年的,暂免征收个人所得税。

(二)股票投资转让税法服务

1. 征税范围及扣缴义务人

个人转让上市公司股票取得的股票转让收入,属于个人所得税的财产转让所得的征税范围,股票受让方是扣缴义务人。

2. 税收优惠

律师应当把握的一项税收优惠是,目前,对个人转让上市公司股票取得的所得持续暂免征收个人所得税,因此,股票受让方暂予免除扣缴义务。

(三)限售股转让税法服务

自 2010 年 1 月 1 日起,对个人转让上市公司限售股取得的所得,按照财产转让所得适用 20% 的税率征收个人所得税。

1. 上市公司限售股类型

上市公司限售股主要有两类,分别是:

(1)上市公司股权分置改革完成后股票复牌日之前股东所持原非流通股股份,以及股票复牌日至解禁日期间由上述股份孳生的送、转股;

(2)2006 年股权分置改革新老划断后,首次公开发行股票并上市的公司形成的限售股,以及上市首日至解禁日期间由上述股份孳生的送、转股。

2. 需要缴纳个人所得税的情况

国家税务总局以通知的形式规定了以下限售股的转让均需要缴纳个人所得税:

(1)个人从机构或其他个人受让的未解禁限售股;

(2)个人因依法继承或家庭财产依法分割取得的限售股;

(3)个人持有的从代办股份转让系统转到主板市场的限售股;

(4)上市公司吸收合并中,个人持有的原被合并方公司限售股所转换的合并方公司股份;

(5)上市公司分立中,个人持有的被分立方公司限售股所转换的分立后公司股份。

3. 计算公式及相关概念

个人转让上市公司限售股个人所得税的应纳税额 = 应纳税所得额 × 20%,应纳税所得额 = 限售股转让收入 − 限售股原值 − 合理税费。

限售股转让收入,是指转让限售股股票实际取得的收入。限售股原值,是指限售股买入时的买入价及按照规定缴纳的有关费用。合理税费,是指转让限售股过程中发生的印花税、佣金、过户费等与交易相关的税费。

4. 注意事项

如果纳税人未能提供完整、真实的限售股原值凭证,不能准确计算限售股原值的,税务机关有权按照限售股转让收入的 15% 核定限售股原值及合理税费。

五、债券、债权投资税法服务

(一)债券利息税法服务

个人投资债券取得债券利息收入的,应当缴纳个人所得税;利息支付方是扣缴义务人,应当履行扣缴义务。

个人取得国债利息收入、国家金融债券利息收入以及教育储蓄利息收入的,免征个人所得税。

个人债券利息收入的应纳税额 = 应纳税所得额 × 税率 = 利息收入 × 20%

(二)债券转让税法服务

个人转让债券取得债券转让收入的,应当按照财产转让所得缴纳个人所得税;债券受让方是扣缴义务人,应当履行扣缴义务。

(三)债权处置税法服务

个人处置债权取得的所得应当按照财产转让所得缴纳个人所得税;债权受让方是扣缴义务人,应当履行扣缴义务。

应纳税额 = 应纳税所得额 × 税率 = (被处置债权收入 - 被处置债权成本费用 - 合理税费) × 20%

六、基金投资税法服务

对个人投资者买卖基金单位获得的差价收入,在对个人买卖股票的差价收入未恢复征收个人所得税以前,暂不征收个人所得税。

个人从基金分配中获得的股票的股息、红利收入以及企业债券的利息收入,由上市公司和发行债券的企业在向基金派发股息、红利、利息时代扣代缴 20% 的个人所得税,基金向个人投资者分配股息、红利、利息收入时,不再代扣代缴个人所得税。

个人从基金分配中获得的国债利息、储蓄存款利息以及买卖股票价差收入,在国债利息收入、个人储蓄存款利息收入以及个人买卖股票差价收入未恢复征收所得税以前,暂不征收所得税。

个人从基金分配中获得的企业债券差价收入,应对个人投资者征收个人所得税,税款由基金在分配时依法代扣代缴;对企业投资者从基金分配中获得的债券差价收入,暂不征收企业所得税。

第三节　员工计划与股票期权

一、全年一次性奖金

(一)全年一次性奖金的内容

个人从单位取得全年一次性奖金所得,应当按照税法规定计算和缴纳个人所得税,由单位履行代扣代缴义务。个人取得全年一次性奖金包含以下情形:

(1)个人取得年终加薪;

(2)个人取得实行年薪制和绩效工资办法的单位根据考核情况兑现的年薪和绩效工资;

(3)单位低于构建成本价对职工售房,计税依据为职工实际支付的购房价款低于该房屋的购置或建造成本价格的差额;

(4)个人取得非上市公司的股票期权,计税依据为员工从公司取得非上市股票的实际购买价低于购买日该股票价值的差额。

需要注意的是，雇员取得除全年一次性奖金以外的其他各种名目奖金，如半年奖、季度奖、加班奖、先进奖、考勤奖等，一律与当月工资、薪金收入合并，按税法规定缴纳个人所得税。

（二）计税方法

居民个人可以在下述两种方式中选择一种作为全年一次性奖金的计税方式：

1. 居民个人取得全年一次性奖金，在2023年12月31日前，可选择不并入当年综合所得，以全年一次性奖金收入除以12个月得到的数额，按照本通知所附按月换算后的综合所得税率表，确定适用税率和速算扣除数，单独计算纳税。计算方式为应纳税额=全年一次性奖金收入×适用税率-速算扣除数。

具体如下：

（1）如果雇员当月工资薪金所得高于（或等于）税法规定的费用扣除额的，适用公式为：应纳税额=雇员当月取得全年一次性奖金×适用税率-速算扣除数

（2）如果雇员当月工资薪金所得低于税法规定的费用扣除额的，适用公式为：应纳税额=（雇员当月取得全年一次性奖金-雇员当月工资薪金所得与费用扣除额的差额）×适用税率-速算扣除数

2. 居民个人取得全年一次性奖金，也可以选择并入当年综合所得计算纳税。

需要注意的是，上述第一种计税方法，在一个纳税年度内，对每一个纳税人只允许采用一次。

二、企业年金

1. 企业年金的概念

企业年金，是指企业及其职工在依法参加基本养老保险的基础上，自主建立的补充养老保险制度。国家鼓励企业建立企业年金。

2. 税款缴纳规定

（1）企业根据国家有关政策规定的办法和标准为职工缴付的企业年金单位缴费部分，在计入个人账户时，个人暂不缴纳个人所得税。

（2）个人根据国家有关政策规定缴付的年金个人缴费部分，在不超过本人缴费工资计税基数的4%标准内的部分，暂从个人当期的应纳税所得额中扣除。

（3）超过上述标准缴付的年金单位缴费和个人缴费部分，应并入个人当期的工资、薪金所得，依法计征个人所得税。税款由建立年金的单位代扣代缴，并向主管税务机关申报解缴。

(4)企业年金个人缴费工资计税基数为本人上一年度月平均工资。月平均工资按国家统计局规定列入工资总额统计的项目计算。月平均工资超过职工工作地所在设区城市上一年度职工月平均工资300%以上的部分,不计入个人缴费工资计税基数。

三、退休计划

(一)法定退休

个人符合法定退休条件并在原雇用单位办理法定退休手续后每月领取的退休金、离退休生活补助金,暂不征收个人所得税。

个人退休后又在原雇用单位任职或者在新雇用单位任职并领取工资、薪金的,应当在减除按个人所得税法规定的费用扣除标准后,按照工资、薪金所得由雇用单位依法代扣代缴个人所得税。退休收入和再任职收入分开处理。

(二)内部退养

个人在办理内部退养手续后从原任职单位取得的一次性收入,应按办理内部退养手续后至法定离退休年龄之间的所属月份进行平均,并与领取当月的"工资、薪金"所得合并后减除当月费用扣除标准,以余额为基数确定适用税率,再将当月工资、薪金加上取得的一次性收入,减去费用扣除标准,按适用税率计征个人所得税。具体方法如下:

(1)确定税率及速算扣除数:一次性补偿 ÷(内退当年至法定退休的所剩年限 × 12)+ 当月收入 - 费用扣除

(2)确定应纳税额:应纳税额 =(一次性补偿 + 当月收入 - 费用扣除)× 税率 - 速算扣除数

(三)提前退休

个人办理提前退休手续而取得的一次性补贴收入,应按照办理提前退休手续至法定离退休年龄之间实际年度数平均分摊,确定适用税率和速算扣除数,单独适用综合所得税率表,计算纳税:

(1)确定税率及速算扣除数:一次性补贴收入 ÷ 办理提前退休手续至法定退休的实际年度数 - 费用扣除

(2)确定应纳税额:应纳税额 = {〔(一次性补贴收入 ÷ 办理提前退休手续至法定退休年龄的实际年度数)- 费用扣除标准〕× 适用税率 - 速算扣除数} × 办理提前退休手续至法定退休年龄的实际年度数

四、裁员计划

(一)一次性补偿收入

个人与用人单位解除劳动关系取得一次性补偿收入(包括用人单位发放的经济补

偿金、生活补助费和其他补助费），在当地上年职工平均工资3倍数额以内的部分，免征个人所得税；超过3倍数额的部分，不并入当年综合所得，单独适用综合所得税率表，计算纳税。

（二）计税方法

具体计算方法如下：

（1）确定免征额＝3×当地上年职工平均年工资；

（2）确定月份数：以个人在单位工作的年份作为视同取得收入的月份数，如果工作年份超过12年的，以12个月计算月份数；

（3）确定速率和速算扣除数：（补偿－免征额）÷月份数－费用扣除确定税率和速算扣除数；

（4）计算应纳税额：当月应纳税额＝{[（补偿－免征额）÷月份数－费用扣除]×税率－速算扣除数}×月份数。

（三）一次性安置费收入

个人从破产企业取得的一次性安置费收入免征个人所得税。

五、股权激励计划

（一）上市公司股票

员工接受雇主授予的股票期权指定的股票为上市公司股票的，应当按照税法规定计算和缴纳个人所得税。

（二）不公开交易的股票期权

员工取得不公开交易的股票期权的，在授权时不计征个人所得税。在员工行权时计征个人所得税。在员工行权前将股票期权转让取得的收入并入当月的工资、薪金所得计征个人所得税。

在2023年12月31日前，不并入当年综合所得，全额单独适用综合所得税率表计算纳税。计算公式为：

应纳税额＝股权激励收入×适用税率－速算扣除数

此项政策系延续以前年度的优惠政策，截至本书定稿时尚未见新政策出台，在未来继续适用此项政策的可能性较大。

（三）可以公开交易的股票期权

员工取得可以公开交易的股票期权的，在授权时计征个人所得税。在员工行权时不计征个人所得税。在员工取得该可公开交易的股票期权后，将股票期权转让取得的收入，按照财产转让所得适用的征免规定计征个人所得税。

在 2023 年 12 月 31 日前,不并入当年综合所得,全额单独适用综合所得税率表,计算纳税。计算公式为:

应纳税额 = 股权激励收入 × 适用税率 - 速算扣除数

此项政策系延续以前年度的优惠政策,截至本书定稿时尚未见新政策出台,在未来继续适用此项政策的可能性较大。

第四部分

税务争议解决

第一章　税务稽查应对

第一节　税务稽查程序概述

税务稽查，是指税务机关依法对纳税人、扣缴义务人履行纳税义务、扣缴税款义务及其他税法义务的情况进行检查和处理的全部活动，是税收征收管理工作的重要步骤和环节，是税务机关代表国家依法对纳税人的纳税情况进行检查监督的一种形式。省及省以下税务局的稽查局负责税务稽查。税务稽查包括日常稽查、专项稽查和专案稽查。从稽查的程序上看，稽查过程分为选案、检查、审理和执行。

一、选案

（一）案源信息的管理

案源信息，是指税务局在税收管理中形成的，以及外部相关单位、部门或者个人提供的纳税人、扣缴义务人和其他涉税当事人（以下简称纳税人）的税收数据、信息和违法行为线索。稽查局必须有计划地实施稽查，加强稽查案源管理，全面收集整理案源信息，合理、准确地选择待查对象，严格控制对纳税人、扣缴义务人的税务检查次数。经过筛选案源信息，确定待查对象后，经稽查局局长批准实施立案检查。

案源部门对案源信息进行识别判断，提出拟处理意见，填写《税务稽查案源审批表》，经稽查局负责人批准后分情况进行处理。

税务局在案源管理过程中，以风险管理为导向，以税收大数据为支撑，以风险推送、外部转办、稽查自选为重点，以打击偷税（逃避缴纳税款）、逃避追缴欠税、骗税、抗税、虚开发票等税收违法行为为目标，注重处理结果的分析反馈和增值使用，形成风险闭环式案源管理的新格局。

（二）案源信息的内容

案源信息主要包括如下内容：

（1）纳税人自行申报的税收数据和信息，以及税务局在税收管理过程中形成的税

务登记、发票使用、税收优惠、资格认定、出口退税、企业财务报表等涉税数据和信息;

(2)税务局风险管理等部门在风险分析和识别工作中发现并推送的高风险纳税人风险信息;

(3)上级党委、政府、纪检监察等单位和上级税务机关(以下简称上级机关)通过督办函、交办函等形式下发的督办、交办任务提供的税收违法线索;

(4)检举人提供的税收违法线索;

(5)受托协查事项形成的税收违法线索;

(6)公安、检察、审计、纪检监察等外部单位以及税务局督察内审、纪检监察等部门提供的税收违法线索;

(7)专项情报交换、自动情报交换和自发情报交换等过程中形成的国际税收情报信息;

(8)稽查局执法过程中形成的案件线索、处理处罚等税务稽查数据;

(9)政府部门和社会组织共享的涉税信息以及税务局收集的社会公共信息等第三方信息;

(10)其他涉税数据、信息和税收违法线索。

(三)案源信息的来源

根据案源信息的来源不同,案源可分为9种类型:

(1)推送案源,是指根据风险管理等部门按照风险管理工作流程推送的高风险纳税人风险信息分析选取的案源;

(2)督办案源,是指根据上级机关以督办函等形式下达的,有明确工作和时限要求的特定纳税人税收违法线索或者工作任务确认的案源;

(3)交办案源,是指根据上级机关以交办函等形式交办的特定纳税人税收违法线索或者工作任务确认的案源;

(4)安排案源,是指根据上级税务局安排的随机抽查计划和打击偷税(逃避缴纳税款)、逃避追缴欠税、骗税、抗税、虚开发票等稽查任务,对案源信息进行分析选取的案源;

(5)自选案源,是指根据本级税务局制定的随机抽查和打击偷税(逃避缴纳税款)、逃避追缴欠税、骗税、抗税、虚开发票等稽查任务,对案源信息进行分析选取的案源;

(6)检举案源,是指对检举线索进行识别判断确认的案源;

(7)协查案源,是指对协查线索进行识别判断确认的案源;

(8)转办案源,是指对公安、检察、审计、纪检监察等外部单位以及税务局督察内审、纪检监察等部门提供的税收违法线索进行识别判断确认的案源；

(9)其他案源，是指对税务稽查部门自行收集或者税务局内、外部相关单位和部门提供的其他税收违法线索进行识别判断确认的案源。

二、检查

(一)检查人员的义务

检查人员实施检查前，稽查局须履行告知义务，告知被查对象检查时间、需要准备的资料等，但预先通知有碍检查的可以不履行告知义务。

检查应当由2名以上具有执法资格的检查人员共同实施，并向被查对象出示税务检查证件、出示或者送达《税务检查通知书》，告知其权利和义务。

检查结束前，检查人员可以将发现的税收违法事实和依据告知被查对象。被查对象有提出陈述申辩的权利，对违法事实和依据有异议的，应当在限期内提供说明及证据材料。被查对象口头说明的，检查人员应当制作笔录，由当事人签章。

(二)被查对象的义务和责任

被查对象有义务配合检查。被查对象有下列情形之一的，依照有关逃避、拒绝或者以其他方式阻挠税务检查的规定处理：

(1)提供虚假资料，不如实反映情况，或者拒绝提供有关资料的；

(2)拒绝或者阻止税务机关记录、录音、录像、照相和复制与案件有关的情况和资料的；

(3)在检查期间转移、隐匿、销毁有关资料的；

(4)有不依法接受税务检查的其他情形的。

(三)税收保全与强制措施

税务机关有证据认为纳税人有逃避纳税义务行为，可以责令其限期缴纳税款或者提供纳税担保。不缴纳税款或不提供担保的，经县以上税务局局长批准，可以采取税收强制措施。采取税收强制措施时，应当向纳税人、扣缴义务人、纳税担保人交付税收强制措施决定书，告知其采取税收强制措施的内容、理由、依据以及依法享有的权利、救济途径，并履行法律、法规规定的其他程序。

(四)稽查的期限

稽查局应当自立案之日起90日内作出行政处理、处罚决定或者无税收违法行为结论。案情复杂需要延期的，经所属税务局局长批准，可以延长不超过90日；特殊情况或者发生不可抗力需要继续延期的，应当经上一级税务局分管副局长批准，并确定合理的延长期限。检查中止、文书送达、请示上级机关、提请重大税务案件审理、组织听证会、纳税人或扣缴义务人超期提供资料、移送司法机关后等待司法机关决定的时间不计算在内。

(五)稽查的中止与终结

有下列情形之一,致使检查暂时无法进行的,经稽查局局长批准后,中止检查:

(1)当事人被有关机关依法限制人身自由的;

(2)账簿、记账凭证及有关资料被其他国家机关依法调取且尚未归还的;

(3)与税收违法行为直接相关的事实需要人民法院或者其他国家机关确认的;

(4)法律、行政法规或者国家税务总局规定的其他可以中止检查的。

有下列情形之一,致使检查确实无法进行的,经稽查局局长批准后,终结检查:

(1)被查对象死亡或者被依法宣告死亡或者依法注销,且有证据表明无财产可抵缴税款或者无法定税收义务承担主体的;

(2)被查对象税收违法行为均已超过法定追究期限的;

(3)法律、行政法规或者国家税务总局规定的其他可以终结检查的。

三、税务稽查的调查取证

(一)调查取证的基本要求

检查人员在实施检查时,应当依照法定权限和程序,收集能够证明案件事实的证据材料。收集的证据材料应当真实,并与所证明的事项相关联。

调查取证时,不得违反法定程序收集证据材料;不得以偷拍、偷录、窃听等手段获取侵害他人合法权益的证据材料;不得以利诱、欺诈、胁迫、暴力等不正当手段获取证据材料。实施检查时,依照法定权限和程序,可以采取实地检查、调取账簿资料、询问、查询存款账户或者储蓄存款、异地协查等方法。

(二)调查电子信息系统

对采用电子信息系统进行管理和核算的被查对象,可以要求其打开该电子信息系统,或者提供与原始电子数据、电子信息系统技术资料一致的复制件。

被查对象拒不打开或者拒不提供的,经稽查局局长批准,可以采用适当的技术手段对该电子信息系统进行直接检查,或者提取、复制电子数据进行检查,但所采用的技术手段不得破坏该电子信息系统原始电子数据,或者影响该电子信息系统正常运行。

(三)调取企业财务资料

调取账簿、记账凭证、报表和其他有关资料时,应当向被查对象出具《调取账簿资料通知书》,并填写《调取账簿资料清单》,交其核对后签章确认。

调取纳税人、扣缴义务人以前会计年度的账簿、记账凭证、报表和其他有关资料的，应当经所属税务局局长批准，并在3个月内完整退还；调取纳税人、扣缴义务人当年的账簿、记账凭证、报表和其他有关资料的，应当经所属设区的市、自治州以上税务局局长批准，并在30日内退还。

（四）提取证据原件和复印件

检查人员需要提取证据材料原件的，应当向当事人出具《提取证据专用收据》，由当事人核对后签章确认。对需要归还的证据材料原件，检查结束后应当及时归还，并履行相关签收手续。

需要将已开具的发票调出查验时，应当向被查验的单位或者个人开具《发票换票证》；需要将空白发票调出查验时，应当向被查验的单位或者个人开具《调验空白发票收据》，经查无问题的，应当及时退还。

实践中，检查人员通常提取证据材料的复制件。提取证据复印件时，应当由原件保存单位或者个人在复制件上注明“与原件核对无误，原件存于我处”，并由提供人签章。

（五）询问

被查对象的言词证据是重要的证据材料。检查人员可以询问当事人或者其他有关人员，询问应当由2名以上检查人员实施。除在被查对象生产、经营场所询问外，应当向被询问人送达《询问通知书》。

询问时应当告知被询问人如实回答问题。询问笔录应当交被询问人核对或者向其宣读；询问笔录有修改的，应当由被询问人在改动处捺指印；核对无误后，由被询问人在尾页结束处写明“以上笔录我看过（或者向我宣读过），与我说的相符”，并逐页签章、捺指印。被询问人拒绝在询问笔录上签章、捺指印的，检查人员应当在笔录上注明。

除当面询问意外，当事人、证人可以采取书面或者口头方式陈述或者提供证言。当事人、证人口头陈述或者提供证言的，检查人员可以笔录、录音、录像。笔录应当使用能够长期保持字迹的书写工具书写，也可使用计算机记录并打印，陈述或者证言应当由陈述人或者证人逐页签章、捺指印。

当事人、证人口头提出变更陈述或者证言的，检查人员应当就变更部分重新制作笔录，注明原因，由当事人、证人逐页签章、捺指印。当事人、证人变更书面陈述或者证言的，变更前的笔录不予退回。

（六）录音、录像

制作录音、录像等视听资料的，应当注明制作方法、制作时间、制作人和证明对象等内容。调取视听资料时,应当调取有关资料的原始载体;难以调取原始载体的,可以调取复制件,但应当说明复制方法、人员、时间和原件存放处等事项。对声音资料,应当附有该声音内容的文字记录;对图像资料,应当附有必要的文字说明。

(七)调取电子数据

以电子数据的内容证明案件事实的,应当要求当事人将电子数据打印成纸质资料,在纸质资料上注明数据出处、打印场所,注明"与电子数据核对无误",并由当事人签章。

需要以有形载体形式固定电子数据的,应当与提供电子数据的个人、单位的法定代表人或者财务负责人一起将电子数据复制到存储介质上并封存,同时在封存包装物上注明制作方法、制作时间、制作人、文件格式及长度等,注明"与原始载体记载的电子数据核对无误",并由电子数据提供人签章。

(八)实地调查取证

检查人员实地调查取证时,可以制作现场笔录、勘验笔录,对实地检查情况予以记录或者说明。制作现场笔录、勘验笔录,应当载明时间、地点和事件等内容,并由检查人员签名和当事人签章。当事人拒绝在现场笔录、勘验笔录上签章的,检查人员应当在笔录上注明原因;如有其他人员在场,可以由其签章证明。

需要异地调查取证的,可以发出《税收违法案件协查函》委托相关稽查局调查取证;必要时可以派人参与受托地稽查局的调查取证。受托地稽查局应当根据协查请求,依照法定权限和程序调查;对取得的证据材料,应当连同相关文书一并作为协查案卷立卷存档;同时根据委托地稽查局协查函委托的事项,将相关证据材料及文书复制,注明"与原件核对无误",注明原件存放处,并加盖本单位印章后一并移交委托地稽查局。需要取得境外资料的,稽查局可以提请国际税收管理部门依照税收协定情报交换程序获取,或者通过我国驻外机构收集有关信息。

(九)查询存款账户

查询从事生产、经营的纳税人、扣缴义务人存款账户的,应当经所属税务局局长批准,凭《检查存款账户许可证明》向相关银行或者其他金融机构查询。查询案件涉嫌人员储蓄存款的,应当经所属设区的市、自治州以上税务局局长批准,凭《检查存款账户许可证明》向相关银行或者其他金融机构查询。

四、审理

税务稽查审理,是税务稽查机关对其立案查处的各类税务违法案件在实施稽查完毕的基础上,由专门组织或人员核准案件实施、审查鉴别证据、分析认定案件性质,最终下达处理决定、处罚决定或者无税收违法行为结论的活动过程。

（一）审理权限

检查结束后，案件应当由稽查局的检查部门移交给审理部门进行审理。符合重大税务案件标准的，稽查局审理后应当提请税务局重大税务案件审理委员会审理。审理委员会主任由所属税务局局长担任，副主任由税务局其他领导担任。

重大税务案件包括：

（1）重大税务行政处罚案件，具体标准由各省、自治区、直辖市和计划单列市税务局根据本地情况自行制定，报国家税务总局备案；

（2）国家税务总局《重大税收违法案件督办管理暂行办法》规定的督办案件；

（3）应监察、司法机关要求出具认定意见的案件；

（4）拟移送公安机关处理的案件；

（5）审理委员会成员单位认为案情重大、复杂，需要审理的案件；

（6）其他需要审理委员会审理的案件。

有下列情形之一的案件，不属于重大税务案件审理范围：

（1）公安机关已就税收违法行为立案的；

（2）公安机关尚未就税收违法行为立案，但被查对象为走逃（失联）企业，并且涉嫌犯罪的；

（3）国家税务总局规定的其他情形。

重大税务案件的复议，由重大税务案件审理委员会所在税务局的上一级税务局管辖。

（二）审核内容

审理人员应当着重审核以下内容：

（1）执法主体是否正确；

（2）被查对象是否准确；

（3）税收违法事实是否清楚、证据是否充分、数据是否准确、资料是否齐全；

（4）适用法律、行政法规、规章及其他规范性文件是否适当，定性是否正确；

（5）是否符合法定程序；

（6）是否超越或者滥用职权；

（7）税务处理、处罚建议是否适当；

（8）其他应当审核确认的事项或者问题。

（三）审理后续处理

1. 资料补正或补充调查

有下列情形之一的，审理部门可以将案件退回检查部门补正或者补充调查：

(1)被查对象认定错误的;

(2)税收违法事实不清、证据不足的;

(3)不符合法定程序的;

(4)税务文书不规范、不完整的;

(5)其他需要退回补正或者补充调查的情形。

2. 当事人陈述、申辩

被查对象或者其他涉税当事人可以书面或者口头提出的陈述、申辩意见。对当事人口头提出的陈述、申辩意见,应当制作陈述申辩笔录,如实记录,由陈述人、申辩人签章。稽查局应当充分听取当事人的陈述、申辩意见;经复核,当事人提出的事实、理由或者证据成立的,应当采纳。

3. 听证

拟作出处罚决定的案件,稽查局应当下达《税务行政处罚事项告知书》,《税务行政处罚事项告知书》应当包括以下内容:(1)认定的税收违法事实和性质;(2)适用的法律、行政法规、规章及其他规范性文件;(3)拟作出的税务行政处罚;(4)当事人依法享有的权利;(5)告知书的文号、制作日期、税务机关名称及印章;(6)其他相关事项。

被查对象或者其他涉税当事人依法要求听证的,应当依法组织听证。听证主持人由审理人员担任。重大税务案件,当事人依法提起听证申请的,由稽查局组织听证。听证依照国家税务总局有关规定执行。

4. 审理结果

审理部门审理结束后,区分下列情形分别作出处理:

(1)有税收违法行为,应当作出税务处理决定的,制作《税务处理决定书》;

(2)有税收违法行为,应当作出税务行政处罚决定的,制作《税务行政处罚决定书》;

(3)税收违法行为轻微,依法可以不予税务行政处罚的,制作《不予税务行政处罚决定书》;

(4)没有税收违法行为的,制作《税务稽查结论》。

《税务处理决定书》《税务行政处罚决定书》《不予税务行政处罚决定书》《税务稽查结论》引用的法律、行政法规、规章及其他规范性文件,应当注明文件全称、文号和有关条款。

5. 涉嫌犯罪案件移交公安机关

税收违法行为涉嫌犯罪的,填制《涉嫌犯罪案件移送书》,经所属税务局局长批准后，依法移送公安机关，并附送以下资料：

(1)《涉嫌犯罪案件情况的调查报告》；

(2)《税务处理决定书》《税务行政处罚决定书》的复制件；

(3)涉嫌犯罪的主要证据材料复制件；

(4)补缴应纳税款、缴纳滞纳金、已受行政处罚情况明细表及凭据复制件。

6. 案件移交执行部门

《税务处理决定书》《税务行政处罚决定书》《不予税务行政处罚决定书》《税务稽查结论》经稽查局局长或者所属税务局领导批准后由执行部门送达执行。

五、执行

执行部门接到《税务处理决定书》《税务行政处罚决定书》《不予税务行政处罚决定书》《税务稽查结论》等税务文书后，应当依法及时将税务文书送达被执行人。被执行人未按照《税务处理决定书》确定的期限缴纳或者解缴税款的，稽查局经所属税务局局长批准，可以依法采取强制执行措施，或者依法申请人民法院强制执行。

第二节　税务稽查应对实务

一、税务稽查的预防与自查

(一)规避违法行为

税务稽查选案在传统上主要有四个来源：(1)自身发起，即由稽查局的选案部门按照年度工作计划，对所管辖区域内的企业，根据其日常申报信息，通过金税三期系统或人工对各类信息进行分析比对筛选出来的检查对象。(2)基层税务主管部门推送，基层主管税务机关根据本辖区企业纳税申报情况，向市局稽查局选案部门提供一些案源。(3)接受举报，即由稽查局根据检举的涉税违法信息从而进行税务稽查。(4)上级交办。

企业应当意识到，实践中突出的风险爆发源于违法风险，因此，要预防税务稽查，企业应当避免如下行为：

(1)企业取得的发票被认定为异常凭证或者虚开的发票；

(2)企业存在进销项不匹配，存货太多的特点；

(3)企业存在进销项严重背离，原料无法生产商品的特点；

(4)企业长期亏损，但是依然持续运营；

(5)企业的某项指标异常增加或者降低,如企业的退税额猛增,或者企业的成本猛增等;

(6)他人举报。

(二)提前与主管税务机关沟通并进行自查

如果企业存在涉税违法的嫌疑线索,此时线索首先由企业主管税务机关的风险预警科室掌握,主管税务机关会先核查,如果涉嫌虚开、偷税等嫌疑的,可以将线索移交给稽查部门。企业在主管税务机关进行核查的过程中,可以通过沟通、自查补税的形式补缴税款,避免案件被移送到稽查部门。

二、积极配合税务稽查的工作

稽查局依据法定权限和程序实施检查,一般采取实地检查、调取账簿资料、询问、查询存款账户或者储蓄存款、异地协查等方法,最为常见的就是通过调取账簿资料和问询的方式。对采用电子信息系统进行管理和核算的被查对象,稽查局可以要求其打开该电子信息系统,或者提供与原始电子数据、电子信息系统技术资料一致的复制件。

企业在面临税务机关检查时,应积极配合税务机关检查,不要妄图隐匿、销毁账簿资料、业务材料等涉税材料,更不可拒绝或者阻止检查人员记录、录音、录像、照相、复制与案件有关资料。以上做法不仅无济于事,反而会徒增企业涉税风险,相关责任人甚至会因此承担相应的行政责任,构成犯罪的甚至会追究其刑事责任。因此,当税务稽查局上门检查时,企业应安排专门的人员与之对接,对检查所需材料配合提供并要求税局出具调取材料的清单。调取账簿、记账凭证、报表和其他有关资料时,稽查局向被查企业出具《调取账簿资料通知书》;需要提取证据材料原件的,稽查局向被查单位出具《提取证据专用收据》,由被查单位核对后签章确认。

虽说企业要在稽查局检查时积极予以配合,但是在稽查局存在违反法定程序或者其他违法行为时,被查单位也应积极维护自身合法权利。例如,根据《税收征收管理法》第59条的规定,“未出示税务检查证和税务检查通知书的,被检查人有权拒绝检查”。

三、积极沟通并提交证明材料

企业接到税务机关下发的立案通知、检查通知等税务文书,首先要了解税务机关本次稽查的性质、意图、任务,有针对性地应对。税务律师首先要开展税务调查,即:

通过查询企业涉案材料并结合问询相关人员,最大限度地了解案件事实。在查询企业业务及账簿资料时,要做好书面材料的分类整合。在查阅材料时要带有目的性,对税务机关可能针对的重点问题作出预判,不可盲目查阅。对事先准备好的问题对企业负责人、财务人员、业务人员进行问询，并在问询的过程中及时发现问题，再进行更加深入的问询。税务调查完毕后，整理材料，形成初步的风险提示及应对报告。

税务机关会要求企业提交与检查相关的企业财务、税务、业务资料，并提供情况说明。此时，税务律师应当协助企业准备好所需材料以证明“四流一致”。例如：

(1)业务及财务资料（合同、发票、货转凭证、出入库单据、运输单据、收付款单据、仓储情况、记账凭证等）；

(2)制度规定（财务管理制度、业务操作流程及制度、销售管理制度、薪酬管理制度、发票管理制度等）；

(3)企业资产负债表、利润表等，审计报告；

(4)税务机关已经向企业出具过的税务文书（不限于涉案文书）；

(5)企业已向税务机关提供的资料清单、情况说明材料等（如有）；

(6)制作对企业管理人员、业务人员、财务人员拟进行访谈的问询提纲，确定访谈人员并要求企业相关人员做好问询准备，等等。

除了提交企业资料以外，还应当积极寻求与税务机关沟通。在稽查局尚未作出处理、处罚决定之前，与税务机关沟通是非常重要且必要的。一方面，如果税务律师可以提出有关案情定性或者证据方面的有力主张，一定程度上可以促使稽查部门作出有利于企业的稽查结论；另一方面，税务律师通过与税务机关的沟通，可以了解办案人员对于案件目前的查处情况、定性以及未来可能的走向。

税务律师在做好事实了解的同时，也应做好法律风险的评估工作。在全面了解案件事实以及在取得与税务机关的沟通之后，对企业存在的税务风险做出预判及应对，并和企业做好充分沟通。

四、针对行政处罚积极申辩

稽查部门经过选案、检查程序后，便由其内部的审理部门进行审理，并作出决定。如果认为有税收违法行为，应当进行税务处理的，作出《税务处理决定书》；认为应当进行税务行政处罚的，作出《税务行政处罚决定书》。在作出行政处罚之前，税务机关会先下发《税务行政处罚事项告知书》，告知纳税人享有陈述申辩的权利，此时税务律师应当积极运用这一权利，表达纳税人的陈述申辩意见。对于纳税人及其代理人提出的陈述申辩意见，税务机关应予以记载并核实，纳税人意见成立的应当采纳，不采纳的应当告知不采纳的理由。

五、做好救济的准备

税务律师在介入税务稽查案件时，应当综合案情和证据对案件的走向作出初步判断,对于一些风险较高的案件,提示企业做好复议及诉讼的救济准备。税务律师应当充分运用税务稽查阶段纳税人的权利,并收集税务机关在检查程序中存在的违法线索、在事实调查和认定方面存在的证据瑕疵,为复议和诉讼做好准备。

第三节　异常凭证应对实务

一、异常凭证

(一)异常凭证的概念

异常凭证,全称是"异常增值税扣税凭证",是指由于开票方走逃失联等问题,导致其开具的发票涉嫌虚开、偷税或者其他违法疑点。

(二)异常凭证的相关规定

1. 国家税务总局《关于走逃(失联)企业开具增值税专用发票认定处理有关问题的公告》(国家税务总局公告 2016 年第 76 号)规定,下列企业开具的发票为异常凭证:

(1)企业走逃(失联),且商贸企业购进、销售货物名称严重背离的;生产企业无实际生产加工能力且无委托加工,或生产能耗与销售情况严重不符,或购进货物并不能直接生产其销售的货物且无委托加工的。

(2)企业直接走逃失踪不纳税申报,或虽然申报但通过填列增值税纳税申报表相关栏次,规避税务机关审核比对,进行虚假申报的。

2. 国家税务总局《关于异常增值税扣税凭证管理等有关事项的公告》(国家税务总局公告 2019 年第 38 号)又补充规定了如下发票属于异常凭证:

(1)纳税人丢失、被盗税控专用设备中未开具或已开具未上传的增值税专用发票;

(2)非正常户纳税人未向税务机关申报或未按规定缴纳税款的增值税专用发票;

(3)增值税发票管理系统稽核比对发现"比对不符""缺联""作废"的增值税专用发票;

(4)经国家税务总局、省税务局大数据分析发现,纳税人开具的增值税专用发票存在涉嫌虚开、未按规定缴纳消费税等情形的;

(5)受票方当期取得并抵扣,或申报退税的异常凭证进项税额过多,则对其自身开具的发票也认定为异常凭证:①异常凭证进项税额累计占同期全部增值税专用发票进项税额 70%(含)以上的;②异常凭证进项税额累计超过 5 万元的。

纳税人尚未申报抵扣、尚未申报出口退税或已作进项税额转出的异常凭证,其涉及的进项税额不计入异常凭证进项税额的计算。

二、取得异常凭证的处理

增值税一般纳税人取得的增值税专用发票列入异常凭证范围的,应按照以下规定处理:

(1)尚未申报抵扣增值税进项税额的,暂不允许抵扣。已经申报抵扣增值税进项税额的,除另有规定外,一律作进项税额转出处理。

(2)尚未申报出口退税或者已申报但尚未办理出口退税的,除另有规定外,暂不允许办理出口退税。适用增值税免抵退税办法的纳税人已经办理出口退税的,应根据列入异常凭证范围的增值税专用发票上注明的增值税额作进项税额转出处理;适用增值税免退税办法的纳税人已经办理出口退税的,税务机关应按照现行规定对列入异常凭证范围的增值税专用发票对应的已退税款追回。

(3)消费税纳税人以外购或委托加工收回的已税消费品为原料连续生产应税消费品,尚未申报扣除原料已纳消费税税款的,暂不允许抵扣;已经申报抵扣的,冲减当期允许抵扣的消费税税款,当期不足冲减的应当补缴税款。

三、异常凭证的核实申请

纳税信用A级纳税人取得异常凭证且已经申报抵扣增值税、办理出口退税或抵扣消费税的,可以自接到税务机关通知之日起10个工作日内,向主管税务机关提出核实申请。经税务机关核实,符合现行增值税进项税额抵扣、出口退税或消费税抵扣相关规定的,可不作进项税额转出、追回已退税款、冲减当期允许抵扣的消费税税款等处理。纳税人逾期未提出核实申请的,应于期满后作进项转出、补缴税款等操作。

其他纳税人对税务机关认定的异常凭证存有异议,在作进项转出、补缴税款的操作后,可以向主管税务机关提出核实申请。经税务机关核实,符合现行增值税进项税额抵扣或出口退税相关规定的,纳税人可继续申报抵扣或者重新申报出口退税;符合消费税抵扣规定且已缴纳消费税税款的,纳税人可继续申报抵扣消费税税款。

税务机关核实的重点包括以下几个方面:

(1)纳税人稽核比对、纳税申报情况,增值税发票抵扣联备查簿,相关纸质信息与电子数据是否相符等。

(2)增值税发票信息、业务合同、运输仓储证明以及银行账单资金流的一致性等。

(3)需要委托异地税务机关协助调查的,可通过抵扣凭证审查系统,委托与纳税人发生交易的上、下游企业所在地主管税务机关协助核实。

(4)需要实地调查的,主管税务机关派员赴纳税人实际生产经营场所,就其经营状况、生产能力等进行调查。

四、异常凭证认定的解除

异常凭证经过认定后,可以通过以下方式解除:

(1)税务机关经过核查,认为发票正常,不涉及虚开、骗取出口退税、偷税等违法嫌疑的,解除异常凭证。

(2)走逃(失联)企业重新与主管税务机关取得联系,履行完毕相关涉税义务、调查澄清相关涉税事项后,纳入税务机关正常监管的,解除异常凭证。

(3)上游开票方系因其进项抵扣异常凭证进项税额过多,导致所开发票异常的,作进项转出或补缴税款,解除异常凭证。

(4)上游企业经过税务稽查发现并未对外虚开,作出的税务处理决定不涉及受票方;或者虽然涉及受票方,但受票方符合《关于纳税人对外开具增值税专用发票有关问题的公告》(国家税务总局公告 2014 年第 39 号)规定的可以抵扣的情形的,解除异常凭证。

五、异常凭证案件向税务稽查转化

上游企业如果涉嫌虚开,如商贸企业进销背离、生产企业不具有生产能力的,税务稽查机关应当立案检查。如果发现涉嫌虚开、偷税、骗税等违法行为,经过税务机关稽查,作出《税务决定处理书》,认定上游企业系对外虚开并下发《已证实虚开通知单》。受票方企业主管税务机关接受《已证实虚开通知单》及协查函,开展税务稽查后,作出认定受票方接受虚开的税务处理决定。

实践中,出于对税款的保护以及对同级税务机关的尊重,一般都会定性受票方系接受虚开。有一些 A 级纳税人在取得异常凭证时不用转出进项,但是后续也因为接到《已证实虚开通知单》,被定性接受虚开要转出进项。

因此,当企业被认定为取得异常凭证时,就应做好可能向税务稽查转化的准备。税务律师应当帮助企业针对异常凭证认定提起复核、复议和诉讼,争取取消异常凭证的认定。如果案件确实向税务稽查移交,应当及时展开稽查应对工作。

第四节 案 例 分 析

【案情简介】

山东东营 A 公司主要从事汽油的经销和零售。为了拓展业务,A 公司在省内外多地设立了关联企业、加油站,以方便成品油的零售。2020年,A公司从盘锦T公司购入了一批汽油,签订合同尚未提货时,A公司将该批汽油转销售给自己的关联公司P公司,然后由P公司前往T公司提货。提货后,T公司出具了结算清单,载明“P公司已从T公司提货”。

2022年,盘锦T公司涉嫌进项发票虚开被税务机关稽查,由于其进项虚开的数量过多,致使其开具的发票也被认定为“异常凭证”。A公司的主管税务机关在“抵扣凭证审查系统”中接收到异常信息,要求A公司就T公司开出的发票作对应的税务处理,并依法告知A公司其享有申请复核的权利。

A公司作进项转出后,提交业务资料申请税务机关核查。税务机关经核查认为:在A公司的票、货、款三流中,缺少T公司转移货物给A公司的货物流材料,交易真实性存疑,遂下达《税务事项通知书》认定复核不通过。

【法律分析】

本案是一起异常凭证应对案件。案件爆发的原因是A公司的上游T企业存在进项虚开的问题,从而引起税务风险预警,税务机关将T企业所开具的发票一律认定为“异常凭证”,导致A企业进行增值税进项转出。同时,本案中由于A企业不是A级纳税人,须先作税务处理然后提起复核,因此承担了较重的税负压力。

A企业聘请税务律师介入后,律师开展了充分了税务调查,对A企业涉案业务的资料进行了充分的检查,发现A企业与T企业之间存在长期合作关系,签订了成品油购销的框架合同,建立了互信关系;同时,由于A企业与P企业系关联企业,且P企业也具有一定的经济实力,并非空壳企业。在这个基础上,律师汇总了一定间接证据材料如运输发票等,以证明货物运输和入库的真实性。

在救济途径的选择上,虽然企业可以直接就《税务事项通知书》提起复议或者诉讼。但是,由于国家税务总局《关于异常增值税扣税凭证管理等有关事项的公告》并未规定申请复核的次数限制,考虑与税务机关进行沟通能够更好地化解纠纷,律师协助企业重新梳理和准备了情况说明,与税务机关进行了沟通。

在沟通过程中,税务机关提出,根据上游税务机关发来的函件显示,在上游T企业处,可能存在“票货分离”接受虚开发票的违法嫌疑,因此不能对A企业解除异常凭证的认定。企业提出:

(1)发票与真实货物交易达到“四流合一”的条件,仅限于取得发票的这一个环节,至于开票方的上游如何,并非A企业所能够控制的;

(2)国家税务总局《关于纳税人对外开具增值税专用发票有关问题的公告》规定,

开票方以虚增进项等形式偷逃税款的,所开具的发票符合一定条件的,依然可以抵扣。A 企业取得发票的情形与之类似。

在同税务机关进行多次沟通之后,该主管税务机关最终采纳了企业的意见,解除了异常凭证的认定。

第二章　税务行政处罚听证代理

第一节　行政处罚听证程序概述

一、税务行政处罚听证概述

行政处罚，是指公民、法人或者其他组织有违反行政管理秩序的违法行为，但尚不构成犯罪，依法应当承担行政法律责任，由行政机关给予处罚。根据《行政处罚法》的规定，行政处罚遵循公正、公开的原则，没有法定依据或者不遵守法定程序的行政处罚无效。设定和实施行政处罚必须以事实为依据，与违法行为的事实、性质、情节以及社会危害程度相当。

税务行政处罚，是指纳税人违反税务行政管理秩序而依法应当承担的税务行政法律责任，纳税人对于税务行政处罚有要求举行听证的权利，现阶段主要由《行政处罚法》《税务行政处罚听证程序实施办法（试行）》（国税发〔1996〕190 号）予以规定。

需要指出的是，2021 年国家对《行政处罚法》在听证等方面的规定作出了修改，明确了应举行听证的情形，提起听证的时间从行政机关告知后由 3 个工作日延长到 5 个工作日，但《税务行政处罚听证程序实施办法（试行）》自 1996 年颁布以来未进行修订完善。2021 年，国家税务总局发布了《关于修订部分税务执法文书的公告》，其中，为衔接新修改的《行政处罚法》，国家税务总局修订了部分税务执法文书，将修订后的税务执法文书式样予以公布并于 2021 年 8 月 11 日起施行。

二、税务行政处罚听证的适用情形

税务机关对公民作出 2000 元以上（含本数）罚款或者对法人或者其他组织作出 1 万元以上（含本数）罚款的行政处罚之前，应当向当事人送达《税务行政处罚事项告知书》，告知当事人已经查明的违法事实、证据、行政处罚的法律依据和拟将给予的行政处罚，并告知有要求举行听证的权利。《税务行政处罚事项告知书》的形式参见图 4－1。

×××税务局(稽查局)税务行政处罚事项告知书

×××税罚告〔　　〕号

当事人(纳税人识别号:＿＿＿＿＿＿):

对你(单位)(地址:＿＿＿＿＿＿＿＿＿＿)的税收违法行为拟于＿＿年＿＿月＿＿日之前作出行政处罚决定,根据《税收征收管理法》第八条、《行政处罚法》第四十四条、第六十三条、第六十四条规定,现将有关事项告知如下:

一、税务行政处罚的事实、理由、依据及拟作出的处罚决定:＿＿＿＿＿＿＿＿＿＿＿＿＿＿＿＿＿＿＿＿＿＿＿＿＿＿＿＿。

二、你(单位)有陈述、申辩的权利。请在我局(所)作出税务行政处罚决定之前,到我局(所)进行陈述、申辩或自行提供陈述、申辩材料;逾期不进行陈述、申辩的,视同放弃权利。

三、若拟对你罚款 2000 元(含 2000 元)以上,拟对你单位罚款 10000 元(含 10000 元)以上,或符合《行政处罚法》第六十三条规定的其他情形的,你(单位)有要求听证的权利。可自收到本告知书之日起五个工作日内向我局书面提出听证申请;逾期不提出,视为放弃听证权利。

税务机关(印章)

××××年××月××日

图 4-1 《税务行政处罚事项告知书》示意

由于税务行政处罚数额一般较大,无论公民、法人还是其他组织,在受到税务行政处罚时通常有要求举行税务听证的权利。该阶段,税务机关有向纳税人送达《税务行政处罚事项告知书》、告知纳税人有要求举行听证的权利的义务。

三、税务行政处罚听证的申请与受理

当事人符合听证申请条件而提出要求的,税务机关应当组织听证。要求听证的当事人,应当在《税务行政处罚事项告知书》送达后 5 日内向税务机关书面提出听证,提交《税务行政处罚听证申请书》,逾期不提出则视为放弃听证权利。

税务机关应当在收到当事人听证要求后 15 日内举行听证,并在举行听证的 7 日前将《税务行政处罚听证通知书》送达当事人,通知当事人举行听证的时间、地点,听证主

持人的姓名及其他有关事项。《税务行政处罚听证通知书》的形式参见图4－2。

×××税务局(稽查局)税务行政处罚听证通知书

×××税听通〔　　〕号

当事人(纳税人识别号:________):

根据你(单位)提出的听证要求,决定于____年____月____日____时在______举行听证,请准时参加。

无正当理由不参加听证的,视为放弃听证权利。

本次听证由______主持,如你(单位)认为主持人与本案有直接利害关系需要申请回避的,请在举行听证的三日前提出,并说明理由。

税务机关(印章)

××××年××月××日

图4－2 《税务行政处罚听证通知书》示意

一般而言,税务机关无权拒绝当事人的听证申请,但有两种情况例外:(1)当事人超出申请期限。当事人提出申请在《税务行政处罚事项告知书》送达后5日内有效,如因不可抗力或者其他特殊情况而耽误申请期限的,在障碍消除后5日内可以申请延长期限,但申请是否准许,由组织听证的税务机关决定。此时当事人由主动转为被动,不利于自身合法权益的维护。(2)当事人申请形式错误。税务听证的申请应该以书面形式提出,当事人应该按照法定要求向税务机关提交《税务行政处罚听证申请书》,如填写内容不符合规定,税务机关应当场一次性告知纳税人补正或重新填报。

当事人提出听证申请后,税务机关在发现自己拟作的行政处罚决定对事实认定有错误或者出现偏差的情况下,应当予以改变,并及时向当事人说明。

四、税务行政处罚听证的程序

税务行政处罚听证应当公开进行,但涉及国家秘密、商业秘密或者个人隐私的不公开进行。对公开听证的案件,应当先期公告当事人和本案调查人员的姓名、案由和听证的时间、地点。群众可以旁听公开进行的听证,并且在经听证主持人许可后发表意见。对不公开听证的案件,应当宣布不公开听证的理由。

当事人或者其代理人应当按照税务机关的通知参加听证,无正当理由不参加的,视为放弃听证权利,听证应当予以终止,但本案调查人员出现该种情形的,并不影响听证的进行。

(一)听证主持人

税务行政处罚的听证,由税务机关负责人指定的非本案调查机构的人员主持,当事人、本案调查人员及其他有关人员参加。听证主持人应当依法行使职权,不受任何组织和个人的干涉。

(二)当事人在听证过程中的权利

当事人可以亲自参加听证,也可以委托1~2人代理。当事人委托代理人参加听证的,应当向其代理人出具代理委托书。代理委托书应当注明有关事项,并经税务机关或者听证主持人审核确认。

听证主持人是本案当事人的近亲属,或者认为自己与本案有直接利害关系或其他关系可能影响公正听证的,应当自行提出回避。另外,当事人也有申请回避权,有权申请其认为与本案有直接利害关系的听证主持人回避,但是应当在举行听证的3日前向税务机关提出,并说明理由。听证主持人的回避,由组织听证的税务机关负责人决定。对驳回申请回避的决定,当事人可以申请复核一次。

(三)听证具体程序

听证开始时,听证主持人应当首先声明并出示税务机关负责人授权主持听证的决定,然后查明当事人或者其代理人、本案调查人员、证人及其他有关人员是否到场,宣布案由;宣布听证会的组成人员名单;告知当事人有关的权利义务。记录员宣读听证会场纪律。

听证过程中,由本案调查人员就当事人的违法行为予以指控,并出示事实证据材料,提出行政处罚建议。当事人或者其代理人可以就所指控的事实及相关问题进行申辩和质证。听证主持人可以对本案所涉及事实进行询问,保障控辩双方充分陈述事实,发表意见,并就各自出示的证据的合法性、真实性进行辩论。辩论先由本案调查人员发言,再由当事人或者其代理人答辩,然后双方相互辩论。辩论终结,听证主持人可以再就本案的事实、证据及有关问题向当事人或者其代理人、本案调查人员征求意见。当事人或者其代理人有最后陈述的权利。

听证主持人认为证据有疑问无法听证辨明,可能影响税务行政处罚的准确公正的,可以宣布中止听证,由本案调查人员对证据进行调查核实后再行听证。当事人或者其代理人可以申请对有关证据进行重新核实,或者提出延期听证;是否准许,由听证主持人或者税务机关作出决定。

听证过程中，当事人或者其代理人放弃申辩和质证权利，声明退出听证会；或者不经听证主持人许可擅自退出听证会的，听证主持人可以宣布听证终止。

听证过程中，当事人或者其代理人、本案调查人员、证人及其他人员违反听证秩序，听证主持人应当警告制止；对不听制止的，可以责令其退出听证会场。当事人或者其代理人有上述规定严重行为致使听证无法进行的，听证主持人或者税务机关可以终止听证。

五、税务行政处罚听证的效果

听证的全部活动，应当由记录员写成笔录，经听证主持人审阅并由听证主持人和记录员签名后，封卷上交税务机关负责人审阅。听证笔录应交当事人或者其代理人、本案调查人员、证人及其他有关人员阅读或者向其宣读，上述人员认为有遗漏或者有差错的，可以请求补充或者改正；上述人员在确认没有错误后，应当签字或者盖章。拒绝签名或者盖章的，记明情况附卷。

听证结束后，听证主持人应当将听证情况和处理意见报告税务机关负责人。

对应当进行听证的案件，税务机关不组织听证，不得作出行政处罚决定；当事人放弃听证权利或者被正当取消听证权利的除外。听证费用由组织听证的税务机关承担，不得由要求听证的当事人承担或者变相承担。

第二节 行政处罚听证代理实务

一、及时提起处罚听证申请

纳税人接到《税务行政处罚事项通知书》时，不服税务拟作出的行政处罚，要求听证的，需要同时满足三个方面的基本条件：

（1）税务行政处罚要达到一定的数额。依据《税务行政处罚听证程序实施办法（试行）》的规定，税务机关对公民作出2000元以上（含本数）罚款或者对法人或者其他组织作出1万元以上（含本数）罚款的行政处罚，当事人提出听证申请的，应当组织听证。

（2）听证程序在税务机关作出行政处罚决定之前提出。

（3）听证要在规定的期限内提出。要求听证的当事人，应当在《税务行政处罚事项告知书》送达后5日内向税务机关书面提出听证。

值得注意的是，税务机关必须留足5日的时间等待纳税人决定是否提起处罚听证。实践中，有税务机关在下达《税务行政处罚事项告知书》后3日内下达《税务行政处罚决定书》，被人民法院以违反程序予以撤销。

二、举证与质证

在参与处罚听证时,本案的调查人员与当事人及其代理人之间,首先应当就案件的事实认定发表举证和质证意见。因此,在参加听证之前,税务律师应当做好税务调查工作,根据《税务行政处罚事项告知书》等法律文书、税务稽查调查人员调取的证据资料,分析其证据在真实性、关联性、合法性方面的问题,准备好质证意见。

根据《行政处罚法》的规定,当事人可以提出自己不具有主观过错的证据。此外,税务律师也应当收集当事人业务合法、合规的证据。

三、发表法律辩论意见

当事人在听证会上有申辩的权利。税务律师应当充分发挥其专业性,分析案件适用税法的问题。例如:

(1)税务稽查部门的定性是否准确,对法律的解释是否妥当;

(2)如果依据的是税务规范性文件,是否存在抵触上位法的情况。

在听证会上,税务律师应当充分发表关于案件事实认定和处罚的法律意见,为当事人争取最大的利益。

第三节　案 例 分 析

【案情简介】

2016 年 10 月,银川市地方税务局稽查局经检查认为,L 砂石厂在 2010 ~ 2015 年对外销售砂石料存在少计销售收入的偷税行为,对 L 砂石厂发出《税务行政处罚事项告知书》(银地税稽罚告〔2016〕15 号),根据《税收征收管理法》第 63 条之规定,拟对其应补缴的税款处 1 倍罚款。

L 砂石厂提出处罚听证申请,委托笔者律师团队参加听证,笔者律师团队发表了以下听证代理意见:

第一,拟作出的处罚决定所依据的事实不清,证据不足:(1)L 砂石厂作为发包人不参与生产经营活动,涉案销售收入不归其所有,而是归作为承包人负责生产经营的周某某等 4 人所有;(2)银川市地方税务局稽查局认定 L 砂石厂少计销售收入中错误地包含了承包人的运输费用;(3)购货方的账务处理不影响 L 砂石厂与承包人之间承包经营关系的存在;(4)银川市地方税务局稽查局应当对其拟作出的处罚决定承担举证责任,并承担举证不利的后果。

第二,《税务行政处罚事项告知书》(银地税稽罚告〔2016〕15号)拟作出的处罚决定所适用的法律法规错误:(1)L砂石厂并非涉案销售收入的增值税纳税义务人,不应承担补缴增值税及相应城建税、教育费附加、地方教育附加、水利建设基金的法律责任;(2)L砂石厂并非涉案销售收入的企业所得税纳税义务人,不应承担补缴企业所得税的法律责任;(3)L砂石厂并非涉案销售收入的资源税纳税义务人,不应承担补缴资源税的法律责任;(4)银川市地方税务局稽查局认定L砂石厂偷税并处罚款违反现行税法之规定,于法无据;(5)银川市地方税务局稽查局认定L砂石厂少缴税款的计税依据计算错误;(6)银川市地方税务局稽查局认定L砂石厂少缴企业所得税的征收方式错误。

第三,《税务行政处罚事项告知书》(银地税稽罚告〔2016〕15号)所送达的告知书末页落款处并未加盖银川市地方税务局稽查局的公章,且全篇均未清楚说明L砂石厂2010~2015年存在何种违法事实,未充分其格式要件,缺少必要内容,属违反法定程序。

第四,银川市地方税务局稽查局认定L砂石厂偷税并处罚款违反实质课税原则及税收公平原则,与法理相悖:(1)我国税法规定承包人为纳税义务人是对实质课税原则的遵从和体现,如对L砂石厂以偷税处罚违反实质课税原则;(2)本案中,涉案销售收入均属于承包经营收益,属承包人所有,让L砂石厂补缴税款及罚款违反税收公平原则。

第五,L砂石厂自成立以来经济发展贡献、税收贡献、造林贡献突出,违法要求其补缴税款及罚款于情不妥。

银川市地方税务局稽查局采纳了听证代理意见,对该案重新调查取证,根据新调取的证据作出了税务处罚决定(银地税稽罚〔2016〕15号),但未告知当事人可以提起处罚听证。L砂石厂对该处罚决定不服,提起行政复议。

复议机关认为:申请人对银川市地税局稽查局在税务行政处罚听证中作出行政处罚相关证据的合法性提出异议,稽查人员重新进行了调查取证,但没有告知申请人重新进行处罚听证,或者进行质证程序,而是根据新调取的证据直接作出税务行政处罚决定,不符合《行政处罚法》第41条①之规定,不能成立,决定撤销银川市地方税务局稽查局作出的税务行政处罚决定(银地税稽罚〔2016〕15号)。

【法律分析】

本案中,律师运用处罚听证程序,充分保障了行政相对人的申辩权,结合行政复议等程序,巧妙地撤销了税务机关不合法的行政处罚行为,维护了当事人的合法权益。

① 本案中适用的是2017年修正的《行政处罚法》,相关规定参见2021年修订的《行政处罚法》第62条。

第三章　税务行政复议代理

第一节　税务行政复议程序概述

一、税务行政复议概述

行政复议的基本目标是防止和纠正违法的或者不当的具体行政行为，保护公民、法人和其他组织的合法权益，保障和监督行政机关依法行使职权。公民、法人或者其他组织如认为具体行政行为侵犯其合法权益，可依法向行政机关提出行政复议申请。

因此，税务行政复议提出的前提是纳税人认为税务机关的具体行政行为侵犯了其合法的税务权益。根据《税务行政复议规则》的规定，纳税人可就税务机关的征税行为、行政许可行为、行政审批行为、发票管理行为、税收保全措施、强制执行措施、行政处罚等行为提起行政复议。行政复议具有很强的程序性和实务性，律师在操作过程中要保持细致和谨慎。纳税人及其他当事人对行政复议决定不服的，可以依照《行政诉讼法》的规定向人民法院提起行政诉讼。

二、税务行政复议基本制度

（一）税务行政复议范围

1. 可申请复议的具体行政行为

复议机关受理申请人对下列具体行政行为不服提出的行政复议申请：

（1）征税行为，包括确认纳税主体、征税对象、征税范围、减税、免税、退税、抵扣税款、适用税率、计税依据、纳税环节、纳税期限、纳税地点和税款征收方式等具体行政行为，征收税款、加收滞纳金，扣缴义务人、受税务机关委托的单位和个人作出的代扣代缴、代收代缴、代征行为等。

（2）行政许可、行政审批行为。

（3）发票管理行为，包括发售、收缴、代开发票等。

（4）税收保全措施、强制执行措施。

(5)行政处罚行为,包括:①罚款;②没收财物和违法所得;③停止出口退税权。

(6)不依法履行下列职责的行为,包括:①颁发税务登记;②开具、出具完税凭证、外出经营活动税收管理证明;③行政赔偿;④行政奖励;⑤其他不依法履行职责的行为。

(7)资格认定行为。

(8)不依法确认纳税担保行为。

(9)政府信息公开工作中的具体行政行为。

(10)纳税信用等级评定行为。

(11)通知出入境管理机关阻止出境行为。

(12)其他具体行政行为。

2. 可申请复议的抽象行政行为

申请人认为税务机关的具体行政行为所依据的下列规定不合法,在对具体行政行为申请行政复议时,可一并向复议机关提出对该规定的审查申请;申请人对具体行政行为提出行政复议申请时不知道该具体行政行为所依据的规定的,可以在行政复议机关作出行政复议决定以前提出对该规定的审查申请,具体如下:

(1)国家税务总局和国务院其他部门的规定。

(2)其他各级税务机关的规定。

(3)地方各级人民政府的规定。

(4)地方人民政府工作部门的规定。

上述规定不包括规章。

(二)税务行政复议管辖

1. 一般情形

对各级税务局的具体行政行为不服的,向其上一级税务局申请行政复议。

2. 特殊情形

对计划单列市税务局的具体行政行为不服的,向国家税务总局申请行政复议。

对税务所(分局)、各级税务局的稽查局的具体行政行为不服的,向其所属税务局申请行政复议。

对国家税务总局的具体行政行为不服的,向国家税务总局申请行政复议。对行政复议决定不服,申请人可以向人民法院提起行政诉讼,也可以向国务院申请裁决。国务院的裁决为最终裁决。

3. 具体适用情形

对下列税务机关的具体行政行为不服的,按照下列规定申请行政复议:

(1)对两个以上税务机关以共同的名义作出的具体行政行为不服的,向共同上一级税务机关申请行政复议;对税务机关与其他行政机关以共同的名义作出的具体行政行为不服的,向其共同上一级行政机关申请行政复议。

(2)对被撤销的税务机关在撤销以前所作出的具体行政行为不服的,向继续行使其职权的税务机关的上一级税务机关申请行政复议。

(3)对税务机关作出逾期不缴纳罚款加处罚款的决定不服的,向作出行政处罚决定的税务机关申请行政复议。但是对已处罚款和加处罚款都不服的,一并向作出行政处罚决定的税务机关的上一级税务机关申请行政复议。

申请人向具体行政行为发生地的县级地方人民政府提交行政复议申请的,由接受申请的县级地方人民政府依照《行政复议法》第15条、第18条的规定予以转送。

(三)税务行政复议申请

申请人可以在知道税务机关作出具体行政行为之日起60日内提出行政复议申请。因不可抗力或者被申请人设置障碍等原因耽误法定申请期限的,申请期限的计算应当扣除被耽误时间。

申请人对征税行为不服的,应当先向行政复议机关申请行政复议;对行政复议决定不服的,可以向人民法院提起行政诉讼。申请行政复议时,必须依照税务机关根据法律、法规确定的税额、期限,先行缴纳或者解缴税款和滞纳金,或者提供相应的担保,才可以在缴清税款和滞纳金以后或者所提供的担保得到作出具体行政行为的税务机关确认之日起60日内提出行政复议申请。申请人提供担保的方式包括保证、抵押和质押。作出具体行政行为的税务机关应当对保证人的资格、资信进行审查,对不具备法律规定资格或者没有能力保证的,有权拒绝。作出具体行政行为的税务机关应当对抵押人、出质人提供的抵押担保、质押担保进行审查,对不符合法律规定的抵押担保、质押担保,不予确认。

申请人对征税行为以外的其他具体行政行为不服,可以申请行政复议,也可以直接向人民法院提起行政诉讼。

申请人对税务机关作出逾期不缴纳罚款加处罚款的决定不服的,应当先缴纳罚款和加处罚款,再申请行政复议。

税务机关作出的具体行政行为对申请人的权利、义务可能产生不利影响的,应当告知其申请行政复议的权利、行政复议机关和行政复议申请期限。

(四)税务行政复议受理

1.复议机关应当受理复议申请的情形

行政复议机关收到行政复议申请以后,应当在5日内审查,决定是否受理。对不符合《税务行政复议规则》规定的行政复议申请,决定不予受理,并书面告知申请人。行政复议申请符合下列规定的,行政复议机关应当受理:

(1)属于《税务行政复议规则》规定的行政复议范围;

(2)在法定申请期限内提出;

(3)有明确的申请人和符合规定的被申请人;

(4)申请人与具体行政行为有利害关系;

(5)有具体的行政复议请求和理由;

(6)符合《税务行政复议规则》第33条、第34条规定的条件;

(7)属于收到行政复议申请的行政复议机关的职责范围;

(8)其他行政复议机关尚未受理同一行政复议申请,人民法院尚未受理同一主体就同一事实提起的行政诉讼。

对不属于本机关受理的行政复议申请,行政复议机关应当告知申请人向有关行政复议机关提出。

行政复议机关收到行政复议申请以后未按照规定期限审查并作出不予受理决定的,视为受理。对符合规定的行政复议申请,自行政复议机构收到之日起即为受理;受理行政复议申请,应当书面告知申请人。

2. 材料补正程序

行政复议申请材料不齐全、表述不清楚的,行政复议机关可以自收到该行政复议申请之日起5日内书面通知申请人补正。补正通知应当载明需要补正的事项和合理的补正期限。无正当理由逾期不补正的,视为申请人放弃行政复议申请。

补正申请材料所用时间不计入行政复议审理期限。

3. 复议申请监督

上级税务机关认为行政复议机关不予受理行政复议申请的理由不成立的,可以督促其受理;经督促仍然不受理的,责令其限期受理。上级税务机关认为行政复议申请不符合法定受理条件的,应当告知申请人。上级税务机关认为有必要的,可以直接受理或者提审由下级税务机关管辖的行政复议案件。

对应当先向行政复议机关申请行政复议,对行政复议决定不服再向人民法院提起行政诉讼的具体行政行为,行政复议机关决定不予受理或者受理以后超过行政复议期限不作出答复的,申请人可以自收到不予受理决定书之日起或者行政复议期满之日起15日内,依法向人民法院提起行政诉讼。

(五)税务行政复议证据

行政复议证据包括书证、物证、视听资料、证人证言、当事人陈述、鉴定意见、勘验笔录、现场笔录。在行政复议中,被申请人对其作出的具体行政行为负有举证责任。行政复议机关应当依法全面审查相关证据。行政复议机关审查行政复议案件,应当以证据证明的案件事实为依据。定案证据应当具有合法性、真实性和关联性。

(六)税务行政复议审理及决定

1. 被申请人应提出书面答复及提交证据

行政复议机构应当自受理行政复议申请之日起7日内,将行政复议申请书副本或者行政复议申请笔录复印件发送被申请人。被申请人应当自收到申请书副本或者申请笔录复印件之日起10日内提出书面答复,并提交当初作出具体行政行为的证据、依据和其他有关材料。

对国家税务总局的具体行政行为不服申请行政复议的案件,由原承办具体行政行为的相关机构向行政复议机构提出书面答复,并提交当初作出具体行政行为的证据、依据和其他有关材料。

2. 行政复议的审理

行政复议原则上采用书面审查的办法,但是申请人提出要求或者行政复议机构认为有必要时,应当听取申请人、被申请人和第三人的意见,并可以向有关组织和人员调查了解情况。对重大、复杂的案件,申请人提出要求或者行政复议机构认为必要时,可以采取听证的方式审理。

3. 行政复议的决定

行政复议机关应当自受理申请之日起60日内作出行政复议决定。情况复杂,不能在规定期限内作出行政复议决定的,经行政复议机关负责人批准,可以适当延期,并告知申请人和被申请人;但是延期不得超过30日。

行政复议机构应当对被申请人的具体行政行为提出审查意见,经行政复议机关负责人批准,按照下列规定作出行政复议决定:

(1)具体行政行为认定事实清楚,证据确凿,适用依据正确,程序合法,内容适当的,决定维持。

(2)被申请人不履行法定职责的,决定其在一定期限内履行。

(3)具体行政行为有下列情形之一的,决定撤销、变更或者确认该具体行政行为违法:①主要事实不清、证据不足的;②适用依据错误的;③违反法定程序的;④超越职权或者滥用职权的;⑤具体行政行为明显不当的。决定撤销或者确认该具体行政行为违法的,可以责令被申请人在一定期限内重新作出具体行政行为。

被申请人不提出书面答复,提交当初作出具体行政行为的证据、依据和其他有关材料的，视为该具体行政行为没有证据、依据，决定撤销该具体行政行为。

行政复议机关责令被申请人重新作出具体行政行为的，被申请人应当在 60 日内重新作出具体行政行为；情况复杂，不能在规定期限内重新作出具体行政行为的，经行政复议机关批准，可以适当延期，但是延期不得超过 30 日。

行政复议机关责令被申请人重新作出具体行政行为的，被申请人不得以同一事实和理由作出与原具体行政行为相同或者基本相同的具体行政行为；但是行政复议机关以原具体行政行为违反法定程序决定撤销的，被申请人重新作出具体行政行为的除外。

行政复议机关责令被申请人重新作出具体行政行为的，被申请人不得作出对申请人更为不利的决定；但是行政复议机关以原具体行政行为主要事实不清、证据不足或适用依据错误决定撤销的，被申请人重新作出具体行政行为的除外。

（4）有下列情形之一的，行政复议机关应当决定驳回行政复议申请：①申请人认为税务机关不履行法定职责申请行政复议，行政复议机关受理以后发现该税务机关没有相应法定职责或者在受理以前已经履行法定职责的；②受理行政复议申请后，发现该行政复议申请不符合《行政复议法》及其实施条例和《税务行政复议规则》规定的受理条件的。

上级税务机关认为行政复议机关驳回行政复议申请的理由不成立的，应当责令限期恢复受理。行政复议机关审理行政复议申请期限的计算应当扣除因驳回耽误的时间。

4. 复议决定书的送达和执行

行政复议机关作出行政复议决定，应当制作行政复议决定书，并加盖行政复议机关印章。行政复议决定书一经送达，即发生法律效力。被申请人应当履行行政复议决定。被申请人不履行、无正当理由拖延履行行政复议决定的，行政复议机关或者有关上级税务机关应当责令其限期履行。申请人、第三人逾期不起诉又不履行行政复议决定的，或者不履行最终裁决的行政复议决定的，按照下列规定分别处理：

（1）维持具体行政行为的行政复议决定，由作出具体行政行为的税务机关依法强制执行，或者申请人民法院强制执行。

（2）变更具体行政行为的行政复议决定，由行政复议机关依法强制执行，或者申请人民法院强制执行。

5. 对重新作出的具体行政行为不服的救济

公民、法人或者其他组织对被申请人重新作出的具体行政行为不服，可以依法申请行政复议,或者提起行政诉讼。申请人在申请行政复议时可以一并提出行政赔偿请求,行政复议机关对符合《国家赔偿法》的规定应当赔偿的,在决定撤销、变更具体行政行为或者确认具体行政行为违法时,应当同时决定被申请人依法赔偿。申请人在申请行政复议时没有提出行政赔偿请求的,行政复议机关在依法决定撤销、变更原具体行政行为确定的税款、滞纳金、罚款和对财产的扣押、查封等强制措施时,应当同时责令被申请人退还税款、滞纳金和罚款,解除对财产的扣押、查封等强制措施,或者赔偿相应的价款。

第二节　税务行政复议代理实务

一、税务行政复议申请

1. 一般行政复议申请期限

申请人可以在知道税务机关作出具体行政行为之日起 60 日内提出行政复议申请。因不可抗力或者被申请人设置障碍等原因耽误法定申请期限的,申请期限的计算应当扣除被耽误的时间。

(1)当场作出具体行政行为的,自具体行政行为作出之日起计算。

(2)载明具体行政行为的法律文书直接送达的,自受送达人签收之日起计算。

(3)载明具体行政行为的法律文书邮寄送达的,自受送达人在邮件签收单上签收之日起计算;没有邮件签收单的,自受送达人在送达回执上签名之日起计算。

(4)具体行政行为依法通过公告形式告知受送达人的,自公告规定的期限届满之日起计算。

(5)税务机关作出具体行政行为时未告知申请人,事后补充告知的,自该申请人收到税务机关补充告知的通知之日起计算。

(6)被申请人能够证明申请人知道具体行政行为的,自证据材料证明其知道具体行政行为之日起计算。

税务机关作出具体行政行为,依法应当向申请人送达法律文书而未送达的,视为该申请人不知道该具体行政行为。

2. 未履行法定职责案件行政复议申请期限

申请人申请行政机关履行下列三种法定职责而税务机关未履行的,行政复议申请期限为有履行期限规定的,自履行期限届满之日起计算;没有履行期限规定的,自税务机关收到申请满60日起计算:(1)保护人身权利、财产权利、受教育权利的法定职责,行政机关没有依法履行的;(2)申请行政机关依法发放抚恤金、社会保险金或者最低生活保障费,行政机关没有依法发放的;(3)认为行政机关的其他具体行政行为侵犯其合法权益的。

3. 行政复议申请方式

申请人书面申请行政复议的,可以采取当面递交、邮寄或者传真等方式提出行政复议申请。有条件的行政复议机关可以接受以电子邮件形式提出的行政复议申请。对以传真、电子邮件形式提出行政复议申请的,行政复议机关应当审核确认申请人的身份、复议事项。申请人口头申请行政复议的,行政复议机关应当依照《税务行政复议规则》第39条规定的事项,当场制作行政复议申请笔录,交申请人核对或者向申请人宣读,并由申请人确认。

申请人提出行政复议申请时错列被申请人的,行政复议机关应当告知申请人变更被申请人。申请人不变更被申请人的,行政复议机关不予受理,或者驳回行政复议申请。

申请人向行政复议机关申请行政复议,行政复议机关已经受理的,在法定行政复议期限内申请人不得向人民法院提起行政诉讼;申请人向人民法院提起行政诉讼,人民法院已经依法受理的,不得申请行政复议。

二、纳税担保

纳税担保,是指经税务机关同意或确认,纳税人或其他自然人、法人、经济组织以保证、抵押、质押的方式,为纳税人应当缴纳的税款及滞纳金提供担保的行为。纳税担保人包括以保证方式为纳税人提供纳税担保的纳税保证人和其他以未设置或者未全部设置担保物权的财产为纳税人提供纳税担保的第三人。

1. 纳税担保适用情形

纳税人有下列情况之一的,适用纳税担保:(1)税务机关有根据认为从事生产、经营的纳税人有逃避纳税义务行为,在规定的纳税期之前经责令其限期缴纳应纳税款,在限期内发现纳税人有明显的转移、隐匿其应纳税的商品、货物以及其他财产或者应纳税收入的迹象,责成纳税人提供纳税担保的;(2)欠缴税款、滞纳金的纳税人或者其法定代表人需要出境的;(3)纳税人同税务机关在纳税上发生争议而未缴清税款,需要申请行政复议的;(4)税收法律、行政法规规定可以提供纳税担保的其他情形。

2. 纳税保证

纳税保证,是指纳税保证人向税务机关保证,当纳税人未按照税收法律、行政法规规定或者税务机关确定的期限缴清税款、滞纳金时，由纳税保证人按照约定履行缴纳税款及滞纳金的行为。税务机关认可的，保证成立；税务机关不认可的，保证不成立。该纳税保证为连带责任保证，纳税人和纳税保证人对所担保的税款及滞纳金承担连带责任。纳税人在税收法律、行政法规或税务机关确定的期限届满时未缴清税款及滞纳金的，税务机关可要求纳税保证人在其担保范围内承担保证责任，缴纳担保的税款及滞纳金。

(1)纳税保证人

纳税保证人，是指在中国境内具有纳税担保能力的自然人、法人或者其他经济组织。法人或其他经济组织财务报表资产净值超过需要担保的税额及滞纳金2倍及以上的，自然人、法人或其他经济组织所拥有或者依法可以处分的未设置担保的财产的价值超过需要担保的税额及滞纳金的，为具有纳税担保能力。

(2)保证期间

保证期间为纳税人应缴纳税款期限届满之日起60日，即税务机关自纳税人应缴纳税款的期限届满之日起60日内有权要求纳税保证人承担保证责任，缴纳税款、滞纳金。履行保证责任的期限为15日，即纳税保证人应当自收到税务机关的纳税通知书之日起15日内履行保证责任，缴纳税款及滞纳金。纳税保证期间内税务机关未通知纳税保证人缴纳税款及滞纳金以承担担保责任的，纳税保证人免除担保责任。

3. 纳税抵押

纳税抵押，是指纳税人或纳税担保人不转移对《纳税担保试行办法》规定的可以抵押的财产的占有，将该财产作为税款及滞纳金的担保。纳税人逾期未缴清税款及滞纳金的，税务机关有权依法处置该财产以抵缴税款及滞纳金。纳税人或者纳税担保人为抵押人，税务机关为抵押权人，提供担保的财产为抵押物。

(1)可以设立纳税抵押的财产

下列财产可以抵押：抵押人所有的房屋和其他地上定着物；抵押人所有的机器、交通运输工具和其他财产；抵押人依法有权处分的国有的房屋和其他地上定着物；抵押人依法有权处分的国有的机器、交通运输工具和其他财产；经设区的市、自治州以上税务机关确认的其他可以抵押的合法财产。

(2)不得设立纳税抵押的财产

下列财产不得抵押：土地所有权；土地使用权，但《纳税担保试行办法》第16条规定的除外；学校、幼儿园、医疗机构等以公益为目的的事业单位、社会团体、民办非企业单位的教育设施、医疗卫生设施和其他社会公益设施；所有权、使用权不明或者有争议的财产;依法被查封、扣押、监管的财产;依法定程序确认为违法、违章的建筑物;法律、行政法规规定禁止流通的财产或者不可转让的财产;经设区的市、自治州以上税务机关确认的其他不予抵押的财产。

纳税人在规定的期限内未缴清税款、滞纳金的,税务机关应当依法拍卖、变卖抵押物,变价抵缴税款、滞纳金。

4. 纳税质押

纳税质押,是指经税务机关同意,纳税人或纳税担保人将其动产或权利凭证移交税务机关占有,将该动产或权利凭证作为税款及滞纳金的担保。纳税人逾期未缴清税款及滞纳金的,税务机关有权依法处置该动产或权利凭证以抵缴税款及滞纳金。纳税质押分为动产质押和权利质押。动产质押包括现金以及其他除不动产以外的财产提供的质押。汇票、支票、本票、债券、存款单等权利凭证可以质押。对于实际价值波动很大的动产或权利凭证,经设区的市、自治州以上税务机关确认,税务机关可以不接受其作为纳税质押。

以汇票、支票、本票、公司债券出质的,税务机关应当与纳税人背书清单记载“质押”字样。以存款单出质的,应由签发的金融机构核押。以载明兑现或者提货日期的汇票、支票、本票、债券、存款单出质的,汇票、支票、本票、债券、存款单兑现日期先于纳税义务履行期或者担保期的,税务机关与纳税人约定将兑现的价款用于缴纳或者抵缴所担保的税款及滞纳金。

纳税担保人以其动产或财产权利为纳税人提供纳税质押担保的,按照纳税人提供质押担保的规定执行;纳税担保书和纳税担保财产清单须经纳税人、纳税担保人签字盖章并经税务机关确认。纳税人在规定的期限内缴清税款、滞纳金的,税务机关应当在3个工作日内将质物返还给纳税担保人,解除质押关系。纳税人在规定的期限内未缴清税款、滞纳金的,税务机关应当在期限届满之日起15日内书面通知纳税担保人自收到纳税通知书之日起15日内缴纳担保的税款、滞纳金。纳税担保人未按照前款规定的期限缴纳所担保的税款、滞纳金,由税务机关责令限期在15日内缴纳;缴清税款、滞纳金的,税务机关自纳税担保人缴清税款及滞纳金之日起3个工作日内返还质物、解除质押关系;逾期仍未缴纳的,经县以上税务局(分局)局长批准,税务机关依法拍卖、变卖质物,抵缴税款、滞纳金。

三、证据

申请人、第三人可以查阅被申请人提出的书面答复、作出具体行政行为的证据、依据和其他有关材料,除涉及国家秘密、商业秘密或者个人隐私外,行政复议机关不得拒绝。行政复议机关应当为申请人、第三人查阅有关材料提供必要条件。

1. 复议机关证据审查要素

(1)合法性。行政复议机关应当根据案件的具体情况,从以下方面审查证据的合法性:证据是否符合法定形式;证据的取得是否符合法律、法规、规章和司法解释的规定;是否有影响证据效力的其他违法情形。

(2)真实性。行政复议机关应当根据案件的具体情况,从以下方面审查证据的真实性:证据形成的原因;发现证据时的环境;证据是否为原件、原物,复制件、复制品与原件、原物是否相符;提供证据的人或者证人与行政复议参加人是否具有利害关系;影响证据真实性的其他因素。

(3)关联性。行政复议机关应当根据案件的具体情况,从以下方面审查证据的关联性:证据与待证事实是否具有证明关系;证据与待证事实的关联程度;影响证据关联性的其他因素。

2. 不得作为定案依据的证据材料

(1)违反法定程序收集的证据材料;

(2)以偷拍、偷录和窃听等手段获取侵害他人合法权益的证据材料;

(3)以利诱、欺诈、胁迫和暴力等不正当手段获取的证据材料;

(4)无正当事由超出举证期限提供的证据材料;

(5)无正当理由拒不提供原件、原物,又无其他证据印证,且对方不予认可的证据的复制件、复制品;

(6)无法辨明真伪的证据材料;

(7)不能正确表达意志的证人提供的证言;

(8)不具备合法性、真实性的其他证据材料。

在行政复议过程中,被申请人不得自行向申请人和其他有关组织或者个人收集证据。

3. 必要时复议机关可以调查取证

行政复议机关认为必要时,可以调查取证。行政复议工作人员向有关组织和人员调查取证时,可以查阅、复制和调取有关文件和资料,向有关人员询问。调查取证时,行政复议工作人员不得少于2人,并应当向当事人和有关人员出示证件。被调查单位和人员应当配合行政复议工作人员的工作,不得拒绝、阻挠。需要现场勘验的,现场勘验所用时间不计入行政复议审理期限。

税务复议机关针对具体行政行为作出复议决定的证明标准应当达到排除合理怀

疑,即"事实清楚,证据充分"的审查标准。另外,近年来在部分较为简单的行政案件中,也开始采用"优势证据规则",即全案证据显示某一待证事实存在的可能性明显大于其不存在的可能性,使复议机关有理由相信它是真实存在的,该规则未在通过法律法规的形式确认,但已在部分财产等案例中适用。

四、听证

依据《税务行政复议规则》第 65 条的规定,对重大、复杂的案件,申请人提出要求或者行政复议机构认为必要时,可以采取听证的方式审理。另外,《重大税务案件审理办法》中也有类似的规定,该办法第 14 条规定,稽查局应当在内部审理程序终结后 5 日内,将重大税务案件提请审理委员会审理。当事人要求听证的,由稽查局组织听证。

行政复议机构决定举行听证的,应当将举行听证的时间、地点和具体要求等事项通知申请人、被申请人和第三人。第三人不参加听证的,不影响听证的举行。听证应当公开举行,但是涉及国家秘密、商业秘密或者个人隐私的除外。行政复议听证人员不得少于 2 人,听证主持人由行政复议机构指定。听证应当制作笔录。申请人、被申请人和第三人应当确认听证笔录内容。行政复议听证笔录应当附卷,作为行政复议机构审理案件的依据之一。

《行政处罚法》第 44 条规定:"行政机关在作出行政处罚决定之前,应当告知当事人拟作出的行政处罚内容及事实、理由、依据,并告知当事人依法享有的陈述、申辩、要求听证等权利。"第 64 条第 7 项规定:"举行听证时,调查人员提出当事人违法的事实、证据和行政处罚建议,当事人进行申辩和质证。"行政听证程序中,当事人有权提出案卷查阅诉求,行政执法机关应予支持,并为当事人查阅案件相关材料提供必要的便利条件。

五、规范性文件审查

申请人除了可以对具体行政行为提起复议外,如果认为税务机关的具体行政行为所依据的规定不合法,对具体行政行为申请行政复议时,可以一并向行政复议机关提出对有关规定的审查申请;申请人对具体行政行为提出行政复议申请时不知道该具体行政行为所依据的规定的,可以在行政复议机关作出行政复议决定以前提出对该规定的审查申请。可以提起规范性文件审查的规定如下:

(1)国家税务总局和国务院其他部门的规定。

(2)其他各级税务机关的规定。

(3)地方各级人民政府的规定。

(4)地方人民政府工作部门的规定。

前述规定不包括规章。

申请人在申请行政复议时,依据前述规定一并提出对有关规定的审查申请的,行政复议机关对该规定有权处理的,应当在30日内依法处理;无权处理的,应当在7日内按照法定程序逐级转送有权处理的行政机关依法处理,有权处理的行政机关应当在60日内依法处理。处理期间,中止对具体行政行为的审查。

六、申请调解、和解

根据《税务行政复议规则》第86条的规定,税务行政复议中,申请人和被申请人可以和解,也可以通过复议机关调解。和解与调解是协商妥善处理问题的途径之一,对于关键问题,比如偷税定性、罚款金额和幅度等,纳税人可以主动通过复议机关向税务机关表达和解或调解的意愿,推动案件的进展。

《税务行政复议规则》第86条规定:"对下列行政复议事项,按照自愿、合法的原则,申请人和被申请人在行政复议机关作出行政复议决定以前可以达成和解,行政复议机关也可以调解:(一)行使自由裁量权作出的具体行政行为,如行政处罚、核定税额、确定应税所得率等。(二)行政赔偿。(三)行政奖励。(四)存在其他合理性问题的具体行政行为。行政复议审理期限在和解、调解期间中止计算。"

申请人和被申请人达成和解的,应当向行政复议机构提交书面和解协议。和解内容不损害社会公共利益和他人合法权益的,行政复议机构应当准许。经行政复议机构准许和解终止行政复议的,申请人不得以同一事实和理由再次申请行政复议。

在调解方面,《税务行政复议规则》规定,调解应当尊重申请人和被申请人的意愿,在查明案件事实的基础上进行,遵循客观、公正和合理原则,不得损害社会公共利益和他人合法权益。《税务行政复议规则》第90条规定:"行政复议机关按照下列程序调解:(一)征得申请人和被申请人同意。(二)听取申请人和被申请人的意见。(三)提出调解方案。(四)达成调解协议。(五)制作行政复议调解书。"
行政复议调解书应当载明行政复议请求、事实、理由和调解结果,并加盖行政复议机关印章。行政复议调解书经双方当事人签字,即具有法律效力。调解未达成协议,或者行政复议调解书不生效的,行政复议机关应当及时作出行政复议决定。申请人不履行行政复议调解书的,由被申请人依法强制执行,或者申请人民法院强制执行。

七、提起行政诉讼

《税务行政复议规则》规定,若申请人对征税行为不服,应当先向行政复议机关申请行政复议;对征税行为以外的其他具体行政行为不服,可以申请行政复议,也可以直接向人民法院提起行政诉讼。

申请人对行政复议决定不服的，可以依法向人民法院提起行政诉讼。对国家税务总局的具体行政行为不服的，向国家税务总局申请行政复议。对行政复议决定不服，申请人可以向人民法院提起行政诉讼，也可以向国务院申请裁决。国务院的裁决为最终裁决。

第三节　案例分析

【案情简介】

甲公司成立于2002年9月，注册地位于B市，是国外某知名品牌汽车公司在中国的全资子公司，作为在中国（不含香港、澳门特别行政区，台湾地区）的总经销商，其主营业务包括在中国认定经销商；进口并在国内销售车辆；后续管理、运营其在中国的销售及售后市场；提供技术培训、宣传策划筹备、促销和公关等品牌管理和市场开发所需的服务。甲公司系增值税一般纳税人。

（一）甲公司的涉税行为

受全球经济增速放缓及中国进口汽车销售市场竞争日趋激烈等因素的影响，甲公司于2012年度、2013年度实施了三项汽车促销政策：

1. 在库融资利息补贴

为促进国内各地经销商积极订购车辆，并及时、足额支付车辆款项，甲公司为经销商提供了以下车辆订购融资方案及利息补贴政策：

（1）车辆订购融资方案：甲公司与经销商、商业银行签订三方贷款协议，约定商业银行向经销商提供贷款用于向甲公司订购车辆并直接将贷款作为经销商的购车款汇至甲公司名下，经销商将车辆外销形成回款后偿还对商业银行的贷款。

（2）利息补贴政策：在甲公司取得商业银行的汇款后，该笔贷款在30日内的贷款利息由甲公司承担，超过30日后的贷款利息由经销商承担。

在执行上述在库融资利息补贴政策过程中，商业银行将30日内的贷款利息发票直接开具给甲公司，甲公司依发票所载利息金额向商业银行支付利息，并将所支付的利息计入其销售费用会计科目。2012年度及2013年度，甲公司共向商业银行支付上类利息费用约20,000万元，并均在相应年度的企业所得税应纳税所得额中予以扣除。

2. 基础奖励金

为奖励国内各地经销商的车辆销售业绩，甲公司与经销商签订《销售折让协议》，约定甲公司按照经销商在每一季度的车辆实际零售数量计算并给予经销商该季度内相应的购车价格优惠。

由于甲公司给予经销商价格优惠待遇系在经销商采购车辆之后,甲公司均按照最初的车辆销售价格收取了购车款并向经销商开具了增值税专用发票。因此,经销商在取得本季度价格优惠待遇后,遂向其主管税务机关申请了红字增值税专用发票。甲公司取得各地经销商提供的主管税务机关下发的《开具红字增值税专用发票通知单》后向经销商开出红字增值税专用发票并支付相应折让款。在税务处理方面,甲公司凭开出的红字增值税专用发票冲抵其自身的增值税销项税额及对应销售收入。2012 年度及 2013 年度,甲公司因向经销商支付上类基础奖励金折让款共冲减销售收入约50,000 万元,抵减其增值税销项税额约 7500 万元。

3. 金融促销奖励金

为促进甲公司车辆的销售,促进国内消费者利用灵活的金融产品购车,甲公司与各地经销商签订《金融促销销售折让协议》,并指令经销商实施以下金融促销政策:

(1)甲公司制定金融促销活动的具体方案并向经销商发布;

(2)经销商在销售车辆时将金融促销方案向消费者进行推广使用;

(3)消费者与经销商签订购车协议,并与当地金融机构签订贷款购车协议,金融机构扣除贷款利息后将消费者的购车贷款直接汇至经销商;

(4)各地金融机构将消费者购车贷款的有关数据发送给甲公司;

(5)甲公司经审核,确认消费者贷款情况及利息支付情况无误后,将经销商为消费者贷款购车所支付的利息费用作为对经销商的销售折让予以返还。

与基础奖励金类似,经销商承担消费者贷款购车的利息后向其所在地主管税务机关申请红字增值税专用发票。甲公司取得各地经销商提供的主管税务机关下发的《开具红字增值税专用发票通知单》后向经销商开出红字增值税专用发票并支付相应折让款。在税务处理方面,同样,甲公司凭开出的红字增值税专用发票冲抵其自身的增值税销项税额及对应销售收入。在 2012 年度及 2013 年度,甲公司因向经销商支付上类金融促销销售折让款共冲减销售收入约 50,000 万元,抵减其增值税销项税额约 7500 万元。

(二)税务机关作出补税决定

2014 年 9 月 3 日,B 市国家税务局(以下简称 B 市国税局)向甲公司下达《税务检查通知书》,对甲公司 2012 年 1 月 1 日至 2013 年 12 月 31 日涉税情况进行检查。

2015 年 9 月 14 日,B 市国税局向甲公司作出了《税务处理决定书》,认定甲公司的税务违法行为及相应处理结果如下：

(1)甲公司在在库融资业务中为下级经销商支付的贷款利息并不属于与取得收入直接相关的支出，不应作为甲公司的费用在企业所得税税前扣除，应调增其2012年度及2013年度企业所得税应纳税所得额20,000万元，补缴企业所得税5000万元并缴纳滞纳金。

(2)甲公司在基础奖励金业务及金融促销奖励金业务中发生的促销活动费用不属于甲公司给予经销商的销售折让，不应根据国家税务总局《关于纳税人折扣、折让行为开具红字增值税专用发票问题的通知》(国税函〔2006〕1279号，以下简称国税函〔2006〕1279号文)的规定开具红字增值税专用发票，不应冲减销售收入及抵减增值税销项税额，应调增2012年度及2013年度企业所得税应纳税所得额100,000万元，补缴企业所得税25,000万元并缴纳滞纳金，补缴2012年度及2013年度增值税销项税额15,000万元并缴纳滞纳金。

综上所述，甲公司共需补缴企业所得税、增值税税款高达4.5亿元，滞纳金约2亿元。

(三)甲公司申请行政复议

在根据《税收征收管理法》第88条之规定缴纳税款后，甲公司于2015年11月10日向B市国税局的上级机关国家税务总局申请行政复议，请求依法撤销被申请人作出的《税务处理决定书》，退还企业所得税、增值税税款4.5亿元，滞纳金2亿元，申请理由如下：

1.《税务处理决定书》适用法律依据错误

(1)被申请人不允许申请人税前扣除在库融资业务中的利息支出为适用法律依据错误。

申请人在库融资业务中的利息支出为“与取得收入有关的支出”。对收入与支出相关性的具体判断应当遵循实质课税原则，不能仅以交易形式确定，而应当根据经济行为的目的和实质判断。申请人推出在库融资业务的商业目的在于促进进口汽车在中国市场的销售，其商业目的具体包括实现申请人最适宜的商品周转率；促进经销商的适量采购，保证申请人完成销售目标。申请人在在库融资业务中承担利息支出具有合理的商业目的，属于“能给企业带来经济利益”的支出，与其生产经营密切相关，完全符合《企业所得税法》第8条及《企业所得税法实施条例》第27条的规定，是与取得收入有关的支出。被申请人未全面了解申请人承担该利息支出的根源和性质，认定申请人承担的在库融资利息支出不属于与取得收入直接相关的支出，依据《企业所得税法》

第10条的规定不允许申请人税前扣除是对税法的错误理解,为适用法律依据错误。

(2)被申请人不允许申请人对基础奖励金业务及金融贴息奖励金业务中给予经销商的销售折让开具红字增值税专用发票为适用法律依据错误。

由于社会交易的复杂性,税法无法穷尽销售折让的具体情形,税务机关应当结合纳税人从事行业的实际情况和开展业务的经济实质进行认定。申请人作为L品牌及F品牌车辆在我国的总经销商,基本的商业模式是申请人将车辆销售给经销商后,由经销商销售给最终消费者。为了增加其在中国市场的销售数量,通过和经销商的紧密沟通,企划推行适宜的促销政策;经销商则基于这些政策,为了实现销量最大化开展各种营销活动。申请人将车辆销售给经销商后,会根据市场情况以及针对竞争对手的战略考虑,推出一些促销政策,对其向经销商销售车辆的批发价格进行调整。申请人(销货方)给予经销商(购货方)的基础奖励金及金融贴息奖励金,都是在其销售完成后,由申请人企划推行的,为了实现申请人自己销量最大化的政策,是基于合理的商业目的,根据市场情况的变化而给予经销商(购货方)的价格减让、价格优惠或补偿。因此,申请人(销货方)给予经销商(购货方)的基础奖励金及金融贴息奖励金均属于国家税务总局《关于确认企业所得税收入若干问题的通知》(国税函〔2008〕875号,以下简称国税函〔2008〕875号文)、《财务会计准则第18号——所得税》、《增值税暂行条例实施细则》及国家税务总局《关于修订〈增值税专用发票使用规定〉的通知》(国税发〔2006〕156号文,以下简称国税发〔2006〕156号文)规定的销售折让。被申请人认为前述业务不属于销售折让,不适用国税函〔2006〕1279号文,不应开具红字增值税专用发票为适用法律依据错误。

2.《税务处理决定书》明显不当

(1)《税务处理决定书》有损行政行为的确定力和公信力,并将造成税收执法不一。

行政行为的确定力,是指行政行为成立、生效后具有相对稳定性,非依法不得随意撤销和变更。经销商所在地主管税务机关出具《开具红字增值税专用发票通知单》为合法有效的具体行政行为,且《开具红字增值税专用发票通知单》上注明"开具红字专用发票理由"为"××年××季度销售折让"。由此可见,经销商所在地主管税务机关经实质审查,将申请人基础奖励金业务及金融贴息奖励金业务认定为销售折让。被申请人作出《税务处理决定书》认定申请人基础奖励金业务及金融贴息奖励金业务不属于销售折让,否定了经销商所在地主管税务机关的认定结果,并实质上导致《开具红字增值税专用发票通知单》无效。在无新的事实与理由的情况下,被申请人否定经销商主管税务机关依法开具的《开具红字增值税专用发票通知单》而作出《税务处理决定书》，损害了行政行为的确定力和公信力。

(2)《税务处理决定书》造成了重复征税，有违税收公平原则、税收中性原则。

在库融资业务中，由于该笔利息支出是申请人实际发生的成本费用，经销商未在税前扣除，且金融机构已就其取得的该利息所得计算缴纳企业所得税。被申请人不允许申请人税前扣除将直接导致申请人及经销商均不得将该部分成本在企业所得税前扣除，造成企业所得税的重复征税。基础奖励金业务及金融贴息奖励金业务中，经销商所在地主管税务机关已经向经销商及申请人出具《开具红字增值税专用发票通知单》，经销商已进行增值税进项税额转出并调增了主营业务成本，而被申请人不允许申请人相应冲减其增值税销项税额及主营业务收入，将直接导致该项业务中增值税和企业所得税的重复征税。《税务处理决定书》直接导致申请人和经销商就同一交易重复承担了税收，加重了申请人和经销商的税收负担，致使税收负担在申请人、经销商和其他纳税人之间不公平地分配，违背了税收公平原则。被申请人作出《税务处理决定书》不允许申请人在企业所得税前扣除在库融资业务下实际发生的与取得收入有关的、合理的利息支出，也不允许对基础奖励金业务及金融贴息奖励金业务开具红字增值税专用发票，扭曲了申请人商业模式的正常选择，有违税收中性原则。

(四)复议机关调解结案

本案双方当事人在案件事实、执法程序方面没有争议，争议焦点是法律适用问题。依据《行政复议法实施条例》第 50 条、《税务行政复议规则》第 91 条之规定，经复议机关调解，甲公司与 B 市国家税务局达成调解协议：

(1)被申请人退还申请人已缴纳的税款和滞纳金；

(2)申请人自调解协议生效后调整税务处理方式，不再就贴息奖励金业务开具红字增值税专用发票。

【法律分析】

(一)从税法具体规范角度分析税务机关的征税行为

1. 甲公司支付的在库融资利息补贴是否属于“与取得收入相关的支出”

对于甲公司支付的在库融资利息费用，B 市国税局认为，该部分支出不属于与甲公司取得收入有关的支出，理由系根据《企业所得税法实施条例》第 27 条的规定，有关的支出，是指与取得收入直接相关的支出，而甲公司在在库融资利息补贴业务中向商业银行支付的利息费用系为其下级经销商支付，与甲公司取得自身收入不具有直接相关性；根据《企业所得税法》第 8 条的规定，对企业实际发生的与取得收入有关的、合理的支出准予在计算应纳税所得额时扣除，因此，甲公司在在库融资利息补贴业务中支出的利息费用不应在企业所得税应纳税所得额中扣除。笔者对税务机关的上述观点持不同意见。

(1)《企业所得税法》及其实施条例对“与取得收入相关的支出”的规定

《企业所得税法》第8条对于可以在应纳税所得额中扣除的支出的条件作出了规定,即该项支出需满足以下四点:①由纳税人承担;②实际发生;③与取得收入有关;④合理。《企业所得税法实施条例》第27条对何为“有关”“合理”给出了界定,该条规定,《企业所得税法》第8条所称有关的支出,是指与取得收入直接相关的支出。《企业所得税法》第8条所称合理的支出,是指符合生产经营活动常规,应当计入当期损益或者有关资产成本的必要和正常的支出。

显然,《企业所得税法实施条例》将“有关的”限定为“直接相关”,仍然不具有实务操作性,对于税务机关和企业在判断某一项支出是否与取得收入“直接相关”造成了制度性障碍和困难。

(2)从立法者的解读中找寻答案

2008年《企业所得税法》及其实施条例的出台,是我国“两税合一”税制改革的成果,为了能够充分阐释《企业所得税法实施条例》的具体规定,企业所得税改革工作小组专门编撰了《企业所得税法实施条例释义》。该释义在内容上基本呈现了《企业所得税法》及其实施条例的立法工作者对于各条文规定内涵的理解,极大程度上反映了各条文规定的立法目的。

《企业所得税法实施条例释义》对《企业所得税法实施条例》第27条规定中的“与取得收入直接相关的支出”作出了如下解读:

“所谓与取得收入直接相关的支出,是指企业所实际发生的能直接带来经济利益的流入或者可预期经济利益的流入的支出。这里需要明确的是:

“一是这类允许税前扣除的支出,应该是能给企业带来现实、实际的经济利益,如生产性企业为生产产品而购买储存的原材料,服务性企业为收取服务费用而雇用员工为客户提供服务,或者购买储存的提供服务过程中所耗费的材料等支出,就属于能直接给企业带来现实、实际经济利益的支出,属于与取得收入直接相关的支出。

“二是这类允许税前扣除的支出,应该是能给企业带来可预期经济利益的流入。虽然企业的这类支出,并不直接或者即时地表现为相应现实、实际经济利益的流入,但是根据社会一般经验或者判断,如果这种支出所对应的收益,将是可预期的,那么这类支出也就属于与取得收入直接相关的支出。如企业的广告费支出,虽然这些支出并不能即时地带来企业经济利益的流入,但是根据社会上一般理性人的理解,这类广告将提高企业及其产品或者服务的知名度，提高其在消费者之间的认同度等，进而推动消费者购买它们的产品或者服务，提升或者加大企业的获利空间，故其也应属于与取得收入直接相关的支出。

“因此，对相关性的具体判断一般是从支出发生的根源和性质方面进行分析，而不是从费用支出的结果分析。”

从立法者的以上解读可以得出以下两点结论：

第一，与取得收入直接相关的支出，是指能够给企业带来现实、实际的经济利益的流入或者带来可预期经济利益的流入的支出。

第二，判断一项支出是否属于与取得收入直接相关的支出，要从支出发生的根源和性质方面进行分析。

（3）甲公司支付的在库融资利息费用应认定为“与取得收入直接相关”

根据《企业所得税法实施条例释义》的上述解读，所谓可预期经济利益流入，并不要求经济利益发生实际的流入，而是根据一般理性人的判断，当某一项支出发生时将可能会产生经济利益的流入。

收入的增加不仅要开源，而且要节流。因此，在理解经济利益流入时，不仅应从经济利益正向流入的角度考虑，即经济利益的增加，也要从经济利益反向流出的角度考虑，即经济利益流出的减少。换言之，当某一项支出能够使得企业未来所能发生的成本费用大为减少，也应当认为该项支出与取得收入直接相关。

在本案中，根据一般理性人的判断标准，甲公司在其所实施的在库融资利息补贴业务中发生的利息费用支出确实能够起到促进经销商增加车辆订购从而增加甲公司销售收入的作用，主要表现在以下三个方面：

首先，能够促进经销商的车辆采购的增长，增加甲公司的销售收入。甲公司作为总经销商与经销商共同承担车辆采购中的贷款融资成本，一方面，可以拓宽经销商的融资渠道、扩大其融资规模、提高其融资能力；另一方面，可以适当降低经销商的融资压力，从而增加经销商的车辆采购量，最终增加甲公司的销售收入。

其次，能够减少库存过多售价降低的风险。根据甲公司在全球的销售经验以及国内经销商的销售实际情况，当经销商保有 30 日以内的库存才能够最大限度地实现甲公司最适宜的商品周转率。因此，在在库融资利息补贴政策中，甲公司只承担30 日内的贷款利息费用，目的就是促使经销商保有适量的库存，避免库存过多引发不得已的降价风险。

最后，能够直接降低甲公司的仓储成本。甲公司在国内港口租用仓库存储进口车辆的成本非常高,通过承担30日内贷款利息费用的做法使得甲公司基本上不用付出任何仓储成本,车辆进口后均直接转运至各经销商,使原本的仓储成本由甲公司转移至经销商。

综上所述,甲公司实施的在库融资利息补贴政策能够有效降低其自身的仓储成本,减少库存管理风险和降价风险,促进经销商采购量的增长,对增加甲公司的汽车销售收入产生了积极的促进作用。因此,甲公司所支付的利息费用不仅能够减少可预期经济利益的流出,而且能够带来可预期经济利益的流入,应认定为与取得收入直接相关。

(4)甲公司支付的在库融资利息费用应准予企业所得税税前扣除

据前述,B市国税局认定甲公司支付的在库融资利息费用属于与取得收入不相关的支出是站不住脚的。而且从支出准予税前扣除的其他条件方面看,甲公司确实、真实、实际地发生了上列支出并直接付与商业银行,商业银行也为甲公司开具了合法、有效的利息费用发票,且该项支出也是符合销售规律的必要的、理性的支出。根据《企业所得税法》及其实施条例的规定,甲公司有权在企业所得税前列支该项支出费用。因此,显然B市国税局的征税决定存在适用和理解税法错误的合法性缺陷。

2. 甲公司支付的基础奖励金、金融促销奖励金是否属于税法认可的销售折让

在基础奖励金方面,B市国税局的核心观点在于,甲公司是按照下级经销商的零售数量给予经销商的折让,而根据国税函〔2006〕1279号文的规定,销售折让应是纳税人根据购货方的批发数量确定的,因此甲公司向经销商支付的基础奖励金不属于税法上认可的销售折让,不能冲减收入。在金融促销奖励金方面,B市国税局的核心观点在于,甲公司向下级经销商支付的款项系给予经销商承担消费者贷款利息的补贴,不属于国税函〔2006〕1279号文中明确列举的销售折让模式,因此也不属于税法上认可的销售折让,不能冲减收入。因此,甲公司不能相应减少其企业所得税应纳税所得额和增值税销项税额。笔者对税务机关的上述观点仍持不同意见。

(1)销售折让的基本内涵探析

销售折让,是指销货方在销售货物后,基于合理的商业目的或原因,给予购货方相应的价格减让、价格优惠或补偿的商业行为。

我国税法在规范销售折让的内涵及其税务处理方面的最初目的是解决销货方在销售行为完成后发生商品质量、品种、规格不符合购销合同约定的问题,销货方通过给予购货方一定的价格补偿来避免购货方退货。因此,补偿减让和避免销售退回是销售折让的基本性质和最初目的。如国税函〔2008〕875号文规定了因质量不合格等原因带

来的价格减让等销售折让行为。

随着我国商品经济的快速发展,商品购销模式呈现复杂、多样的变化,开始出现销货方因商品市场价格下降、奖励购货方采购等原因向购货方给予事后的价格减让的行为。为了妥善解决此类多样、繁杂的销售折让行为的界定问题,国家税务总局出台了国税函〔2006〕1279 号文,明确规定销货方完成销货并开出增值税专用发票后,由于购货方在一定时期内累计购买货物达到一定数量或由于市场价格下降等原因,销货方给予购货方相应的价格补偿的属于销售折让。国税函〔2006〕1279 号文的出台体现了税法对市场经济体制下不断变化发展的商业模式的尊重和认可,也反映了销售折让在本质和内涵上所发生的变化,即销售折让并非以避免销售退回、解决商品质量不合格问题为其唯一目的,同时具有平衡购销双方利益、促进销售业绩增长等功能。与此同时,国税函〔2006〕1279 号文的制定者深谙在市场经济飞速发展的情况下,销售折让模式绝不仅限于市场价格下降、给予购货方奖励等情形,因此,在行文表述规范中使用了"等原因"的措辞,目的很明显,就是给销售折让留有可扩大的解释空间,让税法规范更具有适应性和灵活性。

(2)现行税法对销售折让的具体规定

增值税一般纳税人发生销售折让的,通常会影响其企业所得税和增值税应纳税额的计算。根据国税函〔2008〕875 号文的规定,纳税人发生销售折让的,应当按照其给予购货方的价款减让金额冲减其当期的销售收入,从而冲减其当期的企业所得税应纳税所得额。根据《增值税暂行条例实施细则》的规定,一般纳税人发生销售折让的,应按规定开具红字增值税专用发票,相应冲减其当期的销售收入和增值税销项税额。

前已述及,目前我国税法对销售折让的界定规范主要系国税函〔2008〕875 号文和国税函〔2006〕1279 号文。国税函〔2008〕875 号文第 1 条第 5 款第 3 项规定,"企业因售出商品的质量不合格等原因而在售价上给的减让属于销售折让"。国税函〔2006〕1279 号文规定,"纳税人销售货物并向购买方开具增值税专用发票后,由于购货方在一定时期内累计购买货物达到一定数量,或者由于市场价格下降等原因,销货方给予购货方相应的价格优惠或补偿等折扣、折让行为,销货方可按现行《增值税专用发票使用规定》的有关规定开具红字增值税专用发票"。

这里需要注意的是,国税函〔2008〕875 号文是企业所得税的规范性文件,国税函〔2006〕1279 号文是增值税的规范性文件,两份文件规定的都是销售折让这一事项。因此,尽管两份规范性文件分属不同税种,但相互之间应当认可彼此对销售折让规定的效力,并不至于同一事项在不同税种之间产生内涵上的偏差。

(3)甲公司支付的基础奖励金符合销售折让的内涵,应为税法所认可

甲公司与其下级经销商签订了销售折让协议,甲公司依约根据下级经销商的汽车零售数量计算并给予了汽车价款的减让,符合销售折让在促进销售业绩增长方面的内涵,而这一内涵不应仅局限于以批发数量为准。更进一步讲,批发数量并不能体现货物是否真正地销售至终端消费者,因为实际销售中常会产生销售退回、退货的情形,而下级经销商最终的零售数量才能切实反映销售业绩,如果仅以批发数量作为销售折让的计算依据,反而不符合经济理性。因此,从销售折让的内涵与实质角度考察,甲公司支付的基础奖励金完全属于销售折让行为,应为税法所认可。

尽管国税函〔2006〕1279 号文所明确列举的销售折让方式系以下级经销商批发数量为计算依据的价格折让,但该文件明确用"等原因"的措辞清楚地表明了其规则立场,即销售折让的行为绝不局限于其所明确列举的情形,税务机关在执法过程中应当进行综合判断,而不能进行限缩解释。因此,笔者认为,B 市国税局在甲公司基础奖励金业务方面的纳税调整理由是站不住脚的。

(4)甲公司支付的金融促销奖励金符合销售折让的内涵,应为税法所认可

甲公司推出的金融促销政策具有一定的市场背景。彼时我国汽车销售市场竞争十分激烈,尤其是某些国家的汽车品牌还受到非经济因素的影响,面临汽车销售价格被迫下降的风险。甲公司作为国外知名的汽车品牌公司如果直接降低车辆售价对于品牌形象、市场定位等均会产生极大的负面影响,因此,甲公司通过给予消费者贷款利息补贴的方式实现了变相地降低售价的结果,既可以更多地给予消费者优惠,从而保持稳定的汽车销量,又可以确保自身的售价不会降低。

在金融促销奖励金业务的具体运作上,为消费者承担购车贷款利息费用的是甲公司的下级经销商。在甲公司与其下游经销商之间的汽车购销关系中看,实际上是发生了市场价格下降的情况,即下游经销商实现的销售收入因为需要承担消费者的贷款利息而降低。为此,甲公司按照下游经销商承担的购车贷款利息金额为下游经销商给予了价款的减让。这一金融促销安排也完全符合销售折让在应对市场价格下降方面的内涵与实质,因此,甲公司支付金融促销奖励金的销售折让行为也应为税法所认可。

B 市国税局在理解和适用国税函〔2006〕1279 号文所规定的"市场价格下降"过于片面和狭隘,也存在限缩解释的问题,与国税函〔2006〕1279 号文的基本立场相违背。从本案中可以清晰地看到,所谓市场价格下降,并不单单指商品的销售价格为合同、协议所客观修改,也应包括市场价格存在潜在下降的趋势,如因日趋激烈的市场竞争、国家政策的演变而导致的商品市场价格可预期的下降等。在市场价格存在潜在下降趋

势的情况下，销货方实施的各种多样化、复杂的价格减让行为显然应当得到税法的尊重与认可。

综上所述，甲公司因实施基础奖励金业务和金融促销奖励金业务所给予经销商的价款减让行为符合税法中的销售折让行为，应准予其相应冲减销售收入和增值税销项税额，B 市国税局所实施的纳税调整行为存在认定事实不清、适用税法错误的问题。

（二）从行政法和税法原则角度分析税务机关的征税行为

1. 与信赖保护原则相违背，导致各地税收执法不一

从学理上看，行政法的信赖保护原则系民法上诚实信用原则的合理类推结果。同时，行政法上的信赖保护原则与民法上的信赖保护原则在内涵上又存在不同，至少包括以下三个方面的内容：（1）行政主体之间相互信任和忠诚，以诚实信用的方法作出行政行为；（2）对行政相对人来说，行政行为产生正当的信赖利益；（3）对行政相对人的正当信赖利益要以适当的方式给予保护。

在基础奖励金和金融促销奖励金业务中，由于甲公司已向下级经销商开出了增值税专用发票，又给予了价格上的减让，因此需要由甲公司向下级经销商开出红字增值税专用发票。根据国税发〔2006〕156 号文的规定，需要开具红字增值税专用发票的，购货方应先向其所在地的主管税务机关填报书面申请，主管税务机关经审核符合条件后向购货方出具《开具红字增值税专用发票通知单》，购货方将该通知单交由销货方，销货方凭该通知单开出红字增值税专用发票并在账务上进行冲减收入和增值税销项税额的税务处理。购货方取得红字增值税专用发票后进行增值税进项税额转出的税务处理。

甲公司向其下级经销商开出的红字增值税专用发票均有下级经销商提交的《开具红字增值税专用发票通知单》一一对应。下级经销商的主管税务机关出具的《开具红字增值税专用发票通知单》属于一项行政行为，是对所涉业务行为进行实质审查后的结果，是认可其作为销售折让符合开具红字增值税专用发票的条件的表现。甲公司在取得各税务机关出具的《开具红字增值税专用发票通知单》后便产生了正当的信赖利益，并依照通知单开出红字增值税专用发票。然而，B 市国税局却否定甲公司的业务行为系销售折让，并作出了补缴税款的决定，明显与各地的主管税务机关所作出的行政执法行为存在严重的矛盾和不一致的情况。税务机关一前一后内容截然相反的税务执法行为导致甲公司不得不背负沉重的补税及滞纳金的资金负担，甲公司的信赖利益受到了极大程度上的损害。

2. 与税收公平原则相违背，造成重复征税

税收公平原则是税法的基本原则之一，是当今世界各国制定税收制度的首要准

则。税收公平原则的核心含义在于国家征税应使各个纳税人的税负与其负担能力相适应,并使纳税人之间的负担水平保持平衡。在税收征纳关系中,如何确定纳税人的税收负担,使纳税人之间的税收负担能够大体持平,以保证所有的纳税人在税法面前人人平等,这是税收公平原则必须解决的重要问题。税收公平原则的基本内涵要求税务机关在税务行政执法过程中必须遵循量能负担原则,相同情况相同对待,避免出现重复征税和税收歧视。本案中,B市国税局的征税行为就存在违反量能课税、导致重复征税的问题,与税收公平原则相违背。

在在库融资利息补贴业务中,商业银行据实取得了利息收入并申报缴纳了企业所得税,对应地,甲公司与下级经销商也就有权根据其各自承担的利息费用部分进行企业所得税的税前扣除,从而消除经济上的重复征税,从税收结果上看也并未造成任何国家税收的损失。然而,B市国税局不允许甲公司税前扣除其利息费用,而商业银行已将该部分利息费用的发票开具给甲公司,无法再向下级经销商开具,因此下级经销商也无法再将该部分利息费用进行税前扣除,从而造成企业所得税的重复征税现象。这就导致了甲公司原本不具有税收负担能力,但B市国税局仍然要求甲公司超越其税收负担能力缴纳税款,违背了税收公平原则。

在基础奖励金业务和金融促销奖励金业务中,甲公司通过向其下游经销商给予合法、有效的价格减让使其自身真实、实际的销售收入发生了减少的结果,与此同时,下游经销商可以抵扣的增值税进项税额及其库存成本也相应地减少,从整体上看,国家的增值税税收和企业所得税税收未出现任何非法损失。然而,B市国税局不允许甲公司进行收入和增值税销项税额的冲减,这就导致甲公司实际上按照其所不具有的销售收入承担了超过其税收负担能力的税收负担,也造成了企业所得税和增值税的重复征税现象,违背了税收公平原则。

3. 与税收中性原则相违背,损害市场竞争机制的正常运行

税收中性原则作为一种古老的税收理论缘起于经济自由主义理论,是我国1994年税制改革的指导思想之一,在当前我国社会主义市场经济体制下的税制改革中仍然具有深远的指导意义。在今天,税收中性原则颇有深远指导意义的一项内涵系国家征税应避免对市场经济正常运行的干扰,不能影响市场对经济运行的自发引导作用。这为税务机关的税收执法行为提出了更高的要求,即要保持执法公正、公平,做到宽严适度,避免税收参与市场主体间的商业竞争,避免因执法不公、执法不严或执法过严造成纳税人的额外经济负担、恶化投资环境。

在本案中,甲公司为了提升自身的市场竞争力,创新出在库融资利息补贴、基础奖

励金补贴和金融促销奖励金补贴的汽车销售模式,不仅具有较高的商业价值和合理的商业目的,且其税务处理、税款缴纳金额、税收负担也与真实的购销交易情况相吻合,不存在造成国家税收损失的任何后果。在这种情况下,税务机关过分地限缩解释税务规范性文件,忽视税收规范自身所具有的灵活性和适应性的特点,直接否定甲公司的销售模式的税法合法性,给甲公司造成了沉重的税收负担,并严重扰乱了正常的市场竞争秩序,明显违反了税收中性原则,也对国内正常、良好的外商投资环境造成了一定的损害。

我国正在步入社会主义市场经济的较成熟发展阶段,随着"互联网+"经济业态的飞速发展以及经济全球化的推动,未来更多全新的、复杂的、多样化的商业模式将会层出不穷。税收因素对于商业模式的创新的影响将会是颠覆性的,税法能否适应市场经济的飞速发展在一定程度上决定了我国深化财税体制改革和推行良法善治的成败。然而,法律具有天然的滞后性,税法亦不能幸免。这一客观现状对税法的立法者和执法者提出了更高的要求,要让税法更多地发挥刺激经济发展的作用。对于立法者而言,税收规范的制定应当具有一定的前瞻性和灵活性,充分尊重市场经济主体的经济行为,充分保障纳税人的合法权益。对于执法者而言,要深入理解税收规范的立法精髓,恪守税收公平、税收中性和诚信原则,避免过分干扰市场经济主体的竞争秩序,造成纳税人不必要的税法遵从成本。

第四章　税务行政诉讼代理

公民、法人或者其他组织认为行政机关和行政机关工作人员的行政行为侵犯其合法权益，有权依照《行政诉讼法》向人民法院提起诉讼。公民、法人或者其他组织对行政机关及其工作人员的行政行为不服，依法提起诉讼的，属于人民法院行政诉讼的受案范围。

税务行政诉讼应当遵循下列原则或要求：

(1)人民法院依法对行政案件独立行使审判权，不受行政机关、社会团体和个人的干涉；

(2)人民法院设行政审判庭，审理行政案件；

(3)人民法院审理行政案件，以事实为根据，以法律为准绳；

(4)人民法院审理行政案件，对行政行为是否合法进行审查；

(5)人民法院审理行政案件，依法实行合议、回避、公开审判和两审终审制度；

(6)当事人在行政诉讼中的法律地位平等；

(7)各民族公民都有用本民族语言、文字进行行政诉讼的权利；

(8)在少数民族聚居或者多民族共同居住的地区，人民法院应当用当地民族通用的语言、文字进行审理和发布法律文书；

(9)人民法院应当对不通晓当地民族通用的语言、文字的诉讼参与人提供翻译；

(10)当事人在行政诉讼中有权进行辩论；

(11)人民检察院有权对行政诉讼实行法律监督；

(12)被诉行政机关负责人应当出庭应诉，不能出庭的，应当委托行政机关相应的工作人员出庭。

第一节　税务行政诉讼程序概述

一、税务行政诉讼的起诉

税务律师代理委托人提起税务行政诉讼,应当满足起诉的条件。

(一)有适格的原告

税务行政诉讼的原告,应当是税务行政行为的相对人以及其他与税务行政行为有利害关系的公民、法人或者其他组织,具体分为如下3种情况:

1.原告可以是纳税人、纳税担保人或扣缴义务人等。其中,“与行政行为有利害关系”的情形包括:

(1)被诉的行政行为涉及其相邻权或者公平竞争权的;

(2)在行政复议等行政程序中被追加为第三人的;

(3)要求行政机关依法追究加害人法律责任的;

(4)撤销或者变更行政行为涉及其合法权益的;

(5)为维护自身合法权益向行政机关投诉,具有处理投诉职责的行政机关作出或者未作出处理的;

(6)其他与行政行为有利害关系的情形。

2.有权提起诉讼的公民死亡,其近亲属可以提起诉讼。“近亲属”包括配偶、父母、子女、兄弟姐妹、祖父母、外祖父母、孙子女、外孙子女和其他具有扶养、赡养关系的亲属。

公民因被限制人身自由而不能提起诉讼的,其近亲属可以依其口头或者书面委托,以该公民的名义提起诉讼。近亲属起诉时无法与被限制人身自由的公民取得联系的,近亲属可以先行起诉,并在诉讼中补充提交委托证明。

3.有权提起诉讼的法人或者其他组织终止,承受其权利的法人或者其他组织可以提起诉讼。

(二)有明确的被诉税务机关

公民、法人或其他组织直接向人民法院提起诉讼的,应当以作出行政行为的税务机关为被告。但在税收实践中,应当结合具体情况来适用确定被告的规则:

1.经复议的案件,复议机关决定维持原行政行为的,作出原行政行为的行政机关和复议机关是共同被告;复议机关改变原行政行为的,复议机关是被告。其中,“复议机关改变原行政行为”,是指复议机关改变原行政行为的处理结果。复议机关改变原行政行为所认定的主要事实和证据、改变原行政行为所适用的规范依据,但未改变原行政行为处理结果的,视为复议机关维持原行政行为。复议机关确认原行政行为无效、违法,属于改变原行政行为,但复议机关以违反法定程序为由确认原行政行为违法的除外。

2. 复议机关在法定期限内未作出复议决定,公民、法人或者其他组织起诉原行政行为的,作出原行政行为的行政机关是被告;起诉复议机关不作为的,复议机关是被告。

3. 税务行政机关的内设机构或者派出机构在没有法律、法规或者规章授权的情况下,以自己的名义作出的具体行政行为,当事人不服提起行政诉讼的,应当以该税务行政机关为被告;法律、法规或者规章授权行使行政职权的税务行政机关内设机构、派出机构或者其他组织,超出法定授权范围实施行政行为,当事人不服提起诉讼的,应当以实施该行为的机构或者组织为被告。

4. 没有法律、法规或者规章规定,税务行政机关授权其内设机构、派出机构或者其他组织行使行政职权的,属于委托。当事人不服税务行政机关委托的组织所作的行政行为提起诉讼的,应当以该税务行政机关为被告。

5. 两个以上行政机关作出同一行政行为的,共同作出行政行为的行政机关是共同被告。

6. 行政机关被撤销或者职权变更的,继续行使其职权的行政机关是被告。没有继续行使其职权的行政机关的,以垂直领导的上一级行政机关为被告。

(三)有具体的诉讼请求和事实根据

1. 诉讼请求

诉讼请求,是指原告通过人民法院向被告提出的,希望获得法院司法保护的实体权利要求。它将决定法院审理和裁判的内容,因此必须明确、具体。“有具体的诉讼请求”是指:

(1)请求判决撤销或者变更行政行为;

(2)请求判决行政机关履行特定法定职责或者给付义务;

(3)请求判决确认行政行为违法;

(4)请求判决确认行政行为无效;

(5)请求判决行政机关予以赔偿或者补偿;

(6)请求解决行政协议争议;

(7)请求一并审查规章以下规范性文件;

(8)请求一并解决相关民事争议;

(9)其他诉讼请求。

2. 事实根据

事实根据,是指原告向人民法院起诉所依据的事实和理由,包括案件情况和证据。

其中,经法庭审查属实后,可以作为税务行政诉讼中认定案件事实的根据的有:(1)书证;(2)物证;(3)视听资料;(4)电子数据;(5)证人证言;(6)当事人的陈述;(7)鉴定意见;(8)勘验笔录、现场笔录。

3. 税务行政诉讼证据规则

税务行政诉讼中,诉讼参加人应当遵循如下证据规则:

(1)被告对作出的行政行为负有举证责任,应当提供作出该行政行为的证据和所依据的规范性文件;被告不提供或者无正当理由逾期提供证据,视为没有相应证据。但是,被诉行政行为涉及第三人合法权益,第三人提供证据的除外。

(2)在诉讼过程中,被告及其诉讼代理人不得自行向原告、第三人和证人收集证据。

(3)被告在作出行政行为时已经收集了证据,但因不可抗力等正当事由不能提供的,经人民法院准许,可以延期提供;原告或者第三人提出了其在行政处理程序中没有提出的理由或者证据的,经人民法院准许,被告可以补充证据。

(4)原告可以提供证明行政行为违法的证据;原告提供的证据不成立的,不免除被告的举证责任。

(5)在起诉被告不履行法定职责的案件中,原告应当提供其向被告提出申请的证据,但有下列情形之一的除外:①被告应当依职权主动履行法定职责的;②原告因正当理由不能提供证据的。在行政赔偿、补偿的案件中,原告应当对行政行为造成的损害提供证据。因被告的原因导致原告无法举证的,由被告承担举证责任。

(6)人民法院有权要求当事人提供或者补充证据。

(7)人民法院有权向有关行政机关以及其他组织、公民调取证据。但是,不得为证明行政行为的合法性调取被告作出行政行为时未收集的证据。

(8)与本案有关的下列证据,原告或者第三人不能自行收集的,可以申请人民法院调取:①由国家机关保存而须由人民法院调取的证据;②涉及国家秘密、商业秘密和个人隐私的证据;③确因客观原因不能自行收集的其他证据。当事人申请调查收集证据,但该证据与待证事实无关联、对证明待证事实无意义或者其他无调查收集必要的,人民法院不予准许。

(9)在证据可能灭失或者以后难以取得的情况下,诉讼参加人可以向人民法院申请保全证据,人民法院也可以主动采取保全措施。

(10)证据应当在法庭上出示,并由当事人互相质证。涉及国家秘密、商业秘密和个人隐私的证据,不得在公开开庭时出示。人民法院应当按照法定程序,全面、客观地审查核实证据。对未采纳的证据应当在裁判文书中说明理由。

(11)以非法手段取得的证据,不得作为认定案件事实的根据。“以非法手段取得的证据”,是指:①严重违反法定程序收集的证据材料;②以违反法律强制性规定的手段获取且侵害他人合法权益的证据材料;③以利诱、欺诈、胁迫、暴力等手段获取的证据材料。

(12)人民法院认为有必要的,可以要求当事人本人或者行政机关执法人员到庭,就案件有关事实接受询问。在询问之前,可以要求其签署保证书。保证书应当载明据实陈述、如有虚假陈述愿意接受处罚等内容。当事人或者行政机关执法人员应当在保证书上签名或者捺指印。负有举证责任的当事人拒绝到庭、拒绝接受询问或者拒绝签署保证书,待证事实又欠缺其他证据加以佐证的,人民法院对其主张的事实不予认定。

(13)被告有证据证明其在行政程序中依照法定程序要求原告或者第三人提供证据,原告或者第三人依法应当提供而没有提供的,对于原告或者第三人在诉讼程序中提供的证据,人民法院一般不予采纳。

(14)原告或者第三人确有证据证明被告持有的证据对原告或者第三人有利的,可以在开庭审理前书面申请人民法院责令行政机关提交。申请理由成立的,人民法院应当责令行政机关提交,因提交证据所产生的费用,由申请人预付。行政机关无正当理由拒不提交的,人民法院可以推定原告或者第三人基于该证据主张的事实成立。

(四)税务行政诉讼的受案范围

税务行政机关的行政执法行为涉及纳税人合法权益的,都有可能成为税务行政诉讼的受案范围,具体包括:

(1)税务机关作出的征税行为,包括确认纳税主体、征税对象、征税范围、减税、免税及退税、适用税率、计税依据、纳税环节、纳税期限、纳税地点以及税款征收方式等具体行政行为和征收税款,加收滞纳金及扣缴义务人、受税务机关委托征收的单位作出的代扣代缴、代收代缴行为。

(2)税务机关作出的税收保全措施,包括书面通知银行或者其他金融机构冻结存款和扣押、查封商品、货物或者其他财产。

(3)税务机关未及时解除保全措施,使纳税人及其他当事人合法权益遭受损失的行为。

(4)税务机关作出的强制执行措施,包括书面通知银行或者其他金融机构从其存款中扣缴税款,和变卖、拍卖扣押、查封的商品、货物或者其他财产。

(5)税务机关作出的行政处罚行为,包括罚款、没收财物和违法所得、停止出口退税权。

(6)税务机关不予依法办理或者答复的行为包括不予审批减免税或者出口退税,不予抵扣税款,不予退还税款,不予开具完税凭证和出具票据,不予认定为增值税一般纳税人,不予核准延期申报、批准延期缴纳税款,不予履行行政赔偿,不予履行行政奖励,以及其他不依法履行职责的行为。

(7)税务机关作出的取消增值税一般纳税人资格的行为。

(8)发票管理行为,包括发售、收缴、代开发票等。

(9)税务机关责令纳税人提供纳税担保或者不依法确认纳税担保有效的行为。

(10)税务机关不依法给予举报奖励的行为。

(11)税务机关作出的通知出境管理机关阻止出境行为。

(12)政府信息公开工作中的具体行政行为。

(13)纳税信用等级评定行为。

(14)税务机关作出的其他具体行政行为。

(五)税务行政诉讼的管辖

1. 级别管辖

基层人民法院管辖第一审行政案件。

中级人民法院管辖下列第一审行政案件:(1)对国务院部门或者县级以上地方人民政府所作出的行政行为提起诉讼的案件;(2)海关处理的案件;(3)本辖区内重大、复杂的案件;(4)其他法律规定由中级人民法院管辖的案件。

高级人民法院管辖本辖区内重大、复杂的第一审行政案件。

最高人民法院管辖全国范围内重大、复杂的第一审行政案件。有下列情形之一的,属于"本辖区内重大、复杂的案件":(1)社会影响重大的共同诉讼案件;(2)涉外或者涉及我国香港特别行政区、澳门特别行政区、台湾地区的案件;(3)其他重大、复杂案件。

当事人以案件重大复杂为由,认为有管辖权的基层人民法院不宜行使管辖权,直接向中级人民法院起诉的,中级人民法院应当根据不同情况在7日内分别作出以下处理:(1)决定自己审理;(2)指定本辖区其他基层人民法院管辖;(3)书面告知当事人向有管辖权的基层人民法院起诉。

有管辖权的基层人民法院未立案也未作出不予立案裁定,当事人可以向中级人民法院起诉,中级人民法院认为符合起诉条件的,应当在7日内分别作出以下处理:(1)决定自己立案、审理;(2)指定本辖区其他基层人民法院立案、审理。

基层人民法院对其管辖的第一审行政案件,认为需要由中级人民法院审理或者指定管辖的,可以报请中级人民法院决定。中级人民法院应当根据不同情况在7日内分别作出以下处理:(1)决定自己审理;(2)指定本辖区其他基层人民法院管辖;(3)决定由报请的人民法院审理。

2. 地域管辖

行政案件由最初作出行政行为的行政机关所在地人民法院管辖。

经复议的案件,也可以由复议机关所在地人民法院管辖。

两个以上人民法院都有管辖权的案件,原告可以选择其中一个人民法院提起诉讼。原告向两个以上有管辖权的人民法院提起诉讼的,由最先立案的人民法院管辖。

3. 管辖制度中的其他规定

人民法院发现受理的案件不属于本院管辖的,应当移送有管辖权的人民法院,受移送的人民法院应当受理。受移送的人民法院认为受移送的案件按照规定不属于本院管辖的,应当报请上级人民法院指定管辖,不得再自行移送。

有管辖权的人民法院由于特殊原因不能行使管辖权的,由上级人民法院指定管辖。

人民法院对管辖权发生争议,由争议双方协商解决。协商不成的,报其共同上级人民法院指定管辖。

上级人民法院有权审判下级人民法院管辖的第一审行政案件。

下级人民法院对其管辖的第一审行政案件,认为需要由上级人民法院审理或者指定管辖的,可以报请上级人民法院决定。

人民法院受理案件后,被告提出管辖异议的,应当在收到起诉状副本之日起15日内提出。对当事人提出的管辖异议,人民法院应当进行审查。异议成立的,裁定将案件移送有管辖权的人民法院;异议不成立的,裁定驳回。

人民法院对管辖异议审查后确定有管辖权的,不因当事人增加或者变更诉讼请求等改变管辖,但违反级别管辖、专属管辖规定的除外。

经最高人民法院批准,高级人民法院可以根据审判工作的实际情况,确定若干人民法院跨行政区域管辖行政案件。

（六）复议前置

纳税人、扣缴义务人、纳税担保人同税务机关在纳税上发生争议时，必须先依照税务机关的纳税决定缴纳或解缴税款及滞纳金，或者提供相应的担保，然后可以依法申请行政复议；对行政复议决定不服，或者复议机关逾期不作出复议决定的，可以依法向人民法院起诉。

法律、法规规定应当先申请复议，公民、法人或者其他组织未申请复议直接提起诉讼的，人民法院裁定不予立案。

当事人对税务机关的处罚决定、强制执行措施或者税收保全措施不服的，可以依法申请行政复议，也可以依法向人民法院起诉。

（七）在法定期限内提起行政诉讼

公民、法人或者其他组织不服复议决定的，可以在收到复议决定书之日起 15 日内向人民法院提起诉讼。复议机关逾期不作决定的，申请人可以在复议期满之日起 15 日内向人民法院提起诉讼。法律另有规定的除外。

公民、法人或者其他组织直接向人民法院提起诉讼的，应当自知道或者应当知道作出行政行为之日起 6 个月内提出。法律另有规定的除外。

行政机关作出行政行为时，未告知公民、法人或者其他组织起诉期限的，起诉期限从公民、法人或者其他组织知道或者应当知道起诉期限之日起计算，但从知道或者应当知道行政行为内容之日起最长不得超过 1 年。

复议决定未告知公民、法人或者其他组织起诉期限的，适用上述规定。

公民、法人或者其他组织不知道行政机关作出的行政行为内容的，其起诉期限从知道或者应当知道该行政行为内容之日起计算。对因不动产提起诉讼的案件自行政行为作出之日起超过 20 年，其他案件自行政行为作出之日起超过 5 年提起诉讼的，人民法院不予受理。

公民、法人或者其他组织申请行政机关履行保护其人身权、财产权等合法权益的法定职责，行政机关在接到申请之日起 2 个月内不履行的，公民、法人或者其他组织可以向人民法院提起诉讼。法律、法规对行政机关履行职责的期限另有规定的，从其规定。

公民、法人或者其他组织在紧急情况下请求行政机关履行保护其人身权、财产权等合法权益的法定职责，行政机关不履行的，提起诉讼不受前款规定期限的限制。

公民、法人或者其他组织因不可抗力或者其他不属于其自身的原因耽误起诉期限的,被耽误的时间不计算在起诉期限内。

原告起诉应当向人民法院递交起诉状,并按照被告人数提出副本。书写起诉状确有困难的,可以口头起诉,由人民法院记入笔录,出具注明日期的书面凭证,并告知对方当事人。

二、税务行政诉讼的受理

人民法院在接到起诉状时对符合《行政诉讼法》规定的起诉条件的,应当登记立案。

对当场不能判定是否符合《行政诉讼法》规定的起诉条件的,应当接收起诉状,出具注明收到日期的书面凭证,并在7日内决定是否立案。不符合起诉条件的,作出不予立案的裁定。裁定书应当载明不予立案的理由。原告对裁定不服的,可以提起上诉。

起诉状内容欠缺或者有其他错误的,应当给予指导和释明,并一次性告知当事人需要补正的内容。不得未经指导和释明即以起诉不符合条件为由不接收起诉状。

对于不接收起诉状、接收起诉状后不出具书面凭证,以及不一次性告知当事人需要补正的起诉状内容的,当事人可以向上级人民法院投诉,上级人民法院应当责令改正,并对直接负责的主管人员和其他直接责任人员依法给予处分。

人民法院既不立案,又不作出不予立案裁定的,当事人可以向上一级人民法院起诉。上一级人民法院认为符合起诉条件的,应当立案、审理,也可以指定其他下级人民法院立案、审理。

公民、法人或者其他组织认为行政行为所依据的国务院部门和地方人民政府及其部门制定的规范性文件不合法,在对行政行为提起诉讼时,可以一并请求对该规范性文件进行审查。

三、税务行政诉讼的一审程序

律师代理税务行政诉讼,应当审查诉讼审理程序是否合法。

(一)开庭审理前的准备

1. 交换诉状

人民法院应当在立案之日起5日内,将起诉状副本发送被告。被告应当在收到起诉状副本之日起15日内向人民法院提交作出行政行为的证据和所依据的规范性文件,并提出答辩状。人民法院应当在收到答辩状之日起5日内,将答辩状副本发送原告。被告不提出答辩状的,不影响人民法院审理。

2. 组成合议庭

合议庭是法院审理行政案件唯一的组织形式。人民法院审理行政案件,由审判员组成合议庭,或者由审判员、陪审员组成合议庭。合议庭的成员,应当是3人以上的单数。合议庭组成人员确定之后,应当在3日内告知当事人。

3. 通知开庭

人民法院适用普通程序审理案件,应当在开庭3日前用传票传唤当事人。对证人、鉴定人、勘验人、翻译人员,应当用通知书通知其到庭。当事人或者其他诉讼参与人在外地的,应当留有必要的在途时间。

(二)审理程序的一般规定

1. 公开审理原则

人民法院公开审理行政案件,但涉及国家秘密、个人隐私和法律另有规定的除外。涉及商业秘密的案件,当事人申请不公开审理的,可以不公开审理。

2. 不适用调解原则

人民法院审理行政案件,不适用调解。人民法院经审理认为法律关系明确、事实清楚,在征得当事人双方同意后,可以迳行调解。

但是,行政赔偿、补偿以及行政机关行使法律、法规规定的自由裁量权的案件可以调解。调解应当遵循自愿、合法原则,不得损害国家利益、社会公共利益和他人合法权益。

调解达成协议,人民法院应当制作调解书。调解书应当写明诉讼请求、案件的事实和调解结果。调解书由审判人员、书记员署名,加盖人民法院印章,送达双方当事人。调解书经双方当事人签收后,即具有法律效力。调解书生效日期根据最后收到调解书的当事人签收的日期确定。

人民法院审理行政案件,调解过程不公开,但当事人同意公开的除外。经人民法院准许,第三人可以参加调解。人民法院认为有必要的,可以通知第三人参加调解。

调解协议内容不公开,但为保护国家利益、社会公共利益、他人合法权益,人民法院认为确有必要公开的除外。

当事人一方或者双方不愿调解、调解未达成协议的,人民法院应当及时判决。当事人自行和解或者调解达成协议后,请求人民法院按照和解协议或者调解协议的内容制作判决书的,人民法院不予准许。

3. 回避原则

当事人认为审判人员与本案有利害关系或者有其他关系可能影响公正审判,有权申请审判人员回避。当事人申请回避,应当说明理由,在案件开始审理时提出;回避事由在案件开始审理后知道的,应当在法庭辩论终结前提出。被申请回避的人员,在人民法院作出是否回避的决定前,应当暂停参与本案的工作,但案件需要采取紧急措施的除外。

审判人员认为自己与本案有利害关系或者有其他关系,应当申请回避。上述规定适用于书记员、翻译人员、鉴定人、勘验人。院长担任审判长时的回避,由审判委员会决定;审判人员的回避,由院长决定;其他人员的回避,由审判长决定。

对当事人提出的回避申请,人民法院应当在3日内以口头或者书面形式作出决定。对当事人提出的明显不属于法定回避事由的申请,法庭可以依法当庭驳回。

申请人对驳回回避申请决定不服的,可以向作出决定的人民法院申请复议一次。复议期间,被申请回避的人员不停止参与本案的工作。对申请人的复议申请,人民法院应当在3日内作出复议决定,并通知复议申请人。

在一个审判程序中参与过本案审判工作的审判人员,不得再参与该案其他程序的审判。不过,发回重审的案件,在一审法院作出裁判后又进入第二审程序的,原第二审程序中合议庭组成人员不受前款规定的限制。

4. 诉讼不停止执行原则

诉讼期间,不停止行政行为的执行。但有下列情形之一的,裁定停止执行:

(1)被告认为需要停止执行的;

(2)原告或者利害关系人申请停止执行,人民法院认为该行政行为的执行会造成难以弥补的损失,并且停止执行不损害国家利益、社会公共利益的;

(3)人民法院认为该行政行为的执行会给国家利益、社会公共利益造成重大损害的;

(4)法律、法规规定停止执行的。

当事人对停止执行或者不停止执行的裁定不服的,可以申请复议一次。

5. 缺席判决

原告或者上诉人申请撤诉,人民法院裁定不予准许的,原告或者上诉人经传票传唤无正当理由拒不到庭,或者未经法庭许可中途退庭的,人民法院可以缺席判决。

被告经传票传唤无正当理由拒不到庭,或者未经法庭许可中途退庭的,人民法院可以按期开庭或者继续开庭审理,对到庭的当事人诉讼请求、双方的诉辩理由以及已经提交的证据及其他诉讼材料进行审理后,依法缺席判决。

第三人经传票传唤无正当理由拒不到庭,或者未经法庭许可中途退庭的,不发生阻止案件审理的效果。

6. 妨害行政诉讼行为的责任

诉讼参与人或者其他人有下列行为之一的,法院可以根据情节轻重,予以训诫、责令具结悔过或者处 1 万元以下的罚款、15 日以下的拘留；构成犯罪的，依法追究刑事责任：

(1)有义务协助调查、执行的人，对人民法院的协助调查决定、协助执行通知书，无故推脱、拒绝或者妨碍调查、执行的；

(2)伪造、隐藏、毁灭证据或者提供虚假证明材料，妨碍人民法院审理案件的；

(3)指使、贿买、胁迫他人作伪证或者威胁、阻止证人作证的；

(4)隐藏、转移、变卖、毁损已被查封、扣押、冻结的财产的；

(5)以欺骗、胁迫等非法手段使原告撤诉的；

(6)以暴力、威胁或者其他方法阻碍人民法院工作人员执行职务，或者以哄闹、冲击法庭等方法扰乱人民法院工作秩序的；

(7)对人民法院审判人员或者其他工作人员、诉讼参与人、协助调查和执行的人员恐吓、侮辱、诽谤、诬陷、殴打、围攻或者打击报复的。

人民法院对有前款规定的行为之一的单位，可以对其主要负责人或者直接责任人员依照前述规定予以罚款、拘留；构成犯罪的，依法追究刑事责任。

罚款、拘留须经人民法院院长批准。当事人不服的，可以向上一级人民法院申请复议一次。复议期间不停止执行。罚款、拘留可以单独适用，也可以合并适用。对同一妨害行政诉讼行为的罚款、拘留不得连续适用。发生新的妨害行政诉讼行为的，人民法院可以重新予以罚款、拘留。

(三)审理过程中的几种情形

1. 裁定驳回起诉

有下列情形之一，已经立案的，应当裁定驳回起诉：

(1)不符合《行政诉讼法》第 49 条规定的；

(2)超过法定起诉期限且无《行政诉讼法》第 48 条规定情形的；

(3)错列被告且拒绝变更的；

(4)未按照法律规定由法定代理人、委托代理人、代表人为诉讼行为的；

(5)未按照法律、法规规定先向行政机关申请复议的；

(6)重复起诉的；

(7)撤回起诉后无正当理由再行起诉的；

(8)行政行为对其合法权益明显不产生实际影响的；

(9)诉讼标的已为生效裁判或者调解书所羁束的；

(10)其他不符合法定起诉条件的情形。

人民法院经过阅卷、调查或者询问当事人,认为不需要开庭审理的,可以迳行裁定驳回起诉。

2. 合并审理

有下列情形之一的,人民法院可以决定合并审理:

(1)两个以上行政机关分别对同一事实作出行政行为,公民、法人或者其他组织不服,向同一人民法院起诉的;

(2)行政机关就同一事实对若干公民、法人或者其他组织分别作出行政行为,公民、法人或者其他组织不服,分别向同一人民法院起诉的;

(3)在诉讼过程中,被告对原告作出新的行政行为,原告不服,向同一人民法院起诉的;

(4)人民法院认为可以合并审理的其他情形。

在涉及行政许可、登记、征收、征用和行政机关对民事争议所作的裁决的行政诉讼中,当事人申请一并解决相关民事争议的,人民法院可以一并审理。

3. 中止诉讼

在诉讼过程中,有下列情形之一的,中止诉讼:

(1)原告死亡,须等待其近亲属表明是否参加诉讼的;

(2)原告丧失诉讼行为能力,尚未确定法定代理人的;

(3)作为一方当事人的行政机关、法人或者其他组织终止,尚未确定权利义务承受人的;

(4)一方当事人因不可抗力的事由不能参加诉讼的;

(5)案件涉及法律适用问题,需要送请有权机关作出解释或者确认的;

(6)案件的审判须以相关民事、刑事或者其他行政案件的审理结果为依据,而相关案件尚未审结的;

(7)其他应当中止诉讼的情形。

中止诉讼的原因消除后,恢复诉讼。

4. 终结诉讼

在诉讼过程中,有下列情形之一的,终结诉讼:

(1)原告死亡,没有近亲属或者近亲属放弃诉讼权利的;

(2)作为原告的法人或者其他组织终止后,其权利义务的承受人放弃诉讼权利的。

因下列原因之一,中止诉讼满 90 日仍无人继续诉讼的,裁定终结诉讼,但有特殊情况的除外:

(1)原告死亡,须等待其近亲属表明是否参加诉讼;

(2)原告丧失诉讼行为能力,尚未确定法定代理人;

(3)作为一方当事人的行政机关、法人或者其他组织终止,尚未确定权利义务承受人。

5. 撤诉

人民法院经审查,认为被诉具体行政行为违法或者不当,可以在宣告判决或者裁定前,建议被告改变其所作的具体行政行为。

被告改变被诉具体行政行为,原告申请撤诉,符合下列条件的,人民法院应当裁定准许:

(1)申请撤诉是当事人真实意思表示;

(2)被告改变被诉具体行政行为,不违反法律、法规的禁止性规定,不超越或者放弃职权,不损害公共利益和他人合法权益;

(3)被告已经改变或者决定改变被诉具体行政行为,并书面告知人民法院;

(4)第三人无异议。

有下列情形之一的,属于《行政诉讼法》第62条规定的"被告改变其所作的行政行为":

(1)改变被诉具体行政行为所认定的主要事实和证据;

(2)改变被诉具体行政行为所适用的规范依据且对定性产生影响;

(3)撤销、部分撤销或者变更被诉具体行政行为处理结果。

人民法院对行政案件宣告判决或者裁定前,原告申请撤诉的,或者被告改变其所作的行政行为,原告同意并申请撤诉的,是否准许,由人民法院裁定。准许撤诉裁定可以载明被告改变被诉具体行政行为的主要内容及履行情况,并可以根据案件具体情况,在裁定理由中明确被诉具体行政行为全部或者部分不再执行。

当事人申请撤诉或者依法可以按撤诉处理的案件,当事人有违反法律的行为需要依法处理的,人民法院可以不准许撤诉或者不按撤诉处理。法庭辩论终结后原告申请撤诉,人民法院可以准许,但涉及国家利益和社会公共利益的除外。

申请撤诉不符合法定条件,或者被告改变被诉具体行政行为后当事人不撤诉的,人民法院应当及时作出裁判。

(四)税务行政诉讼的判决和裁定

税务行政诉讼的审理结果可以分为判决和裁定两种。判决,是法院根据事实,依据法律、法规,参照规章,对审理的行政争议作出的实体性裁判。裁定,是在行政诉讼过程中针对程序性问题作出的裁决。行政裁定与行政判决具有同等的法律效力。

税务行政诉讼的一审判决,是人民法院在第一审程序中作出的判决,是人民法院对案件初次作出的判决,当事人对其不服的,有权向上一级人民法院提出上诉。复议机关与作出原行政行为的行政机关为共同被告的案件,人民法院应当对复议决定和原行政行为一并作出裁判。

1. 判决驳回诉讼请求

行政行为证据确凿,适用法律、法规正确,符合法定程序的,或者原告申请被告履行法定职责或者给付义务理由不成立的,人民法院判决驳回原告的诉讼请求。

2. 判决撤销或重作

行政行为有下列情形之一的,人民法院判决撤销或者部分撤销,并可以判决被告重新作出行政行为:

(1)主要证据不足的;

(2)适用法律、法规错误的;

(3)违反法定程序的;

(4)超越职权的;

(5)滥用职权的;

(6)明显不当的。

人民法院判决被告重新作出行政行为的,被告不得以同一的事实和理由作出与原行政行为基本相同的行政行为。

人民法院判决被告重新作出行政行为,被告重新作出的行政行为与原行政行为的结果相同,但主要事实或者主要理由有改变的,不属于《行政诉讼法》第 71 条规定的情形。人民法院以违反法定程序为由,判决撤销被诉行政行为的,行政机关重新作出行政行为不受上述规定的限制。行政机关以同一事实和理由重新作出与原行政行为基本相同的行政行为,人民法院应当判决撤销或者部分撤销。

3. 判决履行

人民法院经过审理,查明被告不履行法定职责的,判决被告在一定期限内履行。

人民法院经过审理,查明被告依法负有给付义务的,判决被告履行给付义务。

4. 判决确认违法

行政行为有下列情形之一的,人民法院判决确认违法,但不撤销行政行为:

(1)行政行为依法应当撤销,但撤销会给国家利益、社会公共利益造成重大损害的;

(2)行政行为程序轻微违法,但对原告权利不产生实际影响的。

行政行为有下列情形之一,不需要撤销或者判决履行的,人民法院判决确认违法:

(1)行政行为违法,但不具有可撤销内容的;

(2)被告改变原违法行政行为,原告仍要求确认原行政行为违法的;

(3)被告不履行或者拖延履行法定职责,判决履行没有意义的。

5. 判决确认无效

行政行为有实施主体不具有行政主体资格或者没有依据等重大且明显违法情形,原告申请确认行政行为无效的,人民法院判决确认无效。

人民法院判决确认违法或者无效的,可以同时判决责令被告采取补救措施;给原告造成损失的,依法判决被告承担赔偿责任。

6. 判决变更

行政处罚明显不当,或者其他行政行为涉及对款额的确定、认定确有错误的,人民法院可以判决变更。人民法院判决变更,不得加重原告的义务或者减损原告的权益。但利害关系人同为原告,且诉讼请求相反的除外。

7. 审理期限

人民法院应当在立案之日起 6 个月内作出第一审判决。有特殊情况需要延长的,由高级人民法院批准,高级人民法院审理第一审案件需要延长的,由最高人民法院批准。上述审限,是指从立案之日起至裁判宣告之日止的期间。鉴定、处理管辖争议或者异议以及中止诉讼的时间不计算在内。

8. 宣判

人民法院对公开审理和不公开审理的案件,一律公开宣告判决。

当庭宣判的,应当在 10 日内发送判决书;定期宣判的,宣判后立即发给判决书。

宣告判决时,必须告知当事人上诉权利、上诉期限和上诉的人民法院。

9. 裁定

裁定适用于下列范围:

(1)不予立案;

(2)驳回起诉;

(3)管辖异议;

(4)终结诉讼;

(5)中止诉讼;

(6)移送或者指定管辖;

(7)诉讼期间停止行政行为的执行或者驳回停止执行的申请;

(8)财产保全;

(9)先予执行;

(10)准许或者不准许撤诉;

(11)补正裁判文书中的笔误;

(12)中止或者终结执行;

(13)提审、指令再审或者发回重审;

(14)准许或者不准许执行行政机关的行政行为;

(15)其他需要裁定的事项。

对第1、2、3项裁定,当事人可以上诉。

裁定书应当写明裁定结果和作出该裁定的理由。裁定书由审判人员、书记员署名,加盖人民法院印章。口头裁定的,记入笔录。

(五)简易程序

1. 适用简易程序的情形

人民法院审理以下第一审税务行政案件,认为事实清楚、权利义务关系明确、争议不大的,可以适用简易程序:

(1)被诉行政行为是依法当场作出的;

(2)案件涉及款额2000元以下的。

除前述情形以外的第一审行政案件,当事人各方同意适用简易程序的,可以适用简易程序。

2. 不适用简易程序的情形

发回重审、按照审判监督程序再审的案件不适用简易程序。

3. 审判形式和审理期限

适用简易程序审理的行政案件,由审判员一人独任审理,并应当在立案之日起45日内审结。

4. 程序转化

人民法院在审理过程中,发现案件不宜适用简易程序的,裁定转为普通程序。

案件转为普通程序审理的,审理期限自人民法院立案之日起计算。

四、税务行政诉讼的二审程序

(一)提起上诉

当事人不服人民法院第一审判决的,有权在判决书送达之日起15日内向上一级人民法院提起上诉。当事人不服人民法院第一审裁定的，有权在裁定书送达之日起10日内向上一级人民法院提起上诉。逾期不提起上诉的，人民法院的第一审判决或者裁定发生法律效力。

1. 诉讼地位

第一审人民法院作出判决和裁定后，当事人均提起上诉的，上诉各方均为上诉人。

诉讼当事人中的一部分人提出上诉，没有提出上诉的对方当事人为被上诉人，其他当事人依原审诉讼地位列明。

2. 诉状交换及案卷移送

当事人提出上诉，应当按照其他当事人或者诉讼代表人的人数提出上诉状副本。

原审人民法院收到上诉状，应当在5日内将上诉状副本发送其他当事人，对方当事人应当在收到上诉状副本之日起15日内提出答辩状。

原审人民法院应当在收到答辩状之日起5日内将副本发送上诉人。对方当事人不提出答辩状的，不影响人民法院审理。

原审人民法院收到上诉状、答辩状，应当在5日内连同全部案卷和证据，报送第二审人民法院；已经预收的诉讼费用，一并报送。

在第二审程序中，对当事人依法提供的新的证据，法庭应当进行质证；当事人对第一审认定的证据仍有争议的，法庭也应当进行质证。其中，“新的证据”是指：

(1)在一审程序中应当准予延期提供而未获准许的证据；

(2)当事人在一审程序中依法申请调取而未获准许或者未取得，人民法院在第二审程序中调取的证据；

(3)原告或者第三人提供的在举证期限届满后发现的证据。

3. 撤回上诉

第二审期间行政机关改变被诉具体行政行为，当事人申请撤回上诉的，参照前述撤诉规定。准许撤回上诉的裁定可以载明行政机关改变被诉具体行政行为的主要内容及履行情况，并可以根据案件具体情况，在裁定理由中明确被诉具体行政行为或者原裁判全部或者部分不再执行。

(二)审理程序

1. 审理方式

人民法院对上诉案件，应当组成合议庭，开庭审理。经过阅卷、调查和询问当事人，对没有提出新的事实、证据或者理由，合议庭认为不需要开庭审理的，也可以不开庭审理，即书面审理。

2. 审理对象

人民法院审理上诉案件,应当对原审人民法院的判决、裁定和被诉行政行为进行全面审查。

3. 审理期限

人民法院审理上诉案件,应当在收到上诉状之日起3个月内作出终审判决。有特殊情况需要延长的,由高级人民法院批准,高级人民法院审理上诉案件需要延长的,由最高人民法院批准。

4. 审理结果

人民法院审理上诉案件,按照下列情形,分别处理:

(1)第二审人民法院经审理认为原审人民法院不予立案或者驳回起诉的裁定确有错误且当事人的起诉符合起诉条件的,应当裁定撤销原审人民法院的裁定,指令原审人民法院依法立案或者继续审理。

(2)原判决、裁定认定事实清楚,适用法律、法规正确的,判决或者裁定驳回上诉,维持原判决、裁定;

(3)原判决、裁定认定事实错误或者适用法律、法规错误的,依法改判、撤销或者变更;

(4)原判决认定基本事实不清、证据不足的,发回原审人民法院重审,或者查清事实后改判;

(5)原判决遗漏当事人或者违法缺席判决等严重违反法定程序的,裁定撤销原判决,发回原审人民法院重审。原审判决遗漏了必须参加诉讼的当事人或者诉讼请求的,第二审人民法院应当裁定撤销原审判决,发回重审。第二审人民法院裁定发回原审人民法院重新审理的行政案件,原审人民法院应当另行组成合议庭进行审理。

原审人民法院对发回重审的案件作出判决后,当事人提起上诉的,第二审人民法院不得再次发回重审。

人民法院审理上诉案件,需要改变原审判决的,应当同时对被诉行政行为作出判决。

原审判决遗漏行政赔偿请求,第二审人民法院经审查认为依法不应当予以赔偿的,应当判决驳回行政赔偿请求。原审判决遗漏行政赔偿请求,第二审人民法院经审理认为依法应当予以赔偿的,在确认被诉行政行为违法的同时,可以就行政赔偿问题进行调解;调解不成的,应当就行政赔偿部分发回重审。当事人在第二审期间提出行政赔偿请求的,第二审人民法院可以进行调解;调解不成的,应当告知当事人另行起诉。

五、税务行政诉讼的审判监督程序

(一)生效裁判不停止执行

当事人对已经发生法律效力的判决、裁定,认为确有错误的,可以向上一级人民法院申请再审,但判决、裁定不停止执行。

(二)申请再审的期限和理由

1. 申请再审的期限

当事人向上一级人民法院申请再审,应当在判决、裁定或者调解书发生法律效力后6个月内提出。

2. 申请再审的理由

当事人的申请符合下列情形之一的,人民法院应当再审:

(1)不予立案或者驳回起诉确有错误的;

(2)有新的证据,足以推翻原判决、裁定的;

(3)原判决、裁定认定事实的主要证据不足、未经质证或者系伪造的;

(4)原判决、裁定适用法律、法规确有错误的;

(5)违反法律规定的诉讼程序,可能影响公正审判的;

(6)原判决、裁定遗漏诉讼请求的;

(7)据以作出原判决、裁定的法律文书被撤销或者变更的;

(8)审判人员在审理该案件时有贪污受贿、徇私舞弊、枉法裁判行为的。

各级人民法院院长对本院已经发生法律效力的判决、裁定,发现有应当再审的情形之一,或者发现调解违反自愿原则或者调解书内容违法,认为需要再审的,应当提交审判委员会讨论决定。

最高人民法院对地方各级人民法院已经发生法律效力的判决、裁定,上级人民法院对下级人民法院已经发生法律效力的判决、裁定,发现有应当再审的情形之一,或者发现调解违反自愿原则或者调解书内容违法的,有权提审或者指令下级人民法院再审。

最高人民检察院对各级人民法院已经发生法律效力的判决、裁定,上级人民检察院对下级人民法院已经发生法律效力的判决、裁定,发现有应当再审的情形之一,或者发现调解书损害国家利益、社会公共利益的,应当提出抗诉。

地方各级人民检察院对同级人民法院已经发生法律效力的判决、裁定,发现有应当再审的情形之一,或者发现调解书损害国家利益、社会公共利益的,可以向同级人民法院提出检察建议,并报上级人民检察院备案;也可以提请上级人民检察院向同级人民法院提出抗诉。

各级人民检察院对审判监督程序以外的其他审判程序中审判人员的违法行为,有权向同级人民法院提出检察建议。

(三)申请再审的材料提交

当事人申请再审的,应当提交再审申请书等材料。人民法院认为有必要的,可以自收到再审申请书之日起5日内将再审申请书副本发送对方当事人。对方当事人应当自收到再审申请书副本之日起15日内提交书面意见。人民法院可以要求申请人和对方当事人补充有关材料,询问有关事项。

(四)再审申请审查

人民法院应当自再审申请案件立案之日起6个月内审查,有特殊情况需要延长的,由本院院长批准。

人民法院根据审查再审申请案件的需要决定是否询问当事人;新的证据可能推翻原判决、裁定的,人民法院应当询问当事人。

审查再审申请期间,被申请人及原审其他当事人依法提出再审申请的,人民法院应当将其列为再审申请人,对其再审事由一并审查,审查期限重新计算。经审查,其中一方再审申请人主张的再审事由成立的,应当裁定再审。各方再审申请人主张的再审事由均不成立的,一并裁定驳回再审申请。

当事人主张的再审事由成立,且符合行政诉讼法和本解释规定的申请再审条件的,人民法院应当裁定再审。当事人主张的再审事由不成立,或者当事人申请再审超过法定申请再审期限、超出法定再审事由范围等不符合《行政诉讼法》和最高人民法院《关于适用〈中华人民共和国行政诉讼法〉的解释》规定的申请再审条件的,人民法院应当裁定驳回再审申请。

(五)再审的审理程序

人民法院按照审判监督程序再审的案件,发生法律效力的判决、裁定是由第一审法院作出的,按照第一审程序审理,所作的判决、裁定,当事人可以上诉;发生法律效力的判决、裁定是由第二审法院作出的,按照第二审程序审理,所作的判决、裁定,是发生法律效力的判决、裁定;上级人民法院按照审判监督程序提审的,按照第二审程序审理,所作的判决、裁定是发生法律效力的判决、裁定。

人民法院审理再审案件,应当另行组成合议庭。

人民法院审理再审案件,认为原生效判决、裁定确有错误,在撤销原生效判决或者裁定的同时,可以对生效判决、裁定的内容作出相应裁判,也可以裁定撤销生效判决或者裁定,发回作出生效判决、裁定的人民法院重新审理。

(六)再审后的救济程序

人民法院驳回再审申请、人民法院逾期未对再审申请作出裁定或者再审判决、裁定有明显错误的,当事人可以向人民检察院申请抗诉或者检察建议。

有下列情形之一的,当事人可以向人民检察院申请监督:

(1)人民法院驳回再审申请或者逾期未对再审申请作出裁定,当事人对已经发生法律效力的行政判决、裁定、调解书,认为确有错误的;

(2)认为再审行政判决、裁定确有错误的;

(3)认为行政审判程序中审判人员存在违法行为的;

(4)认为人民法院行政案件执行活动存在违法情形的。

当事人死亡或者终止的,其权利义务承继者可以依照上述规定向人民检察院申请监督。

当事人因"人民法院驳回再审申请或者逾期未对再审申请作出裁定,当事人对已经发生法律效力的行政判决、裁定、调解书,认为确有错误的"或"认为再审行政判决、裁定确有错误的"向人民检察院申请监督,应当在人民法院送达驳回再审申请裁定之日或者再审判决、裁定发生法律效力之日起6个月内提出;对人民法院逾期未对再审申请作出裁定的,应当在再审申请审查期限届满之日起6个月内提出。具有下列情形之一的,应当在知道或者应当知道之日起6个月内提出:

(1)有新的证据,足以推翻原生效判决、裁定的;

(2)原生效判决、裁定认定事实的主要证据系伪造的;

(3)据以作出原生效判决、裁定的法律文书被撤销或者变更的;

(4)审判人员在审理该案件时有贪污受贿、徇私舞弊、枉法裁判行为的。

当事人因"认为行政审判程序中审判人员存在违法行为的"或"认为人民法院行政案件执行活动存在违法情形的"向人民检察院申请监督,应当在知道或者应当知道审判人员违法行为或者执行活动违法情形发生之日起6个月内提出。该6个月期间为不变期间,不适用中止、中断、延长的规定。

当事人向人民检察院申请监督,应当提交监督申请书、身份证明、相关法律文书及证据材料。提交证据材料的,应当附证据清单。

申请监督材料不齐备的,人民检察院应当要求申请人限期补齐,并一次性明确告知应当补齐的全部材料以及逾期未按要求补齐视为撤回监督申请的法律后果。申请人逾期未补齐主要材料的,视为撤回监督申请。

当事人申请监督同时符合"属于可以向人民检察院申请监督的情形"、"在规定的期限内提出"、"申请人提供的材料符合规定"、"属于本院受理案件范围"且"不具有不予受理情形"的,人民检察院应当受理。

当事人对已经发生法律效力的行政判决、裁定、调解书向人民检察院申请监督的,由作出生效判决、裁定、调解书的人民法院所在地同级人民检察院负责控告申诉检察的部门受理。

当事人认为行政审判程序中审判人员存在违法行为或者执行活动存在违法情形,向人民检察院申请监督的,由审理、执行案件的人民法院所在地同级人民检察院负责控告申诉检察的部门受理。

当事人不服审理、执行案件人民法院的上级人民法院作出的复议裁定、决定等,向人民检察院申请监督的,由作出复议裁定、决定等的人民法院所在地同级人民检察院负责控告申诉检察的部门受理。

人民检察院不依法受理当事人监督申请的,当事人可以向上一级人民检察院申请监督。上一级人民检察院认为当事人监督申请符合受理条件的,应当指令下一级人民检察院受理,必要时也可以直接受理。

六、税务行政诉讼的执行程序

(一)执行的基本制度

当事人必须履行人民法院发生法律效力的判决、裁定、调解书。

公民、法人或者其他组织拒绝履行判决、裁定、调解书的,行政机关或者第三人可以向第一审人民法院申请强制执行,或者由行政机关依法强制执行。

行政机关拒绝履行判决、裁定、调解书的,第一审人民法院可以采取下列措施:

(1)对应当归还的罚款或者应当给付的款额,通知银行从该行政机关的账户内划拨;

(2)在规定期限内不履行的,从期满之日起,对该行政机关负责人按日处50~100元的罚款;

(3)将行政机关拒绝履行的情况予以公告;

(4)向监察机关或者该行政机关的上一级行政机关提出司法建议,接受司法建议的机关根据有关规定进行处理,并将处理情况告知人民法院;

(5)拒不履行判决、裁定、调解书,社会影响恶劣的,可以对该行政机关直接负责的主管人员和其他直接责任人员予以拘留;情节严重,构成犯罪的,依法追究刑事责任。

公民、法人或者其他组织对行政行为在法定期限内不提起诉讼又不履行的，行政机关可以申请人民法院强制执行，或者依法强制执行。

发生法律效力的行政判决书、行政裁定书、行政赔偿判决书和行政调解书，由第一审人民法院执行。第一审人民法院认为情况特殊，需要由第二审人民法院执行的，可以报请第二审人民法院执行；第二审人民法院可以决定由其执行，也可以决定由第一审人民法院执行。

（二）强制执行

1. 公民申请强制执行的程序

对发生法律效力的行政判决书、行政裁定书、行政赔偿判决书和行政调解书，负有义务的一方当事人拒绝履行的，对方当事人可以依法申请人民法院强制执行。

人民法院判决行政机关履行行政赔偿、行政补偿或者其他行政给付义务，行政机关拒不履行的，对方当事人可以依法向法院申请强制执行。

申请执行的期限为 2 年。申请执行时效的中止、中断，适用法律有关规定。

申请执行的期限从法律文书规定的履行期间最后一日起计算；法律文书规定分期履行的，从最后一期履行期间届满之日起计算；法律文书中没有规定履行期限的，从该法律文书生效之日起计算。

逾期申请的，除有正当理由外，人民法院不予受理。

行政机关根据法律的授权对平等主体之间民事争议作出裁决后，当事人在法定期限内不起诉又不履行，作出裁决的行政机关在申请执行的期限内未申请人民法院强制执行的，生效行政裁决确定的权利人或者其继承人、权利承受人在 6 个月内可以申请人民法院强制执行。

享有权利的公民、法人或者其他组织申请人民法院强制执行生效行政裁决，参照行政机关申请人民法院强制执行行政行为的规定。

2. 税务机关申请强制执行的程序

行政机关申请执行其行政行为，应当具备以下条件：

（1）行政行为依法可以由人民法院执行；

（2）行政行为已经生效并具有可执行内容；

（3）申请人是作出该行政行为的行政机关或者法律、法规、规章授权的组织；

（4）被申请人是该行政行为所确定的义务人；

（5）被申请人在行政行为确定的期限内或者行政机关催告期限内未履行义务；

（6）申请人在法定期限内提出申请；

(7)被申请执行的行政案件属于受理执行申请的人民法院管辖。

行政机关申请人民法院执行,应当提交《行政强制法》第55条规定的相关材料。

人民法院对符合条件的申请,应当在5日内立案受理,并通知申请人;对不符合条件的申请,应当裁定不予受理。行政机关对不予受理裁定有异议,在15日内向上一级人民法院申请复议的,上一级人民法院应当在收到复议申请之日起15日内作出裁定。

没有强制执行权的行政机关申请人民法院强制执行其行政行为,应当自被执行人的法定起诉期限届满之日起3个月内提出。逾期申请的,除有正当理由外,人民法院不予受理。

行政机关申请人民法院强制执行其行政行为的,由申请人所在地的基层人民法院受理;执行对象为不动产的,由不动产所在地的基层人民法院受理。基层人民法院认为执行确有困难的,可以报请上级人民法院执行;上级人民法院可以决定由其执行,也可以决定由下级人民法院执行。

人民法院受理行政机关申请执行其行政行为的案件后,应当在7日内由行政审判庭对行政行为的合法性进行审查,并作出是否准予执行的裁定。

人民法院在作出裁定前发现行政行为明显违法并损害被执行人合法权益的,应当听取被执行人和行政机关的意见,并自受理之日起30日内作出是否准予执行的裁定。需要采取强制执行措施的,由本院负责强制执行非诉行政行为的机构执行。

被申请执行的行政行为有下列情形之一的,人民法院应当裁定不准予执行:

(1)实施主体不具有行政主体资格的;

(2)明显缺乏事实根据的;

(3)明显缺乏法律、法规依据的;

(4)其他明显违法并损害被执行人合法权益的情形。

行政机关对不准予执行的裁定有异议,在15日内向上一级人民法院申请复议的,上一级人民法院应当在收到复议申请之日起30日内作出裁定。

(三)执行中的财产保全

行政机关或者行政行为确定的权利人申请人民法院强制执行前,有充分理由认为被执行人可能逃避执行的,可以申请人民法院采取财产保全措施。后者申请强制执行的,应当提供相应的财产担保。

七、规范性文件的一并审查

(一)规范性文件一并审查的提出

公民、法人或者其他组织在对行政行为提起诉讼时一并请求对所依据的规范性文件审查的，由行政行为案件管辖法院一并审查。

公民、法人或者其他组织请求人民法院一并审查《行政诉讼法》第 53 条规定的规范性文件，应当在第一审开庭审理前提出；有正当理由的，也可以在法庭调查中提出。

（二）规范性文件的审查范围

人民法院在对规范性文件审查的过程中，发现规范性文件可能不合法的，应当听取规范性文件制定机关的意见。制定机关申请出庭陈述意见的，人民法院应当准许。行政机关未陈述意见或者未提供相关证明材料的，不能阻止人民法院对规范性文件进行审查。

人民法院对规范性文件进行一并审查时，可以从规范性文件制定机关是否超越权限或者违反法定程序、作出行政行为所依据的条款以及相关条款等方面进行。

（三）规范性文件不合法

有下列情形之一的，属于《行政诉讼法》第 64 条规定的"规范性文件不合法"：

（1）超越制定机关的法定职权或者超越法律、法规、规章的授权范围的；

（2）与法律、法规、规章等上位法的规定相抵触的；

（3）没有法律、法规、规章依据，违法增加公民、法人和其他组织义务或者减损公民、法人和其他组织合法权益的；

（4）未履行法定批准程序、公开发布程序，严重违反制定程序的；

（5）其他违反法律、法规以及规章规定的情形。

（四）规范性文件审查的程序和结果

人民法院经审查认为行政行为所依据的规范性文件合法的，应当作为认定行政行为合法的依据；经审查认为规范性文件不合法的，不作为人民法院认定行政行为合法的依据，并在裁判理由中予以阐明。作出生效裁判的人民法院应当向规范性文件的制定机关提出处理建议，并可以抄送制定机关的同级人民政府、上一级行政机关、监察机关以及规范性文件的备案机关。

规范性文件不合法的，人民法院可以在裁判生效之日起 3 个月内，向规范性文件的制定机关提出修改或者废止该规范性文件的司法建议。规范性文件由多个部门联合制定的，人民法院可以向该规范性文件的主办机关或者共同上一级行政机关发送司法建议。接收司法建议的行政机关应当在收到司法建议之日起 60 日内予以书面答复。情况紧急的，人民法院可以建议制定机关或者其上一级行政机关立即停止执行该规范性文件。

人民法院认为规范性文件不合法的，应当在裁判生效后报送上一级人民法院进行备案。涉及国务院部门、省级行政机关制定的规范性文件,司法建议还应当分别层报最高人民法院、高级人民法院备案。

各级人民法院院长对本院已经发生法律效力的判决、裁定,发现规范性文件合法性认定错误,认为需要再审的,应当提交审判委员会讨论。

最高人民法院对地方各级人民法院已经发生法律效力的判决、裁定,上级人民法院对下级人民法院已经发生法律效力的判决、裁定,发现规范性文件合法性认定错误的,有权提审或者指令下级人民法院再审。

第二节 税务行政诉讼代理实务

一、案件承接

(一)明确是否符合起诉或上诉条件

除原告适格外,律师代为提起税务行政诉讼或上诉应当着重审查以下几个方面的内容:

(1)被诉的税务机关是否明确、具体。确定被告时应当立足案件具体情况,审查是否错误地将作出具体行政行为的税务机关和复议机关列为共同被告。

(2)具有明确的诉讼对象,即税务机关作出的具体行政行为或不作为。审查税务机关是否存在怠于履行法定职责,损害行政相对人或有利害关系的人的合法权益的情形。

(3)案件是否属于行政诉讼的受案范围,起诉是否违反有关级别管辖和地域管辖的规定。

(4)提起行政诉讼或上诉是否超过法定期限,审查当事人是否存在因不可抗力或者其他不属于其自身的原因耽误起诉期限的情形而未主张的。

(5)提起行政诉讼还应当审查涉案争议的性质。属于纳税争议的,应当确定当事人是否已经依照税务机关的纳税决定缴纳或解缴税款及滞纳金,或提供相应的担保;相关争议是否已经过行政复议。

(二)案例分析

【案情简介】

丰宁公司是在工商部门注册登记的企业法人单位,从事生产、加工谷物果实代用茶业务。2010 年,丰宁公司重新启动对日出口贸易。自 2010 年 6 月起向 Q 市国税局申报出口货物应退税款。Q 市国税局先后于 2012 年 1～2 月为丰宁公司办理出口退税共计 34 万余元，剩余 42，843.84 元 Q 市国税局以丰宁公司提供了虚假发票为由没有退回。

丰宁公司不服，于 2012 年 4 月 19 日向 J 市国税局提起行政复议。复议过程中，双方达成和解协议，约定：丰宁公司自觉配合 Q 市国税局对出口退税相关事项的调查、检查；Q 市国税局及时组织人员进行调查、检查，并将结果向丰宁公司反馈。丰宁公司遂撤回复议申请。Q 市国税局在审查过程中认为，出售人为杨某、张某的 33 份发票存在疑点，涉嫌虚开农产品收购发票，向 Q 市公安局进行了通报。经 Q 市公安局对杨某、张某进行调查，杨某、张某均否认 2010 年和 2011 年与丰宁公司发生过农产品买卖业务。收到 Q 市公安局的调查结果后，Q 市国税局对丰宁公司暂停办理出口退税业务。丰宁公司不服，向 Q 市人民法院提起行政诉讼，请求法院判令被告立即退还出口货物应退税 42，843.84 元，利息 3602 元，共计 46，445.84 元。一审败诉后，丰宁公司不服，向 J 市中级人民法院提起上诉。二审败诉后，丰宁公司仍不服，向 S 省高级人民法院申请再审。

一审、二审法院认为，根据《S 省国家税务局转发〈国家税务总局关于加强以农产品为主要原料生产的出口货物退税管理的通知〉的通知》（以下简称《出口退税通知》）的规定，Q 市税务局对该 33 份发票的进项税暂停办理退税并无不当。

再审法院认为，税务机关发现存在疑点不能确定业务真实性的，在“暂停办理退税”之后，还应“按有关规定落实和处理”，尽快作出最终处理意见，不应久拖不决或以暂停办理代替实质上的最终处理，否则亦构成不履行法定职责。遂判决撤销一审、二审判决，并责令 Q 市税务局对是否退税作出处理决定。

【法律分析】

（1）税务机关未按法律规定处理，构成不履行法定职责

根据《出口退税通知》第 2 条的规定，“凡发现其购、产、销、运输、报关、收汇等环节存在疑点、不能确定其业务真实性的，一律先暂停办理退税，并按有关规定落实和处理”。税务机关可以对业务真实性存疑的纳税人暂停办理出口退税，但仍应当按照正当行政程序原则积极履行落实和处理职责，对案涉出口退税问题进行调查核实并作出最终处理意见。本案中，Q 市税务局认为案件可能涉嫌刑事责任，将案件移送公安机关，并根据《出口退税通知》的规定对存在疑点、不能认定真实性的业务暂停办理出口退税本无不当，但在公安机关作出不予立案的结论之后，Q 市税务局应当依法调查、核实证据，及时对案件作出处理，Q 市国税局在暂停办理出口退税后对此案置之不理，严

重影响了丰宁公司的合法权益,违反法定职责必须为的要求,属于行政不作为。

(2)税务机关对企业是否存在真实交易承担举证责任

根据《行政诉讼法》第34条的规定,被告对作出的行政行为负有举证责任,应当提供作出该行政行为的证据和所依据的规范性文件。被告不提供或者无正当理由逾期提供证据,视为没有相应证据。也就是说,行政机关应当举证证明其所作的具体行政行为合法,争议事实真伪不明的,应由行政机关承担不利后果。实践中,行政相对人为取得有利判决,也会提出证据证明被诉具体行政行为违法。本案中,丰宁公司对Q市税务局依据Q市公安机关调查的证人证言,认定丰宁公司构成虚开收购发票的违法行为提出书面证言加以反驳,若Q市税务局无法继续举证排除疑点,查清交易是否真实、凭证取得是否真实等情形,应当承担举证不能的责任,对被调查企业恢复办理出口退税。

(三)签订委托合同

根据《律师服务收费管理办法》第12条的规定,行政诉讼禁止实行风险代理收费。

律师事务所接受委托人委托,应当在与其签订的律师服务收费合同或者在委托代理合同中载明收费条款。收费合同或收费条款应当包括收费项目、收费标准、收费方式、收费数额、付款和结算方式、争议解决方式等内容。律师事务所与委托人签订合同后,未经委托人的书面同意,不得单方变更收费项目或者提高收费数额。律师事务所向委托人收取律师服务费,应当向委托人出具合法票据。

律师服务费、代委托人支付的费用和异地办案差旅费由律师事务所统一收取。律师不得私自向委托人收取任何费用。除上述三项费用外,律师事务所及承办律师不得以任何名义向委托人收取其他费用。

(四)案件事实调查

为全面了解委托事项的情况,律师可以向当事人出具资料清单,要求其提供有关纳税人基本情况、业务情况以及纳税申报等的相关资料。此外,还可以通过视频会议、现场查账、访谈等多种方式进行调查,查清案件事实。调查工作应当持续开展,但也应当在举证期限内完成。

二、书写起诉/上诉状和证据

(一)行政起诉状

从结构上看,行政起诉状应当列明原告、被告的身份信息,再针对所指向的行政行为列明诉讼请求,如请求法院判令撤销、确认违法、责令重作等。接着写明事实和理由,将案涉行政行为的基本情况和自己的主张及依据表述清楚,也可以附上相应的法律依据。之后,确定案件受理法院,具状人应当签字或盖章、写明日期。最后列明附件目录,附上证据材料等。

具体而言,行政起诉状概括案件事实,应当结合证据对基本案情和税务机关的检查处理程序做充分阐述。说明理由时应当兼顾实体和程序两方面。对于经过行政复议的案件,纳税人关于程序的主张应当同时关注执法程序和复议程序。对于复议程序,尤其应当注意重大税务案件是否经过重大税务案件审理委员会审理、复议环节税务机关是否按期全面举证等。

(二)案例分析

【案情简介】

大运公司是一家房地产开发企业。2014 年 2 月 10 日,大运公司取得案涉土地用于建设生活广场项目。2017 年 12 月 4 日,原 F 市国土资源局作出《闲置土地认定书》,认定因政府原因导致大运公司上述地块闲置,认定上述土地为闲置土地。2018 年 1 月 19 日,大运公司上述地块的国有土地使用权由 F 市土地收购储备中心按 8409.11666 万元的价格收储。2019 年 9 月 25 日,F 市税务局城南分局作出《税务事项通知书》,通知大运公司生活广场项目应补非住宅土地增值税 4,754,540.94 元。

大运公司不服,于 2019 年 10 月 11 日向 F 市税务局申请行政复议。2019 年 12 月 10 日,F 市税务局作出《行政复议决定书》,决定撤销《税务事项通知书》,责令城南分局在 60 日内重新作出具体行政行为。

大运公司认为,F 市税务局遗漏审查复议申请事项,复议程序违法,向 × 县人民法院提起行政诉讼。经审理,法院认为行政复议违反法定程序,未就大运公司申请的税务处理事项进行全面审查,且该程序违法对大运公司产生实际影响。遂判决撤销 F 市税务局作出《行政复议决定书》,并责令其重新作出相应决定。

【法律分析】

根据《税务行政复议规则》第 70 条的规定,行政复议机关应当全面审查被申请人的具体行政行为所依据的事实证据、法律程序、法律依据和设定的权利义务内容的合法性、适当性。因此,复议机关应当对城南分局要求大运公司补缴土地增值税的实体和程序事实,以及法律适用等进行全面审查。本案中,F 市税务局未就大运公司是否可以按房地产纳税人适用《土地增值税暂行条例实施细则》第 7 条第 6 项的规定,加计 20% 扣除进行认定,存在程序违法。且该程序违法必然造成大运公司应纳土地增值税税额存在不确定性,对纳税人权利义务产生了实际影响,应予撤销重作。

(三)行政上诉状

行政上诉状,是指行政诉讼的当事人对地方各级人民法院作出的第一审行政判决或裁定不服,按照法定的程序和期限,向上一级人民法院提起上诉时所提交的法律文书。上诉状与起诉状的结构类似,均需明确上诉人、被上诉人信息、诉讼对象和诉讼请求,并围绕诉讼请求,概括原审采信证据和认定事实、适用法律、审判程序的错误。理由部分在起诉状应考虑范围的基础上,还应关注一审程序是否存在问题,如应当调取证据不予调取、采信被告超期提供的证据等,上诉人应当将自己的观点表述清楚。

(四)证据规则

按照最高人民法院《关于行政诉讼证据若干问题的规定》的规定,公民、法人或者其他组织向人民法院起诉时,应当提供其符合起诉条件的相应的证据材料。

原告可以提供证明被诉具体行政行为违法的证据。原告提供的证据不成立的,不免除被告对被诉具体行政行为合法性的举证责任。

应当注意,当事人应当在举证期限内全面收集证据。原告或者第三人应当在开庭审理前或者人民法院指定的交换证据之日提供证据。因正当事由申请延期提供证据的,经人民法院准许,可以在法庭调查中提供。逾期提供证据的,视为放弃举证权利。也就是说,当事人在举证期限内取得相应证据确有困难,应当及时向法院申请延期举证,否则超过举证期限,将丧失举证权利。

对于与本案有关的证据,当事人不能自行收集,但能提供确切线索的,符合可以申请人民法院调取证据情形的,应当在举证期限内向人民法院提交调取证据申请书。调取证据申请书应当写明下列内容:

(1)证据持有人的姓名或者名称、住址等基本情况;

(2)拟调取证据的内容;

(3)申请调取证据的原因及其要证明的案件事实。

三、阅卷

代理诉讼的律师,有权按照规定查阅、复制本案有关材料,有权向有关组织和公民调查、收集与本案有关的证据。税务机关的答辩状和证据,律师有权查阅并复制。律师在阅卷后可以开展的工作,具体如下:

(一)梳理被告/被上诉人的观点和证据,对证据进行审查

1.合法性

律师可以根据案件的具体情况,审查证据是否符合法定形式,证据的取得是否符合法律法规、司法解释和规章的要求以及是否有影响证据效力的其他违法情形。

律师应当重点考虑证据的作出是否符合法定程序的要求:

(1)证据是否是被诉行政行为作出之前形成的;

(2)证据出示是否符合法定条件,如是否在举证期限内提交、在二审中被上诉人提交新证据的是否符合举证条件。

2. 真实性

律师可以根据案件的具体情况,通过审查证据形成的原因,发现证据时的客观环境,证据是否为原件、原物,复制件、复制品与原件、原物是否相符,提供证据的人或者证人与当事人是否具有利害关系以及影响证据真实性的其他因素,判断证据是否系伪造,以及书证记载的内容与客观事实是否一致。

3. 相关性

律师可以运用逻辑推理和生活经验,分析判断证据材料与案件事实是否相关,对不具有关联性的证据材料不予认可。对于满足合法性、真实性和相关性要件的证据材料,律师应当判断其是否能够证明被告的证明目的,从中发现是否有对原告有利的信息。

律师可以经过对对方证据材料的分析,得出其在事实认定、适用法律以及程序方面是否存在错误或违法的情形。

(二)制作质证意见,完善举证意见、辩论意见

证据应当在法庭上出示,并经庭审质证。未经庭审质证的证据,不能作为定案的依据。

当事人申请人民法院调取的证据、当事人依法在二审或再审程序中提供的新的证据、对第一审认定的证据仍有争议的,以及法庭允许当事人补充的证据,应当进行质证。

涉及国家秘密、商业秘密和个人隐私或者法律规定的其他应当保密的证据,不得在开庭时公开质证。

当事人应当围绕证据的关联性、合法性和真实性,针对证据有无证明效力以及证明效力的大小,进行质证。

经法庭准许,当事人及其代理人可以就证据问题相互发问,也可以向证人、鉴定人或者勘验人发问。当事人及其代理人相互发问,或者向证人、鉴定人、勘验人发问时,发问的内容应当与案件事实有关联,不得采用引诱、威胁、侮辱等语言或方式。

除出示原件或者原物确有困难并经法庭准许可以出示复制件或者复制品,或者原件或者原物已不存在,可以出示证明复制件、复制品与原件、原物一致的其他证据的外,对书证、物证和视听资料进行质证时,当事人应当出示证据的原件或者原物。

视听资料应当当庭播放或者显示,并由当事人进行质证。

在阅卷获得的证据材料较多的情况下,制作证据意见首先应当根据证明目的对证据进行分组,通过判断证据材料所反映的事实与待证事实之间是否具有关联性,明确其能否作为证据使用。进而围绕证据的关联性、真实性和合法性,以及证据能力和证明力,对一个证据或一组证据提出异议,并给出相应的规范依据,发表证据是否能够作为证据使用、是否应当予以排除以及是否应当被采信等的意见,并最终向法庭提出证据能否作为定案根据的结论性质证意见。

由于据以认定案件事实的证据材料是按照举证、质证、回应再质证的顺序查证属实的,通过制作质证意见,能够梳理被告或被上诉人的大致答辩思路,从而能够对举证意见、辩论意见进行补充、调整或修正,完善材料制作,增强观点论证的合理性。

(三)形成初步代理意见,与法官沟通

经过阅卷,律师可以初步形成举证意见、质证意见、辩论意见等代理意见。除了及时向法官提交书面意见及相关类案裁判、法律依据外,律师仍应重视、争取和把握与法官面对面沟通的机会,从而能够更加充分地向其表达专业意见。对于需要延期举证,甚至具有管辖异议、提起鉴定等情况的,均需要向法官说明必要性和合理性,以免产生不利的诉讼效果。

四、召开庭前会/证据交换会

对于案情比较复杂或者证据数量较多的案件,人民法院可以组织当事人在开庭前向对方出示或者交换证据,并将交换证据的情况记录在卷。不过,召开庭前会或证据交换会并非庭审的必要程序,一般仅在一审证据较多,或者二审有新证据时会召开,召开的主要目的即是交换证据。证据交换会可能仅作为证据出示,不发表意见,也可能同步发表举证意见和质证意见。当事人在庭前证据交换过程中没有争议并记录在卷的证据,经审判人员在庭审中说明后,可以作为认定案件事实的依据。

应当注意的是,根据最高人民法院《关于适用〈中华人民共和国行政诉讼法〉的解释》第35条的规定,原告或者第三人应当在开庭审理前或者人民法院指定的交换证据清单之日提供证据。因此,一审召开证据交换会将影响原告的举证期限,但不影响被告的举证期限。

五、开庭流程与律师工作

(一)一审流程及律师工作

开庭审理,是指在法院合议庭主持下,依法定程序对当事人之间的税务行政争议案件进行审理,查明案件事实,适用相应的法律、法规,并最终作出裁判的活动。

1.宣布开庭

由审判长宣布开庭。先由书记员查明当事人和其他诉讼参加人是否到庭,宣布法庭纪律;再由审判长核对当事人,宣布案由,宣布审判人员、书记员名单,告知当事人有关的诉讼权利义务,询问当事人是否提出回避申请等。

2. 法庭调查

法庭调查是庭审的重要阶段,主要任务是通过当事人陈述和证人作证,出示书证、物证和视听资料,宣读现场笔录、鉴定意见和勘验笔录,查明案件事实,审查核实证据,为法庭辩论奠定基础。法庭调查的基本顺序是:

(1)当事人陈述;

(2)证人出庭作证;

(3)出示书证、物证和视听资料;

(4)宣读鉴定意见;

(5)宣读勘验笔录。

在法庭调查环节,律师对当事人陈述的内容进行把关,避免其完全照搬、重复起诉状内容。为更好地进行举证、质证,律师应当对己方提供的证据有一个整体、宏观的把握,根据证据的证明目的及所要证明的具体事项,制作举证清单、证据目录,从而能够得心应手地出示证据并发表举证意见。质证时,律师既要发表质证意见,并对对方的质证意见作出回应,更要揣摩法官的审理思路,围绕争议焦点,将主要观点简明扼要地融入质证之中,从而使法官心证向己方倾斜。

3. 法庭辩论

法庭辩论,是指在合议庭主持下,各方当事人就本案事实和证据及被诉具体行政行为的法律依据,阐明自己的观点,论述自己的意见,反驳对方的主张,进行言词辩论的诉讼活动。法庭辩论的顺序是:原告及其诉讼代理人发言;被告及其诉讼代理人答辩;第三人及其诉讼代理人发言或答辩。

同样,律师发表辩论意见,一方面,应当紧密结合案件争议焦点,将法庭调查环节认定的证据、事实和理由进行迅速归纳,运用判例和权威观点充分论证、说明自己的观点,避免过度依赖书面辩论意见;另一方面,应当概括对方提出的观点和理由,挖掘其中支撑薄弱的部分加以反驳,主张对方的观点不能成立。

4. 合议庭评议

法庭辩论结束后,律师应当协助当事人作最后陈述,重申自己主张的观点和诉讼请求。之后,合议庭休庭,由全体成员对案件进行评议。合议庭评议是在法庭调查和法庭辩论的基础上,正确适用法律,对案件事实和证据进行客观、全面的分析判断,力求作出正确的结论。

5. 宣告判决

合议庭评议结束作出判决后,能够当庭宣判的,当庭宣判,并将判决书在 10 日内送达当事人,不能当庭宣判的,可以定期宣判。

(二)二审流程及律师工作

人民法院对上诉案件,应当组成合议庭开庭审理。行政诉讼二审庭审流程与一审类似,包括庭审准备、法庭调查、法庭辩论、最后陈述等环节。

1. 庭审准备

书记员宣读法庭纪律,法官确认上诉人、被上诉人身份,宣布合议庭组成,告知当事人诉讼权利义务,询问当事人是否申请回避。

2. 法庭调查

在该环节,先由上诉人发表上诉意见,被上诉人针对此进行简要答辩,法官据此归纳争议焦点,双方对一审证据进行补充质证,当事人提交新证据的,还须对新证据质证。当事人对一审判决证据采信、事实认定、法律适用有异议的,则按照上诉人异议—被上诉人回应—被上诉人异议—上诉人回应的顺序发表意见。法官就有争议的事实可以询问双方当事人。

律师应当为上诉人准备上诉意见、举证意见、质证意见等书面材料。为应对法官发问,律师还应当形成本案基本事实的材料。

3. 法庭辩论

在该环节,上诉人、被上诉人围绕争议焦点依次发表辩论意见,随后针对对方辩论意见进行交叉辩论。

律师应当形成辩论意见,并根据庭审情况对辩论意见进行完善。

4. 最后陈述

上诉人、被上诉人作最后陈述。律师应当准备最后陈述的书面内容。

庭审结束,法官宣布休庭,合议庭评议后择期宣判,当事人签署庭审笔录。

六、庭后工作

庭审结束后,判决作出前,律师可以向法官提交代理词,围绕案件的争议焦点,对案件的事实认定和法律适用,重申纳税人的观点和理由。根据庭审情况,代理词中还可以对合议庭关注的问题进行补充说明、针对被告/被上诉人的观点进行回应。

除此之外,律师仍应当保持与法官良性沟通,关注其是否需要纳税人另行提供情况说明,或作出解释的情况,并密切持续关注案件判决进展。

第三节　案 例 分 析

一、被告认定错误：一审法院应当告知原告选择适格的被告

【案情简介】

2015 年 1 月 28 日，G 公司与王某、付某签订《股权购买协议》，分别以 60,342,857 元和 27,657,143 元购买王某、付某持有的 Y 公司的 48% 和 22% 的股权，王某的股权原值为 960 万元，付某的股权原值为 440 万元。2015 年 4 月 24 日，G 公司向第二税务分局提交了《股权购买协议》、批准文件等相关资料，代扣代缴了王某应交股权转让个人所得税 10,142,537.11 元，付某应交股权转让个人所得税 4,648,662.89 元。2016 年 6 月 3 日，G 公司与原告王某、付某签订《〈股权购买协议〉的修改协议》，将股权转让价款由 8800 万元调整为 500 万元。

2018 年 4 月 14 日，原告王某以股权转让未取得收益为由，向第二税务分局申请退还其已缴纳的个人所得税。第二税务分局审查认为，王某与 G 公司签订的补充修改协议不能作为税务机关退税的依据，于 2018 年 5 月 14 日作出《关于王某申请退税有关事项的答复》（以下简称《退税答复》），不予退税。

王某不服，于 2018 年 7 月 12 日向 W 税务局提出行政复议申请。2018 年 9 月 29 日，W 税务局作出《税务行政复议决定书》，维持了第二税务分局作出的《退税答复》。

王某不服，向 W 县人民法院提起行政诉讼。一审法院判决驳回了王某的诉讼请求。王某仍不服，向 R 市中级人民法院提起上诉。R 市中级人民法院认为，一审判决认定被告主体错误，程序违法，基本事实认定不清，且二审不宜迳行判决，故判决撤销 W 县人民法院一审行政判决，发回重审。

【法律分析】

根据最高人民法院《关于适用〈中华人民共和国行政诉讼法〉的解释》第 22 条第 1 款的规定，复议机关改变原行政行为，是指复议机关改变原行政行为的处理结果。本案中，第二税务分局作出的《退税答复》认为，解除股权转让合同及补充协议是否符合退税条件应当以仲裁委员会作出的合法有效裁决为准。而 W 税务局作出的行政复议决定认为，个人所得税征缴完毕之后，不得基于新发生的情况而退税。该复议决定对王某的退税申请作出了新的独立的判断，实质上完全改变了第二税务分局税务行政答复的处理结果。根据《行政诉讼法》第 26 条第 2 款的规定，“复议机关改变原行政行为

的,复议机关是被告”,不应将作出原行政行为机关与行政复议机关列为共同被告。一审法院对处理结果互相矛盾的《退税答复》和复议决定均认定为合法,属于基本事实认定不清。一审法院应向王某释明,告知其选择适格的被告。

二、起诉条件:针对税务行政处罚决定提起行政诉讼,行政复议并非必经程序

【案情简介】

2017 年 4 月 11 日至 11 月 16 日,S 市税务稽查一局对 J 公司进行税务检查。2017 年 11 月 29 日,S 市税务稽查一局对 J 公司分别作出《税务处理决定书》和《税务行政处罚决定书》。税务处理决定追缴 J 公司营业税、城市维护建设税共计 2700 余万元,并加收滞纳金。J 公司对上述税务处理决定不服,向 S 市税务局提起行政复议。处罚决定对 J 公司按查补营业税、城市维护建设税的 0.6 倍处以罚款,计 1600 余万元。

J 公司对上述《税务行政处罚决定书》不服,向 S 市 K 区人民法院提起行政诉讼。一审法院认为,J 公司已就《税务处理决定书》向 S 市税务局提起行政复议,S 市税务局尚未作出复议决定,税务处理决定查补的税款金额处于不确定状态,案涉《税务行政处罚决定书》尚不具备起诉条件,裁定驳回 J 公司的起诉。

J 公司仍不服,向 S 市中级人民法院提起上诉。二审法院认为,针对税务行政处罚决定提起行政诉讼,行政复议并非必经程序,遂裁定撤销一审裁定,并指令 S 市 K 区人民法院继续审理。

【法律分析】

1. 税务处理决定与税务行政处罚决定系两项不同且独立的行政行为

税务处理决定主要针对纳税人履行原来该就有的法定义务,而税务行政处罚决定是附加的额外义务。国家税务总局《关于印发〈税务稽查工作规程〉的通知》(国税发〔2009〕157 号)第 55 条①规定,“审理部门区分下列情形分别作出处理:(一)认为有税收违法行为,应当进行税务处理的,拟制《税务处理决定书》;(二)认为有税收违法行为,应当进行税务行政处罚的,拟制《税务行政处罚决定书》……”由此可见,税务处理决定与税务行政处罚决定系两项不同且独立的行政行为。

2. 税务处理决定与税务行政处罚决定的救济程序不同

按照《税收征收管理法》第 88 条的规定,纳税人、扣缴义务人、纳税担保人同税务机关在纳税上发生争议,针对税务处理决定提起行政诉讼,需以先行提起行政复议为前置要件;而针对税务行政处罚决定提起行政诉讼,则行政复议并非必经程序。税务

---

① 《税务稽查工作规程》已废止,相关规定参见《税务稽查条件办理程序规定》第 42 条。

处理决定与税务行政处罚决定的救济程序不同。本案中,J公司直接对《税务行政处罚决定书》提起行政诉讼,符合起诉条件。

三、一审法院未经释明明确诉讼请求,迳行审理作出判决,程序违法

【案情简介】

因C汽修厂未在规定期限内进行纳税申报,T税务所于2018年12月27日至2019年8月16日分别作出十份《责令限期改正通知书》。由于多次到C汽修厂注册地进行送达均未找到C汽修厂,T税务所于2019年8月23日建议将C汽修厂转为非正常户处理,并将该处理意见在税务机关的相关网站上进行公示。2019年10月24日,T税务所对C汽修厂未按照规定期限办理纳税申报和报送纳税资料的行为作出《税务行政处罚决定书》,决定罚款300元。罚款300元。C汽修厂缴纳罚款后,G税务局征管科在实施解除非正常状态过程中,发现C汽修厂仍有欠缴税款,要求C汽修厂缴纳税款和滞纳金,C汽修厂未缴纳,G税务局认为其不符合解除非正常状态的规定而未予解除。

C汽修厂不服,向G区人民法院提起行政诉讼,因涉及多个税务机关不同行政行为的多项诉讼请求,一审判决驳回C汽修厂的诉讼请求。

C汽修厂仍不服,向Z市中级人民法院提起上诉。二审法院认为,一审法院迳行审理作出判决,属程序违法。遂裁定撤销原判,发回重审。

【法律分析】

一案一诉是人民法院受理行政案件的基本原则。根据《行政诉讼法》第51条第3款的规定:“起诉状内容欠缺或者有其他错误的,应当给予指导和释明,并一次性告知当事人需要补正的内容。不得未经指导和释明即以起诉不符合条件为由不接收起诉状。”由此可见,对于当事人起诉状罗列被告或诉讼请求存在错误的,法院应当指导并要求其明确起诉的对象和具体的诉讼请求。本案中,C汽修厂的诉讼请求包含行政处罚、履行法定职责、行政赔偿等事项,涉及多个行政机关的多个行政行为。一审法院未向C汽修厂释明,要求其明确诉讼请求,而迳行审理作出判决,不符合一案一诉的基本原则,属于程序违法。

第五部分

涉税刑事辩护

第一章 虚开增值税专用发票罪

第一节 虚开增值税专用发票罪概述

一、虚开增值税专用发票、用于骗取出口退税、抵扣税款发票罪的概念

虚开增值税专用发票、用于骗取出口退税、抵扣税款发票罪,是指没有真实的货物、劳务交易而为他人、为自己、让他人为自己、介绍他人虚开增值税专用发票或者虚开用于骗取出口退税、抵扣税款的其他发票的行为。

二、虚开增值税专用发票、用于骗取出口退税、抵扣税款发票罪的管辖

为他人虚开案件,由开票企业税务登记机关所在地县级以上公安机关管辖;为自己虚开案件、让他人为自己虚开案件,由受票企业税务登记机关所在地县级以上公安机关管辖;介绍他人虚开案件,可以与为他人虚开案件、让他人为自己虚开案件并案处理。

对于自然人实施的上述规定的虚开案件,由虚开地县级以上公安机关管辖。如果几个公安机关都有权管辖的案件,由最初受理的公安机关管辖;必要时,可以由主要犯罪地县级以上公安机关管辖。

对为他人虚开、为自己虚开、让他人为自己虚开、介绍他人虚开等几种情况交织在一起,且几个公安机关都有权管辖的案件,由最初受理的公安机关管辖,必要时,由票源集中地或虚开行为集中企业的税务登记机关所在地县级以上公安机关管辖。

三、虚开增值税专用发票罪的罪名适用与裁判观察

(一)虚开增值税专用发票、用于骗取出口退税、抵扣税款发票罪的认定

1. 本罪与逃税罪的界限

虚开增值税专用发票、用于骗取出口退税、抵扣税款发票罪与逃税罪,两罪在行为方式上有竞合之处,如涂改单据,伪造账目,尤其是行为人虚开增值税专用发票的最终目的就是用来骗取(抵扣)国家税款,从实质上说是逃税。所以从这个角度来看,两罪

之间存在手段与目的关系,即"虚开"只不过是逃税的手段之一,它们之间呈牵连犯关系,应按照从一重处的原则,以虚开增值税专用发票、用于骗取出口退税、抵扣税款发票罪定罪量刑。但"虚开"行为又不完全包容于逃税罪之中,"虚开"有其自己的一套相对独立而又比较复杂的行为过程,只有当虚开的增值税专用发票用以抵扣税款时,才与逃税罪发生关系。而虚开增值税专用发票、用于骗取出口退税、抵扣税款发票罪的成立并不必然以抵扣税款行为的实施为必然条件,只要虚开增值税专用发票达到法定数额(即便是没有抵扣),就可构成犯罪,"虚开"和"抵扣",是构成虚开增值税专用发票、用于骗取出口退税、抵扣税款罪的两个选择性条件。因此,虚开增值税专用发票、用于骗取出口退税、抵扣税款发票罪与逃税罪之间的竞合还是很有限的。从总的行为方式上看,两罪之间的区别也很明显,逃税是不缴或少缴应纳税款,使国家得不到应该得到的税款;而"虚开"是没有缴税而伪装缴税,将国家已经得到的税款通过抵扣再骗回来。

2. 一罪与数罪的界限

(1)牵连犯

行为人伪造或购买伪造的增值税专用发票、用于骗取出口退税、抵扣税款的其他发票,或非法购买增值税专用发票、用于骗取出口退税、抵扣税款的其他发票后又将其虚开的情况,应属于数罪。但因为行为人的前一行为与后一行为存在手段和目的的牵连关系,因此应视为牵连犯,而应以其中的一个重罪论处,即应以虚开增值税专用发票、用于骗取出口退税、抵扣税款罪发票论处。伪造或购买伪造的增值税专用发票、用于骗取出口退税、抵扣税款的其他发票或非法购买增值税专用发票、用于骗取出口退税、抵扣税款的其他发票行为,可作为一个从重的量刑情节对待。

(2)法条竞合

虚开增值税专用发票、用于骗取出口退税、抵扣税款的其他发票后又以此骗取出口退税、抵扣税款的情况下,存在行为同时适用本罪与《刑法》第 201 条逃税罪,第 204 条骗取出口退税罪、逃税罪的可能。这属于一行为同时触犯数法条的法条竞合,除有明确规定外,应适用特别法优于普通法的原则处理。此外,根据最高人民法院《关于审理骗取出口退税刑事案件具体应用法律若干问题的解释》的规定,实施骗取出口退税犯罪,同时构成虚开增值税专用发票罪等其他犯罪的,依照《刑法》处罚较重的规定定罪处罚。

(二)2018 年至 2022 年虚开增值税专用发票罪裁判观察

2018 年 8 月,国家税务总局、公安部、海关总署、中国人民银行四部委联合启动打击"假企业""假出口""假申报"虚开发票、骗取退税及税费优惠专项行动。2021 年 3

月，中共中央办公厅、国务院办公厅印发《关于进一步深化税收征管改革的意见》，在四部门专项打击基础上，邀请最高人民检察院、国家外汇管理局正式加入打击虚开骗税工作机制，拓展为六部门联合打击工作机制。2021 年 10 月，六部委联合印发《关于做好常态化打击虚开骗税违法犯罪工作的指导意见》，要求各地继续保持打击虚开骗税高压态势，推进对"假企业""假出口""假申报"的常态化打击。2023 年 7 月，最高人民法院也加入常态化打击"三假"的队伍中来，目前常态化打击虚开骗税工作机制已经全面覆盖了税务调查、公安侦查、审查起诉、法院审理全环节，虚开增值税专用发票等涉税违法行为遭到严厉打击。经笔者检索公开案例，共汇总 2018 年至 2022 年涉嫌犯虚开增值税专用发票罪案件裁判文书 9276 件。

第二节　立案追诉标准、犯罪构成要件与量刑标准

一、虚开增值税专用发票、用于骗取出口退税、抵扣税款发票罪的立案追诉标准

《刑法》第 205 条虽然对虚开增值税专用发票、用于骗取出口退税、抵扣税款罪未规定任何情节上的限制，但并非所有的虚开增值税专用发票的行为和虚开用于骗取出口退税、抵扣税款的其他发票的行为都应以犯罪论处。对于其中情节显著轻微、危害不大的行为，应根据《刑法》第 13 条但书的规定，不认为是犯罪。如虚开增值税专用发票、用于骗取出口退税、抵扣税款的其他发票数额较小而又无伪造、非法购买增值税专用发票、用于骗取出口退税、抵扣税款的其他发票等其他情节的，虚开数额较小尚未造成偷税、骗取出口退税等其他后果的，图谋虚开但尚未着手且无其他严重情节的，在他人的威胁、要挟之下被迫为他人虚开但虚开数额不大的，应不作为犯罪处理。

2022 年 4 月 6 日，最高人民检察院、公安部研究修订了《关于公安机关管辖的刑事案件立案追诉标准的规定（二）》，对公安机关管辖的部分经济犯罪案件立案追诉标准进行修改完善。其中，虚开增值税专用发票罪的立案标准发生了重大变化：一是提高了入罪数额；二是修改了入罪情节，将"致使国家税款被骗"修改为"造成国家税款损失"。

【法律依据】

最高人民检察院、公安部《关于公安机关管辖的刑事案件立案追诉标准的规定（二）》（公通字〔2022〕12 号）

第五十六条　〔虚开增值税专用发票、用于骗取出口退税、抵扣税款发票案（刑法

第二百零五条)〕虚开增值税专用发票或者虚开用于骗取出口退税、抵扣税款的其他发票,虚开的税款数额在十万元以上或者造成国家税款损失数额在五万元以上的,应予立案追诉。

二、虚开增值税专用发票、用于骗取出口退税、抵扣税款发票罪的构成要件

(一)客体要件

本罪侵犯的客体是国家对增值税专用发票和可用于出口退税、抵扣税款的其他发票的监督管理制度。

根据《发票管理办法》的规定,开具发票应当按照规定的时限、顺序、栏目,全部联次一次性如实开具,并加盖发票专用章。任何单位和个人不得转借、转让、代开发票。

根据《增值税专用发票使用规定》的规定:专用发票应按下列要求开具:(1)项目齐全,与实际交易相符;(2)字迹清楚,不得压线、错格;(3)发票联和抵扣联加盖财务专用章或者发票专用章;(4)按照增值税纳税义务的发生时间开具。

为了骗取税款,虚开增值税专用发票或用于骗取出口退税、抵扣税款的其他发票的行为违反了发票管理制度,同时,虚开增值税专用发票或用于骗取出口退税、抵扣税款的其他发票,可以抵扣税款,可能造成国家税款的大量流失,也会严重破坏社会主义经济秩序。

所谓用于骗取出口退税、抵扣税款的其他发票,是指可以用于申请出口退税、抵扣税款的非增值税专用发票,如运输发票、废旧物品收购发票、农业产品收购发票。

(二)客观要件

本罪在客观方面表现为没有货物购销或者没有提供或接受应税劳务而为他人、为自己、让他人为自己、介绍他人开具增值税专用发票或用于出口退税、抵扣税款的其他发票,或者即使有货物购销或提供/接受了应税劳务,但为他人、为自己、让他人为自己、介绍他人开具数量或者金额不实的增值税专用发票或用于骗取出口退税、抵扣税款的其他发票,或者进行了实际经营活动,但让他人为自己代开增值税专用发票或用于骗取出口退税、抵扣税款的其他发票的行为。

虚开,是指行为人违反有关发票开具管理的规定,不按照实际情况如实开具增值税专用发票及其他可用于骗取出口退税、抵扣税款的发票之行为。从广义上讲,一切不如实出具发票的行为都是虚开行为。包括没有经营活动而开具或虽有经营活动但不做真实的开具,如改变客户名称、商品名称、经营项目、夸大或缩小产品或经营项目的数量、单价及其实际收取或支出的金额,委托代扣、代收、代征税种的税率及税额、增值税税率及税额,虚写开票人、开票日期。狭义的虚开,则是指对发票能反映纳税人纳

税情况、数额的有关内容作不实填写，致使所开发票的税款与实际缴纳不符的一系列行为。例如，没有销售商品、提供服务等经营活动，却虚构经济活动的项目、数量、单价、收取金额或者有关税率、税额予以填写；或在销售商品提供服务开具发票时变更经营项目的名称、数量、单价、税额、税率及税额等，从而使发票不能反映交易双方进行经营活动以及应纳或已纳税款的真实情况。主要体现在票与物或经营项目不符、票面金额与实际收取的金额不一致。显然，本罪的虚开应是狭义上的虚开。

虚开增值税专用发票或用于骗取出口退税、抵扣税款的其他发票的具体行为方式有以下四种：

1. 为他人虚开

为他人虚开，是指合法拥有增值税专用发票或用于骗取出口退税、抵扣税款的其他发票的单位或者个人，明知他人没有货物购销或者没有提供或接受应税劳务而为其开具增值税专用发票或用于骗取出口退税、抵扣税款的其他发票；或者即使有货物购销或提供了应税劳务，但为其开具数量或者金额不实的增值税专用发票或用于骗取出口退税、抵扣税款的其他发票的行为。

2. 为自己虚开

为自己虚开，是指合法拥有增值税专用发票或用于骗取出口退税、抵扣税款的其他发票的单位或者个人，在没有货物购销或者没有提供或接受应税劳务的情况下为自己开具增值税专用发票或用于骗取出口退税、抵扣税款的其他发票；或者即使有货物购销或者提供或接受了应税劳务，却为自己开具数量或者金额不实的增值税专用发票或用于骗取出口退税、抵扣税款的其他发票的行为。

3. 让他人为自己虚开

让他人为自己虚开，是指没有货物购销或者没有提供或接受应税劳务的单位或者个人，要求合法拥有增值税专用发票或用于骗取出口退税、抵扣税款的其他发票的单位或者个人，为自己开具增值税专用发票或用于骗取出口退税、抵扣税款的其他发票；或者即使有货物购销或者提供或接受了应税劳务，但要求他人开具数量或者金额不实的增值税专用发票或用于骗取出口退税、抵扣税款的其他发票；或者进行了实际经营活动，但让他人为自己代开增值税专用发票或用于骗取出口退税、抵扣税款的其他发票的行为。

4. 介绍他人虚开

介绍他人虚开，是指在合法拥有增值税专用发票或用于骗取出口退税、抵扣税款的其他发票的单位或者个人，与要求虚开增值税专用发票或用于骗取出口退税、抵扣税款的其他发票的单位或者个人之间沟通联系、牵线搭桥的行为。虚开增值税专用发票或用于出口退税、抵扣税款的其他发票须达到一定情节才能构成犯罪。

【法律依据】

1.《刑法》

第二百零五条第三款 虚开增值税专用发票或者虚开用于骗取出口退税、抵扣税款的其他发票,是指有为他人虚开、为自己虚开、让他人为自己虚开、介绍他人虚开行为之一的。

2.最高人民法院《印发〈关于适用《全国人民代表大会常务委员会关于惩治虚开、伪造和非法出售增值税专用发票犯罪的决定》的若干问题的解释〉的通知》(法发〔1996〕30号)

一、根据《决定》第一条规定,虚开增值税专用发票的,构成虚开增值税专用发票罪。

具有下列行为之一的,属于"虚开增值税专用发票":(1)没有货物购销或者没有提供或接受应税劳务而为他人、为自己、让他人为自己、介绍他人开具增值税专用发票;(2)有货物购销或者提供或接受了应税劳务但为他人、为自己、让他人为自己、介绍他人开具数量或者金额不实的增值税专用发票;(3)进行了实际经营活动,但让他人为自己代开增值税专用发票。

……

3.最高人民法院研究室《〈关于如何认定以"挂靠"有关公司名义实施经营活动并让有关公司为自己虚开增值税专用发票行为的性质〉征求意见的复函》(法研〔2015〕58号)

……

一、挂靠方以挂靠形式向受票方实际销售货物,被挂靠方向受票方开具增值税专用发票的,不属于刑法第二百零五条规定的"虚开增值税专用发票"。

……

二、行为人利用他人的名义从事经营活动,并以他人名义开具增值税专用发票的,即便行为人与该他人之间不存在挂靠关系,但如行为人进行了实际的经营活动,主观上并无骗取抵扣税款的故意,客观上也未造成国家增值税款损失的,不宜认定为刑法第二百零五条规定的"虚开增值税专用发票";符合逃税罪等其他犯罪构成条件的,可以其他犯罪论处。

……

（三）主体要件

本罪的主体均为一般主体，达到刑事责任年龄且具有刑事责任能力的自然人均可构成。另外，依据《刑法》第205条第2款之规定，单位也可成为本罪主体，单位构成本罪的实行双罚制：对单位判处罚金，并对直接负责的主管人员和其他直接责任人员依照《刑法》第205条第2款规定追究刑事责任。

【法律依据】

《刑法》

第二百零五条第二款　单位犯本条规定之罪的，对单位判处罚金，并对其直接负责的主管人员和其他直接责任人员，处三年以下有期徒刑或者拘役；虚开的税款数额较大或者有其他严重情节的，处三年以上十年以下有期徒刑；虚开的税款数额巨大或者有其他特别严重情节的，处十年以上有期徒刑或者无期徒刑。

（四）主观要件

本罪在主观方面必须是故意，而且一般具有牟利的目的。实践中，为他人虚开增值税专用发票或可用于出口退税、抵扣税款的其他发票的单位和个人一般都以收取高额的手续费为目的，为自己虚开、让他人为自己虚开的单位和个人一般都是以骗取出口退税、抵扣税款为目的，介绍他人虚开的单位和个人一般都是以收取高额的中介费、信息费为目的。但"以营利为目的"并不是本罪主观上的必要条件。

【法律依据】

1. 最高人民法院研究室《〈关于如何认定以"挂靠"有关公司名义实施经营活动并让有关公司为自己虚开增值税专用发票行为的性质〉征求意见的复函》（法研〔2015〕58号）

（前已述及，在此不赘述。）

2. 最高人民检察院《关于印发〈最高人民检察院关于充分发挥检察职能服务保障"六稳""六保"的意见〉的通知》（高检发〔2020〕10号）

……

6. ……三是依法慎重处理企业涉税案件。注意把握一般涉税违法行为与以骗取国家税款为目的的涉税犯罪的界限，对于有实际生产经营活动的企业为虚增业绩、融资、贷款等非骗税目的且没有造成税款损失的虚开增值税专用发票行为，不以虚开增值税专用发票罪定性处理，依法作出不起诉决定的，移送税务机关给予行政处罚。

三、虚开增值税专用发票、用于骗取出口退税、抵扣税款发票罪的定罪量刑标准

虚开增值税专用发票、用于骗取出口退税、抵扣税款发票罪属于数额犯，过去本罪

曾采取虚开税款数额和其他情节的二元化定罪量刑标准,其他情节主要包括:国家税款被骗取数额、造成国家税款损失数额、其他严重情节等。目前,本罪主要采取虚开税款数额一元化定罪量刑标准,具体又可以划分为虚开税款数额5万~50万元、虚开税款数额50万~250万元、虚开税款数额250万元以上三档。

【法律依据】

1.《刑法》

第二百零五条第一款 虚开增值税专用发票或者虚开用于骗取出口退税、抵扣税款的其他发票的,处三年以下有期徒刑或者拘役,并处二万元以上二十万元以下罚金;虚开的税款数额较大或者有其他严重情节的,处三年以上十年以下有期徒刑,并处五万元以上五十万元以下罚金;虚开的税款数额巨大或者有其他特别严重情节的,处十年以上有期徒刑或者无期徒刑,并处五万元以上五十万元以下罚金或者没收财产。

2.最高人民法院《关于审理骗取出口退税刑事案件具体应用法律若干问题的解释》(法释〔2002〕30号)

第三条 骗取国家出口退税款5万元以上的,为刑法第二百零四条规定的"数额较大";骗取国家出口退税款50万元以上的,为刑法第二百零四条规定的"数额巨大";骗取国家出口退税款250万元以上的,为刑法第二百零四条规定的"数额特别巨大"。

第三节 案例分析:典型争议与辩护实务

一、真实交易代开与虚开金额是否含税问题

【案情简介】

X公司设立以来,主要经营煤炭洗选服务矿山、五金机电销售。在2014年至2016年经营期间,X公司向个人、加油站等共计购买了价值1,053,303.63元的柴油,这些零星交易没有开具增值税专用发票。为了虚增进项金额从而抵扣国家税款,经薛某介绍,X公司实际经营负责人魏某联系,让S公司为其先后虚开增值税专用发票9份,金额合计883,846.17元,税额合计150,253.83元,价税合计1,034,100元,受票方实际认证抵扣9份,抵扣进项税150,253.83元。

案发后,X公司将已抵扣的税款及滞纳金159,494.44元全部缴清。被告人魏某到案后如实供述了其犯罪事实。

【法律分析】

1. 如实代开不构成虚开的关键是符合真实交易情况

一方面,“有真实交易”是如实代开的基础,但无论从学理上,还是客观现实来看,“有真实交易”并不是不构成虚开增值税专用发票罪,甚至不构成犯罪的充分条件。对于以骗取国家税款为目的的“有货虚开”行为,不能因其有真实交易就认为不构成虚开增值税专用发票罪。对于不以骗取国家税款为目的的“有货虚开”行为,应当对行为的法律性质做进一步区分,判断其是否在本质上不具有刑事违法性,不构成犯罪;或者其虽不具有骗取国家税款的故意,但具有逃税、骗取贷款等其他非法目的,不构成虚开增值税专用发票罪,而构成其他犯罪。

另一方面,如实代开不要求挂靠方与被挂靠方之间具有挂靠关系。根据最高人民法院研究室《〈关于如何认定以“挂靠”有关公司名义实施经营活动并让有关公司为自己虚开增值税专用发票行为的性质〉征求意见的复函》(法研〔2015〕58 号)的意见,挂靠方与被挂靠方之间是否存在挂靠关系并不是认定如实代开的关键,只要行为人存在真实交易,主观上不具有抵扣税款的故意,客观上也未造成国家增值税税款损失的,不构成虚开增值税专用发票罪。本案中,X 公司与 S 公司之间虽没有挂靠关系,但 X 公司让 S 公司开具与其真实交易相符的增值税专用发票属于取得如实代开的发票。

2. 约定以不含税价购进货物不影响抵扣权

实践中,一些单位或个人在购进货物时,以不要发票为条件,与销售方约定以不含税的低价购进货物,为降低成本,又从第三方获取进项发票向税务机关申报抵扣。如果纳税人在取得进项发票时未缴纳增值税,在其产生销项时就不享有对应的抵扣权,否则将造成国家税款损失。因此,只有行为人在真实交易环节缴纳了增值税,且根据法律规定不属于不应抵扣情形的,才享有申请抵扣税款的权利。按照税法的规定,发生销售货物等应税行为即产生增值税纳税义务。即使当事人约定以不含税价交易,销售货物一方仍应当按其取得的总价款换算实际交易金额和增值税税款,购进货物的一方当事人在给付价款之时已就实际交易金额缴纳增值税,而实际交易金额与销售方取得价款之间的差额则应视为销售方给予交易的折扣或其自愿承担的成本。因此,本案中,X 公司从个人、加油站等处购进货物虽未开具增值税专用发票,但其所支付的价款应当视为含税价,X 公司产生销项时对其已承担的税款享有抵扣权。

二、虚开与非法购买此罪与彼罪的界限

【案情简介】

2010 年 8 月,山东分公司与山东黄金集团签订合作开发协议,合作开发山东黄金

时代广场项目。约定各自承担50%的开发成本及费用,各自分得两个楼座;后又签订施工协议等,由山东分公司负责建设山东黄金时代广场。

为解决山东黄金时代广场的建设资金问题,山东分公司经理赵某与中国诚通公司的李某1、刘某商议,决定由中国诚通公司通过贸易方式为山东分公司融资,具体为:山东分公司向中国诚通公司购买钢材并以货款名义开具商业承兑汇票,利用中国诚通公司在银行的信用将汇票贴现,再由中国诚通公司向赵某实际控制的合慧伟业公司购买钢材,以货款名义将贴现款转给合慧伟业公司,合慧伟业公司收到款后再以往来款名义转给山东分公司或直接购买钢材交给山东分公司用于建设。汇票到期后由山东分公司将应到期归还的钱款还给中国诚通公司,中国诚通公司再归还给银行。

在上述贸易融资过程中,合慧伟业公司给中国诚通公司开具了1.2亿余元的增值税专用(进项)发票,合慧伟业公司因此留下了相应金额的增值税专用(销项)发票,需要缴纳相应的增值税。为此,合慧伟业公司找到刘某洋任法定代表人的天正博朗公司和恩百泽公司,由天正博朗公司于2012年8月至2013年3月,给合慧伟业公司开具增值税专用(进项)发票103份,税额合计16,150,052.28元,价税合计111,150,360.6元;恩百泽公司于2012年11月,给合慧伟业公司开具增值税专用(进项)发票52份,税额合计661,797.47元,价税合计4,554,724.1元。合慧伟业公司将上述天正博朗公司和恩百泽公司开具的进项发票全部认证抵扣。在此过程中,合慧伟业公司以支付货款名义转给天正博朗公司90,241,794.78元,经恩百泽公司后转回合慧伟业公司85,491,794.78元;2012年12月25日,合慧伟业公司支付恩百泽公司4,554,724.1元,当日全部转回合慧伟业公司。天正博朗公司、恩百泽公司在给合慧伟业公司虚开增值税专用(进项)发票的交易过程中,获取非法利益共计475万元。

一审判决被告单位合慧伟业公司、天正博朗公司、恩百泽公司,被告人赵某、刘某洋构成虚开增值税专用发票罪。

二审撤销一审判决,改判合慧伟业公司、赵某的行为构成非法购买增值税专用发票罪,天正博朗公司、恩百泽公司、刘某洋的行为构成非法出售增值税专用发票罪。

【法律分析】

1. 虚增进项抵扣虚增销项不会造成国家税款损失,不构成虚开增值税专用发票罪

根据最高人民检察院《关于充分发挥检察职能服务保障“六稳”“六保”的意见》的规定,为融资而虚开增值税专用发票的行为与为骗取增值税税款的虚开增值专用发票行为在社会危害性上存在本质区别,在刑事司法程序中应当区别对待,准确定性。本案中,合慧伟业公司给中国诚通公司虚开了大量的增值税专用(进项)发票,合慧伟业

公司因此留下了相应的增值税专用(销项)发票,为避免因此缴纳相应的增值税,合慧伟业公司找到天正博朗公司、恩百泽公司获取了虚开的增值税专用(进项)发票,从事情的前因看,合慧伟业公司找天正博朗公司、恩百泽公司虚开增值税专用发票主观上并非出于骗取国家税款的目的。而上述虚开的增值税专用(进项)发票虽已全部认证抵扣,但考虑之前合慧伟业公司因给中国诚通公司开具增值税专用发票而留下的大量销项发票,该部分发票因为没有实际发生商品流转,没有产生真实的商品增值,也就没有缴纳增值税的事实基础,不缴纳该部分税款也不会给国家造成实际的税款损失。合慧伟业公司及其实际控制人赵某因主观上不具有骗取国家税款的目的,客观上认定造成国家税款损失的证据不足,因此,合慧伟业公司、赵某的行为不构成虚开增值税专用发票罪。与之对应,负责开具相应增值税专用发票的天正博朗公司、恩百泽公司及其法定代表人刘某洋基于同样的原因也不构成虚开增值税专用发票罪。

2. 合慧伟业公司等构成非法出售增值税专用发票罪

非法出售、购买增值税专用发票罪侵犯的是我国对增值税专用发票严格的领购制度,增值税专用发票只能由增值税一般纳税人到指定的税务机关凭相应凭证采取“以旧换新”方式进行领购,其他任何单位和个人都不得实施买卖增值税专用发票的行为。非法出售、购买增值税专用发票犯罪是一种行为犯,主观上行为人只要对非法买卖的行为有认知即可,无须附加其他主观目的;客观上只要实施了非法买卖的行为,无须造成一定的危害后果。行为人是否获利、出于何种目的买卖、是否造成了国家税款流失不是本罪罪与非罪的界限,只是在量刑时可以作为情节考量。本案中,合慧伟业公司为取得进项发票抵扣因给中国诚通公司开具增值税专用发票而产生的增值税销项发票,找天正博朗公司、恩百泽公司虚开增值税专用发票,在整个交易过程中,天正博朗公司、恩百泽公司一不要提供资金,二不用联系客户,三无须进行购货、运输、交货等任何经营行为,其所谓交易成本只有虚开的增值税专用发票,因此,无论以何名义、采取何种形式,天正博朗公司、恩百泽公司在此过程中获取的“利润”本质上就是通过虚开增值税专用发票所得的好处,就是变相出售增值税专用发票的违法所得。而合慧伟业公司在此过程中,除了从天正博朗公司、恩百泽公司处得到了虚开的增值税专用发票外,一无所获,其所支出的费用本质上就是变相购买增值税专用发票所花费的对价。因此,合慧伟业公司、赵某的行为构成非法购买增值税专用发票罪,天正博朗公司、恩百泽公司、刘某洋的行为构成非法出售增值税专用发票罪。

三、虚开增值税专用发票罪与非罪的界限

【案情简介】

被告人王某从事货车经营运输业务,其从甲公司承揽运输业务,给乙公司运输货

物。因为结算运费需要为乙公司出具具有抵扣税款功能的运输发票,起初王某从税务机关开具发票。2010 年 6 月至 12 月,王某到郭某开办的丙公司陆续开具了票面金额共计 2,396,828 元的运输发票,丙公司根据开出的运输发票的票面金额向税务机关缴纳税款,王某向丙公司按 4.6% 交纳开票费。后王某将这些运输发票交与乙公司,乙公司用上述发票抵扣税款 167,777.96 元。

案发后,被告人王某于 2011 年 6 月 17 日主动投案自首,Y 县公安局追缴了被告人王某骗取的税款。

一审法院判决王某构成虚开用于抵扣税款发票罪,判处有期徒刑 2 年,缓刑 2 年,并处罚金 10 万元。

再审法院认为,王某主观上没有骗取抵扣税款的犯罪故意,客观上既没有用于自己抵扣税款,也没有让他人以此非法抵扣国家税款,没有造成国家税款的损失,不构成虚开用于抵扣税款发票罪。原审判决适用法律不当,应予纠正。同时明确,王某的行为虽然不构成虚开用于抵扣税款发票罪,但其应到当地税务部门开具运输发票,王某却让不具有代开票资格的丙公司为自己代开具有抵扣税款功能的发票,且比税务机关开票税率低,少缴了部分营业税款。其行为危害了税收征管制度,具有行政违法性。2021 年 5 月 20 日,再审法院判决撤销一审判决,宣告原审被告人王某无罪。

【法律分析】

1. 基于真实交易的代开与暴力虚开的社会危害性显著不同

(1)真实交易:业务真实且发票开具符合实际情况

是否发生了真实交易(有真实的货物购销或者应税服务)是认定虚开罪与非罪的基础环节。真实交易通常要求交易双方签订真实的书面合同、口头合同或依据交易惯例开展业务,发生了真实的货物或者服务,有真实的付款,且开具发票上记载的货物或服务数量、价款、金额等均与交易实际情况相符合,不存在漏报、多报、瞒报等情况。

对于有真实的货物购销或者应税劳务,但为他人、为自己、让他人为自己、介绍他人开具数量或者金额不实的增值税专用发票的,不符的部分就不属于基于真实交易开具的发票。在实践中,该部分与真实交易的部分应当区分开来,超出真实交易的部分或被认定为虚开发票。

(2)如实代开不会造成国家税款损失

最高人民法院《印发关于适用〈全国人民代表大会常务委员会关于惩治虚开、伪造和非法出售增值税专用发票犯罪的决定〉的若干问题的解释的通知》(法发〔1996〕30 号)第 1 条将“进行了实际经营活动,但让他人为自己代开增值税专用发票”的如实代开行为也认定属于“虚开增值税专用发票”，目前的市场环境和交易习惯业已突破该规定的范畴。

2020 年 7 月，最高人民检察院发布的《关于充分发挥检察职能服务保障“六稳”“六保”的意见》明确规定，对于有实际生产经营活动的企业为虚增业绩、融资、贷款等非骗税目的且没有造成税款损失的虚开增值税专用发票行为，不以虚开增值税专用发票罪定性处理。本案中，王某提供了真实的运输业务，不存在无真实货物交易虚开增值税专用发票的行为，且开具的增值税专用发票都是按照真实的运费数额开具的。王某不具有骗取国家税款的目的，也未造成国家税款的损失，不构成虚开增值税专用发票罪。

2. 行为人主观目的与客观后果是区分虚开罪与非罪的关键

《刑法》第 205 条的规定没有明确虚开犯罪属于目的犯、行为犯还是结果犯，随着对虚开犯罪立法背景、立法目的、社会危害性、增值税原理等认识的逐渐加深，中央不断强调保护民营企业家合法权益，最高人民法院、最高人民检察院提出“六稳”“六保”的工作精神，并相继发布司法文件和典型案例，进一步明确虚开犯罪的构成要件，扭转了增值税立法之初以行为犯认定虚开犯罪的错误倾向，确立了虚开犯罪为非法定目的犯、结果犯的司法审判导向。

例如，最高人民法院刑法研究室《〈关于如何认定以“挂靠”有关公司名义实施经营活动并让有关公司为自己虚开增值税专用发票行为的性质〉征求意见的复函》（法研〔2015〕58 号）第 2 条已经明确，构成虚开增值税专用发票罪须以行为人主观上具有骗取抵扣税款的故意，客观上造成了国家增值税税款损失为必要条件。2018 年 12 月，最高人民法院发布第二批人民法院充分发挥审判职能作用保护产权和企业家合法权益典型案例，在“张某强虚开增值税专用发票案”中，最高人民法院明确指出：张某强不具有骗取国家税款的目的，未造成国家税款损失，其行为不构成虚开增值税专用发票罪。

因此，虽然《刑法》对虚开增值税专用发票罪仍采用的是简单罪状描述，未明确具体的构罪要件，但是以是否同时具备骗取国家税款的目的并造成国家税款损失的后果认定虚开犯罪的观点已经在理论和实践中得到了普遍认可。构成本罪要求行为人主观上具有骗取国家税款的目的、客观上造成了国家增值税税款的损失，更符合立法精神，也更符合罪责刑相适应原则。

第二章　骗取出口退税罪

第一节　骗取出口退税罪概述

一、骗取出口退税罪的概念

骗取出口退税罪，是指以假报出口或者其他手段，骗取国家出口退税款，数额较大的行为。

出口退税制度，是指国家为了体现税收鼓励出口的政策，使出口商品以不含税的价格进入国际市场，以提高出口商品在国际市场的竞争能力，依法对在国内已征增值税、消费税的产品（除国家明确规定不予退税的产品外），在其出口时将已征税款予以退还的制度。实践中证明，实行出口退税制度，对于鼓励出口、扩大和占领国际市场、参与国际竞争、发展外向型经济都具有重要意义。但在实践中，部分企业事业单位采取假报出口等手段，骗取国家出口退税款，不仅严重地破坏了国家关于出口退税的管理制度，扰乱了国家出口退税政策的顺利执行，也给国家财政造成严重损失。

二、骗取出口退税罪的司法现状

骗取出口退税罪是常见的涉税刑事罪名。据笔者在中国裁判文书网等公开网站检索显示，2018 年至 2022 年共有 531 起骗取出口退税的案件，其中，2018 年至 2020 年骗取出口退税刑事案件数量较多，因疫情等原因 2021 年、2022 年案件数量有所减少。由于骗取出口退税案件还涉及虚开增值税专用发票，有部分外贸行业相关联案件以虚开增值税专用发票罪定罪，因此外贸行业实际涉税案件远高于当前统计数量。

2021 年至 2022 年，根据中国裁判文书网公示的有效裁判文书，共有骗取出口退税案件 54 起，其中，一审案件 28 起、二审案件 21 起、再审案件 5 起；一审中没有无罪案件。二审和再审案件的结果是：二审驳回上诉 10 件，部分维持、部分改判 4 件，发回重审 6 件；再审案件中，驳回申诉 5 件、指令再审 1 件。由上述情况可知，骗税罪一旦进入刑事程序，获罪的风险较高。

第二节　犯罪构成要件与量刑标准

一、骗取出口退税罪的构成

(一)客体要件

本罪侵犯的客体是国家出口退税管理制度和国家财产权。

(二)客观要件

本罪的客观要件是行为人采取了假报出口等欺骗手段。根据司法实践,常见的欺骗手段主要有:

(1)串通有出口经营权企业,非法获取出口单证、代理出口业务。

(2)串通国内不法生产、销售企业,非法获取虚开、代开的增值税专用发票。

(3)串通境内外不法商人与外贸企业非法调汇,从中获取非法利益。

(4)采取行贿或欺骗手段,非法获取盖有海关验讫章的出口货物报关单等。

按照最高人民检察院、公安部《关于公安机关管辖的刑事案件立案追诉标准的规定(二)》(公通字〔2022〕12 号)的规定,以假报出口或者其他欺骗手段,骗取国家出口退税款,数额在 10 万元以上的,应予立案追诉。

(三)主体要件

《刑法》第 204 条规定的该罪主体有两大类:第一类是具有出口经营权的企业事业单位和该单位负有直接责任的管理人员;第二类是除上述主体以外的单位和个人。

(四)主观要件

本罪在主观方面只能为直接故意,并且具有骗取出口退税的目的。由于出口企业工作人员的失误,或者产品出口以后由于质量等原因又被退回,造成税务机关多退税款的,因没有骗税的犯罪故意,不能以骗取出口退税款罪追究其刑事责任,而只能由税务机关责令出口企业限期退回其多退的税款,属于出口企业失误的,还可按日加收滞纳金。

二、骗取出口退税罪的认定

(一)罪与非罪的界限

在骗取出口退税罪的认定上,罪与非罪的界限不大,主要是数额标准问题。在其他特征具备的情况下,骗取退税数额达到 10 万元以上者,即构成该罪,否则就只能认定为违反税法的行为。依据《税收征收管理法》第 66 条之规定,由税务机关追缴其骗取的退税款,并处以骗取税款1倍以上5倍以下的罚款。

(二)骗取出口退税罪与诈骗罪的界限

从广义上看,骗取出口退税也是一种诈骗行为,只不过它侵犯的直接客体是国家税收管理制度,而诈骗罪的客体是公私财产所有权,因而尽管两罪之间的内容有些交叉,但是两个独立的犯罪。区分两罪应把握以下内容:从行为方式来看,如采取对其所生产或经营的商品假报出口等欺骗手段骗取国家出口退税的,则构成骗取出口退税罪;如本无出口产品,只是以出口退税之名而行骗者,则对其认定为诈骗罪。当然,涉及共同犯罪的问题时,则应区分不同情况按照共犯处断原则重新判定。

(三)骗取出口退税罪与逃税罪的界限

两罪同属危害税收犯罪,无论是在主体上还是在客观行为上,都有重合之处。不过骗取出口退税罪更具有特色一些。逃税罪的主体是一切纳税人和扣缴义务人,而骗取出口退税罪的主体则主要是具有出口经营权的纳税人。纳税人缴纳税款后,采取假报出口或其他欺骗手段骗取所缴纳的税款的,依照逃税罪定罪处罚;骗取税款超过所缴纳的税款部分,依照骗取出口退税罪处罚。

三、骗取出口退税案件的管辖

骗取出口退税案由骗取出口退税地县级以上公安机关管辖,其他涉案地公安机关予以配合。如果由犯罪嫌疑人居住地公安机关管辖更为适宜的,由犯罪嫌疑人居住地县级以上公安机关管辖。此外,如果骗取出口退税的案件属于重大涉外犯罪、重大集团犯罪和下级公安机关侦破有困难的严重刑事案件,由地(市)级以上公安机关管辖。对管辖不明确或者几个公安机关都有权管辖的案件,可以由有关公安机关协商确定管辖。对管辖有争议或者情况特殊的案件,可以由共同的上级公安机关指定管辖。上级公安机关可以指定下级公安机关立案侦查管辖不明确或者需要改变管辖的案件。下级公安机关认为案情重大、复杂,需要由上级公安机关侦查的案件,可以请求移送上级公安机关侦查。

四、骗取出口退税罪的量刑

以假报出口或者其他欺骗手段骗取国家出口退税款的行为实质上是诈骗行为。根据骗取国家出口退税款的数额大小,《刑法》第204条规定了三档处罚:对骗取国家出口退税款,数额较大的,处5年以下有期徒刑或者拘役,并处骗取税款1倍以上5倍以下罚金;数额巨大或者有其他严重情节的,处5年以上10年以下有期徒刑,并处骗取税款1倍以上5倍以下罚金;数额特别巨大或者有其他特别严重情节的,处10年以有期徒刑或者无期徒刑,并处骗取税款1倍以上5倍以下罚金或者没收财产。单位犯骗取出口退税罪的，对单位判处罚金，并对其直接负责的主管人员和其他直接责任人员，依照《刑法》关于该罪的规定处罚。

五、骗取出口退税罪的法律依据

（一）《刑法》

第二百零四条　以假报出口或者其他欺骗手段，骗取国家出口退税款，数额较大的，处五年以下有期徒刑或者拘役，并处骗取税款一倍以上五倍以下罚金；数额巨大或者有其他严重情节的，处五年以上十年以下有期徒刑，并处骗取税款一倍以上五倍以下罚金；数额特别巨大或者有其他特别严重情节的，处十年以上有期徒刑或者无期徒刑，并处骗取税款一倍以上五倍以下罚金或者没收财产。

纳税人缴纳税款后，采取前款规定的欺骗方法，骗取所缴纳的税款的，依照本法第二百零一条的规定定罪处罚；骗取税款超过所缴纳的税款部分，依照前款的规定处罚。

（二）追诉标准

最高人民检察院、公安部《关于公安机关管辖的刑事案件立案追诉标准的规定（二）》（公通字〔2022〕12 号）

第五十五条　〔骗取出口退税案（刑法第二百零四条）〕以假报出口或者其他欺骗手段，骗取国家出口退税款，数额在十万元以上的，应予立案追诉。

（三）司法解释

最高人民法院《关于审理骗取出口退税刑事案件具体应用法律若干问题的解释》（法释〔2002〕30 号）

第一条　刑法第二百零四条规定的"假报出口"，是指以虚构已税货物出口事实为目的，具有下列情形之一的行为：

（一）伪造或者签订虚假的买卖合同；

（二）以伪造、变造或者其他非法手段取得出口货物报关单、出口收汇核销单、出口货物专用缴款书等有关出口退税单据、凭证；

（三）虚开、伪造、非法购买增值税专用发票或者其他可以用于出口退税的发票；

（四）其他虚构已税货物出口事实的行为。

第二条　具有下列情形之一的，应当认定为刑法第二百零四条规定的"其他欺骗手段"：

（一）骗取出口货物退税资格的；

（二）将未纳税或者免税货物作为已税货物出口的；

（三）虽有货物出口，但虚构该出口货物的品名、数量、单价等要素，骗取未实际纳

税部分出口退税款的;

(四)以其他手段骗取出口退税款的。

第三条 骗取国家出口退税款5万元以上的,为刑法第二百零四条规定的“数额较大”;骗取国家出口退税款50万元以上的,为刑法第二百零四条规定的“数额巨大”;骗取国家出口退税款250万元以上的,为刑法第二百零四条规定的“数额特别巨大”。

第四条 具有下列情形之一的,属于刑法第二百零四条规定的“其他严重情节”:

(一)造成国家税款损失30万元以上并且在第一审判决宣告前无法追回的;

(二)因骗取国家出口退税行为受过行政处罚,两年内又骗取国家出口退税款数额在30万元以上的;

(三)情节严重的其他情形。

第五条 具有下列情形之一的,属于刑法第二百零四条规定的“其他特别严重情节”:

(一)造成国家税款损失150万元以上并且在第一审判决宣告前无法追回的;

(二)因骗取国家出口退税行为受过行政处罚,两年内又骗取国家出口退税款数额在150万元以上的;

(三)情节特别严重的其他情形。

第六条 有进出口经营权的公司、企业,明知他人意欲骗取国家出口退税款,仍违反国家有关进出口经营的规定,允许他人自带客户、自带货源、自带汇票并自行报关,骗取国家出口退税款的,依照刑法第二百零四条第一款、第二百一十一条的规定定罪处罚。

第七条 实施骗取国家出口退税行为,没有实际取得出口退税款的,可以比照既遂犯从轻或者减轻处罚。

第八条 国家工作人员参与实施骗取出口退税犯罪活动的,依照刑法第二百零四条第一款的规定从重处罚。

第九条 实施骗取出口退税犯罪,同时构成虚开增值税专用发票罪等其他犯罪的,依照刑法处罚较重的规定定罪处罚。

(四)其他

国家税务总局《关于停止为骗取出口退税企业办理出口退税有关问题的通知》(国税发〔2008〕32号)

一、出口企业骗取国家出口退税款的,税务机关按以下规定处理:

(一)骗取国家出口退税款不满5万元的,可以停止为其办理出口退税半年以上一年以下。

（二）骗取国家出口退税款5万元以上不满50万元的，可以停止为其办理出口退税一年以上一年半以下。

（三）骗取国家出口退税款50万元以上不满250万元，或因骗取出口退税行为受过行政处罚、两年内又骗取国家出口退税款数额在30万元以上不满150万元的，停止为其办理出口退税一年半以上两年以下。

（四）骗取国家出口退税款250万元以上，或因骗取出口退税行为受过行政处罚、两年内又骗取国家出口退税款数额在150万元以上的，停止为其办理出口退税两年以上三年以下。

二、对拟停止为其办理出口退税的骗税企业，由其主管税务机关或稽查局逐级上报省、自治区、直辖市和计划单列市税务局批准后按规定程序作出《税务行政处罚决定书》。停止办理出口退税的时间以作出《税务行政处罚决定书》的决定之日为起点。

三、出口企业在税务机关停止为其办理出口退税期间发生的自营或委托出口货物以及代理出口货物等，一律不得申报办理出口退税。

在税务机关停止为其办理出口退税期间，出口企业代理其他单位出口的货物，不得向税务机关申请开具《代理出口货物证明》。

四、出口企业自税务机关停止为其办理出口退税期限届满之日起，可以按现行规定到税务机关办理出口退税业务。

五、出口企业违反国家有关进出口经营的规定，以自营名义出口货物，但实质是靠非法出售或购买权益牟利，情节严重的，税务机关可以比照上述规定在一定期限内停止为其办理出口退税。

第三节　案例分析：典型争议与辩护实务

一、外贸企业"四自、三不见"是否必然构成骗取出口退税罪

【案情简介】

德览公司为外贸企业，徐某伟是公司的实际负责人。2013年10月至2014年11月，案外人林某坤、张某萌挂靠德览公司从事服装出口业务，模式为：德览公司提供加盖公章的空白采购合同、报关单，林、张二人自行组织货源和报关出口。出口后，林、张二人将合同、报关单、发票提供给德览公司，德览公司申请退税。德览公司通过上述方

式共计退税10,256,301.61元,扣除手续费后,均汇入林某坤指定的账户。后查明,林某坤、张某萌的业务系虚假出口。

【法律分析】

本案的争议焦点为:德览公司和徐某伟虽然存在“四自、三不见”的违规操作,但是其并没有与骗税的行为人达成合谋,也没有从骗税中获益,是否构成骗取出口退税罪。

法院最后认为:德览公司利用自己出口退税的资质,为他人提供挂靠服务,属于违法违规行为。但本案中没有证据证实德览公司主观上明知挂靠人具有骗取出口退税的故意,不能排除德览公司确系被挂靠人蒙蔽的合理怀疑。因此,判决德览公司和徐某伟无罪。

首先,骗取出口退税须具有骗税的故意。骗取出口退税罪,《刑法》第204条规定的罪状为“假报出口或者其他欺骗手段,骗取国家出口退税款”,明确其中须以欺骗手段为构成要件。最高人民法院《关于审理骗取出口退税刑事案件具体应用法律若干问题的解释》(法释〔2002〕30号)中,对“假报出口”“其他欺骗手段”作了明确解释,也表明骗取出口退税罪只由故意构成,须行为人主观上具有骗税的故意,或者行为人(主要是具有进出口经营权的企业)明知他人欲骗出口退税,依然为其办理退税。

在挂靠、代理报关退税的情况下,如果未能查明代理报关、被挂靠企业是否明知行为人具有骗税行为,即未能证明企业具有骗税的故意,则不构成骗取出口退税罪。

其次,“四自、三不见”不必然构成骗税罪。“四自、三不见”,指的是国家税务总局、经贸部《关于出口企业以“四自、三不见”方式成交出口的产品不予退税的通知》(国税发〔1992〕156号)规定的,出口企业允许他人“自带客户、自带货源、自带汇票、自行报关”,但是“不见出口货物”“不见供货货主”“不见外商”的情形。此种情形显属违规违法,不得退税。但是,并非“四自、三不见”均构成骗税罪。

依据最高人民法院《关于审理骗取出口退税刑事案件具体应用法律若干问题的解释》第6条的规定,只有在出口企业明知行为人是骗取国家出口退税款的情形下,才构成骗税罪。在本案中,德览企业虽然构成了“四自、三不见”,但因无证据证明其具有主观上的故意,无法排除其受人蒙蔽的合理怀疑,因此不构成骗税罪。

最后,对企业的风险防范提示。对出口企业而言,有真实货物和出口是申请出口退税的基础和条件,企业申报退税附送的资料足以证实交易真实发生并真实出口的情况下,企业就应当享有退税的权益。“假自营、真代理”出口行为被禁止的很重要的原因之一是该出口模式多数伴随着骗税,骗税分子利用出口企业出口退税经营资质,意在骗税,而出口企业没有参与实质交易但以“自营”名义出口,所承受的法律风险极大。

尤其我国为预防骗税违法犯罪行为的发生，对出口退税征管的规定尤为复杂、繁多和严格，出口企业以“自营名义”申报出口，切记要对对货源、货物质量、价格以及纳税、客商资信等情况进行认真了解，对交易、仓储、运输、报关等具体出口贸易环节进行监管。

出口企业既往业务中存在“假自营、真代理”行为的，建议进行税务风险梳理，采用补救措施以防范潜在法律风险的爆发。在目前“以票控税”、进销“连坐”的税收征管方式下，出口企业应做好内部风险管理制度的贯彻执行，从供应商的选择、出口各环节的把控到规范申报出口退税，都应树立风险控制理念，做好税务风险管理。企业若对出口退税政策不了解及相关的法律责任掌握不到位，不知如何梳理，建议委托专业的税务律师有针对性地提出出口退税法律风险管理建议，遇有涉税争议，可以委托税务律师与税务机关、司法机关专业对话进行处理。

二、不能排除真实货物出口的合理怀疑，不构成骗取出口退税罪

【案情简介】

赵某某及其控制的某纺织经贸企业位于我国一座边境城市，长期依靠“边民互市”政策开展纺织品出口的业务。此外，赵某某也从国内采购纺织品，通过自营出口的方式出口到境外，并申请退税。2019 年，因赵某某出口退税的增值税专用发票存在疑点，经过税务稽查确认为虚开，遂移交给公安机关。

检察机关起诉指控：赵某某申请出口退税的货物并非其自己采购的，而是将他人运输出境的免税不退税的货物，通过“买单配票”等不法手段，伪装成其企业自营出口货物报关出口共 180 单，申报出口退税，骗取国家出口退税款约 2000 万元。

【法律分析】

笔者律师团队担任赵某某辩护人，在其他同案犯全部认罪认罚的不利情况下，坚持无罪辩护，全面审查在案的证据资料、向法院提交法律意见。经庭审，法院最终认定本案事实不清证据不足，对包括赵某某在内的所有被告人均作出无罪判决。

法院认为，认定骗取出口退税的行为与相应的骗税金额，除了依据言词证据外，应当结合下列客观证据：增值税专用发票、报关单、内贸采购合同、外贸出口合同、货物流情况、资金流情况，具体说明如下：

（1）“配货”部分。本案仅有运输环节、报关环节的被告人、证人的言词证据，均系推断性证言，缺少货物的真实货主的证言印证，未查明被“借货”的货主。此外，由于缺乏货物流的证据，难以区分赵某某的企业真实的货物交易和“配货”的部分。

（2）“买单”部分。本案认定报关单系虚假，是通过提供货物信息的被告人供述间接认定的，证明力不足。即公诉机关的逻辑是：该货物信息是购买的，因此货物出口是

虚假的,因此报关单自然是虚假的。但缺乏货物流、资金流证据,赵某某在出口时,时常混杂其真实的出口货物,因此无法区分一份报关单中真实的货物与“配货”的部分。

(3)增值税专用发票方面。就案涉的报关单对应的增值税专用发票是否构成虚开,缺乏资金流、货物流的证据予以支撑,仅系被告人、证人的言词证据。税务机关认定的虚开发票,亦缺乏货物流、资金流的证据证实。

(4)内贸采购合同方面。内贸合同是否系虚假合同,缺乏资金流、货物流证据。

(5)外贸出口合同方面。缺少合同相对方即外商采购方的证言、资金支付的证据。

(6)外汇方面。案涉外汇系赵某某违规购得,但无法充分证实本案骗取出口退税的行为,也无法充分证明本案的骗税金额。

本案也提示我们,外贸环节众多,错综复杂。就出口退税申报来说,要涉及国内的货物采购、报关出口、收汇结汇、申报出口退税等一系列环节。在每个环节,都存在相应的风险点。国内货物采购环节,主要审查合同、发票是否虚假,其中最重要的是增值税专用发票是否系虚开。报关出口环节,主要审查报关单、货运单等单据的取得。收汇结汇环节,主要审查银行备案单证、外汇的实际来源。申报出口退税环节,审查实际退税入库的税额。办案机关必须一一详查,不然可能无法形成完整的链条,无法排除真实货物出口的合理怀疑。

第三章　逃　税　罪

第一节　逃税罪概述

一、逃税罪的概念

逃税罪，是指纳税人采取欺骗、隐瞒手段进行虚假纳税申报或者不申报，逃税数额较大并且占应纳税额10%以上的；扣缴义务人采取欺骗、隐瞒手段，不缴或者少缴已扣、已收税款，数额较大的即构成逃税罪。2009年2月28日，第十一届全国人民代表大会常务委员会第七次会议通过《刑法修正案（七）》，逃税罪取代了原来的偷税罪。

二、逃税罪的法律依据

（一）法律层面

《刑法》

第二百零一条　纳税人采取欺骗、隐瞒手段进行虚假纳税申报或者不申报，逃避缴纳税款数额较大并且占应纳税额百分之十以上的，处三年以下有期徒刑或者拘役，并处罚金；数额巨大并且占应纳税额百分之三十以上的，处三年以上七年以下有期徒刑，并处罚金。

扣缴义务人采取前款所列手段，不缴或者少缴已扣、已收税款，数额较大的，依照前款的规定处罚。

对多次实施前两款行为，未经处理的，按照累计数额计算。

有第一款行为，经税务机关依法下达追缴通知后，补缴应纳税款，缴纳滞纳金，已受行政处罚的，不予追究刑事责任；但是，五年内因逃避缴纳税款受过刑事处罚或者被税务机关给予二次以上行政处罚的除外。

(二)司法解释

最高人民检察院、公安部《关于印发〈关于公安机关管辖的刑事案件立案追诉标准的规定(二)〉的通知》(公通字〔2022〕12 号)

第五十二条 〔逃税案(刑法第二百零一条)〕逃避缴纳税款,涉嫌下列情形之一的,应予立案追诉:

(一)纳税人采取欺骗、隐瞒手段进行虚假纳税申报或者不申报,逃避缴纳税款,数额在十万元以上并且占各税种应纳税总额百分之十以上,经税务机关依法下达追缴通知后,不补缴应纳税款、不缴纳滞纳金或者不接受行政处罚的;

(二)纳税人五年内因逃避缴纳税款受过刑事处罚或者被税务机关给予二次以上行政处罚,又逃避缴纳税款,数额在十万元以上并且占各税种应纳税总额百分之十以上的;

(三)扣缴义务人采取欺骗、隐瞒手段,不缴或者少缴已扣、已收税款,数额在十万元以上的。

纳税人在公安机关立案后再补缴应纳税款、缴纳滞纳金或者接受行政处罚的,不影响刑事责任的追究。

最高人民法院《关于审理偷税抗税刑事案件具体应用法律若干问题的解释》(法释〔2002〕33 号)

第一条 纳税人实施下列行为之一,不缴或者少缴应纳税款,偷税数额占应纳税额的百分之十以上且偷税数额在一万元以上的,依照刑法第二百零一条第一款的规定定罪处罚:

(一)伪造、变造、隐匿、擅自销毁帐簿、记帐凭证;

(二)在帐簿上多列支出或者不列、少列收入;

(三)经税务机关通知申报而拒不申报纳税;

(四)进行虚假纳税申报;

(五)缴纳税款后,以假报出口或者其他欺骗手段,骗取所缴纳的税款。

扣缴义务人实施前款行为之一,不缴或者少缴已扣、已收税款,数额在一万元以上且占应缴税额百分之十以上的,依照刑法第二百零一条第一款的规定定罪处罚。

扣缴义务人书面承诺代纳税人支付税款的,应当认定扣缴义务人"已扣、已收税款"。

实施本条第一款、第二款规定的行为,偷税数额在五万元以下,纳税人或者扣缴义务人在公安机关立案侦查以前已经足额补缴应纳税款和滞纳金,犯罪情节轻微,不需要判处刑罚的，可以免予刑事处罚。

第二条　纳税人伪造、变造、隐匿、擅自销毁用于记帐的发票等原始凭证的行为，应当认定为刑法第二百零一条第一款规定的伪造、变造、隐匿、擅自销毁记帐凭证的行为。

具有下列情形之一的，应当认定为刑法第二百零一条第一款规定的“经税务机关通知申报”：

（一）纳税人、扣缴义务人已经依法办理税务登记或者扣缴税款登记的；

（二）依法不需要办理税务登记的纳税人，经税务机关依法书面通知其申报的；

（三）尚未依法办理税务登记、扣缴税款登记的纳税人、扣缴义务人，经税务机关依法书面通知其申报的。

刑法第二百零一条第一款规定的“虚假的纳税申报”，是指纳税人或者扣缴义务人向税务机关报送虚假的纳税申报表、财务报表、代扣代缴、代收代缴税款报告表或者其他纳税申报资料，如提供虚假申请，编造减税、免税、抵税、先征收后退还税款等虚假资料等。

刑法第二百零一条第三款规定的“未经处理”，是指纳税人或者扣缴义务人在五年内多次实施偷税行为，但每次偷税数额均未达到刑法第二百零一条规定的构成犯罪的数额标准，且未受行政处罚的情形。

纳税人、扣缴义务人因同一偷税犯罪行为受到行政处罚，又被移送起诉的，人民法院应当依法受理。依法定罪并判处罚金的，行政罚款折抵罚金。

第三条　偷税数额，是指在确定的纳税期间，不缴或者少缴各税种税款的总额。

偷税数额占应纳税额的百分比，是指一个纳税年度中的各税种偷税总额与该纳税年度应纳税总额的比例。不按纳税年度确定纳税期的其他纳税人，偷税数额占应纳税额的百分比，按照行为人最后一次偷税行为发生之日前一年中各税种偷税总额与该年纳税总额的比例确定。纳税义务存续期间不足一个纳税年度的，偷税数额占应纳税额的百分比，按照各税种偷税总额与实际发生纳税义务期间应当缴纳税款总额的比例确定。

偷税行为跨越若干个纳税年度，只要其中一个纳税年度的偷税数额及百分比达到刑法第二百零一条第一款规定的标准，即构成偷税罪。各纳税年度的偷税数额应当累计计算，偷税百分比应当按照最高的百分比确定。

第四条　两年内因偷税受过二次行政处罚，又偷税且数额在一万元以上的，应当以偷税罪定罪处罚。

最高人民法院研究室《关于对既涉嫌非法经营又涉嫌偷税的经济犯罪案件如何适用法律问题的意见函》(法研〔2001〕24 号)

……

行为人在实施非法经营犯罪过程中,又涉嫌偷税构成犯罪的,应以处罚较重的犯罪依法追究刑事责任,不实行数罪……

三、逃税案件的管辖

由于逃税罪阻却事由的存在,由司法机关发现的可能适用阻却事由的逃税案件应当移送税务机关先行处理,在税务机关进行处理且履行期限届满之后才能立案追诉。公安机关对于税务机关移送的案件,应予以受理,并进行立案审查,审查通过的应予以立案。

最高人民检察院 公安部《关于公安机关管辖的刑事案件立案追诉标准的规定(二)》(公通字〔2022〕12 号)第 52 条第 1 款规定:"逃避缴纳税款,涉嫌下列情形之一的,应予立案追诉:(一)纳税人采取欺骗、隐瞒手段进行虚假纳税申报或者不申报,逃避缴纳税款,数额在十万元以上并且占各税种应纳税总额百分之十以上,经税务机关依法下达追缴通知后,不补缴应纳税款、不缴纳滞纳金或者不接受行政处罚的;(二)纳税人五年内因逃避缴纳税款受过刑事处罚或者被税务机关给予二次以上行政处罚,又逃避缴纳税款,数额在十万元以上并且占各税种应纳税总额百分之十以上的;(三)扣缴义务人采取欺骗、隐瞒手段,不缴或者少缴已扣、已收税款,数额在十万元以上的。"上述案件由公安机关立案追诉。

上述案件中,凡是属于重大涉外犯罪、重大集团犯罪和下级公安机关侦破有困难的严重刑事案件,由地(市)级以上公安机关管辖。对管辖不明确或者几个公安机关都有权管辖的案件,可以由有关公安机关协商确定管辖。对管辖有争议或者情况特殊的案件,可以由共同的上级公安机关指定管辖。上级公安机关可以指定下级公安机关立案侦查管辖不明确或者需要改变管辖的案件。下级公安机关认为案情重大、复杂,需要由上级公安机关侦查的案件,可以请求移送上级公安机关侦查。

四、逃税罪的一般表现形式

实务中,逃税罪的表现形式多种多样,主要有二次开票,收入记往来账"其他应付款"逃税,隐瞒销售、冲减产成品逃税,建立两套账销售逃税,开收款收据"白条"逃税,账外销售逃税。

(一)二次开票

二次开票,即俗称的"开大头小尾发票"。四联发票中,二联、三联是发票联和抵扣税，是购货方拿回单位去做账，申报抵扣进项税款的；一联、四联为存根联和记账联，是销货单位记账和存查用的。为了逃税，应付税务机关的检查，销货单位即开票方将二联、三联先开给购货方，将票撕下后，再根据自己的意图填开一联、四联，二联、三联是“大头”，一联、四联是“小尾”。“小尾”开的品名、数量都与“大头”不同，数量、金额远远小于“大头”。因为申报纳税的时候，税务部门不可能核对每一张发票。至于申报作废的发票，必须四联同在才可能同时作废，否则应不予认可。如果发票开好后，发票接受方表示可以不要发票，在四联同在的情况下，开票方也可能谎报作废，那就视同销货不开发票了。

（二）收入记往来账——“其他应付款”逃税

利用记“其他应付款”账户隐瞒销售收入，也是常见的一种逃税方式。一般来说有两种情形：一种是为了拖延销售收入入账的时间，拖延国家的税金；另一种是账面销售反映不真实，将已实现了的销售行为反映在往来账户上，偷逃国家的税金。

此类案件中，有关部门一般会先检查银行存款和现金日记账，存款增加与销售账收入是否相符；再查“产品成品”账户，销售产品数与销售账是否相符；最后通过生产成本账户与“其他应付款”账户相对照，检查是否存在直接冲减成本的情况。

（三）隐瞒销售、冲减产成品逃税

产成品，是指企业已经完成全部生产过程并已验收入库，可以作为商品对外销售的产品。将已实现的销售收入不记销售账户，而是增加现金和银行存款，为了使收支平衡，不被有关部门查账发现，便以直接冲减产成品的方法做账，这样已经实现的销售额就“无影无踪”了，隐瞒了销售额，也就偷逃了国家的税款。产成品减少，销售产品就减少；已实现的销售额记在现金和银行存款账户上，不记入收入账户上，期末就减少了转入“利润或亏损”账户的利润数，从而达到隐瞒销售额、减少利润偷逃税款的目的。

（四）建立两套账销售逃税

建立“对内”“对外”两套账是逃税行为常常使用的手段，这实际上是一种“瞒天过海”的做法，瞒外不瞒内，瞒税务机关不瞒企业内部。对外账上少记收入，隐瞒销售额即可少缴应纳税款。

（五）开收款收据“白条”逃税

一般来说，单位购货都要有正式的发票回去做账，而有些单位的财务制度不那么规范，财会人员把关不严，收据甚至“白条”也能入账，就给一些销货单位和人员造成了隐瞒销售收入的可乘之机。

（六）账外销货逃税

账外销售也是逃税的一种手法。将已经入库的产品不经财务程序擅自提走，即账外销售。此类货物和货款也没有向税务机关申报纳税,买卖双方进行现金交易。

第二节　逃税罪的构成要件与量刑标准

一、逃税罪的构成

(一)客体要件

本罪侵犯的客体是国家的税收利益和国家的税收管理制度。

(二)客观要件

本罪在客观方面表现为纳税人采取欺骗、隐瞒手段进行虚假纳税申报或者不申报,逃税数额较大并且占应纳税额10%以上的;或者扣缴义务人采取上述手段,不缴或者少缴已扣、已收税款;以及5年内因逃税受过刑事处罚或者被税务机关给予2次以上行政处罚的。

逃税罪在客观方面的危害行为表现为两种,一是采取欺骗、隐瞒手段进行虚假纳税申报;二是不申报。进行虚假纳税申报,是指"伪造、变造、隐匿、擅自销毁账簿、记账凭证""在账簿上多列支出或者不列、少列收入",或者"以假报出口或者其他欺骗手段,骗取所缴纳的税款"等行为;不申报,是指已经领取营业执照的单位和个人不到税务机关办理税务登记,或者已经办理税务登记的单位或个人有经营活动,却不向税务机关申报或经税务机关通知申报而拒不申报的行为等。

需要注意的是,缴纳税款后,以假报出口或者其他欺骗手段,骗取所缴纳的税款的,符合其他要件的,对未超出缴纳税款的部分,也成立逃税罪。

(三)主体要件

本罪的主体是特殊主体,即只能由纳税人、扣缴义务人构成。

(1)纳税人,是指依法应当向国家缴纳税款的个人或单位。

(2)扣缴义务人,是指负有代扣代缴义务的单位或个人,又可具体分为代扣代缴义务人和代收代缴义务人。代扣代缴义务人,是指有义务从其持有的纳税人收入中扣除其应纳税款并代为缴纳的单位或个人;代收代缴义务人,是指有义务借助经济往来向纳税人收取应纳税款并代为缴纳的单位或个人。

没有纳税义务的公民,如与纳税人、扣缴义务人相互勾结,为逃避缴纳税款犯罪提供账号、发票或以其他手段共同实施逃税行为的,应以逃税罪的共犯论处。代征人不具有逃税罪的主体资格,如果代征人截留税款,其行为就是贪污,但如果代征人和纳税人、扣缴义务人合谋逃避缴纳税款,代征人则可能成为逃税罪的犯罪主体。

承包人和承租人有独立的生产经营权,财务上独立核算,并定期向发包人或出租人上缴承包费或租金的,可以成为逃税的犯罪主体。未按规定办理税务登记从事生产经营及临时从事经营的无证经营者,也可以成为逃税罪的犯罪主体。非法经营者由于经营的事项违法而不属于应税事项,不存在逃税问题,也就不能成为逃税罪的犯罪主体,而以其他犯罪论处。

纳税人的逃税犯罪行为和扣缴义务人的逃税犯罪行为在犯罪构成上基本相同,特别是基本行为方式和基本手段完全相同。区别之处有三:

(1)主体不同。一个是纳税人,另一个是扣缴义务人。

(2)对象不同。纳税人是不缴或者少缴应纳的税款,扣缴义务人是不缴或者少缴自己依法代行税务机关职务而代扣代收的税款。

(3)法定刑有所不同。

(四)主观要件

本罪在主观方面是故意,即明知应缴税款而故意逃避纳税。

二、逃税罪的量刑标准

(一)入罪标准

纳税人采取欺骗、隐瞒手段进行虚假纳税申报或者不申报,逃税数额较大并且占应纳税额10%以上的;扣缴义务人采取欺骗、隐瞒手段,不缴或者少缴已扣、已收税款,数额较大的,构成逃税罪。

数额较大,是指税款数额在10万元以上的。

(二)量刑标准

纳税人采取欺骗、隐瞒手段进行虚假纳税申报或者不申报,逃避缴纳税款数额较大并且占应纳税额10%以上的,处3年以下有期徒刑或者拘役,并处罚金。

数额巨大并且占应纳税额30%以上的,处3年以上7年以下有期徒刑,并处罚金。

扣缴义务人采取上述所列手段,不缴或者少缴已扣、已收税款,数额较大的,依照上述规定处罚。

对多次实施上述行为,未经处理的,按照累计数额计算。

(三)阻却事由

《刑法》第201条第4款规定:"有第一款行为,经税务机关依法下达追缴通知后,补缴应纳税款,缴纳滞纳金,已受行政处罚的,不予追究刑事责任;但是,五年内因逃避缴纳税款受过刑事处罚或者被税务机关给予二次以上行政处罚的除外。"

据此,逃税罪的认定应当符合“行政前置”原则,即对于不满足5年内因逃避缴纳税款受过刑事处罚或者被税务机关给予二次以上行政处罚的纳税人和扣缴义务人,应当先由税务机关作出偷税的认定并下达追缴通知书后,纳税人仍不补缴应纳税款、滞纳金、罚款的,才能被追究刑事责任。如果纳税人按照税务机关的追缴通知履行了纳税义务,并接受了行政处罚,不予追究刑事责任。

第三节 案例分析:典型争议与辩护实务

一、逃税案件是否应当先经过税务机关的处理

【案情简介】

申诉人李某明系某市某某化学清洗实业公司的法定代表人。2003年10月29日,某市某某化学清洗实业公司改制后,又成立了某市某某化学清洗有限公司,法定代表人仍为李某明,后该公司经多次更名,变更为湖北某某环境工程有限公司。2003年至2007年,湖北某某环境工程有限公司和原某市某某化学清洗实业公司收入总额为732万余元,应缴纳税款80万余元,已缴纳税款35万余元,逃避缴纳税款共计44万余元;2006年4月,某市地方税务局稽查局接原任湖北某某环境工程有限公司办公室主任黄某某实名举报开始调查本案,后在未通知补缴、未予行政处罚的情况下,作出涉税案件移送书,直接移送某区公安局立案侦查。湖北某某环境工程有限公司在侦查期间补缴了税款45万余元,并于一审重审及宣判后全额缴纳了判处的罚金45万元。

2009年2月28日,《刑法修正案(七)》施行。2009年9月19日,一审法院作出判决。一审法院认为,湖北某某环境工程有限公司及其法定代表人李某明均构成逃税罪。湖北某某环境工程有限公司及李某明提出上诉,在二审期间又撤回上诉,二审法院裁定准许。湖北某某环境工程有限公司及李某明逐级申诉至最高人民法院,最高人民法院以法律适用错误为由,指令湖北省高级人民法院对本案进行再审。湖北省高级人民法院再审认为,原判认定湖北某某环境工程有限公司少缴税款44万余元的事实清楚,证据确实、充分,但适用法律错误。本案未经行政处置程序而直接追究湖北某某环境工程有限公司及李某明个人的刑事责任,不符合《刑法修正案(七)》的相关规定。对湖北某某环境工程有限公司、李某明应当适用根据《刑法修正案(七)》修正后的《刑法》第201条第4款的规定,不予追究刑事责任。据此,湖北省高级人民法院再审判决撤销原裁判,宣告湖北某某环境工程有限公司、李某明无罪。

湖北省高级人民法院再审指出：经查明，本案税务机关将本案移交公安机关处理时，《刑法修正案（七）》尚未出台，但公安机关最终移送审查起诉，检察机关提起公诉、原审法院作出一审裁判的时间均在《刑法修正案（七）》施行之后。根据《刑法》第12条的规定，本案应适用经《刑法修正案（七）》修正后的《刑法》第201条第4款的规定。修订后的《刑法》第201条第4款规定："有第一款行为，经税务机关依法下达追缴通知后，补缴应纳税款，缴纳滞纳金，已受行政处罚的，不予追究刑事责任。"《刑法》作出这一修改的目的，一方面，是为保护税收征收管理秩序，有利于税务机关追缴税款；另一方面，也给予纳税义务人纠正纳税行为的机会，对于维护企业正常经营发展具有重要作用。

【法律分析】

本案系2021年5月19日，最高人民法院发布的人民法院充分发挥审判职能作用保护产权和企业家合法权益典型案例（第三批）的第二号案例，对于指导我国司法实践具有重要意义。湖北省高级人民法院再审的裁判结果明确指出，未经税务机关依法下达追缴通知即直接移送公安机关立案侦查并追究公司和李某明的刑事责任，剥夺了纳税义务人纠正纳税行为的权利，没有经过行政处置程序而由侦查机关直接介入，不符合《刑法》修正后的立法精神。

二、被认定偷税后申请复议能否阻却向刑事转化

【案情简介】

2007年，黄某为某和公司实际控制人，某和公司通过司法拍卖取得某区A块土地。2011年，黄某拟将某和公司的100%股权转让给鑫某公司，通过商议决定，在合同中约定以50万元的价款将某和公司100%股权转移给鑫某公司，并另行签订补充合同以4350万元将A块土地转移给鑫某公司。鑫某公司负责人先后支付给黄某4400万元，某和公司仅入账50万元。

2017年2月15日，当地税务稽查局经检查发现某和公司的上述转让行为，并于2017年3月17日对某和公司下达《税务事项处罚决定书》，要求某和公司补缴税款108.7万余元及滞纳金，并处以一倍的罚款。2017年5月9日，某和公司不服《税务事项处罚决定书》向上级税务机关提起行政复议，经补正后，税务机关于2017年5月17日作出《受理行政复议申请通知书》。2017年6月12日，黄某补缴《税务事项处罚决定书》所涉税款及滞纳金。2017年6月23日，公诉机关向法院提起公诉，2017年7月5日，税务机关了解到原告已被刑事立案，遂决定自当日中止该行政复议案件的审理。2017年9月6日，法院判决黄某构成逃税罪。黄某不服，提起上诉，并于二审联系税务

律师处理本案。二审法院于2017年10月10日立案并依法组成合议庭,于2017年12月26日公开开庭审理了本案,判决黄某无罪。

2018年1月12日,税务机关恢复行政复议审理,2018年2月10日,作出《行政复议决定书》维持原处罚决定。2017年原告不服该复议决定书提起行政诉讼,一审维持复议决定;被告仍不服提起上诉,二审维持一审判决。

【辩护实务】

税务律师介入后主要对于本案逃税罪行政前置阻却事由展开辩护:

首先,纳税人有权申请行政救济,若认定纳税人在《税务事项行政处罚决定书》规定期限内没有补缴税款即应当移送,相当于变相限制了纳税人申请行政复议的权利。我国针对税务行政处罚决定并无纳税前置的规定,但若因纳税人申请行政复议而未及时补缴罚款和滞纳金就将案件移送公安机关,属于变相规定偷税行政处罚的纳税前置。因此纳税人在申请行政救济的过程中,应当中止偷税向刑事转化。

其次,《刑法》第201条规定:"……经税务机关依法下达追缴通知后,补缴应纳税款,缴纳滞纳金,已受行政处罚的,不予追究刑事责任……"本条仅规定在下达追缴通知后需补缴相应税款和滞纳金,但并未对补缴的期限进行规定,不应局限于《税务事项通知书》规定的补缴期限内,纳税人申请行政救济后进行补缴的行为也符合本条"不予追究刑事责任"的规定。及至本案,黄某在《税务市场处罚决定书》下达后的60日内申请行政复议,且在行政复议期间补缴了相应税款和滞纳金,属于接受行政处罚的表现,因此不应追究黄某刑事责任。

最后,本案的《税务事项行政处罚决定书》赋予原告的行政复议和行政诉讼期限尚未届满,处罚决定书尚未产生法律效力,该决定书效力须待复议机关作出复议决定后才可确定,对于纳税人而言,其不应受到尚未生效的处罚决定的限制。本案复议决定作出前,纳税人的行为是否构成行政法上的偷税尚存争议,更不应向刑事进行转换,认定构成逃税罪。

综上所述,逃税罪成立的前提是不补缴应纳税款和缴纳滞纳金,不接受行政处罚,黄某及时提起行政复议并补缴税款的行为,不构成逃税罪。

本案的主要争议在于,逃税案件中,纳税人申请行政复议能否阻却案件向刑事转化。本案二审法院认为,原审被告人黄某在公司股权及土地使用权转让中,不缴或者少缴应纳税款,属偷税行为。但经税务机关依法下达行政决定书及追缴通知后,其依法提出行政复议、提起行政诉讼的期间,不能认为其有避税、逃税的行为,且在此期间内,黄某补缴了应纳税款,缴纳了滞纳金,履行了纳税义务。没有造成国家税收损失,保证了国家税收收入。根据《刑法》第 201 条第 4 款的规定,“有第一款行为,经税务机关依法下达追缴通知后,补缴应纳税款,缴纳滞纳金,已受行政处罚的,不予追究刑事责任”。

但在实务中,目前对于逃税罪阻却事由的认定通常采用文本解释,即税务机关作出偷税的认定并下达追缴通知书后,纳税人只有补缴应纳税款、缴纳滞纳金才构成刑事阻却事由,纳税人就偷税的行政处罚决定申请行政救济程序不属于逃税罪刑事违法阻却事由;甚至在部分案件中,纳税人已经提交了纳税担保并提起行政救济后也被移送公安机关追究刑事责任。同时在部分判例中,纳税人根据行政决定书补缴税款及滞纳金、罚款后申请行政复议,被税务机关认定不成立逃税罪的阻却事由而向公安机关进行移送,因此纳税人在面临相应案件时应当注意该问题。

第四章　其他危害税收征管秩序罪

第一节　抗　税　罪

一、抗税罪概述

（一）抗税罪的概念

抗税罪，是指负有纳税义务或者代扣代缴、代收代缴义务的个人或者企业事业单位的直接责任人员，故意违反税收法规，以暴力、威胁方法拒不缴纳税款的行为。

（二）抗税罪的构成

1. 客体要件

本罪侵犯的客体是复杂客体，既侵犯了国家的税收管理制度，又由于采用暴力、威胁方法抗拒缴纳应纳税款，必然同时侵犯执行征税职务活动的税务人员的人身权利。其犯罪对象，包括依法应缴纳的税款及依法征税的税务人员。这里的税款是指除关税以外的国内税收；这里的税务人员也限于依法征收国内税的工作人员。这是抗税罪区别于走私罪、妨害公务罪和其他犯罪的重要标志。

2. 客观要件

本罪在客观方面表现为违反税收法规，以暴力、威胁方法拒不缴纳税款的行为。

（1）抗税罪表现为违反税收法规的行为。税收法规主要是指《税收征收管理法》等法律、法规。行为没有违反税收法规的则不能构成抗税罪。如没有纳税义务的个人用暴力阻碍税务人员征税，虽然客观上使他人得以拒不缴纳税款，但其行为违反的不是税收法规，不能以抗税罪论处。

（2）抗税罪表现为以暴力、威胁方法拒不缴纳税款的行为。这是抗税罪与逃税罪的根本区别。所谓暴力，是指犯罪分子对他人身体实施袭击或者使用其他暴力手段，如殴打、伤害、捆绑、禁闭等足以危及他人人身安全的行为；所谓胁迫，是指犯罪分子对他人进行威胁、恫吓，达到精神上的强制、使他人不能抗拒的手段。如手持凶器威吓，扬言行凶报复、揭发隐私、毁坏名誉、加害亲属等相威胁。只要行为人实施了以暴力、威胁方法拒不缴纳税款的行为就可以构成抗税罪,而不需要达到情节严重的程度,当然,根据《刑法》第 13 条的规定,如果情节显著轻微,危害不大的,则不认为是犯罪。如果行为人拒不缴纳税款的行为不是以上述暴力、威胁方法实施的,而是以不能成立的各种理由为借口进行抵制或者只是消极地不缴纳税款等,则不构成本罪。

3. 主体要件

本罪的主体,是依法负有纳税义务和扣缴税款义务的人,既包括个人也包括单位,《刑法》第 202 条没有明确规定单位可以成为本罪的主体。但从《刑法》的立法精神以及抗税罪和逃税罪的联系来看,抗税罪的主体应与逃税罪的相同,既包括负有纳税义务的自然人,也包括负有纳税义务的单位。单位犯本罪的,由其直接负责的主管人员和直接责任人员承担刑事责任。

4. 主观要件

本罪在主观方面出于直接故意,表现为明知负有纳税义务而故意抗拒缴纳税款,并且通过使用暴力、威胁方法而公开拒不缴纳税款、非法获利的目的。如果行为人不具有这种主观故意和非法获利的目的,则不构成抗税罪。

(三)抗税罪的认定

1. 罪与非罪的界限

(1)抗税罪与欠税的区别。欠税,又称拖欠税款,是指纳税人或扣缴义务人由于客观原因超过了税务机关核定的纳税期限,未缴或者少缴税款的行为。一般表现为消极的不作为,欠税与抗税罪在主观上都具有故意性,行为都具有公开性,即欠税人未缴税款与抗税罪的拒不缴纳税款一样,都是行为人明知没有缴纳税款,且毫不欺骗或隐瞒,税务机关也知道其未缴纳税款。两者的不同点在于:第一,抗税罪具有逃税而非法获利的目的;欠税一般并不具有逃税的目的,而多是因故不缴纳或故意暂时拖欠。第二,抗税罪表现为以暴力、威胁方法拒不缴纳税款的行为;而欠税并不采用暴力、威胁方法,一般表现为消极的不作为。

(2)抗税罪与一般拒不缴纳税款行为的界限。两者区分的关键在于是否采取了暴力、威胁的方法。抗税罪是采取暴力、威胁方法拒不缴纳税款的行为。而一般拒不缴纳税款的行为并没有采取暴力、威胁的方法进行,多表现为无视税收法规,消极地拒不缴纳税款;以各种借口,采取软磨硬泡的方式,抵制税务机关的纳税通知,拒不纳税;拒不依法办理纳税申报或提供纳税资料;或者因发生纳税争议而拒不纳税。对于一般的拒不缴纳税款的行为,应由税务机关依照税收法规处理,构成其他罪的按照其他罪论处,但不能以抗税罪论处。《税收征收管理法》第 67 条规定,抗税情节轻微,未构成犯罪的,由税务机关追缴应缴的税款、滞纳金,并处以拒缴税款 1 倍以上 5 倍以下的罚款。因此,两者的界限在于情节是否轻微。犯罪情节可考虑两方面内容:一是暴力程度、后果以及威胁的内容;二是拒缴税款数额大小及抗税次数的多少。如只有一般推搡等行为,未造成比较严重后果的,或者只有一般威胁言词的,或者数额小且是偶尔为之的,可认为属于情节轻微而不构成犯罪。

(3)抗税罪与使用暴力、威胁方法拒缴错征税款的界限。错征税款是因税务人员工作疏忽或者不熟悉税法等原因搞错征税对象、征税项目和应税数额等错误征税的行为,如该减免未减免、应少征却多征以及重复征收。在该种情况下,如果税务人员坚持征税而引起抗拒缴纳的,不以抗税罪论处,如果使用暴力造成税务人员伤害的,可以按伤害罪追究其刑事责任。

2. 抗税罪与逃税罪的界限

(1)主体要件不同。抗税罪是自然人犯罪,不是单位犯罪,即其主体只包括单位的直接责任人员;而逃税罪既能是自然人犯罪,也能是单位犯罪,即其主体包括单位,以及单位的直接主管人员和其他直接责任人员。

(2)客观方面不同。抗税罪表现为以暴力、威胁方法拒不缴纳税款的行为;逃税罪则表现为采取伪造、变造、隐匿、擅自销毁账簿、记账凭证,在账簿上多列支出或者不列、少列收入的手段,不缴或者少缴税款的行为。

(3)犯罪成立标准不同。抗税罪只要行为人实施了以暴力、威胁方法拒不缴纳税款的行为就可构成,而逃税罪必须是偷税行为情节严重的才构成犯罪。

(四)抗税案件的管辖

抗税案件由抗税行为发生地县级以上公安机关管辖。如果由犯罪嫌疑人居住地公安机关管辖更为适宜的,由犯罪嫌疑人居住地县级以上公安机关管辖。凡是属于重大涉外犯罪、重大集团犯罪和下级公安机关侦破有困难的严重刑事案件,由地(市)级以上公安机关管辖。对管辖不明确或者几个公安机关都有权管辖的案件,可以由有关公安机关协商确定管辖。对管辖有争议或者情况特殊的案件,可以由共同的上级公安机关指定管辖。上级公安机关可以指定下级公安机关立案侦查管辖不明确或者需要改变管辖的案件。下级公安机关认为案情重大、复杂,需要由上级公安机关侦查的案件,可以请求移送上级公安机关侦查。

(五)抗税罪的处罚

对于抗税罪的处罚,根据情节轻重,《刑法》第 202 条规定了两档处罚:情节轻的,处3年以下有期刑或者拘役,并处拒缴税款1倍以上5倍以下的罚金;情节严重的,处3年以上7年以下有期徒刑,并处拒缴税款1倍以上5倍以下罚金。

二、法律依据

(一)《刑法》

第二百零二条 以暴力、威胁方法拒不缴纳税款的,处三年以下有期徒刑或者拘役,并处拒缴税款一倍以上五倍以下罚金;情节严重的,处三年以上七年以下有期徒刑,并处拒缴税款一倍以上五倍以下罚金。

第二百一十一条 单位犯本节第二百零一条、第二百零三条、第二百零四条、第二百零七条、第二百零八条、第二百零九条规定之罪的,对单位判处罚金,并对其直接负责的主管人员和其他直接责任人员,依照各该条的规定处罚。

第二百一十二条 犯本节第二百零一条至第二百零五条规定之罪,被判处罚金、没收财产的,在执行前,应当先由税务机关追缴税款和所骗取的出口退税款。

(二)司法解释

最高人民法院《关于审理偷税抗税刑事案件具体应用法律若干问题的解释》(法释〔2002〕33号)

第五条 实施抗税行为具有下列情形之一的,属于刑法第二百零二条规定的"情节严重":

(一)聚众抗税的首要分子;

(二)抗税数额在十万元以上的;

(三)多次抗税的;

(四)故意伤害致人轻伤的;

(五)具有其他严重情节。

第六条 实施抗税行为致人重伤、死亡,构成故意伤害罪、故意杀人罪的,分别依照刑法第二百三十四条第二款、第二百三十二条的规定定罪处罚。

与纳税人或者扣缴义务人共同实施抗税行为的,以抗税罪的共犯依法处罚。

第二节 逃避追缴欠税罪

一、逃避追缴欠税罪概述

(一)逃避追缴欠税罪的概念

逃避追缴欠税罪,是指纳税人故意违反税收法规,欠缴应纳税款,并采取转移或者隐匿财产的手段，致使税务机关无法追缴欠缴的税款，数额较大的行为。

（二）逃避追缴欠税罪的构成

1. 客体要件

本罪侵犯的客体是国家的税收管理制度。

2. 客观要件

本罪在客观方面表现为行为人必须具有违反税收法规，欠缴应纳税款，并采取转移或者隐匿财产的手段，致使税务机关无法追缴欠缴的税款，数额较大的行为。

（1）必须有欠税的事实。欠税事实是本罪赖以成立的前提条件，如果行为人不欠税，就谈不上追缴，无追缴也就谈不上逃避追缴。欠税，是指纳税单位或个人超过税务机关核定的纳税期限，没有按时缴纳、拖欠税款的行为。在认定行为是否“欠税”时，必须查明其欠税行为是否已过法定期限，只有超过了法定的纳税期限，其欠税行为才是逃避追缴欠税罪所要求的“欠税”事实。至于具体的法定期限，各个税种的规定不尽一致，应依据具体的税收法规来确定。在考虑欠税事实的时候，必须考虑欠税的原因，是行为人财力不支、资金短缺，还是其拥有纳税能力而故意拖欠。如系前者，《税收征收管理法》第31条第2款规定：“纳税人因有特殊困难，不能按期缴纳税款的，经省、自治区、直辖市国家税务局、地方税务局批准，可以延期缴纳税款，但是最长不得超过三个月。”这说明因合法理由欠税是允许的。所以，逃避追缴欠税显然是指第二种情况，即故意拖欠。

（2）行为人必须有实际的逃避行为。这是本罪能否成立的关键所在，根据法律规定，逃避行为专指转移财产和隐匿财产，如转移开户行、提走存款、运走商品、隐匿存货等，如果不是将财产转移或隐匿，而是欠税人本人逃匿起来，则不构成本罪。此处必须明确，行为人实施的“逃避”行为要与“欠税”行为存在必然因果关系。即“逃避”就是为了“欠税”。至于孰先孰后，并不十分重要。实践中，有的行为人实施的“逃避”行为在法定的纳税期限届满以后，也就是具备了法律规定的“欠税”条件以后；有的行为是先转移资产，而后欠税，这两种情况都不影响本罪成立。如在纳税期内就能及时确认行为人转移、隐匿财产，企图逃避欠税，应如何处理？按照《税收征收管理法》的规定，税务部门可令行为人提供纳税担保；如其拒绝，可对其采取税收保全措施。

（3）致使税务机关无法追缴，这是行为人的犯罪目的，也是本罪所要求的客观结果。税收实践中的欠税是时常发生的，对于拥有纳税能力而故意欠税者，依据《税收征收管理法》第40条第1款的规定：“……逾期仍未缴纳的，经县以上税务局（分局）局长批准税务机关可以采取下列强制执行措施：（一）书面通知其开户银行或者其他金融机构从其存款中扣缴税款；（二）扣押、查封、依法拍卖或者变卖其价值相当于应纳税款的商品、货物或者其他财产,以拍卖或者变卖所得抵缴税款。”所以,只要欠税人拥有相当数量的资金和财产,所欠税款是可以追缴的;但如果行为人将资金和财产转移、隐匿,所欠税款就难以追缴,而给国家造成损失。所以逃避追缴欠税罪是结果犯,只有造成“欠税无法追缴”的事实,才能成立该罪既遂,如果行为人尽管采取了逃避的行为,但其转移或隐匿的财产最终还是被税务机关追回,弥补了税款,则构成本罪未遂形态。

(4)无法追缴的欠税数额须达法定的定罪标准,即1万元以上。本罪是结果犯,如果不足1万元,即便具备前述要素,也不构成犯罪,这里的数额,是指税务机关无法追回的欠税数额,即国家税款的损失数额,而非行为人转移或隐匿的财产数额,也不是行为人的实际欠税数额。这三个数额有时是同一的,有时是不同一的,必须准确把握。无法追缴的欠税达不到法定数额的,由税务部门依法作出行政处罚。

3. 主体要件

本罪的主体是特殊主体,即法律规定负有纳税义务的单位和个人。不具有纳税义务的单位和个人不能构成本罪的主体。

根据《税收征收管理法》第4条第1款的规定,纳税人是法律、行政法规规定负有纳税义务的单位和个人。每一种实体税收法律、法规都对该税种的纳税人范围作了具体明确的规定,税种不同,纳税人范围各不相同。

依据《刑法》第211条之规定,负有纳税义务的企业事业单位也可以成为本罪的主体。单位犯罪的,实行双罚制。负有直接责任的主管人员和其他直接责任人员应当理解为妨碍追缴欠税单位中对本罪负有直接责任的法定代表人、主管人员和其他直接参与人员。

4. 主观要件

本罪在主观方面表现为故意,并且具有逃避缴纳应缴纳税款而非法获利的目的,行为人的故意不仅表现为其对欠缴应纳税款的事实是明知的,还表现为行为人为达到最终逃避纳税的目的而故意转移或者隐匿财产,致使税务机关无法追缴其欠缴的税款。至于行为人的动机,可能是多种多样的,有的是为了使职工能多发奖金,有的是为了使本单位扭亏为盈或扩大再生产,也有的是为了谋取个人私利,但动机并不影响本罪成立。

(三)逃避追缴欠税罪的认定

1. 罪与非罪的界限

(1)本罪与欠税行为。二者都是明知没有缴纳税款而不予缴纳的行为。其区别关键在于妨碍追缴税款罪中行为人采取了转移或者隐匿财产的手段致使税务机关无法追缴欠缴的税款,而欠税行为人则没有采取上述手段以至于使税务机关无法追缴欠缴税款。另外,二者在主观内容上也不同,妨碍追缴税款罪是出于逃避纳税而非法获利的目的,而欠税行为一般只是暂时拖欠税款而无逃避纳税的故意。

(2)本罪与一般的妨碍追缴税款违法行为。二者区别的关键在于行为人采取转移或者隐匿财产的手段致使税务机关无法追缴税款数额是否较大。根据《刑法》第203条的规定,妨碍追缴税款数额在1万元以上的才构成犯罪,如果没有达到这一数额,则应当由税务机关依照税法规定处理,而不能以犯罪论处。

2. 逃避追缴欠税罪与逃税罪的界限

(1)主体要件不同。本罪的主体只能由纳税人构成;而逃税罪的主体除纳税人外还包括扣缴义务人。

(2)犯罪目的不同。本罪是意图达到逃避税务机关追缴其所欠缴的应纳税款的目的;而逃税罪则是意图通过欺骗、隐瞒税务机关,达到不缴或者少缴应纳税款的目的。

(3)犯罪客观方面不同。本罪表现为行为人采取转移或者隐匿财产的手段致使税务机关无法追缴欠缴的税款的行为;逃税罪则表现为采取伪造、变造、隐匿、擅自销毁账簿、记账凭证,在账簿上多列支出或者不列、少列收入的手段,不缴或少缴应纳税款的行为。前者具有公开性,后者具有欺骗性、隐瞒性。

(4)本罪要求数额较大,即达到1万元以上的才构成犯罪。对逃税罪,《刑法修正案(七)》规定了除外条款,即对于有逃税行为,“经税务机关依法下达追缴通知后,补缴应纳税款,缴纳滞纳金,已受行政处罚的,不予追究刑事责任;但是,五年内因逃避缴纳税款受过刑事处罚或者被税务机关给予二次以上行政处罚的除外”。

3. 逃避追缴欠税罪与抗税罪的界限

(1)客体要件不同。本罪为简单客体,即侵犯了国家的税收管理制度;而抗税罪则为复杂客体,即不仅侵犯了国家的税收管理制度,同时侵犯了依法从事税收征管工作的税务人员的人身权利。

(2)犯罪客观方面不同。本罪在客观上表现为采取转移或者隐匿财产的手段致使税务机关无法追缴欠缴的税款的行为;抗税罪则表现为以暴力、威胁方法拒不缴纳税款的行为。前者的行为方式是非暴力的,而后者则是积极的、公开的。

(3)妨碍追缴税款数额较大的才构成犯罪;而抗税罪不要求具备数额较大,只要以暴力、威胁方法拒不缴纳税款的,就构成犯罪。

(四)逃避追缴欠税案件的管辖

纳税人未根据法律、行政法规规定向税务机关办理税务登记的,由税务登记机关所在地县级以上公安机关管辖。如果由纳税义务发生地公安机关管辖更为适宜的,可以由纳税义务发生地县级以上公安机关管辖;纳税人未根据法律、行政法规规定不需要向税务机关办理税务登记的,由纳税义务发生地或其他法定纳税地县级以上公安机关管辖。

上述案件,如果由犯罪嫌疑人居住地公安机关管辖更为适宜的,由犯罪嫌疑人居住地县级以上公安机关管辖。凡是属于重大涉外犯罪、重大集团犯罪和下级公安机关侦破有困难的严重刑事案件,由地(市)级以上公安机关管辖。对管辖不明确或者几个公安机关都有权管辖的案件,可以由有关公安机关协商确定管辖。对管辖有争议或者情况特殊的案件,可以由共同的上级公安机关指定管辖。上级公安机关可以指定下级公安机关立案侦查管辖不明确或者需要改变管辖的案件。下级公安机关认为案情重大、复杂,需要由上级公安机关侦查的案件,可以请求移送上级公安机关侦查。

(五)逃避追缴欠税罪的处罚

犯本罪的,数额在1万元以上不满10万元的,处3年以下有期徒刑或者拘役,并处或者单处欠缴税款1倍以上5倍以下罚金;数额在10万元以上的,处3年以上7年以下有期徒刑,并处欠缴税款1倍以上5倍以下罚金。

二、法律依据

《刑法》

第二百零三条　纳税人欠缴应纳税款,采取转移或者隐匿财产的手段,致使税务机关无法追缴欠缴的税款,数额在一万元以上不满十万元的,处三年以下有期徒刑或者拘役,并处或者单处欠缴税款一倍以上五倍以下罚金;数额在十万元以上的,处三年以上七年以下有期徒刑,并处欠缴税款一倍以上五倍以下罚金。

第二百一十一条　单位犯本节第二百零一条、第二百零三条、第二百零四条、第二百零七条、第二百零八条、第二百零九条规定之罪的,对单位判处罚金,并对其直接负责的主管人员和其他直接责任人员,依照各该条的规定处罚。

第二百一十二条　犯本节第二百零一条至第二百零五条规定之罪,被判处罚金、没收财产的,在执行前,应当先由税务机关追缴税款和所骗取的出口退税款。

第三节　虚开发票罪

一、虚开发票罪概述

(一)虚开发票罪的概念

本罪是指为了牟取非法经济利益,故意违反国家发票管理规定。本罪中的发票,是指《刑法》第205条第1款虚开增值税专用发票或者虚开用于骗取出口退税、抵扣税款的其他发票以外的发票。

(二)虚开发票罪的构成

1.客体要件

本罪侵犯的客体是国家对发票的管理制度。

2.客观要件

《发票管理办法》将发票定义为“在购销商品、提供或者接受服务以及从事其他经营活动中,开具、收取的收付款凭证”。根据该办法,虚开发票的行为包括为他人、为自己开具与实际经营业务情况不符的发票,让他人为自己开具与实际经营业务情况不符的发票,以及介绍他人开具与实际经营业务情况不符的发票。

3.主体要件

本罪的主体均为一般主体,达到刑事责任年龄且具有刑事责任能力的自然人均可构成。另外,依据《刑法》第205条第2款之规定,单位也可成为本罪主体,单位构成本罪的,实行双罚制,对单位判处罚金,对直接负责的主管人员和其他直接责任人员依照刑法第205条第2款的规定追究刑事责任。

4.主观要件

本罪在主观方面必须是故意,而且一般具有牟利的目的。

(三)虚开发票罪的管辖

由行为发生地公安机关管辖。如果由犯罪嫌疑人居住地的公安机关管辖更为适宜的,可以由犯罪嫌疑人居住地的公安机关管辖。

(四)虚开发票罪的处罚

犯本罪的,情节严重的,处2年以下有期徒刑、拘役或者管制,并处罚金;情节特别严重的,处2年以上7年以下有期徒刑,并处罚金。单位犯前款罪的,对单位判处罚金,并对其直接负责的主管人员和其他直接责任人员,依照前款的规定处罚。

二、法律依据

《刑法》

第二百零五条之一 虚开本法第二百零五条规定以外的其他发票,情节严重的,处二年以下有期徒刑、拘役或者管制,并处罚金;情节特别严重的,处二年以上七年以下有期徒刑,并处罚金。

单位犯前款罪的,对单位判处罚金,并对其直接负责的主管人员和其他直接责任人员,依照前款的规定处罚。

第二百一十二条 犯本节第二百零一条至第二百零五条规定之罪，被判处罚金、没收财产的，在执行前，应当先由税务机关追缴税款和所骗取的出口退税款。

第四节 非法购买增值税专用发票、购买伪造的增值税专用发票罪

一、非法购买增值税专用发票、购买伪造的增值税专用发票罪概述

（一）非法购买增值税专用发票、购买伪造的增值税专用发票罪的概念

本罪是指违反国家发票管理法规，非法购买增值税专用发票，或者购买伪造的增值税专用发票的行为。

（二）非法购买增值税专用发票、购买伪造的增值税专用发票罪的构成

1. 客体要件

本罪侵犯的客体是增值税专用发票的管理制度。

2. 客观要件

行为人必须实施了非法购买增值税专用发票或者购买伪造的增值税专用发票的行为。非法购买增值税专用发票、购买伪造的增值税专用发票罪的客观方面可表现为两种形式：

（1）从合法或者非法拥有真的增值税专用发票的单位或者个人手中购买；

（2）购买明知是伪造的增值税专用发票。只要行为人有其中一行为，就构成本罪。如果行为人非法购买增值税专用发票、购买伪造的增值税专用发票又虚开或者出售的，则依据不同情况，分别以虚开增值税专用发票罪、出售伪造的增值税专用发票罪定罪处罚，不再单独追究行为人的购买责任，也不实行数罪并罚。

3. 主体要件

犯罪主体为一般主体，即任何单位和个人都可以成为本罪的主体。

4. 主观要件

行为人有违反国家规定，非法购买增值税专用发票或者购买伪造的增值税专用发票的目的。

（三）非法购买增值税专用发票、购买伪造的增值税专用发票罪的管辖

非法购买增值税专用发票、购买伪造的增值税专用发票罪案件，由行为发生地公安机关管辖。如果由犯罪嫌疑人居住地的公安机关管辖更为适宜的，可以由犯罪嫌疑

人居住地的公安机关管辖。

(四)非法购买增值税专用发票、购买伪造的增值税专用发票罪的处罚

犯本罪的,处5年以下有期徒刑或者拘役,并处或者单处2万元以上20万元以下罚金。单位犯非法购买增值税专用发票、购买伪造的增值税专用发票罪的,对单位判处罚金,并对其直接负责的主管人员和其他直接责任人员依照自然人犯非法购买增值税专用发票、购买伪造的增值税专用发票罪的规定处罚。

二、非法购买增值税专用发票、购买伪造的增值税专用发票罪典型争议与案例分析

【案情简介】

被告人许某会在实际经营天津市某区某码有限公司期间,为将收购的无增值税专用发票的煤炭向他人出售,于2013年至2015年,多次从郑某开办的多家公司购买增值税专用发票共计170张,税价共计19,273,079.72元。其中,2013年,许某会从某亿煤炭销售有限公司购买了虚开的增值税专用发票18张,货物金额1,721,228.17元,税额291,608.83元,税价合计2,013,837元。2013年至2014年,许某会从某阳煤炭销售有限公司购买了虚开的增值税专用发票124张,货物金额12,200,243.5元,税额2,074,041.5元,税价合计14,274,285元。2014年,许某会从某隆煤炭销售有限公司购买了虚开的增值税专用发票11张,货物金额898,029.89元,税额152,665.11元,税价合计1,050,695元。2015年,许某会从某达煤炭销售有限公司购买了虚开的增值税专用发票17张,货物金额1,653,215.96元,税额281,046.76元,税价合计1,934,262.72元。虚开的增值税专用发票已全部抵扣,后被告人许某会已补缴税款259万余元。

法院认为,被告人许某会系因收购散煤时无法取得发票,为弥补进项,才联系郑某,通过支付费用购买增值税专用发票,其主观恶性较小,且案发后及时补缴税款,可以对被告人许某会适用从轻处罚。被告人许某会从他人处非法购买增值税专用发票,其行为已构成非法购买增值税专用发票罪,鉴于被告人许某会具有自首情节、立功表现,且已全部补缴税款,可对其从轻处罚。综上,法院判处被告人许某会有期徒刑2年,缓刑2年,并处罚金3万元,在缓刑考验期内,依法实行社区矫正。

【法律分析】

根据《刑法》第205条之规定,虚开增值税专用发票包括为他人、为自己、让他人为自己、介绍他人虚开四种方式。传统观点一般认为,在虚开增值税专用发票罪的四种虚开方式中,“让他人为自己虚开”依附于“他人的虚开”这一行为存在,因此虚开犯罪通常被认定为对合犯,即是以存在2人以上的行为人互相对向的行为为要件的犯罪。

但随着理论和司法实践的不断发展,我们应当认识到,将虚开犯罪定性为对合犯,即只要开票企业被定性为虚开增值税专用发票罪,受票企业必然构成虚开增值税专用发票罪,这种观点在理论和实践上都是不严谨的。

从理论上来讲,《刑法》第 205 条属于重刑犯罪,最高可判处无期徒刑,因此其所评价的犯罪行为应当具有极高的社会危害性,方可符合罪责刑相适应的原则。行为人如果在主观上不具有骗抵国家增值税税款的目的,而是为了其他一些目的而实施“虚开”行为,由于其主观恶性不大,以本罪追究其刑事责任将与罪责刑相适应原则相违背。

上述受票方定性非法购买增值税专用发票罪案例中,受票企业管辖法院查明:被告人许某会系因收购散煤时无法取得发票,才从他人处非法购买增值税专用发票,其本身的目的与开票企业不同,并非骗抵国家增值税税款为目的的“虚开”行为,且案发后及时补缴税款,如此仅扰乱了国家的发票管理秩序,但对国家税收收入没有造成侵害的行为,不符合虚开犯罪的客体要件,不应受到虚开犯罪的刑事处罚的刑法评价。

从实践上来看,国家税务总局发布的《关于纳税人善意取得虚开的增值税专用发票处理问题的通知》(国税发〔2000〕187 号)规定,对于满足条件善意取得虚开发票的受票方,不以偷税或者骗取出口退税论处。这一文件为实践中处理“受票方善意取得虚开发票”案例提供了依据,即在司法实践中,如果受票方对开票方恶意开票不知情,则不构成行政法上的虚开,一个行为不构成违法必然不构成犯罪,因此,受票企业也不构成刑法上的虚开犯罪。

前述受票方定性非法购买增值税专用发票罪案例,也证实了虚开增值税专用发票罪并不以开票方和受票方相互对向的行为为要件。该案件中,审判机关同样肯定了“恶意开票、善意受票”的情况下受票方不构成虚开犯罪的裁判观点。因此,将虚开增值税专用发票罪认定为对合犯是不妥当的,应当将开票方与受票方两者独立看待、分别定性。

三、法律依据

《刑法》

第二百零八条 非法购买增值税专用发票或者购买伪造的增值税专用发票的,处五年以下有期徒刑或者拘役,并处或者单处二万元以上二十万元以下罚金。

非法购买增值税专用发票或者购买伪造的增值税专用发票又虚开或者出售的,分别依照本法第二百零五条、第二百零六条、第二百零七条的规定定罪处罚。

第二百一十一条 单位犯本节第二百零一条、第二百零三条、第二百零四条、第二百零七条、第二百零八条、第二百零九条规定之罪的,对单位判处罚金,并对其直接负责的主管人员和其他直接责任人员,依照各该条的规定处罚。

第五节 非法出售增值税专用发票罪

一、非法出售增值税专用发票罪概述

(一)非法出售增值税专用发票罪的概念

本罪是指违反国家有关发票管理法规,故意非法出售增值税专用发票的行为。

(二)非法出售增值税专用发票罪的构成

1. 客体要件

本罪侵犯的客体是增值税专用发票的管理制度。增值税专用发票作为进项抵扣的凭证,犯罪分子出售增值税专用发票可从中牟取暴利。非法出售增值税专用发票行为严重侵犯了国家对增值税专用发票的管理制度,破坏了正常的经济秩序。

2. 客观要件

本罪的客观方面表现为违反有关发票管理制度、非法出售增值税专用发票的行为。能构成非法出售增值税专用发票罪的,只能是拥有增值税专用发票的单位和自然人,包括非法购买后非法拥有的人。如果税务机关及其工作人员非法出售增值税专用发票的,也构成非法出售增值税专用发票罪。依据有关规定,只有税务机关才有权发售增值税专用发票,而且只收取工本费,不以营利为目的。违反上述规定出售增值税专用发票的,均构成非法出售增值税专用发票罪。

3. 主体要件

凡达到刑事责任年龄且具有刑事责任能力的自然人均可构成本罪。根据我国《刑法》第 211 条的规定,单位也可构成本罪,单位构成本罪的,实行双罚制。

4. 主观要件

本罪的主观方面为直接故意。

(三)非法出售增值税专用发票罪的管辖

非法出售发票的,由行为发生地公安机关管辖。如果由犯罪嫌疑人居住地的公安机关管辖更为适宜的,可以由犯罪嫌疑人居住地的公安机关管辖。

(四)非法出售增值税专用发票罪的处罚

犯本罪的,处 3 年以下有期徒刑、拘役或者管制,并处 2 万元以上 20 万元以下罚

金;数量较大的,处 3 年以上 10 年以下有期徒刑,并处 5 万元以上 50 万元以下罚金;数量巨大的,处 10 年以上有期徒刑或者无期徒刑,并处 5 万元以上 50 万元以下罚金或者没收财产。单位犯非法出售增值税专用发票罪的,对单位判处罚金,并对其直接负责的主管人员和其他直接责任人员依照自然人犯非法出售增值税专用发票罪的规定处罚。

二、法律依据

《刑法》

第二百零七条　非法出售增值税专用发票的,处三年以下有期徒刑、拘役或者管制,并处二万元以上二十万元以下罚金;数量较大的,处三年以上十年以下有期徒刑,并处五万元以上五十万元以下罚金;数量巨大的,处十年以上有期徒刑或者无期徒刑,并处五万元以上五十万元以下罚金或者没收财产。

第二百一十一条　单位犯本节第二百零一条、第二百零三条、第二百零四条、第二百零七条、第二百零八条、第二百零九条规定之罪的,对单位判处罚金,并对其直接负责的主管人员和其他直接责任人员,依照各该条的规定处罚。

第二百一十二条　犯本节第二百零一条至第二百零五条规定之罪,被判处罚金、没收财产的,在执行前,应当先由税务机关追缴税款和所骗取的出口退税款。

第五章　税务机关工作人员渎职犯罪

第一节　徇私舞弊不征、少征税款罪

一、徇私舞弊不征、少征税款罪的概念

徇私舞弊不征、少征税款罪，是指税务机关的工作人员利用职权徇私舞弊，对明知是应征的税款而不征或者少征，致使国家税收遭受重大损失的行为。

二、徇私舞弊不征、少征税款罪的犯罪构成

（一）客体要件

本罪侵害的客体是国家的税收征收管理制度和国家税收机关的正常管理活动。税收是国家财政收入的主要来源。徇私舞弊不征、少征税款，不仅会使国家的财政收入受到损失，侵犯国家的税收管理制度，而且会侵犯税务机关工作人员职务行为的廉洁性，侵犯国家税收机关的正常管理活动。

（二）客观要件

本罪在客观方面表现为徇私舞弊，不征或者少征应征税款，致使国家税收遭受重大损失的行为。

（1）必须是利用职务之便进行的，即利用职权或者与职务有关的便利条件。职权，是指本人职务范围内的权利；与职务有关的便利条件，是指虽然不是直接利用职权，但是利用了本人的职权或地位形成的便利条件。

（2）需有不征、少征应征税款的行为。所谓应征税款，是指税务机关根据法律、行政法规规定的税种税率应当向纳税人征收的税款。所谓不征，是指税务机关工作人员明知纳税人应当缴纳税款，但是不向其征收，或者违反法律、行政法规规定，擅自决定纳税人免缴税款。所谓少征，是指税务机关的工作人员向纳税人实际征收的税款少于应征税款，或者明知不具备减税条件，弄虚作假擅自决定减税的。

（3）不征、少征应征税款的行为必须致使国家税收遭受重大的损失。税务机关工

作人员虽然有徇私舞弊,不征或者少征应征税款的行为,但并未因此使国家税收遭受重大损失,便不构成犯罪。致使国家税收遭受重大损失,应该是指行为人徇私舞弊,不征或少征的税款,由于主客观原因,国家无法再实际予以征收。

(三)主体要件

本罪的主体要件是特殊主体,是履行征收税款职责的国家工作人员,即税务机关的工作人员,也就是指在各级税务局、税务分局和税务所中代表国家依法负有向纳税人或纳税单位征收税款义务并行使征收税款职权的人员。

(四)主观要件

本罪的主观方面表现为故意。即税务机关的工作人员,明知自己不征或者少征税款的行为,破坏了有关税收管理法规,会给国家税收造成严重损失,仍然希望或放任这种危害结果的发生。过失不构成犯罪,如果税务工作人员在税收征管中玩忽职守,严重不负责任,过失地给国家税收造成重大损失的,应按《刑法》第 397 条的玩忽职守罪追究刑事责任,至于行为人的犯罪动机,可能是多种多样的。

三、徇私舞弊不征、少征税款罪的认定

主要区分徇私舞弊不征、少征税款罪与逃税罪的界限:

一般而言,本罪与逃税罪在犯罪主体、犯罪的客观表现、犯罪的主观方面等内容上都有很大的区别。但当出现逃税罪的共犯时,则有可能造成相互混淆的情况。税务机关的工作人员,如果与偷税人相互勾结,故意不履行其依法征税的职责,不征或少征应征税款的,应该将其作为逃税罪的共犯论处。但如果行为人知道了某人在逃税,出于某种私利而佯装不知,对逃税犯罪行为采取放任的态度,并因此不征或少征应征税款,致使国家税收遭受重大损失的,只能认定构成本罪。

因收受他人贿赂而不征或者少征税款,属牵连犯,应根据行为人的犯罪事实、情节,择一重罪论处。

四、徇私舞弊不征、少征税款罪的处罚

《刑法》第 404 条规定,税务机关的工作人员徇私舞弊,不征或者少征税款,致使国家税收遭受重大损失的,处 5 年以下有期徒刑或者拘役;造成特别重大损失的,处 5 年以上有期徒刑。

第二节　徇私舞弊发售发票、抵扣税款、出口退税罪

一、徇私舞弊发售发票、抵扣税款、出口退税罪的概念

徇私舞弊发售发票、抵扣税款、出口退税罪,是指税务机关的工作人员违反法律、行政法规的规定,在办理发售发票、抵扣税款、出口退税工作中,徇私舞弊,致使国家利益遭受重大损失的行为。

二、徇私舞弊发售发票、抵扣税款、出口退税罪的构成

(一)客体要件

本罪所侵犯的客体是税务机关的正常工作秩序。徇私舞弊行为使国家税收法律、法规的顺利实施受到严重干扰,损害了国家税务机关的威信。

(二)客观要件

本罪在客观方面表现为在办理发售发票、抵扣税款、出口退税工作中为了私情私利,违反法律、行政法规,弄虚作假,对明知不符合条件的人发售发票,或者予以抵扣税款、出口退税,致使国家利益遭受重大损失。税务工作人员实施上述行为时其手段行为或方法行为又触犯了其他罪名的,对行为人应按牵连犯的处罚原则,从重处罚。如行为人在办理发售增值税专用发票工作中徇私舞弊,非法向他人出售增税专用发票致使国家利益遭受重大损失的,其行为既触犯了徇私舞弊发售发票、抵扣税款、出口退税罪,又触犯了《刑法》第 207 条规定的非法出售增值税专用发票罪,对此,应按行为人非法出售发票的数量多少,以及给国家利益造成的损失大小的实际情况,对行为人择一重罪论处。

(三)主体要件

本罪的主体是特殊主体,只有税务机关的工作人员才能成为本罪的主体,其他自然人均不能成为本罪的主体,单位也不能构成本罪的主体。

(四)主观要件

本罪在主观方面必须有犯罪故意,并有明确的徇私动机。税务机关工作人员在办理发售发票、抵扣税款、出口退税工作中,马虎从事,放任自流,严重不负责任,致使国家利益遭受重大损失的,可以《刑法》第 397 条规定的玩忽职守罪论处。

三、徇私舞弊发售发票、抵扣税款、出口退税罪的认定

主要区分徇私舞弊发售发票、抵扣税款、出口退税罪与徇私舞弊不征、少征税款罪

的界限：

徇私舞弊发售发票、抵扣税款、出口退税罪与徇私舞弊不征、少征税款罪相比，在主体、客体方面均有相同或相似之处，但在客观及主观方面则有明显的差别。两者在客观方面的区别主要表现为：

首先，两者虽都发生在税收征管领域，但发生的具体阶段不同。徇私舞弊不征、少征税款罪往往直接发生在税务机关工作人员征收税收的过程中，或者应当履行征收税收职责而故意不履行。徇私舞弊发售发票则往往发生在征收税收之前，徇私舞弊出口退税往往发生在征收税收之后。只有抵扣税款的行为可以发生在征收过程中。

其次，行为的具体方式不同。徇私舞弊不征、少征税款罪的舞弊方式往往表现为不作为，即行为人为徇私情私利而故意不履行其应当履行的职责，也可以表现为不正确履行其职责。徇私舞弊发售发票、抵扣税款、出口退税罪则往往表现为作为，即行为人为徇私情私利，故意通过其积极的行为去违法发售发票、抵扣税款或办理出口退税。

四、徇私舞弊发售发票、抵扣税款、出口退税罪的处罚

《刑法》第 405 条第 1 款规定，税务机关的工作人员违反法律、行政法规的规定，在办理发售发票、抵扣税款、出口退税工作中，徇私舞弊，致使国家利益遭受重大损失的，处 5 年以下有期徒刑或者拘役；致使国家利益遭受特别重大损失的，处 5 年以上有期徒刑。

此外，《刑法》第 405 条第 2 款还规定了违法提供出口退税凭证罪，该罪是指税务机关以外的其他国家机关工作人员违反国家规定，在提供出口货物报关单、出口收汇核销单等出口退税凭证的工作中，徇私舞弊，致使国家利益遭受重大损失的行为。该罪的主体主要是指海关、银行的工作人员。犯该罪的，依照徇私舞弊发售发票、抵扣税款、出口退税罪的规定处罚。

五、典型案例

【案情简介】

高某 1 是邹城市国家税务局张庄税务分局办税服务大厅综合服务岗的工作人员。2015 年，杨某承包了一项道路建设工程。2016 年 3 月，杨某为结算工程款，找到时任邹城市国税局税收征管科科长的齐某 1(另案处理)让其帮忙找发票，并把工地工人赵某的身份证交给齐某 1。同年 3 月 23 日，杨某通过 POS 机刷卡交给齐某 1 现金 22.95 万元作为发票税金。

2016 年 4 月，齐某 1 找到被告人高某 1，让其帮忙弄 80 多份通用机打发票。高某 1 通过办公室电脑办税系统开出 90 张通用机打发票，并交给齐某 1。齐某 1 随即将发票

交给杨某1,杨某1将其中86张发票开具总金额850万元交给济宁鲁南公路工程公司挂账用于结算工程款。杨某1交给齐某1的22.95万元税金被齐某1个人占有使用。所涉案发票应于2016年7月20日之前缴纳各项税款共计426,959.30元。

法院认为,高某1作为税务机关工作人员违反法律、行政法规的规定,在办理发票发售工作中徇私舞弊,致使国家利益遭受重大损失,其行为已构成徇私舞弊发售发票罪。

【法律分析】

首先,高某1系国家税务机关人员,符合徇私舞弊发售发票罪的主体条件;其次,在主观方面,其在办理发售发票中,马虎从事,严重不负责任,具有犯罪故意,并有明确的徇私动机;再次,在客观方面,高某1通过办公室电脑办税系统将辖区内的纳税户邹城市某养殖场变更为赵某,并办理了经营范围、发票种类数量变更和发票发售验旧手续的虚假手段,先后两次将90张通用机打发票交给齐某1系违法行为;最后,高某1的行为致使国家税款遭受了重大的损失,损害了国家税务机关的威信,依法予以惩处。

第三节 滥用职权罪

一、滥用职权罪的概念

滥用职权罪,是指国家机关工作人员故意逾越职权或者不履行职责,致使公共财产、国家和人民利益遭受重大损失的行为。

二、滥用职权罪的构成

(一)客体要件

本罪侵犯的客体是国家机关的正常活动。由于国家机关工作人员故意逾越职权,致使国家机关的某项具体工作遭到破坏,给国家、集体和人民利益造成严重损害,从而危害了国家机关的正常活动。本罪侵犯的对象可以是公共财产或者公民的人身及其财产。

(二)客观要件

本罪客观方面表现为滥用职权,致使公共财产、国家和人民利益遭受重大损失的行为。滥用职权,是指不法行使职务上的权限的行为,即就形式上属于国家机关工作人员一般职务权限的事项,以不当目的或者以不法方法,实施违反职务行为宗旨的活动。滥用职权的行为,必须致使公共财产、国家和人民利益造成重大损失的结果时,才构成犯罪。所谓重大损失,是指给国家和人民造成的重大物质性损失和非物质性损失。其中,物质性损失,是指人身伤亡和公私财物的重大损失,是确认滥用职权犯罪行为的重要依据;非物质性损失,是指严重损害国家机关的正常活动和声誉等。认定是否重大损失,应根据司法实践和有关规定,对所造成的物质性和非物质性损失的实际情况,按直接责任人员的职权范围全面分析,以确定应承担责任的大小。

(三)主体要件

滥用职权罪的主体为特殊主体,即只有国家机关工作人员才能成为滥用职权罪的主体。另外,非国家机关工作人员受委托、聘用等,依法行使国家机关工作人员的职责时,也应视为国家机关工作人员,可以构成滥用职权罪的主体。

(四)主观要件

本罪在主观方面表现为故意,行为人明知自己滥用职权的行为会发生致使公共财产、国家和人民利益遭受重大损失的结果,并且希望或者放任这种结果发生。从司法实践来看,对危害结果持间接故意的情况比较多见。至于行为人是为了自己的利益滥用职权,还是为了他人利益滥用职权,则不影响本罪的成立。

三、滥用职权罪的认定

主要区分滥用职权罪与玩忽职守罪的界限:

两罪在侵犯的客体、危害后果和主体上基本相同,区别主要在于:(1)主观方面有所不同。滥用职权罪既存在直接故意,也存在间接故意;而玩忽职守罪只存在间接故意。滥用职权罪只存在过于自信的过失,而玩忽职守罪既存在过于自信的过失,也存在疏忽大意的过失。(2)客观行为表现不完全相同。滥用职权罪主要表现为违反法律规定的程序和权限,是一种积极的作为;而玩忽职守罪表现为不履行或者不认真履行职责的行为,是一种作为或不作为的方式。

四、滥用职权罪的处罚

根据《刑法》第 397 条的规定,国家机关工作人员滥用职权,致使公共财产、国家和人民利益遭受重大损失的,处 3 年以下有期徒刑或者拘役;情节特别严重的,处 3 年以上 7 年以下有期徒刑。国家机关工作人员徇私舞弊,犯前款罪的,处 5 年以下有期徒刑或者拘役;情节特别严重的,处 5 年以上 10 年以下有期徒刑。

第四节 玩忽职守罪

一、玩忽职守罪的概念

玩忽职守罪,是指国家机关工作人员严重不负责任,不履行或不正确地履行自己的工作职责,致使公共财产、国家和人民利益遭受重大损失的行为。

二、玩忽职守罪的构成

(一)客体要件

玩忽职守罪侵害的客体属于复杂客体:国家机关工作人员违反国家机关工作人员职务的依法行政原则,侵害了国家机关的正常管理活动;同时,国家机关工作人员不履行或不正确履行职责的玩忽职守行为,造成公共财产、国家和人民利益遭受重大损失,也侵犯了公民的人身、财产权利以及公共财产安全和社会主义市场经济秩序等。

(二)客观要件

玩忽职守罪在客观方面表现为:(1)国家机关工作人员具有严重的玩忽职守行为,即国家机关工作人员在工作中严重不负责任,不履行或者不认真履行职责;(2)致使公共财产、国家和人民利益遭受重大损失的。玩忽职守罪的客观方面的两个特征是缺一不可的,并且两个特征之间必须具有刑法上的因果关系。如果玩忽职守行为与所造成的结果之间没有这种关系,就不能成为玩忽职守罪的客观构成要件。

(三)主体要件

玩忽职守罪的主体为特殊主体,即只有国家机关工作人员才能成为玩忽职守罪的主体。另外,非国家机关工作人员受委托、聘用等,依法行使国家机关工作人员的职责时,也应视为国家机关工作人员,可以构成玩忽职守罪的主体。

(四)主观要件

玩忽职守罪在主观方面一般表现为过失,即行为人应当预见自己玩忽职守的行为会致使公共财产、国家和人民的利益遭受重大损失,因为疏忽大意而没有预见,或者已经预见而轻信能够避免。需要注意的是,玩忽职守罪在主观方面有时也表现为间接故意,如国家机关工作人员在夜间值班时,发现盗窃分子到本单位盗窃财物,但由于贪生怕死而不敢采取措施当场制止,以致盗窃犯罪得逞,国家财产遭受重大损失。行为人对危害后果的发生在主观上属于间接故意。

三、玩忽职守罪的认定

(一)玩忽职守罪与工作失误的界限

工作失误与玩忽职守罪在客观上都可能造成公共财产、国家和人民利益遭受重大损失,但二者还是有区别的,在于对待职守的心理态度:工作失误者并没有违反其职责义务,相反甚至是十分认真地履行了职责,只是由于行为人工作能力有限、业务水平不高、客观条件变化而判断失误等原因,结果造成了损失,但主观上并没有过失;而玩忽职守罪的行为人不仅在客观上具有玩忽职守行为,而且在主观上具有过失,即存在疏忽大意的过失和过于自信的过失。

(二)玩忽职守罪与一般玩忽职守行为

一般玩忽职守行为,行为人只是具有玩忽职守行为,其玩忽职守行为并没有造成公共财产、国家和人民利益的损失;或者虽然造成了一定的损失,但并没有达到重大的程度。而玩忽职守罪,行为人不仅具有玩忽职守行为,而且还使公共财产、国家和人民利益遭受了重大损失。因此,对于一般的玩忽职守行为,可视不同的情况给予党政纪处理,但不能追究行为人的玩忽职守罪责任。

(三)玩忽职守罪与意外事件

二者的相同之处在于都造成了"重大损失"的后果,但意外事件是由于行为人不能抗拒或者不能预见的原因造成的;而玩忽职守罪的行为人对于危害后果是能够预见的,但因疏忽大意没有预见,或已经预见但轻信能够避免。

四、玩忽职守罪的处罚

根据《刑法》第 397 条的规定,国家机关工作人员玩忽职守,致使公共财产、国家和人民利益遭受重大损失的,处 3 年以下有期徒刑或者拘役;情节特别严重的,处 3 年以上 7 年以下有期徒刑。国家机关工作人员徇私舞弊,犯前款罪的,处 5 年以下有期徒刑或者拘役;情节特别严重的,处 5 年以上 10 年以下有期徒刑。

第五节 受 贿 罪

一、受贿罪的概念

受贿罪,是指国家工作人员利用职务上的便利,索取他人财物或者非法收受他人财物,通过职务上的行为为他人谋取利益的行为。

二、受贿罪的构成

(一)客体要件

本罪侵犯的客体是复杂客体。主要客体是国家机关、国有公司、企事业单位、人民团体的正常管理活动;次要客体是国家工作人员职务行为的廉洁性。

(二)客观要件

本罪在客观方面表现为行为人具有利用职务上的便利,向他人索取财物,或者收受他人财物并为他人谋取利益的行为。利用职务之便是受贿罪客观方面的一个重要构成要件,利用职务之便可以分为以下两种情况:

(1)利用职权上的便利。职权,是指国家机关及其公职人员依法做出一定行为的资格,是权力的特殊表现形式。利用职权为他人谋取利益而收受他人财物,是典型的受贿行为。

(2)利用与职务有关的便利条件。利用与职务有关的便利,即不是直接利用职权,而是利用本人的职权或地位形成的便利条件,而本人从中向请托人索取或非法收受财物的行为。

从贿赂财物的取得方式来看,有两种具体表现形式:

(1)行为人利用职务上的便利,向他人索取财物。索贿是受贿人以公开或暗示的方法,主动向行贿人索取贿赂,有的甚至是公然以要挟的方式,迫使当事人行贿。主观恶性更严重,情节更恶劣,社会危害性相对于收受贿赂更为严重。因此索贿的从重处罚。

(2)行为人利用职务上的便利,收受他人贿赂而为他人谋取利益的行为。收受贿赂,一般是行贿人以各种方式主动进行收买腐蚀,受贿人一般是被动接受他人财物或者是接受他人允诺给予财物,而为行贿人谋取利益。

为他人谋取利益是受贿罪的客观要件,如果国家工作人员收受财物但事实上并没有为他人谋取利益的,则不成立受贿罪。但为他人谋取的利益是否正当,为他人谋取的利益是否实现,不影响受贿罪的成立。

(三)主体要件

本罪的主体是特殊主体,即国家工作人员,另据法律规定,国家工作人员包括当然的国家工作人员,即在国家机关中从事公务的人员;拟定的国家工作人员,即国有公司、企事业单位、人民团体中从事公务的人员和国家机关、国有公司、企事业单位委派到非国有公司、企事业单位、社会团体从事公务的人员,以及其他依照法律从事公务的人员。

(四)主观要件

本罪在主观方面是由故意构成,只有行为人是出于故意所实施的受贿犯罪行为才构成受贿罪,过失行为不构成本罪。

三、受贿罪的认定

(一)为他人谋取利益的认定

具有下列情形之一的,应当认定为"为他人谋取利益",构成犯罪的,应当依照《刑法》关于受贿犯罪的规定定罪处罚:

(1)实际或者承诺为他人谋取利益的;

(2)明知他人有具体请托事项的;

(3)履职时未被请托,但事后基于该履职事由收受他人财物的。

国家工作人员索取、收受具有上下级关系的下属或者具有行政管理关系的被管理人员的财物价值3万元以上,可能影响职权行使的,视为承诺为他人谋取利益。

(二)收受他人财物的认定

收受他人财物,也是受贿罪客观方面的一个要件。我国《刑法》将受贿罪的贿赂限定在“财物”这一特定的范围之内,因此受贿罪收受的对象只能是“财物”,否则就不构成受贿罪。最高人民法院、最高人民检察院《关于办理贪污贿赂刑事案件适用法律若干问题的解释》(法释〔2016〕9号)规定:贿赂犯罪中的“财物”,包括货币、物品和财产性利益。财产性利益包括可以折算为货币的物质利益,如房屋装修、债务免除等,以及需要支付货币的其他利益如会员服务、旅游等。后者的犯罪数额,以实际支付或者应当支付的数额计算。

四、受贿罪的处罚

根据《刑法》第386条的规定,犯受贿罪的,根据受贿所得数额及情节,依照《刑法》第383条的规定处罚。索贿的从重处罚。即:

(1)受贿在3万元以上不满20万元的,构成受贿数额较大,处3年以下有期徒刑或者拘役,并处罚金。

(2)受贿在20万元以上不满300万元的,构成受贿数额巨大,处3年以上10年以下有期徒刑,并处罚金或者没收财产。

(3)受贿数额在300万元以上的,构成受贿特别巨大或者有其他特别严重情节的,处10年以上有期徒刑或者无期徒刑,并处罚金或者没收财产;数额特别巨大,并使国家和人民利益遭受特别重大损失的,处无期徒刑或者死刑,并处没收财产。

第六章 涉税刑事合规

涉税刑事合规，是指涉嫌税务犯罪的企业，或者实际控制人、经营管理人员、关键技术人员等涉嫌实施税务犯罪的企业在检察机关等国家机关或者第三方组织的监督下，通过制订和实施合规整改计划，强化企业自治，建立健全预防税收违法犯罪的合规管理体系。涉税刑事合规是涉案企业合规改革在税务犯罪领域的具体应用，是税务律师开展涉税刑事辩护业务的有力抓手。

第一节 涉案企业合规第三方机制的改革状况

一、背景：认罪认罚从宽制度改革掠影

2016 年 9 月 3 日，全国人大常委会作出《关于授权最高人民法院、最高人民检察院在部分地区开展刑事案件认罪认罚从宽制度试点工作的决定》，授权最高人民法院、最高人民检察院在北京、天津、上海、重庆、沈阳、大连、南京、杭州、福州、厦门、济南、青岛、郑州、武汉、长沙、广州、深圳、西安 18 个地区开展为期 2 年的刑事案件认罪认罚从宽制度试点工作。2016 年 11 月 11 日，最高人民法院、最高人民检察院、公安部、国家安全部、司法部印发了《〈关于在部分地区开展刑事案件认罪认罚从宽制度试点工作的办法〉的通知》（法〔2016〕36 号），标志着认罪认罚从宽制度试点工作正式启动。

从 2017 年 12 月 23 日时任最高人民法院院长周强所作的最高人民法院、最高人民检察院《关于在部分地区开展刑事案件认罪认罚从宽制度试点工作情况的中期报告》来看，2016 年 11 月至 2017 年 11 月，试点地区人民法院、人民检察院适用认罪认罚从宽制度审结刑事案件共 91,121 件、103,496 人，占试点人民法院同期审结刑事案件的 45%。认罪认罚制度的适用有效提升了司法资源配置效率，相应案件中犯罪嫌疑人、被告人适用非羁押强制措施和非监禁刑的比例较高，试点效果获得了律师、被告人、办案人员的广泛好评。

2018年10月26日，第十三届全国人大常委会第六次会议审议通过了《关于修改〈中华人民共和国刑事诉讼法〉的决定》，以法律形式确立了认罪认罚从宽制度。

不过，经过司法实践，认罪认罚从宽制度的局限性逐渐暴露出来。

一方面，检察机关对企业轻微犯罪案件的办理面临刑罚惩治功能和教育改造功能的冲突。如果构罪即诉、一诉了之，则企业会因被定罪量刑导致其商业信誉下降、交易机会减少、客户流失，甚至造成生产经营陷入困境乃至破产倒闭等严重后果，从而引起对员工和社会的冲击，影响经济发展和社会稳定。如果对涉罪企业直接作出不起诉处理，又不能消除企业内部管理机制存在的缺陷，化解违法风险，进而留存了企业再次实施违法犯罪行为的隐患。

另一方面，与认罪认罚制度实施相配套的相对不起诉适用范围过于狭窄。适用相对不起诉的事由包括：（1）企业犯罪情节轻微。犯罪嫌疑人犯罪情节轻微，依照《刑法》规定不需要判处刑罚或者免除刑罚。（2）企业认罪认罚。犯罪嫌疑人、被告人自愿如实供述自己的罪行，承认指控的犯罪事实，愿意接受处罚。（3）核准撤销、不起诉。犯罪嫌疑人有自愿如实供述涉嫌犯罪的事实，有重大立功或者案件涉及国家重大利益的，经最高人民检察院核准，公安机关可以撤销案件，人民检察院可以作出不起诉决定，也可以对涉嫌数罪中的一项或者多项不起诉。相对不起诉适用范围的狭窄限制了认罪认罚制度发挥作用的空间，仍有大量企业无法摆脱刑事风险。

于是，检察机关在认罪认罚从宽制度实践中开始探索合规机制。2021年7月，最高人民检察院在全国检察机关组织开展了为期6个月的羁押必要性审查专项活动，推动落实少捕慎诉慎押刑事司法政策，为涉案企业合规改革提出了正当性基础。检察实务界新的司法实践逻辑在于，通过犯罪嫌疑人认罪认罚并作出合规整改承诺来取得不起诉决定，增强司法实践教育改造功能的同时，同步扩大政策适用范围。

二、沿革：涉案企业合规改革进程

（一）第一期涉案企业合规改革试点工作部署

2020年1月，时任最高人民检察院检察长张军在全国检察长会议上指出，既要以更大力度保护民营企业和企业家合法权益，切实做到依法能不捕的不捕、能不诉的不诉、能不判实刑的就提出适用缓刑建议；也要有力推动民营企业筑牢守法合规经营底线。

2020年3月，最高人民检察院在上海市浦东新区人民检察院、上海市金山区人民检察院、江苏省张家港人民检察院、深圳市宝安区人民检察院、深圳市南山区人民检察院、山东省临沂市郯城县人民检察院6个基层检察院率先部署了企业刑事合规不起诉改革的试点工作。随后,浙江、辽宁、江苏、深圳等地检察机关陆续发布了一批地方性政策文件,包括江苏省人民检察院《关于服务保障民营企业健康发展的若干意见》、辽宁省人民检察院等十机关《关于建立涉罪企业合规考察制度的意见》、深圳市宝安区人民检察院、深圳市宝安区司法局《关于印发〈企业刑事合规协作暂行办法〉的通知》、宁波市检察院《宁波市检察机关关于建立涉罪企业合规考察制度的意见(试行)》等,对刑事合规不起诉进行了有益的制度探索。

2020 年 7 月,最高人民检察院发布《关于充分发挥检察职能服务保障"六稳""六保"的意见》,服务保障"六稳""六保"的意见与企业合规在政策精神上不谋而合。

2020 年 12 月 25 日,时任最高人民检察院检察长张军在最高人民检察院召开的企业合规试点工作座谈会上指出:检察机关要创新检察履职,助力构建中国特色的企业合规制度,稳慎有序扩大试点范围;要落实好认罪认罚从宽制度,对于不捕、不诉的企业,敦促其作出合规承诺;要必须建设好、使用好第三方监管机制。2021 年年初,第十五次全国检察工作会议也强调要当好服务保障民营经济健康发展的"老娘舅",真严管、真厚爱,推进企业合规管理。

(二)第二期涉案企业合规改革试点进一步推进

2021 年 4 月 8 日,最高人民检察院发布"检察机关企业合规改革试点工作综述"。其中,以《关于开展企业合规改革试点工作方案》的发布为节点,第二期企业合规改革试点工作正式启动。试点范围扩大到北京、辽宁、上海、江苏、浙江、福建、山东、湖北、湖南、广东 10 个省、直辖市。按照授权,上述 10 个省级检察院共选取确定 27 个市级院和 165 个基层院作为试点院开展改革。各试点单位结合本地实际,探索建立企业合规第三方监管机制,做好"后半篇文章"。通过第三方监管,监督、促进企业践行合规承诺。检察机关要定期检查合规建设情况,并根据案件具体情况依法作出相应处理。按照《关于开展企业合规改革试点工作方案》的要求,开展企业合规改革试点要与依法适用认罪认罚从宽制度和检察建议、依法清理"挂案"、依法适用不起诉结合起来。对涉企案件,在依法贯彻相关检察政策的同时,督促企业建立合规制度,履行合规承诺;提出企业合规建设意见和建议,包括整改方向和意见,并促进"挂案"清理工作,依法平等保护企业合法权益;对符合《刑事诉讼法》规定的不起诉案件,做到应听证尽听证。

2021 年 5 月 13 日,时任最高人民检察院检察长张军率调研组到江苏省张家港市检察院调研企业合规改革试点工作并召开专题座谈会,对进一步做好企业合规改革试点提出了具体要求。

随着涉案企业合规改革有序开展,相关配套制度也逐渐建立健全。2021 年 6 月,最高人民检察院会同司法部、财政部、生态环境部、国务院国资委、国家税务总局、国家市场监管总局、全国工商联、中国贸促会(以下简称九部门)印发《关于建立涉案企业合规第三方监督评估机制的指导意见(试行)》(高检发〔2021〕6号,以下简称《建立第三方机制指导意见》),探索建立"检察主导、各方参与、客观中立、强化监督"的第三方监督评估机制。3个月后,九部门共同成立涉案企业合规第三方监督评估机制(以下简称第三方机制)管理委员会(以下简称第三方机制管委会),统筹协调推进第三方机制相关工作。随后,十个试点省市第三方机制管委会纷纷建立,并出台地方的指导意见实施办法。为保障第三方机制规范有序运行,2021年11月,九部门又联合下发两个配套文件,即《涉案企业合规第三方监督评估机制专业人员选任管理办法(试行)》和《〈关于建立涉案企业合规第三方监督评估机制的指导意见(试行)〉实施细则》;2021年12月,九部门组建国家层面第三方机制专业人员库。2022年4月,九部门印发《涉案企业合规建设、评估和审查办法(试行)》,对涉案企业合规建设、涉案企业合规评估和涉案企业合规审查提出了明确的规范意见。

(三)检察机关主导的涉案企业合规改革在全国内全面推开

2022年4月2日,最高人民检察院会同全国工商联专门召开会议,深入总结两年来检察机关涉案企业合规改革试点工作情况,对全面推开改革试点工作作出具体部署,并在检察系统内印发《涉案企业合规改革试点参考文件》。该文件在涉税案件领域汇总了虚开增值税专用发票案件的涉案企业合规计划书、合规整改方案、专项合规管理制度范例,六个常用的企业合规管理制度范例,涉税类专项合规计划的有效性评估和审查重点。

2022年4月20日,九部门办公厅制定发布《涉案企业合规建设、评估和审查办法(试行)》(全厅联发〔2022〕13号),细化了合规建设、合规评估、合规审查三方面的具体内容。7月21日,最高人民检察院发布了第三批涉案企业合规典型案例。

截至2022年12月,全国范围内共办理合规案件5150件,对于整改合规的1498家企业、3051人依法作出不起诉决定。数据表明,刑事合规充分发挥了挽救实体企业的制度功能,敦促企业从犯罪道路上回归正途,尽可能消除犯罪带来的不利影响。

(四)审判阶段涉案企业合规改革试点工作已开启

2023年3月23日,最高人民法院院长张军在全国法院学习贯彻全国两会精神电视电话会议上指出,围绕落实"把民营企业和民营企业家当作自己人",可以研究同检察机关共同做好涉案企业合规改革,依法判处缓刑、免予刑事处罚。3月28日,张军院长调研北京市海淀区人民法院时又强调,"商事、刑事涉企合规改革,不只是检察机关的事,法院也要参与发挥作用”。在最高人民法院表态的背景下,湖北、江苏、黑龙江等地已率先发布关于涉案企业合规改革的意见、纪要、办法等,明确了人民法院和人民检察院协同办理企业合规案件的衔接程序。

涉案企业合规改革有利于保护民营经济的健康发展,挽救因过失、合规问题偶然走上犯罪道路的实体企业。因人民法院在刑事诉讼流程中处于审判阶段,裁判具有终局效力,必然需要参与到这一项重大改革之中。同时,人民法院相较于人民检察院而言,审限更为充裕、地位更中立、结案方式更多,更能实现罪责刑相匹配。

三、比较:域外企业合规制度的起源和发展

经历了在食药监管、反垄断、反腐败以及金融、国防供应与环境保护等领域的探索和实践,美国量刑委员会于1991年在《联邦量刑指南》中增加了第八章《美国组织量刑指南》,首次将企业合规纳入刑事责任制度,要求公司建立具有犯罪预防功能的内部结构,并将公司是否实施了“有效的合规计划”与对公司的刑事责任评价相结合,在公司被认定犯罪时,已制订有效合规计划的可以减轻刑事责任,获得罚金刑的减免,刑事合规由此确立。而依据《美国检察官手册》的规定,检察官以暂缓起诉协议和不起诉协议为基础,能够基于起诉标准及公司合规计划是否有效、是否予以真诚善意实施、是否及时调整完善、与政府相关部门的合作等情况裁量企业犯罪、评估合规计划,从而决定控告或者控辩协商,实质上是一种诉辩交易。随后,《美国组织量刑指南》分别于2004年和2010年被修订,增加了发展合规文化的伦理因素考虑,强化了首席合规官在合规监管中的作用,并不断提高对合规计划的要求。

美国的企业合规制度为意大利、英国、法国等国建立合规制度提供了重要参考。其中,《英国反贿赂法》将合规计划作为企业获得从宽处罚的依据和出罪抗辩的法定事由。而法国实行反腐败强制合规以及对不合规企业处罚的行刑衔接,其2016年《关于提高透明度、反腐败以及促进经济生活现代化的2016-1691号法案》(以下简称《萨宾第二法案》)也确立了暂缓起诉制度,在案件进入正式审理前,被指控涉嫌犯罪的企业交纳一定额度的和解金,并承诺在规定期限内建立有效的合规制度的,检察机关可以与企业达成和解协议,从而免予公诉。在审判阶段,法院有权判令构成贿赂犯罪的企业建立合规制度,并定期向检察院报告企业建立并执行合规制度的情况。如果企业未能执行,法院可对企业和相关责任人分别判处罚金,并对责任人判处监禁。国家层面企业合规制度的蓬勃发展也为经济合作与发展组织和国际标准化组织等国际组织出台企业合规问题相关的文件发挥了重要的示范作用。

四、展望:我国涉案企业合规制度的发展趋势

对我国而言,“合规”是舶来品。相较于美国,我国刑事合规制度的建设起步较晚。

企业内部合规制度和行业引导性规范的制定同样经历了在金融等领域的尝试、探索。为服务于央企、国企走出去，应对我国企业在海外经营与贸易中遇到的问题，2018 年 11 月，国务院国资委发布了《关于印发〈中央企业合规管理指引（试行）〉的通知》（国资发法规〔2018〕106 号）；12 月 26 日，国家发改委、外交部、商务部、人民银行、国务院国资委、国家外汇局、全国工商联联合发布了《关于印发〈企业境外经营合规管理指引〉的通知》（发改外资〔2018〕1916 号）。该两份文件为央企和"走出去"企业的合规体系建设指明了方向，标志着企业合规进入了新的时代，2018 年也被誉为中国的"合规元年"。此后，前述企业合规改革从试点到全面推开，再到向审判阶段延伸，取得了良好成效。

随着涉案企业合规改革全面推开，并开启审判阶段的试点工作，未来在广泛的司法实践基础上，对于企业合规立法的研究论证将进一步深化。适时提出立法建议，将"涉案企业合规作为审查起诉阶段相对不起诉制度的补充，以及审判阶段减轻、从轻量刑的法定情节或适用缓刑的条件"以法律的形式固定下来，从而更好地营造法治化营商环境，促进企业规范发展。

第二节　涉案企业合规第三方机制的主要内容

涉案企业合规第三方机制，是指人民检察院在办理涉企犯罪案件时，对符合企业合规改革试点适用条件的，交由第三方机制管委会选任组成的第三方监督评估组织（以下简称第三方组织），对涉案企业的合规承诺进行调查、评估、监督和考察。考察结果作为人民检察院依法处理案件的重要参考。前已有述，为了落实第三方机制，发挥其确保合规计划务实、精准、管用，防止"虚假整改""纸面合规"的重要作用，最高人民检察院牵头陆续出台了《建立第三方机制指导意见》及其三个配套文件，即《〈关于建立涉案企业合规第三方监督评估机制的指导意见（试行）〉实施细则》《涉案企业合规第三方监督评估机制专业人员选任管理办法（试行）》《涉案企业合规建设、评估和审查办法（试行）》，规范了第三方机制的主要内容。

一、启动第三方机制

（一）适用范围

第三方机制适用于公司、企业等市场主体在生产经营活动中涉及的经济犯罪、职务犯罪等案件，既包括公司、企业等实施的单位犯罪案件，也包括公司、企业实际控制人、经营管理人员、关键技术人员等实施的与生产经营活动密切相关的犯罪案件。

(二)启动条件

1. 积极条件

(1)涉企犯罪案件。

(2)涉案企业、个人认罪认罚。在刑事合规的适用中,涉案企业或个人应当具有从轻或减轻的量刑情节,具体包括但不限于认罪认罚、自首、坦白、初犯、偶犯、补缴税款和滞纳金等。

(3)涉案企业能够正常生产经营,承诺建立或者完善企业合规制度,具备启动第三方机制的基本条件。

(4)涉案企业自愿适用第三方机制。

2. 消极条件

(1)个人为进行违法犯罪活动而设立公司、企业的。

(2)公司、企业设立后以实施犯罪为主要活动的。

(3)公司、企业人员盗用单位名义实施犯罪的。

(4)涉嫌危害国家安全犯罪、恐怖活动犯罪的。

(5)其他不适用的情形。

由此可见,《建立第三方机制指导意见》并未以数额、情节限制适用合规的范围。在刑事合规试点开展的初期,部分地方人民检察院对于可能判处3年以上有期徒刑的案件采取非常谨慎的态度。由于历史原因,虚开增值税专用发票罪和骗取出口退税罪规定的法定刑极重,虚开、骗税犯罪动辄可能判处3年以上有期徒刑,此类案件适用合规困难重重。不过,2022年4月2日,最高人民检察院会同全国工商联专门召开会议明确要求,"对于涉案企业责任人可能判处三年以上有期徒刑的涉企犯罪案件,以及重大疑难复杂案件,各省级检察院要认真落实统一把关、逐案审核职责,全面综合评估涉案企业运行状况、责任人犯罪情节及认罪认罚情况等综合因素,确保积极稳妥、依法规范"。由此可见,部分虚开、骗税案件进入合规整改程序少了一道门槛。

(三)启动方式

1. 检察机关主动启动第三方机制

人民检察院在办理涉企犯罪案件时,应当注意审查是否符合企业合规试点以及第三方机制的适用条件,并及时征询涉案企业、个人的意见。

2. 涉案企业申请适用第三方机制

涉案企业、个人及其辩护人、诉讼代理人或者其他相关单位、人员提出适用企业合规试点以及第三方机制申请的,人民检察院应当依法受理并进行审查。

上述主体申请适用第三方机制，应当向检察机关提交适用合规第三方机制申请书，内容通常应包括合规整改承诺和初步的合规计划；如果涉案人员被羁押的，可同步提交羁押必要性审查申请。

3. 办案机关提出适用建议

公安机关、纪检监察机关等办案机关提出适用建议的，人民检察院可参照适用其主动启动情形下的处理方式。

人民检察院经审查认为涉企犯罪案件符合第三方机制适用条件的，可以商请本地区第三方机制管委会启动第三方机制。应当注意的是，如果人民检察院不同意启动第三方机制，在现行制度条件下缺乏相应的救济机制。

（四）第三方组织的组建

1. 第三方机制管委会组建第三方组织

（1）产生方式

第三方机制管委会综合考虑案件涉嫌罪名、复杂程度以及涉案企业类型、规模、经营范围、主营业务等因素，从专业人员名录库中分类随机抽取人员，或采取协商邀请的方式，商请有关专业人员参加第三方组织。

（2）组成人员

第三方组织一般由 3～7 名专业人员组成，针对小微企业的第三方组织也可以由 2 名专业人员组成。

（3）负责人

第三方机制管委会指定或第三方组织组成人员民主推举负责人，并报第三方机制管委会审定。

2. 第三方组织成员名单公示、备案与调整

（1）公示名单

第三方机制管委会将第三方组织组成人员名单及提出意见的方式向社会公示。

①公示期限：不得少于 5 个工作日。

②公示形式：通过在涉案单位所在地或者有关新闻媒体、网站发布公示通知等形式。

（2）提出异议或建议

①涉案企业、人员或者其他相关单位、人员对选任的第三方组织组成人员提出异议；

②第三方组织组成人员申请回避；

(3)第三方机制管委会及时调查核实并视情况作出调整

(4)备案与调整

公示期满后无异议或者经审查异议不成立,第三方机制管委会将第三方组织组成人员名单报送负责办理案件的人民检察院备案。人民检察院发现组成人员存在明显不适当情形向第三方机制管委会提出意见建议的,第三方机制管委会应当及时调查核实并视情况作出调整。

3. 第三方组织成立的宣告

人民检察院对第三方机制管委会报送的第三方组织组成人员名单,经审查未提出不同意见的,应当通报第三方机制管委会,并由第三方机制管委会宣告第三方组织成立。

二、涉案企业合规整改

(一)第三方组织前期准备

第三方组织应当深入了解企业涉案情况,认真研判涉案企业在合规领域存在的薄弱环节和突出问题,合理确定涉案企业适用的合规计划类型。

(二)涉案企业提交合规计划

涉案企业应当向第三方组织提交专项或者多项合规计划,并作出合规计划完成时限的承诺。

涉案企业提交的合规计划,应当以全面合规为目标、专项合规为重点,主要针对与企业涉嫌犯罪有密切联系的企业内部治理结构、规章制度、人员管理等方面存在的问题,制定可行的合规管理规范,构建有效的合规组织体系,完善相关业务管理流程,健全合规风险防范报告机制,弥补企业制度建设和监督管理漏洞,防止再次发生相同或者类似的违法犯罪。

(三)第三方组织审查合规计划并确定合规考察期限

1. 审查内容

第三方组织应当对涉案企业合规计划的可行性、有效性与全面性进行审查,重点审查以下内容:

(1)涉案企业完成合规计划的可能性以及合规计划本身的可操作性;

(2)合规计划对涉案企业预防治理涉嫌的犯罪行为或者类似违法犯罪行为的实效性;

(3)合规计划是否覆盖涉案企业在合规领域的薄弱环节和明显漏洞;

(4)其他根据涉案企业实际情况需要重点审查的内容。

第三方组织应当就合规计划向负责办理案件的人民检察院征求意见,综合审查情况一并向涉案企业提出修改完善的意见。

2. 确定合规考察期限

第三方组织根据案件具体情况和涉案企业承诺履行的期限,并向负责办理案件的人民检察院征求意见后,合理确定合规考察期限。

(四)涉案企业实施合规整改与第三方机制的运行

1. 涉案企业履行合规计划,开展合规建设,定期书面报告合规计划的执行情况。

2. 第三方组织在合规考察期内,定期或者不定期对涉案企业合规计划履行情况进行监督和评估。上述监督、评估方法包括但不限于:

(1)观察、访谈、文本审阅、问卷调查、知识测试;

(2)对涉案企业的相关业务与管理事项,结合业务发生频率、重要性及合规风险程度进行抽样检查;

(3)对涉案企业的相关业务处理流程,结合相关原始文件、业务处理踪迹、操作管理流程等进行穿透式检查;

(4)对涉案企业的相关系统及数据,结合交易数据、业务凭证、工作记录以及权限、参数设置等进行比对检查。

第三方组织发现涉案企业执行合规计划存在明显偏差或错误的,应当及时进行指导、提出纠正意见,并报告负责办理案件的人民检察院。

3. 涉案企业在合规考察期满后提交合规整改报告。

4. 第三方组织制作合规考察书面报告。

第三方组织在合规考察期届满后,应当对涉案企业的合规计划完成情况进行全面了解、监督、评估和考核,并制作合规考察书面报告。

合规考察书面报告一般应当包括以下内容:(1)涉案企业履行合规承诺、落实合规计划情况;(2)第三方组织开展了解、监督、评估和考核情况;(3)第三方组织监督评估的程序、方法和依据;(4)监督评估结论及意见建议;(5)其他需要说明的问题。

合规考察书面报告报送负责选任第三方组织的第三方机制管委会和负责办理案件的人民检察院。

应当注意的是,审查起诉期间有严格的限制,第三方机制也属于审查起诉程序的一部分,其是否计入审查起诉期间当中,需要相关司法解释进行明确。否则,可能出现检察机关利用第三方机制延长审查起诉期限的不当现象。

三、司法处理

(一)审查、核实合规考察书面报告

负责办理案件的人民检察院应当对第三方组织合规考察书面报告进行审查,向第三方机制管委会提出意见建议,必要时开展调查核实工作。

(二)向涉案企业提出检察建议

人民检察院发现涉案企业在预防违法犯罪方面制度不健全、不落实,管理不完善,存在违法犯罪隐患,需要及时消除的,可以结合合规材料,向涉案企业提出检察建议。

(三)向有关主管机关提出检察意见

人民检察院对涉案企业作出不起诉决定,认为需要给予行政处罚、处分或者没收其违法所得的,应当结合合规材料,依法向有关主管机关提出检察意见。

(四)召开听证会

人民检察院对于拟作不批准逮捕、不起诉、变更强制措施等决定的涉企犯罪案件,可以根据最高人民检察院《人民检察院审查案件听证工作规定》的规定召开听证会,并邀请第三方组织组成人员到会发表意见。

(五)参考合规材料作出司法处理

人民检察院在办理涉企犯罪案件过程中,应当参考第三方组织合规考察书面报告、涉案企业合规计划、定期书面报告等合规材料,依法作出批准或者不批准逮捕、起诉或者不起诉以及是否变更强制措施等决定,提出量刑建议或者检察建议、检察意见。

四、实践中的问题

(一)企业合规不起诉的适用对象

按照《建立第三方机制指导意见》第3条的规定,涉案企业合规第三方机制既适用于公司、企业,也适用于公司、企业实际控制人、经营管理人员、关键技术人员等自然人。据此,成功的合规整改结果将“既放过企业,也放过个人”。但也有观点认为,单位犯罪和单位成员犯罪在形态上的聚合并不影响其在责任承担上的独立性,主张对单位和单位成员的责任追究可以分别进行。因此,在司法实践中,部分检察机关会对企业和负责人分案处理,即对企业开展合规,而追究负责人的刑事责任。但对家族企业而言,追究个人责任对企业是沉重的打击,往往会导致企业难以经营甚至破产倒闭。目前,刑事政策尚未明确企业合规不起诉是否“连带”地适用于个人,这给企业合规能否实质上起到挽救实体企业的作用造成了一定困扰。

(二)启动企业合规第三方机制是否一定以认罪认罚为前提

根据《建立第三方机制指导意见》第4条的规定,涉案企业合规第三方机制启动的首要前提就在于“涉案企业、个人认罪认罚”。在《刑事诉讼法》上,犯罪嫌疑人自愿如实供述自己的罪行,承认指控的犯罪事实,愿意接受处罚,也是依法从宽处理的条件。实践中存在的问题是,企业为了适用合规整改认罪认罚的,辩护人还能否进行无罪辩护。国家整体层面未对这一问题作出明确，各地司法实践的意见也并不统一，有的省份如山东省，允许辩护人在犯罪嫌疑人、被告人认罪认罚的情况下进行无罪辩护，有的则不能。这一问题亟待司法政策予以明确。

第三节　涉税刑事合规辩护实务

律师在刑事合规案件中可以为涉案企业提供刑事辩护服务，具体包括：

一、评估企业涉税风险和辩护的可行性

律师应当积极根据涉案企业提供的业务资料、纳税申报情况，以及税务机关的处理、处罚决定等材料，评估企业行为的涉税风险，衡量是否存在不构成犯罪的辩护空间。

对于可能无罪的，律师应当积极收集有利于犯罪嫌疑人的证据材料，进行无罪辩护，此种情形下不应签订认罪认罚具结书。

对于无罪辩护空间小的，应当重点关注涉案企业是否满足涉案企业合规第三方机制启动的条件，符合条件的，律师可以辅助企业完成启动第三方机制的申请，并在这一过程中通过提交法律意见等方式与司法机关进行充分沟通，为涉案企业进行此罪与彼罪、重罪与轻罪的辩护，保障企业和相关人员的合法权益。

二、指导认罪认罚具结

对于涉案企业刑事风险高的，律师应当向涉案企业和相关人员释明认罪认罚从宽的刑事政策，协助其开展认罪认罚工作，并指导其签订认罪认罚具结书，达到启动第三方机制的前提条件。

三、提起羁押必要性审查

对于涉案企业及相关人员犯罪情节显著轻微的，律师可同步提起羁押必要性审查，争取为相关涉案人员变更刑事强制措施为取保候审。

四、出席参加听证会

税务律师能够以辩护人身份出席参加听证会，说明企业罪轻，以及自首、认罪认罚、积极退缴税款等减轻、从轻的事实和理由，发表涉案企业适用合规整改的意见，维护企业的实体与程序权利。

通过启动第三方机制，在审查起诉环节争取实现合规不起诉，在审判阶段争取适用缓刑。

第四节 涉税刑事合规辅导实务

律师等专业人员在刑事合规案件中可以为涉案企业提供合规辅导服务,具体包括如下内容。

一、受聘进入合规建设工作组

律师等专业人员可以接受涉案企业聘请,进入合规建设领导小组,参与或协助合规建设。

二、帮助涉案企业分析涉税风险,查明犯罪原因

开展尽职调查,通过调查问卷、向相关部门查阅等方式全面了解涉案企业的经营状况,协助涉案企业全面分析研判企业涉案经营活动暴露的风险点以及产生风险的原因,查明企业陷入刑事风险的内部隐患和外部风险,并在此基础上制定合规管理规范,弥补监督管理漏洞,建立健全合规管理的制度机制。

三、落实合规整改,协助企业制订合规计划,出具合规整改报告

(一)进行合规整改

其一,敦促涉案企业全面停止涉案违法违规业务,对相关责任人员作出辞退、调整等内部处理处分,并按照税务机关作出的税务处理决定、税务行政处罚决定积极补缴税款、滞纳金和缴纳罚款。

其二,认真开展自查工作。重点围绕涉案企业及有关人员是否对税务相关的法律法规有全面了解,是否对涉税违法违规行为有深刻认识,是否已经对涉税违法违规行为的内部和外部原因进行全面分析等问题展开。

(二)制订合规计划

制订合规计划应当遵循有效性、针对性、可行性和全面性四项原则,从涉案企业及涉案人员情况、案件基本情况、涉案企业合规风险自查、合规建设的主要内容和目标等方面制订合规计划。具体内容可体现在如下六个维度:

1. 成立合规建设工作组

(1)人员组成:负责人、相关领域高管、外部专业人员;

(2)职责:对接第三方组织,接受监督与考察,统筹落实合规计划并报告;

(3)作出合规建设承诺。

2. 积极采取补救挽损措施

(1)停止违法犯罪行为及相关风险行为;

(2)退缴违法所得;

(3)补缴税款、滞纳金和缴纳罚款;

(4)处置相关责任人员;

(5)配合司法机关调查工作。

3. 组织实施合规风险自查分析

(1)调查涉案经营活动具体情况;

(2)分析涉案经营活动存在的风险点;

(3)分析风险爆发和违法犯罪的具体原因。

4. 调整完善相关规则、制度和业务流程

(1)业务规则、流程规范与整改;

(2)客户诚信风险控制与反欺诈机制;

(3)员工反舞弊反腐败管理机制。

5. 成立合规管理机构

(1)企业管理组织架构调整计划;

(2)合规管理机构的组织架构与岗位设计;

(3)合规管理机构及具体岗位的职责设计。

6. 建立合规管理制度

(1)合规风险监测、举报、调查、处理机制;

(2)合规绩效评价机制;

(3)合规文化宣传培训制度;

(4)人力物力保障措施。

(三)开展合规建设

律师等专业人员可以制定具体的实施流程和时间表,监督企业严格按照合规计划开展合规建设,要求包括但不限于:

(1)企业管理层重视合规,承诺对合规建设投入相对充足的资源,确保合规计划能够在全体员工中得到明确的传达和有效执行。

(2)建立和完善内部合规管理组织架构,做好人财物的资源配置。

(3)建立风险评估机制。对涉案企业分部门、分领域、分环节梳理刑事风险点,定期进行涉税合规风险评估,重点查找企业税务管理流程中的涉税合规风险,重点识别税务风险因素和已经出现的涉税不合规行为,并动态调整风险应对策略。

(4)建立企业内部会计核算体系,完善纳税申报体系、业务体系的合规性,强化企业所得税税前扣除凭证管理,建立和完善发票信息管理系统,强化发票管理,建立和完善举报制度。

(5)建立税务合规内部培训制度,将合规培训纳入员工培训计划,形成书面制度。

(6)建立常态化的合规文化宣传制度。

(四)出具合规整改报告

接受委托提供合规辅导服务的律师应当在合规考察期届满后,在充分、全面了解、监督、评估和考核涉案企业合规计划完成情况的基础上,完成合规考察书面报告的撰写和报送。

四、对接第三方组织、辩护律师和检察机关,接受考察与评估

接受委托开展合规辅导服务的律师等专业人员,可以搭建涉案企业与第三方组织、辩护律师和检察机关有效沟通的桥梁。辅助企业完成合规计划履行、合规制度建设和整改效果评估等方面的工作,应对第三方组织的监督与评估,以及检察机关的合规考察。必要时,还可以向辩护律师反馈合规实施中发现的风险与问题,协助其改进辩护方案。

第五节　涉税刑事合规第三方监督评估实务

税务律师在刑事合规案件中可以申请选任第三方机制专业人员,受聘实施第三方组织考察评估,具体包括如下内容。

一、进入名录库,接受管委会日常管理

(一)名录库第三方机制专业人员的选任条件

名录库以个人作为入库主体。经由第三方机制管委会选任、邀请,符合条件的律师、注册会计师、税务师(注册税务师)、企业合规师、相关领域专家学者及有关行业协会、商会机构、社会团体的专业人员,以及生态环境、税务、市场监管等政府工作部门中具有专业知识的人员等,可以进入名录库,作为第三方机制专业人员参与涉案企业合规第三方监督评估工作。第三方机制专业人员一般应当具备下列条件:

(1)拥护中国共产党领导,拥护我国社会主义法治;

(2)具有良好道德品行和职业操守;

(3)持有本行业执业资格证书,从事本行业工作满 3 年;

(4)工作业绩突出,近 3 年考核等次为称职以上;

(5)熟悉企业运行管理或者具备相应专业知识;

(6)近3年未受过与执业行为有关的行政处罚或者行业惩戒;

(7)无受过刑事处罚、被开除公职或者开除党籍等情形;

(8)无其他不适宜履职的情形。

(二)日常管理应对

第三方机制专业人员应当正确履行职责,参与第三方机制管委会定期组织的业务培训、调研考察、座谈交流活动,形成全面记录上述内容的履职台账,以应对第三方机制管委会的考核评价等日常管理。

二、根据管委会决定,进入第三方组织

第三方机制启动后,律师等作为第三方机制专业人员可以按照管委会的第三方机制管委会随机抽取或协商邀请,公示或备案后未有异议的,可以成为具体涉案企业合规案件中第三方组织的成员。

三、实施考察评估,出具考察报告

律师应当立足涉案企业合规计划落实和合规承诺履行情况,对其合规整改计划和相关合规管理体系有效性进行评估,具体包括:

(1)涉案合规风险的有效识别、控制;

(2)违规违法行为的及时处置;

(3)合规管理机构或者管理人员的合理配置;

(4)合规管理制度机制建立以及人力物力的充分保障;

(5)监测、举报、调查、处理机制及合规绩效评价机制的正常运行;

(6)持续整改机制和合规文化已经基本形成。

在评估和考核的基础上,制作合规考察书面报告并报送负责选任第三方组织的第三方机制管委会和负责办理案件的人民检察院。

第六节　案 例 分 析

一、上海市A公司、B公司、关某某虚开增值税专用发票案

【案情简介】

被告单位为上海A医疗科技股份有限公司(以下简称A公司)、上海B科技有限公司(以下简称B公司),被告人关某某系A、B两家公司的实际控制人。

2016年至2018年,关某某在经营A公司、B公司业务期间,在无真实货物交易的情况下,通过他人介绍,采用支付开票费的方式,让他人为两家公司虚开增值税专用发票共219份,价税合计2887余万元,其中税款419余万元已申报抵扣。2019年10月,关某某到案后如实供述上述犯罪事实并补缴涉案税款。

2020年6月,公安机关以A公司、B公司、关某某涉嫌虚开增值税专用发票罪移送检察机关审查起诉。上海市宝山区人民检察院受理案件后,走访涉案企业及有关方面了解情况,督促企业作出合规承诺并开展合规建设。

【企业合规整改情况及处理结果】

检察机关走访涉案企业了解经营情况,并向当地政府了解其纳税及容纳就业情况。经调查,涉案企业系我国某技术领域的领军企业、上海市高新技术企业,科技实力雄厚,对地方经济发展和增进就业有很大贡献。公司管理人员及员工学历普遍较高,对合规管理的接受度高、执行力强,企业合规具有可行性,检察机关遂督促企业作出合规承诺并开展合规建设。同时,检察机关先后赴多地税务机关对企业提供的纳税材料及涉案税额补缴情况进行核实,并针对关某某在审查起诉阶段提出的立功线索自行补充侦查,认为其具有立功情节。

2020年11月,检察机关以A公司、B公司、关某某涉嫌虚开增值税专用发票罪对其提起公诉并适用认罪认罚从宽制度。12月,上海市宝山区人民法院采纳检察机关全部量刑建议,以虚开增值税专用发票罪分别判处被告单位A公司罚金15万元,B公司罚金6万元,被告人关某某有期徒刑3年,缓刑5年。

上海市宝山区人民法院判决后,检察机关联合税务机关上门回访,发现涉案企业的合规建设仍需进一步完善,遂向其制发检察建议并公开宣告,建议进一步强化合法合规经营意识,严格业务监督流程,提升税收筹划和控制成本能力。检察机关在收到涉案企业对检察建议的回复后,又及时组织了合规建设"回头看"。经了解,涉案企业已经逐步建立合规审计、内部调查、合规举报等有效合规制度,聘请专业人士进行税收筹划,大幅节约了生产经营成本,提高了市场占有份额。

【典型意义】

第一,检察机关推动企业合规与适用认罪认罚从宽制度相结合。本案中,检察机关在督促企业作出合规承诺并开展合规建设的同时,通过适用认罪认罚从宽制度,坚持和落实能不判实刑的提出判缓刑的量刑建议等司法政策,努力让企业"活下来""留得住""经营得好",取得更好的司法办案效果。

第二,检察机关推动企业合规与检察建议相结合。本案中,检察机关在会同税务机关回访的过程中，发现涉案企业在预防违法犯罪方面制度不健全、不落实，管理不完善，存在违法犯罪隐患，遂结合合规整改情况，向涉案企业制发检察建议，推动其深化实化合规建设，避免合规整改走过场、流于形式。

二、S 公司、赵某涉嫌虚开增值税专用发票案

【案情简介】

犯罪嫌疑单位 S 公司是经营财税代理服务的公司，注册于 H 市产业园区，犯罪嫌疑人赵某系涉案企业的负责人。

2020 年 5 月，H 市税务局稽查局接到 H 省税务局稽查局下发的虚开发票违法线索，对 H 市某信息咨询服务中心进行调查，随后发现在该信息咨询服务中心内注册的三家公司涉嫌虚开发票并依法移送公安机关。公安机关侦查发现上述三家公司系 A 公司实际控制，由 S 公司代办，三家公司涉嫌对外虚开增值税专用发票、增值税普通发票，且存在资金回流至 A 公司实际控制人、法定代表人处的现象，S 公司作为代办公司的服务商，其相关业务人员及赵某存在协助三家公司虚开发票的嫌疑，被采取刑事强制措施。

2021 年 9 月 18 日，侦查机关对赵某终结侦查并将案件移送检察机关审查起诉。检察机关受理案件后，经过与辩护律师的多轮沟通，于 2022 年 1 月 21 日同意涉案企业启动合规整改工作，并对赵某变更刑事强制措施为取保候审。

【律师作用】

1. 阅卷、会见

本案中，笔者律师团队代理当事人开展了对 48 份侦查卷及补侦材料的阅卷工作，并前往看守所会见在押犯罪嫌疑人赵某。

2. 向检察机关提出法律意见

通过阅卷、会见，笔者律师团队针对侦查机关作出的赵某等人在 S 公司经营过程中涉嫌犯虚开增值税专用发票罪、虚开发票罪这一侦查结论提出 S 公司财税代理商业服务模式具有真实性、普遍性、合理性、合法性，赵某及 S 公司是涉案业务的代办方、服务提供方，并非涉嫌虚开犯罪的开票方、受票方，不具有刑事违法性与可罚性，对三家客户单位涉嫌虚开犯罪事实，司法机关应严格区分客户欺诈责任、员工舞弊责任与赵某作为法定代表人的主体责任，以及司法机关应当贯彻最高人民检察院少捕慎诉的司法精神，对赵某涉嫌虚开发票案件依法审慎、稳妥处理等法律意见。

3. 提交羁押必要性审查申请

通过阅卷、会见，基于前述法律意见，笔者律师团队认为，侦查机关认定涉案经营

行为系虚开犯罪、赵某构成虚开犯罪主体、实施虚开犯罪行为的结论显属错误,且赵某不存在毁灭、伪造证据或者串供、逃跑的现实可能,对其采取取保候审不致发生社会危险性,向检察机关提交了对赵某采用听证方式进行羁押必要性审查,并依法对赵某变更刑事强制措施为取保候审的申请。

4. 申请检察机关调查取证

笔者律师团队认为,赵某书写的辩护意见书陈述的部分案件事实和相应线索对本案司法认定结果具有至关重要的影响。为查明案件事实,保障赵某的合法权益,向检察机关提交了申请调取H市人民政府关于H市产业园区项目初创期间洽谈磋商的证据资料,以及H市税务局对园区入驻企业实施监督管理的证据资料等未在案的证据材料。

5. 与检察机关沟通

笔者律师团队通过整合法律意见、向检察机关提供S公司业务流程规范要求和S公司员工实际操作三家公司注册的重大差异分析及证据,就本案事实认定提出法律意见和补充意见,认为不能排除S公司员工违反公司规范舞弊代办三家公司的可能性,保障赵某的合法权益。

6. 协助企业提出刑事合规整改申请

在全面了解案件事实的基础上,笔者律师团队经过与检察机关的沟通,协助企业完成了刑事合规整改申请的撰写和提交。

7. 制定合规整改方案并监督、指导实施

为启动刑事合规整改,笔者律师团队基于对涉案企业和人员的情况、本案案件事实的了解,以及对企业合规风险的自查分析,提出从合规组织机构建设、业务流程规范与整改、客户诚信风险控制及反欺诈管理、业务人员反舞弊反腐败管理与价值理念建设等方面进行合规整改,并监督、指导企业在合规考察期限内实施合规整改。

8. 制作合规整改报告

笔者律师团队立足涉案企业合规整改的背景及其合规整改计划,结合企业采取的补救挽损措施,对企业合规整改工作落实情况作出评估和考核,根据企业合规整改效果和企业接受合规考察评估的情况制作合规整改报告。

最终,检察机关认可了S公司的合规整改成果,依法对赵某作出不起诉决定。

附录　《律师办理税法服务业务操作指引》简介及目录

一、《律师办理税法服务业务操作指引》简介

2022 年年初，中华全国律师协会为加强业务规范体系建设，委托刘天永律师牵头对《律师办理税法服务业务操作指引》进行了第三次修订。该指引收录于中华全国律师协会编写的《中华全国律师协会律师业务操作指引（第 4 卷）》（北京大学出版社 2023 年出版）一书。

二、《律师办理税法服务业务操作指引》目录

后　　记

华税是中国第一家专业化的税法律师事务所，对中国税法近二十载的精耕细作，奠定了华税作为中国税法服务精品律所的行业领先地位与口碑。多年来，华税凭借“税务+法律”的专业优势，参与解决了众多复杂、棘手的税法服务项目，更亲身见证了税务律师行业在中国的兴起与发展。《中国税务律师实务（第五版）》不仅介绍了税务律师执业所需的基础知识，亦是税务律师办理涉税案件的实务经验总结，可供广大同行和税法爱好者借鉴和参考。但由于编者的水平有限，本书疏漏与不妥之处在所难免，真诚欢迎广大读者批评指正，以供我们再版时予以修订完善。联系邮箱：liutianyong@huashui.com。

编　者

2023年5月22日